JN432997

PRIVATE BANKING

투자의 여신

금융자산관리론

구기동 신용인 조철희

도서출판 청람

■ 머리말 ■

현대 포트폴리오이론의 선구자인 마코위츠(H. Markowitz)는 단치히(G. Dantzig)를 만나서 2차계획법으로 여러 자산 간 투자비중을 계산할 수 있었고 토빈의 분리정리로 포트폴리오 선택의 이론적 딜레마를 해결하였다. 그리고 그와 함께한 샤프(W. Sharpe)도 포트폴리오이론을 더욱 발전시켜서 이론을 완성할 수 있었다. 이렇듯 학문은 개인의 힘이 아니라 스승과 선배, 그리고 후학들의 도움과 지원 속에서 이루어질 수 있다. 처음 펀드와 포트폴리오를 이해하게 되었을 때 비로소 학문적 체계성이 필요하다는 인식을 하였다. 그 후 민재형 교수님의 지도 아래서 자산배분의 핵심인 최적화(optimization)이론과 성과측정모형을 배울 수 있었다. 이러한 이론학습은 적립식 '국민1억만들기펀드' 를 개발하는 원동력이었으며 연금자산관리에서 '라이프사이클 자산배분모형' 을 제시할 수 있는 기반이 되었다. 이 책은 투자신탁회사의 운용자로서 얻은 실무적인 경험을 바탕으로 학문적 체계의 기초를 마련하려는 의미에서 쓰여졌다.

투자는 역사, 심리, 철학(art)을 기초로 하는 심리적 행동이고 과학(science)적 방법과 모형을 활용한 의사결정의 과정이다. 역사적으로 거래소나 딜링룸에서 금, 화폐, 증권, 보험, 복권 등을 거래하였고, 20세기 초 도박도 카지노산업으로 합법화되었다. 파생상품은 투기수단으로 실물시장의 변동성을 확대하고 있다. 변동환율제는 자본이동을 촉진시키지만 개별국가의 실물경제와 국제거래를 교란시키고 있다. 또한 다양한 금융상품의 발전과 글로벌화는 국내외 금융시장을 이해하고 투자의사결정을 하는 데 어려움을 주고 있다. 이러한 금융의 혼란과 변동성 속에서 자산가치는 재귀성의 원칙에 따라서 내재가치를 반영하여 균형가격에 수렴한다. 그러나 효율적 시장은 새로운 정보를 신속히 반영하여 균형가격을 형성한다.

투자과정은 투자철학, 투자전략과 스타일, 자산배분과 가치평가, 자산관리 및 거버넌스 등의 체계 속에서 이루어진다. 첫째, 투자철학은 시장에서 초과수익의 해답을 찾으려는 합리적 과정이다. 그 과정은 시장의 작동원리와 투자자의 행동에 필요한 사고나 인식의 체계를 기초로 한다. 자본시장은 정보의 불균형으로 가격의 오류를 발생시킬 수 있기 때문에 기본원칙을 세우면 시장의 실수를 찾을 수 있다. 균형시장에서 일시적 정보의 불균형으로 초과수익을 얻을 수 있다. 따라서 투자자는 투자의 기본을 이해하고 투자철학을 정립하고 있어야 한다.

둘째, 투자전략은 투자 의사결정을 효율적으로 실행할 수 있도록 직관, 경험 및 과학을 활용하고 있다. 소극적 투자전략은 효율적 시장을 가정하여 균형시장에서 분산투자로 포트폴리오를 구성한다. 그러나 적극적 투자전략은 자본시장이 비효율적 시장을 가정하여 균형시장에서 증권분석이나 장세판단으로 시장 초과수익을 추구한다. 일시적 불균형이나 인위적 변동성은 부를 한쪽으로 편중시키는 상황을 발생시킨다. 주식투자는 저축자로 금융상품에 가입하는 것이 아니라 사업가로 회사의 주주가 되는 것이다.

셋째, 투자스타일은 종목을 비슷한 특성에 따라서 그룹화하여 종목을 분류한다. 장기 시장수익률을 초과하는 특정 스타일을 찾는 것이 핵심이며 위험을 줄이고 일관된 성과를 지향한다. 그리고 특정 시점에서 선호되는 스타일보다 투자자의 위험성향에 적합한 스타일을 선택해야 한다. 성장주는 산업 내 경쟁기업보다 수익과 주당이익(ROE)에서 더 높게 기대되는 기업이다. 그리고 가치주는 시장에서 선호되지 않는 기업 중에서 가격 대비 좋은 가치를 가진 종목이다.

넷째, 증권분석과 가치평가는 투자금액의 제약 속에서 위험을 최소화하면서 적절한 기대수익을 달성할 수 있도록 노력한다. 합리적인 투자자라면 기대수익률과 위험을 기초로 위험성향을 고려하여 자산을 배분한다. 한편 증권분석은 경제요인, 산업요인 및 기업요인을 분석하여 평가한 내재가치와 시장가격을 비교한 후 투자한다. 증권분석은 상향식 방법과 하향식 방법을 활용한다.

다섯째, 자산관리 수단으로 금은 인류가 가장 선호하는 가치저장의 수단이면서 시장이 불확실할 때 가장 안전한 도피자산이다. 화폐는 국가채무로 모든 경제활동의 중심이다. 증권은 투자자에게 미래에 약정된 현금, 실물자산 또는 다른 증권을 소유할 수 있는 권리를 부여한다. 한편 파생상품은 자산가치의 변동에 따른 손실위험을 헤징하기 위하여 기초자산을 중심으로 현금흐름을 창출한다. 도박은 돈이나 가치있는 것을 걸고 다투는 행위이며 승산이나 우연으로 승부를 결정한다.

여섯째, 국가 간 상품교역의 확대와 자본의 이동으로 개별국가의 특성이 소멸되고 있다. 국제자본시장은 24시간 운영되면서 투자자 및 금융회사들 간 치열하게 경쟁을 한다. 그리고 국제통화기금(IMF)과 세계은행을 중심으로 국제결제은행, 미국연방준비은행, 유럽중앙은행, 그리고 글로벌 금융저널리즘 등이 움직이고 있다. 글로벌 투기자본은 시장의 유동성 공급자이지만 수익률을 쫓아서 이동하기 때문에 글로벌 시장의 변동성을 확대한다. 1990년대 이후 선진국의 경기침체로 신흥국에서 선진국으로 자본이 이동하는 현상도 나타나고 있다.

본 교재는 총 5부 14개의 장으로 구성되어 있다. 제1부 자본시장의 구성은 자본주의의 핵심인 화폐와 증권을 분석하였다. 제1장의 금융경제는 화폐경제, 회사제도, 금융소비자로 구분하여 설명한다. 금융시장은 경제성장, 화폐제도, 그리고 금융회사 등을 기초로 투자자의 금융거래를 유도한다. 제2장은 거래제도, 자본시장법 및 자본시장을 설명한다. 금융계약은 거래의 법률적 행위를 주로 금융회사에 위탁한다. 그리고 자본시장법이 발행시장과 유통시장을 감시감독하여 금융소비자를 보호한다.

제2부는 투자의 기대수익과 리스크를 측정하여 균형가격을 도출한다. 제3장의 투자의사결정은 투자결정의 요인, 투자결정의 기준, 초과수익의 창출방법을 다루었다. 투자는 불확실성, 라이프사이클 및 법률환경에서 위험성향을 반영하여 결정한다. 그리고 시장이 비효율적일 때 가격이 불균형인 종목을 찾아서 초과수익을 추구한다. 제4장의 기대수익과 리스크는 화폐의 시간가치, 기대수익과 리스크, 리스크관리를 대상으로 한다. 투자가치는 이자율과 요구수익률을 기초로 위험을 평가하고 정규분포를 활용하여 리스크를 관리한다. 제5장은 평균 · 분산모형, 대안모형 및 균형가격모형을 살펴보았다. 마코위츠의 평균 · 분산모형은 미래의 불확실성과 모형의 복잡성으로 다수의 수정모형이 제안되었다. 이에 따라서 무위험자산과 시장포트폴리오를 활용한 자본자산가격결정모형과 가격에 영향을 미치는 다수 요인을 고려한 차익거래모형으로 발전하였다.

제3부 증권분석과 가치평가에서는 투자수익을 확대하는 데 필요한 분석방법과 투자전략을 다루었다. 제6장에서 증권분석은 경제분석, 산업분석, 기업분석으로 구분하였다. 특히 기업가치는 기술적 분석과 기본적 분석으로 나누어서 살펴보았다. 제7장은 상대가치평가로 증권의 개념, 채권평가, 주식평가를 설명하였다. 채권은 미래 현금유입의 흐름을 할인하여 평가하고 듀레이션과 신용등급의 영향을 받는다. 또한 주가는 성장가치와 장부가치를 기초로 스타일을 구분한다. 제8장은 위험헤징전략으로 선물계약, 스왑계약 및 리스크헤징을 분석한다. 선물은 미래의 가격변동에 따른 위험을 해소하고, 투자 현금흐름을 장기교환하여 스왑계약을 한다. 그리고 리스크헤징 수단으로 델타헤징, 포트폴리오보험, 캡 · 플로우어 · 칼라 등을 사용한다. 제9장의 옵션가치평가는 옵션거래, 주식워런트증권 및 합성증권을 설명하였다. 옵션은 기초자산의 가치에 의하여 결정되며, 다른 자산과 결합하여 다양한 수익구조의 합성증권을 만들 수 있다. 주식워런트증권은 개별증권의 방향성에 연계하여 수익구조를 만들 수 있다.

제4부 자산관리의 발전에서는 포트폴리오의 구성, 라이프사이클 자산관리 및 대안투자전략을 기술하였다. 제10장은 펀드투자의 이해로 투자신탁과 투자회사, 상장지수펀드(ETF),

그리고 펀드투자전략을 살펴본다. 법률구조와 투자자산이 펀드의 특징을 결정하지만, 수익은 투자스타일과 운용전략에 의하여 영향을 받는다. 투자자는 투자기간과 투자금액을 고려하여 펀드를 선택할 수 있다. 제11장 대안투자는 주식과 채권의 전통투자에 대한 대체 개념으로 헤지펀드, 사모투자회사(PEF), 실물자산 등으로 대표된다. 헤지펀드는 시장상황에 관계없이 절대수익을 추구하고, 사모투자회사는 지배주주로서 기업의 구조조정과 지배구조를 개선하여 기업가치를 제고한다. 또한 파생상품의 발전으로 다양한 실물자산이 투자대상이 되었다. 제12장 연금자산관리는 연금제도, 라이프사이클 자산관리 및 성과평가로 나누어 살펴보았다. 개인은 평생소비를 위하여 연금관리와 자산관리를 병행하는데 자산배분을 재조정하면서 수시로 기간별 성과를 점검해야 한다.

그리고 제5부 글로벌 거버넌스는 글로벌 자본시장에서 발생되는 문제점과 거버넌스의 구조를 분석하였다. 제13장은 글로벌 투자에서 발생하는 투기자본의 이동, 인센티브 문제, 그리고 조세제도를 살펴보았다. 주주행동주의는 역선택과 도덕적 해이의 문제를 발생시키고, 국가 간 자유로운 자본의 이동으로 개별국가의 영향력이 줄고 있다. 제14장은 글로벌 자본시장에서 발생하는 글로벌 거버넌스, 효율적 투자의사결정, 그리고 자본시장의 미래구조를 살펴보았다. 자본시장은 글로벌 거버넌스의 역학관계 속에서 시장의 불확실성과 변동성의 확대에 직면하고 있다. 조지 소로스는 불확정적인 비효율적 시장에서 오랜 상호작용으로 균형시장을 형성한다고 주장한다.

한국 자본주의는 부의 세습, 금융저널리즘의 정보독점, 일천한 자본주의 역사로 많은 해결해야 할 많은 과제를 가지고 있다. 생각해 볼 문제는 지난 30년간 국내 자본시장에서 발생한 사건들을 중심으로 금융선진국이 되기 위하여 해결할 과제를 제시하였다.

국내의 참고문헌 및 자료를 최대한 활용하면서 다양한 측면에서 접근하려고 노력하였다. 그리고 다양한 정보와 기사를 활용하였으나 그 출처를 일일이 밝히지 못하고 참고문헌으로 처리하여 수많은 아이디어를 제공한 분들께 죄송한 마음을 금할길 없다. 국내의 금융정보도 19997년의 IMF구제금융을 기점으로 정비되면서 축적되었고, 통계청, 한국은행, 각종 금융관련 협회 등의 자료나 보고서도 양적으로나 질적으로 성장하면서 발전하고 있다. 이러한 결과가 본 교재를 쓸 수 있었던 토대가 되었으며, 부족한 사항을 계속 보완하여 고령화와 연금생활 시대의 초기 길잡이의 역할을 하고 싶다는 소망을 가지고 있다.

본 교재는 은사이신 서강대 민재형 교수님의 지도가 없었다면 준비할 수 없었다. 연구주제였던 자산배분은 교수님의 지도 아래서 이론학습과 논문발표를 통하여 그 본질에 접근할 수 있었다. 이 자리를 빌어서 오랜동안 제자의 허물도 지켜봐주시고 학문적 성장을 격려해 주신데 감사드리고 싶다. 도서출판 청람의 이수영 사장님은 바쁜 가운데서도 본 교재가 출판될 수 있도록 기다리시며 응원을 아끼지 않으셨고, 메리츠종금증권의 김미숙 부장님과 한화투자증권의 지광희 지점장님은 실무적으로 시장의 추세와 보완사항을 조언하여 주셨다. 한국화가 정선영 작가님은 교재의 표지에 본인의 작품을 사용할 수 있도록 허락하셨다. 현대해상의 심수정 팀장님, 삼성생명 송병주 부장님, 기업은행의 김기성 부지점장님과 이지윤 PB팀장님, 국민은행의 정정환 부지점장님과 최효식 부지점장님도 금융환경과 상품에 대한 많은 정보를 제공하여 주셨다. 그리고 그 이름을 일일이 열거하지 못할 정도로 도움을 주신 많은 분들께 지면으로 인사를 대신하고자 한다.

2016년 여름

저자들 씀

■ 차 례 ■

P R I V A T E B A N K I N G

PRIVATE BANKING

PART 1

자본시장의 구성

제 1 장 금융경제의 이해

제 2 장 자본거래의 이해

CHAPTER 1

금융경제의 이해

학습개요

자본주의는 시장경제의 원리 아래서 경제성장, 화폐유통, 그리고 금융거래를 하면서 사유재산제와 주식회사가 핵심 역할을 수행하고 있다. 이 과정에서 일반 개인은 금융소비자로 저축과 투자활동을 하고, 고액자본가는 자본소득 확대로 프라이빗뱅킹의 발전을 주도하고 있다.

학습목표

1. 화폐경제의 흐름을 확인할 수 있다.
2. 자본주의의 발전과정을 이해할 수 있다.
3. 금융소비자의 특성과 금융거래를 설명할 수 있다.

생각해 보기

골드만삭스 파트너

골드만삭스 파트너는 매일 치열한 생존경쟁에서 그 성과를 인정받았다는 표시이며 월가의 공식 엘리트를 의미한다. 공식명칭은 PMD(Partner Managing Director)으로 기본연봉과 성과급을 합하여 통상 연간 300~600만달러를 받는다. 회사가 운영하는 펀드인 '골드만펀드'에 가입할 수 있는 선택권(옵션)을 가진다. 또한 파트너는 회사의 각종 위원회의 위원으로 의사결정에 참여한다. 파트너는 전체 종업원의 1.5~2% 수준이며 비공개적으로 선발한다. 선발기준은 회사에 대한 기여도와 리더십으로 판단한다. 시장에서 모든 사람은 자유로운 계약을 통하여 호혜적 기회를 얻어야 한다. 그러나 엘리트주의 전통의 골드만삭스는 그들만의 독특한 문화, 오랫 동안 축적한 내부시스템과 노하우를 바탕으로 세계 최고의 투자은행을 이루어가고 있다.

제1절 화폐경제

1. 경제성장

경제학(Economics)은 한정된 자원하에서 효율적 자원의 배분을 연구한다.[01] 계획경제는 가격과 생산량이 국가나 특정 정당에서 인위적으로 배분하고, 시장경제는 시장의 수요와 공급으로 가격을 결정한다. 1932년 로빈스(L. Robbins)는 『경제학의 본질과 의의에 관한 소론』에서 경제학을 인간의 선택에서 목적과 희소한 자원 간의 관계를 연구하는 학문으로 정의하였다. 주요 대상은 제품이나 서비스를 생산하기 위하여 자원을 투입하는 과정과 그 결과를 배분하는 과정이다. 경제현실, 경제사상 그리고 경제이론의 상호 유기적 연관성을 바탕으로 당면한 과제를 설명하고 대안을 제시한다. 한편 경제행위는 생활에 필요한 상품과 서비스를 획득하고 사용하는 활동으로 가계, 기업, 정부를 주체로 한다.

고전경제학은 '보이지 않는 손'을 주창한 아담 스미스, '인구론'의 맬서스,[02] '비교우위론'의 리카도 등에 의하여 정리되었다. 그리고 경제학자들은 경제체제에 자유주의 사상을 접목시킨 밀에 의하여 고전경제학이 완성되었다고 본다. 거시경제학은 국가적 차원이나 글로벌 차원에서 국내총생산(GDP)과 개발, 생산과 소득, 인플레이션과 실업률, 국제무역, 조세 등을 대상으로 한다. 국부가 생성되는 요인을 분석하여 프로그램과 정책을 만드는 데 관심이 있다. 그리고 미시경제학은 개별 경제주체인 가계와 기업의 상호작용을 분석하는데 수요와 공급, 구매자와 판매자, 시장과 경쟁 등을 대상으로 한다. 시장에서 특정 제품과 서비스에 대한 가격결정이나 수요와 공급의 결정을 분석한다.

경제성장(economic growth)은 국민경제에서 국가의 부, 소득구성과 소득규모가 장기적으로 결정되는 요인과 그 구성이나 크기에 영향을 미치는 과정을 설명한다. 이와 달리 경제발전(economic development)은 총생산의 증가를 포함하여 인적자원, 생산구조, 사회인프라 등 전반적 변화를 의미한다. 경제발전의 경우 핵가족화, 인간소외, 교통문제, 환경오염 등 사회문제와 삶의 질과 관련된 요인들을 고려한다. 국내소득은 일정기간 국내 경제활동을 집약한 총체적 개념으로 국내총생산(GDP)과 국민총생산(GNP)으로 나타낼 수 있다. 각 국가는 국내소득의 대표지수로 국민총생산을 사용하다가 국내총생산으로 전환하였다. 글로벌화

01 경제의 효율성은 최소의 투입으로 최대의 산출을 얻는 것이다.

02 『인구론』에서 식량은 산술평균적으로 증가하고 인구는 기하급수적으로 늘어난다고 주장하였다.

의 진전으로 다국적기업이 증가하면서 국가개념도 희석되었고 기업의 활동중심에서 위치중심으로 전환되었기 때문이다.

국내총생산(GDP: Gross Domestic Product)은 국내의 내·외국인에 의하여 일정기간의 소비, 투자, 수출, 수입 등에서 발생한 상품과 서비스의 화폐가치이다. 이때 실질성장률은 경제성장률에서 물가요인을 제거하여 전년 대비 얼마만큼 향상되는가를 나타내고, 잠재성장률은 인플레이션을 유발하지 않으면서 노동과 자본 등의 생산요소를 모두 투입하여 달성할 수 있는 최대의 성장률이다.

$$\text{경제성장률}(\%) = \frac{\text{금년도 실질GDP} - \text{전년도 실질GDP}}{\text{전년도 실질GDP}} \times 100$$

경제성장률은 국내총생산을 증가시켜서 소비와 투자를 발생시키면서 새로운 고용을 창출한다. 그러나 경제성장률은 물가상승에 따른 인플레이션(inflation)[03]을 유발하여 버블(bubble)경제를 발생시킬 수 있으므로 잠재성장률을 초과하지 않고 국민생활수준을 향상할 수 있는 범위에서 이루어져야 한다. 예를 들어 일본은 국내총생산에서 소비를 55% 이상으로 유지해야 했지만 소비의 둔화로 1980년대 이후 장기불황에 있다. 그리고 저출산 및 고령화에 따른 인구의 감소는 기존 생산자원과 사회 인프라의 초과공급 상태를 유지하면서 소비를 증가시키지 못하고 있다. 그러나 국내의 경우 경제성장이 소비보다 수출에 의존하므로 다소 다른 양상을 보여준다.

경제를 부양하기 위한 정책으로 국가는 재정정책과 통화정책을 실시한다. 재정정책은 정부의 경제활동, 자원의 효율적 배분과 조세 및 지출정책이다. ① 자원의 최적배분을 위하여 자원의 비효율적 배분을 시정하고 공공재를 생산한다. ② 경제의 안정화를 위하여 재정지출 규모와 조세 등을 변경하면서 재정 자체의 자동안정화기능을 강화한다. ③ 소득의 재분배를 위하여 소득격차의 시정, 누진세율적용, 보조금과 공공재의 공급을 통하여 간접적으로 소득을 보전한다. ④ 재정정책의 수단으로 재정지출정책과 조세정책을 실시한다.

그리고 통화정책은 통화량을 조절하여 적정한 유동성을 확보하여 기업과 가계가 필요한 자금을 공급하고, 이자율을 조절하여 투자와 소비를 촉진한다. 통화조절은 직접조절수단인 여수신이자율 규제와 대출규모로 통제한다. 또한 간접조절수단으로 재할인정책, 지급준비

03 인플레이션은 물가수준이 지속적으로 상승하는 현상으로 물가가 오르면 동일한 물건을 사기 위해 더 많은 돈을 지불하므로 화폐가치가 하락한다. GDP디플레이터는 명목GDP를 실질GDP로 나누어서 얻는 값으로 국민경제 전체의 물가수준을 나타내는 지표이다. 그리고 국내총소득(GDI)은 한 나라 영토에 거주하는 생산자가 국내외의 생산요소를 결합하여 생산활동을 수행한 결과 발생한 소득이다.

율정책, 공개시장조작정책을 실시한다. 이와 같은 총수요관리정책으로 정부지출이 증가하면 민간투자가 감소할 수 있다. 그리고 경제성장률이 높으면 인플레이션을 걱정하고 경제성장률이 낮으면 디플레이션을 걱정해야 한다.

따라서 경제정책은 경제성장(국민경제의 양적 확장)과 경제발전(국민의 기본욕구 확충)의 중간단계에서 구조조정과 경제개혁을 반드시 실행해야 한다. 또한 그 과정에서 국민의 불안을 해소할 수 있는 복지제도의 확충과 취업제도의 개선도 이루어져야 한다.

2. 화폐제도

통화량 화폐는 최초로 문자를 기록한 역사시대 이후 변화와 발전을 하면서 세상의 움직임과 그 구조를 이해하는 데 도움을 주고 있다. 개별 경제주체는 일상 경제활동에서 항상 가격과 화폐[04]를 만난다. 물물교환경제는 공통의 가치 측정단위가 없어서 막대한 거래비용을 발생시킨다. 화폐는 초기에 쉽게 파손되지 않으면서 신성하거나 귀중하다고 판단되는 물품을 사용하였다. 화폐의 성립조건으로 ① 화폐 자체가 사람들에게 유용해야 한다. ② 보관과 운반이 쉬워야 한다. ③ 내구성이 있어야 한다. 이러한 조건을 충족한 금, 은, 구리 등이 금속화폐로 사용되었다.

그러나 금속화폐는 소재의 가치가 액면가치보다 높을 경우 화폐를 녹여서 팔면 쉽게 이익을 얻을 수 있다. 따라서 금속화폐가 소재의 가치보다 낮아야 통용력이 높아질 수 있으므로 제조원가를 최대한 낮춰서 주조화폐를 발행한다. 주조화폐도 저질의 악화가 통용성이 높다는 문제로 일정한 순도의 금속화폐[05]와 교환이 가능한 지폐가 등장하였다. 그러나 프랑스혁명기의 아시냐(Assignat) 지폐와 미국 남북전쟁의 그린백(Greenback) 지폐는 심각한 인플레이션을 발생시켰다. 이러한 문제점으로 화폐발행은 중앙은행으로 제한하고 금이나 은으로

표 1-1 | 화폐의 분류

	법정화폐	예금화폐	시장화폐
유형화폐	금속화폐, 은행원	수표, 어음	상품권, 지역화폐
무형화폐	전자화폐	전자수표, 전자어음	가상화폐

04 화폐는 재화와 서비스에 대한 지불이나 채무의 상환의 수단으로 각 국가의 정체성을 상징한다.
05 금속화폐는 BC 24세기 메소포타미아에서 시작하였고 국내의 경우 곡물이 교환의 수단으로 사용되었다.

교환되지 않는 신용화폐를 사용하였다. 최근 다양한 전자화폐[06]가 일반거래에 사용되면서 급속히 금속화폐와 신용화폐를 대체하고 있다.

한편 조선시대 초기에 국가가 저화, 조선통보 등을 유통시키려 하였지만 부진하였고 쌀과 무명이 화폐의 역할을 대신하였다. 조선 후기 대동법이 시행되면서 화폐로 세금을 납부할 수 있도록 상평통보(1678년)를 유통시켰다. 화폐는 상품의 유통을 촉진하면서 자본의 축적수단으로 활용되었다. 그리고 개항과 일본 강점기에 대량의 금이 국내에서 일본으로 유출되었다. 한국은행이 1950년에 설립되어 한국은행권으로 통화를 통일하였다. 1962년부터 화폐단위가 한자표기의 '圓'에서 한글표기의 '원'으로 변경되었고, 화폐제조도 해외 발행에서 한국조폐공사 발행으로 전환하였다. 그럼에도 불구하고 국내에서 쌀이 가장 오랫동안 화폐의 기능을 담당하면서 1980년대 초반까지 사용되었다.

자본축적의 대상으로 중상주의 경제학자들은 화폐와 금의 퇴장기능을 중시하지만 고전학파는 실물자산을 화폐의 교환수단으로 강조하였다. 그러나 케인즈(Keynes)는 화폐보유의 이유로 일상 거래를 위한 거래적 동기, 미래의 불확실성에 대비한 예비적 동기 및 미래의 투자를 준비하기 위한 투기적 동기로 구분하였다. 고전학파는 화폐의 거래적 기능을 중시하고 소득과 밀접한 관계를 가지는 것으로 주장하고 있다. 피셔(Fisher)는 거래의 매개수단으로서 가치저장수단을 강조하였다. 그리고 보몰(Bomul)은 거래적 화폐수요를 중시하였고, 토빈(Tobin)은 투기적 화폐수요를 중시하였다. 프리드만(Friedman)은 화폐수량설에서 화폐수요를 일반적 소비수요이론으로 설명하고 있다. 그러나 일반적으로 소비자가 화폐로 상품을 구매하는 것보다 자본가가 소비자의 화폐를 획득하려는 능력이 훨씬 세련되고 정교하다.

화폐는 경제에 중립적이기 때문에 명목가격과 실질가격의 차이가 경제에 영향을 미치지 않는다. 프리드먼도 실질화폐 잔고에 대한 개인의 수요는 부에 따라 결정되고 소득이 이러한 수요를 일으킨다고 하였다. 케인즈는 화폐의 가치저장기능으로 소득이나 거래량보다 이자율의 영향을 더 많이 받는다고 주장하였다. 이에 따라서 중앙은행은 양적완화를 통한 통화량 제한이나 이자율 인하를 실시한다. 그렇지만 자본주의는 통화량을 조절할 수 없고 경제와 사회를 유지하기 위하여 끊임없이 통화량을 증가시킨다. 정부도 물가안정을 추구하지만 시장원리의 성격상 이러한 정책을 광범위하게 적용할 수 없다.

12세기 후반 이탈리아는 거래수단으로 환어음[07]과 문서화된 지침을 사용하도록 권장하였

---

06 전자화폐는 전자적 매체(컴퓨터, IC카드, 네트워크 등)에 화폐적 가치를 저장하였다가 물품 및 서비스 구매시 활용하는 결제수단이다. 신용카드 또는 직불카드는 은행의 결제계좌를 통한 자금이체방식이고 전자화폐는 매체나 네트워크상에 저장된 가치로 결제하는 방식이다.

07 환어음은 17세기 영국에서 상인과 대금업자들이 귀중품과 돈을 담보로 영수증 형태의 어음과 차용증서를 발행하였다. 그리고 금 세공인과 대금업자들이 대출, 예금, 환전, 수표와 어음 등의 서비스를 시작하였다. 은행권과

다. 신용창조는 중앙은행의 본원적 통화를 은행의 예금 및 대출업무를 통하여 파생통화를 공급하는 과정이다. 은행의 예금에 대한 지급준비율(Z)에서 본원예금(RB)이 증가할수록 은행권 전체의 예금통화도 증가한다.

$$D = 1/Z \times RB$$

여기서, D = 파생예금
Z = 지급준비율
$1/Z$ = 신용승수[08]
RB = 본원예금

따라서 은행은 약간의 예금으로도 수 배에 달하는 신용(대출)을 창조하여 예금통화를 창출한다. 그리고 중앙은행은 국채의 매매를 통한 공개시장조작으로 통화량과 정책이자율을 변경하면서 경기를 조절한다. 경제가 장기침체되면 정책이자율을 낮추거나 국채를 매입하고 과열되면 정책이자율을 높이거나 국채 매도로 통화량을 조절한다.

통화는 중앙은행에서 발행한 화폐통화[09]와 은행의 신용창조로 파생된 예금통화로 나눌 수 있다. 중앙은행은 관리통화제도[10]를 실시하면서 통화량 조절을 핵심업무로 하면서 은행권을 발행하거나 상업은행의 당좌예금으로 지급준비금을 수취한다. 그리고 은행은 중앙은행에 예치한 지급준비금과 신용창조를 기초로 예금통화를 창출한다. 통화량은 M_1, M_2 그리고 M_3

표 1-2 | 통화의 정의

본원통화(RB)	화폐발행액 + 지준예치금 = 민간보유화폐액 + 시재금 + 지준예치금 = 민간보유화폐액 + 지급준비금
통화(M_1)	민간보유화폐액(현금) + 민간요구불예금(예금)
총통화(M_2)	민간보유화폐액(현금) + 민간요구불예금(예금) + 민간저축성예금
총유동성(M_3)	민간화폐보유액 + 민간요구불예금 + 민간저축성예금 + 비통화금융회사예수금 + 채권발행 + 상업어음매출 + 양도성예금증서 + 환매조건부채권매도 + 표지어음

어음의 출현은 귀금속의 증가없이 신용을 통하여 화폐공급을 가능하게 하였다. 따라서 은행이 발행한 어음의 총가치가 은행이 보관한 금과 은 등의 가치를 초과하였다.

08 신용승수(credit multiplier)는 본원적 예금이 몇 배의 예금통화를 창조하는지를 나타낸다. 은행은 본원적 예금 중 지급준비율을 제외한 나머지 부분을 대출하고, 대출된 예금이 다시 은행에 예금된다고 가정할 경우 지급준비금을 제외한 나머지 부분을 대출하는 과정을 반복하면서 예금통화를 창조한다.

09 통화승수(money multiplier)는 중앙은행이 화폐를 발행하여 본원통화를 공급할 때 통화량이 본원통화의 몇 배인지를 나타낸다. 즉, 통화량과 본원통화의 비율이다.

10 관리통화제도는 실물경제의 움직임에 따라서 통화량을 신축적으로 조절할 수 있도록 한다.

로 구분하는데 국내의 중심통화지표는 M_3(1998년)이다.

중앙은행은 유통되는 통화량으로 실물부문과 물가부문에 영향을 미치고 경제상황에 따라서 이를 통제한다. 통화량의 확대는 물가불안을 야기하지만 자금사정을 완화하고 이자율을 하락시켜서 기업의 비용을 감소시킨다. 국내는 해방 직전 전비충당을 위한 조선은행권의 과다한 발행과 6 · 25전쟁 중 통화증가로 장기간 악성인플레이션을 경험하였다. 피셔(Fisher)의 화폐유통속도[11]는 화폐가 경제주체들 사이에서 어떤 속도로 이동하는지를 나타낸다.

$$\text{통화량}(M) \times \text{화폐유통속도}(V) = P(\text{물가}) \times T(\text{거래량})$$

그 계산은 물가에 거래량을 곱하여 계산한 명목GDP($P \times T$)를 통화량(M)으로 나누어 계산할 수 있다. 통화량이 감소했는데 화폐의 유통속도가 증가하였다면 GDP의 증가에서 그 원인을 찾을 수 있다. 화폐의 유통속도가 일정할 때 통화량의 증가는 물가를 상승시키거나 상품의 거래량을 증가시킨다. 대부분의 국가에서 통화량과 인플레이션은 비례하여 움직인다. 중앙은행의 통화정책과 일반은행의 신용창조는 통화량을 증가시켜서 인플레이션에 영향을 미치고 단기적으로 고용률과 성장률에도 영향을 미친다. 그러나 최근 발전하고 있는 가상화폐의 증가는 중앙은행의 화폐공급량과 화폐거래량을 불일치시켜서 화폐유통속도를 측정하기 어렵게 만들고 있다.

이자율 이자율(interest rate)은 서로 다른 시점의 화폐의 상대적 가치로 현재 재화와 미래 재화의 교환비율이다. 이자율은 주로 예금자의 자금공급, 기업의 자금수요, 중앙은행의 통화조절과 정부의 재정정책으로 결정된다. 그러나 개방경제국가는 국제자금의 이동에서 자본의 유출을 막기 위하여 인위적으로 조정하기도 한다. 가장 단순한 균형이자율은 투자자의 기호와 선호로 결정할 수 있지만 불확실한 미래의 소비와 확실한 현재의 소비를 포기한 대가로 사회 전체의 공급과 수요가 균형을 이루는 점에서 결정된다. 만일 이자율이 0이라면 투자위험이 없는 확실한 상황이며, 커질수록 불확실성도 증가한다. 자연이자율은 저축자의 시간선호도와 투자자의 자본의 한계생산성을 반영하여 결정된다. 그리고 시장이자율은 화폐시장에서 자금의 수요와 공급으로 결정되며 미래의 불확실성에 영향을 받는다.

인플레이션의 발생으로 이자율이 상승하면 통화량을 감소시켜서 통제한다. 이자율은 자본의 한계수익률, 현재소득과 미래소득의 교환비율, 장기 명목성장률, 자금시장의 수급상황

---

11 한 해 동안 생산된 최종생산물이 시장에서 거래될 때 화폐가 사용된 횟수이다.

그림 1-1 투자자의 기회집합

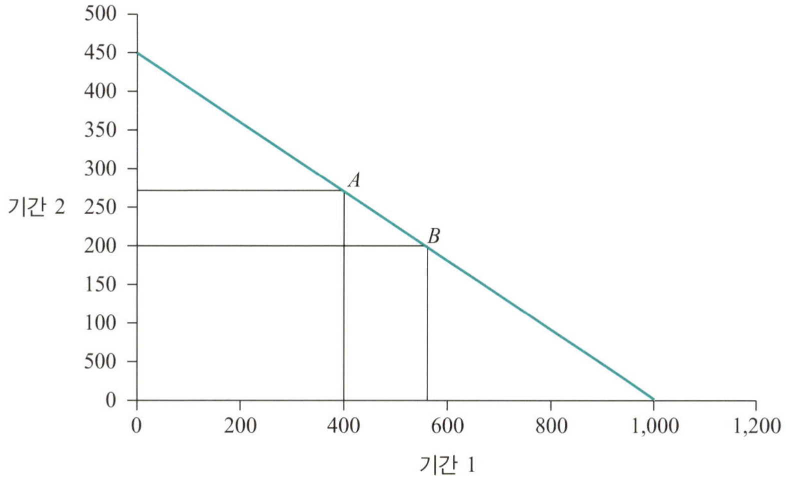

을 반영한다. 경제는 명목성장률과 명목이자율 수준이 일치할 때 장기균형에 접근한다. 한국은행의 기준이자율은 콜이자율로 금융통화위원회에서 매월 두 번째 목요일에 결정한다. 1950년대부터 인플레이션보다 낮은 정책이자율과 높은 실질이자율의 차이가 오랜기간 한국의 경제를 어렵게 하였다.

이자율은 예금의 증가율인 명목이자율(nominal interest rate)과 구매력의 증가율인 실질이자율(real interest rate)로 구별한다. 실질이자율[12]은 명목이자율에서 인플레이션에서 생성된 구매력의 감소율을 차감한다. 특정 시점에서 이자율은 인플레이션율과 투자의 생산성, 통화량에 의하여 결정된다. 실질이자율은 투자자들이 현재의 소비를 포기하고 미래 소비에 대한 보상이며, 인플레이션율은 투자에서 얻는 화폐소득의 구매력하락을 보상하는 부문이다. 투자의 생산성이 높으면 화폐의 수요가 증가하면서 실질이자율도 상승한다. 또한 화폐의 공급과 수요가 일치하는 점에서 균형이자율을 형성한다. 이자율결정 공식은

$$1 + i_r = \frac{1 + i_n}{1 + R}, \qquad i_r = \frac{i_n - R}{1 + R}$$

여기서, i_n = 명목이자율

i_r = 실질이자율

R = 인플레이션율

12 실질이자율은 실질적 화폐의 구매력이 반영된 이자율이고, 명목이자율은 달러나 기타 통화를 기준으로 단순히 계약상 명시되는 이자율이다.

그림 1-2 이자율과 인플레이션

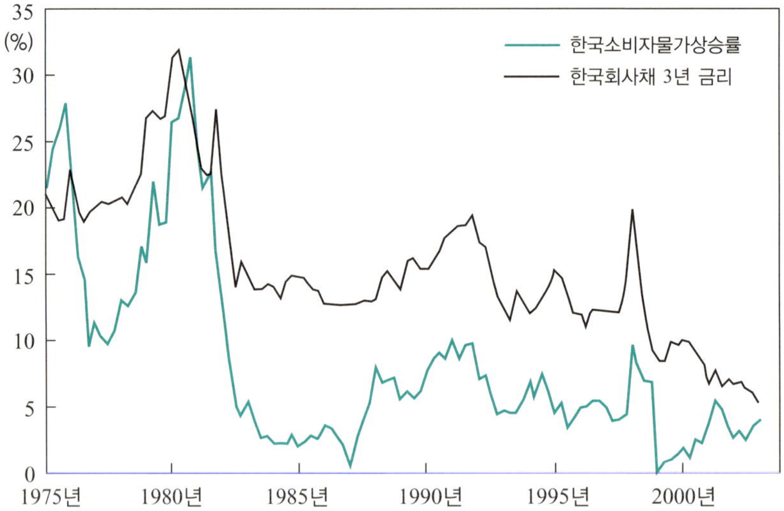

이다.

명목이자율이 8%이고 인플레이션율이 5%일 때 실질이자율은

$$\frac{0.08 - 0.05}{1.05} = 0.0286 = 2.86\%$$

이다.

인플레이션 발생시 채무자가 이득을 보는 이유를 분석하기 위하여 연이자율 8%, 10,000원을 차입하여 1년 후 원금과 이자를 모두 상환한다고 가정하자. 만일 실제 인플레이션이 6%로 예상된다면 차입자의 실질비용은 10,188.68원이고 실제 인플레이션이 10%라면 차입자의 실질비용은 9,818.18원이다. 따라서 인플레이션은 채무자에게 유리하게 작용한다.

이자율결정이론으로 ① 대부자금설은 채권시장의 수요 · 공급으로 균형이자율 결정을 설명한다. ② 유동성선호설은 화폐시장의 수요공급의 일치수준에서 이자율이 결정된다. ③ 통화적 대부자금설은 대출시장과 화폐시장의 개별 균형을 고려하지 않고 두 시장의 통합공급과 통합수요의 일치만을 요구한다. 한편, 시장이자율과 인플레이션의 기대심리가 명목이자율을 결정하는데 이를 피셔효과라 한다. 피셔효과는 실질이자율과 기대인플레이션의 합이다.

$$\text{명목이자율}(i_n) = \text{실질이자율}(i_r) + \text{기대인플레이션율}(E(R))$$

피셔방정식은 장 · 단기명목이자율차로 미래 인플레이션을 예측할 수 있다. 그러나 실제 완전한 피셔효과는 현실적으로 두 경우를 모두 충족하기 어렵기 때문에 제한하여 적용할 수 있다.

적정이자율은

$$\text{적정이자율} = \text{GDP성장률} + \text{소비자인플레이션}$$

이라는 암묵적 합의가 오랫동안 유지되어 왔다. 모든 국가는 경제회복과 고용창출을 해결하기 위하여 이자율 인하와 통화량 증가와 같은 단기부양조치를 실시한다. 국내의 이자율은 자본유출을 방지하기 위하여 미국보다 1~2%포인트 정도 높은 수준에서 유지한다. 따라서 미국의 이자율이 상승하면 국내 이자율도 상승해야 하므로 이자율 하한선이 존재할 수 있다.

인플레이션 통화량이 증가해서 화폐가치가 떨어지고 물가가 상승하는 현상을 인플레이션(inflation)이라 한다. 화폐의 유통이 미미했던 산업혁명 이전의 경우 인플레이션의 수준도 낮았다. 16세기 가장 충격적 상황은 1540년에서 1640년까지 물가가 6배 이상 상승한 가격혁명이었다. 가격혁명은 국가경비 등을 포함한 모든 비용에 영향을 미쳤고 높은 세금징수로 반발을 사기도 하였다. 인플레이션은 시장에서 거래되는 모든 상품의 가격을 일정한 기준에 따라서 평균한 종합적 가격수준으로 측정한다.

$$\text{인플레이션율} = \frac{\text{금년도 기준일 물가지수} - \text{전년도 기준일 물가지수}}{\text{전년도 기준일 물가지수}}$$

인플레이션은 실질소득의 감소, 소득 및 부의 분배에 악영향, 그리고 수출감소로 국제수지에도 영향을 미친다. 물가는 변동될 수 있지만 현실적으로 한 번 상승하면 하락하기 어렵다. 반대로 소비둔화에 따른 물가안정은 기업의 이익을 하락시켜서 경기침체와 실업을 유발한다. 만일 거래시스템에 돈이 추가유입되면 돈을 소유한 개인은 더 많은 상품과 서비스를 구입하는데 수요보다 공급이 적다면 인플레이션을 유발한다. 상품과 서비스의 공급이 제한적일 때 초과수요로 결국 인플레이션이 발생하는데 소비자물가지수[13]와 도매물가지수로 측

13 소비자물가지수는 소비자가 일상 소비생활에 쓸 용도로 구입하는 재화의 가격과 서비스 요금의 변동을 조사하여 도시가계층 평균 생계비 내지 구매력의 변동을 측정하는 지수로서 인플레이션의 대용치로 활용된다. 생산자물가

정한다.

한편, '인구통계학(Demographics)'에서 인플레이션은 젊은 세대가 생산인구에 편입될 때 상승하여 절정인 40대 이후 하락한다. 반면 프리드먼(M. Friedman)은 '화폐경제학(Money Economics)'에서 인플레이션의 발생 원인으로 통화팽창을 제시하였다. 그리고 디플레이션(deflation)은 생산에 편입되는 인구보다 생산에서 이탈하는 인구가 많을 때 발생한다. 즉 개인의 가처분소득이 증가할 때 경제는 활성화되지만 그 크기가 줄어들면 경제는 정체현상을 나타낸다. 또한 생산인구의 감소는 기업의 기술혁신과 생산성 증대에 영향을 미치고, 또한 국가 조세수입의 감소로 건전한 재정정책을 수행할 수 없다. 그러므로 인구는 사회의 목적과 수단의 차원에서 설명할 수 있다. 인구는 영토와 함께 국가의 번영을 가늠하는 기준으로 그 크기나 증가를 경제적 풍요의 지표 또는 결과로 파악한다. 인구의 증감은 노동자와 노동력의 증감이다. 인구변동이 경제변동을 일으키기도 하지만 경제변동이 인구변동을 일으키기도 한다.

인플레이션의 원인으로 비용인상 인플레이션(cost-push)은 노동, 자본 등의 비용상승으로 증가된 생산비용을 가격에 반영하여 최종 재화의 가격을 상승시키기 때문이다. 수요증가 인플레이션(demand-push)은 재화나 서비스의 수요가 크게 늘어나면서 상대적으로 부족한 재화 및 서비스의 가격이 지속적으로 상승하기 때문이다. 그리고 필립스(Philips)는 통계자료를 분석하여 명목임금의 상승률과 실업률 간 "0의 인플레이션과 0의 실업률을 동시에 달성할 수 없다"는 역의 관계(trade-off)를 발견하였다. 립시(Lipsey)는 명목임금의 상승률이 노동의 초과수요에 비례하지만 노동의 초과수요는 실업률에 반비례하기 때문에 명목임금의 상승률과 실업률 간 역의 관계를 가진다는 이론적 근거를 제시하였다.

화폐수량설에서 화폐공급이 증가하면 거래가격(소득 또는 지출)도 증가하면서 화폐가치의 하락으로 물가도 상승한다. 화폐 자체가 중립적이어서 상품과 서비스의 실질가치에 영향을 미치지 않는다. 또한 물가는 통화량의 유통속도에 영향을 받고 통화량과 유통속도의 크기는 통화의 연간 거래총액에 비례한다. 고전학파는 통화량의 공급이 과다하면 물가가 높아져서 그만큼 명목이자율이 높지만 실질이자율에 어떠한 영향도 없고, 총공급과 총수요는 항상 같아서 화폐가 실물경제에 영향을 미칠 수 없다고 하였다. 그러나 케인즈는 화폐시장에서 이자율을 결정하여 실물경제에 영향을 미치고, 화폐공급은 중앙은행에 의하여 결정되지만 유동성선호에 따라서 그 수요를 결정한다고 하였다.

인플레이션의 억제정책이 1930년대 대공황을 유발하였지만 그 후 통화확장으로 제2차 세

지수는 국내시장의 제1차 거래단계에서 기업 간 거래되는 최종재, 원자재, 중간재 등 상품 및 상품 성격의 일부 서비스가격을 조사대상으로 전반적 상품의 수급동향을 반영한 물가지수이다.

계대전 후 산업 전반의 발전을 유도하였다. 따라서 중앙은행은 실물경제의 성장에 맞춰서 적정통화공급을 해야 하는 어려운 과제를 가지고 있다. 선거로 정권이 교체되는 정치는 중앙은행을 압박하여 통화량을 확대하여 경제를 활성화시키려는 유혹을 가진다. 단기 정치목표가 장기 물가안정을 훼손할 수 있는 상황이 발생할 수 있다.

한편, 토지의 절대가격은 인플레이션에 크게 좌우될 수 있다. 완만한 인플레이션(소비자물가지수)은 주택가격을 현수준에서 약간의 상승과 하락을 유지하면서 가계부담을 완화시키고 금융시장의 혼란을 방지한다. 주택가격의 절대수준은 하락하지 않지만 다른 물가의 상승으로 상대가격을 하락시킨다. 1990년대 일본은 디플레이션으로 주택의 절대가격이 하락하면서 가계 파산과 금융시장 혼란 등으로 경제불안을 야기시켰다. 이에 비하여 국내는 1990년대 주택의 절대가격을 하락시키지 않고 완만한 인플레이션으로 거품을 조절하였다. 또한 지대(rent)가 형성되면 인플레이션에서 이익을 지키려는 기존 사업자와 신규진입자 간의 갈등이 발생할 수 있다.

3. 금융제도

중앙은행 중앙은행(central bank)은 화폐의 발행, 기준이자율의 결정, 금융회사의 지불준비금 등으로 통화의 공급과 조절을 담당한다. 중앙은행은 ① 발권은행으로 현금통화를 발행하면서 지급준비율을 결정하여 상업은행의 예금통화를 규제한다. ② 이자율(기준이자율)을 낮춰서 통화량을 증가시키거나 이자율을 높여서 통화량을 감소시킨다. 또한 시중은행도 중앙은행에서 이자율이 낮을 경우 더 많이 빌린다. ③ 관리통화제도에서 현금통화를 발행하여 유통시키고, 일반은행의 지불준비금을 기초로 예금통화를 창출한다. 중앙은행의 형태는 국립은행형, 상업은행형, 그리고 혼합형으로 구분할 수 있다. ① 국립은행형은 국가가 100% 출자하는 중국 인민은행식의 중앙은행이다. ② 상업은행형은 민간주주에 의하여 설립된 중앙은행이다. 그리고 ③ 혼합형은 국가와 민간에서 자금을 출자하여 설립한다.

BC 17세기 바빌로니아의 함무라비법전은 재산의 단순한 기탁 외에 기탁된 재산의 운용과 이자 규정을 명기하고 있다. 중세 지중해 연안의 상업교역으로 다양한 화폐가 유통되었고, 환전상은 뱅크(bank)로 불리는 환전대에서 화폐교환을 하였다. 14세기 피렌체 상인들의 자본을 이어주는 메디치(Medici)은행이 설립되었다. 메디치은행은 자본규모의 대형화를 통하여 규모의 경제, 지점의 분권으로 리스크분산, 예금의 대출 전환에 의한 이익확대로 차별화하였다.

1609년 설립된 암스테르담은행은 예금과 환전의 편의를 도모하면서 환어음을 통하여 개인고객 간의 이체서비스를 제공하였지만 신용을 제공하지 않았다. 또한 결제나 이체업무에 수수료를 부과하면서 대출을 통하여 이자를 청구하고 예금증서를 화폐처럼 유통시켰다. 그 당시 세계의 조정자로서 국제교역에 사용되는 귀금속량을 조절하고 재분배하는 역할도 수행하였다.

17세기 영국에 골드스미스(Goldsmith)라는 귀금속 보관업자가 등장하였다. 런던 상인들은 금화 · 귀금속을 이 골드스미스에게 맡기고, 보관영수증인 '골드스미스노트'를 받았다. 그리고 골드스미스들은 보관 중인 금화 · 귀금속의 가액을 초과하는 노트를 발행하여 대부활동으로 이자소득을 얻었다. 이와 같이 초과노트를 발행할 수 있었던 '골드스미스원리'는 노트 전체가 일시에 금화 · 귀금속으로 환매청구하지 않고, 일부 노트는 환급청구하지 않으며, 노트가 환매될 때 동시에 다른 노트를 발행하여 금화 · 귀금속을 계속 보관하였다. 1694년 국왕이 자본주인 상인에게 120만파운드의 대부를 요청하자 새로운 영란은행(Bank of England)을 주식회사로 설립하여 국왕에게 대부하였다. 영란은행은 출자액만큼의 은행권을 발행하여 출자자에게 교부하였고 은행권 발행을 영란은행(중앙은행)으로 제한하였다. 이후 대부분 일반은행은 예금이나 자금을 대출하는 대부은행 또는 예금은행의 역할만을 수행하였다. 그러나 홍콩은 HSBC, 중국은행 그리고 스탠다드차타드은행에서 통화청의 승인하에서 은행권을 발행하고 있다.

1913년 창설된 미국의 연방준비제도(Board of Governors of Federal Reserve System)는 미국을 12개 연방준비구의 12개 준비은행에서 은행권 독점 발행, 법정지급준비금의 집중보관, 가맹은행의 어음재할인, 공개시장조작 등을 담당한다. 또한 연방준비제도이사회(FRB: Federal Reserve Board)는 최고의사결정기관으로 미국의 12개 준비은행을 총괄하는데 7명의 이사를 대통령이 임명한다. 이사의 임기는 단임 14년으로 2년마다 1명씩 교체한다. 그리고 한국은행(Bank of Korea)은 무자본의 특수법인이며 효율적 통화신용정책으로 물가안정을 도모한다. 주요 업무는 화폐발행, 통화신용정책, 금융시스템의 안정, 은행대출, 국고수납과 지급, 지급결제제도 운영, 외국환업무 및 외환관리, 경제조사 및 통계작성 등을 한다. 중앙은행이 통화량을 과다공급하면 소비를 활성화시켜서 경기를 상승시킬 수 있지만 물가상승으로 국민경제의 안정성을 해칠 수 있다. 이때 출구전략[14]은 이자율정책과 미시조

14 경제회복을 위해서 공급되었던 유동성이나 각종 완화정책을 경제에 큰 부작용이 없이 서서히 거두는 전략을 말한다. 출구전략 시행시기가 너무 빠르면 해당 정책의 효과가 충분히 발생하기도 전에 이를 철회하는 것이 될 수 있고, 너무 늦으면 부작용이 커질 수 있다. 글로벌 시장의 통합으로 개별 국가에서 국내 경제사정에서 타당해 보이는 정책들이 세계경제 전체로 볼 때 또 다른 파국으로 연결될 수 있다.

정정책의 적절한 실행이다.

상업은행 상업은행(commercial banks)은 주로 일반대중에게 예금, 유가증권 또는 기타 채무증서 발행 등으로 획득한 자금을 대출하는 업무(여신)를 수행한다. 초기 은행은 보관은행이었으나 이후 보관한 화폐를 상인 간에 교환할 수 있는 대체은행으로 발전하였다. 약속어음은 상품의 매입자가 매도자에게 특정 만기까지 지불을 약속한 증서이다. 환어음[15]은 매도자가 매입자를 지급인으로 발행하여 그 사이에 은행이 개입하여 삼각관계의 결제를 한다. 또한 은행은 국제거래의 환위험관리를 위하여 또 다른 역방향의 거래를 주선하여 상계처리를 한다. 결제기능에서 은행 간 대차거래는 건별로 결제하지 않고 1일거래를 종합하여 그 차액만을 결제하는 네트(net)방식을 사용한다.

여신거래에서 은행과 대출자 간 정보비대칭으로 금융회사는 거래상대의 신용정보를 정확히 파악하지 못하기 때문에 고이자율을 부과하는 역선택[16]을 하고, 고이자율의 대출자는 고위험 또는 고수익 투자로 대출금의 회수가 불가능할 수 있는 도덕적 해이[17]의 문제를 발생시킨다. 따라서 은행은 역선택의 문제를 해결하기 위하여 사전심사제도를 강화하고, 도덕적 해이의 문제를 방지하기 위하여 사후 모니터링제도를 실시한다. 사후감시의 방법으로 대출금에 대한 예금을 강요하기도 한다. 은행의 변환기능은 예금자에게 유동성 높은 투자수단을 제공하고 예금을 수익성 높은 중장기 대출로 전환한다.

은행업무는 소매금융(retail banking)과 도매금융(wholesale banking)으로 구분한다. 또한 소매금융 중에서 부유층 대상의 프라이빗뱅킹(PB: Private Banking)과 도매금융에서 대기업 대상의 기업금융(CB: Corporate Banking)으로 세분화되어 있다. 최근 은행은 신용창조에 의하여 수익을 달성하는 기본기능에 이익을 확대하기 위하여 무형의 금융혁신을 추가하

표 1-3 | 은행업의 주요 업무

구 분	일반금융		특화금융	
	업 무	고 객	분 야	대 상
개 인	소매금융	개인, 소호, 중소기업 등	PB	부유층, HNWI
기 업	도매금융	정부, 대기업 등	기업금융	대기업

15 환어음은 환전이라는 테두리에서 대금업을 영위할 수 있는 금융혁신으로 지급결제의 형태 속에서 실질대출서비스를 제공하였다.

16 사건이 발생하기 전 상대방의 감춰둔 특성(hidden type)으로 발생한다.

17 사건이 발생한 후 상대방이 감춰둔 행동(hidden action)으로 발생한다.

PRIVATE BANKING

고 있다.

은행의 주요 수익은 예대이자율차[18]로 결정된다. 예대이자율차는 원화대출금 수익률에서 원화예수금 비용률을 차감하여 대출운용의 적정 수익력 및 저비용성 자금조달(low cost funding) 능력을 측정하는 기준으로 사용된다. 명목순이자마진(NIM)은 이자수익자산에 대한 이자수익과 이자비용과의 차이이다.

$$\text{명목순이자마진(NIM)} = (\text{이자수익} - \text{이자비용})/\text{이자수익자산}$$

뱅크런(bank run)은 대량 예금인출에 따라서 보유자산을 저가에 매도하여 막대한 투자손실과 은행부실화로 연결된다. 한 은행이 부실화되면 은행 상호 간의 거래관계와 고객의 동요로 관련 은행도 부실화되기 싶다. 따라서 이러한 위험에 대처하기 위하여 예금의 일정부분을 중앙은행에 예치하거나 현금으로 보유하는 지급준비금제도(reserve requirement), 예금자에게 일정금액을 지급보장하는 예금보험제도(deposit insurance),[19] 그리고 은행 순자산의 잠식을 방지하는 자기자본규제제도(BIS capital requirement)를 마련하고 있다.

그러나 은행은 신용창출의 공적 기능으로 규제와 통제를 받으면서도 주주들에게 높은 이익을 제공할 책임을 가지고 있다. 규제를 완화하여 수익성을 높이면 안정성이 무너지고 안정성을 높이면 수익성이 하락할 수 있다. 지나친 규제도 금융혁신을 저해하고 원활한 자금의 공급기능을 축소하면서 실물경제의 발전을 제약할 수도 있다. 그러나 은행이 경제 전반의 인프라기능을 수행하는 데 부실화될 경우 국민부담으로 이어질 수 있다. 은행의 건전성 측정으로 BIS비율[20]은 현금 0%, OECD은행에 대한 대출 20%, 주식 · 부동산 · 회사사채 등 100% 등으로 위험을 부담한다. 어떤 은행에 현금 10조원, OECD 은행대출 20조원, 주식 · 부동산 · 회사채 30조원이라면, 총위험여신은

$$10\text{조원} \times 0\% + 20\text{조원} \times 20\% + 30\text{조원} \times 100\% = 34\text{조원}$$

---

18 예대이자율차는 은행의 자금부문의 이익창출능력을 나타내는 지표이다.

19 예금보험제도는 예금보험공사가 평소 금융회사에서 보험료를 납입받아 기금을 적립한 후 금융회사가 예금을 지급할 수 없는 경우 금융회사를 대신하여 5천만원 한도에서 예금을 지급한다.

20 1988년 7월 15일 G10(벨기에, 캐나다, 프랑스, 독일, 이탈리아, 일본, 네덜란드, 스웨덴, 영국, 미국)과 G10 참여국(룩셈부르크, 스위스)의 중앙은행 대표들이 스위스 바젤에서 합의한 은행의 부실화 방지대책이다. 은행이 소유하는 여러 자산의 위험도를 곱하여 총위험여신을 계산하고 이 총위험여신의 8% 이상을 자기자본으로 보유하도록 요구한다.

이다. 이 은행은 총위험여신 34조원의 8%인 2.72조원을 최소자기자본으로 보유해야 한다.

투자은행 투자은행(investment bank)은 기업이 주식이나 채권을 발행하여 자금을 조달할 때 자본시장에서 기업과 투자자를 연결하여 준다. 또한 발행된 증권이 유통시장(거래소 또는 장외시장)에서 적극적으로 거래될 수 있도록 유동성을 제공하는 트레이딩(trading)을 실시한다. 투자은행은 ① 균형가격으로 자원의 효율적 분배와 사회적 후생의 극대화를 달성한다. ② 기업공시제도, 증권거래세, 거래비용의 축소, 가격제한폭 규제의 완화, 그리고 다수의 경쟁으로 효율성을 달성한다. ③ 이용 가능한 기업의 모든 정보를 투자자에게 신속히 전달한다.

주요 업무는 증권의 인수와 중개업무, M&A나 기업구조조정의 자문, 기업재무컨설팅 및 자문업무 등을 수행한다. 또한 투자은행은 ① 리서치기능으로 포트폴리오관리를 지원한다. ② 강한 펀드운용능력으로 자산관리를 지원한다. ③ 지정학적 네트워크를 사용하면서 저렴한 서비스를 공급한다. ④ 법인금융자문으로 회사설립과 매각방법을 제공하고 진행절차를 돕는다.

표 1-4 | 투자은행의 업무

구 분	세부업무
자기매매	• 주식: 상장 · 비상장주식 • 채권: 국공채, 회사채, ABS 등 • 파생상품: 선물, 옵션, 스왑, 신용파생 • 부동산: 리츠, 직접투자
위탁매매	증권중개업무
자산관리	• 투자자재산운영, 펀드판매 • 자기자본투자(principal investment)
프라이빗뱅킹	개인자산종합관리서비스
기 타	벤처캐피털, 프로젝트파이낸싱, 리서치, PEF 등

투자은행은 유대계인 로스차일드, 골드만삭스, 리먼브러더스 등과 앵글로색슨계인 베어링, JP모건 등에 의하여 발전하여 왔다.

결제소와 거래소 은행이나 금융회사 간의 금융거래의 결제는 수표나 어음[21]으로 결제한다.

21 수표는 지급인을 신용있는 금융회사로 한정하며 만기가 따로 없는 일람출급으로 지급제시기간 10일, 무기명식

금융결제원은 1986년 설립되어 금융공동망, 어음교환, 지로 등의 지급결제시스템 구축 · 운영과 금융회사 공동전산업무를 수행한다. 금융공동망은 금융결제원과 금융회사의 전산시스템을 상호 연결하여 금융회사 간에 각종 정보를 주고받는다. 정보통신의 발전으로 금융결제는 물리적 장소중심에서 전자거래에 따른 핀테크(fintech)[22]시대로 전환되고 있다.

전자거래의 주요 서비스는, 첫째 모든 금융회사를 연결하는 CD공동망으로 지급결제서비스의 시간적 · 공간적 제약을 해소한다. 또한 CLS(Continuous Linked Settlement)[23]공동망은 외환결제전문은행인 CLS은행과 국내 외국환은행을 연결하여 현물환, 선물환(NDF 포함), 스왑거래 등을 동시에 결제한다. 국내 외화자금이체 중계는 국내 은행과 금융결제원의 전산시스템을 연결하여 실시간 외환거래를 할 수 있다. 그리고 국가 간 공동망은 국내와 해외의 지급결제 네트워크를 상호 연계하여 국내 고객이 해외 ATM에서 현금인출, 잔액조회 서비스 등을 이용할 수 있다.

둘째, 어음교환소에서 금융회사 간에 서로 어음을 교환하여 결제한다. 금융결제원은 부도정보관리 및 거래정지처분제도, 전자어음 · 전자채권 · 전자방식 외상매출채권정보관리시스템 및 어음정보시스템을 운영한다. 또한 지로는 각종 대금의 결제를 현금이나 수표를 대신하여 금융회사의 계좌로 결제한다.

셋째, 금융회사 공동전산업무는 공동추진이 요구되거나 금융회사 간 정보공유 등이 필요한 경우 금융회사를 지원한다.

자본시장은 회사가 공시하는 재무정보와 비재무정보를 종합하고 미래의 현금흐름과 불확실성(위험)을 평가하여 주가를 결정한다. 증권거래는 거래소시장과 거래소 이외의 장외시장에서 실시한다. 거래소시장(exchange)은 시장참가자의 매매주문(bid-ask order)을 거래소에 집중시켜서 표준거래규칙으로 처리한다. 세계 최초의 주식거래소는 1602년 네덜란드 암스테르담에 설립되었다. 그 당시 희망봉 발견(바르톨로뮤디아즈), 인도항로 개척(바스코다가마), 동 · 서양직거래 해상무역, 증서(주식형태)발행의 자금조달 등으로 무역 및 교역이 활발한 시기로 자금에 대한 수요가 많았다. 그 후 런던거래소(LSE)는 대영제국을 모태로 제2차 세계대전 전까지 세계금융의 중심이었다. 주요 글로벌 거래소는 뉴욕증권거래소(NYSE),

---

발행을 허용한다. 약속어음은 발행인 자신이 주채무자로서 수취인 또는 피배서인에게 지급할 것을 무조건적으로 약속하는 증권(지급약속증권)이다. 발행인, 수취인 2인 간의 관계로 국내거래는 대부분 약속어음을 이용한다. 환어음은 발행인이 지급인(제3자)에게 어음금액을 지급할 것을 위탁하는 증권(지급위탁증권)이다. 발행인, 수취인, 지급인 등 3자의 관계로 주로 국제거래에서 이용한다.

22 핀테크(fintech)는 파이낸스(finance)와 테크놀로지(technology)의 합성어로 정보통신기술을 활용하여 지급결제서비스, 신금융거래 플랫폼의 제공, 금융데이터 분석과 소프트웨어 개발 등의 금융서비스를 제공하는 분야이다.

23 CLS은행은 국제결제은행(BIS)의 권고에 따라 1999년 주요 국제상업은행들이 세계 외환거래의 동시결제를 구현할 목적으로 미국에 설립한 외환결제전문은행이다.

그림 1-3 영국은행과 런던거래소

런던증권거래소(LSE) 및 홍콩증권거래소(HKEX) 등이다.

일제 강점기에 서울의 유가증권매매시장과 인천의 상품거래소(미두거래소)를 합병하여 1932년 1월 1일 '조선취인소'를 설립하고 27개 회사의 주식을 상장하였다. 또한 증거금의 10%만 있어도 매매할 수 있는 레버리지투자도 가능하였다. 1956년 2월 1일 대한증권거래소가 설립되어 3월 3일 시장을 개설하였다. 본격적 자본시장은 1962년 1월 15일 '증권거래법'의 제정 · 공포로 주식회사 형태의 증권거래소에서 시작하였다. 대한증권거래소 주식의 투기로 1962년 1월 초 90전이던 주가가 석달 만에 10배, 4월 말에 실물거래 85배와 보통거래 120배로 상승하였다. 그 해 4월 말 유상증자도 액면가 대비 28배의 프리미엄으로 세계 증시사상 최단기 가격상승의 신기록을 기록하였다. 투기과정에서 매매위탁증거금이 개인의 당좌수표로 이루어졌고 미결제와 거래취소 사태를 발생시켰다. 1963년의 증권파동은 주가 폭락과 시장휴장, 엄청난 개인투자자들의 손실을 발생시켰다.

그 당시 주식의 투기 여파로 거래소 운영은 주식회사제에서 공영제로 전환되었고 한국증권거래소로 출범하였다. 증권거래소, 선물거래소, 코스닥위원회, (주)코스닥증권시장 등 기존 4개기관이 2005년에 한국거래소(KRX)로 통합하여 금융투자업을 영위하는 회사들을 회원으로 주식, 채권, 선물 및 옵션 등을 거래하고 있다. 그리고 자본시장과 관련된 법률은 2009년 '자본시장법'으로 통합하였다.

장외시장은 투자자와 금융투자회사, 금융투자회사 간 또는 투자자 간의 개별 접촉으로 이루어지는 비조직적인 추상적 시장이다. 직접거래시장(no broker market)은 투자자 간의 개별 접촉과 협상에 의하여 거래하고, 점두시장(over the counter market)은 중개기관인 금융투자회사의 창구에서 이루어진다. 협의의 장외시장은 금융투자회사가 하나의 독립 시장을 형성하면서 전국 각 지점을 장외거래장소로 활용한다. 일반거래가 불가능한 비상장기업의 건전한 육성과 유통시장의 규모확대 및 질적 향상에 기여하고 있다.

한편 프리보드시장은 증권시장(유가증권, 코스닥)에 상장되지 않은 주권의 장외매매를 위하여 운영한다. 2000년 프리보드시장의 전신인 장외주식 호가중개시스템(제3시장)을 개설하였고, 2005년 시장운영 관련제도와 벤처기업 소액주주의 자본소득의 비과세 등으로 개편하였다. 투자자에게 유망기업이 발행한 주식을 상장 이전의 단계에서 투자할 수 있는 기회를 제공한다. 또한 성장단계의 벤처기업은 초기 투자자금의 회수 및 재투자 촉진으로 벤처자금의 선순환을 유도한다.

외환시장과 자금중개시장 현물환시장은 은행 간 시장환율을 결정하며, 현물환거래는 계약 후 2영업일 이내에 외환의 인수도와 결제를 한다. 국내 외국환중개회사는 국내계 4개회사(서울외국환중개, 한국자금중개, KIDB자금중개, IPS외국환중개), 외국계 6개회사(ICAP, Tullett Prebon, GFI Korea, Nittan Capital Korea, Tradition Korea, BGC Capital Markets)로 구성되어 있다.

한편 자금중개시장에서 ① 신용콜시장은 금융회사 간 일시적 자금 과부족을 조절하는 1

그림 1-4 현물환율의 결정

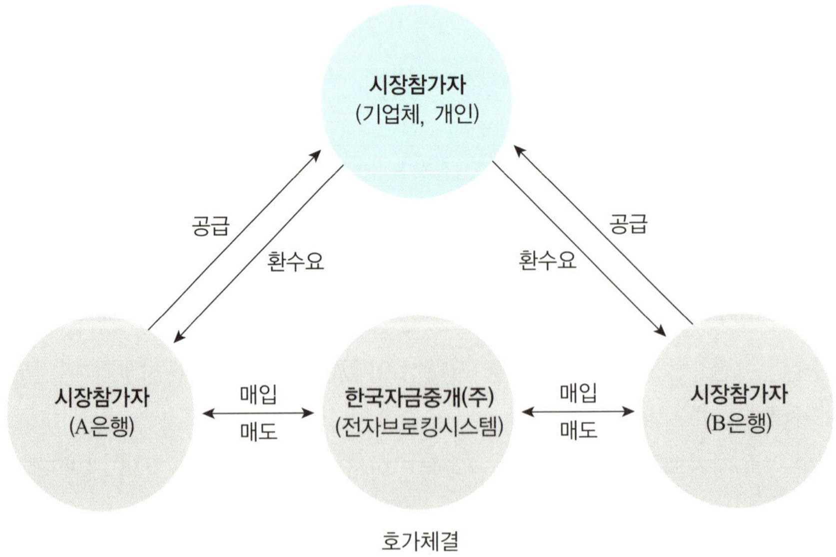

자료: 한국자금중개

표 1-5 | 주요 외국환 중개회사

구 분	서울외국환중개	한국자금중개
설립일자	2000년 9월 18일	1996년 7월 18일
업무범위	외국환중개, 원화자금중개	외국환중개, 원화자금중개, 채권중개
주요주주	금융결제원 100%	62개 금융회사(은행(39%), 증권사(20%), 종금사(11%), 생보(4%), 기타(26%)
자본금(억원)	100	100

일물에서 최장 90일물까지 거래되며 시장의 자금수급에 따라서 거래이자율을 결정한다. 담보콜거래는 1992년 7월 도입된 후 자본시장법상의 증권, CD 및 현금 등을 담보로 한다. ② 환매조건부채권(Repo)은 유가증권을 보유한 기관이 일정한 시점에 재매수할 것을 전제로 보유한 채권을 매도하거나(Repo 매도), 반대로 유가증권을 환매도할 것을 전제로 상대방의 채권을 매수하고 자금을 빌려주는(Repo 매수) 거래이다. ③ 기업어음(commercial paper)은 신용상태가 양호한 기업이 발행한 융통어음이다.

제2절 회사제도의 이해

1. 자본주의

보이지 않는 손 자본주의(capitalism)는 사유재산을 기반으로 상품 또는 서비스의 가격, 투자, 분배 등을 시장에서 실시한다. 따라서 자산이나 자원의 소유가 고용보다 우선되기 때문에 자본축적이 모든 개인의 선결과제이다. 기업은 생산자 간의 경쟁에서 생존하기 위하여 생산성을 향상시켜서 제품가격을 낮춰야 한다. 기업이 경쟁을 하면 소비자에게 이익이지만 기업은 시장을 독점하면서 이익을 조절할 수도 있다. 또한 자본주의는 경제의 과학적 설명과 정당화를 목표로 시장의 가격결정과 개인의 합리적 선택을 중시한다.

자본주의는 역사적 상황을 배경으로 중상주의와 중농주의의 학설을 비판하면서 성립하였다. 자유경쟁을 전제로 노동가치설을 택하면서 시장을 매개로 생산 · 분배를 입체적 분석하여 경제학을 하나의 과학으로 체계화하였다. 수요이론에서 세이의 법칙[24]을 전제로 임금은

24 공급은 스스로 수요를 낳는다.

노동의 한계생산물과 동일하며, 임금의 한계효용과 노동의 한계효용은 대등하다는 두 가지 공준(公準)을 채택한다.

자본주의는 생산활동을 사전에 조정하고 관리하는 매개자가 없고 시장에서 '보이지 않는 손'에 의하여 생산활동과 투자활동을 전개한다. 자본주의에서 ① 상업자본주의는 생산과정 없이 유통과정에서 상품매매로 이윤[25]을 획득한다. ② 산업자본주의는 생산과정에서 잉여가치를 창출하여 이윤을 얻는다. 그리고 ③ 금융자본주의는 상품의 생산과정도 매매과정도 없이 이윤이나 이자를 발생시킨다.

표 1-6 | 생산요소와 목표

생산요소	토 지	노 동	자 본	금 융
주 체	지 주	노동자	자본가	주 주
목 표	지 대	임 금	이 윤	이자 · 배당

아담 스미스(A. Smith)는 1776년 『국부론』(The Wealth of Nations)에서 더 많은 자원을 생산하여 모든 사람이 더 부유해질 수 있도록 자유가 경제에 중요하다고 하였다. 보이지 않는 손(invisible hands)이 시장의 수요와 공급을 자율적으로 조절하고, 개인들의 사적 이익추구가 사회와 경제에 이익을 준다고 하였다. 사람들도 부유해질수록 소외된 약자들을 돕고 재산의 사회환원을 실천한다. 그러나 고전경제학은 제1차 세계대전 이후 1920년대 세계적 공황으로 보이지 않는 손에 대한 의구심을 키웠다.

이에 대하여 케인즈는 투자가 감소하면 유효수요의 부족으로 심각한 위기를 겪기 때문에 경기불황기에 정부가 적극적으로 수요를 유인하여 공급을 창출해야 한다고 하였다. 루스벨트의 뉴딜정책은 케인즈의 주장을 적극 반영한 결과이다. 1930년대 미국의 경기는 유효수요가 절대적으로 부족해서 디플레이션과 대규모 실업의 대공황(great depression)을 겪었다. 케인즈는 소비와 투자의 비탄력성, 화폐시장의 투기적 수요와 유동성 함정(liquidity trap), 노동시장의 화폐환상(money illusion)과 임금의 하방경직성으로 상품시장의 이자율을 설명하였다. 따라서 경기가 불황일 때 정부가 통화정책보다 재정지출로 부족한 유효수요를 보전해야 경기가 살아날 수 있다.

국가주도의 제국주의와 달리 자본주의는 궁극적으로 규모의 경제를 추구한다. 19세기 후반부터 기업의 자본축적으로 대기업을 형성하면서 시장의 지배력을 확대하였다. 대기업은

25 이윤은 생산에 투입되어 위험을 부담하기 때문에 이자와 동일하지 않다.

시장지배력을 이용하여 중소기업에 비교우위를 가지면서 고가정책을 취할 수 있었다. 자본의 집중은 평균생산비용을 감소시키면서 더 많은 상품을 만들어 낼 수 있다. 챈들러(Chandler)는 미국 자동차산업의 기업들의 경우 규모의 경제를 달성하여 대기업으로 성장하였다고 설명하였다. 규모의 경제가 시장수요를 충족할 만큼 크고 지속적이면 한 기업이 산업 전체의 생산량을 낮은 비용으로 생산할 수 있다. 이것은 낮은 비용으로 제품을 생산하고 경쟁자를 몰아내는 자연독점[26]으로 발전할 수 있다.

또한 기업 간의 담합[27]은 기업연합(cartel),[28] 기업합동(trust), 기업집단(konzern) 및 지주회사(holding company)의 형태로 시장의 자율적 조정기능을 방해한다. 시장에 소수의 생산자가 서로 담합을 결정하고 카르텔을 형성하여 가격과 생산량을 통제하는 독점상태를 만들면서 경쟁을 소멸시킬 수 있다. 국제항공운송협회(IATA)와 석유수출국기구(OPEC)는 업종대표 단체와 국가 간 협력체로 가격을 통제하면서 시장을 위협한다. 이러한 담합은 반독점법이나 경쟁법의 제정으로 금지한다.

마르크스와 베버 개인은 생계를 위한 직업, 미래의 자아실현을 위한 경력, 그리고 전문성과 자존심을 표현하는 소명을 평생 동안 추구한다. 마르크스(K. Marx)는 한 사회의 물질적 조건이 이러한 생각과 의식을 결정한다고 주장하였다. 즉 한 사회의 정신적 상황이 물질적 변화를 일으키는 것이 아니라 물질적 상황이 정신적 상황을 결정한다. 특히 경제적 힘이 다른 모든 분야에 변화를 일으켜서 역사를 발전시킨다. 이러한 점에서 자본주의는 사적 생산관계를 기반으로 생산물을 소유하고 통제하는 생산양식이다.

자본주의가 기술혁신과 산업능률을 이끌어서 사회에 엄청난 제품을 제공하고, 개인도 상품을 소유하거나 이윤을 추구하기 위하여 거래할 수 있다. 사유재산은 개인의 이익추구 기회와 시장참여를 촉진시킨다. 따라서 사유재산의 관리방법은 상호 신뢰와 관습을 기반으로 ① 모든 재산을 공동소유하고 각자 사용한다. ② 집단이 재산을 소유하고 사용한다. 그리고 ③ 개인이 재산을 소유하고 사용한다. 17세기 로크(J. Roke)는 개인의 재산권을 주장하였고, 칸트(Kant)는 사유재산을 개인의 정당한 표현방법이라고 하였다. 그러나 마르크스

---

26 독점은 한 기업이 특정 시장을 통제하는 상황으로 경쟁하지 않으면서 적게 생산하고 가격을 높인다. 대부분의 국가에서 한 기업의 시장점유율이 25% 이상일 경우 독점으로 간주한다.

27 담합은 시장의 효율성을 떨어뜨리는데 시장이 생긴 이후로 오랜기간 존속하고 있다.

28 ① 기업연합은 생산 및 판매에서 경쟁을 방지하고 수익을 확보하기 위해 동종상품이나 상품군을 생산하는 독립기업들 간의 수평적 결합을 의미한다. ② 기업합동은 시장을 지배할 목적으로 동종 혹은 이종기업이 자본적 결합으로 하나의 기업을 형성한다. ③ 기업집단은 대기업이 자본지배를 목적으로 여러 산업에 속한 중소기업의 주식을 보유하거나 자금대여로 금융결합을 한다. 그 밖에 ④ 지주회사는 다수의 자회사를 거느리는 모회사를 말하며, 순수지주회사와 영업지주회사로 구분된다.

(Marx)에 따르면 사유재산으로 자본가가 노동자를 착취하면서 노동자는 모든 부와 권력을 통제하는 지배계층에서 배제될 수 있다. 자본가나 기업가는 상품과 서비스를 생산하여 판매하고 이윤을 극대화하기 위하여 최소의 임금을 유지한다. 이러한 현상으로 대기업이 규모의 경제로 이윤을 극대화하지만 중소기업은 임금을 포함한 비용의 축소로 이윤을 얻는다.

한편 베버(M. Weber)는 경제현상이 결코 완벽하지 않기 때문에 많은 마르크스주의적 개념을 형이상학적 사상이라고 하였다. 종교의 금욕적 청교도(칼뱅주의)라는 특정한 성격이 서구의 합법적 권위, 관료제, 자본주의에 영향을 끼쳤다고 강조하였다. 특히 서유럽의 개신교 국가가 남유럽의 가톨릭 국가보다 빠르게 자본주의를 발전시키고 산업혁명을 이룩하였는지 분석하였다. 그 중에서 청교도들이 모여 사는 국가에서 청교도인들의 소명의식[29]을 주목하였다. 그것이 자신의 직업에 대한 충직함과 열정을 형성하는 데 도움을 주기 때문에 부는 천박한 것이 아니라 정당한 결과라는 것이다.

표 1-7 | 소명의식의 주요 내용

1. 직업에는 귀천이 없으며 각자가 자신의 직업에 충실하면 정당한 부를 획득할 수 있는 사회구조를 마련해야 한다.
2. 각자가 노동을 통해 정당하게 축적한 부는 사회적으로 정당하게 인정받아야 한다.
3. 이렇게 축적한 부는 사치와 향락을 위해 쓰는 대신 자기계발이나 미래를 위한 투자 등 건설적 방향으로 사용되어야 한다.
4. 이러한 과정을 거칠 경우 전반적 사회의 발전을 불러올 수 있다.

청교도윤리는 개인의 사치나 쾌락 등을 금지하여 정당한 부가 헛된 곳으로 나갈 가능성이 거의 없었다. 이러한 정당한 부의 축적은 새로운 부를 창조하는 도구로서 근대 자본주의를 형성하는 정신적 토대가 되었다. 베버는 프로테스탄트적 윤리와 직업정신으로 합리성과 청빈주의를 추구하기 때문에 이것을 통하여 자본주의 태동과 산업화의 성공을 증명하였다. 마르크스가 근대 자본주의 태동을 '임금 = 노동'의 공식으로 노동착취에 따른 화폐축적이라고 한 이론과 차이점이 있다. 또한 자본주의는 소유관계, 기술과 지식의 발전만으로 설명할 수 없는 종교적 이상과 관념이며, 사회 전이과정도 인간의 심리적 요인에서 비롯되었다.

노동은 항상 제품과 서비스를 생산하는 중요한 자원이지만 기술로 대체되고 있다. 자본은 기계, 도구, 건물과 여타 물질적 생산수단을 포함한다. 기업가정신은 자원을 사용하여 비즈니스를 시작하는 도전정신이다. 지식은 기업에 혁신을 제공하면서 사람들이 요구하는 적합

29 소명의식은 "인간은 신이 부여한 사명을 따르고 내세 대신 현세를 열심히 살아야 한다"는 것이다.

한 서비스를 제공한다. 자신에게 주어진 진정한 소명을 깨달았을 때 의미있는 삶을 살 수 있다. 그러나 자본주의에서 부자와 빈자, 부국과 빈국의 차이가 커지고 인간소외, 물질숭배, 생산과 소비의 과잉, 공황 등의 문제도 확대되고 있다.

신자유주의 1980년대 미국의 경제는 경기침체에도 물가가 상승하는 스태그플레이션으로 케인즈이론의 한계를 나타냈다. 케인즈경제학은 1920~30년대 세계적 공황을 극복하는 이론적 뒷받침을 제공했지만 1970년대 이후 불황으로 고전경제학처럼 시험대에 오른다. 경기가 침체되면서도 물가가 상승하는 스태그플레이션이 케인즈이론의 경제정책 때문이라는 비판이 시작되었다. 이런 상황에서 적극적 정부개입을 강조한 케인즈의 수정자본주의를 반박하는 신자유주의[30]는 시장을 근간으로 자유시장, 규제완화 및 재산권을 중시하였다. 신자유론자는 국가권력의 시장개입을 완전히 부정하지 않지만 시장개입에 따른 효율성과 형평성의 악화를 지적하였다. 영국병을 고치기 위한 대처리즘과 시카고학파의 신자유주의는 미국에서 닉슨의 정책과 레이거노믹스의 이론적 토대였다.

이론적으로 래퍼(A. Laffer)는 "한 나라의 세율이 적정수준을 넘어서 비정상 혹은 비표준지대에 놓여 있을 때 세율을 낮춰서 경제주체들의 창의력을 높이고, 경기와 세수가 동시에 회복될 수 있다"는 래퍼효과(Laffer effect)를 제시하였다. 그렇지만 자유주의의 역효과로 대처정부에서 추진된 영국철도는 민간에 매각된 후 유지 · 보수비용과 인력의 감축으로 열차충돌, 전복 등의 크고 작은 열차사고를 발생시켰다. 그리고 경영효율성이 크게 떨어져서 적자의 증가로 정부보조금을 투입하면서 2002년 재국유화되었다. 아르헨티나도 2000년 경제위기에서 국제통화기금(IMF) 구제금융의 조건으로 공기업을 민영화하였다. 그러나 공공요금이 상승하면서 서민경제를 압박하였고, 2003년 우정사업, 2006년 상수도사업, 그리고 2008년 항공사를 재국유화하였다.

1974년 하이예크의 노벨 경제학상 수상으로 태동한 신자유주의는 레이거노믹스를 거쳐서 워싱턴 컨센서스[31]로 정점에 이르렀다. 이때 재무부장관인 폴슨은 2008년 9월 7,000억달러의 긴급구제금융 프로그램을 의회에 요청하였다. 그 돈은 악성 모기지와 부실자산 매입을 위해 쓰일 계획이었지만 금융회사의 주식을 매입하는 데 사용하였다. 미국은 시장의 자율적

---

30 신자유주의는 자유경쟁의 촉진, 효율성과 이윤의 극대화, 규제철폐, 공기업의 민영화, 노동시장의 유연성 촉진, 정부기구 및 기업구조조정, 공공재의 철폐 등의 내용을 담고 있다. 신화폐수량설의 프리드먼과 모든 계획경제를 철저히 반대한 하이예크 등이 대표적이다.

31 워싱턴 컨센서스는 시장경제를 확대하기 위하여 국가의 개입을 축소하고 시장을 개방해야 한다는 구조조정정책이다. 이 경우 선진 금융자본은 기간산업의 민영화와 규제완화에 따라서 수익성 높은 시장과 손쉬운 이익의 기회를 확보할 수 있다.

자원배분을 위하여 장기적으로 관세를 철폐하고 자본과 노동력까지 자유로운 이동을 강조한다. 이것은 정부의 시장간섭을 거부하면서 전 세계 장벽을 무너뜨린 미국의 자기부정이었다.

자본주의는 경쟁의 결과에 따른 소득과 부의 불평등을 인정한다. 그러나 그 결과는 소수에게 돌아가고 효율성을 제고하기보다 부유층과 빈곤층으로 양극화현상을 만든다. 국내는 소득불평등에 따른 양극화, 고용없는 성장, 불공정한 시장, 재벌중심의 경제력 집중, 불안정한 고용구조 등의 문제를 안고 있다. 이에 따라서 중산층이 축소되고 사회계층의 분할을 가속화하고 있다.

주요 자본주의의 특징으로, 첫째 영미식 자본주의는 주주의 권리를 중시한다. 시장에 대한 국가의 개입을 최소화하고 시장이 개인별 성과를 평가한다. 자본시장은 주주에게 강력한 권한을 부여하고 적대적 인수합병(M&A)도 사회적으로 인정한다. 또한 수시로 경영자를 교체하고 노동자의 정리해고도 자유롭다.

둘째, 독일식 자본주의는 노동자의 권리를 중시한다. 시장의 효율성과 사회연대를 중시하는 사회적 시장경제를 지향한다. 은행중심의 간접금융이 실물을 지원하고 자본과 노동의 공동참여로 운용된다. 경영자의 수명도 장기이고 노조와 장기적 협조관계를 유지하면서 기술축적에 주력한다.

셋째, 국내 자본주의는 해방 전후의 농지개혁, 농업중심의 산업과 소작농제도하에서 시장경제를 받아들였다. 개발경제시대에 국제교역의 확대와 소득증대를 위하여 규제완화, 조세감면, 그리고 기업 간 국제경쟁 등의 시장주의를 확대하였다. 그러나 기술개발과 경쟁력을 확보하는 과정에서 산업 간의 큰 차이로 양극화문제가 발생하였다.

2. 금융자본

주식(stock)은 회사에 대한 지분을 표시하면서 매매를 통하여 주주의 위치를 변경할 수 있다. 가장 오래된 증권은 최초의 주식회사인 네덜란드 동인도회사에서 발행한 주식이다. 1600년대 초 네덜란드는 해외 무역활동으로 부를 축적하는 과정에서 태풍, 해일, 해적 등으로 선박이 귀환하지 못하는 일이 많았다. 이에 따라서 투자자가 위험을 분산시키고 출자지분에 따라서 이익을 배분하는 주식회사를 시작하였다. 국내의 경우 9세기 말 해인사가 토지를 구입하면서 전권(田券)이라는 문서를 발행해 토지나 노비의 매매를 증명하였다. 증권은 1876년 강화도조약 체결 이후 최초 주식회사인 천일은행(구 상업은행, 1899년)에서 발행하

그림 1-5 국내 금융시장의 구조

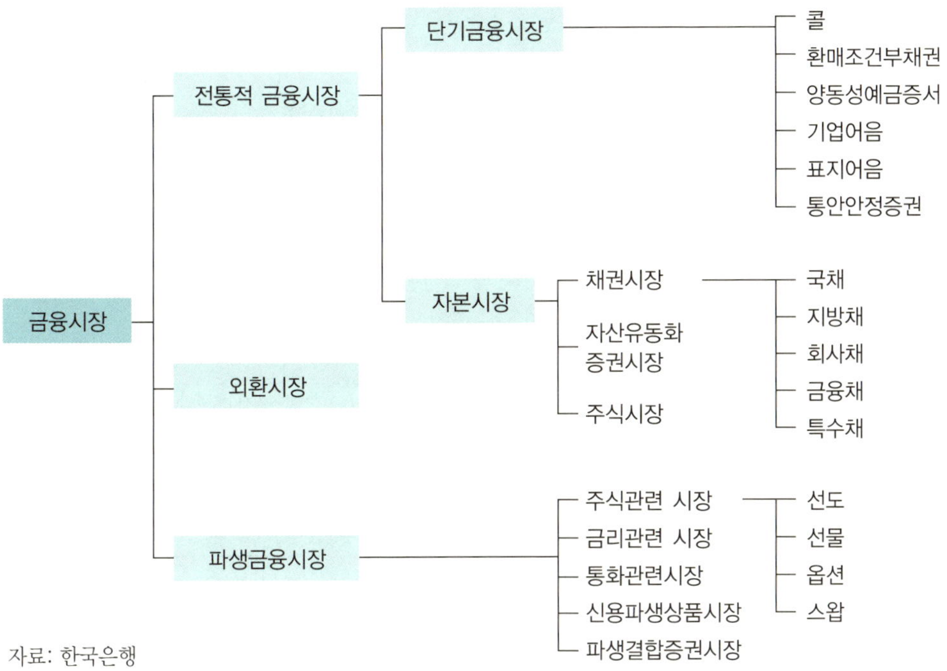

자료: 한국은행

였다.

20세기 초 증권화는 자본의 소유와 경영의 분리로 경영권에 관심이 없는 거대한 금융자본의 기업지배현상을 발생시켰다. 미국에서 JP모건이 중앙은행의 역할을 수행하면서 철도, 전화, 가스, 전력 등의 산업을 지배하였다. 또한 금융자본은 주주가치의 증가가 예상되는 기업에 직접 투자하거나 M&A 등으로 기업의 경영에 개입하였다. 독일의 경우 금융자본이 산업자본을 지배하는 겸업주의 방식으로 산업발전을 도모하고 있다. 그러나 금융은 타인자본으로 산업자본을 잠식하여 경제집중을 야기할 우려가 높다. 그 반대로 동서증권, 한남투신, 동양증권 등은 산업자본의 금융지배로 사금고화하여 부실화를 초래하였다. 금산분리는 금융회사(은행, 보험, 증권 등)의 비금융기업 지배나 산업자본의 금융회사 지배를 금지하여 양자를 분리시킨다.

영국과 미국은 자본시장을 중심으로 기업을 감시하면서 주주들의 금융이익을 중시한다. 반면에 독일은 은행을 통하여 이익의 사회환원, 노동자의 권익과 그 책임을 중시한다. 그런데 산업은 철강, 철도, 자동차, 중공업, 기계 등의 상품중심에서 법률, 건강, 통신, 오락, 금융 등의 서비스산업으로 발전하고 있다. 자본시장은 주주가치를 창조하고 평가할 뿐 매출액, 자본금, 기업의 규모 및 종업원의 이해관계 등을 중시하지 않는다.

표 1-8 | 화폐와 자본의 연혁

연 도	사상가 또는 제도	주요 내용
1397	메디치은행	이탈리아 피렌체에 최초의 금융회사
1400	환어음 유통	상인은행에서 지급수단으로 사용
1492	콜럼버스	아메리카에서 금의 대량 유입으로 통화량 증가
1776	아담 스미스	국부론 출간, 자본주의 토대 마련
1798	토마스 맬더스	『인구론』에서 인구가 자원보다 많아질 위험과 고통 경고
1838	앙투안 쿠르노	경제학에 함수와 확률의 개념, 수요와 공급곡선의 제시
1867	칼 마르크스	『자본론』 출간
1929	대공황	월스트리트 금융시장의 폭락에 따른 공황 발생
1936	존 메이너드 케인즈	'일반이론' 에서 국가의 역할과 거시경제학 방법론 제시
1950	밀턴 프리드먼	정부의 통화공급량에 대한 통화주의 정책 주창
1971	리처드 닉스	브레튼우즈체제의 파기
2013	토마 피케티	세습에 따른 부와 소득의 불평등 제기

금융시스템은 규모의 경제와 위험관리를 통하여 성장하여 왔다. 규모의 경제(economy of scale)[32]를 실현하기 위하여 국내외 금융회사들은 1990년대 이후 인수합병을 통하여 규모를 확대하고 있다. 금융회사의 규모가 수익이나 비용을 결정하며 규모가 클수록 비용이나 수익 측면에서 유리하다. 또한 규모가 커질수록 중복투자의 가능성도 감소하고 업무범위의 증가 등으로 자금조달 및 운용상의 효율을 기할 수 있다. 규모의 경제는 대규모 설비의 경제성, 대량구입에 따른 운임과 원료비 감축, 그리고 분업에 의한 생산요소의 전문화를 지향한다. 기간산업이나 금융회사는 사업초기에 자본금 규모가 상당한 수준을 요구하여 초기 평균비용이 높다. 이후 사용자는 빠르게 증가하지만 추가 투자부담이 적어서 산업의 평균비용도 점차 하락한다. 초기 투자비용이 막대한 철도, 통신, 전력 등의 인프라산업이나 금융회사에서 규모의 경제가 나타난다. 또한 각자 전문분야에서 분업을 수행할 경우 생산비용의 증가보다 생산량이 더 빠르게 증가하면서 평균비용을 낮출 수 있다.

한편 범위의 경제(economy of scope)는 한 기업이 복수의 생산물을 동시에 생산하는 비용이 두 개 이상의 기업으로 분리하여 생산하는 총비용보다 작을 때 나타나는 비용절감효과이다. 은행산업은 고정비용분산효과와 비용보완효과를 추구한다. 고정비용분산효과는 다양

32 규모의 경제 또는 규모의 효율성은 기업의 산출량이 증가하면서 생산단가, 즉 장기평균비용이 하락하는 현상이다. 기업의 성장으로 생산량이 증가하면서 원료, 기계, 노동력을 더 많이 사용하고 규모가 커질수록 단위당 생산비용도 감소한다.

한 금융상품을 동일한 인력과 시설로 생산하는 결합생산이 용이하여 업무다각화에 따라서 한계생산비용을 줄인다. 비용보완효과는 금융상품의 생산과정에서 얻어지는 정보를 다른 금융상품에 이용하여 정보의 생산 및 관리비용을 절감한다.

금융자본은 저이자율을 통한 금융확대로 단기성과를 추구한다. 저이자율과 고레버리지는 필연적으로 실물의 변동성을 확대시켜서 버블을 발생시킨다. 버블이 더 이상 유지되지 못하고 붕괴하면 디플레이션의 발생과 금융위기를 초래한다. 그리고 그 위기는 주식회사제도에서 소유와 경영의 분리로 국민의 세금으로 해결해야 한다. 이러한 문제들을 극복하기 위하여 금융자본이 부채를 줄이고 현금과 소득흐름을 뒷받침할 수 있도록 고용과 투자에 집중할 수 있어야 한다.

3. 주식회사

발전 기업(corporation)은 생산수단의 소유와 노동을 분리하여 제품이나 서비스를 생산하여 이윤을 얻어 영리를 추구한다. 고대 앗시리아 상인, 중세 이탈리아 프라토 상인, 교황의 대리인 메디치가문, 식민지관리의 동인도회사(Easet India Company), 유한책임의 주식회사, 미국식 대기업의 출현, 다국적기업의 발전, 연구개발 및 기술중심의 벤처기업 등으로 발전하여 왔다.

세계 최장수 기업은 578년에 설립된 일본의 '곤고구미(金剛組)'라는 건설회사이다. 곤고구미는 백제의 목수 유중광이 일본에 정착하며 시텐노우지라는 절을 지으면서 설립하였다. 이 회사는 절과 성을 건축하고 유지보수하는 데 특화한 건설업체로 우수한 기술력으로도 유명하다. 12세기 이탈리아에서 가족들이 공동출자하여 무한책임을 지는 콤파니아(Compania)를 설립하였다. 그리고 복식부기가 1340년경 등장하였고 북부 프라토의 상인들은 모든 것을 기록으로 남겼다. 유럽에서 가장 오래된 기업은 1288년에 설립된 스웨덴 광산회사인 스토라(Stora)로 왕실의 위탁업무를 수행하였다. 스토라는 구리제품의 생산에서 출발하여 1894년 화학산업, 1898년 엔소(Enso)와 합병하였다.

초기 주식회사는 북동항로를 개척할 목적으로 1555년 영국에 설립된 머스커비(Muscovy)이다. 유럽의 상선은 높은 이윤배분을 약속하고 기금을 모았는데 리스크가 높고 투자자금의 장기 고정화의 문제점을 가지고 있었다. 주식회사는 투자자가 투자비율에 따라 이윤을 배당받는 대신에 리스크를 공유한다. 네덜란드의 동인도회사는 1599년 설립되어 자유무역권을 보장받아서 세계적 기업으로 성장하였다. 점차 주식회사는 유한책임의 유한상장회사(public limited company)로 발전하였다.

초기 영국에서 정부의 특별허가에 의하여 주식회사를 설립할 수 있었지만, 미국은 작은 정부의 원칙하에서 사유재산권과 계약의 자유를 보장하면서 기업을 허가하였다. 근대 기업은 자연인과 동일하게 사업을 수행하는 법인[33]의 설립, 투자자금의 매매가 가능한 지분권의 발행, 그리고 투자금액으로 책임을 제한하는 유한책임제도로 발전하였다. 그리고 제2차 세계대전 이후 미국 기업의 발전으로 주식회사의 전성시대를 맞이하였다. 미국 상위 200개 대기업의 자산은 1947년에서 1968년까지 국가 전체의 47.2%에서 60.9%까지 상승하였다.

독일은 국가의 경쟁력을 제고하기 위하여 경쟁보다 노사협력을 강조한다. 기초 경제단위를 개별적으로 인식하지 않고 국가의 일부로서 간주하고, 은행은 대기업 여신에 주력하면서 중소기업을 지원한다. 그러나 미국의 기업은 생산성을 갖춘 전문화된 사업분야에 주력하였다. 1923년 GM의 사장이 된 슬론(Sloan)은 소비자들의 능력에 맞는 자동차를 공급(캐딜락, 뷰익, 폰티악, 시보레)한다는 판매전략으로 포드를 앞설 수 있었다. 그는 실적을 분석하여 인센티브를 지급하고 실적부진의 원인을 파악하였다. 듀퐁(Dupont)도 제품별로 독자적 사업부를 도입하고 특수한 능력을 가진 종업원에게 책임을 부여하여 혁신을 제도화하였다.

형태 기업의 목적은 하나의 독립된 경제실체로서 끊임없는 환경의 변화 속에서 생존하고 성장과 번영을 계속할 수 있도록 가치를 창출한다. 따라서 기업은 투자자에게 상품과 서비스의 제공, 고용기회의 제공, 부가가치의 창출, 그리고 다양한 사회적 욕구를 만족시켜야 한다. 그 목적에 따라서 사업자등록을 하는데 사업자가 인적사항 및 사업내용 등을 세무서에 등재하고 사업자등록번호를 부여받는다.

기업의 형태는 사기업, 공기업 및 공사공동기업으로 구분한다. 사기업은 자연인이 주체가 되는 개인기업, 소수공동기업과 다수공동기업으로 나눌 수 있다. 첫째, 개인회사(sole

표 1-9 | 기업의 형태

구 분	주 체	종 류
사기업	자연인	개인기업, 조합(익명, 의명)
	법 인	합명회사, 합자회사, 유한회사, 주식회사
공기업	법 인	국영기업, 지방공기업,공사, 공단, 금고
공사합동기업	법 인	특수기업, 특수회사

33 법인은 법에 의하여 권리의 의무의 주체가 될 수 있는 자격을 부여받은 대상이다.

proprietorship)는 회사의 자산과 부채가 소유주 개인의 자산과 부채가 되며 무한책임을 가지지만 관리비용이 낮다.

둘째, 소수공동기업으로 ① 합명회사(general partnership)는 극히 친밀한 사람들의 공동사업에 적합한 회사로 무한책임이다. 그리고 무한책임사원이 이탈하면 기존회사를 해체하고 신규회사를 설립해야 한다. ② 합자회사(limited partnership)는 무한책임사원이 경영하고 자본을 제공한 유한책임사원에게 이익을 분배한다. 합명회사처럼 친밀한 사람들이 공동으로 사업할 때 적합한 형태이다. 한편 ③ 유한회사(limited liability company)는 유한책임사원으로 구성된다.

셋째, 다수공동기업인 주식회사(corporation)는 1인 이상의 유한책임사원을 주주로 구성되고 자체 재산과 부채를 소유하고 계약할 수 있다. 주식회사는 민간자본을 국가정책에 이용하여 세수를 확보하려는 국가와 위험을 줄이고 배당을 확보하려는 투자자의 이해관계로 이루어졌다. 주주는 이사선임권으로 경영자에게 주식가치의 증대를 요구하지만 유한책임으로 기업의 위험에서 벗어나 있다. 또한 협동조합(cooperative)은 출자금에 관계없이 조합원 총회에서 1인 1표의 원칙으로 운영된다. 산업혁명으로 발전한 대기업에 대항하기 위하여 19세기 초 형성되어서 소비자협동조합, 생산자협동조합, 직원협동조합, 다중이해협동조합 및 사회적협동조합[34] 등으로 발전하였다. 구성원의 신용상태를 상호 점검하고 필요한 구성원에게 장기대출을 하였다.

회사의 소유주는 전문경영자의 우수한 사업능력, 효과적 목표달성, 소유주의 위험분산, 정보수집비용의 절감, 학습곡선과 영구조직효과 등을 활용한다. 그러나 상호 이해충돌로 대리인문제(agency problem)는 감시비용(monitoring cost),[35] 확증비용(bonding cost)[36] 및 잔

표 1-10 | 주식회사의 장 · 단점

장 점	단 점
• 유한책임사원 • 회사 기간의 영속성 • 소유와 경영의 분리 • 소유권 이전의 용이 • 증자 용이	• 소유와 경영의 분리로 경영권 분쟁 • 법인세와 배당소득세의 이중과세

34 사회적협동조합은 지역주민들의 권익 · 복리증진과 관련된 사업을 수행하거나, 취약계층에게 사회서비스 또는 일자리를 제공하는 협동조합이다.

35 감시비용은 대리인의 행위가 주체의 이익에서 이탈하는 것을 감시하기 위하여 주체가 부담하는 비용이다. 사외이사제도, 외부감시비용, 감사조직, 감사활동, 소액주주활동, 위임장 등으로 관리한다.

36 확증비용은 대리인이 주체에게 해가 되는 행위를 하지 않고 있음을 확증하기 위하여 대리인이 부담한다. 이 비용

여손실(residual loss)[37]을 발생시킨다. 주주도 이윤발생시 자본비용만 부담하고 배당을 받지만 투자한도 내에서 책임지기 때문에 도덕적 해이(moral harzard)의 문제를 초래한다. 따라서 실물자산의 관리자인 경영자와 기업의 청구권자인 주주가 자본시장에서 분리되고, 주식의 매입이나 매도로 그 의사를 반영한다.

회사의 시장가치가 여러 가지 이유로 내재가치보다 낮아졌을 경우 M&A나 위임장경쟁(proxy fight) 등으로 경영진을 교체할 수 있다. 경영진과 주주 간의 바람직한 관계로 경영에 관한 다양한 견해를 수렴하고 경영실패를 최소화해야 한다. 경영진과 이사회는 주주들의 의견을 논의하는 주주간담회 등의 공식절차를 정책화하고 그 협의과정을 조직화할 필요가 있다.

다국적기업 다국적기업은 둘 또는 그 이상의 국가에서 활동하며 범세계적 조직과 정보망을 가지고 다양한 국제전략을 활용하는 최고경영층과 의사결정방식으로 운영한다. 근대적 형태의 주식회사가 출현하기 전부터 이탈리아의 메디치가문, 독일의 로스차일드가문 및 중국의 화상을 중심으로 발전하였다. 다국적기업은 국가 수탁기관인 동인도회사를 중심으로 발전하다가 영국의 철도산업, 독일의 화학산업과 전기산업에서 성장하였다. 또한 다국적기업은 약탈로 일관했던 제국주의적 측면도 있었지만 복지나 교육기관의 설립, 사회간접자본의 구축 및 상호 신뢰감의 조성 등에도 기여하였다.

다국적기업은 국내기업의 단순한 집합체가 아니라 새로운 사업모델로 세계를 단일시장으로 만들고 있다. 현지의 경쟁자들보다 높은 임금을 지불하면서 월등한 자본력, 뛰어난 기술력과 생활수준의 향상 등에 기여하였다. 규모의 경제에서 오는 장점을 충분히 활용하면서 다양한 자금조달방법으로 자금조달비용을 축소하였다. 그러나 다국적기업은 신흥국들에게 새로운 시장과 사업의 동반자이지만 저임금의 노동력 착취의 대상으로 인식되고 있다. 다국적기업은 정부의 공권력과 독점권을 얻기 위하여 접대, 선물, 인맥 그리고 뇌물 등을 활용한다. 특히 뇌물은 해외진출시 사업의 인 · 허가 과정에서 진행속도를 높여 준다. 그리고 다국적기업은 현지국에서 생활수준의 향상, 불화와 소외감 등을 해결할 과제를 가지고 있다.

기업은 이해관계자에 대한 사회책임경영(responsible)을 다하고 기업의 고유 목표에 대한 지속가능경영(sustainable) 및 윤리경영(ethical)을 실시해야 한다. 그렇지만 몬산토(Monsanto)의 유전자변형 식량, 유니언 카바이드(Union Carbide)의 환경오염, 그리고 맥도

은 스톡옵션, 성과보상, 회계감사, 상벌규정, 의사결정의 제약으로 감소시킨다.

37 잔여손실은 감시와 확증에도 불구하고 대리인의 의사결정이 주체의 의사결정과 일치하지 않기 때문에 발생하는 기업가치의 감소분이다.

날드(Mcdonald)의 그릇된 식습관 조장 등은 전 세계적 문제점으로 나타나고 있다. 또한 다국적기업이 위치하는 국가의 자원과 인재를 독점하면서 세상을 하나의 거대한 사업장으로 인식한다. 정보통신의 발달은 전 세계를 시간대별로 조직하고 시간의 제약을 벗어날 수 있도록 하고 있다.

사회적 기업 사회적 기업(social enterprise)은 사회적 목적을 우선적으로 추구하면서 상품과 서비스의 생산판매 등의 활동을 수행하면서 사회서비스 제공과 사회적 약자의 일자리를 창출한다. 지정기준은 인증신청일이 속하는 직전 6개월의 영업활동에서 총노무비가 총수입의 50% 이상이어야 한다. 그리고 회계연도별로 이윤의 2/3 이상을 사회적 목적에 사용한다. 기업의 조직형태는 민법상 법인조합, 상법상 회사, 비영리단체이며, 법인 내 사업의 경우 기존 법인의 이름으로 한다.

설립목표에 따라서 ① 일자리 제공형은 취약계층에게 일자리를 제공한다. ② 사회서비스 제공형은 취약계층에게 사회서비스를 제공한다. ③ 지역사회 공헌형은 지역사회에 공헌한다. ④ 혼합형은 취약계층 일자리 제공과 사회서비스 제공을 한다. ⑤ 사회적 목적의 실현 여부를 계량화하여 판단하기 곤란한 경우 기타유형으로 분류한다.

스페인의 몬드라곤협동조합(Mondragon Corporation Cooperative) 2014년 말 매출은 110억유로(14조원)로 스페인 내 9위지만 고용규모는 7만 4천 명으로 3위에 해당한다. 몬드라곤은 동일한 출자금을 낸 조합원들에게 총회에서 1인 1표로 이사회를 조직하고 이익금을 균등하게 분배한다. 1개월에 1회 산업별 이사들이 모여서 합의를 통한 의사결정을 하고 있다. 모두가 회사의 주인으로 직접 중요 사안을 결정하고 열심히 일한다.

제3절 금융소비자

1. 투자와 투기

주요 개념으로 ① 투자(investing)는 불확실한 미래의 수익을 얻기 위하여 현재의 소비를 희생하는 과정이다. ② 저축(saving)은 현재 가지고 있는 자금을 은행 등의 금융회사에 맡기거나 사용하지 않는 단순한 투자이다. ③ 도박(gambling)은 단지 결과를 운에 맡기는 행위로

표 1-11 | 저축과 투자

구 분	저 축	투 자	재테크	재무설계
목 적	이자소득	자본소득	이자소득 + 자본소득	현금흐름
특 징	위험회피	위험부담	위험분산	시간분산
목표수익률	확정이자	실적배당	수익확대	수익관리
투자대상	예금, 연금, 보험 등	주식, 채권 등	종합자산관리	생애투자

자료: 김석진(2013)

높은 위험수준하에서 기대수익이 음(−)이다. 그리고 ④ 투기(speculating)는 자신이 감수하는 위험 이상의 수익을 기대하는 경우에 해당된다. 주식, 상품, 부동산 등의 가격은 투기수요로 일시에 급격히 상승할 수 있다.

투자대상으로 실물자산(real asset)은 유형자산인 토지, 건물, 기계 및 재고자산 등과 무형자산인 인적자원, 지적자산으로 구분한다. 그리고 금융자산(financial asset)은 실물자산에서 창출되는 미래소득의 청구권과 신용창출에 따른 수익성,[38] 위험성[39] 및 유동성을 지니고 있다. 개인의 부가 성장할 경우 실물자산보다 금융자산의 증가로 금융을 통하여 부를 이전한다.

투자이론에서 ① 고전학파의 현재가치이론은 기업가는 여러 기간에 걸쳐 발생하는 수익의 현재가치에서 비용을 차감한 이윤(즉, 순현재가치)을 극대화하는 투자행위를 한다. 투자계획의 순현재가치(NPV)가 0보다 클 때 투자를 실행한다. ② 케인즈의 한계효율이론은 기업가는 자본의 한계효율(MEC)[40]과 시장이자율을 비교하여 자본의 한계효율이 높으면 투자한다. 자본의 한계효율은 고전학파의 현재가치 식이 0이 될 때 수익률로 한계효율(MEC)이 시장이자율보다 클 때 투자한다. ③ 토빈의 Q이론은 시장가치의 증가분이 자본대체비용보다 크면 투자한다. $Q > 1$이면 순투자, $Q = 1$이면 대체투자, $Q < 1$일 때 투자를 중지한다. 그러나 주가변동이 클 때 Q값으로 결정할 수 없다.

합리적 투자자는 명목가치에서 예상물가변동을 제거하여 실질가치를 파악하고 투자한다. 그러나 화폐환상(money illusion)은 투자자가 화폐가치를 평가할 때 명목상의 가치와 실질

38 수익성은 일정기간 금융자산을 보유하여 얻는 이자소득, 배당소득과 양도소득에서 관련 비용을 차감한 수익의 크기이다.

39 위험은 금융자산의 보유에 따른 손실발생의 가능성이다. 유동성은 원금손실과 거래비용을 수반하지 않으면서 신속하게 현금화할 수 있는 정도이다.

40 자본의 한계효율(MEC: Marginal Efficiency of Capital, 내부수익률)은 자본재에서 기대되는 미래수익의 현재가치를 동 자본재의 공급가격과 일치하도록 하는 할인율이다. 기업가가 주관적으로 기대하는 수익률로 내부수익률이라고 한다.

적 구매가치를 혼동시킨다. 이와 같이 개인적 직관이나 판단은 부의 가치를 측정하는 사고의 한계를 만든다. 물건의 가격이 100원 오르고 급여가 100원 올랐을 때 기뻐할 수 있는 화폐환상에 빠진다. 유동성이 낮고 거래비용이 높은 부동산시장에서 수요자에게 재정능력 이상으로 주택을 구입하도록 자극하면서 주택가격이 꾸준히 상승할 것이라는 착각에 빠지게 한다. 모든 투자자는 화폐환상에서 자유롭지 않으며 이러한 심리를 활용하여 화폐의 양적완화 또는 이자율인하정책으로 경기부양 또는 거품을 발생시킨다.

현명한 투자자는 역사 속에서 혁신과 변동을 찾아서 성장과 발전을 만든다. 투자자는 역사를 체계적으로 정리하여 타산지석으로 삼고 투자환경의 변화에 어떠한 방식으로 혁신하고 적응했는지를 확인해야 한다. 투자대상이 내부효율성을 추구할 경우 이자율을 비교하여 투자하고, 신사업이나 신시장개척 등은 성장과 발전의 전망을 통하여 결정한다. 또한 해당 기업이 다른 기업과 어떠한 차이를 만들 수 있는지 면밀히 분석할 필요도 있다. 그것은 단기 성과지표가 아니라 건강한 지표를 수립한 중장기 전략과 비전에 기초해야 한다.

투자의 원칙은 미래에 달성하려는 목표투자, 시장예측에 의한 장기투자, 그리고 자산배분에 의한 분산투자이다. 이러한 원칙에서 종합자산관리는 재무설계, 세무, 법률, 보험, 기타 투자관련 분야를 다룬다.

그림 1-6 투자의 역사 파악과정

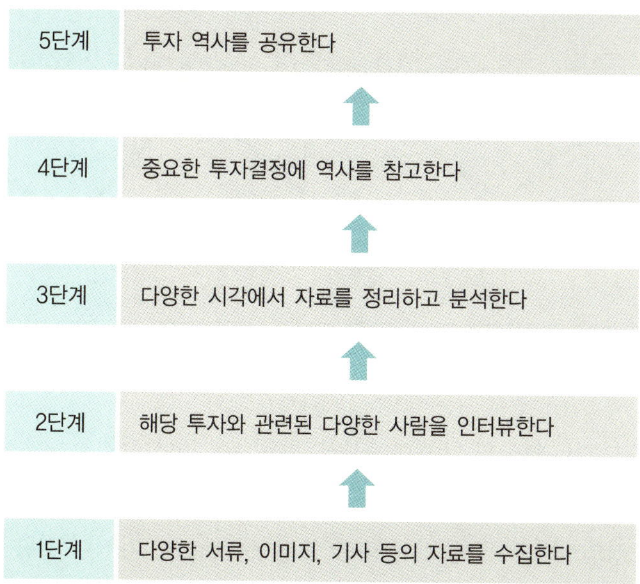

버블의 발생 버블(bubble)은 자산의 기본가치를 벗어나서 투기수요로 일시에 가격이 급격히 상승하는 현상이다. 자산가격이 거품보다 약한 가격상승을 붐(boom)이라고 한다. 어떤 산업에서 주가가 급등하면서 많은 사람들은 주가상승이 계속될 것으로 예측하고 흥분한다. 대중은 광기에 빠지면서 내재가치보다 훨씬 고평가된 주식을 매수한다. 그러나 점차 투자자들이 그 실체를 파악하고 시장을 이탈하면 가격하락과 시장붕괴로 연결될 수 있다. 순환적으로 발생하면서 이전의 최고점이나 최저점을 돌파하여 모두를 환각상태에 빠뜨린다.

한편 버블은 전쟁과 마찬가지로 파괴적 창조를 통하여 기술혁신과 인간발전의 원동력이 되기도 한다. 버블의 생성과 붕괴는 4단계 과정을 거친다. 1단계, 버블의 탄생으로 합리적 투자성공담이 빠르게 확산되면서 다른 투자자들도 버블에 동참한다. 2단계, 버블의 유지로서 기관투자자들이 버블을 조장하고, 학계와 전문가도 패러다임의 변화를 강조하면서 버블을 확산시킨다. 3단계, 버블의 붕괴로 어떠한 외부적 영향이 없어도 스스로 붕괴한다. 4단계, 버블의 여파로 투자자들은 버블을 부인하면서 언론이나 기관투자자를 비난한다. 그러나 실수의 반복을 거부하지만 다른 새로운 버블이 발생하면서 또 다시 동참한다.

그림 1-7 | 15세기 이후 서양사회 패권국가의 변화

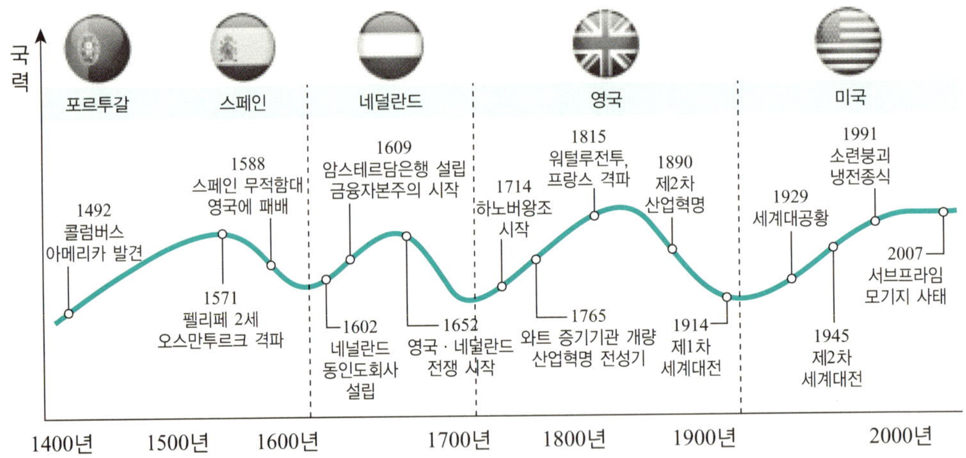

네덜란드의 튤립투기, 영국의 남해회사사건, 프랑스의 미시시피회사사건 등은 이러한 버블의 대표적 사례이며 국가의 성장이 절정기에 달했던 시점에 발생하였다. 17세기 초 네덜란드에서 튜울립 상인들이 특정 튤립 뿌리를 매점매석하면서 가격이 상승하였고 가격이 오를수록 좋은 투자대상으로 판단하였다. 1630년대에 튤립 뿌리는 옵션거래의 대상도 되었다. 그러나 어느 시점부터 투자자들이 튤립시장을 이탈하면서 시장도 붕괴하였고 파국을 맞

이하였다. 이후 네덜란드는 장기 불황에 시달렸다.

프랑스의 미시시피회사는 미국 루이지애나의 금광개발을 목적으로 설립되었다. 금의 존재에 대한 증거는 부족했으나 금광개발의 정보는 회사의 주가를 폭등시켰다. 미시시피회사는 주식을 발행하여 자금을 조달하였고 그 자금으로 프랑스 왕실은 부채를 상환하였다. 그렇지만 금광은 개발되지 않았고 인플레이션으로 화폐가치만 폭락하였다. 투자자들은 미시시피회사의 주식을 금으로 교환하여 줄 것을 요구했지만 왕립은행의 파산으로 손실을 입었다. 비슷한 시기의 영국 남해회사(South Sea)도 신대륙 남아메리카에 대한 독점무역권을 전제로 투자자의 관심을 집중시켰다. 투자자는 미지의 남아메리카 교역에서 엄청난 수익을 기대하였다. 그러나 주가는 시장에서 거품을 인식한 후 폭락하였다.

공매도[41]와 파생상품거래는 균형시장에서 일시적인 가격의 불균형을 이용하여 차익거래를 추구한다. 우풍상호신용금고는 2000년 3월 29일 증권회사에서 코스닥 등록기업인 성도이엔지 주식 33만여 주를 대주하여 공매도하였다. 그러나 반대로 성도이엔지 주가는 주식 33만여 주를 공매도한 후 연일 상한가를 기록하였고 유통주식도 급감하면서 최종결제일에 12만 6,000주를 상환하지 못하였다. 이 사건으로 회사는 신뢰도 하락과 대규모 예금인출사태가 발생하면서 영업을 정지당하였다.

표 1-12 | 20세기 세계금융위기의 역사

시 기	주요 내용	다우지수
1907년 금융공황	금융붕괴로 예금지불청구 쇄도	직전 대비 −35%
1929년 대공황	수년간 증권가격 하락	직전 대비 −85%
1973년 1차오일쇼크	세계경제 침체와 프랭클린은행 파산	직전 대비 −40%
1987년 블랙먼데이	선물헤징전략으로 시장하락 확대	직전 대비 −34%
1997년 아시안위기	아시아경제의 위축과 러시아 모라토리움 발생	직전 대비 −11%
2008년 글로벌신용위기	글로벌화폐시장의 침체와 리먼브러더스 파산	직전 대비 −30%

또한 파생상품시장이 활성화되었던 1990년대는 큰 손실을 기록한 대형 사건들도 발생하였다. 스미토모상사 런던지사의 구리담당 부장인 하마나카 야스오는 1996년 5월 구리의 공급과잉에 따른 가격하락의 시장전망에도 불구하고 현물보유, 선물매입 및 풋옵션매도 포지

41 공매도는 주가하락을 예상하여 주식을 빌려서 매도하고 예상대로 주가하락시 동일한 주식을 매입하여 상환한다. 그러나 주가가 예상과 달리 상승할 경우 낮은 가격에 매도하고 높은 가격에 매입해야 하므로 손실이 확대될 수 있다.

션을 취하였다. 그러나 구리가격하락으로 회사는 10년간 18억달러의 누적손실을 기록하였다. 또한 2008년 트레이더인 버나드 매도프(Bernard Madof)가 사상 최악의 금융 다단계 폰지사기를 일으켜서 무려 500억달러의 피해액을 기록하였다.

투자이론 그레이엄(B. Graham)과 도드(D. Dodd)는 1934년 『Seurity Anlalysis』을 출간하여 가치투자를 설명하였다. 증권을 분석하여 매매시기를 결정하고 회계공시의 오류를 찾는 방법도 제시하였다. 그리고 일반투자자들을 위하여 1949년 『The Intellgent Investor』도 저술하였다. 이후 파마(E. Fama)는 관련정보가 증권가치에 얼마나 정확하고 신속하게 반영되는지를 설명하는 '효율적 시장가설'을 정리하였다. 마코위츠(Markowitz)는 1952년 『Portfolio Selection』에서 평균 · 분산의 원리로 투자결정을 설명하였다. 1960년대 샤프(W. Sharpe), 린트너(J. Lintner) 및 모신(J. Mossin)은 자본자산가격결정모형(CAPM: Capital Asset Pricing Model)으로 합리적 균형가격결정을 제시하였다. 그리고 1976년 로스(S. Ross)는 더 일반화된 가격결정모형인 차익거래가격결정모형(APM: Arbitrage Pricing Model)으로 균형시장에서 차익거래가 존재할 수 없음을 증명하였다.

한편 1973년 기축통화인 달러의 금태환제도가 폐지되면서 환율과 이자율의 변동성도 확대되고, 제1, 2차 오일쇼크로 원자재 및 상품 등의 가격등락도 심해졌다. 머튼(R. Merton), 블랙(F. Black)과 숄즈(M. Sholes)는 변동성이 자산가치에 미치는 영향을 옵션가격결정모형(OPM: Option Pricing Model)으로 분석하였다. 그러나 1987년 10월 19일 월요일의 뉴욕증권거래소는 개장 초부터 대량매도가 이루어지면서 당일 22.6%(508P) 하락하였다. 이후 증시가 급락세를 보이면 해당 요일을 '블랙먼데이'라고 한다. 이와 같이 1980년대 이후 시장의 변동성 확대로 장기투자에서도 고수익의 가능성이 낮아졌다. 투자자들은 시장가치(market value)와 장부가치(book value)의 괴리를 분석하여 단기차익을 확보할 수 있는 투자전략을 찾게 되었다.

초기 그라함과 도드도 재무제표분석을 통하여 장부가치보다 시장가치가 낮은 할인된 주식투자를 강조하였다. 이들의 영향을 받은 버핏(W. Buffet)은 이러한 주식을 저가에 매입하면 위험을 낮추면서도 수익에 대한 기대값을 높일 수 있다고 판단하였다. 그는 전통적 제조업에서 독점 시장점유율, 유능한 경영진 및 이익성장의 기업을 선정하고, 일정수준 이상의 지분을 확보하여 장기투자하였다. 마찬가지로 린치(P. Lynch)도 미국 최대의 마젤란(Fidelity Magellan)펀드를 운영하면서 가치주를 장기투자하였다. 그도 가치투자를 하였지만 뮤추얼펀드의 특성상 훨씬 폭넓게 종목을 선정하였다.

그렇지만 2008년 금융위기는 워런 버핏의 버크셔해서웨이펀드도 피해갈 수 없었다. 주당

장부가치가 9.6% 하락하면서 1965년 설립 이래 최악의 실적을 기록하였다. 수학자 출신의 사이몬스(J. Simons)는 르네상스테크놀로지 메달리온(Medallion)펀드를 운영하면서 그 해 80%의 수익률을 얻었다. 그는 순간적 수익기회를 포착하여 매매를 실행하면서 투자수익률을 누적시켰다. 수학적 모델과 컴퓨터를 활용한 투자시스템은 시장의 방향성을 확인하고 순간적 매매를 실행한다. 1982년 설립 이후 1989년 한 차례의 유일한 손실을 기록하였을 뿐 계속 경이로운 수익률을 달성하고 있다.

2. 자본수익률과 부자

국내에서 자본소득은 대부분 비과세 대상이다. 피케티(T. Piketty)의 『21세기 자본론』은 1700년대 후반부터 2000년까지 20여 개국의 자료를 분석하여 자본수익률이 항상 경제성장률보다 높아서 부의 집중과 소득불평등이 가속화되는 것을 발견하였다. 세계의 부와 소득이 선진국의 일부 극소수 부자에게 편중되었고, 국가별 부와 소득불평등도가 위험수위를 넘는다고 주장하였다. 그의 자본소득분배율은 자본수익률에다 국민소득에 대한 자본량의 크기로 계산한다.

자본소득/국민소득 = 자본수익률 × 저축률(= 자본량/국민소득)

장기적으로 자본소득/국민소득비율은 저축률/경제성장률의 비율과 같다. 따라서 저축률이 비교적 안정적일 때 자본소득/국민소득비율도 증가한다.

자본소득/국민소득 = 저축률/경제성장률

결국 자본소득/국민소득의 비율이 증가하고 자본수익률도 증가한다. 자본수익률이 경제성장률보다 높아지면서 부와 소득의 불평등도 심화된다.

자본수익률 > 경제성장률

시간이 경과할수록 부자는 부가 증가하지만 노동자는 노동을 증가시켜도 부를 축적하기 어렵다. 이러한 부의 불평등은 자본과세인 부유세나 상속세 등의 개선으로 관리할 것을 제안하였다. 부자는 부유한 사람으로 진취적 기업가들이나 돈버는 실력을 갖춘 사람이다. 부자들은 항상 변화를 꾀하면서 끊임없이 움직이고 자기가 속한 사회에 일자리, 활력, 아이디어를 제공한다. 20세기 말부터 그들은 기술의 진보, 첨단 금융기법의 창안, 그리고 세계 산업의 효율적 구조조정을 이끌어 왔다. 2014년 6월 현대경제연구원의 분석에 따르면 국내에서 이상적인 중산층은 매달 515만원의 수입과 341만원의 지출, 6.6억원의 순자산, 매월 12만원 상당의 외식 4차례, 그리고 소득의 2.5%를 기부하면서 무료 봉사활동을 한다.

세계 부자보고서에서 고액순자산 보유자(HNWIs: High Net Worth Individuals)는 부채를 뺀 자산 중에서 당장 현금화가 가능한 금융자산이 100만달러 이상인 사람이다. HNWI 상위 단계인 Very HNWI는 현금성자산이 500만달러에서 3,000만달러를 보유한다. 그리고 Ultra HNWI는 현금성자산이 3,000만달러 이상이다.

그림 1-8 2012년 기준 세계 HNWI 인구수(천 명)

자료: www.worldwealthreport.com

전 세계 HNWI의 인구는 약 1,200만 명 정도(2012년기준)이며, 미국(344만 명), 2위 일본(190만 명), 3위 독일(102만 명), 4위 중국(64만 명), 5위 영국(47만 명), 12위 대한민국(16만 명)의 순이다. 특히 미국, 일본, 독일이 약 640만 명으로 전 세계 HNWI의 반 이상을 차지한다. 이 중에서 1%인 약 11만 명의 Ultra HNWI가 전체 자산의 35% 이상을 차지한다. 아시아태평양지역의 부자들은 부동산(24.6%)을 선호하고, 북미지역 부자들은 주식(37.2%)을 선호한다. 국내 부자들은 사업운영(35.3%), 부동산투자(32.2%), 부모의 증여와 상속(20.2%)의 순으로 재산을 모았다. 또한 부동산투자는 상가(62.4%), 아파트(39.3%), 오피스텔(39.1%) 오피스빌딩(11.5%), 연립주택(10.1%) 등으로 나타났다.

부자들의 특징으로, 첫째 교육수준이 높은 남성들이 많다. 세계의 억만장자들의 90% 이상이 남성이며 세계 1,000대 기업 최고경영자(CEO)들의 4%만 여성이다.

둘째, 억만장자의 대부분은 잘 교육받은 엘리트집단이다. 이들은 평범한 가정에서 태어났지만 성공하는 과정에서 점차 교육수준을 높였다. 대학 졸업장 없이 성공한 사람들도 많지만 그 확률은 낮다. 20세기 초 학교교육은 중요하지 않았지만, 1950년대 이후 리더의 절반 이상은 대학을 졸업하고 있다.

셋째, 사치품 소비에도 돈을 아끼지 않는다. 포브스(Forbes)의 부자물가지수(CLEWI: Cost of Living Extremely Well Index)는 측정지표를 구성하는 럭셔리상품과 서비스품목 중에서 18개에서 매출이 계속 상승 중이다. 일반 소비자물가지수는 1982년부터 2배 증가했지만, 부자물가지수는 거의 4배 이상 증가하고 있다. 부자는 동일기간에 약 15배 정도 부유해지고 소비도 증가하였다. 그러나 소비가 재산에서 차지하는 비율은 일반인보다 훨씬 낮다.

넷째, 유산상속가나 주식투자의 부자보다 자수성가형 부자들이 많다. 2012년 포브스 억만장자 순위에 오른 1,226명 중에서 840명이 혁신적 아이디어와 노력으로 부를 쌓았다.

또한 일부 분석은 부자들의 성공요소로 7가지를 제시한다. ① 가진 부에 비해 훨씬 검소하다. ② 부자들은 시간, 에너지와 돈을 효율적으로 배분하고 할당한다. ③ 과시보다 재정적 독립을 더 중시한다. ④ 성인자녀들에게 경제적 보조를 하지 않는다. ⑤ 성인자녀들은 경제

표 1-13 | 세계 10대 부자

(2014년 3월 기준)

순 위	이 름	순자산(10억달러)	전문영역
1	Bill Gates	76	Microsoft
2	Carlos Slim Helu & family	72	전기통신
3	Amancio Ortega	64	소매업
4	Warren Buffett	58.2	헤지펀드
5	Larry Ellison	48	Oracle
6	Charles Koch	40	분산투자
7	David Koch	40	분산투자
8	Sheldon Adelson	38	카지노
9	Christy Walton & family	36.7	Wal-Mart
10	Jim Walton	34.7	Wal-Mart

자료: Forbes(www.forbes.com)

적 면으로 자립하면서 성장한다. ⑥ 투자기회를 파악하는 데 능숙하다. ⑦ 부자들은 적절한 직업을 선택한다. 부자들은 새로운 기회탐색에 평균수준을 크게 뛰어넘는 열정을 가지고 있다.

부자들의 생활태도를 보면, 첫째 부자는 성공을 목표로 하고 빈자는 오락에 초점을 맞춘다. 부자들은 만나면 아이디어와 정보를 교환하고 사업과 기부, 예술품 투자 등을 이야기하지만 빈자는 연예인, 스포츠, 시중의 가십거리를 화제로 시간을 보낸다.

둘째, 부자는 신문을 읽고 빈자는 TV를 본다. 부자들은 일주일에 11시간 이상 신문을 읽는 데 소비하지만 빈자는 주로 11시간 이상 TV시청을 한다.

셋째, 부자는 조용하고 빈자는 시끄럽다. 빈자의 TV시청은 환경을 시끄럽게 해서 깊은 사색과 대화를 방해한다.

넷째, 부자는 깨끗하고 빈자는 지저분하다. 주위가 어지러우면 머리도 정리되지 않으면서 깨끗한 사람보다 효율성, 체계성 그리고 창의력도 떨어진다.

다섯째, 부자는 투자하고 빈자는 소비한다. 빈자는 소비에 집중하지만 부자는 투자기회와 일을 중시한다.

3. 프라이빗뱅킹

발전과정 프라이빗뱅킹(private banking)은 일정금액 이상의 자산을 보유하는 부유층고객을 대상으로 투자상품의 제공, 운용상담, 법률 및 세무컨설팅에서 부수업무까지 대행하는 자산종합관리서비스이다. 주로 사모파트너십(private partnership)으로 운영되고 상대적으로 규모가 작은 무한책임의 개인 파트너로 구성한다. 프라이빗뱅킹은 어떤 기업이나 금융그룹에 속하지 않는 독립적이며 단기실적에 덜 민감하다. 그리고 프라이빗뱅킹은 안정성, 비밀성, 그리고 개인접촉으로 업무를 수행한다.

스위스 프라이빗뱅킹은 정치적 안정, 화폐적 안정, 강력한 통화가치, 중립성, 금융거래의 비밀유지, 유럽 중앙의 지정학적 위치, 법체계의 간결성과 시행의 용이성, 고등교육과 외국어 구사능력 등을 기초로 발전하였다. 특히 금융거래의 비밀성은 부호들의 안전한 자산관리처로서 소수의 고액고래자들에게 안전성을 보장한다. 비밀계좌는 예금자의 실명을 관리하지 않고 계좌번호로 관리하면서 예금주를 알 수 없도록 하고 있다. 스위스 법률은 예금비밀의 강화수단으로 형법을 적용한다. 또한 1848년 도입된 스위스 프랑은 물가상승의 영향을 다소 받지만 상대적으로 안정되고 강한 통화를 유지하고 있다. 다른 나라보다 상대적으로

그림 1-9 프라이빗뱅킹의 거래

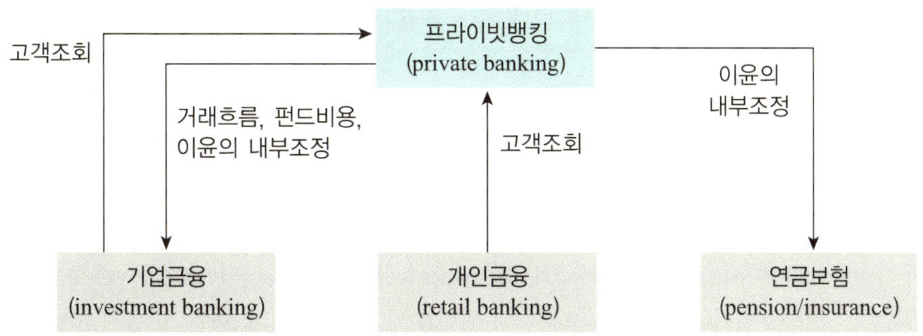

자료: Oliver Wyman

매우 낮은 물가상승을 유지하고, 지정학적 위치, 유럽 3대 주요 언어(프랑스어, 독일어, 이탈리아어)의 사용, 근면한 국민정신, 노동시간도 기여하고 있다.

특히, 제네바(Geneva)는 주요 센터로서 14세기부터 은행가와 대금업자에게 중심지 역할

표 1-14 | 스위스 프라이빗뱅킹(은행)의 설립일

은 행	설립일	도 시
Wegelin & Co., Inhaber Eugster & Co.	1741	St Gallen
Rahn & Bodmer	1750	Zurich
Bank Leu	1755	Zurich
Lnadolt & Cie.	1780	Lausane
La Loche & Co.	1787	Basle
Darier Hentsch & Cie.	1796	Geneva
Lombard Odier & Cie.	1798	Geneva
Pictet & Cie	1805	Geneva
Mirabaud & Cie.	1819	Geneva
Bank Sarasin & Co.	1841	Basle
Bordier & Cie.	1844	Geneva
Gonet & Cie.	1845	Geneva
Mourg d' Algue et Cie.	1869	Geneva
Falck & Cie.	1875	Luzern
Hentsch, Chollet & Cie.	1882	Lausane
E. Gutzwiller & Cie.	1886	Basle
Bank Julius Baer	1890	Zurich
Baumann & Cie.	1920	Basle
Bank Vontobel & Co.	1936	Zurich
Hottinger & Cie.	1968	Zurich

자료: Swiss National Bank Statistical Abstract과 각 기업연감

을 하였다. 프랑스의 조세피난처와 자금조달처로서 17세기 말과 18세기 초 루이 14세의 해외자금센터가 되었다. 19세기 초 시계산업이 제네바에서 번성할 때 시계수출 금융의 핵심역할을 하였다. Lombard Odier, Pictet 및 Hentsch가 프라이빗뱅킹을 주도하면서 증권거래소도 설립되었고 안전한 투자기회를 찾는 외국자본도 유입되었다. 1960년대 미국의 인플레이션 정책은 많은 투자자와 중앙은행의 저축을 스위스로 이전시켰다. 이후 스위스 프라이빗뱅킹은 투기적 금융업자라는 이름을 얻었고 스위스 시장에 대한 공격이 미국의 대형은행들에 의하여 여러 차례 시도되었다. 1970년대 American Express가 Trade development Bank of Switzerland를 인수하여 프라이빗뱅킹 프랜차이즈를 시작하려 했으나 실패하였다.

영국의 프라이빗뱅킹은 17세기 대서업무와 금세공업에서 발전하여 왔다. 대서인은 보통 재무 또는 법적 문서 필사를 위하여 고용되었지만 공증인으로 부동산관리, 신탁관리, 자금인수 기능도 수행하였다. 그리고 금세공업자는 금을 안전하게 보관하는 귀중품 관리인이며, 1584년에 설립된 Child & Co.도 골드스미스에 그 기원을 두고 있다. 산업혁명은 투자자의 범위를 산업가 · 기업가에서 화랑, 병원, 사교클럽으로 확장시켰다. 1917~18년의 은행합병은 Big 5은행인 Barclays, Lloyds, Midland, Westminster, National Provincial를 탄생시켰다.

미국도 1799년 Chase Manhattan, 1840년 씨티뱅크 등에서 프라이빗뱅킹을 시작하였다. 또한 제2차 세계대전을 전후로 부자들은 정치적 불안과 환율 조정, 인플레이션과 고율의 세금으로 국외로 자금을 이동시켰다. 유럽 은행은 관계중심의 저축과 자산관리를 강조하지만 미국 은행은 거래와 성과를 강조한다. 한편 초기 국내은행은 거액예금 보유자를 대상으로 VIP뱅킹 수준의 금융서비스를 제공하였다. 1990년대 초 한국씨티은행이 자산관리서비스를 최초로 도입하였고 1992년 한미은행과 외환은행의 VIP뱅킹, 1995년 하나은행(합병전 보람은행)에 프라이빗뱅킹이 도입되었다.

프라이빗뱅킹은 투자자의 자산보유규모 및 리스크에 대한 태도 등을 감안하여 적절한 포트폴리오를 구성하고, 다양한 비금융서비스로 투자자의 욕구를 충족시킨다. 독립전담조직(예: PB사업본부 또는 사업부)인 프라이빗뱅킹전용센터는 PB영업만을 수행하는 점포로서 부유층 밀집지역에 설치하여 5~10억원 이상의 거액투자자를 관리한다. 전용센터의 프런트오피스(front office)는 고객과 접촉하면서 투자자의 수요에 대응하여 문제를 해결한다. 백오피스(back office)는 평가, 결제 및 기록 등을 통하여 프런트오피스를 지원한다.

프라이빗뱅킹의 개별적 관심과 서비스는 자산관리의 오랜 전통이다. 다른 사람의 재정문제를 잘 처리하기 위해서 재무환경과 가정환경, 개인적 야망, 기호, 태도, 염려, 관심사항과 위험성향 등을 파악해야 한다. 1672년 설립된 C. Hoare & Co.는 오랜기간 생존하면서 품

PRIVATE BANKING

그림 1-10 프라이빗뱅킹 영업점 내부의 예

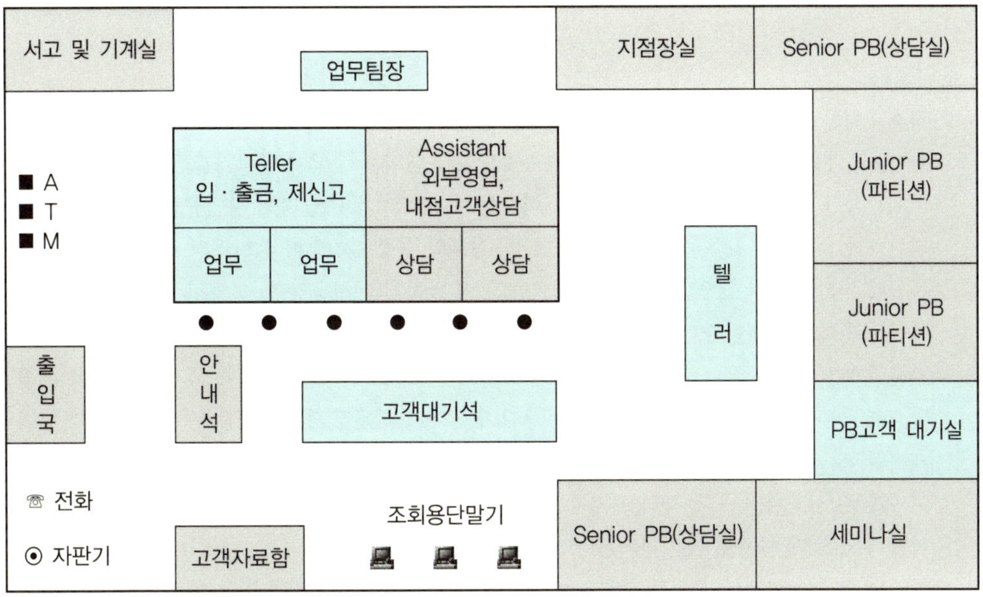

주: 인원 12명, 면적 100평 가정

격있는 서비스와 전통의 가치들을 제공한다. 프라이빗뱅킹은 투자자와 쌓아온 개인적 유대와 그 관계의 오랜 지속을 가장 자랑스러워 한다.

요약정리 및 생각해 볼 문제

1. 요약정리

- 경제문제는 가격결정, 자원배분, 소득분배, 인플레이션, 실업률, 그리고 경제성장률을 대상으로 한다. 경제성장은 국민경제의 규모가 지속적으로 증대되는 것이며 일정기간 국민이 생산한 실질 국내총생산의 증가를 화폐로 측정한다. 이자율은 주로 가계 예금자의 자금공급, 투자자금조달을 위한 기업의 자금수요, 중앙은행의 통화조절, 정부의 재정정책에 따른 화폐의 수요와 공급으로 결정한다. 금융시장은 중앙은행의 본원통화공급, 일반은행의 신용창조, 그리고 자산가격상승에 따른 신용확대로 발전한다.
- 자본주의는 사적 소유권을 기반으로 상품 또는 서비스의 가격, 투자, 분배 등을 시장에서 수행한다. 따라서 자산이나 자원의 소유가 고용보다 우선되기 때문에 자본의 축적은 모든 개인의 선결과제이다. 영국과 미국은 자본시장을 중심으로 주주들의 금융이익을 중시하고 독일은 은행을 통하여 이익의 사회환원, 노동자의 권익과 그 책임을 중시한다. 주식회사는 독립적 실체로 계약에 참여할 수 있으며, 소송을 제기하거나 피고소인이 될 수 있다.
- 투자는 확실한 현재의 경제적 희생으로 미래의 불확실한 이득을 추구한다. 투자의 대상은 실물자산과 금융자산으로 구분할 수 있다. 자본수익률은 국민소득에서 자본소득이 차지하는 비율이다. 프라이빗뱅킹은 일정금액 이상의 자산을 보유하는 부유층 고객을 대상으로 투자상품제공, 운용상담, 사업승계 및 자산상속에 대한 법률 및 세무컨설팅 등의 자산종합관리서비스를 제공한다.

2. 자본과 부의 세습에서 윤리성이 필요한 이유는 무엇인가?

1949년 6월 30일 파리증권거래소에서 아무 이유없이 4개회사(리오틴징크, 로열더치셀, 르니켈, 드비어스)의 주가가 일제히 폭락하였다. 그 원인은 기 로스차일드의 부친인 에두아르의 사망이었다. 그의 부친은 프랑스은행 이사를 지냈고 파리 로스차일드 은행주로 사업과 무관하였다. 그런데 그 당시 유산상속은 보유주식에 대한 과세를 사망시점의 시가로 결정하였다. 로스차일드 관련주식이 폭락하면서 상속세를 줄일 수 있었고 다음 날 재매수하여 주가를 회복시켰다. 한편, 2014년 삼성의 계열사인 삼성SDS와 제일모직이 상장되던 시점에서 삼성전자는 2분기 7조 2천억원(잠정실적)의 영업이익을 올렸다고 공시했다. 이후 삼성전자의 주가는 하락하였고 계열회사의 상장시점을 전후로 다시 회복되었다. 국내 대기업이 지주회사 체제로 전환절차를 진행하는 동안 주력회사의 주가가 하락하는 현상을 나타내고 있다.

3. 스위스 은행의 비밀주의가 가지고 있는 장점과 단점은 무엇인가?

스위스 최대 은행인 UBS는 은행계좌를 이용하여 탈세한 것으로 의심되는 미국인 부유층 고객들의 명단을 미국 당국에 제출하기로 동의하였다. 미 연방검사들은 이 은행의 계좌를 조사하였다. UBS가 미국인 고객들의 자금 200억달러를 불법 은닉을 도우면서 연간 3억달러를 탈세한 것으로 추정하였다. UBS의 역외 프라이빗뱅킹은 고객에게 변호사와 회계사를 소개하여 국세청의 재산추적을 차단하였다. 고객명단의 공개는 중세 이래 비밀준수의 원칙을 지켜온 은행 전통의 붕괴를 의미한다. 또한 국제탐사보도언론인협회(ICIJ)도 HSBC 프라이빗뱅킹(PB)센터의 탈법 영업과 탈세가 의심되는 고객정보를 공개하였다. 이 회사는 해외 조세피난처에 설립한 페이퍼컴퍼니 계좌에 입금하여 세금을 피하는 방법을 지도하기도 하였다. 스위스는 1934년 은행비밀법을 제정하여 10만프랑 이상을 예치할 경우 실명에 관계없이 숫자와 문자로 입출금이나 거래명세서를 작성할 수 있다.

4. 관련 홈페이지

www.bok.or.kr
www.ecb.europa.eu
www.federalreserve.gov
www.forbes.com
www.iif.com
www.imf.org
www.juliusbaer.com
www.ubs.com
www.worldbank.org
www.worldwealthreport.com

CHAPTER 2

자본거래의 이해

학습개요

금융거래는 계약에 의하여 개인의 법률행위를 금융회사에 위탁한다. 자본시장법은 금융투자상품과 금융투자회사를 규정하여 금융소비자인 투자자를 보호한다. 기업은 발행시장에서 자본을 조달하고 투자자는 유통시장에서 증권을 매매한다.

학습목표

1. 금융시장에서 거래가 이루어지는 과정을 설명할 수 있다.
2. 자본시장법을 이해하고 투자자보호제도를 확인할 수 있다.
3. 자본거래의 공시제도와 시장의 규제제도를 이해할 수 있다.

생각해 보기

앵글로색슨족과 유대인

세계의 중심인 미국에서 정치를 지배하는 앵글로색슨족과 금융 · 경제를 지배하는 유대인의 영향력이 가장 크다. 와스프(WASP)는 백인(White), 앵글로색슨족(Anglo-Saxon) 및 신교도(Protestant)를 통칭하는 약자이다. 5세기 중엽 유럽 북부 게르만계의 앵글족과 색슨족이 영국의 원주민인 켈트족을 아일랜드, 스코틀랜드 및 웨일스로 몰아냈다. 그리고 그들은 미국으로 건너가서 정치 · 경제 · 사회의 지배적 특권층을 형성하였다. 그렇지만 1929년의 대공황은 경제와 정치를 움직였던 그들의 영향력을 상당히 약화시켰고 새로운 세력인 유대인이 금융과 언론을 주도하기 시작하였다. 미국의 중앙은행인 연방준비제도이사회는 이들에 의하여 통제되고 있다. 2008년 글로벌 금융위기는 유대인인 버냉키 FRB 의장, 폴슨 재무장관 및 가이트너 뉴욕연방은행 총재에 의하여 수습되었다. 이 밖에 유대인은 핵심 저널리즘인 뉴욕타임스, 워싱턴포스트, 월스트리트저널 등을 포함하여 다수의 언론사를 운영하고 있다.

제1절 거래제도

1. 금융회사

금융시스템(financial system)은 금융시장 및 금융회사를 형성하는 법규와 관행, 결제시스템 등의 금융인프라를 포괄한다. 자본주의도 금융을 매개로 시스템을 구성하면서 사회를 유지하려는 속성을 가지고 있다. 개인과 기업의 신용에 따라서 신용창조와 예금통화를 발행하면서 스스로 유지한다. 영국이 서유럽 국가들보다 경제성장이 빨랐던 이유는 자유로운 거래의 보장과 평등한 재산권의 행사를 시행한 제도 때문이다.

금융은 자금공급자와 수요자 간 금융 및 실물거래를 활성화하고 개인의 복리, 기업의 이윤증대, 그리고 국가경제의 발전을 촉진한다. 그 유형은 전업주의와 겸업주의(universal banking system)로 분류한다. 전업주의는 은행, 증권, 보험 등의 해당 전문 금융회사만이 금융서비스를 제공할 수 있다. 1933년 미국은 은행업과 증권업의 겸업으로 이해상충[01] 문제가 발생하자 글래스 스티걸법(Glass Steagall Act)을 제정하여 은행의 투자은행 설립을 금지하였다. 이때 미국 최대 은행인 JP모건이 투자은행인 모건스탠리(Morgan-Stanely)와 상업은행인 모건개런티(Morgan-Guaranty)로 분리되었다. 그리고 겸업주의는 은행, 보험, 증권업무 등에 제한이 없을 뿐만 아니라 비금융 기업의 경영도 할 수 있다.

금융제도는 금융시장, 금융회사 그리고 금융상품의 3요소로 운영된다. 첫째, 금융시장은 자금의 조달방식에 따라서 직접금융시장과 간접금융시장으로 구분한다. 직접금융시장은 거

표 2-1 | 금융제도의 비교

구 분	전업주의	겸업주의
개 념	은행, 증권, 보험 등 업무의 전업	은행업 이외의 여타 업무를 겸업
장 점	특정 부문 집중으로 비용절감 상품 또는 서비스의 질적 수준 제고	범위의 경제로 위험분산효과 상품의 다양화로 소비자 충족
단 점	단일업종의 불안정성 확대	타산업 지배와 권한 남용

자료: 한국은행

01 금융회사가 여러 투자자와 거래하면서 한 투자자의 이익을 위해 다른 투자자를 희생시키거나 투자자의 이익보다 금융회사 스스로의 이익을 위해 거래하는 것을 말한다.

래중개자 없이 자금의 수요자가 채무증서, 차용증서, 채권, 주식 등을 발행하고 자금공급자가 직접 증권을 매입하여 자금을 공급한다. 기업이 사업을 시작할 때 필요하거나 부족한 자금을 보충하기 위하여 동업자(파트너)나 투자자를 찾아야 한다. 그리고 간접금융시장은 자금의 중개기관이 개입하여 수요자와 공급자를 연결한다.

표 2-2 | 세계 100대 은행의 주요 국가별 분포와 GDP 대비 자산비중

(2013년 기준, 단위: 10억달러, 배)

	국가별 은행수	은행의 자산총계(A)	국가별 1위 은행자산(B)	국가별 GDP(C)	GDP 대비 자산총계 비중 (A/C)	GDP 대비 국가별 1위 은행 자산 비중 (B/C)
중 국	13	13,379.9	2,798.9	8,221.0	1.63	0.34
미 국	16	11,947.4	2,359.1	16,244.6	0.74	0.15
영 국	6	9,521.9	2,692.5	2,476.7	3.84	1.09
프랑스	5	9,180.6	2,516.2	2,613.9	3.51	0.96
독 일	5	4,853.0	2,654.8	3,429.5	1.42	0.77
스페인	4	3,183.8	1,675.0	1,323.5	2.41	1.27
네덜란드	3	2,618.9	1,106.0	770.9	3.40	1.43
이탈리아	2	2,111.2	1,222.7	2,014.1	1.05	0.61
스웨덴	4	1,921.9	893.7	523.8	3.67	1.71
일 본	7	8,763.2	2,709.4	5,960.3	1.47	0.45
캐나다	6	3,423.7	825.8	1,821.4	1.88	0.45
호 주	4	2,910.9	793.8	1,541.7	1.89	0.51
스위스	2	2,381.1	1,007.9	631.2	3.77	1.60
브라질	4	1,788.6	555.0	2,253.1	0.79	0.25
한 국	6	1,561.3	263.4	1,129.5	1.38	0.23

자료: The Banker, IMF

둘째, 금융회사는 가계에 적절한 자산운용 및 차입기회를 제공하고 가계에서 소비시기를 선택할 수 있도록 한다. 규모의 경제로 거래비용을 낮추어서 고객에게 당좌예금이나 마이너스통장 같은 유동성서비스를 제공한다. 그러나 투자자나 대출자는 아무리 거래를 증가시켜도 거래비용의 축소 혜택에서 제외된다. 거래비용은 위탁수수료뿐만 아니라 여러 부수적 경비를 포함한다.

셋째, 금융상품은 은행업, 보험업, 금융투자업으로 취급하는 상품을 구별할 수 있다. 금융

표 2-3 | 국내의 금융업별 금융상품

업 종	상품명	내 용
은행업	수신상품	원본의 지급 약정
보험업	보험상품	장래 위험발생에 따른 보상 약정
금융투자업	금융투자상품	원본 손실의 가능성 부담

자료: 손영철 · 서종군(2014).

회사가 자금을 받아서 예금증서를 발행하고 그 자금으로 자금수요자의 증권매입이나 대출을 한다. 금융상품을 기준으로 금융시장을 구분할 수 있다. 화폐시장은 보통 만기 1년 이내의 금융자산인 콜, 기업어음, 양도성예금증서(CD), 환매조건부채권, 표지어음, 통화안정증권 등을 거래한다. 그리고 자본시장은 만기 1년 이상의 채권이나 주식 등을 거래하며 발행시장과 유통시장으로 구분한다.

2. 신탁계약

금융계약 금융계약(contract)에서 청약은 상대방 도달시 효력이 발생하며, 승낙은 격지자간에 승낙의 통지발송시 계약이 성립한다. 그라나 대화자 간에 청약 후 즉시 승낙하지 않으면 계약은 성립하지 않는다. 계약사항은 모두 약관에 의하여 이루어지는데 구체적 효력의 통제는 법원에서 하고 추상적인 경우 공정거래위원회에서 한다. 금융계약의 대상인 금융상품은 재산적 가치가 있는 권리를 표창한 증서로서 권리의 발생 · 행사 · 이전에 증권을 소지해야 한다. 그러나 증권의 무권화로 주식과 채권은 대체결제방식으로 거래하고, 수표는 지로제도와 신용카드로 대체되고 있다.

금융거래는 권리능력과 행위능력[02]을 가질 때 가능하며 자연인과 법인이 가질 수 있다. 그리고 행위무능력자는 ① 성년(만 20세)에 달하지 않은 자가 민사 미성년자이다. ② 한정치산자는 심신이 박약한 자 또는 재산낭비로 가족의 생활을 궁박하게 할 염려가 있는 가정법원에서 한정치산선고를 받은 자이다. ③ 금치산자는 심신상실의 상태로서 법원에 의하여 금치산선고를 받은 자이다.

금융거래시 금융회사는 금융거래자의 실명[03]을 확인하고 금융거래의 비밀보장의무에 따

02 행위능력은 단독으로 유효한 법률행위를 할 수 있지만 행위무능력자의 법률행위는 취소할 수 있다.

03 실명(실지명의)은 주민등록표상의 명의, 사업자등록상의 명의이다.

표 2-4 | 금융거래의 성립 · 효력요건

성립요건	효력요건
당사자	당사자에게 권리능력 · 의사능력 · 행위능력이 존재할 것
목 적	법률행위의 내용이 확정성 · 가능성 · 적법성 · 사회적 타당성이 존재할 것
의사표시	의사와 표시가 일치하고 의사표시에 하자가 없을 것

라서 거래를 한다. 금융실명거래에서 거래자의 실지명의는 주민등록표의 성명 및 주민등록번호, 법인의 사업자등록증상 법인명 및 등록번호나 납세번호, 법인이 아닌 경우 대표자 실명, 외국인의 등록외국인기록표상의 성명 및 등록번호를 인정한다. 금융회사는 금융정보의 비밀보장에 따라서 금융거래에 관한 정보를 타인에게 제공하거나 누설할 수 없다. 다만 국가기관은 필요한 경우 최소범위에서 거래정보를 요청할 수 있다.

주요 금융계약으로, 첫째 신탁계약은 특정한 재산을 소유한 위탁자(소유자)가 수익자의 이익 또는 특정 목적으로 수탁자(신탁회사)에게 그 재산권의 관리처분을 의뢰한다. 신탁은 개인신탁, 종업원퇴직신탁 및 법인신탁[04]으로 구분할 수 있다. 신탁의 주요 이점은 ① 비밀보장으로 투자는 수탁자의 명의로 하기 때문에 주체와 수혜자 사이의 비밀을 보장한다. 스위스는 수혜자조차 은행으로 알려져 있다. ② 세금설계로 신탁 관할권은 대개 낮거나 면세지역이다. 신탁자산소득과 자본이득이 면세지역에서 이루어져 세금을 최소화 또는 제거한다. ③ 자산보호로 가족의 채권자가 고객자산에 클레임을 걸어도 재산을 보호한다. ④ 정치리스크의 분산으로 고객자산이 수탁자에게 주어지면서 거주지 국가의 정치리스크를 분산한다. ⑤ 자산통합관리로 고객의 전체자산을 모아서 자산관리와 금융보고를 단순화시킨다. ⑥ 자선기금의 관리로 신탁은 종종 자선을 실행하는 최적의 방법이다.

둘째, 예금계약은 금융회사에서 예금의 소유권을 취득하고 예금주에게 반환을 약정한다. 예금계약의 성립요건은 은행에서 현금입금을 확인한 경우이다. 자금이체의 경우 예금원장에 입금기장을 마친 때이다. 증권입금 · 계좌송금은 증권을 교환하여 결제를 확인한 때이다. 자기앞수표는 지급제시기간 내 사고신고 없이 결제를 확인한 후 입금기장을 마친 때이다.

셋째, 보험계약은 당사자 쌍방의 합의로 성립된다. 보험자의 의무는 보험증권 교부의무, 보험금 지급의무, 보험료 반환의무이며, 보험계약자 · 피보험자 · 보험수익자의 의무로 보험

04 개인신탁은 위탁자의 재산권을 수탁자가 책임지고 관리하는 재산관리 형태의 신탁이다. 종업원퇴직신탁은 종업원의 퇴직 후 연금지급을 위해 기업에서 분담한 자금을 수탁자가 대신 관리하는 자산운용형 신탁이다. 그리고 법인신탁은 주로 기업에서 유가증권 보유자의 권익을 보호하기 위하여 사후관리업무를 담당하는 재산관리신탁이다.

료의 지급의무, 보험사고의 발생이나 위험의 변경 · 증가시 통지의무이다. 보험[05]은 장래 발생할 수 있는 손실위험을 일정한 대가인 프리미엄을 지불하여 제3자 또는 보험회사에 전가하는 계약[06]이다. 보험계약자 또는 피보험자는 계약을 체결하면서 중요한 사항을 고지할 의무를 가지고 있다.

신탁제도 신탁(trust)은 법률관계로서 신탁관계인(위탁자, 수탁자), 신탁행위 및 신탁재산으로 구성된다. 수탁자(fiduciary)는 타인의 금융자산에 대한 관리책임자로 위탁자의 이익을 최우선으로 행동한다. 수탁자가 투자성과의 책임을 부담하지 않지만 수익자의 동의에도 불구하고 분산투자를 실행하지 않은 손해를 배상할 수 있다. 신탁재산은 수탁자명의의 재산으로 위탁자에게 독립되어서 채권자의 강제집행 위험이나 도산위험에서 자유롭다. 그리고 수탁자에게 재산을 이전하지만 수탁자의 고유재산과 분리관리로 위탁자뿐만 아니라 수탁자에게 독립된다. 금전신탁은 금전을 신탁재산으로 인수하고 신탁종료시 금전으로 교부한다. 그러나 재산신탁은 금전 이외의 채권, 증권, 부동산 등을 수탁하여 신탁종료시 신탁재산을 그대로 교부한다.

신탁제도는 십자군전쟁 시절에 원정가는 기사들의 재산을 관리하면서 시작되었다. 1882년 록펠러의 스탠다드오일트러스트가 주주들의 주주권을 넘겨받는 대신에 신탁약관에 따라서 매매가능한 증서를 발행하였다. 1853년부터 미국 은행들이 은행업무와 개인신탁을 시작하였다. 1913년 연방지불준비법은 은행의 신탁업을 정식업무로 인정하였고 자산의 보관 및 관리업무뿐만 아니라 유산의 집행 및 관리 등으로 업무를 확대하였다. 그 후 신탁은 투자자의 일생기간 또는 사후 특별한 수혜를 위한 장기계획에 따라서 절세수단과 금융기법으로 발전하였다.

신탁업무를 살펴보면 ① 신탁회사는 고객의 요구에 맞는 유언 · 상속, 자산서비스 등을 제

---

05 보험은 손해보험, 생명보험과 상해보험으로 구분한다. 손해보험은 피보험자의 재산에 관한 보험사고가 발생하면 재산 손실을 보상하는 화재보험, 운송보험, 해상보험, 책임보험 등을 의미한다. 생명보험은 피보험자의 생명에 관한 보험사고가 발생하면 약정한 보험금액을 지급하는 사망보험, 생존보험, 생사혼합보험 등으로 구성된다. 그리고 상해보험은 피보험자의 신체 상해에 관한 보험사고가 발생할 경우에 보험금액, 기타의 급여 책임을 부담한다.

06 보험계약은 보험자가 대수의 법칙(number's law)에 따라서 산출된 위험률을 기초로 보험계약자에게 약정한 보험료를 받고 보험자의 재산, 생명, 신체에 우연한 사고가 발생할 경우 일정한 보험금액, 기타의 급여를 지급할 것을 약정한 채권계약이다. 보험료는 발생확률에 따른 순보험료와 사업비로 구성된다. 여기서 순보험료(P)는 사고발생확률(W)과 보험금액(Z)에 따라서 납입보험료의 총액과 지급보험금의 총액의 균형을 유지하는 수준에서 결정된다($P = Z \times W$, 여기서, W = 보험금을 받는 사람수/가입자수). 보험계약자는 보험자의 동의를 받지 않고 보험수익자를 지정하거나 변경할 수 있고, 보험사고 발생 전이라도 보험계약의 전부 또는 일부를 해지할 수 있다.

공하고 신탁재산을 운용·보관·관리한다. ② 투자관리는 신탁재산의 투자업무, 대리계약의 투자관리 및 투자자문서비스를 제공한다. ③ 사무대행(agency account)은 위임계약에 의하여 이루어지는 신탁사무, 투자관리, 투자자문, 부동산관리, 세무신고, 입출금계좌관리 등의 업무이다. ④ 자산보관업무는 자산을 보관하고 정기 보고서를 제공한다. ⑤ 유가증권보관 및 관리(custody)업무는 증권의 보관업무, 원금상환 및 이익/배당금의 수령, 증권의 매매 및 결제, 여유자금의 운용 등을 수행한다. ⑥ 유산정리는 유언에 따라서 유산을 분배·정리한다. 그리고 ⑦ 후견(guardianship)서비스는 위탁자 사망 후 미성년자 또는 장애인 수익자를 위하여 신탁재산을 관리하고 생활비, 의료비 등을 지급한다.

수탁자는 대리인으로 타인의 명의와 타인의 계산으로 거래나 계약의 당사자가 되어서 법적 효과와 경제적 효과를 얻는다. 대리인의 특수형태로 지배인은 재판 외의 모든 영업행위에 대한 포괄적 대리권을 가진다. 지배인은 명칭(예: 지점장, 영업소장, 지사장 등)에 관계없는 실질적 관계로 지배인에 관한 사항을 등기한다. 그리고 부분적 포괄대리권을 가지는 상업사용인은 영업의 특정한 종류나 사항에 대한 위임을 받아서 재판 외의 모든 권한을 가지고 있다. 대리인은 자기 또는 제3자의 계산으로 영업주의 영업부류에 속하는 거래나 다른 회사의 무한책임사원, 이사 또는 다른 사원의 상업사용인이 되지 못한다. 한편, 위탁매매는 자기의 명의와 타인의 계산으로 물건 또는 유가증권을 매매한다. 투자일임 및 자문은 위임계약에 의하여 자문에 응하고 그 책임을 부담한다.

3. 금융거래

금융거래는 당사자 간 직접 교섭으로 이루어지는 상대매매와 시장의 불특정 상대방과 이루어지는 시장거래로 구분한다. 시장거래는 계약의 체결과 결제 사이에 거래대금과 거래대상을 확정하는 청산절차가 존재한다. 증권결제의 경우 증권교부가 수반되지 않는 장부상의 대체결제로 이루어진다. 예탁결제회사가 결제자료를 금융투자업자에게 통보하면 투자자에게 그에 따른 매매결제 및 수탁수수료를 청구한다. 매매결제는 당일결제, 보통거래[07] 및 익일결제에 의한 방법으로 진행하는데 거래소가 특별한 지정을 하지 않으면 보통거래를 실시한다. 주식매매는 매입일을 1일로 기산하여 3일결제[08]를 한다.

07 보통거래는 매매계약 체결일 포함하여 3영업일에 결제하는 거래이다.

08 공매도는 주식을 빌리지 않고 매도계약을 체결하고 주식매매 결제일인 3일 내에 주식을 매입하여 계좌결제를 이행한다. 한편 손절매(stop loss, loss cut)는 앞으로 주가가 상승하기 힘들거나 추가하락할 것으로 예상될 때 보유

표 2-5 | 금융상품매트릭스

전통투자		대안투자		연금투자	세금관리
증 권	파생상품	실물자산	금융자산	퇴직연금	금융소득
주 식 채 권 ELS ELW ETF	선 도 선 물 스 왑 옵 션	상 품 부동산	사모펀드 헷지펀드 SPAC	확정급여 확정기여 개인플랜	분리과세 종합과세
매매, 평가 및 결제시스템				계리 및 평가시스템	

주문방법은 특정 가격을 지정하는 지정가주문(limit order), 시장형성가격인 시장가주문(market order), 가격의 상하한 범위를 지정하고 거래회사에 재량권을 맡기는 재량가주문이 있다. 계약의 체결은 가격, 시간, 수량 및 위탁매매의 순으로 실행된다. 거래방법으로 신용거래는 매입자금을 금융투자회사에서 자금을 차입하여 매입하거나 증권을 빌려서 매각하는 방법(대주)[09]이다. 공매도(short selling)는 마치 주식을 보유한 것처럼 선매도하고 후매수하여 결제한다. 이러한 반대매매(covering)는 원래의 포지션을 다시 반대포지션으로 일부 또는 전량을 상쇄시킨다.

상인은 손님(customer)을 속이지 말아야 할 의무가 있지만 손님을 보호해야 할 책임은 없다. 그러나 고객을 보호할 의무와 책임이 있는 금융투자회사는 수탁자(fiduciary)로서 투자상담을 하고 투자안을 제시해 주는 역할을 한다. 거래비용인 수수료는 특약이 없으면 비용만 청구가능하고 보수는 청구불가능하다.

결제수단으로 수표는 지급인을 신용있는 금융회사로 한정하며, 만기가 따로 없는 일람출급증권이다. 지급제시기간 10일, 무기명 발행을 허용한다. 약속어음은 발행인 자신이 주채무자로서 수취인 또는 피배서인에게 지급할 것을 무조건적으로 약속한 증권(지급약속증권)이다. 발행인, 수취인 2인 간의 관계로 국내거래에서 이용한다. 그리고 환어음은 발행인이 지급인(제3자)에게 어음금액을 지급할 것을 위탁하는 증권(지급위탁증권)이다. 발행인, 수취인, 지급인 등 3자의 관계로 주로 글로벌 거래에서 이용한다.

환매수(repurchase)는 이미 매도한 자가 그 매도량만큼 반대방향으로 매수하여 대등한 수량으로 소멸시키고, 공매수는 시세차익을 목적으로 자금을 빌려서 주식을 매수한다. 환매조

주식을 매입가격보다 낮은 상태에서 매도하는 것이다.

09 대주(stock loan)는 주식을 기관투자자에게 일정기간 동안 빌리는 행위 또는 빌려서 주식을 매도하고 약정한 기간 내에 수수료와 함께 주식을 매수하여 돌려주는 것이다.

건부매매(RA: Repurchase Agreement)는 증권을 일정한 기간이 경과한 후에 매수가액에 이자 등을 합하여 환매수하는 매도이다. 이에 비하여 공매도(short selling)는 일시적 대차거래로 대여자는 차입자에게 수수료를 얻고, 대출자는 소유권을 얻어서 증권을 활용한 후 종료일에 대출증권을 상환한다.

만일 증권의 분실시 제권판결로 상실된 증권을 무효화하고 증권없는 권리행사와 증권의 재발행을 청구할 수 있다. 공시최고는 증권을 상실한 자의 신청으로 법원이 권리의 신고를 최고하고, 그 신고가 없으면 권리를 잃을 수 있다는 경고와 함께 공고한다. 제권판결은 공시최고의 기일이 경과하여도 권리의 신고가 없을 때 법원은 증권의 무효화를 선언한다.

리스(lease)거래는 비전형계약(무명계약)으로 임대차계약이 아니다. 이용자(lessee)가 리스료를 리스회사에 지급하고, 리스회사(lessor)는 이용자에게 리스물건을 대여한다. 리스회사와 이용자가 리스계약을 체결하고 리스회사와 공급자 사이에 물건판매계약을 체결하여 이루어진다. 또한 팩터링(factoring)거래에서 ① 진정팩터링은 채권의 회수불능위험을 채권회수업자가 부담한다. ② 부진정팩터링은 채권의 회수불능위험을 판매상인이 부담한다.

그리고 전자상거래(EC: Electronic Commerce)는 정보처리능력을 가진 장치 등에서 작성되어 송수신 또는 저장되는 거래이다. 수신한 전자문서는 각 문서마다 독립적으로 수신자가 관리하는 컴퓨터 등에 입력될 때 송신된 것으로 본다. 공인인증기관의 전자서명은 다른 법률에 그 효력을 부인하는 규정이 없으면 관계 법률이 정하는 서명 또는 기명날인으로 인정한다.

제2절 자본시장법

1. 금융투자상품

자본시장법은 금융투자업을 영위하는 주체가 누구인지를 불문하고 모든 금융투자상품의 투자자를 보호한다. 미국의 1933년 증권법도 투자자를 보호하고 증권발행에 대한 정보를 공개하고 있다. 증권발행자는 증권관리위원회(SEC)에서 등록설명서를 제출하고 승인을 받아야 한다. 그리고 1934년 증권거래법은 증권관리위원회에 거래소를 통제할 수 있는 권한을 부여하였고, 불공정거래를 막기 위하여 내부자거래(insider trading)를 금지하였다. 한편

1940년 투자회사법과 투자자문업법은 투자회사와 펀드의 업무를 규제하고 자문업자의 경력을 공개하도록 하였다. 2002년 샤베인즈-옥슬리법은 증권의 공모, 판매 및 거래에 대한 증권관리위원회의 권한을 강화하였다.

국내는 1968년 자본시장육성에 관한 법률, 1969년 증권투자신탁업법, 1970년 한국투자공사 설립 등으로 투자제도를 확립하였다. 1972년 단행된 사채동결에 관한 긴급조치(8 · 3조치) 이후 1973년 기업공개촉진법은 기업공개의 강제성을 마련하였다. 1977년 2월 증권관리위원회와 증권감독원이 자본시장을 총괄하는 관리기관으로 설립되었다. 그리고 1981년 정부는 자본시장 자유화를 위한 4단계조치를 발표하고 외국인전용펀드를 발매하였다. 외국인의 직접투자는 1992년 상장법인 10% 한도로 시작하여 1998년부터 100% 투자를 허용하고 있다.

투자자산은 미래 투자수익률의 불확실성 정도에 따라서 위험자산과 안전자산으로 구분할 수 있다. 위험자산은 미래에 얻을 소득의 크기가 불확실하거나 변동성을 갖는다. 반면에 안전자산은 미래에 얻을 소득의 크기가 보장되어서 미래현금흐름의 불확실성이 없다. 금융투자상품은 원본손실가능성(투자성)을 부담하는 자산으로 증권, 장내파생상품, 장외파생상품으로 구분한다. 증권은 원금으로 손실은 제한하지만 파생상품은 원금을 초과하여 손실이 발생할 수 있다.

표 2-6 | 금융투자상품의 유형

구 분	금융투자상품
증 권	채무증권, 지분증권, 집합투자증권, 투자계약증권, 파생결합증권, 증권예탁증권
파생상품	장내파생상품, 장외파생상품
자문계약	투자자문계약, 투자일임계약 등
신탁계약	신탁재산(금전신탁, 그외 신탁계약 등)

증권의 종류로 ① 채무증권은 국채, 지방채, 특수채, 사채권, 기업어음 등으로 지급청구권을 표시한다. ② 지분증권은 주식, 신주인수권, 출자증권, 출자지분, 회사형이나 조합형태 펀드의 지분 등을 표시한다. ③ 집합투자증권은 신탁의 지분권, 집합투자기구의 지분권 등으로 신탁의 수익권을 표시한다. ④ 투자계약증권은 공동사업에 투자하여 사업 결과에 따른 손익을 얻는 계약이다. 투자일임계약은 투자자가 소유권을 유지하면서 그 운용만을 전문가에게 일임한다. ⑤ 파생결합증권은 기초자산의 변동성에 연계하여 미리 정한 방법에 따라서 지급금액이나 회수금액을 결정한다. ⑥ 증권예탁증권은 증권을 예탁받은 자가 그 증권을 발

그림 2-1 투자기간과 위험성향을 고려한 상품구조

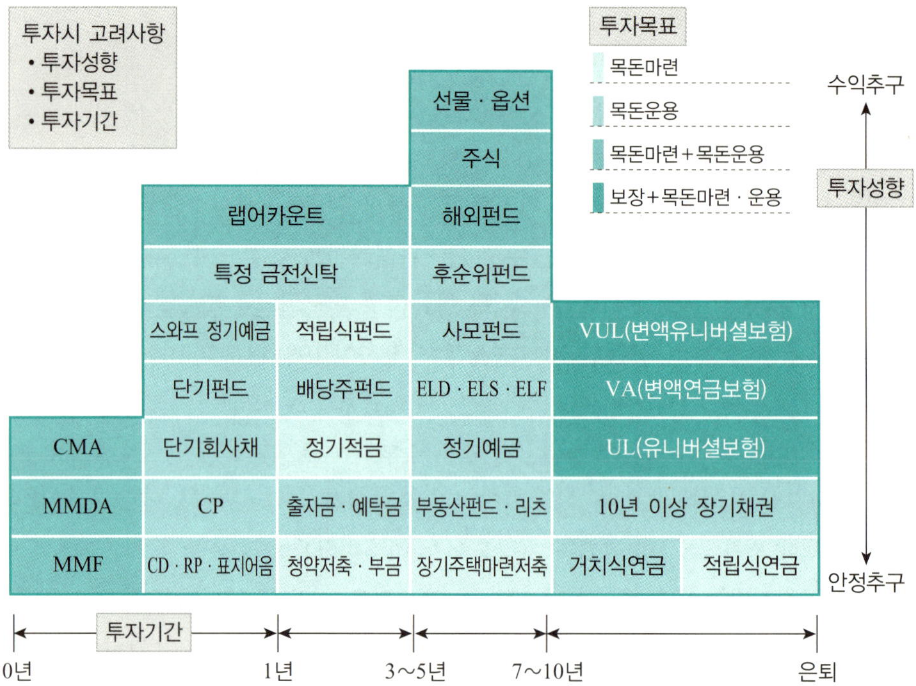

행국가 밖에서 발행하는 증권이다. 그리고 파생상품은 자산의 내재가치에 의하여 결정되는 것이 아니라 기초자산[10]의 가격변동에 의하여 결정된다. 변동성이 내재되어 있는 기초자산의 거래로 기초자산을 보유하는 투자자의 위험을 관리한다. 그 유형은 선물, 옵션, 스왑 등의 계약상 권리이다.

한편 기업어음(CP: Commercial Paper)[11]은 기업의 단기자금 조달을 위해 상거래 없이 자기의 신용으로 발행되는 융통어음이다. 전자단기사채는 사채의 금액이 1억원 이상, 만기 1년 이내, 만기에 원리금 전액이 지급되는 전자방식으로 발행되어 유통된다. 양도성예금증서(CD: Certificate of Deposit)는 정기예금을 받고 발행하는 제3자에게 양도가 가능한 예금증서이다. 그리고 환매조건부채권(RP: Repurchase Paper)은 채권을 투자자에게 매도하고 일정기간이 경과한 후 이자를 가산하여 투자자에게서 재매입한다.

---

10 기초자산은 금융투자상품, 통화, 실물상품, 신용위험, 가격 · 이자율 · 지수 · 단위의 산출이나 평가가 가능한 위험이다.

11 기업어음의 발행요건은 없지만 종합금융회사의 경우 만기(1년 이내), 최저액면(1억원), 신용등급 등에서 제한을 받는다.

2. 금융투자회사

금융투자회사는 증권의 발행과 매매를 주선하는 인수주선인(underwriter), 투자자의 대리인으로 중개인(broker) 및 자기명의로 증권을 매매하는 딜러(dealer)의 역할을 한다. 그리고 금융투자회사가 거래소 회원으로 투자자를 대행하여 매매를 실시한다. 특히 중개인은 ① 수수료를 목적으로 비회원인 일반 고객의 위탁주문만을 취급하는 커미션브로커(commission brokers), ② 다른 회원의 주문만을 취급하는 플로어브로커(floor brokers), ③ 자기계산하에 매매를 행하는 등록거래원(floor traders), ④ 자기매매와 타 회원의 위탁주문을 취급하는 스페셜리스트(specialist), 그리고 ⑤ 채권거래만을 취급하는 채권브로커(bond brokers) 등이다.

스페셜리스트(specialist)[12]는 시장의 질서와 공정거래의 책임을 가지고 시장의 일시적 불균형을 해소한다. 매도주문만 있고 매수자가 없으면 스페셜리스트가 주식을 매수하여 시장조성을 한다. 모든 증권매매는 객장 내 트레이딩포스트(trading post)에 스페셜리스트를 1명씩 배치한다. 주요 역할은 ① 경매인으로 매매호가를 제공한다. ② 전산시스템의 주문을 체결시키는 중개인 역할을 한다. ③ 일반투자자의 주문과 객장 브로커의 주문도 체결한다.

표 2-7 | 금융투자업자의 업무

금융투자업	주요 업무
투자매매업	• 자신의 계산으로 매매, 증권의 발행, 인수 또는 청약 • 파생결합증권의 발행, RP거래 및 중개
투자중개업	• 타인의 계산으로 매매의 권유 청약과 승낙 • 증권의 발생인수에 대한 청약의 권유와 승낙
투자자문업	• 종류, 종목, 취득 · 처분, 취득 · 처분의 방법 • 수량, 가격 및 시기 등에 대한 판단
투자일임업	• 투자판단의 전부 또는 일부 일임받은 금융투자상품의 관리 • 수량 · 가격 · 시기 등의 일임과 부재 중 매도권한 위임
신탁업	• 위탁자가 수탁자에게 재산권의 이전과 처분 • 수탁자의 재산권 관리 및 처분
집합투자업	• 2인 이상 투자자의 자금을 운용하고 투자자에게 배분 • 50인 이하의 사모펀드, 증권금융의 예탁금, 신탁재산의 공동운용, 종금사 CMA 및 학교, 종교, 사교목적의 계 등 제외

12 스페셜리스트는 매도자와 매수자를 상호연결하여 수급을 조절하는 역할을 수행한다.

④ 보다 많은 거래가 성사되도록 주문이 도착하면 관련 정보를 제공하여 거래체결을 유도한다. 또한 ⑤ 유동성하락시 보유 주식으로 거래를 체결하여 호가 스프레드를 줄이고 유동성을 확보한다.

금융투자회사는 투자매매업, 투자중개업, 집합투자업, 투자일임업, 투자자문업, 신탁업 등에 대한 인허가를 받아서 할 수 있다. 구성조직은 금융위원회의 사전 승인을 받아서 임원, 사외이사 및 이사회, 감사위원회의를 설치하고 내부통제기준 및 준법감시인을 두어야 한다. 또한 재무건전성 유지의무 및 경영공시 규정을 두고 대주주와 거래제한, 대주주의 부당한 영향력 행사 등을 금지한다. 예를 들어 펀드는 불특정 다수의 투자자에게 자금을 모아서 운용하고 그 성과를 실적배당한다. 이 과정에 자산운용회사(집합투자업자),[13] 수탁회사(신탁업자), 일반사무관리회사 및 판매회사(투자중개매매업자) 등이 참여한다.

3. 투자자보호제도

투자권유 소극적 투자자는 실수나 손실을 회피하면서 복잡한 투자결정을 회피한다. 적극적 투자자는 시간과 노력을 투입하여 벤치마크 이상의 초과수익을 추구한다. 그러나 투자자는 위험을 무시하고 이익만을 얻으려는 무리한 투자로 실패시 자신의 잘못을 인정하기보다 금융업자의 탓으로 돌린다. 어떤 영업직원은 투자자에게 적당한 투자안을 제시하기보다 자신에게 돌아올 수수료에 관심을 쏟는다.

금융투자회사는 투자자가 목표를 달성하도록 도와주고 투자의 확신을 주어야 한다. 금융업자는 Know-Your-Client의 원칙으로 규정에 따라서 계약 이전에 그 상품이 투자자에게 적합한지를 결정해야 한다. 자본시장법은 이해상충 문제의 해소, 최선의 성실성, 최선의 거래의무, 투자조언의 제공 등을 명시하고 있다. 투자시점에서 투자자의 재정상태, 투자경험, 그리고 투자목적을 파악하여 결정한다.

투자권유 과정은 투자자의 영업점 방문, 투자자 정보의 확인, 금융투자상품 투자권유상품 제안 및 설명 · 위험고지, 그리고 사후관리로 실시한다. ① 1단계, 투자자가 영업점을 방문하면 방문목적을 확인한다. ② 2단계, 투자자정보를 확인한다. 일반투자자에게 투자권유 희

13 자산운용회사(집합투자업자)는 투자자로부터 모은 자금을 주식, 채권 및 부동산 등에 투자 · 운용하는 회사이다. 수탁회사(신탁업자)는 펀드재산을 안전하게 보관 · 관리하고, 자산운용회사의 펀드 운용을 감시하는 역할을 한다. 일반사무관리회사는 자산운용회사에서 운용 중인 펀드의 펀드 회계처리와 같은 일반사무 업무를 주로 처리한다. 그리고 판매회사(투자중개매매업자)는 펀드판매 업무를 담당하는 회사로 금융투자회사, 은행, 보험회사, 선물회사 및 종합금융회사 등이다.

표 2-8 | 투자자 보호 프로세스

적합성 원칙		설명 의무	계약서류 교부
① 투자자 구분 ② 투자권유 희망 확인 ③ 투자자 정보제공 여부 확인	사전단계	⑦ 투자설명서 교부 의무 ⑧ 상품설명 및 위험고지의무 (check list) ⑨ 설명에 대한 확인(서명 등)	⑩ 계약서류 교부
④ 투자자 기초정보 질문서 작성 ⑤ 위험성향 등급 산출 ⑥ 위험성향 등급의 상품 제안	적용단계		

망을 문의하고 투자설문지를 작성하여 투자자의 위험등급을 산출한다. ③ 3단계, 상품제안 및 설명 · 위험고지를 한다. 금융투자상품 선정시 투자설명서[14]를 교부한다. 그리고 투자자의 의사를 확인한다. ④ 4단계, 투자자가 계좌를 개설하고 금융투자상품을 거래한다. 중개인이 사후관리를 설명하고 카드, 통장, HTS 안내문 등을 교부한다. ⑤ 5단계, 사후전화를

그림 2-2 | 금융투자상품 권유과정

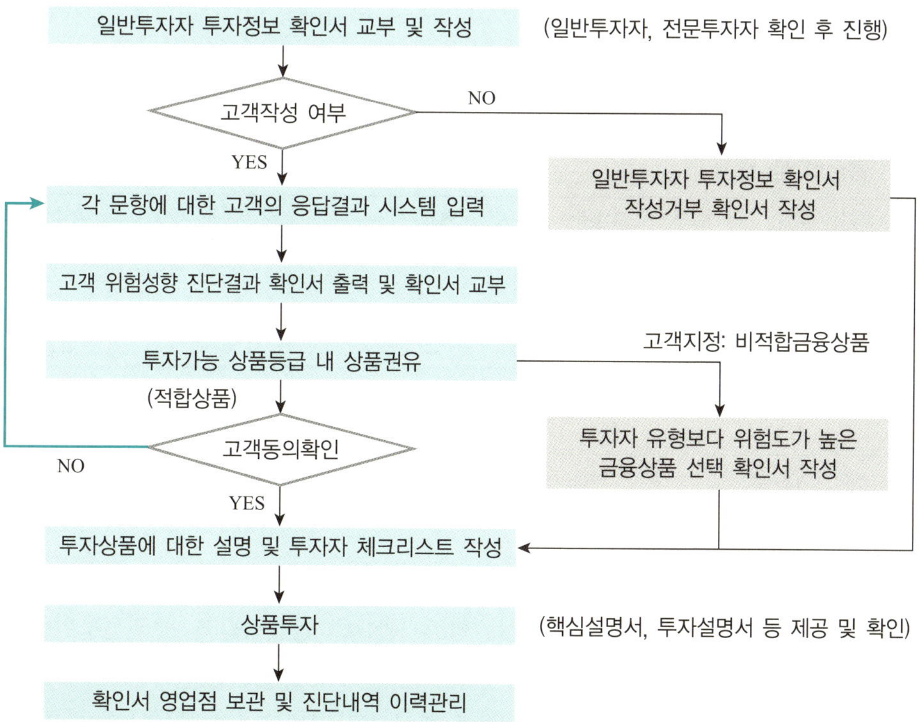

14 투자설명서는 투자목적, 대상자산 및 투자전략, 투자위험, 보수 및 수수료, 해지절차 및 평가기준으로 안내한다.

실시한다.

투자자별 위험성향으로 ① 극단적 위험회피형은 수익보다 안정성을 매우 중시하여 무위험을 선호한다. ② 비교적 안정성을 중시하는 위험회피성향은 고수익보다 저위험 또는 무위험투자를 선호한다. ③ 위험중립성향은 시장을 비교적 정확히 판단하고 적절히 대응한다. ④ 적극적 위험추구성향은 투자원금보전보다 위험을 감내하면서 높은 수준의 투자수익을 지향한다. 그리고 ⑤ 시장평균수익률을 훨씬 넘는 투자수익을 추구하는 매우 공격적 위험추구성향이다. 이때 투자자는 자산가치 변동에 따른 손실위험을 감수해야 한다.

일부 금융투자회사나 감독기관은 미스터리쇼핑[15]으로 투자자보호 프로세스의 실행 여부를 확인하여 불완전판매가 발생하지 않도록 한다. 불완전판매의 손실은 금융투자회사에서 배상하는 것을 원칙으로 매매시 부당권유를 금지하고 있다.

불공정거래 불공정거래는 인위적으로 시장을 왜곡하여 투자자의 권리 침해와 경제적 손실을 유발하는 범죄행위이다. 내부자거래는 단기 자본소득 반환, 임원 등의 주식소유상황 보고, 미공개 중요정보 이용행위 금지 등으로 제한한다. 시세조종 행위는 시장을 교란하는 통정매매, 가장매매, 시세조종, 시세고정 등으로 법률로 금지하고 있다. 또한 부정거래 행위는 일반 사기금지조항, 공매도제한 등을 두어서 규제한다.

표 2-9 | 불공정거래 현황

구 분		2011년	2012년	2013년	2014년
금감원 자체분석		71	145	71	104
거래소 통보사건		151	126	115	74
합 계		222	271	186	178
시장별	유가증권	56	70	67	64
	코스닥	155	188	102	107
	파생상품 등	11	13	17	7

자료: 금융감독원

금융투자상품과 관련된 업무를 수행하는 행정기관으로 금융위원회, 증권선물위원회, 금융감독원이 있으며, 관계기관으로 한국증권금융㈜, 한국예탁결제원, 한국금융투자협회, 한국상장회사협의회가 있다. 자본시장의 운영과 활성화를 지원하면서 자본거래의 질서를 유

15 전문조사기관의 조사원이 투자자로 가장해서 불완전판매에 대한 판매실태를 점검한다.

지하는 데 기여하고 있다. 특히 정보는 금융감독원이나 한국거래소에 공시하거나 투자자에게 충분히 공개되기 전까지 비공개정보이다. 미국의 경우 회사 외부에서 발생한 정보도 규제대상으로 하고 있다. 그러나 국내는 최초로 정보에 대한 접근 권한이 있는 내부인으로 한정하고 있다.

한국거래소(KRX) 내 시장감시본부가 자본시장의 불공정거래 행위를 예방 · 대응하고 있다. 시장감시위원회는 증권 · 파생상품시장에 대한 자율규제를 수행한다. 또한 금융감독원은 계좌추적과 관련자의 직접조사, 주가조작 가담 여부, 그리고 미공개 정보 이용 여부 등을 확인한다. 최종적으로 증권선물위원회가 불공정거래 여부를 판단하여 수사기관에 수사를 요청하거나 과징금부과 등을 결정한다.

그림 2-3 불공정거래의 조사과정

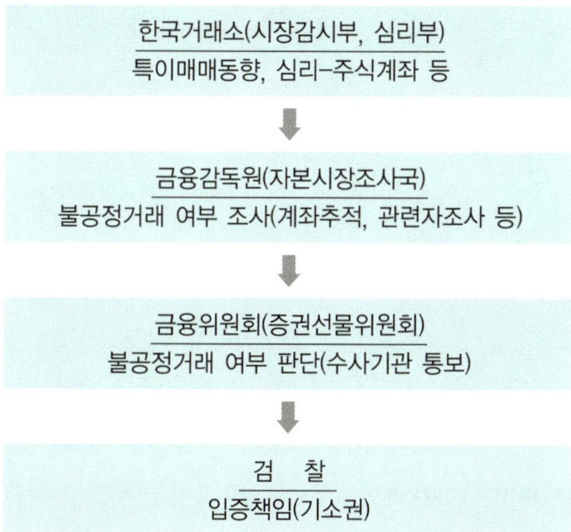

자료: 매일경제신문

투기거래나 불공정거래의 의심 종목은 투자주의종목으로 공표하여 일반투자자들의 뇌동매매를 방지하면서 잠재 불공정거래 행위자에게 경고한다. 투자경고종목은 특정 종목의 주가가 비정상적으로 급등한 과거 감리종목 또는 이상급등종목을 대상으로 한다. 지정된 종목은 매수시 위탁증거금을 100% 납부하고 신용융자로 해당종목을 매수할 수 없다. 또한 투자경고종목이 투기적 가수요 및 뇌동매매가 계속될 경우 투자위험종목으로 지정한다. 투자위험종목도 매수할 경우 위탁증거금을 100% 납부하고 신용매수를 할 수 없다. 또한 주가가 추가적으로 급등할 경우 1일간 매매거래를 정지시킬 수 있다. 시세조종행위(주가조작), 미공개

표 2-10 | 주가조작 등에 대한 형벌기준

이득액	기본형	가중형
1억원 미만	징역 6개월~1년 6개월	징역 1년~2년 6개월
1억원 이상~5억원 미만	징역 1~4년	징역 2년 6개월~6년
5억원 이상~50억원 미만	징역 3~6년	징역 4~7년
50억원 이상~300억원 미만	징역 5~8년	징역 6~9년
300억원 이상	징역 6~10년	징역 8~13년

자료: 매일경제신문, 대법원 양형위원회

중요정보이용행위(내부자거래), 그리고 부정거래행위[16]는 사기죄에 준하여 처벌한다. 주가조작의 형벌은 이득액과 과거 행위를 기준으로 부과하고 있다. 또한 불공정거래는 형사적 처벌과 민사적 손해배상에 대한 책임을 부담한다.

제3절 자본시장

1. 발행시장

발행시장 자본시장은 증권이 발행되고 유통되는 시장으로 발행시장과 유통시장으로 구분할 수 있다. 발행시장(primary market)은 자금을 차입하는 발행자가 발행증권을 최초투자자에게 매매하는 곳이다. 직접발행은 발행회사가 발행에 관한 모든 업무를 주관한다. 주식을 전량 매도하지 못한 경우 발행회사가 잔존 주식을 모두 인수한다. 발행방법으로 ① 매출발행은 일정기간 내에 개별 투자자에게 매출하여 매도금액을 발행총액으로 한다. ② 공모입찰발행은 가격이나 수익률을 다수의 응모자에게 입찰시켜서 그 결과로 발행조건을 결정한다. 그리고 간접발행은 발행회사가 전문적 지식과 조직을 갖춘 금융투자회사를 통하여 증권을 발행한다. 이 경우 금융투자회사가 발행기관(인수기관)이 되어서 모집주선(best-effort

16 체리피킹(cherry picking)은 실적을 돋보이게 하려고 전체 운용자산에서 수익률이 좋은 종목이나 펀드만을 골라서 특정 펀드의 수익률을 관리하는 불공정거래행위이다. 자본시장법은 자산배분 비중을 사전에 결정하여 전산처리하도록 규정하고 있다. 채권파킹(parking)은 펀드매니저가 채권을 매입하여 바로 펀드자산으로 운용하지 않고, 중계회사에 구두로 채권매수를 요청한 뒤 보관(parking)했다 시간이 경과한 후 결제하여 특정 펀드에 유리하거나 불리하게 수익률을 조작할 수 있다.

basis), 잔액인수(stand-by underwriting), 총액인수(firm commitment)[17]의 방법으로 발행에 참여한다. 대부분 발행위험을 축소하기 위하여 금융투자회사는 간접발행을 선택한다.

그림 2-4 | 인수주선 업무의 구조

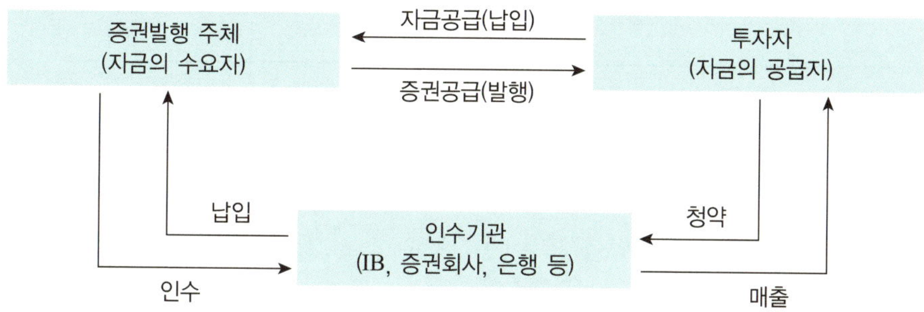

자료: 예금보험공사

주식발행은 투자자를 우선 결정하고 공모발행과 사모발행 여부를 결정한다. 공모발행은 신주발행시 발행주식을 회사와 관련이 없는 투자자에게 동일한 가격과 조건으로 모집하거나 매출한다. 모집은 50명 이상의 투자자에게 신규발행하는 유가증권을 취득하도록 청약을 권유[18]한다. 또한 매출은 기 발행된 유가증권을 50명 이상의 투자자에게 유가증권을 매도하거나 매수를 권유한다. 사모발행은 발행주체인 회사가 특정인을 대상으로 대부분 직접발행을 선택한다.

증자시 주식발행은 기존 주식의 권리락과 배당락을 발생시킨다. 권리부는 신주를 받을 수 있는 상태이고 권리락(ex-right)은 유 · 무상증자시 신주배정을 받을 권리가 소멸된 상태이다. 그리고 배당락(ex-dividend)은 배당받을 권리가 소멸된 상태이다. 공모에서 ① 구주주배정은 신주인수권을 기존의 주주에게 부여하고 배정한다. 기존 주주는 보유한 주식에 비례하여 신주인수권을 부여받는다. ② 제3자배정(연고자배정)은 신주인수권을 회사와 특별관계에 있는 투자자에게 부여한다. ③ 주주우선공모는 구주주, 투자자사주조합에 우선권을 부여하고 청약미달분을 공모한다. ④ 일반공모는 일반투자자를 대상으로 청약을 받는다.

채권의 공모입찰은 입찰방식과 낙찰방식으로 한다. 첫째, 입찰방식으로 ① 가격입찰방식은 가격응찰액이 높은 가격부터 발행예정액까지로 결정된다. ② 수익률입찰방식은 수익률

17 모집주선은 발행기관이 단순히 발행 업무와 투자자 모집을 대행한다. 잔액인수는 발행기관이 발행업무와 투자자의 모집을 대행하고 매매되지 않은 수량을 인수기관이 인수한다. 그리고 총액인수는 발행기관(주간사회사)이 발행수량을 인수단에 매각하고 발행회사는 주식의 미매각 여부를 걱정하지 않지만 많은 수수료를 지불한다.

18 청약의 권유는 유가증권의 발행 또는 매도사실을 알리거나 취득절차를 안내한다.

표 2-11 | 공모사항의 예

총공모주식수	27,060,000주	공모금액: 622,380(백만원)	
그룹별 배정	우리사주조합	5,412,000주(20%)	청약증거금률: 100%
	기관투자자 등	16,236,000주(75%)	최고한도: ○주
	일반청약자	5,412,000주(25%)	청약증거금률: 50%
		최고: 80,000주	최저: ○주

응찰액이 낮은 수익률에서 발행예정액까지의 범위에서 결정된다. 둘째, 낙찰방식으로 ① convention방식은 낙찰가의 수익률 혹은 가격으로 한다. ② dutch방식은 낙찰부분 중에서 최고수익률 혹은 최저가격으로 한다. 또한 ③ 평균가격낙찰방식은 낙찰부분의 평균가격으로 낙찰을 통일한다.

2. 유통시장

유통시장(secondary market)은 증권을 거래하는 시장으로 금융상품의 유동성을 부여하고 증권의 적정가격 형성을 통하여 발행조건을 조정한다. 구체적 장소에서 거래하는 거래소시장(exchange)과 전화나 전산망으로 거래하는 장외시장(OTC: Over-The Counter market)으로 나눌 수 있다. 거래소는 증권의 매입자와 매도자가 거래를 수행하기 위하여 지정된 장소에서 거래를 형성한다. 그리고 장외시장은 거래소 이외에서 상대매매하는 시장이다.

기업공개(IPO: Initial Public Offering)는 최초로 투자자에게 신규발행 주식을 공모하거나 기존발행 주식을 매출하는 것이다. 상장(listing)은 금융투자상품을 거래소에서 거래할 수 있는 자격을 부여한다. 거래소는 회사의 자금흐름이 양호한가를 확인하고 주식분산도 제대로 이루어져 있는지 점검한다. 상장시 주식분산은 신주공모 혹은 구주매출로 분산시킨다. 상장의 유형으로 ① 신규상장은 주식을 상장하지 않은 주식회사에서 기업공개 후 최초로 거래소에서 주식을 거래한다. ② 신주상장은 상장회사가 신규로 주식을 발행하여 거래한다. ③ 변경상장은 주식의 종목, 종류, 액면, 수량 등을 변경하여 주식을 거래한다. 그리고 ④ 재상장은 법인이 상장폐지된 후 자구노력으로 회생하였을 경우 신규상장요건보다 완화하여 상장폐지일부터 5년 이내에 신청한다.

주식의 공모가격은 수요예측의 결과를 감안하여 주관회사와 발행회사에서 결정한다. 보

표 2-12 | 유가증권시장의 상장요건

상장요건	내 용
규모요건	자본금 50억원, 자기자본 100억원 이상이거나 기준시가총액 200억원 이상, 매출액(최근 연도 300억원, 3년 연평균 200억원)
재무요건	부채비율(업종평균, 전체평균 중 큰 값의 2배 미만), 유보율(50% 이상) 등
분산요건	소액주주지분율 25% 이상, 소액주주의 수 1,000명 이상 등
안정성/건전성	설립경과연수 3년 이상, 증자한도, 감사인의 적정의견, 최대주주지분변동
기타요건 등	경영의 계속성, 투명성, 기업공시 등

통 시가발행은 상장하는 회사가 액면가와 무관하게 구주의 시장가격을 기준으로 신주가격을 결정한다. 국내는 상장법인 관리규정에 의하여 시가발행하고 있다. 기준주가는 신주배정일기준일 5일 전부터 1개월 평균주가, 1주일 평균주가, 최근일 종가의 산술평균으로 결정하고 있다. 주문가격[19]은 시장가주문(market order), 지정가주문(limit order), 조건부주문, 시간외종가주문, 시간외단일가주문으로 구분할 수 있다.

매매절차는 증권계좌를 개설하고 증거금납입, 매수주문, 매매체결의 순으로 이루어진다. 주식을 매수할 경우 위탁증거금(margin)은 종목별로 매매대금의 20%, 30%, 40%, 100% 등으로 구분하는데 금융투자회사별로 다르게 적용한다. 예를 들어, 현금 30만원인 계좌에서 100만원의 주식을 매입한다면 70만원은 외상으로 미수[20]이다. 동시호가시간(8:00～9:00)[21]의 주문은 모든 주문을 모아서 9시 동시체결되어 시가를 결정한다. 그 후 14:50～15:00에 오전 동시호가와 동일한 방식으로 다음날 기준가격인 종가를 결정한다. 시간외 종가매매시간(15:10～15:30)은 당일 종가로 매매할 수 있다. 그리고 이후 시간은 컴퓨터를 통하여 다음

---

19 ① 지정가주문은 종목, 수량 및 가격을 지정하는 주문이다. 지정가주문은 지정한 가격이 아니라도 동시주문이나 순간 호가변동으로 주문매도가보다 높은 가격 또는 주문매수가보다 낮은 가격에 체결될 수 있다. 지정가주문은 오후 2시 50분까지 지정한 가격에 주가가 도달하지 못하면 주문이 종료된다. ② 시장가주문은 매매계약 주문시 투자수량만 지정하면 현재시점의 시장가격으로 주문이 체결된다. 가격에 관계없이 반드시 주문 체결을 원하는 경우 시장가주문으로 거래할 수 있다. ③ 조건부지정가는 시장 마감 동시호가 이전(14시 50분)에 지정가주문과 동일한 효력을 갖고 있다가 14시 50분까지 체결이 되지 않는 경우, 주문수량 중 체결되지 않은 남은 잔량을 마감 동시호가에 시장가로 참여하는 주문이다. ④ 시간외 종가주문은 정규 시장이 종료되고 15시 10분부터 30분까지 20분 동안 시간순서에 따라 금일 종가로 내는 주문이다. ⑤ 시간외 단일가주문은 정규시장 종료 후 15시 30분부터 18시까지이며, 종가에서 ±5%까지의 가격변동폭으로 지정가주문을 내어 30분단위로 체결한다.

20 미수로 오늘 주식을 사면 거래일부터 3일째되는 날까지 현금을 자기계좌에 입금하거나 주식을 매도하여 미수를 해결해야 한다. 만약 이때까지 미수가 해결되지 않으면 4영업일 오전에 금융투자회사가 임의로 그 주식의 일부를 매도하여 미수를 정리한다.

21 동시호가제도는 당일의 시장개시에서 일정시점까지 주문을 접수한 후 매수와 매도주문을 나누어 집계한 후 매수주문과 매도주문을 최대로 수용할 수 있는 가격을 결정하여 거래를 성사시킨다.

날의 주문을 예약할 수 있다. 호가단위는 매매되는 가격과 수량의 최소단위이다. 예를 들어 A주식이 현재 62,500원이면 62,600, 62,300, 62,100으로 주문한다. 호가 수량으로 주권, ETF, 신주인수권은 1주이고, ELW의 경우 10증권이다.

표 2-13 | 호가의 가격

기준가	호가가격단위		
	거래소	코스닥	프리보드
1,000원 미만	1원	1원	5원
1,000~5,000원 미만	5원	5원	
5,000~10,000원 미만	10원	10원	10원
10,000~50,000원 미만	50원	50원	50원
50,000~100,000원 미만	100원	100원	100원
100,000~500,000원 미만	500원		500원
500,000원 이상	1,000원		1,000원

가격제한폭제도는 1일 변동할 수 있는 가격의 범위를 제한한다. 미국은 가격제한폭제도 대신에 급격한 주가변동에 따른 혼란을 막기 위하여 일시거래중단제도를 운영한다. 국내도 1998년 매매거래중단제도를 시행하여 시장전체중단과 개별종목중단으로 나누어 운영하고 있다. 시장전체중단인 서킷브레이크(circuit breakers)는 종합주가지수가 전날에 비하여 10% 이상 급락하여 1분간 지속되는 경우 전 종목의 매매거래를 20분간 중단하고 10분간 동시호가를 접수하여 거래를 다시 시작한다. 매매거래의 중단은 1일 1회이며, 오후 2시 20분 이후 발동하지 않는다. 개별종목중단은 주가와 거래량이 급변하거나 예상되는 종목, 매매주문의 폭주로 신속하게 거래를 성립시킬 수 없는 종목을 잠정적으로 중단할 수 있다.

장외시장인 미국 나스닥(Nasdaq)[22]은 미국 전역의 딜러들이 연결되는 컴퓨터네트워크로 증권거래를 실시한다. 국내의 경우 증권중개인이 장외에서 유·무선통신 또는 인터넷통신 수단을 활용한다. 그러나 거래정보가 공개되지 않아서 시장 전체의 상황을 파악하기 어렵기 때문에 동일한 증권도 가격차이가 발생할 수 있다. 이에 대한 보완수단으로 미국의 경우 IDB(Inter-Dealer Broker)가 1999년 ICAP, 캔토(Cantor) 등 딜러 간 중개를 수행하는 전자거래시스템을 도입하였다. 유럽은 MTS거래시스템으로 과도한 브로커 수수료를 줄여 비용절감을 유도하고 있다. 또한 프리보드시장(제3시장)은 비상장 주식을 대상으로 거래규제를

22 National Association of Securities Dealers Automated Quotation System의 약자이다.

최소화하여 주식을 유통시킨다. 기업도 최소한의 형식적 요건만 갖추면 진입이 가능하다.

3. 공시제도

공시제도는 기업내용을 투자자 및 이해관계자들에게 공개하여 공정한 거래가 이루어질 수 있도록 한다. 자본시장은 내부자거래나 투기세력 등에 의하여 부당이득이 발생할 수 있으므로 회계제도와 공시제도를 통하여 통제한다. 발행시장공시는 발행인이 주가에 영향을 미칠 수 있는 모든 중요한 정보를 공시하여 투자자의 판단과 책임하에 투자의사결정을 하도록 한다. 증권신고서는 증권공모발행시 제출을 의무화하고 있다. 유가증권신고서는 모집 및 매출의 내용 및 당해 법인의 내용을 일반투자자들에게 공시한다. 유가증권신고서 제출대상은 공모금액이 20억원(상장을 위한 주식공모시 10억원) 이상인 기업이다.

유통시장공시는 사업보고서 등의 정기공시와 주요 사항보고를 포함하는 수시공시로 구분한다. 정기공시는 기업의 과거실적을 알리고, 수시공시는 과거의 실적뿐만 아니라 현재 및 미래정보를 알리는 기능을 한다. 정기공시는 감사보고서, 사업보고서의 공시사항으로 결산종료 후 90일 이내(또는 분기 및 반기종료 후 45일 이내)에 한다. 제출방법은 한국금융투자

그림 2-5 유가증권발행인 등록절차

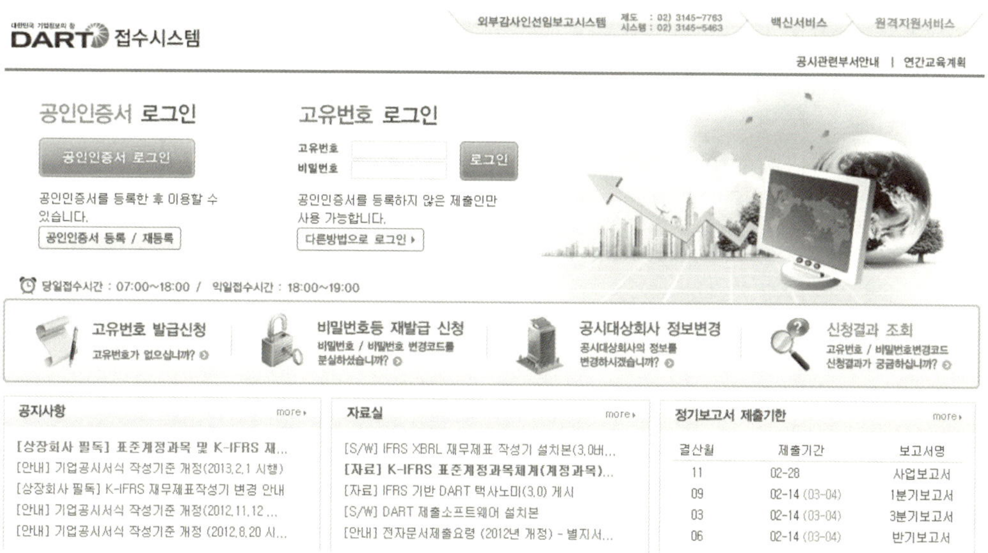

자료: 금융감독원

협회(서류) 및 금융감독원 전자공시시스템(전자문서)으로 한다. 주요 경영사항 신고는 부도, 영업정지, 증자 등의 16가지로 협회에 제출하여 협회가 호가중개시스템에 입력한다.

수시공시는 공시의무사항 이외의 자진신고에 의한 자율공시, 거래소요구의 조회공시 및 특정인에게 정보를 제공하기 전 거래소에 제시하는 공정공시로 구분한다. 그리고 지정신청 서류 등은 한국금융투자협회 투자정보 자료실에 3년간 비치 · 공시한다. 기업의 인수합병시 공개매수제도, 대량보유상황 공시(5%rule), 의결권 대리행사 권유의 제한, 합병 등도 신고한다. 불성실공시[23]는 사전에 정한 범위에서 벌점 및 과징금을 부과하고 지정사실을 공표한다. 해당회사의 공시담당자는 재발방지를 위한 교육과 개선계획서를 제출해야 한다.

23 불성실공시는 공시불이행, 공시번복, 공시변경이다.

요약정리 및 생각해 볼 문제

1. 요약정리

- 금융계약의 성립요건은 청약과 승낙이다. 청약은 상대방 도달시 효력이 발생하며, 승낙은 격지자 간의 통지발송이나 대화자 간의 청약 후 성립한다. 금융거래는 당사자가 직접 교섭하는 상대매매와 불특정 상대방 사이에 이루어지는 시장거래로 구분한다. 대리인은 타인의 명의와 계산으로 하는 거래나 계약의 당사자가 되어서 법적 효과와 경제적 효과를 얻는다. 대리행위는 대리인과 상대방 간의 관계로서 대리인의 행위는 직접 본인에게 귀속된다.
- 금융투자상품은 원본손실가능성(투자성)을 부담하면서 금전 등을 이전하기로 약정하며 증권, 장내파생상품, 장외파생상품이다. 금융투자회사는 투자매매업, 투자중개업, 집합투자업, 투자일임업, 투자자문업, 신탁업 등의 인허가를 받아서 할 수 있다. 금융투자는 투자자의 영업점 방문, 투자자정보의 확인, 금융투자상품 제안 및 설명, 위험고지, 그리고 사후관리로 진행한다.
- 자본시장은 발행시장과 유통시장으로 구분할 수 있다. 발행시장은 단기금융상품과 장기금융상품을 신규발행하는 시장이다. 발행방식에 따라서 직접발행과 간접발행으로 구분된다. 유통시장은 구체적 장소에서 거래하는 거래소시장(장내시장)과 전화나 전산망으로 거래하는 장외시장으로 나눌 수 있다. 공시제도는 상장법인의 기업내용을 투자자 및 이해관계자들에게 공개하여 공정한 거래가 이루어질 수 있도록 한다.

2. 주가조작에서 금융 저널리즘에 의한 영향은 무엇인가?

주가조작 행위가 인터넷방송과 케이블방송, 인터넷카페 등을 이용하여 공개적으로 이루어지고 있다. 작전세력이 케이블방송 등에서 특정 종목을 추천하고 상승시 공모자들은 보유주식을 고가에 매도한다. 일부 작전세력은 사전에 자신의 유료카페 회원들에게 특정 주식을 미리 사도록 한 후 케이블방송에 출연하여 해당 종목을 다른 투자자에게 추천하였다. 이와 같은 설거지 수법은 사전에 매수한 주식을 급등시 매도한다. 이러한 유사투자자문은 신고만으로 설립하여 불특정 다수에게 투자를 조언할 수 있다. 과거 주가조작은 시세조종꾼, 사채업자, 기업 인수합병(M&A) 전문가 등에 의하여 이루어졌지만 인터넷, SNS 및 케이블방송이 활성화되면서 공개적으로 이루어지고 있다. 특히 스마트폰의 블로그, 트위터, 페이스북, 카카오톡과 밴드 등에서 은밀하게 진행한다.

3. 야후메신저가 불공정거래의 주범인가?

국내 채권매니저들은 2000년 초부터 야후메신저로 정보를 주고받기 시작하였다. 이 메신저는 매월 500조원(전체 채권거래의 80%)을 거래하면서 장외 채권시장에서 정보교류의 핵심 창구가 되었다. 만일 어떤 매니저가 5,000억원의 채권을 매도할 경우 주문을 야후 메신저의 쪽지로 전달한다. 이때 매도자와 매입자는 쪽지로 협상하면서 거래에 참여한다. 야후 쪽지는 수시로 매매호가를 부르는 매니저들에게 인기를 얻으면서 정착하였다. 2004년 3월 31일에 5개 증권사의 채권매니저가 야후메신저로 1종 국민주택채권의 수익률을 4.87%로 담합한 이후 2010년 12월 10일까지 소액채권의 이자율을 조작하였다. 공정거래위원회는 수익률 담합에 참여한 20개 증권사를 적발하여 최소 1억원에서 최대 20억원의 과징금을 부과하였다. 그러나 관련자들은 관행적인 의견교환을 담합으로 몰고 있다며 억울하다는 반응을 보였다.

4. 관련 홈페이지

www.bokeducation.or.kr
www.fsc.go.kr
www.fss.or.kr
www.hkex.com.hk
www.kofia.or.kr
www.krx.co.kr
www.londonstockexchange.com
www.nyse.com
www.sec.gov

PRIVATE BANKING

PART 2

균형가격의 결정

제 3 장 투자의사결정의 이해

제 4 장 기대수익과 리스크의 이해

제 5 장 효율적 시장의 균형가격

CHAPTER 3

투자의사결정의 이해

학습개요

투자에 영향을 미치는 요인은 투자의 불확실성, 개인의 라이프 사이클, 그리고 관련법률 등이다. 개인의 투자결정은 효용과 위험성향을 기초로 투자프로세스를 활용한다. 투자자는 초과수익을 창출할 수 있도록 시장의 정보를 활용하여 일시적 불균형 가격을 찾는다.

학습목표

1. 투자결정에 영향을 미치는 요인을 확인할 수 있다.
2. 효용곡선을 활용한 투자 프로세스와 심리를 설명할 수 있다.
3. 불균형가격을 발견하여 초과수익률을 얻을 수 있다.

생각해 보기

버블게임과 폰지게임

튤립파동은 기록된 최초의 투기버블이다. 16세기 네덜란드 라이덴(Leiden)대학 교수가 터키에서 튤립을 들여 왔다. 그 후 튤립이 인기를 끌었지만 단기 증식의 어려움으로 품귀현상이 발생하였다. 특히 모자익바이러스에 감염된 돌연변이는 bizarres라 부르며 투기의 대상이 되었다. 어떤 선원은 값비싼 남의 튤립뿌리(Semper Augustus)를 양파로 오인하여 먹고 감옥살이를 하였다. 또한 폰지게임은 실현이익보다 더 많은 이자를 지급하는 투기거래이다. 1920년대 폰지(C. Ponzi)는 플로리다의 주택투자로 90일 내 원금의 2배 수익을 보장한다고 하여서 8개월간 4만여 명에게 자금을 모았다. 초기투자자는 다음 투자자의 자금으로 배당을 받고 하위단계 투자자들의 자금으로 상위단계 투자자에 배당하였다. 그러나 실제로 사업은 진행되지 않았서 3년 후 건축된 주택도 없었고 조달자금인 10억달러는 1,400만달러만 남았다. 이러한 허황된 게임이 동아건설의 보물선 사업이나 퇴직자를 울리는 금융피라미드에서 나타났다.

제1절 투자결정의 요인

1. 불확실성

투자철학 투자철학은 이성을 사용하여 초과수익의 해답을 찾으려는 과정이다. 시장의 작동원리와 투자자의 행동에 대한 일관된 사고나 인식의 체계를 기초로 한다. 그러나 모든 사람에게 적합한 투자철학은 존재하지 않는다. 그 이유는 개인의 특성, 재정상태 및 시장전망에 의하여 달라지기 때문이다. 투자자의 특성은 강한 인내심, 위험성향, 독자 혹은 집단판단, 투자기간, 연령 등의 영향을 받는다. 재정상태는 직업의 안정성, 투자규모, 현금수요, 세금 등의 요인이다. 그리고 시장전망은 균형적 관점을 얻기 위하여 경험과 다양한 의견을 수용하고, 시장이 전환되었을 때 적절한 대응전략을 수립한다.

인간의 행동은 실수를 유발하기 때문에 기본적 원칙을 세워서 그 실수를 찾아서 활용할 수 있다. 따라서 적극적 투자철학은 이러한 실수가 발생하는 비효율적 시장에서 초과수익률을 기대하며, 소극적 투자철학은 효율적 시장에서 기본적 분석이나 인덱스투자로 시장수익률을 추구한다. 모든 투자자는 투자의 기본을 이해하고, 개인별 속성에 맞는 투자철학을 정립하고 있어야 한다.

투자철학은 3단계 과정을 통하여 정립될 수 있다.

1단계, 투자자는 투자위험, 거래비용, 그리고 가치평가를 이해해야 한다. 불확실성인 위험은 분산가능위험과 분산불가능위험으로 나눌 수 있다. 거래비용은 그 구성요소와 매매회전율 간의 균형을 유지할 수 있어야 한다. 그리고 가치평가는 재무제표를 기초로 하는데 취득원가나 청산가치를 반영한 장부가치(book value)와 기업의 주가를 반영한 시장가치(market value)로 분석한다. 그렇지만 시간이 경과하면서 장부가치는 시장가치와 괴리될 수 있다.

2단계, 실증분석을 기초로 시장의 운영원리와 불균형의 발생을 확인할 수 있어야 한다. 경험이 의사결정에서 가장 중요하지만 인간의 행태에 대한 폭넓은 분석도 필요하다. 매매과정에서 거래비용은 성과측정에 반영하고 선택한 투자전략의 위험도 평가에 포함한다. 효율적 시장에서 시장가격은 균형가격으로 분산투자와 장기투자로 안정적 성과를 얻을 수 있다. 그러나 시장이 비효율적일 경우 불균형가격이 발생하여 그 원인과 오류를 분석하면 시장초과수익을 얻을 수 있다. 기관투자자 비중이 낮은 종목에서 저평가종목을 확인할 수도 있다.

3단계, 투자자가 자신의 위험성향, 자산규모, 투자기간, 세금 등을 기초로 투자철학을 형성한다. 투자자는 투자목표를 세워서 필요한 투자수익률을 결정하고 내재된 리스크 수준을 측정한다. 이를 기초로 투자자의 욕구나 위험성향에 따라서 포트폴리오를 구성한다. 성공적 투자는 정기적으로 투자스타일을 점검하여 적절한 개선방안을 마련한다. 투자결정이 투자전략, 투기요인, 그리고 리스크관리 등의 관점에서 문제점이 없는지 찾는다.

불확실성 확실성은 자연현상이나 기계적 동작과 같이 미래에 발생할 상황이 명확하게 알려진 상태이다. 위험상황은 사망률, 취업률 및 진학률 등 미래상황의 경험적 확률분포가 알려져 있다. 그리고 불확실성(uncertainty)[01]은 미래의 실제성과와 기대성과의 차이가 발생할 가능성이며 상황이나 미래의 결과를 설명할 수 없는 리스크(risk)이다.

불확실성은 예측불가능한 임의성(randomness)과 의미의 명확한 경계에 대한 부족에 따른 모호성(vagueness)으로 구분할 수 있다. 임의성은 반복시행에 따른 결과의 평균을 예상할 수 있을 뿐 특정한 시도에서 얻을 결과를 전혀 알 수 없는 것이다. 이에 비하여 모호성은 상황 또는 개념 등의 경계나 적용범위가 명확하지 않아서 발생한다. 그 공간이 표본(sample), 모집단(population), 유니버스(universe), 그리고 코스모스(cosmos)로 확장될수록 커진다.

물리학[02]은 인류의 불확실성을 이론적 체계나 해석을 가능하게 하는 역사나 방법을 제공한다. 불확실성을 다루는 분야가 확률론과 개연론이다. 확률론은 반복시행에 따라서 발생하는 결과의 임의성에서 생기는 불확실성을 모형화한다. 17세기 페르마(Fermat)와 파스칼(Pascal)이 개발한 이후 18세기 베르누이(Bernoulli)와 드무아브르(de Moivre)에 의하여 발전하였다. 그리고 20세기 초 콜모고로프(Kolmogorov)가 체계적으로 정립하였다.

그러나 어떤 사건의 발생빈도 또는 가능성보다 희소하게 발생하여도 그 사건의 발생 자체가 중요할 경우도 있다. 확률론은 불확실성에 대한 인식문제의 해결에 다소 제한을 갖는다. 개연론은 불확실성을 개연성과 필연성으로 구분하여 모호한 지식을 수학적으로 표현한다. 반복시행에 따른 사건의 발생빈도보다 하나의 개별 사건에 의미를 부여한다. 자데(Zadeh)가 1965년 퍼지집합을 발표하였고 1978년 퍼지집합을 기초로 개연론을 소개하였다. 응용은 표본공간의 설정과 개연성의 분포함수를 결정해야 하기 때문에 대규모 자료와 연산시스템을 필요로 한다.

투자의사결정은 불확실성과 투자자의 기대값을 통합하여 결정한다. 기대값의 통합은

---

01 투자의사결정은 확실성하의 의사결정, 위험하의 의사결정 및 불확실성하의 의사결정으로 구분한다.

02 물리학은 대상의 성격을 파악하여 일반화하고 수리적 방법으로 엄격한 검증을 추구한다. 생물학은 일반화나 검증의 어려움으로 자연현상이나 사례연구에 의존한다.

① 투자예상기간을 포함하여 필요한 기대요소들을 확인한다. ② 역사적 자산의 과거기록들을 조사한다. ③ 적용모형, 방법과 정보요구량을 확인한다. ④ 필요한 정보의 원천을 결정한다. ⑤ 선택자료와 방법으로 현재의 투자환경을 분석한다. ⑥ 최종 결과를 문서화하고 필요한 기대값을 제공한다. 그리고 ⑦ 실제결과와 기대값을 비교하여 피드백을 실시한다. 그러나 기대값이 투자의사결정에서 중요하지만 기대값에 관계없이 개인의 효용을 따라서 투자의사결정을 하기도 한다.

2. 라이프사이클

투자결정은 투자자의 위험성향, 투자시점 그리고 보유자산의 크기에 따라서 이루어진다. 투자자의 재정적 상황이 안정적이거나 불안정할 때 자산배분에 차이가 발생한다. 또한 인플레이션은 라이프사이클에서 실질구매력에 영향을 미치는 요인이다. 라이프사이클 가설에서 투자자는 평생에 걸친 수입의 변화를 고려하여 은퇴 이후 수입이 하락하였을 때 개인 또는 가계가 원하는 만큼 소비할 수 있도록 저축한다. 최적소비는 소비니즈와 미래수입을 기초로 결정한다. 투자자가 유산을 물려주지 않는다고 가정할 경우 평생 동안 모든 자산을 소비한다. 저축은 근로활동기간에 평생의 표준생계를 보장할 수 있는 만큼 적립한다. 이때 연령과 영구소득이 개인의 저축활동을 결정한다.

라이프사이클가설에서 수입은 개인의 평생소득을 할인한 인적자산이다. 투자자의 사망일을 정확히 예측하고 유산을 고려하지 않으며, 시간의 변화에 따른 선호도가 변하지 않는 경우 무위험금융자산에 투자한다. 개인의 라이프사이클은 시작시점(t_0), 퇴직시점(t_1), 그리고 사망시점(t_2)으로 구성되고, 축적은 근로기간의 적립액(w)과 퇴직시점의 자산(p)으로 구성된다. 적립한 자산(W)은 생애기간의 소비(c)를 유연하게 만드는데 퇴직하는 t_1시점에서 최고이고, t_2시점에서 0이다.

라이프사이클에 근거하여 개인의 자산은 연령과 자산을 조합하여 구성할 수 있다. 청년기(21～35세)는 직장생활을 출발하는 시점으로 인적자산이 크고 금융자산은 작다. 자산형성기(36～65세)는 금융자산이 성장하는 시기로 수입의 고저에 따라서 개인별 재산규모에 차이가 발생한다. 따라서 고수입자가 미래시점의 소비에 대응할 수 있는 여력이 더 커진다. 그리고 퇴직시기(66～85세)는 개인의 건강에 의하여 최종 잔존자산의 규모가 달라질 수 있다.

투자자는 각 연령대에 필요한 소비수준을 파악하여 필요한 저축으로 대비할 필요가 있다. 위험자산의 투자비중은 '100－나이' 만큼 유지하고 필요한 유동성을 확보한다. 연령이 증가

■ 그림 3-1 | 라이프사이클 기간의 부의 변화

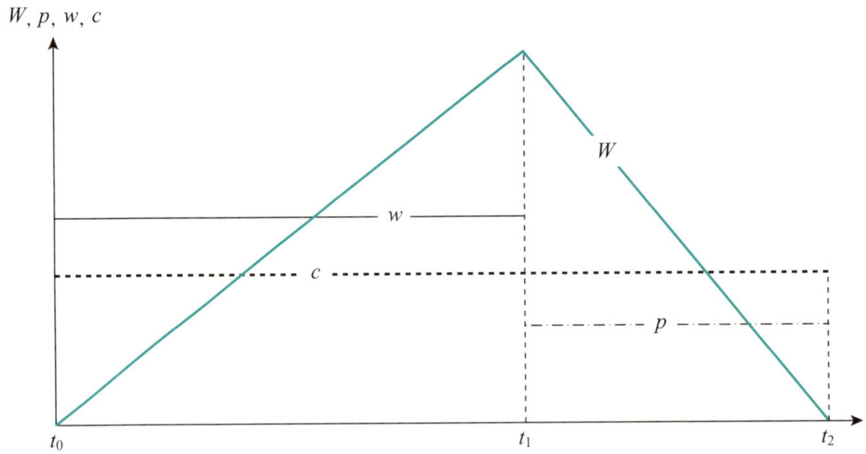

자료: G. C. Clark 등

하면서 위험자산의 비중을 축소하고 안전자산으로 전환한다. ① 30대는 소득이 안정화되지만 주택구입에 따른 부채와 자녀교육비의 부담이 본격화된다. ② 40대는 기존부채의 정리와 자녀교육의 종결로 여유자금이 발생한다. ③ 50대는 노후준비를 위한 자금운용을 본격적으로 시작한다. 소비의 고급화와 자녀의 분가도 이루어진다. ④ 60대 이후 인적자산의 상실로 소득발생은 없고 여가생활과 의료서비스의 지출이 증가한다.

라이프사이클에서 자산배분은 목표만기일에 접근하면서 위험자산을 축소하는 보수적 구조로 부를 관리한다. 라이프사이클 자산배분은 수익률의 과거 평균회귀에 기초하여 1990년대부터 발전하였다. 2000년대 이후 전 세계 연금시장의 발전과 개인의 자산증가로 성장하고 있다.

라이프사이클 자산배분은 목표만기형(target maturity)과 목표위험형(target risk)으로 구분한다. 목표만기형은 투자기간 경과시 포트폴리오 내에서 자동으로 자산배분을 조정한다.

표 3-1 | 라이프사이클 자산배분의 발전

1세대	목표위험형 라이프사이클 자산배분	1990년대 중반
2세대	목표만기형 라이프사이클 자산배분	2000년대 초반
3세대	혼합형 원금보장 목표만기형 자산배분	2000년대 중반
4세대	원금보장 목표만기형 자산배분	2000년대 말기

자료: www.McKinsey.com

그리고 목표위험형은 투자자가 위험자산의 투자비중을 스스로 결정한다. 투자자의 위험성향이 변하지 않는다면 투자자산은 연령의 증가에 따라서 고위험자산에서 저위험자산으로 이동하게 된다.

그림 3-2 자산별 기대수익과 위험

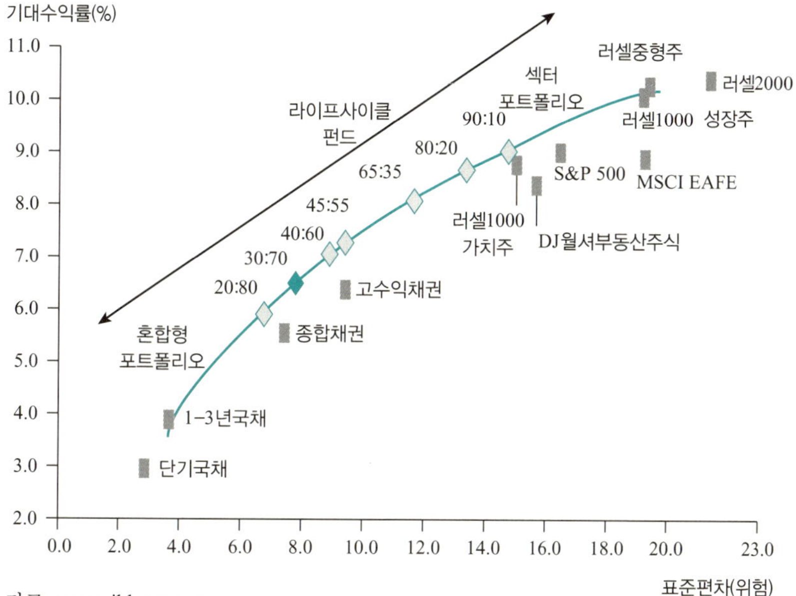

자료: www.ibbotson.com

투자자가 은퇴시점에서 과도한 위험자산에 대한 투자로 손실이 발생한다면 회복이 불가능할 뿐만 아니라 미래소비에도 대비할 수 없다. 위험자산은 위험수용이 가능한 젊은 시절에 더 많이 투자할 수 있다. 그러나 연령이 증가하면서 위험부담능력이 감소하기 때문에 퇴직시기에 접근할수록 위험자산의 비중을 축소한다.

3. 법률환경

1997년 외환위기 이후 금융시장의 완전개방으로 관련법률 사항의 점검도 증가하고 있다. 또한 증권의 발행 및 IPO업무 등은 시세조종, 내부자거래, 유가증권신고서 허위작성, 불성실공시 등의 증권관련 불법행위에 따른 분쟁을 해결해야 한다. 금융 법률은 투자자의 도덕적 해이를 방지하고 시장에서 공정거래를 유지하여 투자자를 보호한다. 투자자도 투자모형, 법률태도, 법무능력 등을 구비하여 적절한 법률전략을 할 수 있어야 한다.

효과적 법률전략으로, 첫째 회피전략은 투자에서 초래할 법률적 결과를 외면하거나 계획적으로 모르는 척한다. 회피전략은 법률지식이 도움이 되지 않는다고 판단하여 법률지식을 얻으려고 노력하지 않는다.

둘째, 준수전략은 법률을 따르면서 관련비용을 최소화한다. 법률적 지식을 습득하기 위하여 노력하지만 도움이 될 정도의 법률지식만을 습득한다. 투자자는 법이 투자목표를 달성하는 데 도움이 된다고 판단하지 않는다. 따라서 법을 위반할 경우 발생할 결과와 비용을 고려하여 법을 준수할 수 있도록 노력해야 한다.

셋째, 예방전략은 법률을 준수하여 위법에 대비하면서 투자목표를 달성한다. 투자자는 적극적으로 법률 검토와 자문을 실시한다. 이것은 모든 투자자에게 가장 높은 수준의 위험관리방법이다.

넷째, 가치전략은 법률을 활용하여 확인가능한 결과를 창출한다. 투자자는 법률을 정확히 이해하고 가치창출에 법률을 이용한다. 투자자는 외부 이해관계자와 협력하여 비용을 축소하고 매출을 증가시킨다.

다섯째, 변화전략은 법률을 투자전략으로 활용한다. 이러한 투자는 극소수이지만 모방하기 어려운 경쟁우위를 가질 수 있다. 다양한 가치사슬활동이 광범위한 투자환경에서 외부파트너를 연결시킨다. 법률이 미래의 경쟁력을 결정하는 프로세스로서 투자에 활용된다.

이러한 전략은 다양한 내·외부환경을 고려하여 중장기적으로 준비해야 한다. 투자환경은 인적자원, 보고체계, 기업문화, 경쟁환경 등으로 구성된다. 투자에 대한 규제가 심하고 이미 성숙단계에 있다면 회피전략, 준수전략, 예방전략으로 위험관리를 실행한다. 투자자가 경쟁우위에서 투자를 하려면 가치전략과 변화전략으로 투자기회를 생성한다. 글로벌투자는 각 국가의 특유한 법률적 상황과 주주권에 따른 주주행동주의의 영향으로 복잡하게 진행되고 있다.

한편 투자자국가소송제도 또는 투자자국가분쟁해결(ISDS: Investor State Dispute Settlement) 조항은 외국의 투자자가 상대방 국가의 법령이나 정책 등으로 이익을 침해당했을 때 해당 국가를 상대로 중재기관에 중재를 신청할 수 있는 규정이다. 투자유치국이 투자조약상 규정된 투자자보호 의무를 위반하여 손해가 발생할 때 국내법원 절차 또는 국제중재절차로 분쟁을 해결한다. 국가 간 투자협정은 협정 당사국 내의 외국인투자를 보호하고 규율하기 위하여 국가 간에 체결한다. 그 주체에 따라서 다자간 투자협정(multilateral investment treaty), 역내 투자협정(regional investment treaty), 양자간 투자협정(bilateral investment treaty) 등으로 구분할 수 있다. 그러나 국제투자 분야는 아직 전 세계 국가의 합의로 성립된 다자간 투자협정이 존재하지 않는다. 소송의 판단으로 해당 정부가 외국인 투자자의 사업 또는 기업을 규제할 때 내국 산업 · 기업과 차별해서는 안 된다. ISD이용률은 1990년대부터 증가하여 전 세계 95개국이 적어도 1건 이상의 중재를 경험하였다.

분쟁의 유형으로 ① 투자의 적법성이 중재절차에서 문제되고 있다. 투자유치국의 법률에 위반되는 불법투자는 협정의 보호가 배제되도록 규정한다. ② 투자유치국의 입법을 문제 삼아 제기한 분쟁이 늘고 있다. ③ 여러 차례 중재를 제기당한 국가들이 법률 개정으로 중재에 대한 동의를 철회하거나 그 요건을 제한하고 있다. ④ 단순히 경제적 피해에 대한 금전적 보상 이외에 법안의 철회와 같은 비금전적 청구도 증가하고 있다. ⑤ 투자중재를 통하여 내려진 중재판정에 대한 취소 신청이 증가하고 있다.

ICSID 중재판정에 대해 불만을 가진 당사자가 이의를 제기할 수 있는 방법으로 ① 중재판정문의 해석 또는 범위에 관하여 다툼이 있는 경우 해당 부분의 해석을 요청할 수 있다. ② 중재판정 당시에 알지 못한 사실을 발견한 경우 중재판정의 정정을 요청할 수 있다. ③ 협약이 정한 중재판정의 취소사유가 있는 경우 당해 중재판정의 취소를 요구할 수 있다. 이 가운데 중재판정을 무효화할 수 있는 방법은 중재판정의 취소 신청이다.

국내도 90여 개의 양자간 투자협정 및 9개의 자유무역협정 등으로 투자유치를 활성화하고 해외에 진출한 국내 기업을 보호한다. 그러나 투자자 국가소송제도는 외국 기업에 대한 차별 정책의 피해를 막자는 취지이지만 글로벌 투기자본의 가치전략으로 악용될 수 있다. 미국계 사모펀드인 론스타는 한국정부가 외환은행을 매각하려 했지만 정부의 승인 지연에 따른 매각 가격의 하락과 양도소득세의 징수에 대하여 소송을 제기하였다. 2003년 외환은행을 2조 1,000억원에 인수하고 2012년 하나금융에 매각하여 6조 8,000억원을 회수하였다. 그리고 2012년 12월 한국정부가 매각과정에서 방해하여 손해를 봤다고 약 4조원가량의 소송을 제기하였다. 글로벌투기자본이 국내외 법체계 및 감독을 악용할 경우 심각한 국가적 손실에 직면할 수 있다.

제2절 투자결정의 기준

1. 기대효용과 한계효용

투자의사결정은 기대가치의 극대화, 기대효용의 극대화, 평균분산기준으로 할 수 있다. 효용(utility)[03]은 주어진 기대수익률과 위험에서 투자자들의 주관적 만족도이다. 투자자는 현금흐름이 불확실할 경우 기대현금흐름과 위험을 동시에 고려하여 투자의 기대효용을 극대화하려고 노력한다. 따라서 투자자는 현재와 미래의 자산을 나누어서 서로 다른 효용을 할당하는데 이것이 소비결정과 기타 행동의 기준이다.

투자자의 효용에 영향을 미치는 ① 문화요인으로 문화, 사회계층, ② 사회요인으로 준거집단, 가족, 역할과 지위, ③ 개인요인으로 나이, 생활주기, 직업, 경제상황, 생활양식, 개성, ④ 심리요인으로 동기, 학벌, 학습, 신념과 태도 등이 있다. 이때 한계효용은 상품을 소비할 때 그 상품의 최종 단위에서 얻는 만족도의 양이다. 다이아몬드는 희귀하여 효용과 가격이 높지만 물은 풍부하여 효용이 낮다. 합리적 투자자는 자신의 효용을 파악하고 일관성있게 효용을 극대화한다. 만일 투자자의 위험허용수준이 상승하면 더 높은 위험보상의 요구로 기대효용을 하락시킨다.

효용이론(utility theory)에서 합리적인 투자자는 기대효용을 극대화하는 투자안을 선택한다. 효용함수는 현금흐름의 크기로 효용을 결정하는데 기대수익률과 위험에 따른 만족도를 측정한다. 예를 들어 위험회피계수 1, 기대수익률 10%, 분산 2%일때 효용은 8%(= 0.1 − 0.02)이다.

$$U = E(R) - \sigma^2 \frac{1}{t}$$

여기서, U = 기대효용
$E(R)$ = 기대수익률
σ^2 = 분산
$1/t$ = 위험회피계수

03 1738년 '위험의 측정에 관한 새로운 이론의 설명'에서 베르누이(Bernoulli)는 어떤 물건의 가치는 그 가격에 의해서가 아니라 그것이 주는 효용으로 결정된다고 하였다. 사람들은 투자수익의 확률분포에 관한 기대값만을 고려하여 경제적 판단을 하지 않는다. 효용함수가 화폐적 이득의 크기에 대하여 증가함수이지만 선형적으로 증가하지 않고 체감적으로 증가하기 때문에 대수함수(log)의 형태를 갖는다.

투자자의 목표는 최대의 기대효용을 가진 자산의 조합을 구성하는 것이다. 금융시장에서 금융투자회사는 다양한 투자상품을 제공하면서 포트폴리오의 조합을 만들 수 있도록 한다. 효용함수는 투자자의 위험성향을 반영하고 확실한 투자수익인 확실성등가계수(CEQ: Certainty Equivalent Quantity)[04]를 나타낸다. 무차별곡선의 모든 조합은 위험이 상승하면 기대수익률도 상승하면서 서로 무차별하다. 확실성등가계수(CEQ)는

$$CEQ = \frac{1 + \text{무위험이자율}}{1 + \text{요구수익률}}$$

이다.

확실성등가계수가 무위험이자율보다 더 높을 때 바람직한 투자안이다. 이때 투자자의 위험성향은 투자자의 확실성 등가계수와 기대수익률($E(R)$)의 차이인 위험프리미엄(risk premium)[05]을 구분할 수 있다.

$$\text{위험프리미엄}(\pi) = E(R) - CEQ$$

첫째, 위험프리미엄 (+)의 투자자는 자발적으로 위험을 선택하는 위험선호형(risk taker)이다. 그리고 효용곡선은 원점에 대하여 볼록한 형태를 보이며 위험이 증가할수록 효용이 커진다. 둘째, 위험프리미엄 (−)의 투자자는 위험을 회피하는 위험회피형(risk averter)이다. 원점에 대하여 오목한 형태의 효용함수로 투자자는 위험의 증가에 따라 효용이 감소한다. 셋째, 위험프리미엄이 0일 때 위험중립형(risk neutral)이다. 원점에 대하여 직선이며 위험을 고려하지 않고 기대수익률로 투자안을 선택한다.

또 다른 선택기준으로 상태선호이론(state preference theory)은 미래의 발생 가능한 상황에 따라서 투자자의 미래소비 선호도가 서로 다르다고 가정한다. 투자자는 현재 소득이나 자산이 존재할 때 투자기회집합(opportunity set)인 시장기회선에서 소비와 투자를 할 수 있다. 그 방법으로 ① 소득이 발생할 때마다 소비하고 미래를 위하여 투자하지 않는다. ② 소득이 발생할 때 일부 소비하고 나머지를 투자한다. ③ 소비하지 않고 미래를 대비하여 전부 투자한다. 이때 투자자의 선호는 주어진 시장기회선과 무차별곡선(indifference curve)[06]의

---

04 확실성등가계수는 어떤 리스크자산에서 얻을 수 있는 기대효용과 동일한 효용을 주는 무위험수익률이다.

05 투자자가 위험을 회피하기 위하여 지불할 수 있는 최대의 금액으로 위험제거에 대해 지불할 수 있는 최대보험료와 같다.

06 무차별곡선은 동일한 곡선상의 어느 점에서나 투자자에게 동일한 효용 또는 만족을 제공하는 소비조합이다.

그림 3-3 | 위험성향별 효용곡선

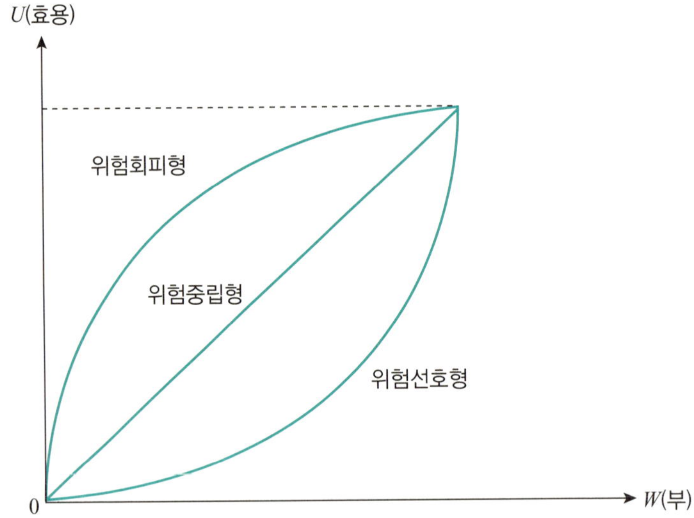

접점에서 결정된다. 이 접점이 효용을 극대화하고 최적소비를 결정하여 시장기회선이 만나지 않을 경우 투자기회를 제공하지 못한다. 시장기회선은 차입과 대출을 통하여 소비 가능한 현재소비(1차시점)와 미래소비(2차시점)를 연결한다. 시장이자율은 현재와 미래의 부를 교환하는 객관적 교환비율이다.

그림 3-4 | 시장기회선

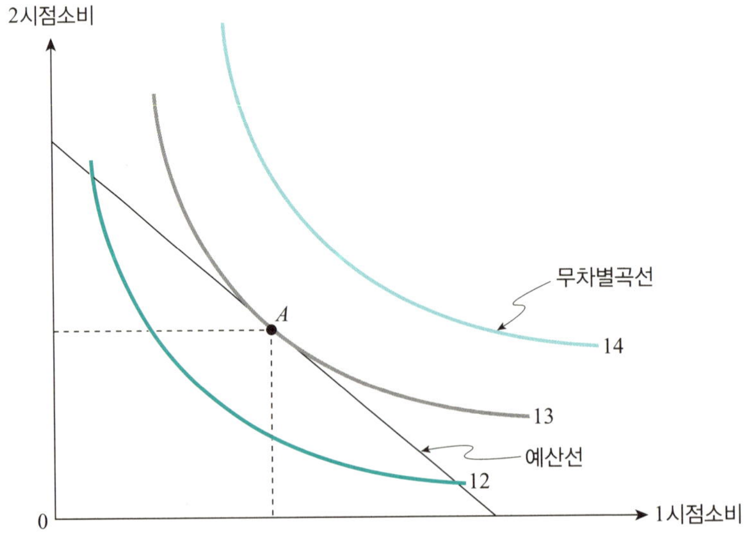

생산기회선은 생산투자기회가 존재하는 경우 주어진 초기 부를 가지고 생산기회를 적용하여 얻을 수 있는 새로운 소비가능선이다. 따라서 최적투자는 효용이 극대화되는 무차별곡선과 생산기회선이 만나는 점에서 결정된다. 자본시장에서 투자자는 최적투자점을 찾고, 다음으로 최적소비점을 결정한다. 따라서 투자와 소비는 1단계, 생산기회선상에서 소비 가능한 집합을 최대한 크게 만들도록 생산기회선과 시장기회선이 만나는 최적투자점을 결정한다. 2단계, 1단계에서 극대화한 부를 이용하여 시장기회선과 무차별곡선이 만나는 소비점을 결정한다. 피셔(Fisher)의 분리정리는 자본시장과 생산기회가 존재할 때 투자결정과 소비결정을 분리한다. 이때 투자결정은 소비자들의 주관적 선호와 무관하게 객관적 시장이자율로 결정한다. 투자자들은 시장이자율과 기대수익률이 높은 기간에 투자하면서 여러 자산에 분산투자하여 위험을 낮춘다.

2. 평균 · 분산 지배원리

투자자는 기대수익률과 위험을 동시에 고려하여 투자한다. 평균 · 분산 투자원칙(mean-variance criterion)은 기대수익률과 위험을 평균과 분산으로 측정하여 투자안을 선택한다. 투자결정은 동일한 기대수익률의 투자대상 중에서 위험이 가장 낮은 투자안을 선택하고, 동일한 위험의 투자대상 중에서 기대수익률이 가장 높은 투자안을 선택하는 지배원리(dominance principle)[07]를 따른다. 이와 달리 신고전학파 경제학은 투자자들의 경제적 선호 및 선택으로 '효용극대화'를 제시하고 있다.

효율적 증권 또는 효율적 포트폴리오(efficient portfolio)는 지배원리에서 지배되지 않거나 지배원리를 충족하는 자산이다. 불확실성하에서 기대수익률의 확률분포와 투자자의 효용함수를 찾기 어렵기 때문에 기대수익률의 평균 · 분산이 기대효용과 동일한 역할을 한다. 이 모형은 거래에 제한이 없는 완전자본시장, 수익률의 정규분포, 위험회피성향의 투자자, 수익률의 확률분포에 대한 동질적 기대를 가정하고 있다. 그리고 포트폴리오를 구성할 때 상관관계가 낮거나 음(−)인 종목을 적절히 혼합하면 위험을 줄일 수 있다.

평균 · 분산모형은 지배원리에 따라서 자산의 효율적 집합을 선정하고 기대효용을 극대화하는 최적자산을 선택한다. 지배원리를 충족하는 자산을 연결한 효율적 투자선(A에서 B)과 리스크선호에 대한 무차별 효용곡선이 만나는 점에서 최적포트폴리오를 구성한다. 무차별

---

07 동일한 위험수준에서 기대수익률이 가장 큰 자산과 동일한 기대수익률에서 위험이 가장 작은 자산만을 선택하기 때문에 이러한 자산이 다른 자산들을 지배한다.

그림 3-5 효율적 투자선

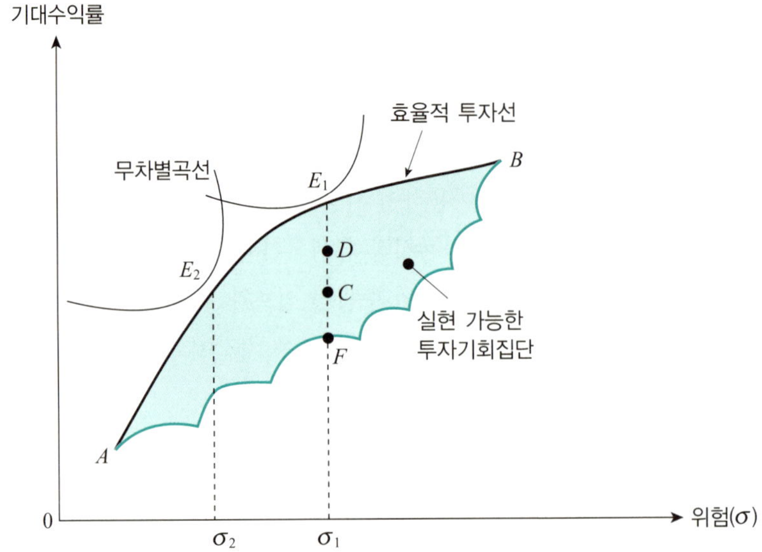

곡선에서 E_1의 경우 기울기가 완만하여 위험선호형 투자자는 기대수익률의 체감과 의험의 증가에도 불구하고 효용은 증가한다. 그러나 E_2의 경우 위험회피형 투자자는 위험증가보다 더 많은 기대수익률을 요구한다.

최적포트폴리오(optimal portfolio)는 지배원리를 충족하는 효율적 종목 중에서 투자자의 위험성향을 고려하여 선택한다. 피셔의 분리정리(Fisher's Separation Theorem)에 의하면 투자는 투자자들의 주관적 선호와 무관하게 객관적 시장이자율을 기준으로 순현가(NPV)를 극대화하는 방향으로 결정한다. 그러나 불완전 자본시장에서 차입이자율이 대출이자율보다 높으면 차입포트폴리오와 대출포트폴리오의 최적투자점이 달라져서 이론이 성립되지 않는다. 평균 · 분산기준에 따르면 위험자산의 선택은 1단계에서 객관적 지배원리에 의하여 효율적 자산을 선택하고, 2단계에서 주관적 무차별곡선에 의하여 최적자산을 선택한다.

3. 닻과 준거점의 기준

손실회피에서 투자자는 최종 자산에 대한 불확실성을 고려하여 이익을 얻는 것보다 손실을 보지 않으려는 쪽으로 투자기회를 평가한다. 즉, 인간의 의사결정은 합리적이지 못하고 심리적 편의(bias)에 의하여 의사결정을 한다. 닻효과(anchoring effect)는 사람들이 어떤 모르는 값을 추정할 때 최초 값을 설정하면 최종결정도 이 기준을 벗어나지 못한다. 투자자가 어떤 정보를 취득하면 그것을 닻으로 설정하여 개인적 판단과정을 거쳐서 의사결정을 한다.

심리회계(mental accounting)에서 투자자는 저위험의 안전자산과 고위험의 위험자산으로 구분한다. 투자결정은 개인적 판단과 과학적 방법의 결합으로 지식과 지혜, 정보처리와 자기조율능력을 함께 갖추어야 한다. 또한 투자자의 기본적 행동패턴과 개인적 특성이 위험성향과 목표수익률을 결정하는 데 중요한 역할을 한다. 심리적 요인도 투자자의 행동을 유인하는 속성 중의 하나이다.

투자자는 기대수익률, 투자의 안전성과 수익의 확실성에 대한 욕망, 욕구수준, 그리고 욕구수준의 성공확률 등을 이용하여 포트폴리오를 선택하거나 구성한다. 이러한 관련도 없는 정보가 무의식적 닻으로 작용하여 판단과정의 중심적 역할을 한다. 이와 함께 두뇌는 위험요소에 반응할 때와 탐욕(보상)에 반응할 때 다른 반응을 보인다. 감정의 강도가 강한 경우 사고력에 대한 감성의 지배우위 현상이 나타나거나 편향된 자동정보처리 과정의 적용으로 판단력의 오류를 발생시킬 수 있다.

전망이론(prospect theory)은 불확실성하에서 투자자의 잠재적 손실과 이익을 판단할 때 합리적 확률추정과 표준효용함수의 불일치로 의사결정하는 것을 설명한다. 잠재적 효용이 의사결정의 기준인 준거점(reference point)으로 비대칭을 한다고 가정한다. 가치함수는 기대값을 기준으로 준거점 위에서 위험회피(risk aversion)로 오목하고 준거점 아래에서 위험

그림 3-6 | 가치함수

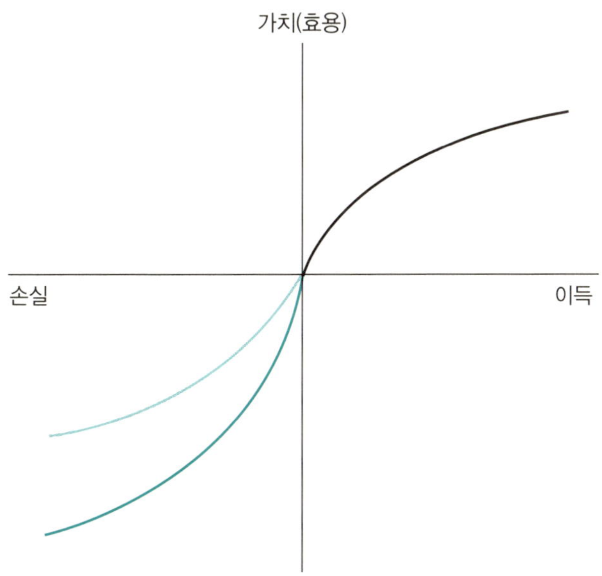

선호(risk seeking)로 볼록하다. 효용이 준거점을 기준으로 기대이익에 대하여 체감하고 기대손실에 대하여 체증한다. 효용함수가 의사결정의 가중치로서 확률을 그 자체로 인식하지 않고 양 극단의 확률을 과대평가하고 중간확률을 과소평가한다. 준거점(reference point)은 현재의 부, 이웃의 부 및 구매가격 등이 될 수 있다. 이것은 투자안을 긍정적으로 프레임할지 부정적으로 프레임할지를 결정한다. 투자자는 이익에서 손실로 이동할 때 이전과 반대방향에서 위험을 선택한다. 준거점의 위치가 투자결정의 프레임에서 중요한 역할을 한다.

의사결정은 개인의 주관적 합리성과 의사결정 문제를 인식하는 방법에 영향을 받는다. 확률변수의 기대값이 위험의 계량지표로 사용되지만, 확률과 정확성의 구분을 모호하게 만들 수 있다. 어떤 사람이 시나리오 1과 시나리오 2 중에서 어떤 선택을 해야 한다고 가정하자.

대안 1: 1억원의 손실확률 50%와 손실이 없을 확률 50%이다.
대안 2: 5억원의 손실기회 10%와 손실이 없을 확률 90%이다.

두 개의 대안은 5천만원의 기대손실을 가지고 있지만 이것은 두 번째 시나리오가 첫 번째보다 훨씬 위험하다는 사실을 반영하지 못한다. 투자자는 평균보다 극단적 성과를 최소화하는 데 더 관심을 가질 수 있다.

심리적 요인도 투자자의 행동을 결정하는 데 중요한 역할을 수행한다. 개인의 능력은 제한되어 있기 때문에 본인의 정보력을 과신할 경우에 실패하기 쉽다. 이러한 과신현상은 보수적 여성보다 공격적 남성에게 더욱 뚜렷한 현상이다. 과신행위가 큰 남성이 여성보다 투자에서 실패할 확률이 더 높다. 투자자가 자신의 능력을 과신할수록 거래빈도가 높고 미혼

그림 3-7 위험에 대한 주관적 행동 측정치

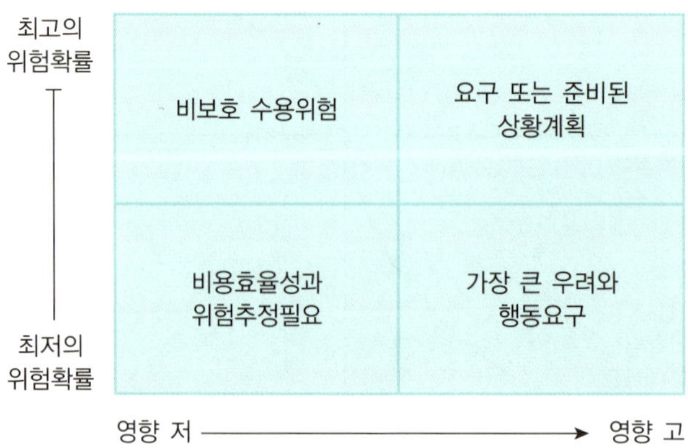

남성의 경우 과신현상이 크다. 이와 같이 투자자는 합리적이지 않은 심리적 편향을 가지고 있다. 그러나 전통적 자산관리는 금융시장의 투자자들이 합리적이고 정보에 기초한 공정한 투자자라는 철학을 가지고 있다. 투자자의 합리적 기대값은 일관성과 정확성, 그리고 편의가 없는 미래를 가정한다. 투자자의 예측은 관련정보를 모두 반영하고 과거의 실패에서 학습을 한다.

최고의 투자결정은 사고를 위한 시간과 공간을 확보하여 의식적 노력으로 이루어진다. 그러나 외부정보에 노출되면 판단을 멈추면서 오류를 발생시킨다. 1980년대 이후 시장의 주도적 흐름이 발생시킨 문제점들을 누구도 발견하지 못하였다. 항상 투자자는 자신의 성향과 부합되는 정보만을 받아들이기 때문에 오류에 빠질 수 있다. 다른 사람의 주장이나 의견에 이의를 제기하거나 반대되는 증거를 수집하고 분석하여 투자결정의 합리성을 확보할 수 있다. 구글(Google)의 에릭 슈미트 회장은 회의에서 미심쩍은 사람의 의견을 물어보고 그의 의견을 청취한다. 의사결정의 상위자로 갈수록 현장이나 기초정보가 부족하기 때문에 판단오류를 가질 가능성을 가지고 있어서 하위자의 의견을 청취한다.

신경경제학(neuroeconomics)은 개인의 여러 가지 선택과 그 순간에 겪는 정신적인 변화, 그리고 그런 선택을 하도록 유도하는 복잡한 뇌신경의 메커니즘과 기능을 중심으로 인간의 선택과 의사결정을 연구한다. 1999년 미국의 신경과학자인 글림셔(P. Glimcher)가 「네이처」에 원숭이의 뇌로 의사결정에 관련된 신경세포 연구를 발표하면서 시작되었다. 신고전파 경제학에서 경제활동의 주체는 자신의 이익을 극대화하기 위해 완전히 합리적인 결정을 한다. 따라서 신고전파 경제학은 손실회피와 같은 불합리한 행동을 수용하지 않는다. 그러나 투자로 돈을 버는 사람의 신경활동은 코카인이나 모르핀 투여로 도취상태에 빠진 사람의 신경활동과 구별이 되지 않는다.

메릴랜드대학에서 온라인 주식투자자 101명에게 4주간 모의투자를 실시하여 투자성과는 투자결정에 감정이 개입될수록 수익도 증가하였다는 것을 발견하였다. 의사결정과정에 감

표 3-2 | 신경경제학과 행동경제학의 비교

구 분	신경경제학	행동경제학
구 성	경제학, 심리학, 뇌과학	경제학, 심리학
내 용	의사결정 프로세스에 따른 뇌의 활동 분석에 기반한 학문	신고전경제학 모델을 보완하기 위해 심리학 이론을 도입한 학문
방법론	인간 두뇌의 이미지 분석을 통한 인간 행동 분석	외부 조건 실험을 통해 인간 행동의 특성 분석 및 예측

자료: Glimcher(2009), KB금융지주경영연구소

정이 개입되면서 창의성 · 집중력과 결정력이 높아져서 더욱 정확한 판단을 내릴 수 있도록 한다는 것이다. 감정이 이성의 판단을 흐리기보다 이해력을 증가시켜서 풍부한 감정을 느낀 투자자는 수익률도 높았다. 따라서 최고수익률은 자신의 감정을 절제하기보다 본인의 감정을 잘 파악하고 관리할 때 가능하다는 것이다. 그렇지만 지나친 자신감도 절대적으로 피해야 하고 단일정보에 의존해서도 안 된다.

제3절 초과수익의 창출

1. 정보의 원천

공시정보 경영자는 임기 중에 시장가치를 높이기 위하여 이익을 확대하거나 자산가치를 증가시키는 데 노력한다. 뚜렷한 개선 실적에도 불구하고 기업가치가 증가하지 않으면 주가의 부양을 위하여 배당, 자사주매입, 무상증자, 액면분할 등을 활용한다. 이러한 정책은 기업의 실질가치를 증가시키지 못하지만 투자자의 수익률을 증가시킬 수 있다. 미래가치는 이용 가능한 정보가 부족하거나 기대가치의 형성과정이 잘못될 경우 실제가치에서 벗어난다. 펀드매니저가 선택하는 정보로서 ① 금융시장에 떠돌아 다니는 소문을 이용한다. ② 정보가 발표되었을 때 시장의 반응을 보고 매매한다. 그러나 ③ 공시정보를 이용하여 미래 뉴스를 예상한다.

기업은 회계제도와 공시제도를 통하여 투자자와 이해관계자에게 정보를 제공한다. 회계정보는 일정시점의 재무상태, 일정기간의 경영성과, 그리고 현금흐름정보 등을 제공한다. 이 정보는 기업의 가치와 미래의 지급능력을 파악할 수 있도록 한다. 그 성격에 따라서 정기공시와 수시공시로 구분할 수 있다. 정기공시는 일정기간의 영업실적과 일정시점의 재무상태를 전달한다. 투자자는 개별 기업의 수익성과 위험에 대한 계량정보를 획득할 수 있다. 수시공시는 주가에 영향을 미칠 수 있는 중요한 경영정보로 기업은 금융감독원 전자공시시스템(DART) 및 한국거래소(KRX) 홈페이지에 지체없이 게시한다. 재무제표[08]는 투자자와 이

08 재무제표는 역사적 원가주의와 수익인식의 원칙하에서 작성되며, 상장회사의 경우 국제회계기준(International Financial Repoting Standards)을 준수하고 기타 회사의 경우 일반기업회계기준을 기초로 작성한다. 역사적 원가주의는 모든 자산과 부채는 거래가 발생된 시점에서의 현금 또는 현금등가액으로 평가한다. 또한 수익인식의 원칙은 수익획득 과정이 실질적으로 완료되는 교환거래가 나타났을 경우에 인식한다.

그림 3-8 금융감독원 전자공시시스템

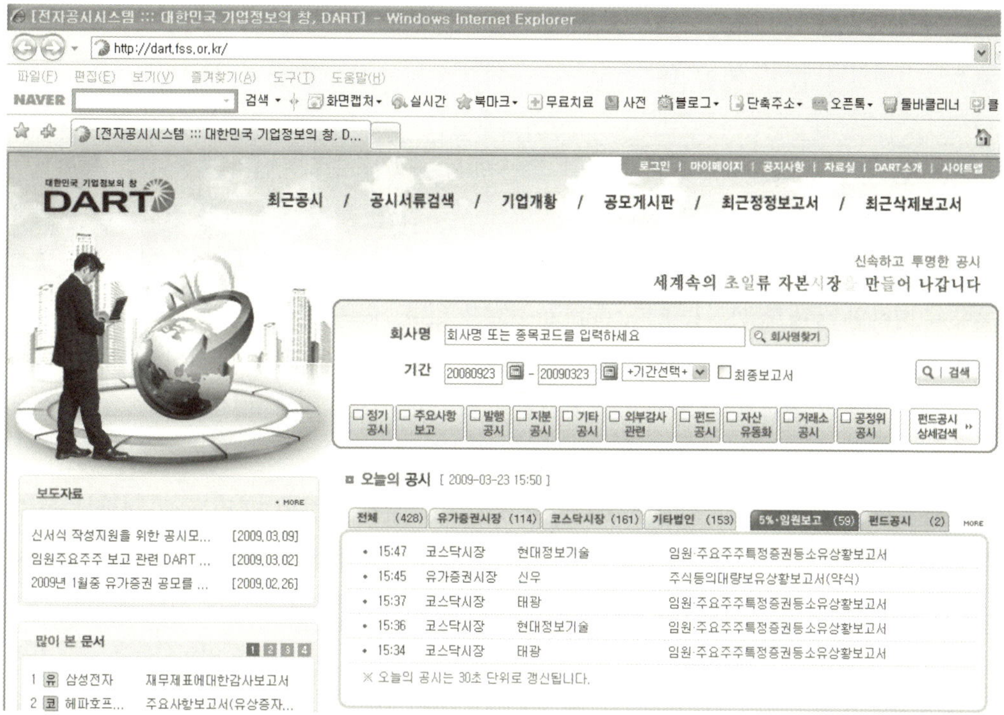

자료: 금융감독원

해관계자들에게 기업의 현재 상황과 과거 성과에 대한 정보를 제공한다. 주주와 채권자들에게 행동지침을 제공하고 경영자에게 어떤 제약조건을 부과할지를 안내한다. 수시공시의 공개정보는 분기별 실적발표, 배당금, 기업인수, 액면분할, 주요 투자 및 자산매각 등이다.

실적보고서는 회사의 이익을 담고 있어서 현재와 미래의 주가 전망에 대한 정보를 제공한다. 주가는 긍정적 서프라이즈일 때 상승하거나 부정적 서프라이즈일 때 하락하면서 실적발표 전후로 거래량도 급증한다. 실적발표는 시장에서 가치주, 중소형주, 그리고 기관투자자의 투자종목의 순으로 민감하게 반응한다. 이에 따라서 펀드매니저의 전략으로 ① 실적발표 당일에 주가가 더 오르기를 기대하면서 주식을 매입한다. ② 실적발표 이후에 실적이 추정치를 초과하는 종목을 매입한다. ③ 실적발표 이전에 실제이익이 추정치를 크게 초과할 종목을 매입한다. 또한 기업인수는 인수발표 이전에 시너지효과나 가치창출 가능성이 높은 기업에 투자한다.

기타정보로서 공식적 자료는 전문적 연구단체나 협회에서 작성한 연간보고서, 보도자료 및 논문 등이다. RFP(Request For Proposals)는 매우 가치있지만 잘 사용되지 않는 자료이다. 투자자는 경쟁 자료를 서로 비교 · 분석하면서 중요한 정보(상담방법, 투자 아이디어, 상대방 약점)를 얻을 수 있다. 합리적 투자자는 정보를 접할 때마다 투자자료를 계속 수집하여 분류하고 데이터베이스를 구축하고 수시로 보완한다.

신문읽기 정보획득은 매일 신문을 읽고 그 속에서 자료를 수집하면서 시작한다. 경제신문 구독은 경제에 관심을 가지고 있는 투자자에게 필수이다. 투자의 귀재인 소로스와 버핏은 신문기사를 창의적으로 해석하였다. 국내 경제여건과 투자동향에 큰 변동이 없어도 글로벌 동향이 변하면 국내시장도 동조화(coupling)될 수 있다. 주요 경제정보는 미국의 블룸버그, 월스트리트저널, 영국의 파이낸셜타임즈 등에서 실시간 조회할 수 있다. 현재 경제상황에 기초하여 미래의 결과를 추측하면서 지속적으로 경제기사를 접하면 심도있는 경제분석을 할 수 있다.

경제신문은 경제정보에 대한 현재 사실을 바탕으로 원인과 결과, 그리고 그 영향 등을 분석한다. 관심있는 분야별로 기사를 지속적으로 정리하면, 전체 현황과 문제점을 파악할 수 있다. 특히 신문에서 제시하는 그래프나 각종 경제지표는 투자에 유용한 정보이다. 신문읽기는 제목을 본 후 관심기사, 다른 기사, 칼럼 및 나머지 헤드라인 등을 읽는다. 우선 투자자는 주요 경제지표를 읽은 후 관심기사를 읽는다. 연재기사의 첫 회는 진행될 기사의 의의와 문제점 등을 집약적으로 소개한다. 경제신문은 사실(fact)과 견해(opinion)를 구분하는데 기사에 박스나 테두리가 있으면 개인견해가 있다는 의미이다. 사설과 칼럼은 최신 중요 이슈에 대한 전문가의 생각으로 사실과 견해를 파악할 수 있다. 또한 주요 지표인 주가하락, 이자율상승, 환률변동은 그 원인을 신문기사에서 찾을 수 있다.

경제신문에서, 첫째 1면은 경제 · 정치 · 사회상황의 주요 기사로 주식시장과 금융시장에 큰 영향을 미치는 경우가 많다. 경제면은 국내외 경제상황과 관련된 정보이며, 칼럼이나 기획시리즈는 전체 경제의 방향을 이해하는 데 도움을 얻을 수 있다.

둘째, 기업면은 기업별, 업종별 주요 뉴스로 그 동향을 파악할 수 있다. 기업의 인사이동은 주요 기업의 동향을 대략적으로 파악할 수 있는 정보이다. 경쟁기업이나 투자기업의 인사는 구체적 내용을 알아야 하는 일종의 선행지표이다.

셋째, 금융 및 증권면은 흥미나 직업에 관계없이 모든 사람이 열심히 읽어야 한다. 투자자는 매일 이자율의 움직임을 점검하고, 주요 종목의 분석과 투자전략을 얻을 수 있다. 또한 증권지수는 매매동향, 파생상품시세, 해외DR가격, 금융지수 등으로 전체 시장흐름을 파악할 수 있다.

넷째, 해외기사는 전체 세계의 흐름 속에서 경쟁과 전략을 이해하고 국가 간 자원 · 상품 · 인력 등의 이동을 살펴야 한다. 중동지역은 국가 간 이해관계의 충돌지역으로 경제변수인 유가에 직접적 영향을 미치고 있다. 환율은 국가 간 경제력과 변화의 척도로 통화가치를 변동시켜서 무역수지에 영향을 미친다. 그리고 주요 상품시세도 주목하면서 변동을 파악한다.

다섯째, 베타기사에 주의한다. 신문기사는 모두 알고 있는 큰 기사에 해당한다. 하단에 게제되는 베타기사(일반적 의견이 제시되지 않는 단문기사)는 뉴스가 되기에 약하지만 가까운 미래의 큰 뉴스가 숨어 있을 수 있다.

여섯째, 신문에 삽지되는 광고의 양과 업종을 살펴보면, 경기동향, 호황업종, 매입이 활발한 상품을 찾을 수 있다. 삽지되는 광고가 신문의 광고면에 연결되는지 확인하여 본다. TV에서 빠르게 광고량이 증가하는 기업의 성과도 주목할 필요가 있다.

금융투자회사의 영업담당자가 가장 많은 정보를 가지고 있지만 투자가가 질문하지 않는 한 제공하지 않는다. 그러므로 어떤 의문점이 있다면 영업담당자에게 질문할 필요가 있다. 인터넷 게시판도 훌륭하지만 영업담당자가 훨씬 수준이 높은 정보를 가지고 있다. 뉴스의 선택은 투자자 본인의 몫이다.

추천도서 투자철학과 금융역사의 전문가인 번스타인(P. Bernstein)은 투자의 지식을 확장하기 위하여 투자철학서를 먼저 권하고 있다. 그는 기본서 4권과 보충서 6권으로 총 10권의 책을 추천하고 있다. 기본서 4권으로 ① 몰킬(Malkiel)의 『A Random Walk Down Wall Street』는 가장 우수한 투자 기본서로서 주식, 채권, 펀드의 기초개념과 효율적 시장을 이해할 수 있다. ② 보글(Bogle)의 『Common Sense on Mutual Funds』는 중요한 투자수단에 대한 세부정보를 제공한다. ③ 이보슨과 브린슨(Ibbotson and Brinson)의 『Global Investing』은 투자 역사를 기술하여 과거 평균수익률, 금값의 변동, 이자율과 인플레이션의 변화를 설명하고 있다. ④ 브라운(Browne)의 『What Has Worked in Investing?』은 가치평가법을 잘 정리하고 있다.

6권의 보충서로서 ① 하우젠(Haugen)의 『The New Finance, the Case Against Efficient Markets』은 가치투자의 원리를 설명하고 있다. ② 에들슨(Edleson)의 『Value Averaging』은 투자자산을 확대하여 자산배분방법을 제시한다. ③ 그라함(Graham)의 『The Intelligent Investor』는 개별종목의 투자를 설명하고 있다. ④ 챈슬러(Chancellor)의 『Devil Take the Hindmost』은 일본의 버블형성과 붕괴에서 경제정책을 다루고 있다. ⑤ 스탠리(Stanley)와 단코(Danko)의 『The Millionaire Next Door』은 미국 부자들의 7가지 공통적 성공요소를 제시하고 있다. ⑥ 깁슨(Gibson)의 『Asset Allocation』은 개별자산의 특성과 자산배분을 강조하고 있다.

2. 효율적 시장

효율적 시장 효율적 시장(efficient market)은 즉시 비용이 없이 공평하고 정확하게 이용 가능한 모든 정보와 미래정보를 자산의 가치에 반영한다. 시장가격은 진정한 가치의 불편추정치(unbiased estimate)이다. 그렇지만 비효율적 시장은 과거정보, 공식정보, 비공식정보 등을 주가에 신속하게 반영하지 않는다. 자본시장의 ① 배분효율성은 수요와 공급에 의한 균형가격으로 경제 전체의 효율적 자원배분을 가능하게 한다. ② 정보효율성은 증권가격에 이용 가능한 모든 정보를 신속하고 충분히 반영한다. 또한 ③ 운영효율성은 증권시장의 제도적 운영측면에서 마찰을 줄여서 거래 또는 자원의 이전을 원활하게 한다.

효율적 시장에서 주식의 분석과 평가는 무의미하며 무작위 분산투자나 시장지수(인덱스)로 적극적 투자전략보다 우수한 성과를 얻을 수 있다. 또한 매매횟수를 축소하면 거래비용이 작아져서 우수한 성과를 얻을 수 있다. 만일 자본시장이 비효율적이라면 일부 투자자는 초과수익률을 얻을 수 있고 효율적 자산배분을 저해한다. 매매가 쉬워질수록 비효율성을 발견할 확률이 낮아진다. 시장의 유동성이 낮고 정보에 접근하기 어려운 종목은 비효율성이 더 오래 유지된다. 시장이 비효율적이면 공개정보로도 저평가종목이나 고평가종목을 찾아서 초과수익을 얻을 수 있다.

시장에 경쟁이 없다면 소수 투자자들이 독점적으로 시장가격을 조작하거나 동업자 간 담합으로 비정상수익을 실현할 수 있다. 주가는 비정상적이고 비이성적으로 변동하기 때문에 예측할 수도 없다. 비효율적 시장에 대한 이론으로 ① Random Walk모형에서 주가변동은 난수의 움직임과 같이 독립적 확률분포를 가지고 있다. 주가는 일정한 패턴이 없고 예측 불가능하다. ② Martingale모형에서 $t+1$시점의 조건부기대 주가는 오늘의 주가와 동일하고 기대수익률도 0이다. 그리고 ③ Fair Game모형에서 예상가격과 실제가격은 평균적으로 일치하기 때문에 이러한 정보를 이용하여 비정상 성과를 실현할 수 없다.

그러나 시장은 제품수요의 다양화, 기술혁신과 기업가정신으로 효율성과 성장성을 제공한다. 투자자는 개별 정보보다 다수 중개인들의 예측정보를 수용한다. 효율적 시장에서 주가는 이론가치를 확정할 수 없고 끊임없는 변화 속에서 장기 균형가치에 수렴한다. 효율적 시장가설(EMH: Efficiency Market Hypothesis)은 시장의 모든 정보를 가격에 반영한다고 주장한다. 효율적 시장의 가정은 합리적 투자자의 존재, 무료정보의 무작위성(random), 그

그림 3-9 정보에 대한 주가의 반응

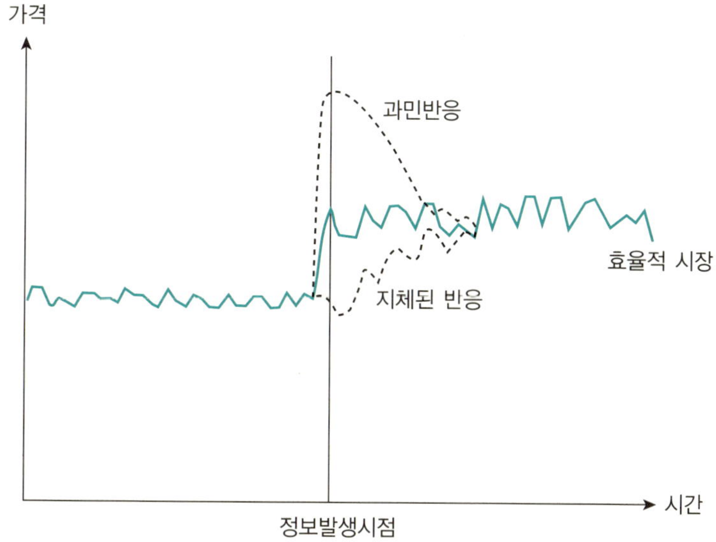

리고 새로운 정보의 즉각적 주가 반영이다. 이러한 시장에서 균형을 저해하는 규제나 내부자 정보가 없어야 한다.

효율적 시장의 시장정보에 대한 반응으로 ① 가격이 새로운 정보에 부분적으로 받아들일 때 지연반응(delayed reaction)을 한다. 지연반응은 공시 직후 매수하여 일정시간 경과 후 매도하여 이익을 얻을 수 있다. ② 가격이 새로운 정보에 과민반응(overreaction)을 한다. 과민반응시 공매도전략은 공시 직후 공매도하고 일정수준 하락할 때 재매입한다. ③ 가격이 새로운 정보의 형태에 관계없이 모든 정보를 반영한다. 효율적 시장은 시장평균수익이나 장기투자로 기업가치의 상승에 따른 이익을 얻는다.

정보가 가격에 반영하는 형태에 따라서, 첫째 약형 효율성(weak efficient)은 과거정보를 충분히 반영하여 어떤 투자자도 과거 주가변동이나 거래량을 근거로 초과수익을 얻을 수 없다. 기술적 분석은 과거 주가 또는 거래량을 분석하여 매매신호를 포착하기 때문에 초과수익을 얻지 못한다. 따라서 주가의 시계열적 이동은 독립적이면서 무작위적으로 움직인다.

둘째, 준강형 효율성(semi-strong efficient)은 과거의 공표정보와 공식정보로 초과수익을 획득할 수 없다. 기본적 분석은 이미 주가에 반영된 공시자료를 이용하여 가치를 평가하기 때문에 초과수익을 얻지 못한다.

셋째, 강형 효율성(strong efficient)은 공개되지 않은 비공식정보(재부정보)나 내부정보를 반영하므로 과거정보와 공식정보를 포함하여 어떤 정보도 초과수익을 획득할 수 없다. 자산

그림 3-10 효율적 시장과 투자전략

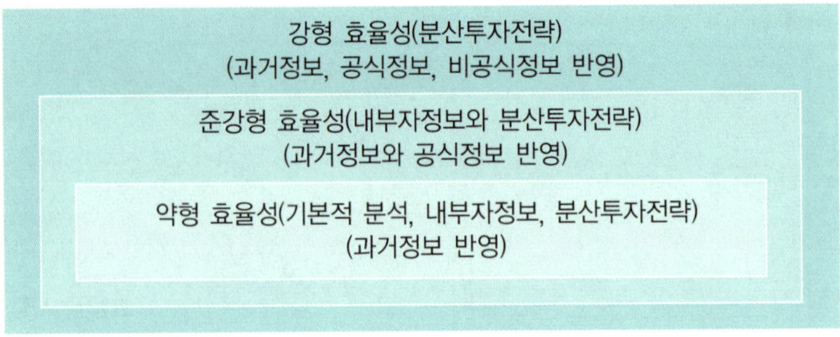

배분은 최소 위험 포트폴리오로 시장의 변동에 대응할 수 있다.

그로스먼(Grossman)과 스티글리츠(Stiglitz)는 시장의 균형이란 이상향으로 결코 도달할 수 없다고 하였다. 이에 따라서 투자기관은 비정상적 초과수익을 얻고 이에 따라 투자전문가들이 인센티브를 받는다. 약형 효율성 가설의 불일치로 1월효과, 준강형 효율성 가설의 불일치로 소형주, 저PER, 저PBR 주식의 투자성과, 그리고 강형 효율성 가설의 경우 콘 · 젠의 투자신탁성과 등을 제시하고 있다. 그렇지만 현실적으로 비정상적 초과수익획득이 불가능하지도 않지만 결코 쉽지도 않다.

효율성 측정 효율성의 측정은 대상투자전략에서 측정한 내재가치에서 벗어나는 정도와 시간을 알아보는 방법이다. 가격이 새로운 정보에 얼마나 빠르고 정확하게 적응하는지 측정한다. 또한 동일한 위험에서도 더 높은 수익을 얻은 투자자가 있는지 분석한다.

첫째, 사건연구(event study)는 정보이용의 투자전략에서 특정 사건 전후의 초과수익률을 분석한다. 그 순서는 ① 분석할 사건을 구체적으로 지정하고 사건발표일을 정확히 인식한다. ② 표본기업들의 발표일 전후의 수익률 자료를 수집한다. ③ 시장수익률과 위험기준을 조정하여 각 표본기업의 초과수익률을 산출한다. ④ 각 표본기업의 초과수익률을 이용하여 평균초과수익률을 산출한다.

둘째, 포트폴리오연구(portfolio study)는 기업의 재무적 특성을 기준으로 투자전략을 분석한다. 포트폴리오연구는 분석지표가 증가할수록 다루기 어렵고 동일 포트폴리오 내 종목간의 차이가 무시된다. 그 과정으로 ① 투자전략에서 포트폴리오 구성의 조건과 해당 변수를 정의한다. ② 모집단에서 표본기업을 선정한다. ③ 각 종목의 수익률자료를 이용하여 포트폴리오의 수익률을 계산한다. ④ 포트폴리오의 베타를 계산한다. ⑤ 각 포트폴리오의 초과수익률과 그 표준편차를 계산한다. ⑥ 포트폴리오 간 수익률차이의 통계적 유의성을 검정한다.

셋째, 회귀분석(regression analysis)은 종목의 특성과 수익률 간 관계를 분석한다. 주식의 수익률이 종속변수이고 투자전략의 요소가 독립변수이다. 분석과정으로 ① 종속변수를 확인한다. ② 독립변수의 측정방법을 결정한다. ③ 종속변수와 독립변수의 관계를 확인한다. ④ 회귀분석을 실시한다. ⑤ t통계량으로 통계적 유의성을 검정한다. 사용되는 변수가 많아질수록 설명력이 높지만 변수들 간에 다중공선성(multicollinearity)의 문제가 발생할 수 있다.

추정정보는 최근 실적발표 이후의 회사공개정보, 거시경제정보, 경쟁회사 공개정보, 회사미공개정보, 그리고 이익 이외 기타정보 등을 포함한다. 내부자거래는 주요 정보가 발표되기 전의 거래량과 주가흐름을 분석하여 추론할 수 있다. 회사정보가 적은 중소기업은 최고경영자나 대주주의 대량거래를 분석하여 활용할 수 있다. 즉, 특정 종목의 거래량이 증가하면서 주가 상승시 내부자거래를 의심할 수 있다. 애널리스트가 중소기업의 경우 분석대상에서 제외하는 경우가 많다. 기업의 IR부서나 경영진에 대한 접촉도 이익추정의 정확성에 어느 정도 접근할 수 있다. 애널리스트의 추천은 매수가 앞도적이고 그들 간의 추종현상과 시장추세(momentum)를 반영한 추천도 존재하므로 유의해야 한다.

3. 초과수익전략

소극적 투자전략 투자전략은 자본시장의 효율성을 확인하고 위험성향, 정보수집과 분석, 장세판단 등을 고려하여 결정한다. 효율적 시장은 증권의 추정가치에 시장의 정보를 반영하여 신속하게 균형가격을 형성한다. 투자목표는 추적하는 인덱스(index)[09] 수준의 성과나 기준 벤치마크(benchmark)[10]를 초과하는 수익률을 추구한다.

소극적 투자전략(passive management)은 시장수익률과 비슷한 수준의 수익률 달성을 목표로 한다. 투자자는 잘 분산된 인덱스펀드나 시장포트폴리오에 투자하여 수익률과 위험을 관리한다. 이러한 전략은 거래비용이 작으면서 매매의 신속성으로 시장대응에 유리하다. 1971년 Wells Fargo은행이 처음으로 도입하였고 1973년 S&P 500 인덱스펀드가 설정되었

---

09 인덱스는 시장가격을 결정하는 종목들의 가격변동을 파악하는 지표로 시장 전체나 특정 포트폴리오의 동향을 나타낸다.

10 벤치마크는 운용성과나 위험을 측정하기 위하여 사전에 설정된 기준으로 구체적 내용을 운용하기 이전에 명시한다. 또한 적용되는 자산의 바람직한 운용상을 표현해야 한다.

그림 3-11 | 투자전략의 이해

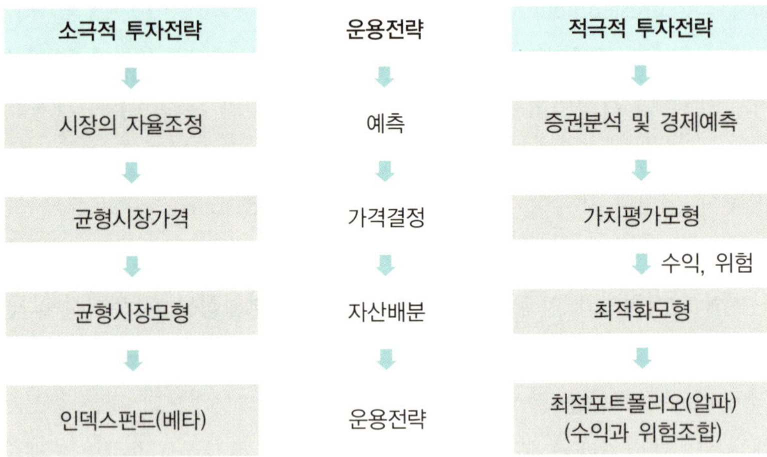

다. 인덱스펀드는 특정 지수의 움직임에 따라서 지수 수준의 위험과 성과를 추구한다. 대상 지수를 추종하여 적정한 종목비율로 포트폴리오를 구성한다.

인덱스 추적의 방법으로, 첫째 완전복제 또는 가중가치방법은 선택된 인덱스의 구성비율로 포트폴리오를 구성한다. 운용과정에서 구성종목이 바뀌면 투자종목도 교체하여 동일한 비율을 유지한다. 글로벌 투자에서 구성종목이 많으면 관련비용도 증가한다.

둘째, 계층화샘플링방법은 대표 주식으로 표본을 구성하여 인덱스를 따르는 방법이다. 주식은 다양한 범주(자본규모, 산업분야 등)로 그룹화하고 각 범주 내에서 충분히 회사들을 선택한다. 이 방법은 상대적으로 비용이 저렴하면서 포트폴리오 구성도 간단하다.

셋째, 위험묶음방법은 여러 위험범주(시장위험, 산업위험 등)로 개별주식을 구성한다. 과거 자료와 최적화 결과로 선택한 인덱스의 총위험과 가장 일치하는 위험포트폴리오를 구성

표 3-3 | 소극적 투자전략과 적극적 투자전략

구 분	소극적 투자전략	적극적 투자전략
투자목표	시장수익률(베타전략)	목표수익률(알파전략)
주요전략	인덱스 투자전략	자산배분, 종목선정, 장세판단 등
투자목표	스타일투자	목표수익률 달성
투자경향	장기투자	단기투자
투자비용	낮 음	높 음
수익률	하락장세에서 우수	상승장세에서 우수

한다.

넷째, 합성모방방법은 인덱스선물과 현물포지션을 결합한다. 적정가격이 형성된 인덱스 선물은 인덱스를 추적하면서 거래비용을 낮출 수 있다.

한편 투자관리의 방법으로 포뮬러플랜(formula plan)은 주가가 하락하면 주식을 매수하고 주가가 상승하면 주식을 매도한다. 이때 저평가된 자산의 비중은 평소보다 확대하고 고평가된 자산의 비중을 축소한다.

적극적 투자전략 적극적 투자전략(active management)은 시장초과수익률을 목표로 주로 종목선정을 이용한다. 비효율적 시장을 가정하여 저평가된 종목이나 투자시점을 선택하여 초과수익을 추구한다. 최적포트폴리오를 구성하기 위하여 정보를 수집하거나 전문가에게 비용을 지불하므로 많은 비용이 발생한다. 주요 투자전략으로 ① 장세판단(market timing)은 기술적 지표, 기본적 지표, 내재가치평가 또는 상대가치평가를 활용한다. 기술적 지표는 과거 주가, 거래량, 변동성, PER의 정상범위, 금리의 정상범위 등이다. 기본적 지표는 단기이자율, 장기국채수익률, 경기순환 등이다. 내재가치평가는 현금흐름할인모형으로 미래 현금흐름을 현재가치로 할인하여 개별종목을 평가한다. ② 종목선정(security selection)은 산업군, 주요 제품군, 산업특성(성장률, 순환주기, 안정성 등), 기본 경제현상의 민감도 등을 고려한다. 저평가된 종목의 조사와 선택된 종목들의 최적포트폴리오 구성으로 구분한다. ③ 자산배분(asset allocation)은 미래의 수익률과 위험에 대한 예측을 바탕으로 위험수준이 상이한 여러 자산군(주식, 채권, 유동성자산)을 가장 효율적인 비율로 포트폴리오를 구성한다. 장기적으로 하락장세와 상승장세를 판단하기 어렵고 좋은 종목을 선정하여 성과를 달성하기 어렵기 때문이다.

또한 스타일변경전략은 시장의 실적을 예상하여 투자 스타일이나 전략을 변경한다. 업종변경전략은 시장의 경기순환을 예상하여 업종을 전환한다. 투기전략은 시장의 방향을 예측하고 자금을 차입하거나 파생상품 투자로 수익을 극대화한다. 한편 인헨스드 인덱스펀드(enhanced index fund)는 인덱스펀드에 적극적 운용 전략을 추가하여 수익률을 향상시킨다. 추적지수에 최대한 접근하면서 시장의 가격오류를 이용하여 초과수익을 얻는다.

투자전략으로 ① 내재가치와 시장가격의 오류를 찾은 후 파생상품으로 지수를 복제하면 추가수익을 얻는다. ② 적극적 운용전략으로 종목선정이나 자산배분으로 추가수익을 얻는다. 지수구성 종목에서 포트폴리오를 구성하고 저평가 종목의 보유비중을 높이고 고평가 종목의 비중을 낮춘다. ③ 평균 · 분산모형으로 최적포트폴리오를 구성한다. ④ 펀더멘털전략으로 가치주나 과거 초과수익 종목의 비중을 높인다.

요약정리 및 생각해 볼 문제

1. 요약정리

- 불확실성은 예측 불가능한 임의성과 불명확한 모호성으로 구분한다. 반복시행 결과의 평균을 예상할 뿐 특정한 시도에서 얻을 결과를 알 수 없는 경우이다. 이러한 불확실성하에서 투자자는 자산규모, 위험성향, 투자기간, 자금소비 등을 고려하여 투자한다. 투자자는 평생에 걸친 수입의 변화를 고려하여 은퇴 이후 개인 또는 가계가 원하는 만큼 소비할 수 있도록 저축해야 한다. 또한 법률은 투자수단으로 회피전략, 준수전략, 예방전략, 가치전략, 변화전략의 순서로 발전하고 있다.
- 효용은 주어진 기대수익률과 위험에 대한 투자자들의 감정이나 느낌에 대한 주관적 만족도이다. 소극적 투자전략은 효율적 시장에서 지수구성 비율에 따라서 포트폴리오를 구성한다. 적극적 투자전략은 비효율적 시장에서 종목선정이나 장세판단으로 초과수익률과 위험을 관리한다. 이때 투자심리가 투자자의 행동과 시장의 가격결정에 영향을 미쳐서 비이성적 행동을 유발하므로 초과수익을 얻을 수 있다.
- 기업의 공시자료로 정기공시는 일정기간의 영업실적과 일정시점의 재무상태를 집약하여 투자자에게 전달한다. 또한 정보획득은 매일 꾸준히 신문을 읽고 그 속에서 자료를 수집하면서 시작한다. 효율적 시장은 시장가격에 즉시 이용 가능한 모든 정보를 공평하고 정확하게 반영한다. 효율적 시장가설은 약형 효율성, 준강형 효율성, 강형 효율성으로 시장을 구분한다. 이때 투자자는 자금의 성격, 투자의 목적, 투자기간 등을 고려하여 투자한다.

2. 외환은행을 인수하기 전 론스타는 금융회사인가 제조업회사인가?

국내법은 비금융회사의 자산총액이 2조원 이상이거나 인수자본 가운데 25% 이상이 산업자본일 경우 은행을 소유할 수 없도록 규정하고 있다. 외환은행의 매각과정에서 국내회사와 달리 국외회사(특수관계인)인 론스타의 경우 모든 자산을 조사하지 못하였다. 또한 론스타는 외환은행 인수시점의 국내 비금융 자회사를 승인신청서에서 누락시켰다. 누락된 자회사는 국내 스타타워주식회사의 자산 6,140억원과 국외의 총자산 1조원이었다. 따라서 론스타는 인수신청에 제시한 자산 7,660억원을 포함하여 비금융회사의 자산총계가 2조원 이상이었다.

3. 한화그룹이 인수합병에서 실패한 원인과 이행보증금의 미반환은 정당한가?

인수 · 합병(M&A)은 계약이행을 위하여 인수자가 매각대금의 5%를 이행보증금으로 예치해야 한다. 한화그룹은 2008년 대우조선해양 인수 우선협상대상자로 이행보증금 3,150억원을 채권단인 산업은행에 지불하였다. 그러나 인수진행은 2008년 글로벌 금융위기로 자금조달의 어려움과 노조와 대립하면서 무산되었다. 인수실패로 한화그룹은 이행보증금을 몰수당하여 반환소송을 제기하였다. 한편, 2010년 현대그룹은 현대건설 인수의 우선협상대상자로 이행보증금 2,755억원을 예치하였다. 그러나 채권단은 현대그룹의 프랑스 나타시스은행의 대출을 문제 삼아서 우선협상대상자의 지위를 해지하였다. 이에 따라서 현대그룹도 이행보증금을 돌려달라는 소송을 제기하였다. 한화그룹은 반환 소

그림 3-12 산업자본의 은행 소유규제제도

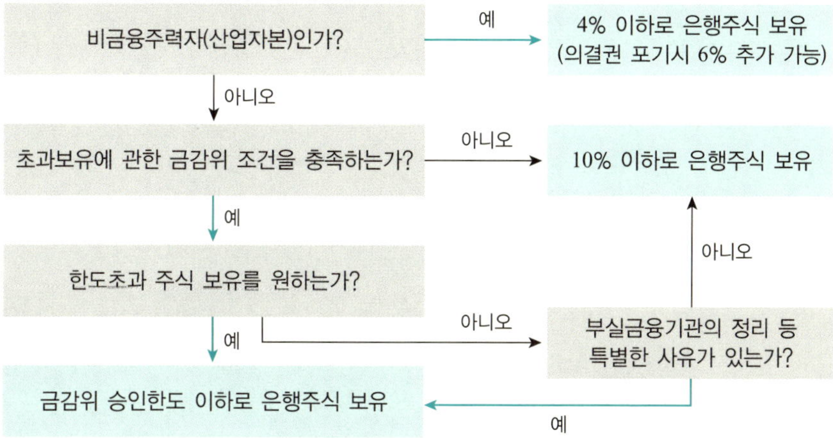

자료: 한겨레신문(2011), 론스타의 외환은행 인수 당시인 2003년 법규 기준

송의 1, 2심에서 모두 패소하였지만, 현대그룹은 2,066억 여원을 지급하라는 판결을 받았다. 현대그룹은 계약이행의사에도 불구하고 채권단에서 MOU를 파기하였고 한화는 스스로 인수포기를 선언했었기 때문이다.

4. 관련 홈페이지

www.bloomberg.com

www.cfainstitute.org

www.cnn.com

www.crandallpierce.com

www.economist.com

www.efficientfrontier.com

www.euromoney.com

www.ft.com

www.reuters.com

www.wsj.com

CHAPTER 4

기대수익과 리스크의 이해

학습개요

투자가치는 수익구조의 불확실성과 내재가치에 의하여 결정한다. 그러나 인플레이션은 이자율이나 할인율로 측정하는 화폐의 가치를 하락시킨다. 이러한 투자리스크는 서로 다른 자산 간 공분산과 확률분포를 활용하여 관리할 수 있다.

학습목표

1. 화폐의 시간가치를 계산할 수 있다.
2. 수익률의 기대값, 리스크 및 공분산구조를 측정할 수 있다.
3. 수익률의 확률분포를 이해하고 비체계적 리스크를 관리할 수 있다.

생각해 보기

피터 린치와 존 보글

피터 린치(P. Lynch)는 적극적 투자전략으로 탁월한 종목을 발굴하여 10년간 높은 투자수익을 실현하였다. 주요 투자전략으로 급성장기업은 전문투자자의 보유가 늘면서 PER의 상승시 매도한다. 경기변동형 기업은 재고증가, 제품가격하락, 낮은 PER수준에서 매입하였다. 전환형 기업은 자산가치가 축소되지 않으면 장기보유하였다. 그러나 보글(J. Bogle)은 소극적 투자전략으로 1975년 인덱스펀드인 '뱅가드500 인덱스펀드'를 개발하였다. 이 펀드는 벤치마크나 인덱스를 추종하면서 투자의 단순화, 비용의 최소화, 장기투자, 분산투자로 수익률을 극대화하였다. 그의 투자철학은 장기 배당수익률과 이익성장률에 의하여 주가를 결정한다는 것이다. 자산관리자가 투자자보다 훨씬 많은 정보를 갖기 때문에 인덱스펀드에 투자하면서 투기가 필요할 경우 개별주식에 5% 내외로 할 것을 조언하였다.

제1절 화폐의 시간가치

1. 이자율 계산

자산의 가치는 시장의 수요와 공급에 의한 시장가치(market value), 자산에서 발생하는 현금흐름을 할인한 내재가치(intrinsic value), 원가 또는 초기 투자금액인 장부가치(청산가치, book value), 선택되지 않은 대안의 기회가치(opportunity value) 및 유사 자산의 시장가격을 비교한 상대가치(relative value) 등으로 구분할 수 있다. 시장가치와 내재가치를 비교하여 자산가치가 과대평가 또는 과소평가되었는지 알 수 있고, 내재가치에서 장부가치를 제거하면 순현재가치(NPV: Net Present Value)를 얻을 수 있다.

이자계산에서 단리(simple interest)는 이자계산이 원금에 대해서만 이루어진다. 그리고 복리(compound interest)는 원금뿐만 아니라 기존 이자의 이자도 계산한다. 단일기간투자에서 미래가치(FV: Future Value)는 일정기간 주어진 이자율로 얻을 수 있는 금액이다. 단일기간의 이자율은 1원당 1 + R의 투자가치가 증가한다. 시장에 영향을 미치는 인플레이션은 상승하므로 낮추거나 고정시킬 수 없다. 정부도 유통구조 개선, 공공요금의 인상억제나 세제의 특혜 등으로 물가안정을 추구하지만 기간과 범위에서 한정적으로 작용한다.

현재 500원인 라면 한 봉지가 매년 인플레이션 3.5%로 인상된다면 2년 후 라면 한 봉지 값은

$$FV_t = PV \times (1 + R)^t$$

$$500 \times (1 + 0.035)^2 = 535.613\text{원}$$

이다.

현재가치(present value)는 미래가치를 할인하여 계산한다. 연이율 15%인 경우 3년 후 1,000원의 현재가치는

$$PV = FV_t \times \frac{1}{(1 + R)^t}$$

$$1{,}000 \times 1/(1 + 0.15)^3 = 1{,}000/1.5209 = 657.50\text{원}$$

이다. 따라서 현재가치와 미래가치는 역의 관계를 가지고 있다.

연금(annuity)은 확정된 기간 동안 매기 말 발생하는 일련의 현금흐름이다. 연금의 현재가치는

$$A_P = C \times \left(\frac{1 - [1/(1+R)^t]}{R} \right)$$

여기서, R = 수익률

t = 기간

이다. 예를 들어 연이율 9%, 대출기간 5년, 대출원금 5,000원일 때 매년 상환할 금액은

$$5,000 = C \times \left(\frac{1 - [1/(1+0.09)^5]}{0.09} \right)$$

$$C = 5,000/3.8897 = 1,285.46$$

이다.

그리고 영원히 발생하는 영구연금의 현재가치는

$$A_P = \frac{C}{R}$$

이며, 연금의 미래가치는

$$A_F = C \times \left(\frac{(1+R)^t - 1}{R} \right)$$

이다.

복리는 원금뿐만 아니라 이미 발생한 이자까지 포함하므로 시간이 경과하면서 이자가 증가한다. 연속복리(continuous compounding)는 단위기간 동안 이자지급횟수를 무한히 크게 하는 경우의 수익률이다. 1년에 n회 복리계산하면 1년을 n등분하여 매 $1/n$년마다 r/n을 얻기 때문에 1년 동안 총투자수익은 $(1 + r/n)^n$이다. 실제연수익률은

$$R_r = \left(1 + \frac{R}{n}\right)^n - 1$$

이다.

복리횟수(n)가 무한히 증가하면

$$\lim_{n \to \infty}\left(1 + \frac{R}{n}\right)^{nT} = e^{rT}$$

이다. 지수함수는 e로 표시하는데 오래 전부터 원주율 π[01]와 함께 극한값이다.

$$e = \lim_{n \to \infty}(1 + R)^{\frac{1}{n}} = 2.71828\cdots$$

C원이 n년간 연이자율 R, 연 1회 복리이자로 연간 m번 복리계산한다. 연이자율 R을 m개로 나누어서 이자를 지급할 경우 n년 후 투자의 가치는

$$V = C \cdot \left(1 + \frac{R}{m}\right)^{mn}$$

m이 상당히 클 경우 n년 후 이 투자의 가치는 근사적으로

$$C\left(1 + \frac{R}{m}\right)^{mn} = C\left(\left(1 + \frac{R}{m}\right)^{\frac{m}{R}}\right)^{Rn} \approx C(e)^{Rn} = Ce^{Rn}$$

이다. 예를 들어 원금 100원을 연 10%로 1년 1회($m = 1$) 복리계산시 1년 후 원리금은

$$100 \times 1.1 = 110$$

이다. 만약 연속복리의 1년 후 100원의 가치는

$$100 \times e^{0.1} = 110.52$$

이며, 연속복리로 계산한 110.52원은 일별 복리계산값과 거의 동일하다.

이자는 저축기간이 길수록 복리효과를 크게 볼 수 있다. 연이율 8%에서 A는 일찍 재테크

01 π는 반지름이 1인 원을 그렸을 때 그려진 원둘레의 길이로 3.141592…이며 무리수이다.

표 4-1 | 연 10%의 복리횟수별 100원의 1년 만기가치

복리계산횟수	가 치
연별(m = 1)	110.00
반년별(m = 2)	110.25
분기별(m = 4)	110.38
…	…
주별(m = 52)	110.51
일별(m = 365)	110.52

에 관심이 많아서 26세부터 35세까지 10년간 매년 200만원씩 총 2,000만원을 불입한 후 저축을 65세까지 유지하였다. B는 35세부터 65세까지 30년간 6,000만원을 불입하였다. 이 경우 두 사람이 65세일 때 A는 3억 3,344만원, B는 2억 4,839만원이 된다. A씨는 B보다 적게 불입하고도 8,500만원가량 더 많다. 대부분의 저축은 복리계산을 적용하고 기간이 경과하면서 복리효과는 더 커진다.

2. 수익률 계산

투자자는 투자에 따른 목표수익률과 투자회수기간(payback period)을 중시한다. 이에 따라서 투자가치는 투자에서 얻는 미래현금흐름을 현재가치로 할인하여 평가한다. 수익률은 일정기간의 투자성과와 효율성을 측정하며 투자시점의 자산을 1로 보고 투자종료시점의 손익을 계산한다. 그리고 이자율(interest rate)은 시간가치와 위험프리미엄을 고려하여 화폐의 상대적 가치를 계산한다. 이자율과 할인율(discount rate)의 관계는 현재가치를 미래가치로 전환할 때 이자율을 사용하고, 미래가치를 현재가치로 전환할 때 할인율을 적용한다. 다양한 경제요인이 이자율 결정에 영향을 미치고 명목이자율과 위험프리미엄을 합하여 할인율을 결정한다. 명목이자율이 인플레이션율보다 작으면 실질이자율도 음(−)이 될 수 있다.

그림 4-1 이자율과 할인율의 관계

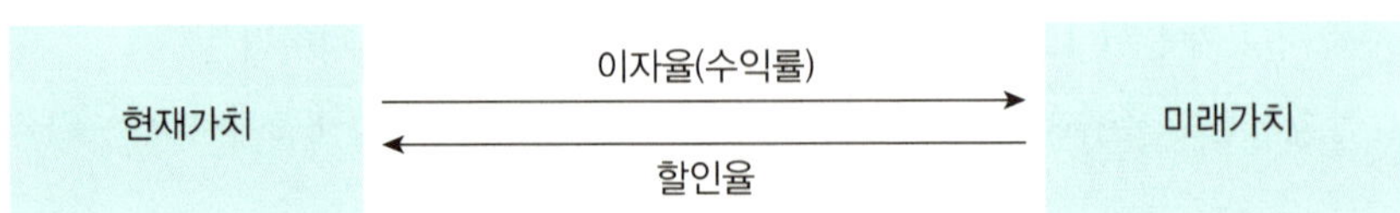

그림 4-2 이자율과 할인율의 결정구조

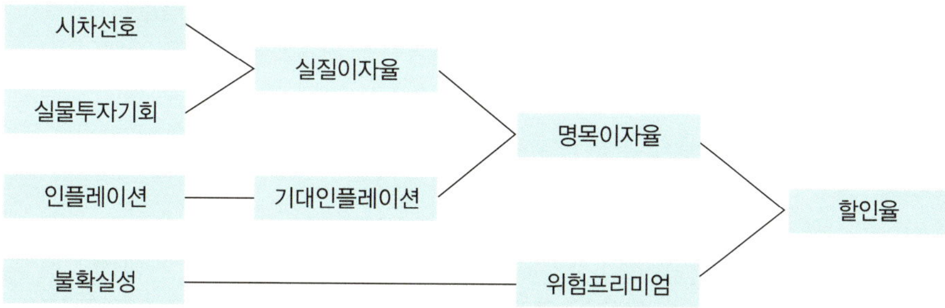

할인율(discount rate)은 미래 현금흐름의 현재가치를 투자금액과 일치시켜주며, 무위험 이자율과 미래현금흐름의 불확실성을 반영한 위험보상(risk premium)[02]으로 구성한다. 또한 요구수익률도 투자한 금액에 일정한 프리미엄을 붙여 요구하므로 할인율과 동일한 개념이다. 72의 법칙은 원금이 두 배로 되는 기간을 $72/R$로 계산되며 할인율이 5%에서 20% 사이일 경우 비교적 정확하다. 한편 무위험이자율(risk free rate)은 무위험자산의 기대수익률로 투자에서 예상되는 미래수익의 최소기준이다. 만일 무위험이자율이 10%라면 투자의 기대수익도 10% 이상이다. 정부가 발행하는 완전물가연동채권(price-indexed bond)만이 실질적으로 유일한 무위험자산이다. 그러나 국가별로 물가연동채권의 발행이나 유통이 활성화되지 못하였기 때문에 지급불이행위험이 없고 채권가격변동위험도 적은 단기국채를 활용한다.

표시이자 또는 액면이자율은 단순기간이자율에 투자기간 지급지급횟수를 곱하여 계산한다. 복리로 계산횟수가 서로 다른 경우 실제로 받는 실효수익률(EAR)을 계산한다. 월복리로 연 18% 이자율의 월이자율은 18%/12 = 1.5%이다. 실효 연이자율은

$$(1 + 0.015)^{12} - 1 = 19.56\%$$

이다. 복리횟수가 다를 경우 액면이자율은 서로 다른 실효이자율을 갖는다. 연 18% 이자율의 실효이자율은 [표 4-2]에서와 같다.

일반적인 투자수익률의 계산방식으로, 첫째 산술평균수익률(arithmetic average)은 모든 수익률을 합하여 투자기간으로 나누어서 계산한다. 만일 연초 1주당 40만원일 때 매수하여 1년 후 50만원이 되었고 5만원의 배당을 받았다면 1년 투자수익률은

02 위험보상은 위험증가에 따른 수익률의 보상이다.

표 4-2 | 18%의 유효이자율

연이자율	복리횟수	실효이자율
18	1	18.00
18	2	18.81
…	…	…
18	52	19.68
…	…	…
18	365	19.72
18	∞	19.72

$$R = (R_1 + R_2 + R_3 + \cdots + R_n)/n$$

1년차 수익률 = (자본소득 + 배당)/초기투자액

= ((50만원 − 40만원) + 5만원)/40만원 = 37.5%

둘째, 기하평균수익률(geometric mean)은 중도에 재투자되면서 복리로 증가한 기간수익률을 연평균수익률로 전환한다. 여러 기간에 걸쳐서 투자가 이루어질 때 미래 총수익률의 기하평균으로 연평균수익률을 계산한다.

$$R = \sqrt[n]{(1+R_1)(1+R_2)(1+R_3)\cdots(1+R_n)} - 1$$

여기서, R_i = i년도 수익률

초기 1만원, 5년도 말 14,000원, 배당 0일 때 5년 후 기하평균수익률은

$$R = \sqrt[n]{\frac{\text{기말자산}}{\text{기초자산}}} - 1 = \sqrt[5]{\frac{14,000}{10,000}} - 1 = 0.0696$$

이다.

매년 배당금이 재투자될 때 5년간 총수익률은 [표 4-3]과 같다. 예를 들어 2차년도 수익률은

$$R = \frac{12,000 + 1,500 - 11,000}{11,000} = \frac{3,000}{11,000} = 0.273$$

이며, 각 기간 수익률을 반복하여 5개년 총수익률과 연수익률은

표 4-3 | 수익률 계산

연 도	1차년도	2차년도	3차년도	4차년도	5차년도
초기순자산	10,000	11,000	12,500	12,000	13,000
최종순자산	11,000	12,500	12,000	13,000	15,000
자본이득	1,000	1,500	−500	1,000	2,000
배 당 금	1,000	1,500	100	1,000	2,000
총 수 익	2,000	3,000	−400	2,000	4,000
기초대비(R_i)	1.2	1.273	0.968	1.167	1.308
연수익률(%)	20.00%	27.30%	−3.20%	16.70%	30.80%

$$R = \sqrt[5]{1.2 \times 1.273 \times 0.968 \times 1.167 \times 1.308} - 1$$
$$= \sqrt[5]{12.257} - 1 = 0.177$$

이다.

셋째, 가중평균수익률은 시간가중평균수익률(time-weighted rate of return)과 금액가중평균수익률(dollar-weighted rate of return)로 나눌 수 있다. 시간가중평균수익률은 각 연도의 수익률을 구하여 단순평균하고 각 기간의 자산보유비중을 무시한다. 미국의 CFA협회 등에서 가장 보편적으로 사용하며 투자금액이나 시점을 마음대로 조정할 수 없을 때 적합하다.

표 4-4 | 금액가중평균수익률과 시간가중평균수익률 비교

구 분	금액가중평균수익률	시간가중평균수익률
정 의	투자금액의 평균수익률	투자 1단위당 수익률
자산유출입	크기와 발생시기에 영향을 받음	크기와 발생시기에 영향을 받지 않음
적용수익률	포트폴리오의 수익률 평가	펀드 매니저의 운용능력 평가
투자순서	특정 현금흐름(CF)은 $(1 + R)^n$으로 할인되어 투자패턴 순서의 영향을 받음	기간별 수익률을 기하평균하기 때문에 투자패턴의 순서에 영향을 받지 않음
단 점	수익률 계산이 복잡	현금흐름이 빈번할 경우 성과 재평가

금액가중평균수익률 또는 내부수익률(IRR: Internal Revenue Rate)은 투자에서 발생하는 미래현금흐름의 현재가치와 투자금액의 가치를 동일하게 만든다. 초기 및 기말의 자산규모, 신규자금의 유출입시기에 따라서 수익률이 영향을 받는다. 그리고 복수의 내부수익률이 존재하여 한 개 이상의 할인율이 순현가를 0으로 만들 수 있다. 예를 들어 최초 주식 1주를

50,000원에 매입하고 기말에 1,000원의 배당금을 받았다. 2년 초 60,000원이 유입되어서 주식 1주를 추가매입하고, 2년 말 1,500원의 배당금을 받았다. 그리고 2차년 말 모두 매각하여 최종 110,000원의 현금을 수령하였다.

표 4-5 | 포트폴리오수익률 계산

시점 (기간말)	자금증감	투자규모	1주당시장가격	1주당배당금	총배당금	주식수
0	50,000	50,000	50,000	0	0	1
1	60,000	110,000	60,000	1,000	1,000	2
2	자금회수	자금회수	110,000	750	1,500	–

이와 같은 사례에서 금액가중수익률은

$$P_0 = \frac{C_1}{(1+R)} + \frac{C_2}{(1+R)^2} + \cdots \frac{C_n + P_n}{(1+R)^n}$$

$$50{,}000 + \frac{60{,}000}{(1+R)} = \frac{1{,}000}{(1+R)} + \frac{(1{,}500 + 220{,}000)}{(1+R)^2}$$

$$0 = -50{,}000 + \frac{1{,}000 - 60{,}000}{(1+R)} + \frac{(1{,}500 + 220{,}000)}{(1+R)^2}$$

이다.

1기간 평균수익률 60%, 2기간 총수익률 156%일 때 시행착오법을 사용하여 투자금액과 미래현금흐름의 현재가치를 일치시키는 할인율을 찾는다. 내부수익률(*IRR*)은 최저요구수익률로 체계적 위험(β)을 반영한 위험프리미엄으로 결정할 수 있다.

$$K = E(R_i) = R_f + [E(R_m) - R_f] \times \beta$$

요구수익률 = 무위험자산수익률 + 체계적 위험 × 시장위험프리미엄

예를 들어 무위험이자율 8%, 기대수익률($E(R_M)$) 16%, 베타 1.3, 그리고 예상 내부수익률이 19%인 사업을 검토하고 있다. 이 경우 요구수익률은

$$K = R_f + [E(R_m) - R_f] \times \beta$$
$$= 0.08 + (0.16 - 0.08) \times 1.3$$
$$= 0.184$$

이다.

내부수익률(*IRR*)이 19%로서 요구수익률 18.4%보다 높아서 투자할 가치가 있다. 또한 할인율은 항상성장모형의 배당수익률과 자본수익률로 대용할 수 있다.

$$K = D_1/P_0 + g$$

3. 공정가치

동일한 상품이 판매되는 장소마다 가격이 다를 경우 소비자는 낮은 가격을 선호하고 생산자는 높은 가격을 선호한다. 가격결정은 오랜 논쟁을 불러왔지만 거래자 간 공정가격에 대한 불일치와 정부도 가격에 대한 합의된 의견을 가지고 있지 않다. 이러한 불균형은 궁극적으로 시장에서 가격의 변동을 통하여 평균가격으로 결정한다. 가격의 종류로 ① 균형가격(시장가격)은 시장에서 수요곡선과 공급곡선이 교차하는 지점에서 결정된다. 그러나 제품이나 화폐이동의 시간의 제약으로 균형가격에 도달하지 못할 수 있다. ② 공정가격(fair price)

그림 4-3 수요와 공급곡선

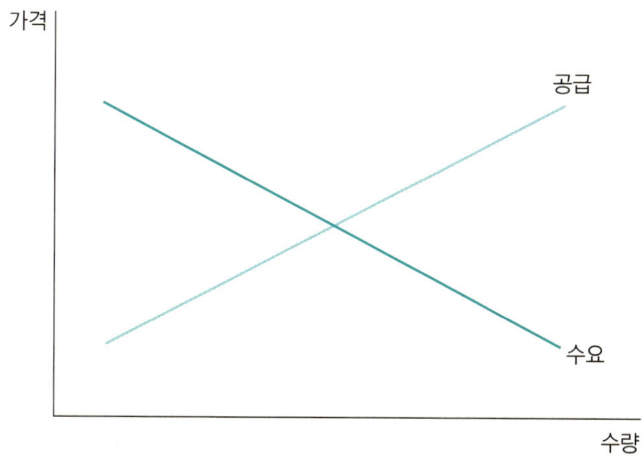

은 구매자가 물건에 대한 정확한 정보를 고려하여 지불할 수 있는 가격이다. 그렇지만 판매자가 정확한 정보를 구매자에게 전달할 필요는 없다. ③ 명목가격은 단순 화폐가격으로 인플레이션에 따라서 변할 수 있다.

고전이론에서 아담 스미스는 시장시스템에서 공정가격을 만든다고 하였다. 공정가격인 시장가격은 매수초과와 매도초과 사이에서 결정된다. 경제는 수요과 공급의 변동으로 균형가격을 달성할 때 최적상태에 이른다. 그러나 시장은 정보의 비대칭성(information asymmetry)[03]으로 불균형시장에 따른 초과수익의 기회를 얻는다. 판매자는 구매 이전의 사전정보를 활용하여 역선택(reverse selection)[04]을 하고 소비자는 구매 이후의 도덕적 해이(moral harzard)[05]를 일으킬 수 있다.

기업가치는 장부가치, 현재가치 및 시장가치로 나타낼 수 있다. ① 장부(청산)가치는 현재 시점에서 기업을 청산할 때의 가치이다. 회사의 총자산에서 부채와 우선주가치를 뺀 순자산가치로 계산한다. ② 현재가치는 현재와 같이 영업을 계속한다고 가정할 때 미래의 현금흐름을 할인하여 평가한다. 내재가치로서 주가가 현재의 시장가격보다 높으면 저평가, 낮은면 고평가된 것으로 판단한다. ③ 시장가치는 순이익 또는 순자산 대비 현재 시장에서 기대되는 주당가치이다. 주당순이익이나 주당순자산에 업계 평균 배수를 곱해서 적정 시장가치를 산출할 수 있다.

$$\text{시장가치} = \text{주당순이익} \times \text{산업평균}(PER,\ PBR)$$

기업의 가치는 창업주시대에서 2세체제까지 안정적이지만 3세체제로 넘어오면서 쇠퇴하는 경우가 많다. 기업의 도전정신이 줄어들면서 현실에 대한 직관적 판단능력이 감소하고, 전략산업의 쇠퇴와 성장산업에 대한 대응능력이 부족하기 때문이다.

---

03 정보의 비대칭은 거래 상대방에 대한 충분한 지식의 부족으로 정확한 의사결정을 내릴 수 없는 것이다.

04 역선택은 계약 이전의 바람직하지 못한 상대방의 바람직하지 못한 행동이다.

05 도덕적 해이는 계약이 이루어진 이후에 정보를 가진 측의 바람직하지 못한 행동이다.

제2절 기대수익과 리스크

1. 기대수익률

기대수익률(expected rate of return)은 불확실한 상황에서 실현될 것으로 예상되는 수익률이다. 투자자는 불확실성에 상응하는 적절한 수익을 기대하므로 기업에서 요구수익률을 달성할 수 있도록 노력해야 한다. 만일 투자자가 상응하는 위험을 초과하여 비정상적 이익을 기대한다면 투기(speculation)가 될 수 있다. 1일투자수익률(R_1, R_2, $\cdots$, R_n)의 과거 자료에서 기대 1일투자수익률의 추정치는

$$\text{기대 1일투자수익률} \approx (R_1 + R_2 +, \cdots, + R_n)/n$$

이다.

기대 1일투자수익률 $E(R)$은 추정치로서 자료의 양이 많을수록 추정오차가 감소한다. 예를 들어, 5월 한 달의 추정 기대 1일수익률의 추정오차보다 1월에서 6월까지의 추정 기대 1일수익률의 추정오차가 작다. 복권 당첨액이 X_1, X_2, $\cdots$, X_n이고, 그 확률은 P_1, P_2, $\cdots$, P_n이다. 당첨확률 P_i는 $0 \leq P_i \leq 1$로서 X_i의 경우 P_i이다.

$$P(X = X_i) = P_i$$

당첨금(X)의 기대값은

$$E(X) = \sum_{i=1}^{n} X_i P_i$$

이다.

포트폴리오의 기대수익률은 각 종목의 투자비율(X_A)에 기대수익률($E(R_A)$)을 가중평균한 수익률이다.

$$E(R_P) = X_A E(R_A) + (1 - X_A) E(R_B)$$

전체 기대수익률은 각 구성자산의 기대수익률과 달성 확률을 가중평균하여 계산한다.

$$E(R_M) = \sum_{i=1}^{n} X_i E(R_i)$$

기타 기대수익률의 측정방법으로 ① 추세분석법은 과거 장기수익률을 분석하여 미래 수익률로 사용한다. ② 시나리오분석법은 여러 경제변수의 상관관계를 고려하여 시뮬레이션으로 수익률을 추정한다. ③ 기본적 분석법은 과거 자료에 미래 발생상황을 추가하여 예측한다. 그리고 ④ 시장공동치는 시장 공통의 미래 수익률에 대한 추정치를 사용한다.

그리고 미래 요구수익률은 명목 무위험이자율과 리스크프리미엄으로 결정한다. 명목 무위험이자율은 현재 소비를 포기한 보상인 실질 무위험이자율과 미래 구매력의 기대인플레이션으로 구성한다. 기대인플레이션은 모든 유가증권의 요구수익률을 상승시킨다. 실질 무위험이자율이 2%일 때 기대인플레이션이 3%에서 5%로 상승하면 명목 무위험이자율도 5%에서 7%로 상승한다.

요구수익률(K) = 명목 무위험이자율 + 리스크프리미엄
명목 무위험이자율(7%) = 실질 무위험이자율(2%) + 기대인플레이션율(5%)

기대수익률의 연산은

$$E(AR) = AE(R)$$
$$E(R_i + R_j) = E(R_i) + E(R_j)$$
$$E(AR_i + BR_j) = A \cdot E(R_i) + B \cdot E(R_j)$$

이다.

주식투자에서 요구수익률은 주가수익비율(PER)을 활용하여 계산할 수 있다. 투자자들의 요구수익률이 상승하면 투자자는 주식 매입을 하지 않기 때문에 주가는 하락한다. 국내의 경우 고성장기였던 1980년대와 1990년대는 자본수요 증가와 인플레이션 발생으로 요구수익률도 상승하였다. 이에 따라서 주식투자는 투자자의 관심을 얻지 못하면서 주식시장도 활성화되지 못하였다.

$$E(R) = 1/PER$$
$$= \text{배당수익률} + EPS \text{ 장기성장률}$$

2. 리스크 계산

리스크(risk)는 예상되는 투자손실의 가능성에 따른 기대수익과 실제수익 간의 차이이다. 리스크 측정치로서 분산이나 표준편차는 실제수익과 기대수익의 변화량을 측정한다. 분산(variance)은 기대수익률에서 각 수익률이 평균적으로 얼마나 떨어져서 분포하는지를 나타낸다. 확률변수(X)의 평균(EX)이 사전에 알려져 있을 때 X가 평균 EX와 떨어져 있는 정도이다. 그러나 분산은 기대값과 동일한 단위로 표시되지 않는 제곱합으로 이해하기 어렵기 때문에 표준화하여 표시한다. X와 EX의 차이를 제곱하여 분산을 계산하고 제곱근($\sqrt{\ }$)을 취하여 표준화값인 표준편차(standard deviation)를 얻는다. 분산 $Var(X)$는

$$\begin{aligned} Var(X) &= E(X - EX)^2 \\ &= E(X^2 - 2X \cdot EX + (EX)^2) \\ &= E(X^2) - 2EX \cdot EX + (EX)^2 \\ &= E(X^2) - (EX)^2 \end{aligned}$$

이다.

표준편차(σ)는 분산에 양(+)의 제곱근으로 통계량과 확률변수를 동일한 단위로 표준화하여 기대수익률의 위험을 나타낸다.

$$\sigma_x = \sqrt{Var(X)} \text{ 또는 } \sigma = \sqrt{\Sigma[R_i - E(R)]^2 \cdot P_i}$$

확률질량함수가 $P(X = 2) = 0.2$, $P(X = 1) = 0.2$, $P(X = 0) = 0.1$, $P(X = -3) = 0.5$일 때 $EX = -0.9$이다. X의 분산은 X^2의 평균 EX^2을 계산한다.

$$E(X^2) = \Sigma X_i^2 P_i = (2)^2 \times 0.2 + (1)^2 \times 0.2 + 0^2 \times 0.1 + (-3)^2 \times 0.5 = 5.5$$
$$Var(X) = E(X^2) - (EX)^2 = 5.5 - (-0.9)^2 = 4.69$$
$$\sigma_X = \sqrt{4.69} = 2.1656$$

분산의 연산은

$$Var(X) = X^2$$
$$Var(X + A) = \sigma^2(X)$$
$$Var(AX) = A^2 Var(X)$$
$$Var(X + Y) = Var(X) + Var(Y) + 2Cov(X, Y)$$

이다.

분산은 기대수익에서 벗어난 모든 값을 위험으로 간주하기 때문에 위험의 유형을 구분하지 못한다. 리스크 측정치로, 첫째 변동계수(CV: Coefficient of Variation)는 종목별로 기대수익률과 위험이 서로 다를 경우 기대수익률의 단위당 위험으로 우선순위를 정한다. 변동계수는 위험을 기대값의 비율로 표본평균이 0이 아닐 때

$$CV = 100 \times |S/\overline{X}|\%$$

이다. 또한 변동계수의 역수(즉, $1/CV$)는 신호잡음비율(signal-to-noise ratio)로 투자위험을 줄이는 데 적용할 수 있다. 두 개 이상의 포트폴리오에 적용할 수 있어서 베타비율(beta ratio)보다 효율적이다.

둘째, 결정계수(Coefficient of Determination, R^2)는 회귀식의 설명력으로 종속변수(기대수익률)의 총변동 중에서 회귀모형(식)이 설명하는 부분의 비율이다.

$$R^2 = \frac{SSR}{SST} = \frac{\text{회귀제곱합}}{\text{총제곱합}}$$

R^2의 범위는 $0 \le R^2 \le 1$로 X와 Y 간의 상관관계가 클수록 1에 가까워진다. 변수 X와 Y가 완전한 선형관계에 있을 때 Y변동의 100%를 X변동으로 설명한다. $R^2 \ge 0.65$일 때 모형을 잘 설명한다. 독립변수가 1개일 때 상관계수의 제곱과 결정계수는 같으며 한 자산의 변동이 다른 자산의 변동을 설명하는 비율이다. 그러나 표본추정값이 항상 모집단추정치보다 크기 때문에 표본크기가 200개 미만이거나 독립변수가 2개 이상이면 수정결정계수를 사용해야 한다. 수정결정계수는 결정계수보다 작고 음수도 나타날 수 있다.

PRIVATE BANKING

3. 상관관계

공분산 공분산(covariance, σ_{xy})은 서로 다른 자산의 수익률이 동일한 방향으로 움직이는지 측정한다.

$$\sigma_{A,B} = E[(R_A - E(R_A))(R_B - E(R_B))]$$

수익률의 공분산 부호가 양수(+)이면 동일한 방향으로 움직이고 음수(−)이면 다른 방향으로 움직이고 있다. 그러나 공분산은 그 크기에 제한이 없어서 대안의 상호비교가 어렵다. $Cov(X, Y)$은 XY의 기대값($E(XY)$)에서 $(EX)(EY)$를 제거한다.

$$\begin{aligned} Cov(X, Y) &= E(X - E(X)) \cdot (Y - E(Y)) \\ &= E(XY) - (EX) \cdot (EY) - (EX) \cdot (EY) + (EX) \cdot (EY) \\ &= E(XY) - (EX) \cdot (EY) \end{aligned}$$

(X, Y)가 $(x_1, y_1), (x_2, y_2), \cdots, (x_n, y_n)$일 때 각 확률은 $P_1, P_2, \cdots, P_n$이다.

$$0 \le P_i \le 1, \qquad \sum_{i=1}^{n} P_i = 1$$

(X, Y)가 (x_i, y_i)일 확률은 $P(X = x_i \text{ 그리고 } Y = y_i) = P_i$[06]이다. 포트폴리오의 분산은 구성하는 주식들 간 공분산을 계산한다. 투자에서 공분산은 두 자산이 움직이는 방향을 파악할 때 중요하다.

표 4-6 | 종목 A, B, C의 공분산행렬

종 목	X_A	X_B	X_C
X_A	σ_A^2		
X_B	$Cov(R_A, R_B)$	σ_B^2	
X_C	$Cov(R_A, R_C)$	$Cov(R_B, R_C)$	σ_C^2

06 $E(X) = \sum x_i p_i$, $E(Y) = \sum y_i p_i$, $E(X^2) = \sum x_i^2 p_i$, $E(Y^2) = \sum y_i^2 p_i$, $E(XY) = \sum x_i y_i p_i$

공분산의 연산은

$$Cov(X, X) = Var(X)$$
$$Cov(X, Y) = Cov(Y, X)$$
$$Cov(X, A) = Cov(A, X) = 0$$
$$Cov(AX + BY, Z) = ACov(X, Z) + BCov(Y, Z)$$
$$Cov(X, AY + BZ) = ACov(X, Y) + BCov(X, Z)$$

이다.

포트폴리오의 리스크는 개별 자산의 표준편차와 그 자산 간 공분산으로 추정한다.

$$\sigma_M = \sum_{i=1}^{n}\sum_{j}^{n} X_i X_j Cov(i, j)$$

$$\begin{bmatrix} X_1^2\sigma_1^2 & X_1X_2\sigma_{1,2} & \cdots & X_1X_j\sigma_{1,j} \\ X_2X_1\sigma_{2,1} & \cdots & \cdots & \vdots \\ \vdots & \cdots & \cdots & \vdots \\ X_iX_1\sigma_{i,1} & \cdots & \cdots & X_i\sigma_j^2 \end{bmatrix}$$

주식 i, j, k의 투자비중이 X_1, X_2, X_3일 때 포트폴리오의 위험(σ_M)은

$$\sigma_M = X_1^2 \cdot \sigma_i^2 + X_2^2 \cdot \sigma_j^2 + X_3^2 \cdot \sigma_k^2 + 2X_1X_2 \cdot \sigma_{ij} + 2X_1X_3 \cdot \sigma_{ik} + 2X_2X_3 \cdot \sigma_{jk}$$

이다.

상관계수 상관계수(correlation coefficient, ρ_{xy})는 공분산을 표준화한 값으로 공분산의 부호에 따라서 $-1 \le \rho_{xy} \le +1$의 범위를 가진다. 공분산은 부호에 의한 방향성을 알려줄 뿐 단위나 크기에 대한 정보를 제공해주지 못한다.

$$\rho_{xy} = \frac{Cov(A, B)}{\sigma_A \cdot \sigma_B}$$

$$Cov(R_A, R_B) = \rho_{A,B}\sigma_A\sigma_B$$

$E(XY) = 300$, $E(X) = 20$, $E(Y) = 30$, $E(X^2) = 500$, $E(Y^2) = 2{,}000$일 때 X와 Y의 상관계수는

$$\sigma_X = EX^2 - (EX)^2 = 500 - (20)^2 = 100$$
$$\sigma_y = EY^2 - (EY)^2 = 2{,}000 - (30)^2 = 1{,}100$$
$$Cov(X,\ Y) = E(XY) - E(X)E(Y) = 300 - 20 \times 30 = -300$$
$$\rho_{xy} = \frac{-300}{\sqrt{100} \times \sqrt{1{,}100}} = -0.90$$

이다.

상관계수(ρ_{xy})는 두 증권수익률의 움직임을 설명할 수 있지만 공통요인의 인과관계를 의미하지 않는다.

표 4-7 | 공분산의 기호와 상관관계

부호관계	공분산	상관계수
(+)상관관계	$Cov(X,\ Y) > 0$	$\rho_{xy} > 0$
(−)상관관계	$Cov(X,\ Y) < 0$	$\rho_{xy} < 0$
무상관관계	$Cov(X,\ Y) = 0$	$\rho_{xy} = 0$

$\rho_{xy} = +1$의 상관관계일 때 자산 간의 밀접한 관계로 리스크감소 효과는 없다. 포트폴리오의 위험은 공분산이 작아서 개별종목의 표준편차와 투자비율을 가중평균하여도 리스크를 감소시키지 못한다.

$$\sigma_P = X_1\sigma_1 + X_2\sigma_2$$

$\rho_{xy} = -1$의 상관관계는 완전히 리스크를 헤징할 수 있지만, 완전헤징으로 기대수익도 사라진다. 포트폴리오의 위험은 공분산에 의하여 개별증권 표준편차의 곱보다 줄어들면서 완전헤징의 상황도 발생할 수 있다.

$$\sigma_P = |X_1\sigma_1 - X_2\sigma_2|$$

일반적으로 두 종목이 서로 독립적이어서 서로 상관계수가 낮거나 0에 가까울수록 위험을 줄일 수 있다.

$$\sigma_P = \sqrt{X_1\sigma_1 + X_2\sigma_2}$$

제3절 리스크관리

1. 정규분포

확률분포는 미래 상황들의 발생확률과 각 상황의 확률변수로 구성한다. 그 모양은 분포의 모든 정보를 포함하는 통계량인 모수로 결정한다. 수익률이 확률분포를 따르면 모든 정보를 평균과 분산으로 요약할 수 있다. 그리고 정규분포로 미래를 추정할 때 평균과 표준편차로 모수를 단순화할 수도 있다. 모수의 추정은 직접관찰이나 계산으로 할 수 있지만 모집단이 광범위하면 적용할 수 없다. 모수의 추정방법은 최대우도법(maximum likelihood principle)과 모멘트법(method of moment)을 활용한다. 주가변동의 모수인 평균수익률($E(R)$), 분산($Var(R)$), 공분산($Cov(R_1, R_2)$)은 최대우도법으로 추정한다. 최대우도원리는 어떤 사건에서 측정 가능한 모든 모수를 실제 모수로 가정하여 사건의 발생확률을 계산한다. 관측한 사건에서 발생할 확률이 가장 큰 모수를 모수추정치로 선택한다.

참새의 수가 N이라 가정하고 실제 사건이 발생할 확률(P_N)을 계산한다. 금강산에 참새가 몇 마리 있는지 알려면 참새를 모두 잡으면 되지만 그것은 불가능하다. 참새 숫자를 추정하기 위하여 우선 3마리를 잡아서 번호표를 붙인 후 놓아준다. 시간이 경과한 후 4마리를 잡을 때 그 중 한 마리에 붙어 있었다. 이 과정을 반복하여 금강산 참새 숫자를 최대우도원리로 추정한다. 전체 N마리 중에서 번호표가 3마리에 있고 $(N-3)$마리는 없다. 그리고 다시 잡은 4마리에서 1마리만 있고 나머지 3마리에 없을 확률 P_N은

$$P_N = \frac{\binom{N-3}{3}\binom{3}{1}}{\binom{N}{4}} = \frac{\frac{N-3}{3!(N-3-3)!} \cdot \frac{3!}{1! \cdot (3-1)!}}{\frac{N!}{4!(N-4)!}} = 12 \cdot \frac{(N-4)(N-5)}{N(N-1)(N-2)}$$

여기서, $_{n}C_{m} = \binom{n}{m} = \frac{n!}{m!(n-m)!}$

이다.

첫 번째 잡은 참새가 3마리이고, 두 번째 잡은 4마리 중에서 3마리는 번호표가 없다. 따라서 참새수(N)는 적어도 6마리 이상이다. 4마리 중 1마리만 꼬리표가 있을 확률이 참새수가 $N = 6$일 때 20%, $N = 11$일 때 51%이다. $N = 6$보다 $N = 11$의 발생확률이 자주 관찰되는 보편적 사건으로 이성적인 경우이다.

$$P_n = 12 \times \frac{(6-4)(6-5)}{6 \times (6-1) \times (6-2)} = \frac{2}{10} = 0.2$$

표 4-8 | 확률추정

N	6	7	8	9	10	11	12	13	14	15	16	17	18	19	20
P_N	0.20	0.34	0.43	0.48	0.50	0.51	0.51	0.50	0.49	0.48	0.47	0.46	0.45	0.43	0.42

확률(P_N)이 $N = 11$과 $N = 12$에서 가장 크기 때문에 11마리에서 12마리로 추정한다. 평균, 분산, 공분산도 기본적으로 이와 같이 추정한다.

추정수익률은 정규분포로서 평균에서 멀어질수록 발생확률이 작아진다. 어떤 확률변수(X)가 평균(μ)과 분산(σ^2)을 모수로 정규분포한다. X의 확률밀도함수는

$$f_X(x) = \frac{1}{\sqrt{2\pi\sigma^2}} exp\left(-\frac{(x-\mu)^2}{2\sigma^2}\right)$$

이다. 이 경우 확률밀도함수 $f(x)$의 그래프는 중심 μ이고, 폭이 σ로 종모양이다.

확률변수 X의 분포가 평균 μ, 분산 σ^2인 정규분포일 때

$$X \sim N(\mu, \sigma^2)$$

이다. 그리고 평균 = 0, 표준편차 = 1인 정규분포를 표준정규분포[07]라 한다.

$$X \sim N(0, 1^2)$$

07 누적표준정규분포함수에서 $Z(2.33)$의 확률은 누적정규분포표의 열에서 2.3을 찾고 행에서 0.03을 찾아서 행과

그림 4-4 | 정규분포곡선

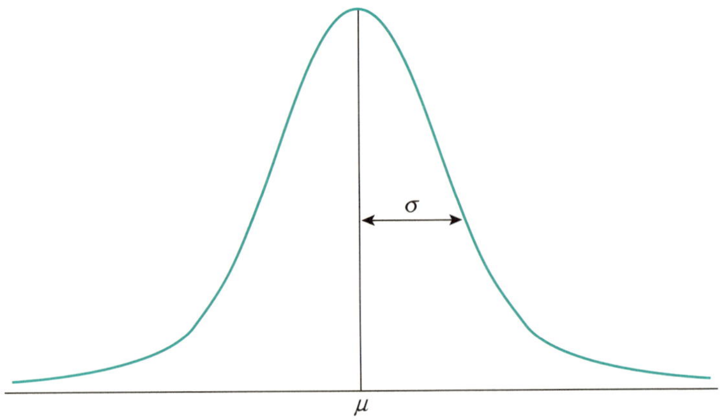

개별자산수익률의 분포가 정규분포일 때 이 자산으로 포트폴리오를 구성하면 그 수익률도 정규분포이다. 확률변수(X)가 근사적으로 정규분포를 하면 $AX + B$도 정규분포한다. X의 평균(μ)과 분산(σ^2)이 정규분포이면 $(X - \mu)/\sigma = \sigma^{-1}X - \sigma^{-1}\mu$도 정규분포한다. 예를 들어 $X \sim N(1, 2^2)$인 경우 $P(-1 \leq X \leq 5)$은 $(X - 1)/2$의 표준정규분포를 이용한다.

$$\begin{aligned} P(-1 \leq X \leq 5) &= P\left(\frac{-1-1}{2} \leq \frac{X-1}{2} \leq \frac{5-1}{2}\right) \\ &= P\left(-1 \leq \frac{X-1}{2} \leq 2\right) \\ &= \Phi(2) - (1 - \Phi(1)) \\ &= 0.8185 \end{aligned}$$

둘째, $X \sim N(\mu_X, \sigma_X^2)$, $Y \sim N(\mu_Y, \sigma_Y^2)$ 이면 $X + Y$도 정규분포이다.

$$E(X + Y) = E(X) + E(Y) = \mu_X + \mu_Y$$

$$\begin{aligned} Var(X + Y) &= Cov(X + Y, X + Y) = Cov(X, X) + Cov(X, Y) + Cov(Y, X) + Cov(Y, Y) \\ &= Var(X) + Var(Y) + 2\rho \cdot \sigma_x \cdot \sigma_y = \sigma_X^2 + \sigma_Y^2 + 2\rho\, \sigma_X \sigma_Y \end{aligned}$$

따라서 $X + Y$는 평균이 $\mu_X + \mu_Y$, 분산 $\sigma_X^2 + \sigma_Y^2 + 2\rho\, \sigma_X \sigma_Y$인 정규분포이다.

열이 만나는 0.9901이다.

$$X + Y \sim N(\mu_X + \mu_Y, \sigma_X^2 + \sigma_Y^2 + 2\rho\, \sigma_X \sigma_Y)$$

2. 투자리스크

투자리스크(risk)는 수익성이 확실하지 않은 투자에서 발생하는 손실의 가능성이다. 주식시장의 침체, 예상치 못한 물가나 화폐가치의 하락, 자산상각, 금융회사 자산의 악화, 불확실성 증가, 이자율 상승, 그리고 정부의 재정불균형 등으로 발생한다. 1997년 동남아위기는 금융자유화 및 글로벌화의 과정에서 관리실패와 재정불균형으로 발생하였다. 그리고 2008년대 글로벌 금융위기는 주택가격 버블 속에서 금융회사의 도산 및 구제금융 등으로 발전하였다. 투기와 버블이 성장할 경우 공황으로 발전할 수 있다. 공황은 가격상승에 대한 기대, 기대에 따른 투기, 신용의 팽창, 기대의 붕괴와 불신의 확산, 신용압박, 그리고 경제붕괴로 진행한다. 이러한 상황은 가격하락으로 상품경쟁력을 회복히고 이자율을 상승시켜서 자본수지를 개선해야 벗어날 수 있다.

표 4-9 | 경제주체의 위험

경제주체	주요 위험
개 인	질병 · 장애 · 죽음, 실업, 소비내구자산 위험, 부채위험, 금융자산위험
기 업	• 투입/산출과정: 파업, 불매운동, 전쟁, 안전, 수요/공급 • 생산설비손실: 화재, 지연, 파업, 국제화, 전쟁 • 부채위험: 소비자, 고용자, 단체, 환경 • 가격위험: 투입, 산출, 외환, 이자율 • 경쟁위험: 기술, 지적자산
정 부	• 재난: 날씨, 화재, 폭동 • 보증: 수출, 대출, 저당, 농산물가격 • 중재: 은행실패, 기업전략실패, 농산물실패, 의료보험

투자리스크는 체계적 위험(system risk)과 비체계적 위험(unsystem risk)으로 구분할 수 있다. 개별주식의 베타(β)로 측정하는 체계적 위험은 시장의 공통 리스크로 분산투자로 제거할 수 없는 위험이다. 경제 전체의 불확실성, 경기변동, 경제의 강 · 약점 등의 거시경제변수에 기인한다. 또한 비체계적 위험은 개별기업의 고유위험으로 분산투자로 줄일 수 있는 위험이다. 자산의 수가 대체로 30~55개 종목이면 전체 시장의 기대수익률과 리스크 수준

에 도달할 수 있다. 유동성이 풍부한 종목은 비체계적 위험보다 체계적 위험에 노출되어 있다. 포트폴리오의 리스크는 개별자산 위험의 가중평균보다 작다.

$$총위험(\sigma) = 체계적\ 위험(시장위험, \beta) + 비체계적\ 위험(고유위험, \varepsilon)$$

한편, 금융리스크는 시장리스크, 신용리스크, 운영리스크, 유동성리스크 및 기타리스크로 구분한다. 첫째, 시장리스크는 이자율, 환율, 주가 등 시장가격의 변동에 따른 손실위험이다. 일반 시장리스크는 시장 전체에 영향을 미치는 사건의 발생에 따른 가격변동성이다. 리스크의 측정은 역사적 시뮬레이션 방법에 따라서 시장성 자산의 *VaR*로 산출한다. 그리고 개별 시장리스크는 개별 사건과 연관되어 발생하는 발행자의 가격변동 손실이다. 개별리스크도 시장성 자산의 *VaR*로 측정한다.

그림 4-5 금융투자업의 리스크

금융투자업 기능별 분류	시장리스크	신용리스크	운영리스크	기타리스크
투자매매업	○	○	○	○
투자중개업			○	
집합투자업	○	○	○	
투자일임업			○	
투자자문업			○	
신탁업	○	○	○	

자료: 국민은행

둘째, 신용리스크는 채무불이행으로 발생할 수 있는 경제적 손실위험이다. 측정방법으로 ① 개별대출자에 대한 신용등급을 평가한다. ② 신용평가시스템에서 재무항목과 비재무항목 등을 종합하여 신용등급을 산출한다. ③ 신용등급은 투자에 활용하여 신용리스크를 관리한다.

셋째, 운영리스크는 잘못된 업무프로세스 · 인력 · 시스템, 외부사건 때문에 발생한다. 손실가능성은 소송 및 민원 등의 측정가능한 법률리스크를 포함한다.

넷째, 유동성리스크 등은 자산과 부채 간 만기일의 불일치 또는 급격한 자금유출 등으로

그림 4-6 금융손실의 부담구조

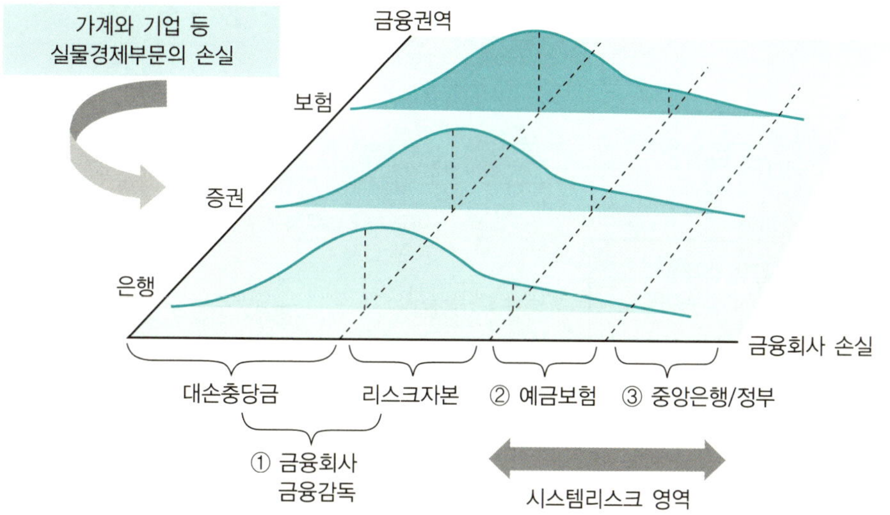

자료: 김진호(2007)

PRIVATE BANKING

발생하는 손실이나 지급불능상태이다.

다섯째, 기타 리스크로서 파생상품투자는 미래의 불확실성과 레버리지로 위험을 확대할 수 있다. 또한 보증도 부외위험으로 재무제표상에 나타나지 않는 중요한 위험이다.

3. 리스크관리

리스크관리 리스크관리는 순수위험을 내포하는 상황을 규명하고 평가하여 가능한 경제적 손실을 최소화한다. 2014년 세월호 침몰을 겪으면서 안전과 위기관리능력에 대한 사회적 관심은 증가되었다. 그러나 위기와 리스크를 없애는 것은 불가능하며 관리를 통하여 통제해야 한다. 가능한 수준으로 위기와 리스크를 축소하는 데 예방이 중요하다. 위험통제방법으로 화재보험을 구입하면 위험을 감소시키지만(hedger) 구입하지 않는다면 위험을 증가시킨다(speculator).

리스크관리는 위험인식, 위험측정, 위험관리기법의 선정, 실행 및 평가로 한다. 1단계는 리스크 인식이다. 어떤 리스크가 과소평가되어 헤징되지 않는 경우 리스크를 점검하고 대응한다. 리스크관리 조직을 설치하고 리스크관리 규정을 수립하며 데이터베이스를 구축한다.

2단계는 리스크의 평가로 인지된 위험을 계량화(변리사, 투자상담사)한다. 계량화는 VaR,

그림 4-7 금융회사의 내부통제시스템

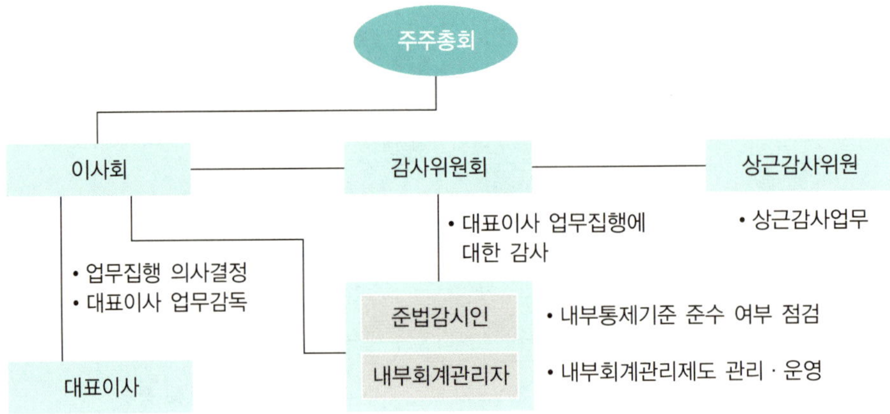

자료: 금융감독원

스트레스테스트, 시나리오분석 등을 사용하여 측정하고, 일상적 경제환경의 변동뿐만 아니라 비정상적인 급격한 변동도 감안한다. 또한 주기적으로 측정방법을 점검하여 적정성을 모니터링한다.

3단계는 리스크를 통합하고 리스크관리기법을 선택한다. 리스크 측정, 조정, 성과, 평가, 자본배분 등 전 과정을 통합한다. 리스크관리기법은 총리스크, 유형별 리스크, 유형별 세부한도 등을 설정하고 관리한다.

4단계는 실행 및 평가를 통하여 포트폴리오를 최적화한다. 리스크 이전은 적절한 가격에 이행할 수 있는 도구를 찾는다. 환경변화에 대응하여 리스크를 동태적으로 관리하여 최적포트폴리오를 구성한다. 또한 기존활동의 계속성과 유연성 등도 제고해야 한다.

5단계는 주기적 평가와 조정으로 유연성을 유지한다. 리스크관리부서는 독립적으로 리스크관련 사항을 모니터링하고 그 결과를 리스크관리위원회에 보고한다.

리스크측정 VaR(Value at Risk)[08]는 정상적 시장상황에서 목표기간에 발생할 수 있는 포트폴리오의 예상되는 최대손실액이다. VaR는 분포의 분위수(quantile)[09]로 극단적 가격변화에서 얻는 손실을 측정한다. 측정기간이 길거나 더 높은 신뢰구간을 설정할수록 커진다. 포트

08 위험예산(risk budgeting)은 과거 추적오차에 대해 목표 정보비율(IR)을 제시하여 적절한 기대초과수익률을 추정한다.

09 분위수는 어떤 값 아래의 비율로 리스크관리는 5%를 많이 사용하는데 5%의 확률로 VaR보다 더 크거나 같은 손실을 예상할 수 있다.

그림 4-8 | 리스크 예산의 설정

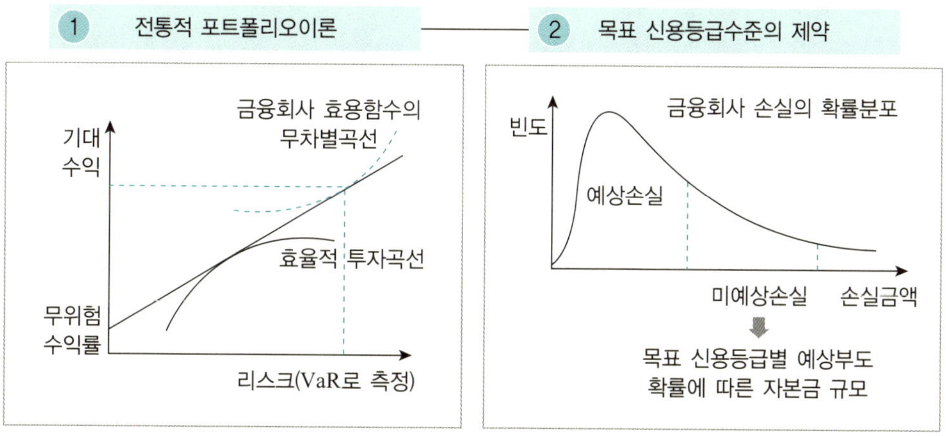

자료: 김진호(2005)

폴리오의 VaR는 각 개별자산의 VaR의 합보다 작거나 같다. 그리고 VaR는 위험에 대한 정보를 제공하면서 화폐금액으로 나타내기 때문에 상품 간 위험을 비교할 수 있다. 1994년부터 JP 모건은 시장위험 측정치로 VaR를 사용하여 그 결과를 매일 일정한 시간에 경영자에게 보고하였다. 예를 들어 은행이 현금, 부동산, 주식, 채권 등 여러 가지 자산을 소유하고 있다. 소유 자산을 일주일 유지할 때 자산가치가 상승과 하락시 총가치를 w_i비율만큼 i자산에 투자한다.

$$0 \leq w_i \leq 1,\ \sum w_i = 1$$

이 포트폴리오를 n영업일 동안 유지하면 근사적으로 VaR는

$$\frac{n\text{영업기간의 손익}}{(TC) \times \sigma \times \sqrt{n}} \sim N(0,\ 1^2)$$

이다.

신뢰구간은 정규분포에서 평균을 중심으로 특정 구간의 확률이다. 신뢰수준이 99%라면 VaR는 최악의 시나리오 1%가 발생할 때의 손실액수이다. 99%신뢰구간에서 $Z = -2.33$이다. 최상의 시나리오에서 99% 미만이 발생할 때 포트폴리오의 손실은

$$VaR(99\%, n) = 2.33 \times TC \times \sigma \times \sqrt{n}$$

여기서, TC = 초기 총자산

σ = 1일투자수익률의 표준편차

n = 보유기간

이다.

그림 4-9 손실의 신뢰구간

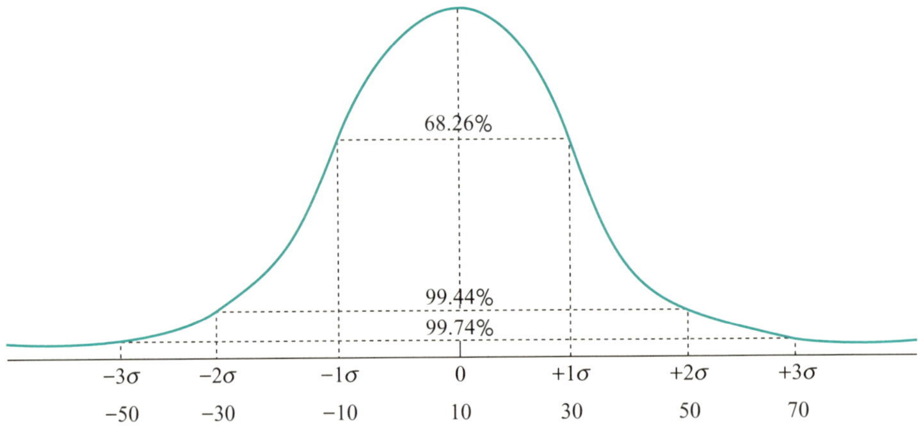

관리방법 리스크관리방법으로 ① 리스크회피는 특정 위험에 노출되지 않기 위하여 투자를 하지 않는다. ② 리스크 보유는 저축과 같이 소유한 자원을 활용하여 위험을 흡수하고 손실을 보완한다. ③ 위험전가는 위험자산을 다른 사람에게 팔거나 보험에 가입하여 리스크를 타인에게 이전한다. 가장 보편적인 위험전가는 헤징(hedging), 보험(insurancing), 분산투자(diversifying)이다.

첫째, 헤징은 기대하지 않은 리스크에 대한 반대행동을 취한다. 리스크를 줄이면서 이익의 가능성도 포기하여 리스크를 제거한다. 헤징거래로서 선도계약, 선물계약, 스왑계약이 있다. 헤징비용이 최소화될 수 있는 계약방법을 선택한다.

둘째, 보험은 손실을 피하기 위해 프리미엄(보험료)을 지불한다. 손실의 가능성은 프리미엄으로 제거하고 이익의 가능성을 유지한다. 보험은 보험회사에 프리미엄을 지급하고 사전에 정한 사건이 발생할 경우 보험금을 받는다. 헤징은 스스로 보호하기 위해서 이익을 희생하지만 보험은 이익을 유지하면서 손실위험을 제거한다. 그리고 보험과 유사한 재무보증은 계약한 상대방이 파산할 수 있는 신용위험에 대한 보험이다.

셋째, 분산투자는 다양한 자산에 전체 금액을 나누어서 투자하여 개별자산의 고유위험을 제거하여 포트폴리오위험을 제한한다. 분산투자는 위험이 부정확한 경우 기대수익률에 변화를 주지 않으면서 위험만 감소시킨다. 위험감소는 완전 상관관계에서 성립되지 않으며 일정수준까지만 감소한다.

표 4-10 | 보증과 보험의 비교

구 분	보 증	보 험
관련법규	민 법	상 법
개 념	채무자가 그 채무를 이행하지 않을 경우 그 이행의무를 보증인에게 부담시키는 계약	보험자가 우연한 일정의 사고가 생긴 경우 상대방 또는 제3자에게 생긴 손해를 보상할 것을 약속하고 계약자는 이에 대한 일정의 보험료를 지불하는 것을 내용으로 하는 계약
계약당사자	채권자, 채무자, 보증인	보험자, 계약자
계약불이행요건	예정불가, 채무불이행	사고발생 예정, 우연성이 성립요소
계약성격	보완계약	독립계약
	무상계약	유상계약
계약해제권	불인정	인 정
기 능	채무불이행위험을 배제	손해의 전보

자료: 보험개발원

그림 4-10 | 보험과 헤징의 비교

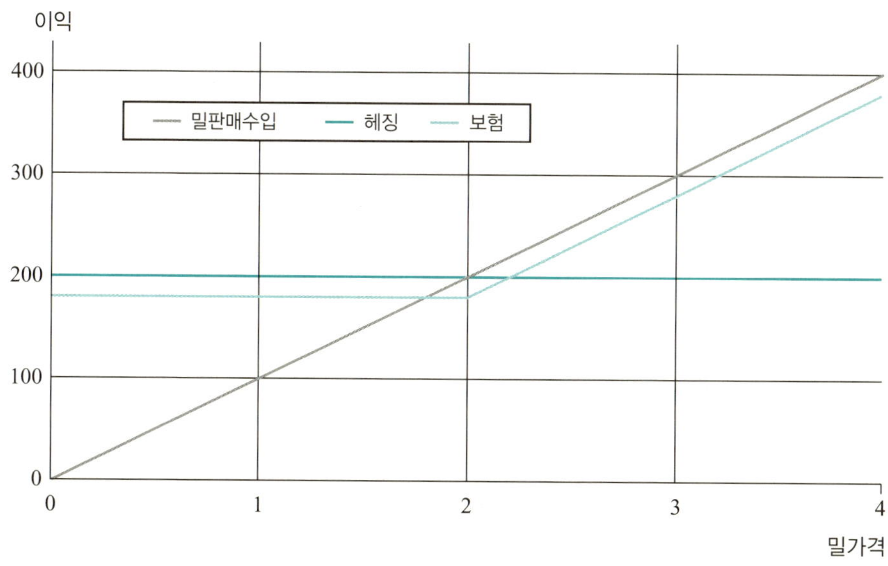

요약정리 및 생각해 볼 문제

1. 요약정리

- 자산의 가치는 미래의 현금흐름을 적절하게 할인하여 계산한다. 이자율은 시간가치와 위험프리미엄을 고려하여 화폐의 상대적 가치를 계산한다. 그리고 수익률은 일정기간의 투자성과와 효율성의 측정치로서 투자시점의 자산을 1로 보고 투자종료시점의 손익을 비교하여 계산한다. 효율적 시장에서 균형가격(시장가격)은 수요와 공급에 의하여 시장에서 결정한다.
- 기대수익률은 실제수익률이 가질 수 있는 여러 가지 가능한 값들의 평균이다. 이때 요구수익률은 명목 무위험이자율과 리스크프리미엄으로 결정한다. 리스크는 기대수익에 대한 불확실성으로 분산 또는 표준편차로 측정한다. 그리고 공분산은 자산 간 수익률의 움직임이 어느 정도 동일한 방향인지 반대방향인지를 측정하고, 상관계수는 공분산을 표준화하여 −1과 +1 사이의 범위 값을 가진다.
- 리스크의 확률분포는 미래에 발생할 수 있는 상황과 각 상황에 대응하는 확률변수로 구성한다. 투자리스크는 비체계적 위험과 체계적 위험으로 구분할 수 있다. VaR는 정상적 시장상황에서 목표기간 중에 발생할 수 있는 최대손실액을 계산한다. 이때 리스크관리는 위험의 근원이 되는 자산을 매각하여 회피할 수 있지만, 만일 보유할 경우 헤징 · 보험계약 · 분산투자를 활용한다.

2. 대기업에서 계열 금융기관을 통하여 발생시키는 도덕적 해이를 막을 수 있는 방법은 무엇인가?

1997년 거평그룹은 부실 계열회사에서 발행하는 기업어음(CP)을 계열 금융회사인 한남투자신탁에 매각하였다. 그러나 발행 계열회사의 부도로 어음에 투자한 고객 펀드에서 막대한 손실이 발생하였다. 또한 2006년말 동양그룹도 부실 계열회사의 기업어음(CP)을 동양투자증권을 통하여 판매하였다. 외부 감사인은 순환출자의 증가에 따라서 기업 안정성의 감소에 대한 우려를 표명하였다. 이후 일반투자자는 발행기업의 부도로 대규모 피해를 입었다. 금융감독원은 분쟁조정위원회에서 피해를 본 투자자 16,015명(35,754건)의 배상을 결정하였다. 그러나 분쟁조정제도는 법률적인 강제성이 없기 때문에 당사자인 동양그룹이 분쟁조정 결정을 수락해야 효력도 발생한다.

3. 2000년 버블시장에서 발생한 원인과 투자에 따른 위험은 무엇이었나?

1999년부터 2000년대 초반까지 IT산업의 발전으로 관련기업의 주가가 폭등하면서 세계적 버블을 발생시켰다. 특히 Y2K문제인 밀레니엄버그 또는 컴퓨터모라토리엄은 버블의 확산을 조장하였다. 2000년 1월 1일부터 연도를 참조하는 작업 시 컴퓨터 장애로 연도표시 · 날짜계산 · 순위결정 등에서 대혼란을 일으킬 것이라는 소문이 확산되었기 때문이다. 이에 따른 관련 주가의 과잉상승으로 1999년 말부터 미국 연방준비위원회(FRB)는 과열된 시장을 진정시키기 위하여 이자율을 인상하였다. 그러나 다시 2000년 증권시장이 과열되자 연방준비위원회가 2000년 5월 이자율을 0.5% 인상하여 IT버블을 소멸시켰다. 이자율 인상과 과잉기대가 소멸되면서 주가는 하락하였고 미국주가도 2000년

5월 최고점 대비 30% 정도 폭락하였다. 또한 국내도 2000년 대부분의 IT종목에서 투자자를 울렸다.

4. 관련 홈페이지

finance.yahoo.com

www.crandallpierce.com

www.crefia.or.kr

www.kdic.or.kr

www.kfb.or.kr

www.kosaf.go.kr

www.thomsonreuters.com

CHAPTER 5

효율적 시장의 균형가격

학습개요

마코위츠는 평균과 분산으로 투자를 결정하는 평균 · 분산모형을 제시하였다. 그러나 미래예측의 불확실성과 모형의 복잡성으로 수정모형이 개발되었고 무위험이자율, 효율적 포트폴리오 및 시장포트폴리오로 자산의 가격을 결정하는 자본자산가격결정모형과 다차원의 차익거래모형도 제시되었다.

학습목표

1. 위험하에서 평균 · 분산모형으로 투자를 결정할 수 있다.
2. 모수의 수정과 제약조건을 추가하여 효율적 투자선을 개선할 수 있다.
3. 균형시장에서 무위험이자율, 시장포트폴리오 및 경제요인의 관계를 설명할 수 있다.

생각해 보기

마코위츠가 만난 사람들

마코위츠(H. Markowitz)는 현대 포트폴리오이론의 선구자로 기대수익률과 리스크의 관계를 연구하였다. 그는 랜드연구소(RAND)에서 심플렉스법을 개발한 단치히(G. Dantzig)를 만나서 최적포트폴리오를 찾는 2차계획법을 개발하였다. 그러나 케인즈의 일반이론에서 투자자가 예상이자율에 따라 자산을 화폐와 채권 중 한 가지만을 보유한다는 주장으로 평균 · 분산 평면에서 효율적 투자선을 이론적으로 설명할 수 없었다. 그때 토빈(Tobin)은 "사람들은 이자율에 관계없이 무위험자산인 화폐와 이자가 발생하는 채권으로 분리하여 보유한다"고 주장하였다. 토빈의 초청으로 예일대학에서 마코위츠는 효율적 투자선에서 "투자자는 무위험자산과 위험자산의 최적 포트폴리오를 선택한다"고 하여 딜레마를 해결하였다. 그리고 그와 함께했던 샤프(W. Sharpe)가 포트폴리오이론을 더욱 발전시켰으며 포트폴리오의 평가지표인 샤프비율도 발표하였다. 마코위츠 자신도 노벨경제학상 수상자였지만 그와 함께한 모든 사람들이 노벨상을 수상하였다.

제1절 평균 · 분산모형

1. 효율적 포트폴리오

분산투자(diversification)는 자산의 기대수익률과 위험에 대한 효율적 투자선(efficient frontier)을 도출하고 투자자의 선호에 따라서 최적투자를 결정한다. 1930년대 그래함과 도드의 증권분석은 개별기업의 독점정보를 기초로 투자수익률을 올릴 수 있음을 보여주었다. 다수 투자대상의 기대수익률과 리스크를 조합하여 포트폴리오의 결합선을 만들 수 있다.

투자대상이 결합된 포트폴리오를 얻으려면 2개 자산의 포트폴리오 결합선에서 각각 한 개의 포트폴리오를 선택하여 새로운 포트폴리오 결합선을 만든다. *A*, *B*, *C*의 3가지 투자대상이 있을 경우 *A*와 *B*를 결합하여 *AB*, *A*와 *C*를 결합하여 *AC*, *B*와 *C*를 결합하여 *BC*를 만든 후 다시 *AB*와 *AC* 그리고 *AB*와 *BC*를 결합하여 *ABC*의 포트폴리오 결합선[01]을 만들 수 있다. 세 개의 종목으로도 무수히 많은 포트폴리오의 조합을 구성할 수 있으며 단일자산에 대한 투자보다 더 효율적 투자기회를 구성할 수 있다. 포트폴리오는 위험을 축소하는 위험분산효과가 나타난다.

그림 5-1 효율적 투자집합과 포트폴리오 결합선

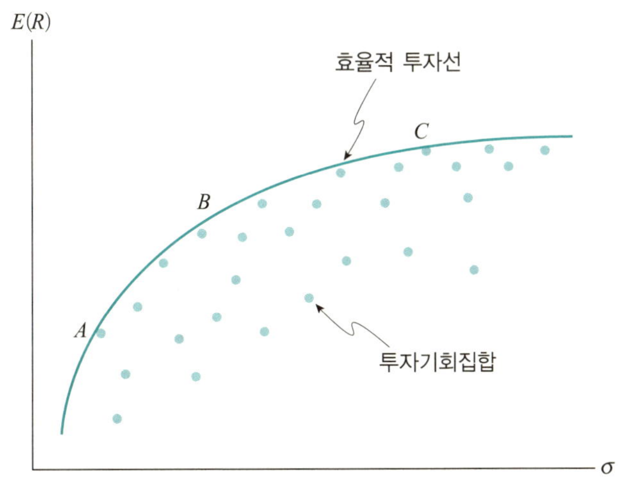

01 포트폴리오 결합선은 포트폴리오 구성증권 간의 상관관계가 일정할 때 투자비율의 조정에 따른 포트폴리오 기대수익률과 위험의 변화를 나타낸 선이다.

효율적 투자선은 지배원리를 충족하는 개별자산이나 포트폴리오의 집합이다. 두 주식의 상관계수가 존재하는 상황에서 한 종목의 투자비중을 변화시키면 두 종목을 연결한 포트폴리오의 결합선에서 표준편차가 최소가 되는 1개의 극소점을 얻을 수 있다. 이 극소점이 효율적 투자선에서 지배원리를 충족하는 최소분산포트폴리오(minimum variance portfolio)이다. 투자대상은 지배원리로 선택하고 투자자의 위험성향에 따라서 투자안을 선택한다. 따라서 투자자의 위험성향인 무차별곡선과 만나는 포트폴리오가 최적포트폴리오(optimal portfolio)이다.

포트폴리오는 개별자산의 투자비중을 결정하는 방법에 따라서 동일가중포트폴리오(equal weighted portfolio)와 가치가중포트폴리오(value weighted portfolio)로 구분한다. 동일가중포트폴리오는 포트폴리오에 포함되는 자산들의 투자비중이 모두 동일하다. 가치가중포트폴리오는 개별자산의 시가총액에 비례하여 포트폴리오를 구성한다. 그리고 시장포트폴리오(market portfolio)는 시장을 구성하는 종목의 시가총액 비중에 따라서 포트폴리오를 구성하여 비체계적 위험을 완전히 제거한다. 이때 투자자는 자신의 위험성향에 관계없이 시장포트폴리오를 선택하고 무위험이자율로 차입하거나 예금할 수 있다.

이러한 자산배분의 원칙을 고수하는 버핏의 운용자산 규모는 3,800억달러 이상으로 2011년 기준 오스트리아 국내총생산(GDP)보다 컸다. 그리고 투자기업 90여 개, 지분율이 80% 이상의 자회사로 분류되는 곳도 46개에 이르고 있다. 주요 투자기업은 코카콜라, IBM, 웰

그림 5-2 버핏의 보유주식 현황

자료: 중앙일보

스파고, 아메리칸익스프레스, P&G 및 크래프트 등이다.

2. 포트폴리오 리스크

총위험(σ)은 개별종목 간 상관관계가 작거나 음(−)에 가까울수록 축소할 수 있지만 현실적으로 종목 간 음(−)의 관계를 찾기 어렵다. 분산투자로 고유위험(unique risk) 또는 비체계적 위험은 감소하지만 일정한 수준에서 더 이상 감소효과가 나타나지 않는다. 따라서 분산투자는 분산 불가능한 시장위험으로 특정 증권의 분산이 아니라 타 증권과의 공분산으로 결정한다. 무위험자산(R_f)[02]이 포함된 포트폴리오의 경우 위험자산 포트폴리오보다 위험을 낮추면서 기대수익률을 높여줄 수 있다. 포트폴리오의 위험은 상관관계가 낮은 증권 간 결합이나 투자자금의 비율 조정으로 축소할 수 있다. 두 주식(A, B)의 상관계수는 (−)값을 가진 경우는 거의 없고 대부분 0과 1 사이의 값을 가진다.

두 자산의 포트폴리오는 상관계수에 따라서 기대수익률과 위험(표준편차)의 변화를 가져온다. 동일한 포트폴리오 기대수익률에서도 상관계수가 음(−)에서 양(+)으로 이동하면 포트폴리오의 위험도 증가한다. 개별주식 1은 기대수익률 10%, 위험 10%, 주식 2의 경우 기대수익률 20%, 위험 20%이다. 이 경우 상관계수가 −1.0일 때 주식 1 60%, 주식 2 40%에 투

그림 5-3 상관계수의 포트폴리오 결합선

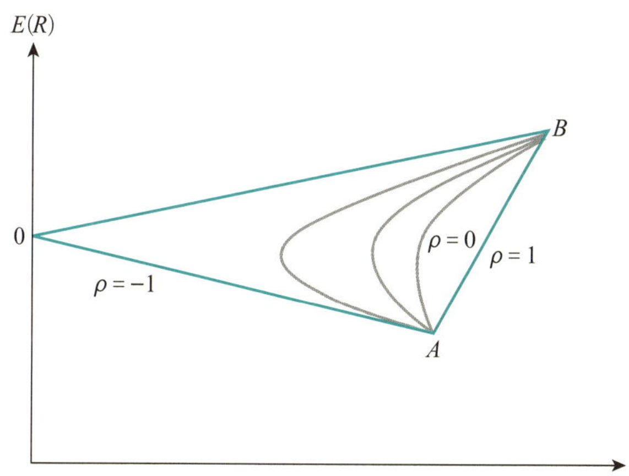

02 무위험자산은 미래현금흐름에 대한 불확실성이 없을 뿐만 아니라 이자율의 변동이나 인플레이션에도 영향을 받지 않는다.

자할 때 동일 기대수익률에서 위험이 가장 낮다. 포트폴리오의 기대수익률은 개별자산수익률의 가중평균과 동일하지만 포트폴리오의 위험은 상관계수에 따라 달라진다.

$$E(R_p) = W_1 \cdot R_1 + W_2 \cdot R_2$$
$$\sigma_p^2 = W_1^2 \cdot \sigma_1^2 + W_2^2 \cdot \sigma_2^2 + 2W_1 \cdot W_2 \cdot \rho_{12} \cdot \sigma_1\sigma_2$$

표 5-1 | 상관계수에 따른 위험의 변화

투자비중		기대수익률	포트폴리오위험		
W_1	W_2	$E(r_p)$	ρ_{12} = −1.0	ρ_{12} = 0.0	ρ_{12} = 1.0
0.00	1.00	0.20	0.20	0.20	0.20
0.20	0.80	0.18	0.14	0.16	0.18
0.40	0.60	0.16	0.08	0.13	0.16
0.60	0.40	0.14	0.02	0.10	0.14
0.80	0.20	0.12	0.04	0.09	0.12
1.00	0.00	0.10	0.10	0.10	0.10

일반적으로 N개의 자산으로 구성된 포트폴리오일 경우

$$R_p = X'\mu$$
$$\sigma_p = \sqrt{X'CX}$$

이다. 여기서 μ = 수익률벡터(vector), C = 공분산행렬(matrix)이다.

개별종목의 분산($cov(n, n)$)은 n종목으로 구성되는 포트폴리오위험 중에서 개별종목의 고유위험이다.

$$C = \begin{pmatrix} cov(1,1) & cov(1,2) & cov(1,3) & \cdots & cov(1,n) \\ cov(2,1) & & & & \\ cov(3,1) & & & & \\ \vdots & & & \ddots & \vdots \\ cov(n,1) & & & \cdots & cov(n,n) \end{pmatrix}$$

($Cov(n, m)$)은 n번째 자산과 m번째 자산의 공분산이며, 분산과 공분산의 개수는 $n(n$ −

1)/2개이다. 행렬식이 아닌 $\sum$를 사용하면

$$\sigma_p^2 = \sum_{j=1}^{N} X_j^2 \sigma_j^2 + \sum_{j=1}^{N} \sum_{\substack{k=1 \\ k \neq j}}^{N} X_j X_k \sigma_{jk}$$

이다.

자산 i에 대한 투자비율 w_i를 $1/N$로 정리하면

$$\sigma_p^2 = \frac{1}{N} \overline{\sigma}_j^2 + \frac{N-1}{N} \overline{\sigma}_{jk}$$

이다. 여기서, N개 주식의 분산평균은

$$\overline{\sigma}_i^2 = \frac{1}{N} \sum_{i=1}^{N} \sigma_i^2$$

으로 자산의 개수를 증가시키면 축소할 수 있다. 따라서 i번째 자산의 고유위험은 분산투자로 줄일 수 있다. 주식 간 $N(N-1)$개의 공분산평균은

$$\overline{\sigma}_{ik} = \frac{1}{N(N-1)} \sum_{(i \neq k)} \sum \sigma_{ij}$$

이며, 종목이 추가되면 일정한 값에 수렴하지만 0이 되지 않는다.

$$\sigma_p^2 = \frac{1}{N}(\overline{\sigma}_j^2 - \overline{\sigma}_{ik}) + \overline{\sigma}_{ik}$$

구성종목의 수가 증가할수록 리스크를 크게 축소할 수 있다. 그러나 효율적 분산투자도 리스크를 공분산평균 이하로 감소시킬 수 없다. 투자종목의 수가 증가할수록 개별증권의 고유위험을 감소시켜서 각 종목 간 공분산평균에 접근한다. 포트폴리오의 종목수는 국내투자에서 30~60개의 범위이지만 글로벌투자의 경우 국가규모와 산업의 발전단계를 반영하여 구성한다. 그러나 주가수익비율(PER)이 낮은 저성장기업의 경우 보유종목의 수를 축소할 수 있다. 시장가격이 내재가치에 접근하거나 투자기간이 장기일수록 투자종목의 수를 축소할 수 있다.

공통적 경제요인인 시장위험(market risk) 또는 체계적 위험은 구성종목수를 증가시켜도 제거되지 않는다. 포트폴리오의 위험은 구성종목 N이 커지면서 주식 간 공분산의 평균($\overline{\sigma}_{ik}$)

그림 5-4 투자종목수 증가에 따른 리스크 감소

주식수	분산	주식수	분산
1	46.619	75	7.585
2	26.839	100	7.453
4	16.948	125	7.374
6	13.651	150	7.321
8	12.003	175	7.284
10	11.014	200	7.255
20	9.036	450	7.146
30	8.376	600	7.124
50	7.849	1,000	7.097

리스크 감소

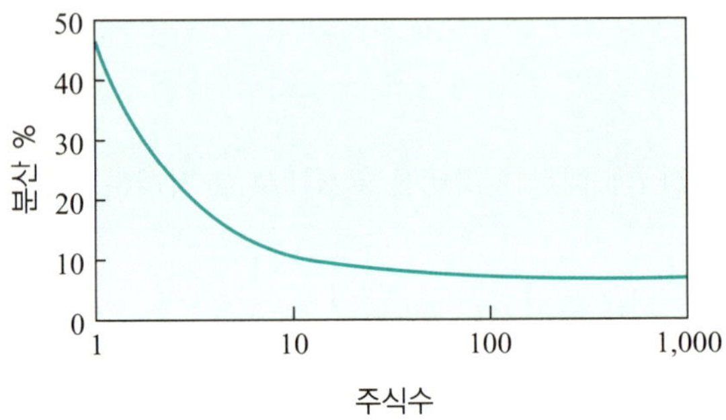

인 시장위험에 접근한다. 시장위험의 측정치로 베타(β)는 종목 간 공분산(σ_{jm})을 시장포트폴리오분산(σ_m^2)으로 나누어서 표준화시킨 회귀식의 기울기이다. 개별종목의 위험이 시장포트폴리오의 위험에서 차지하는 민감도이다.

$$\beta_j = \frac{Cov\,(j,\,M)}{\sigma_M^2} = \frac{\rho_{jM}\,\sigma_j\,\sigma_M}{\sigma_M^2}$$

시장베타는 시장을 구성하는 종목을 베타 구성비중에 따라서 가중평균한 값으로 1이다. 베타가 1보다 큰 자산을 공격적 자산이라 하고, 베타가 1보다 작은 자산을 방어적 자산이라 한다. $\beta = 1$ 증권은 평균적으로 시장상황에 따라서 움직인다. 그러나 거시경제 위험에 노출되는 정도를 나타낼뿐 모든 위험을 평가하는 척도는 아니다. 포트폴리오의 베타는 개별종목의 투자비중과 베타를 가중평균한 값이다. 공식은 1차 선형으로

$$\beta_p = w_1\beta_{r_1} + w_2\beta_{r_2} + \cdots + w_n\beta_{r_n}$$

$$\beta_p = \sum_{j=1}^{m} w_j\,\beta_j$$

여기서, p = 포트폴리오의 베타
w_j = 자산 j의 가중치
β_j = 자산 j의 베타

이다. 즉, $\beta = 1$일 경우 시장수익률 10% 증가(감소)할 경우 개별주식의 수익률도 10% 증가

(감소)한다. $\beta \geq 1$증권은 시장수익률보다 크게 상승하거나 하락한다. 어떤 증권의 β가 1.3일 때 시장수익률이 10% 상승(하락)하면 개별종목의 수익률도 13% 상승(하락)한다. $\beta \leq 1$증권은 시장수익률보다 더 작게 상승하거나 하락한다. 어떤 종목의 베타가 0.7일 때 시장수익률이 10% 상승(하락)하면 개별종목의 수익률은 7% 상승(하락)한다.

3. 포트폴리오 투자비중

최적 포트폴리오는 투자자의 위험성향에 따라서 선택한 포트폴리오이다. 투자자는 평균 · 분산기준으로 효율적 포트폴리오를 선택할 때 주어진 기대수익률에서 위험을 최소화한다. 특히, 위험회피 투자자의 경우 포트폴리오의 위험을 최소화하는 투자안을 선택한다.

$$\text{목적함수} \quad \text{Min } \sigma_p^2 = \sum_{i=1}^{N} X_i \sigma_i^2 + \sum_{i=1}^{N}\sum_{j=1}^{N} X_i X_j \sigma_{ij}$$

$$\text{제약조건} \quad \sum_{i=1}^{N} X_i \overline{R}_i = \overline{R}_p$$

$$\sum_{j=1}^{N} X_j = 1$$

$$X_i \geq 0,\ i = 1,\ \cdots,\ N$$

제약조건은 공매도 허용시 각 자산의 투자비중을 0보다 크게 하거나 각 자산 또는 산업의 투자비중을 제한할 수 있다. 또한 회전율, 거래비용, 일정한 배당수익률이나 최저요구수익률도 추가할 수 있다.

표 5-2 | 자산배분을 위한 입력자료의 예

수익률	주가지수	국고채	중소형주
평 균	14.00	6.50	17.00
표준편차	18.50	5.00	24.00
상관계수			
주가지수	1.00	0.45	0.79
국고채		1.00	0.28
중소형주			1.00

최적화방법은 라그랑지승수법, 2차계획법 및 유전알고리즘으로 해를 구한다. 목적함수가 최소분산인 경우 각 기대수익률에 대응하는 분산 중에서 최소분산 포트폴리오를 구한다. 그리고 최소분산 포트폴리오 중에서 지배원리를 충족하는 효율적 포트폴리오의 집합을 찾는다.

라그랑지승수법 라그랑지승수법(Lagrange multiplier method)은 최적화 문제에서 주어진 제약조건을 만족시키면서 최대값 혹은 최소값을 찾는다. 최적화하는 값에 형식적 라그랑지 승수항을 추가하여 제약조건이 없는 문제로 변형하여 해를 찾는다. 주식 A, B, C에 3개월 투자할 때 기대수익률은

$$E(R_A) = 0.08,\ E(R_B) = 0.06,\ E(R_C) = 0.04$$

이다. 각 자산 간의 분산과 공분산은 [표 5-3]과 같다.

표 5-3 | 공분산구조

	A	B	C
A	0.0064	0.0012	0.0014
B	0.0012	0.0025	0.0006
C	0.0014	0.0006	0.0009

세 개의 주식을 적절히 혼합하여 포트폴리오를 구성한다. 각 주식의 투자비중은 ω_A, ω_B, ω_C이고 합하면 1이다. 기대수익률은

$$R = \omega_A R_A + \omega_B R_B + \omega_C R_C$$
$$E(R) = 0.08\omega_A + 0.06\omega_B + 0.04\omega_C$$

이다. 그리고 리스크는

$$\begin{aligned} Var(R) &= Cov(R, R) \\ &= Cov(\omega_A R_A + \omega_B R_B + \omega_C R_C,\ \omega_A R_A + \omega_B R_B + \omega_C R_C) \\ &= \omega_A^2 Var(R_A) + \omega_B^2 Var(R_B) + \omega_C^2 Var(R_C) \end{aligned}$$

$$+ 2\omega_A\omega_B Cov(R_A, R_B) + 2\omega_A\omega_C Cov(R_A, R_C) + 2\omega_B\omega_C Cov(R_B, R_C)$$
$$= 0.0064\omega_A^2 + 0.0025\omega_B^2 + 0.0009\omega_C^2$$
$$+ 0.0024\omega_A\omega_B + 0.0028\omega_A\omega_C + 0.0012\omega_B\omega_C$$

이다.

우선 최소분산 포트폴리오는 3개월 목표 기대수익률을 결정한다. 예를 들어 목표 기대투자수익률을 7%라 하면, 주식 A, B, C는 $\omega_A + \omega_B + \omega_C = 1$를 만족하도록 포트폴리오를 구성한다. 이 포트폴리오의 기대수익률 $E(R)$이 투자자가 사전에 결정한 목표 기대수익률인 7%를 충족시키도록 한다.

$$0.08\omega_A + 0.06\omega_B + 0.04\omega_C = 0.07$$

목표 기대수익률 7%를 만족하는 모든 포트폴리오 중에서 분산(Var)이 가장 작은 포트폴리오(최소화)를 구성한다.

목적함수 $0.0064\omega_A^2 + 0.0025\omega_B^2 + 0.0009(1 - \omega_A - \omega_B)^2 + 0.0024\omega_A\omega_B + 0.0028\omega_A(1 - \omega_A - \omega_B) + 0.0012\omega_B(1 - \omega_A - \omega_B)$

제약조건 $0.08\omega_A + 0.06\omega_B + 0.04(1 - \omega_A - \omega_B) = 0.07$

그리고 최소분산이 생성되는 (ω_A, ω_B)를 찾는다. 라그랑지안 L은

$$L(\omega_A, \omega_B, \lambda) = 0.0064\omega_A^2 + 0.0025\omega_B^2 + 0.0009(1 - \omega_A - \omega_B)^2$$
$$+ 0.0024\omega_A\omega_B + 0.0028\omega_A(1 - \omega_A - \omega_B)$$
$$+ 0.0012\omega_B(1 - \omega_A - \omega_B)$$
$$- \lambda(0.08\omega_A + 0.06\omega_B + 0.04(1 - \omega_A - \omega_B) - 0.07)$$

이다. 이 함수의 극한값을 구하기 위하여 연립방정식을 계산한다.

$$\frac{\partial L}{\partial \omega_A} = 0.0128\omega_A - 0.0018(1 - \omega_A - \omega_B) + 0.0024\omega_B$$
$$+ 0.0028\omega_A(1 - \omega_A - \omega_B) - 0.0028\omega_A - 0.0012\omega_B - \lambda(0.08 - 0.04) = 0$$

$$\frac{\partial L}{\partial \omega_B} = 0.0050\omega_A - 0.0018(1 - \omega_A - \omega_B) + 0.0024\omega_B - 0.0028\omega_A$$
$$+ 0.0012(1 - \omega_A - \omega_B) - 0.0012\omega_B - \lambda(0.06 - 0.04) = 0$$
$$\frac{\partial L}{\partial \lambda} = -(0.08\omega_A + 0.06\omega_B + 0.04(1 - \omega_A - \omega_B) - 0.07) = 0$$

이 연립방정식을 풀면 $\omega_A = 107/258$, $\omega_B = 173/258$, $\lambda = 6278200/258$이다. 목표 기대수익률이 7%인 최소분산 포트폴리오는

$$\omega_A = 107/258,\ \omega_B = 173/258,\ \omega_C = 1 - \omega_A - \omega_B = -\frac{22}{258}$$

이다. 투자비중 ω_C가 음수이기 때문에 주식 C를 공매도하며 총 1억원의 포트폴리오를 구성한다.

주식 A 매입	$107/258 \times 1$억원 = 4,147만원
주식 B 매입	$173/258 \times 1$억원 = 6,705만원
주식 C 공매도	$-22/258 \times 1$억원 = −853만원

2차계획법(마코위츠모형) 2차계획법(quadratic programming)은 목적함수 또는 제약조건이 2차함수의 형태인 극대화(혹은 극소화)문제를 다룬다. N개 위험자산에서 i번째 위험자산을 μ_i라 하면 수익의 확률벡터변수는

$$R = \begin{pmatrix} R_1 \\ R_2 \\ \cdots \\ R_N \end{pmatrix},\quad \overline{R} = \mu = \begin{pmatrix} \mu_1 \\ \mu_2 \\ \cdots \\ \mu_N \end{pmatrix}$$

이다.

R_i와 R_j의 공분산행렬(cov) = Ω_{ij}, R_i의 표준편차(σ) = $\sqrt{\Omega_{ij}}$, R_i와 R_j의 상관계수(ρ) = $\dfrac{\Omega_{ij}}{\sigma_i \sigma_j}$이다. 그리고 R의 공분산행렬(Ω) = $Cov(R)$로서, j번째 공분산(Ω_{ij}) = $Cov(R_i,\ R_j)$이다. 포트폴리오 가중치 행렬은

$$w = \begin{pmatrix} w_1 \\ w_2 \\ \cdots \\ w_N \end{pmatrix}$$

N번째 열은

$$1 = \begin{pmatrix} 1 \\ \\ \cdots \\ 1 \end{pmatrix}$$

이다.

기호를 활용하여 가중치는 $w_1 + \cdots + w_N = 1^T w = 1$이고, 기대수익률은 $\sum_{i=1}^{N} w_i \mu_i = w^T \mu$이다. 기대수익률의 목표값($\mu_p$)에서 $N = 2$일 때, 가중치 w_1값은

$$\mu_p = w_1\mu_1 + w_2\mu_2 = \mu_2 + w_1(\mu_1 - \mu_2)$$

이다.

목적함수는 가중치 W인 포트폴리오에 대한 수익의 분산을 최소화한다.

$$\sum_{i=1}^{N}\sum_{j=1}^{N} w_i w_j \Omega_{ij} = w^T \Omega w$$

또한 효율적 포트폴리오의 제약조건은

$$w^T\mu = \mu_p, \text{ 그리고 } w^T 1 = 1$$

이다.

그러나 2차계획법은 코너해(corner solution)현상, 민감도문제, 모수추정오류에 따른 자산편중현상이 나타난다. 예를 들어 어떤 주어진 수익률에서 3개의 가능한 투자를 하기 위하여 어떤 선택이나 선택의 결합이 있다.

표 5-4 | 자산의 상황별 수익률표

자 산	급상승	상 승	정 체	하 락
채 권	12%	8	7	3
주 식	15	9	5	−2
예 금	7	7	7	7

투자자는 모든 가능한 옵션에서 한 가지 옵션을 선택해야 한다. 투자자가 1억원을 가지고 있을 때 각각 $Y_1 + Y_2 + Y_3 = 100,000,000$이다. 이 조건에서 수익은

$$0.12Y_1 + 0.15Y_2 + 0.07Y_3 \quad \text{급상승}$$
$$0.08Y_1 + 0.09Y_2 + 0.07Y_3 \quad \text{상승}$$
$$0.07Y_1 + 0.05Y_2 + 0.07Y_3 \quad \text{정체}$$
$$0.03Y_1 - 0.02Y_2 + 0.07Y_3 \quad \text{하락}$$

이다.

목적함수는 최소요구수익(V)을 확대하면서 자신의 상황별 제약조건을 충족한다.

목적함수 Max V

제약조건

$$Y_1 + Y_2 + Y_3 = 100,000,000$$
$$0.12Y_1 + 0.15Y_2 + 0.07Y_3 \quad v$$
$$0.08Y_1 + 0.09Y_2 + 0.07Y_3 \quad v$$
$$0.07Y_1 + 0.05Y_2 + 0.07Y_3 \quad v$$
$$0.03Y_1 - 0.02Y_2 + 0.07Y_3 \quad v$$

컴퓨터를 활용한 최적투자 비중은

$$Y_1 = 0,\ Y_2 = 0,\ Y_3 = 100,000,000 \text{ 그리고 } V = 7,000,000$$

이다. 즉, 투자자는 주식과 채권에 투자하지 않고 모든 예금만을 보유하며 예금이자 7%의 수익만을 얻는다. 평균 · 분산모형은 일부 자산에 과도하게 배분하거나 입력변수인 기대수

익률과 분산의 변화에 민감하게 반응한다. 모든 투자대상 자산의 기대수익률과 분산도 알아야 한다.

유전자 알고리즘 유전자 알고리즘은 어떤 문제의 다양한 해가 서로 경쟁하면서 적자(fittest)가 생존하는 다윈(Darwinian)의 자연선택원칙(principles of natural selection)을 모방한다. 확률적 탐색법으로 실행 가능한 해의 영역이 광대한 경우에 강한 탐색능력을 가지고 있다. 국지적 최적해(local optima)를 피하고 해를 개선하는 집단을 찾고 집단 간 결합으로 좋은 휴리스틱적 최적값을 얻는다. 주어진 환경에서 더 큰 생존율을 가진 개체끼리 교배(crossover operations)하여 더 우수한 개체(generation)를 생성한다.

최적화 과정에서 교배는 한 쌍의 자식(children)을 생성하기 위하여 한 쌍의 부모(parents) 해를 결합한다. 결합은 동일한 점에서 양 부모(parent) 벡터를 분리하고 한 부모해의 앞부분과 다른 부모의 뒷부분을 결합한다. 각 개체의 적응도를 기초로 2개의 개체가 선택되고 지정된 교차확률에 따라서 개체의 일부분을 상호교환하여 새로운 개체를 만든다. 부모해의 교배활동이 개선된 결과를 얻는다는 보장은 없다. 그러나 그 과정은 부모해의 중요한 내용을 보존하면서 새로운 해를 유도한다.

$$x_1 = (1, 0, 1, 1, 0, \mid 1, 0, 0, 0)$$
$$x_2 = (0, 0, 1, 1, 1, \mid 0, 0, 1, 0)$$
$$x_3 = (1, 0, 1, 1, 0, \mid 0, 0, 1, 0)$$
$$x_4 = (0, 0, 1, 1, 1, \mid 1, 0, 0, 0)$$

유전자 알고리즘은 많은 변형된 전략을 가지고 있다. 교배과정 후 개체는 진화 초기의 돌연변이(mutation)확률을 따라서 임의 변화로 다양성을 높인다. 돌연변이는 진화의 초기에 광범위한 실행가능영역을 찾을 수 있지만 탐색된 우수한 해가 후반부에 바뀔 수 있다. 엘리트전략은 이전 단계에서 최고해(elite), 다양성을 위하여 추가된 이주해(immigrant), 그리고 이전 과정의 비중복해를 교차하여 각각 새로운 과정을 형성한다. 최고해가 집단에 존재하면서 우량 후손을 생성할 기회를 유지시킨다. 새로운 해의 크기는 교배(crossovers)의 곱이 된다.

해를 표현하는 방법으로 생물의 염색채 개념을 이진수(0과 1)로 표현하여 하나의 개체를 나타낸다. 초기 지정된 개수만큼 초기집단을 만들고 개별개체에 대한 목적함수를 이용하여 적응도를 산출한다. 산출된 적응도가 높은 개체 2개를 선택하여 교차확률에 따라서 교배한다. 그리고 돌연변이(mutation)는 발생할 확률에 따라서 임의로 어느 한 부분을 바꾸는 조작으로 실행한다. 사전에 정한 개수만큼 시행하면서 가장 우수한 최적해가 나타날 때까지 반복한다. 좋은 해는 생존하면서 더 새롭고 좋은 해를 생성하면서진화한다. 더 이상 해가 개선되지 않거나 집단이 동일한 해를 p개 복제를 포함할 때 반복을 종료한다.

제2절 마코위츠 대안모형

1. 블랙-리터만모형

평균 · 분산모형은 분산투자시 주어진 위험수준에서 최대의 기대수익률을 얻는 포트폴리오를 제한한다. 그러나 일부 자산에 투자비중이 편중되면서 개별자산의 위험을 축소하는 효과를 작게 한다. 평균 · 분산모형의 모수는 민감도가 커서 포트폴리오를 재구성할 때 거래비용도 크게 발생한다. 그리고 수익률과 분산은 표본의 추정값으로 모수추정의 오류로 편중된 포트폴리오를 구성할 가능성이 높다. 블랙-리터만(Black-Litterman)은 투자자의 시장전망을 반영한 균형기대수익률을 평균 · 분산모형에 투입하는 수정모형을 제시하였다. 시장포트폴리오의 균형기대수익률과 투자자 전망은 베이지안방법으로 수익률을 계산한다.

도출과정은 균형기대수익률의 산출과 최적자산배분의 산출로 나눌 수 있다. 1단계, 역사

그림 5-5 자산배분과정

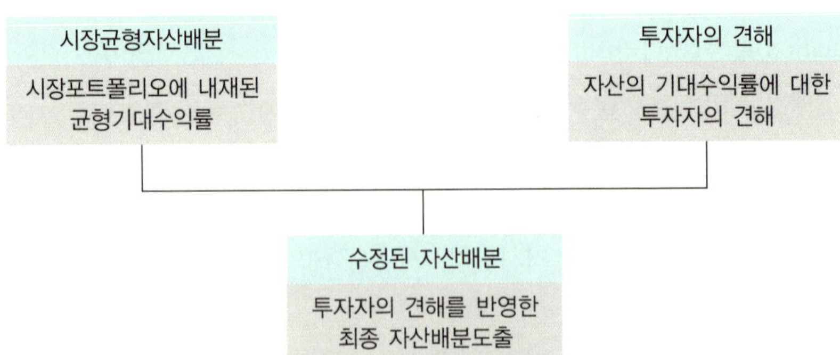

03 균형기대수익률은 시장의 균형상태에서 시장포트폴리오에 내재하는 기대수익률이다.

적 수익률 자료의 평균과 자산 간 공분산구조를 구한다. ① 균형기대수익률[03]은 현재 시장의 자산별 시가총액 비중, 과거 수익률과 변동성, 공분산, 위험회피계수 등을 활용하여 구한다. 모든 자료와 정보를 활용하여 균형상태의 포트폴리오 리스크(분산)와 프리미엄(기대초과수익률)을 얻는다.

$$E(R_M) = \overline{A} \times \sigma^2_{RM}$$

여기서, $\overline{A} = \dfrac{E(R) - R_f}{\sigma^2}$

$\overline{A}$는 리스크 회피계수[04]의 평균치이며 기본포트폴리오의 베타에서 프리미엄을 산출한다.

$$E(R_M) = \frac{Cov(R_B, R_M)}{\sigma^2_{RM}} E(R_M)$$

그리고 기본 예측치의 공분산행렬을 구하고 시장의 기대값에 대한 사전 매니저의 의견을 반영한다. ② 투자자의 시장전망을 반영하여 기대수익률을 구한다. 자산별 전망[05]에 대한 기대수익률 행렬을 작성하고 전망의 달성 가능성에 대한 신뢰도를 적용한다. ③ 시장전망과 기대수익률을 조합하여 전망결합 기대수익률을 도출한다. 시장기대수익률의 기본 예측치와 그 공분산행렬을 이용하여 자산수익률의 사전분포를 얻는다. 즉 매니저의 의견과 신뢰도가 실제 과거 확률분포에 결합하여 새로운 기대수익률의 분포를 형성한다. 매니저 의견과 기본 예측치의 차이는 조건부 기본 예측의 변동을 의미한다.

$$E(R_B|P) = E(R_B) + \frac{D\{\sigma^2_{E(R_B)} - Cov[E(R_B), E(R_S)]\}}{\sigma^2_P}$$

$$E(R_S|P) = E(R_S) + \frac{D\{Cov[E(R_B), E(R_S)] - \sigma^2_{E(R_B)}\}}{\sigma^2_P}$$

④ 신뢰도는 기대수익률의 추정에서 시장전망에 대한 오차항의 공분산행렬로 추정한다. 균

---

04 위험회피계수는 투자자가 생각하는 리스크 단위당 적정 초과수익인 리스크 프리미엄률이다. 위험회피계수가 클수록 위험단위당 요구되는 초과수익이 커진다.

05 투자자의 시장전망은, 첫째 절대적 시장전망을 반영하는 방법이다. 기대수익률의 절대치를 전망할 때 사용한다. 둘째, 상대적 시장전망을 반영하는 방법이다. 시장전망상의 기대수익률 차이가 균형기대수익률 차이보다 작다면 수익률이 낮은 자산의 가중치가 증가하고, 반대로 시장전망상의 기대수익률 차이가 균형기대수익률 차이보다 크다면 수익률이 높은 자산의 가중치가 증가한다. 셋째, 그룹 간 시장전망을 반영하는 방법이다. 자산그룹 간 기대수익률의 차이에 관한 전망을 반영할 때 사용한다.

표 5-5 | 블랙-리터만모형을 이용한 자산배분 조정 사례

구 분	위험자산			안전자산		
	국내주식	해외주식	대안투자	채 권	예 금	단기상품
중립비중	25	16	10	27	17	5
자산배분	30	20	15	20	11	4
차 이	확 대	확 대	확 대	축 소	축 소	축 소

형기대수익률에 대한 회귀현상으로 신뢰도가 낮은 경우 시장포트폴리오보다 투자비중의 변화가 적지만 신뢰도가 높으면 투자비중의 변화도 커진다.

2단계, 최적투자비중을 산출한다. 전망결합 기대수익률, 공분산행렬, 위험회피계수 등을 투입변수로 사용하여 최적의 자산배분 비중을 산출한다. 최종 자산배분은 평균 · 분산모형을 적용하여 효율적 투자선을 도출하고, 투자자의 위험성향에 따라서 투자비중을 산출한다. 최적화 과정은 2차계획법을 이용하여 매니저의 견해를 반영한 조건부 예측치를 사용한다.

2. 지수모형과 최적화

지수모형 효율적 포트폴리오를 얻는 평균 · 분산모형은 너무 많은 정보를 요구하기 때문에 적용하는 데 어려움이 있다. 50개 종목으로 포트폴리오를 구성할 때 50개의 기대수익률과 분산, ${}_{50}C_2$(= 50!/(2! × 48!))개의 공분산이 필요하다. 그러나 샤프(Sharpe)의 단일지수모형(single index model)은 시장수익률과 개별자산의 단순회귀 관계로 계산한다. 모형에서 주식 i의 수익률 요소(α_i)는 시장초과수익률이 0일 때 종목의 기대 초과수익률이다. 베타(β)는 시장지수(I)의 수익률(R_m)에 대한 개별종목의 민감도로 시장수익률 1% 상승 또는 하락에 대하여 개별증권의 변동 정도이다. 개별종목의 고유요인에 따른 변동(ε_i)은 평균 0으로 t시점에서 종목의 고유위험에 의하여 발생한다. 신규정보의 영향은 시장 전체와 개별종목의 합이다. 따라서 주식 i의 수익률은 공통요인(β_{it})과 고유요인(ε_{it})[06]에 따라서 변동한다.

$$R_{i,\,t} = \alpha_i + \beta_i R_m + \varepsilon_i$$

06 고유요인은 신기술개발, 경영자의 교체, 개별기업의 자체요인 등이다.

여기서, 시장 전체와 개별종목의 정보는 $Cov(R_m - E(R_m), \varepsilon_i) = 0$이고 다른 종목과도 관계가 없기 때문에 $Cov(\varepsilon_i, \varepsilon_j) = 0$이다. $R_m - E(R_m)$과 ε는 신규정보의 영향으로 기대값은 0이다. 개별종목의 위험은 $\sigma_i^2 = \beta_i^2\sigma_m^2 + \sigma_e^2$의 체계적 위험과 비체계적 위험으로 구성된다. 어떤 종목 i에 대하여

$$E(R_i) = \alpha_i + \beta_i \overline{R}_m$$
$$\sigma_i^2 = \beta_i^2\sigma_m^2 + \sigma_e^2$$
$$\sigma_{ij} = \beta_i\beta_j\sigma_m^2$$

이다.

그리고 단일지수모형의 포트폴리오는

$$\overline{R}_p = \sum_{i=1}^{N} X_i\alpha_i + \sum_{i=1}^{N} X_i\beta_i\overline{R}_m$$
$$\sigma_P^2 = \sum_{i=1}^{N} X_i\beta_i^2\sigma_m^2 + \sum_{i=1}^{N}\sum_{\substack{j=1 \\ i\neq j}}^{N} X_iX_j\beta_i\beta_j\sigma_m^2 + \sum_{i=1}^{N} X_i^2\sigma_{e_i}^2$$

이다.

단일지수모형은 개별종목의 α, β, ε, 시장지수의 리스크프리미엄과 분산의 추정치만 필요하다. 포트폴리오의 구성은 베타에 대한 초과수익률을 기준으로 순위(rank)를 결정할 수 있다.

$$\frac{\overline{R}_i - R_F}{\beta_i}$$

여기서, $\overline{R}_i$ = 주식 i의 기대수익률
R_f = 무위험이자율
β_i = 시장변화에 따른 주식 i의 민감도

절사율과 최적화 단일지수모형은 주식수익률의 공분산구조로 베타에 대한 초과수익의 크기에 따라서 주식을 선택하거나 제외한다. 개별종목은 초과수익이 높을수록 포트폴리오에 포함되고, 낮을수록 제거되는 절사율(cut-off rate, C^*)로 결정한다. 어떤 종목이 포트폴리오에 포함되는지를 결정하는 프로세스로 1단계에서 투자대상 주식의 베타 대비 초과수익률을 계산하여 순위화한다.

표 5-6 | 단일지수모형의 베타 대비 초과수익 순위

번 호	$\bar{R}_i$	R_F	$\bar{R}_i - R_F$	β_i	$\frac{(\bar{R}-R_F)}{\beta_i}$
1	0.15	0.05	0.10	1	0.10
2	0.12	0.05	0.07	1	0.07
3	0.17	0.05	0.12	2	0.06
4	0.17	0.05	0.12	2	0.06
5	0.11	0.05	0.06	1	0.06
6	0.11	0.05	0.06	2	0.03
7	0.11	0.05	0.06	2	0.03
8	0.07	0.05	0.02	1	0.02
9	0.07	0.05	0.02	1	0.02
10	0.06	0.05	0.01	1	0.01

2단계에서 최적포트폴리오는 절사율보다 큰 종목을 대상으로 구성한다. 절사율은

$$C_i = \frac{\sigma_m^2 \cdot \sum_{j=1}^{i} \frac{(\bar{R}-R_F)\beta_j}{\sigma_{e_j}^2}}{1+\sigma_m^2 \cdot \sum_{j=1}^{i} \frac{\beta_{e_j}^2}{\sigma_{e_j}^2}}$$

이다.

또한 개별종목의 투자비중(X_i)은

$$X_i = \frac{Z_i}{\sum Z_j}$$

$$\text{여기서, } Z_i = \frac{\beta_i}{\sigma_{e_i}^2}\left(\frac{\bar{\bar{R}}_i - R_F}{\beta_i} - C^*\right)$$

이다.

절사율보다 큰 1에서 5번까지 종목을 활용하여 포트폴리오를 구성한다. 그리고 초과수익 능력(Z_i)에 따라서 투자비중(X_i)이 결정된다.

고유위험은 분산투자로 제거할 수 있기 때문에 체계적 위험인 베타만을 고려한다. 그러나 시장은 다른 경제정보에도 영향을 받으므로 이러한 정보도 지수화(index)할 수 있다. 단일지

표 5-7 | 단일지수모형의 절사율과 투자비중

번호	$\frac{(\bar{R}-R_F)}{\beta_i}$	σ^2_{ei}	$\frac{(\bar{R}_i-R_F)\beta_i}{\sigma^2_{ei}}$	$\frac{\beta^2_i}{\sigma^2_{ei}}$	$\sum_{j=1}^{i}\frac{(\bar{R}-R_F)\beta_i}{\sigma^2_{ej}}$	$\sum_{j=1}^{i}\frac{\beta^2_{ej}}{\sigma^2_{ej}}$	σ^2_m	C^*	Z_i	X_i
1	0.10	0.5	0.2	2	0.20	2.00	0.10	0.017	0.167	0.278
2	0.07	0.2	0.35	5	0.55	7.00	0.10	0.032	0.188	0.314
3	0.06	0.4	0.6	10	1.15	17.00	0.10	0.043	0.087	0.145
4	0.06	0.1	2.4	40	3.55	57.00	0.10	0.053	0.140	0.234
5	0.06	0.4	0.15	2.5	3.70	59.50	0.10	0.053	0.017	0.028
6	0.03	0.3	0.4	13.3	4.10	72.83	0.10	0.049	−0.130	
7	0.03	0.4	0.3	10	4.40	82.83	0.10	0.047	−0.087	
8	0.02	0.2	0.1	5	4.50	87.83	0.10	0.046	−0.130	
9	0.02	0.2	0.1	5	4.60	92.83	0.10	0.045	−0.124	
10	0.01	0.1	0.1	10	4.70	102.83	0.10	0.042	−0.317	

수모형은 다중지수모형으로 확장한 것이다.

$$R_i = \alpha_i + b_{i1}I_1 + b_{i2}I_2 + b_{i3}I_3 + \cdots + b_{iL}I_L + C_i$$

여기서, 모든 주식 $i = 1, \cdots, N$

C_i = 수익의 비기대요소

다중지수모형에 대한 기대수익률, 분산 그리고 공분산은

$$\bar{R}_i = \alpha_i + b_{i1}\bar{I}_1 + b_{i2}\bar{I}_2 + \cdots + b_{iL}\bar{I}_L$$

$$\sigma^2_i = b^2_{i1}\sigma^2_{i1} + b^2_{i2}\sigma^2_{i2} + \cdots b^2_{iL}\sigma^2_{iL} + \sigma^2_{ci}$$

$$\alpha_{ij} = b_{i1}b_{j1}\sigma^2_{i1} + b_{i2}b_{j2}\sigma^2_{i2} + \cdots + b_{iL}b_{jL}\sigma^2_{iL}$$

이다.

포트폴리오 구성에 필요한 입력변수의 개수는 $4N + 2L + 2$이다. 그러나 파마-프렌치(Fama & French)는 기업규모(사장가치)와 시장가-장부가비율을 대표요인으로 제시하였다. 또한 살로만브러더스(Salomon Brothers)는 경제성장률, 경기순환, 장채국채이자율, 단기국채이자율, 인플레이션(실제 인플레이션과 기대 인플레이션의 차이), 달러환율, 시장지수 등으로 공통요인을 설명하였다.

표 5-8 | 고정상관계수모형의 표준편차 대비 초과수익 순위(%)

번 호	$\overline{R}_i$	R_F	$\overline{R}_i - R_F$	σ_i	$\frac{(\overline{R}_i - R_F)}{\sigma_i}$
1	29	5	24	3	8.0
2	19	5	14	2	7.0
3	29	5	24	4	6.0
4	35	5	30	6	5.0
5	14	5	9	2	4.5
6	21	5	16	4	4.0
7	26	5	21	6	3.5
8	14	5	9	3	3.0
9	15	5	10	5	2.0
10	9	5	4	2	2.0

한편 고정상관계수모형(constant correlation model)은 표준편차 대비 초과수익률로 종목별 순위를 결정한다.

$$\frac{\overline{R}_i - R_F}{\sigma_i}$$

여기서, $\overline{R}_i$ = 주식 i의 기대수익률
R_F = 무위험이자율
σ_i = 주식 i수익률의 총위험

구성종목의 선정은 총위험 대비 초과수익률에 대한 순위화, 절사율에 따른 구성종목의 선정, 그리고 자산배분 비중의 결정으로 단일지수모형의 종목선정 과정과 동일하다. 절사율은

$$C_i = \frac{\rho}{1-\rho+i\rho} \cdot \sum_{j=1}^{i} \frac{\overline{R}_j - R_F}{\sigma_j}$$

이다.

상관계수(ρ)는 모든 증권에 대한 상수로 가정한다. 대상 종목은 표준편차 대비 초과수익률을 가진 종목에서 가장 큰 최적절사율(C^*)을 초과하는 경우이다. 또한 개별종목의 투자비중(X_i)은

표 5-9 | 고정상관계수모형에서 절사율과 투자비중의 계산

번 호	$\frac{(\bar{R}-R_F)}{\beta_i}$	ρ	$\rho/(1-\rho+i\rho)$	$\sum_{j=1}^{i}\frac{(\bar{R}_j-R_F)}{\sigma_i}$	C^*	Z_i	X_i
1	8.0	0.5	0.50	8	4.00	1.83	0.463
2	7.0	0.5	0.33	15	5.00	1.75	0.442
3	6.0	0.5	0.25	21	5.25	0.38	0.095
4	5.0	0.5	0.20	26	5.20	−0.08	
5	4.5	0.5	0.17	31	5.08	−0.75	
6	4.0	0.5	0.14	35	4.93	−0.63	
7	3.5	0.5	0.13	38	4.75	−0.58	
8	3.0	0.5	0.11	41	4.56	−1.50	
9	2.0	0.5	0.10	43	4.30	−1.30	
10	2.0	0.5	0.09	45	4.09	−3.25	

$$X_i = \frac{Z_i}{\sum Z_j}$$

여기서, $Z_i = \frac{1}{(1-\rho)\cdot\sigma_i}\left(\frac{\bar{R}_i - R_F}{\sigma_i} - C^*\right)$

최적절사율은 5.25로 표준편차 대비 초과수익률이 큰 1에서 3번까지를 투자대상으로 한다. 절사율과 상관계수를 활용하여 개별종목의 투자비중은 종목 1 46.3%, 종목 2 44.2%, 그리고 종목 3 9.5%이다.

적극적 포트폴리오의 최적화 과정은 1단계, 적극적 포트폴리오에 개별종목 i의 초기투자비중을 계산한다.

$$W_i^0 = \alpha_i/\sigma^2(\varepsilon_i)$$

2단계, 초기투자비중을 조정하여 포트폴리오의 구성비율이 1이 되도록 한다.

$$W_i = W_i^0 / \sum_{i=1}^{n} W_i^0$$

3단계, 적극적 포트폴리오의 알파를 계산한다.

$$\alpha_A = \sum_{i=1}^{n} W_i \alpha_i$$

4단계, 적극적 포트폴리오의 잔차분산을 계산한다.

$$\sigma^2(\varepsilon_A) = \sum_{i=1}^{n} W_i \sigma^2(\varepsilon_i)$$

5단계, 적극적 포트폴리오의 초기투자비중을 계산한다.

$$W_A^0 = \left(\frac{\alpha_A}{\sigma^2(\varepsilon_A)}\right) / (E(R_M)/\sigma_M^2)$$

6단계, 적극적 포트폴리오의 베타를 계산한다.

$$\beta_A = \sum_{i=1}^{n} W_i \beta_i$$

7단계, 5단계에서 얻은 적극적 포트폴리오의 초기투자비중을 조정한다.

$$W_A^* = \frac{W_A^0}{1 + (1 - \beta_A)\, W_A^0}$$

8단계, 최적 포트폴리오의 투자비중을 계산한다.

$$W_M^* = 1 - W_A^*,\ W_i^* = W_A^* W_i$$

9단계, 인덱스 포트폴리오(β = 1)의 리스크 프리미엄과 적극적 포트폴리오의 알파에서 최적 포트폴리오($\beta = W_M^* + W_A^* \beta_A$)의 리스크 프리미엄을 계산한다.

$$E(R_P) = (W_M^* + W_A^* \beta_A) E(R_M) + W_A^* \alpha_A$$

10단계, 인덱스 포트폴리오의 분산과 적극적 포트폴리오의 잔차분산에서 최적 리스크 포트폴리오의 분산을 계산한다.

$$\sigma_P^2 = (W_M^* + W_A^* \beta_A) \sigma_M^2 + W_A^* \sigma(\varepsilon_A)^2$$

3. SF모형과 숏폴라인

투자는 평균 · 분산모형에 따른 자산배분시 최소분산포트폴리오의 구성에서 기대수익률을 극단적으로 낮게 만들 수 있다. 따라서 자산배분시 최소요구수익률을 충족할 수 있도록 제약조건을 포함시킨다. 안전제일(safety-first) 자산배분은 열등한 투자성과를 제한할 수 있도록 하는데 로이(Roy)기준, 카타오카(Kataoka)기준, 그리고 텔슬러(Telsler)기준이 있다. 최고의 포트폴리오는 기대수준 이하의 수익을 얻는 확률을 작게 만드는 것이다. 로이의 SF기준은 포트폴리오수익의 최소기대수준을 설정하여 포트폴리오를 구성한다. 포트폴리오의 수익률(R_P)과 최소요구수익률(R_L)에 따른 자산배분은 R_L보다 작은 R_P의 실제수익 확률로 결정한다.

$$\min_i P(R_P < R_L)$$

정규분포에서 R_L은 평균에서 최대 표준편차만큼 떨어진 곳에 위치하며 마코위츠모형에서 목적함수를 최소화하는 경우와 유사하다. 예를 들어 포트폴리오 A와 B에 대하여 최소요구수익률이 −1%일 때 투자자는 수익률이 적어도 −1%보다 높은 포트폴리오를 선택한다.

또한 포트폴리오수익률(R_p)이 무위험이자율(R_f) 이하로 떨어질 수 있는 확률을 최소화한다. 따라서 최적포트폴리오는 수익률의 정규분포를 가정하여 두 기준인 $R_p < R_L$의 최저확률 또는 최고안전비율을 기준으로 선택할 수 있다. 목적함수는

$$\text{Min}\frac{R_L - R_P}{\sigma_P} \text{ 또는 } Max\frac{\overline{R}_P - R_L}{\sigma_P}$$

이다.

최소요구수익률(R_L)은 무위험이자율(R_F)로 대체할 수 있고 동일한 조건의 모든 포트폴리오는 동일한 결과를 가진다. 목적함수의 비율이 K일 때 K가 커질수록 적정 포트폴리오를 구성할 수 있다.

$$\frac{\overline{R}_P - R_L}{\sigma_P} = K$$

포트폴리오의 수익률은 절편이 최소요구수익률(R_L)이고 기울기 K인 직선의 방정식이다.

그림 5-6 | 로이기준의 선호도

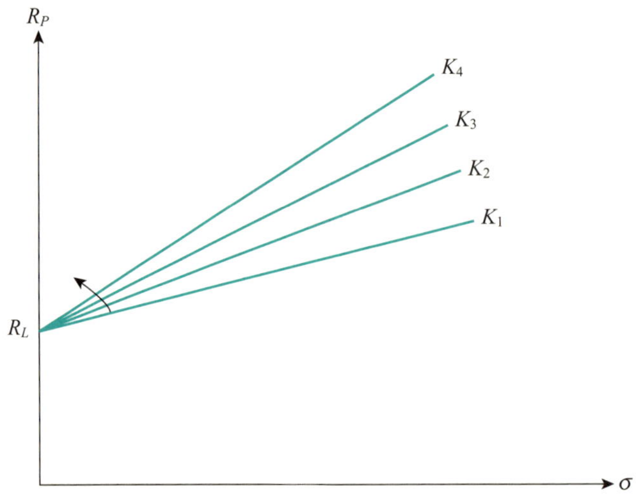

자료: Elton & Gruber 등

$$\bar{R}_P = R_L + K\sigma_P$$

예를 들어 가장 높은 기울기인 K_4가 최저요구수익률에서 가장 높은 초과수익률을 제공한다.

로이기준의 포트폴리오 선택은 3단계로서, 1단계 포트폴리오의 안전자산비율(*SFR*)을 계산한다. 2단계, 안전자산비율은 정규누적확률분포로 평가한다. 실제수익률이 최저요구수익률보다 낮을 확률은 *N*(부의 안전제일비율)이다. 3단계, 가장 낮은 수익률을 가진 포트폴리오를 선택한다. 예를 들어 어떤 펀드의 원금이 5억원일 때 매년 말 2천만원을 인출하면서 원금 5억원을 유지하려고 한다. 투자자는 3가지 가능한 선택권을 가지고 있다.

표 5-10 | 포트폴리오의 기대수익과 표준편차

포트폴리오	A안	B안	C안
기대수익	0.10	0.08	0.09
표준편차	0.15	0.12	0.14

기대수익률이 정규분포일 때 어떤 선택권이 가장 유리한가? 우선 투자자가 원금 유지를 원하기 때문에 최소요구수익률(threshold return, R_L)은 4%(2천만원/5억원)이다. 개별 포트폴리오의 안전비율(*SFR*)은

A안: (0.10 − 0.04)/0.15 = 0.40

B안: (0.08 − 0.04)/0.12 = 0.33

C안: (0.09 − 0.04)/0.14 = 0.36

따라서 안전비율이 높은 포트폴리오 A안을 선택한다. 그리고 포트폴리오의 수익률이 최소요구수익률 $P(R_p < R_L)$ 이하일 확률을 계산할 수 있다. 각각 안전비율(*SFR*)의 음수값에 해당하는 표준정규분포표의 누적확률을 찾는다.

$$P(R_p < R_L) = F(-SF\text{비율})$$

여기서, F = 표준정규분포의 누적확률함수

정규분포표에서 $F(-0.4) = 0.3446$, $F(-0.33) = 0.3707$, 그리고 $F(-0.36) = 0.3594$이다. 따라서 최소요구수익률 이하일 확률은 A안 34.46%, B안 37.07%, 그리고 C안 35.94%이다.

숏폴(shortfall)위험은 포트폴리오의 수익률이 무위험수익률보다 낮아질 가능성이다. 어떤 포트폴리오의 월평균수익률 1%, 표준편차 5%인 로그정규분포이고, 무위험이자율이 월 0.5%이다.

$$Z = \frac{0.5 - 1}{5} = -0.1$$

포트폴리오수익률이 무위험이자율 0.5%보다 작을 확률은 정규분포표의 $Z = -0.1$일 때 46.02%(1 − 0.5398)이다. 그리고 숏폴라인(shortfall line)은 투자자의 요구수익률과 그 미달확률(shortfall 확률)을 만족시키는 직선이다. 최적포트폴리오는 평균과 표준편차를 계산한 후 최저요구수익률과 숏폴확률을 이용하여 도출한다. 최종 결정은 숏폴라인을 수정하면서 효율적 투자선과 접점에서 선택한다. 투자요구수익률의 달성확률과 수익률 평균에 대한 분포(곡선)에서 최저요구수익률은 그 미달확률을 결정하는 직선이다. 숏폴라인은

$$\mu_P = X + Z \cdot \sigma_P$$

여기서, μ_P = 기대수익률

σ_P = 위험

X = 최저요구수익률

Z = 표준정규분포의 임계값

그림 5-7 숏폴라인의 도출

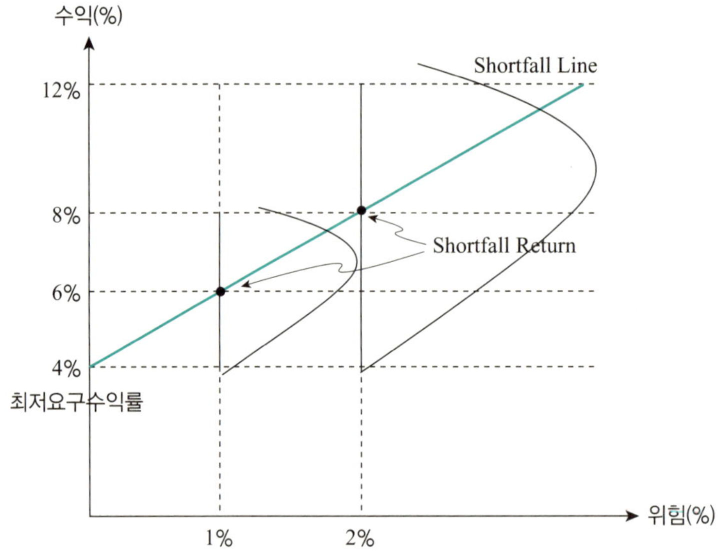

이다.

확률 100%에서 기본 숏폴라인이 도출되지만 그 이하 확률은 100%의 숏폴라인보다 하위에 존재한다.

그림 5-8 정규분포의 숏폴라인

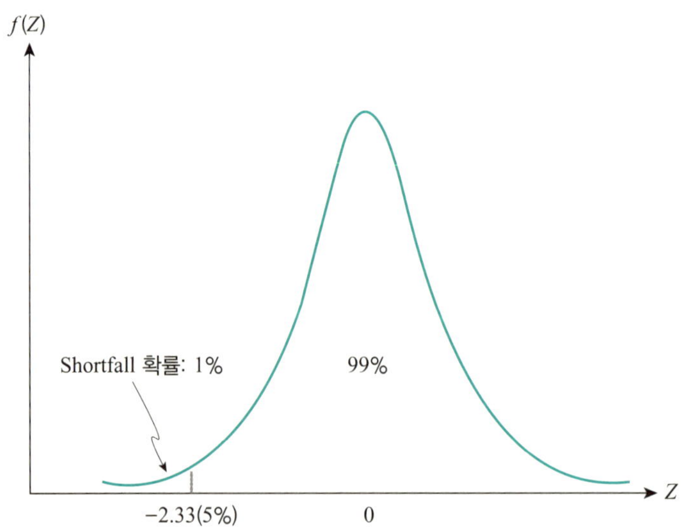

표 5-11 | 숏폴라인의 적용

자 산	가중치	월간수익률	평균수익률	표준편차	상관계수
주 식	W	R_S	μ_S	σ_S	1.0
채 권	$1-W$	R_B	μ_B	σ_B	ρ_{SB}

최소요구수익률(S_M)과 확률 k를 결정한다. 숏폴의 제약조건은

$$P[R_S \geq S_M] = k$$

$$P\left[\frac{(R_S - \mu_P)}{\sigma_P} \geq \frac{(S_M - \mu_P)}{\sigma_P}\right] = k$$

여기서, $R_P = wR_S + (1-w)R_B$

$\frac{(R_P - \mu_P)}{\sigma_P}$는 표준정규변수로 Z_k가 $\frac{(S_M - \mu_P)}{\sigma_P} = -Z_k$ 또는 $\mu_P = S_M + Z_k\sigma_P$일 때 성립한다. 예를 들어 최소요구수익률이 0.0036539이면 달성확률 $k = 0.95$로 결정한다.

$$P\left[Z_P \geq \frac{(0.0036539 - \mu_P)}{\sigma_P}\right] = 0.95$$

$$P(Z_P \geq -\alpha] = F(Z_P) = 0.95$$

$$\int_{-\alpha}^{\infty} \frac{1}{\sqrt{2\pi}} exp\left(-\frac{1}{2}Z^2\right)dZ = 0.95$$

$$\therefore \alpha = 1.65,\ \mu_P = 0.0036539 = 1.65\sigma_P$$

최적자산배분에서 도출된 포트폴리오의 위험(σ_A)을 대입하면 포트폴리오의 기대수익률(μ_P)을 얻을 수 있고 기울기에 따라서 확률도 변한다.

그림 5-9 숏폴라인의 기울기

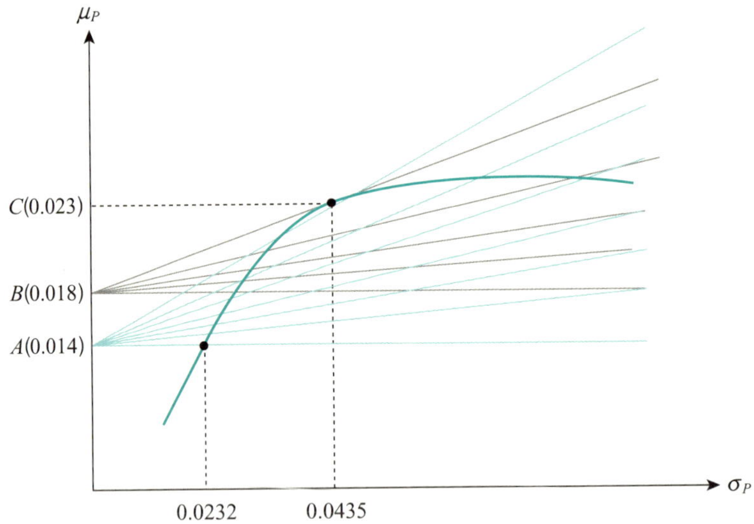

제3절 균형가격결정모형

1. 자본자산가격결정모형

자본자산가격결정모형(CAPM: Capital Asset Pricing Model)은 무위험자산이 존재하는 균형자본시장에서 기대수익률과 리스크의 관계를 설명한다. 모든 자산의 수요와 공급이 일치할 때 공정한 시장가격을 형성하기 때문에 차익거래[07]의 기회가 소멸되고 투자자는 최적 포트폴리오를 보유한다. 모형의 가정으로 ① 투자자는 평균 · 분산기준으로 포트폴리오를 선택한다. ② 동일한 1기간 수익률의 확률분포는 모든 투자자에게 동일하다. ③ 완전자본시장으로 투자자는 가격순응자(price taker)이며 정보의 공유에 제약이 없다. 또한 거래비용과 세금도 없다. ④ 자본시장은 투자자의 수요와 공급이 일치하는 균형상태이다. 다수의 투자자가 존재하며 개별투자자의 초기투자비중은 전체 투자자의 합계보다 작다. ⑤ 투자자는 무위험이자율로 자유롭게 차입과 대출을 한다. ⑥ 공매도가 가능하다. ⑦ 자산의 시장성이

07 차익거래는 추가 투자나 위험을 부담하지 않고 이익을 얻는 것으로 특정한 자산에 대한 초과수요 또는 초과공급이 존재할 때 가능하다.

있다.

개별자산의 기대수익률은 그 자산의 체계적 위험인 베타와 선형관계이다. 체계적 위험이 클수록 기대수익률도 커진다. 효율적 투자선상에서 최소분산포트폴리오의 투자비중은 항상 $W_A + W_B = 1$이다.

$$Var(R_p) = W_A^2\sigma_A^2 + (1 - W_A)^2\sigma_B^2 + 2W_A(1 - W_A)\rho_{AB}\sigma_A\sigma_B$$

$$\sigma_p = \sqrt{\left(\sum_{j=1,n}(W_i\sigma_{r_i})^2 + 2\sum_{i>j}(W_iW_j\sigma_{r_i}\sigma_{r_j}\rho_{i,j})\right)}$$

이 식은 W_A에 대하여 1차 미분하여 최적투자비율을 계산한다.

$$\frac{\partial Var(R_p)}{\partial W_A} = 2W_A\sigma_A^2 + 2(W_A - 1)\sigma_B^2 + 2\rho_{AB}\sigma_A\sigma_B - 4W_A\rho_{AB}\sigma_A\sigma_B$$

$$W_A = \frac{\sigma_B^2 - \rho_{AB}\sigma_A\sigma_B}{\sigma_A^2 + \sigma_B^2 - 2\rho_{AB}\sigma_A\sigma_B}$$

예를 들어 시장상황과 발생확률에 따라서 주식 X와 Y의 기대수익률이 변할 때를 살펴보면 [표 5-12]와 같다.

표 5-12 | 시장상황과 기대수익률

상 황	확 률	X	Y
1	0.2	9%	15%
2	0.2	7%	20%
3	0.2	11%	-3%
4	0.2	-2%	6%
5	0.2	25%	2%

우선, 개별주식의 X와 Y의 기대수익률과 분산은 $E(X) = 0.1$, $E(Y) = 0.08$, $Var(X) = 0.0076$, $\sigma_x = 0.0872$, $Var(Y) = 0.00708$, $\sigma_y = 0.0841$, $Cov(R_x, R_y) = -0.0024$, $\rho_{xy} = -0.33$이다. 투자비율을 100%, 75%, 50%, 25%, 0%로 변화시켜서 X자산과 Y자산의 포트폴리오 결합선을 도출한다. 기대수익률과 위험은 W_x에 100% 투자하면,

$$E(R_p) = 1 \times 0.1 + 0 \times 0.08 = 0.1$$
$$Var(R_p) = 1 \times 0.0076 = 0.0076$$
$$\sigma_p = \sqrt{0.0076} = 0.0872$$

W_x에 25% 투자하면

$$E(R_p) = 0.25 \times 0.1 + 0.75 \times 0.08 = 0.085$$
$$Var(R_p) = 0.25^2 \times 0.0076 + 0.75^2 \times 0.00708 + 2 \times 0.25 \times 0.75 \times (-0.0024) = 0.00355$$
$$\sigma_p = \sqrt{0.00355} = 0.0596$$

최소분산포트폴리오를 계산할 경우

$$W_X = \frac{0.00708 - (-0.0024)}{0.0076 + 0.00708 - 2 \times (-0.0024)} = 0.487$$

따라서 주식 X 48.7%, 주식 Y 51.3%를 투자하면

$$E(R_p) = 0.0874, \quad Var(R_p) = 0.04956, \quad \sigma_p = 0.0226$$

이다.

최적포트폴리오의 선택에서 ① 투자위험에 대한 보상은 체계적 위험으로 한정한다. ② 포트폴리오위험은 개별증권의 분산보다 종목 간 공분산(상관관계)에 의존한다. ③ 적절한 위험보상률도 수익률의 총분산이 아니라 공분산으로 결정한다.

자본시장선 자본시장선(capital market line)은 균형시장에서 무위험자산과 효율적 포트폴리오에 대한 기대수익률과 위험의 관계를 표시한다. 무위험자산이 포함될 경우 포트폴리오의 기대수익률과 위험은 위험자산으로 구성된 포트폴리오보다 기대성과가 우수하다. 그러나 자본시장선은 개별자산이나 비효율적 자산의 기대수익률과 리스크의 관계를 설명하지 못하고 기대수익률과 총위험(σ)을 설명한다. 자산가격은 개별증권 자체의 위험뿐만 아니라 타 종목과의 상관관계도 고려해야 한다. 그리고 위험자산의 수익률은 무위험자산의 수익률을 초과할 때 의미가 있다.

무위험자산(W_1)과 효율적 포트폴리오(W_2)에 투자할 때, 첫째 기대수익률은

$$E(R_p) = W_1R_f + W_2E(R_M)$$

이며

둘째, 포트폴리오의 위험은

$$\sigma_p = \sqrt{W_1^2\sigma_{R_f}^2 + W_2^2\sigma_m^2 + 2W_1W_2\sigma_{R_{fm}}} = W_2\sigma_m,\ W_2 = \frac{\sigma_p}{\sigma_m}$$

이다. 포트폴리오의 투자비중은 포트폴리오의 표준편차와 시장포트폴리오의 표준편차의 비율이다.

셋째, $W_1 = 1 - W_2$를 포트폴리오의 기대수익률에 대입하면

$$E(R_p) = R_f + W_2(E(R_M) - E(R_f))$$

이다.

그림 5-10 투자자의 무차별곡선과 자본시장선

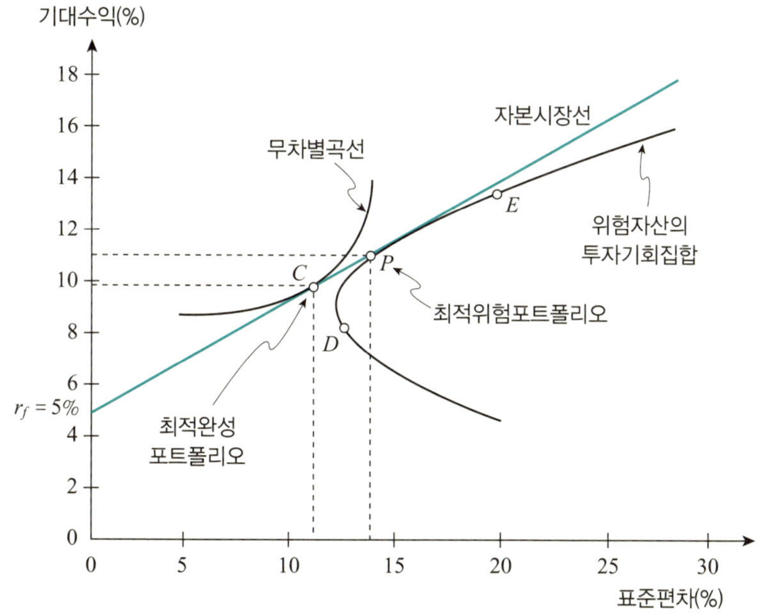

넷째, W_2 대신에 $W_2 = \sigma_p/\sigma_m$를 대입하여 자본시장선을 얻는다.

$$E(R_p) = R_f + \frac{E(R_M) - R_f}{\sigma_M}\sigma_p$$

자본시장선은 무위험자산(r_f)과 효율적 포트폴리오(R_M)[08]를 연결하여 최적위험포트폴리오를 구성한다. 동일한 위험이나 수익률에서 수익률을 높이고 위험을 낮추면서 효율적 투자선보다 우수한 포트폴리오를 구성한다.

토빈의 분리정리(Tobin's Separation Theorem)는 1단계에서 자본시장선의 기울기로 최적위험포트폴리오를 구성한다. 투자자의 위험성향과 무관하게 모든 투자자들은 동일한 최적위험포트폴리오를 선택한다. 이때 최적위험포트폴리오는 복잡한 증권분석과 계산과정을 요구하여 전문가의 역할이 중요하다. 2단계는 투자자의 위험성향을 반영하여 무위험자산과 최적위험포트폴리오에 대한 자산배분으로 최적완성포트폴리오를 만든다. 최적위험포트폴리오는 효용함수와 무관하게 객관적으로 결정되고 최적완성포트폴리오는 위험성향에 따라서 주관적으로 결정한다.

투자자가 보유하는 자금규모나 시장전망을 기초로 위험성향에 따라서 대출포트폴리오 또는 차입포트폴리오를 구성할 수 있다. 예를 들어 적극적 투자자는 보유금액과 차입금액으로 효용을 극대화하는 차입포트폴리오를 구성한다. 최적포트폴리오의 선택은 투자자의 위험성향을 적용하고 자산배분에 시간과 비용을 요구하다. 따라서 투자자는 자산관리회사나 전문분석가의 조언이나 상담을 필요로 한다.

증권시장선 증권시장선(security market line)은 균형시장에서 기대수익률을 무위험이자율과 시장포트폴리오의 위험프리미엄[09]의 관계로 설명한다. 투자수익률은 시간보상인 무위험이자율과 위험보상인 위험프리미엄으로 구성된다. 따라서 증권시장선(*SML*)은 모든 위험자산의 기대수익률과 체계적 위험의 관계를 설명한다.

포트폴리오위험(σ_p)은 종목을 증가시킬 경우 고유위험은 사라지고 시장위험(β_p)만 존재한다. 기대수익률은

08 시장포트폴리오는 지배원리를 충족하는 효율적 투자선상에서 가장 우월한 포트폴리오이다.
09 위험프리미엄은 체계적 위험인 베타에 비례하며 기대수익률에서 무위험자산이자율을 차감하여 계산한다.

$$E(R_i) = R_f + \frac{E(R_M) - E(R_f)}{\sigma_M^2} \times \sigma_{iM}$$

$$= R_f + [(E(R_M) - (E(R_f)] \times \beta_i$$

여기서, $E(R_i)$ = i주식의 기대수익률

R_f = 무위험이자율

β_i = i주식의 베타

$E(R_M)$ = 시장의 기대수익률

$(E(R_M) - R_f)$ = 시장의 위험프리미엄

이다.

그림 5-11 위험과 기대수익률

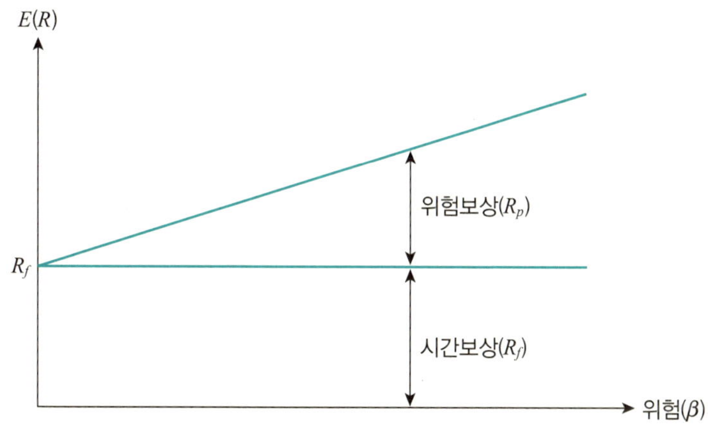

또한 증권시장선의 기울기($E(R_M) - R_f$)는 추가위험에 대한 위험보상률로 위험의 증가에 대한 수익률의 증가율이다. 따라서 종목의 베타와 기대수익률의 기울기는

기울기 = $(E(R_i) - R_f)/(\beta_i - 0)$ 또는 $[(E(R_M) - R_f]/\beta_M$

자본시장선과 증권시장선의 관계는

$$E(R_j) = R_f + \left[\frac{(E(R_M) - R_f)}{\sigma_M} \rho_{iM}\right] \sigma_i$$

여기서, $\beta_j = \frac{\sigma_{iM}}{\sigma_M^2} = \frac{\sigma_{iM}\sigma_i\sigma_M}{\sigma_M^2}$

$\rho_{iM} = 0$일 때 $E(R_i) = R_f$

이다.

베타는 투자리스크와 위험프리미엄에 동시에 영향을 미치기 때문에 그 크기로 투자성과를 판단할 수 없다. 그리고 기대균형수익률과 실제시장수익률의 차이는 초과수익률(abnormal return)인 알파(α)[10]로 표시한다.

자본시장선은 증권시장선의 특수형태이며 기대수익률과 위험(σ) 간 관계를 설명한다. 두 모형의 차이로 ① 균형시장에서 자본시장선은 $E(R)$, σ공간이고 증권시장선은 $E(R)$, β공간이다. ② 자본시장선은 완전분산투자된 효율적 포트폴리오이지만 증권시장선은 비효율적 포트폴리오나 개별종목도 포함한다. ③ 자본시장선은 총위험을 고려하여 개별종목의 위험과 자산 간 상관관계도 고려해야 한다. ④ 균형가격과 균형기대수익률은 체계적 위험에 비례하므로 증권시장선에서 결정된다. 예를 들어 무위험이자율을 6%로 가정하자.

표 5-13 | 수익률의 확률분포

상 황	P_i	R_X	R_M	P_iR_X	P_iR_M
1	0.2	0.5	0.20	0.10	0.04
2	0.3	0.0	0.05	0.00	0.015
3	0.4	0.2	0.15	0.08	0.06
4	0.1	−0.3	−0.15	−0.03	−0.015
합 계				0.15	0.10

$E(R_X) = 0.15$, $E(R_M) = 0.1$일 때 증권시장선은

$$E(R_X) = 0.06 + [0.1 - 0.06] \cdot \beta_X = 0.06 + 0.04\beta_X$$

이다.

주식 X의 요구수익률은 공분산(σ_{XM})과 분산(σ_M^2)을 계산하여 β_X를 구하고 요구수익률을 계산한다.

$$\sigma_{XM} = 0.0215, \quad \sigma_M^2 = 0.01, \quad \beta_X = \frac{0.0215}{0.01} = 2.15$$

$$E(R_X) = 0.06 + 0.04 \times 2.15 = 0.146$$

10 알파는 시장에서 거래되는 자산의 과대평가 또는 과소평가를 측정한다.

기대수익률과 요구수익률을 비교하여 과소 또는 과대 여부를 판단한다.

기대수익률(15%) > 요구수익률(14.6%)

기대수익률이 요구수익률보다 커서 과소평가로 주식을 매입한다. 그리고 가격이 상승하면 기대수익률도 하락하여 14.6%일 때 균형상태에 도달한다. 자본자산가격결정모형은 요구수익률의 추정, 증권의 성과평가, 내재가치추정, 자본예산결정, 공공요금결정 및 투자성과평가 등에 활용한다.

2. 시장모형

시장모형 시장모형(market model)은 개별증권수익률과 시장포트폴리오수익률 간 선형관계를 표현한다. 평균 · 분산모형은 n종목의 개별주식들 간 모든 공분산을 고려하지만, 시장모형은 개별주식과 단일시장지표의 공분산만을 고려한다. 시장정보는 전체에 영향을 주는 거시정보와 개별주식에 영향을 미치는 고유정보로 나눌 수 있다. 그러므로 거시정보지수(I)가 변할 때 개별종목에 미치는 영향을 분석한다. 투자자는 증권시장선에서 무위험이자율, 기대수익률 그리고 개별자산의 베타를 추정하고 시장포트폴리오를 찾아야 한다. 그러나 시장포트폴리오는 구성이 불가능하기 때문에 대용치인 시장지수의 인덱스 포트폴리오, 바스켓(basket) 구성이나 지수를 복제한 인덱스펀드 또는 상장지수펀드(ETF)를 활용한다.

증권특성선(security characteristics line)은 개별종목 i의 기대초과수익률(α), 종목 i와 시장포트폴리오 $\beta_i \cdot R_M$, 그리고 주식 i의 고유요인인 잔차(ε_i)로 구성된다.

$$E(R_i) = \alpha_i + \beta_i \cdot R_M + \varepsilon_i$$

그리고 시장모형은 무위험이자율 대비 개별주식과 시장포트폴리오의 초과수익률에 대한 지수모형이다.

$$R_i - R_f = \alpha_i + \beta_i(R_M - R_f) + \varepsilon_i$$

베타(β)는 시장수익률의 변동에 대한 개별종목수익률의 평균민감도로 클수록 시장수익률

변동에 민감하다. 주식 i의 수익률과 시장포트폴리오수익률의 공분산은

$$\begin{aligned} Cov(R_i, R_m) &= Cov(\alpha_i + \beta_i \cdot R_M + \varepsilon_i) \\ &= Cov(\alpha_i, R_M) + Cov(\beta_i R_M, R_M) + Cov(\varepsilon_i, R_M) \\ &= \beta_i \sigma_M^2 \end{aligned}$$

이다. 시장모형의 베타(β_i)는 시장베타와 동일하다.

$$\beta_i = \frac{Cov(R_i, R_M)}{\sigma_M^2}$$

시장모형은 총위험을 체계적 위험($\beta_i^2 \cdot \sigma_M^2$)과 주식 i의 비체계적 위험($\sigma^2 \cdot \varepsilon_i$)으로 구분한다. 체계적 위험은 개별주식수익률의 총변동에서 증권특성선을 따라서 움직이는 수익률의 변동부분이다. 비체계적 위험은 시장전체 변동에 관련되지 않는 주식 i의 고유위험이다.

$$\text{총위험}(\sigma_i^2) = \text{체계적 위험}(\beta_i^2 \cdot \sigma_M^2) + \text{비체계적 위험}(\sigma_i^2 \cdot \varepsilon_i)$$

주식 i와 시장포트폴리오의 수익률은 상호 대응하여 좌표평면에서 산포도를 얻을 수 있다. 이것은 회귀분석을 이용하여 시장수익률(R_M)과 주식 i의 수익률(R_i)에 대한 관계식을 구할 수 있다.

$$R_i = \alpha_i + \beta_i R_M + \varepsilon_i$$

여기서, R_i = i종목의 수익률

α_i = 초과수익률

β_i = 종목 i의 베타계수

ε_i = 오차항

추정된 베타는 시장포트폴리오수익률의 한 단위 변동에 대한 주식 i의 수익률 변동에 대한 민감도이다. 절편(α)은 주식 i에서 시장포트폴리오와 관계없이 얻을 수 있는 초과수익률이다.

$$\overline{R}_i = \alpha_i + \beta_i \overline{R}_M$$

그림 5-12 | 시장모형과 증권특성선

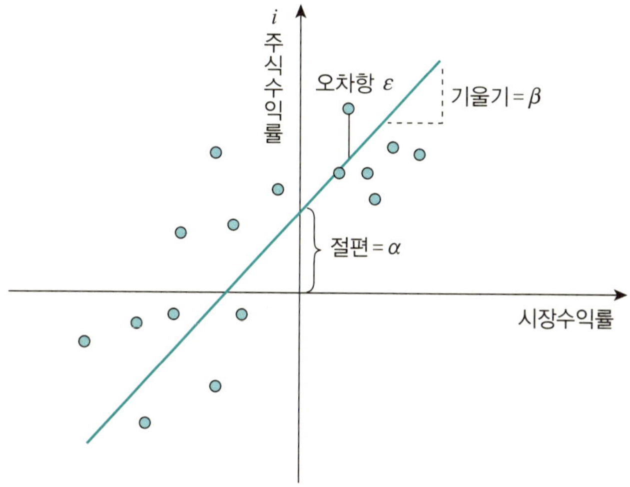

[표 5-14]는 과거 5년간 주식 i의 수익률 R_i와 시장포트폴리오수익률 R_M에 관한 자료이다.

표 5-14 | 포트폴리오 위험 계산

기 간	R_i	$R_i - \overline{R}_i$	R_M	$R_M - \overline{R}_M$	$(R_M - \overline{R}_M)^2$	$(R_i - \overline{R}_i)(R_M - \overline{R}_M)$
1	0.30	−0.10	0.30	0.00	0.0000	0.0000
2	0.60	0.20	0.40	0.10	0.0100	0.0200
3	0.50	0.10	0.20	−0.10	0.0100	−0.0100
4	0.45	0.05	0.35	0.05	0.0025	0.0025
5	0.15	−0.25	0.25	−0.05	0.0025	0.0125
합 계	2.00		1.5		0.0250	0.0250

$$\overline{R}_i = \frac{2}{5} = 0.4,\ \overline{R}_M = \frac{1.5}{5} = 0.3,\ Var(R_M) = \frac{\sum R_M - \overline{R}_M}{5-1} = \frac{0.025}{4} = 0.00625$$

$$Cov(R_i,\ R_M) = \frac{\sum(R_i - \overline{R}_i)(R_M - \overline{R}_M)}{5-1} = \frac{0.025}{4} = 0.00625$$

$$\hat{\beta}_i = \frac{Cov(R_i, R_M)}{Var(R_M)} = \frac{0.00625}{0.00625} = 1$$

$$\hat{\alpha} = 0.4 - 1 \times 0.3 = 0.1$$

따라서, $\hat{R}_i = \hat{\alpha} + \hat{\beta}_i R_M = 0.1 + R_M$

총위험 대비 체계적 위험의 비율은 시장포트폴리오수익률(R_M)과 개별종목수익률(R_i)의 회귀식의 결정계수인 R^2[11]로 측정한다. 0에서 1까지의 범위로 R^2이 클수록 개별종목이 시장위험의 영향을 많이 받는다.

$$R^2 = \frac{\text{체계적 위험}}{\text{총위험}} = \frac{\beta_i^2 \sigma_M^2}{\sigma_i^2}$$

표 5-15 | 평균 · 분산모형과 시장모형의 비교

구 분		평균 · 분산모형	시장모형
개별주식	기대수익률	$E(R_i) = \sum_{i=1}^{n} P_i \cdot R_i$	$E(R_i) = \alpha_i + \beta_i E(R_M)$
	분 산	$Var(R_i) = E[R_i - E(R_i)]^2$	$Var(R_i) = \beta_i^2 Var(R_M) + Var(\varepsilon_i)$
	공분산	$Cov(R_i, R_j) = \rho_{ij}\sigma_i\sigma_j$	$Cov(R_i, R_j) = \beta_i\beta_j Var(R_M)$
포트폴리오	기대수익률	$E(R_P) = \sum_{i=1}^{n} W_i \cdot E(R_i)$	$E(R_P) = \alpha_P + \beta_P E(R_M)$
	분산($i \neq j$)	$Var(R_P) = \sum_{i=1}^{n} W_i^2 \sigma_i^2 + \sum_{i=1}^{n}\sum_{j=1}^{n} W_i W_j \sigma_{ij}$	$Var(R_P) = \beta_P^2 Var(R_M) + Var(\varepsilon_P)$
	잔차분산	$Var(\varepsilon_P) = \sum_{i=1}^{n} W_i^2 Var(\varepsilon_i) + \sum_{i=1}^{n}\sum_{j=1}^{n} W_i W_j Cov(\varepsilon_i, \varepsilon_j)$	$Var(\varepsilon_P) = \sum_{i=1}^{n} W_i^2 Var(\varepsilon_i)$
동일가중포트폴리오 ($n = \infty$)		$Var(R_P) \cong \bar{\sigma}_{ij}$	$Var(R_P) \cong \beta_P^2 Var(R_M)$

3. 차익가격결정모형

요인모형 요인모형은 개별종목의 수익률에 영향을 미치는 공통요인의 관계를 설명한다. 수익률은 이자율, 경제성장률, 인플레이션, 통화량 등의 시장요인과 개별종목의 고유요인에 영향을 받는다. 주식 i의 수익률은 어떤 요인(i)의 β_{ik}만큼 변동하면서 고유한 위험인 ε_i의 영향을 받는다. 일정한 기대수익률을 제약조건으로 최소분산포트폴리오는 다음과 같다.

$$\text{목적함수} \quad \text{Min } \sigma_P^2 = \beta_P^2 \sigma_M^2 + \sum_{i=1}^{n} X_{ij}^2 \sigma_{ei}^2$$

$$\text{제약조건} \quad \sum_{i=1}^{N} X_i E(R_i) = E(R_P)$$

11 R^2는 시장모형에서 요인이나 정보가 개별종목이나 포트폴리오의 수익률을 어느 정도 설명하는지를 나타낸다.

$$\sum_{i=1}^{N} X_i \beta_i = \beta_P$$

단일요인모형은 시장에서 거래되는 모든 위험자산의 수익률 변동을 단일공통요인으로 설명한다. 개별종목의 수익률이 단일공통요인과 관련된 것으로 가정하기 때문에 효율적 포트폴리오 구성에 필요한 정보를 절약할 수 있다. 그러나 현실적으로 수익률은 다양한 경제적 요인(k, l, m)의 영향을 받아서 변동한다. 이때 수익률 R_i는

$$R_i = \alpha_i + \beta_{ik}K + \beta_{il}l + \beta_{iM}M + \varepsilon_i$$

이다. 따라서 기대수익률 $E(R_i)$은

$$E(R_i) = \alpha_i + \beta_{ik}E(K) + \beta_{il}E(l) + \beta_{iM}E(M)$$

이다.

주식 i의 초과수익률은

$$R_i - E(R_i) = \beta_{ik}[K - E(K)] + \beta_{il}[l - E(l)] + \beta_{iM}[M - E(M)] + \varepsilon_i$$

이다. 각 요인의 예상하지 못한 변동은 $F_1(= K - E(K))$, $F_2(= l - E(l))$, $F_3(= M - E(M))$이다.

$$R_i = E(R_i) + \beta_{ik}F_1 + \beta_{il}F_2 + \beta_{iM}F_3 + \varepsilon_i$$

따라서 수익률(R_i)은 개별종목의 기대수익률($E(R_i)$), 예상하지 못한 변동의 총효과($\beta_{ik}F_1 + \beta_{il}F_2 + \beta_{iM}F_3$) 및 개별종목 i의 고유위험(ε_i)으로 구성된다. 이때 개별요인과 다른 공통요인 간 상관계수는 0이고, 고유위험도 다른 공통요인과 0의 상관이다. k개의 공통요인에서 개별종목의 수익률은 다요인모형으로 설명할 수 있다. 균형상태에서 모든 포트폴리오의 기대수익률은 1단위 체계적 위험에 대하여 동일한 위험프리미엄(λ)[12]을 가진다.

12 위험프리미엄(λ)은 균형상태에서 1단위 체계적 위험(β)을 부담한 대가로 자본시장에서 얻는다.

$$R_i = E(R_i) + \beta_{i1}F_1 + \beta_{i2}F_2 + \cdots + \beta_{ik}F_k + \varepsilon_i$$

$$\sigma_i^2 = \beta_{i1}^2\sigma_F^2 + \beta_{i2}^2\sigma_F^2 + \cdots + \beta_{ik}^2\sigma_F^2 + \sigma^2(\varepsilon_i)$$

여기서, F_i = 요인 i의 초과수익

차익거래가격결정모형 일물일가의 법칙(law of one price)에서 동일한 위험을 가진 두 포트폴리오는 서로 다른 기대수익으로 매도할 수 없다. 따라서 동일한 시장위험이면 두 자산의 가격과 기대수익률도 동일하다. 가격이 서로 다를 경우 저평가된 자산을 매입하여 고평가된 시장에서 매도하면 무위험 차익거래를 실현할 수 있다.

차익거래가격결정모형(arbitrage pricing model)은 여러 공통요인의 영향을 받아서 더 이상 차익거래를 실행할 수 없는 균형상태일 때 개별종목의 기대수익률을 설명한다. 그 가정으로 ① 자산의 수익률은 다수의 공통요인에 의하여 결정한다. ② 투자자들은 공통요인과 개별자산의 확률분포를 동질적으로 기대한다. ③ 투자자들은 차익거래로 이익의 극대화를 추구한다. ④ 시장은 거래비용, 세금, 정보획득비용 등 마찰요인이 전혀 없는 완전시장이다.

차익거래는 순투자금액이나 위험부담없이 (+)의 수익을 얻는 거래로 일물일가의 법칙이 깨졌을 때 발생한다. 순투자금액이 없는 무투자포트폴리오는 개별종목을 공매도(short selling)하고 그 자금으로 동일한 위험의 자산에 투자하여 투자비중의 합을 0으로 만든다. 합리적 투자자들이 경쟁하는 완전시장은 차익거래를 할 수 없다. 만일 이러한 기회가 존재한다면 투자자가 차익거래를 실시하면서 그 기회는 소멸되고 균형가격에 도달한다. 시장가격은 차익거래가 발생하지 않는 균형가격이지만 투자자들의 시간선호와 위험성향의 차이로 균형가격을 달성하기 어렵다.

표 5-16 | 무투자 차익포트폴리오의 예

구 분	초기현금흐름	최종현금흐름	위험 b_1	위험 b_2
1주 공매도	100원	−113원	−0.6	−0.6
1주 매입	−100원	115원	0.6	0.6
차익포트폴리오	0원	2원	0.0	0.0

시장에서 차익거래의 기회가 존재할 때 투자자들은 충분히 분산투자된 포트폴리오로 거래를 행한다. 단일요인모형은

$$R_P = \alpha_P + \beta_P I$$

이다. 균형시장에서 개별자산의 고유위험인 잔차항은 0으로 차익거래에 영향을 미치지 않고, 모든 자산의 수익률은 체계적 위험으로 결정된다. 따라서 포트폴리오의 위험은

$$\sigma_P^2 = \beta_P^2 \sigma(I)$$

이다.

동일한 베타값 또는 민감도를 가지는 포트폴리오의 기대수익률은 모두 같다. 불확실성의 원천인 요인들이 서로 리스크를 상쇄시켜서 이익에 어떤 영향도 미치지 못하기 때문이다. 무차익조건하에서 무투자포트폴리오는 존재할 수 없고 포트폴리오 간 기대수익률은 동일하다.

상이한 두 개의 잘 분산된 포트폴리오는 기대수익률과 요인민감도 간 평면에서 직선으로 연결된다. 요인의 민감도가 1이거나 두 포트폴리오의 결합민감도가 1이면 모방포트폴리오(I, mimicking portfolio)라 하며 시장포트폴리오와 유사하다. 요인민감도가 0인 무위험포트폴리오(Z)는 무위험이자율과 동일하여 비체계적 리스크도 없다. 모방포트폴리오(I)와 무위험포트폴리오(Z)는 기대수익률과 요인민감도 평면상에서 포트폴리오 결합선을 만들 수 있다.

$$E(R_P) = E(R_Z) + [E(R_i) - E(R_Z)]\beta_P$$

차익가격결정모형은 잘 분산된 포트폴리오의 β와 기대수익률 $E(R_P)$의 선형관계를 나타낸다. 균형상태에서 분산투자된 포트폴리오 1단위의 체계적 위험은 동일 크기의 위험프리미엄(λ)을 부여해야 한다. 이때 균형조건은

$$\frac{E(R_P) - R_f}{\beta_P} = \lambda$$

이다. λ는 개별요인의 초과수익률이다. k개 요인의 경우

$$E(R_i) = R_f + \beta_{i1}\lambda_1 + \beta_{i2}\lambda_2 + \cdots + \beta_{ik}\lambda_k$$
$$= R_f + [E(R_{F1}) - R_f]\beta_{i1} + [E(R_{F2}) - R_f]\beta_{i2} + \cdots + [E(R_{Fk}) - R_f]\beta_{ik}$$

여기서, $E(R_{Fk})$[13] = k번째 공통요인의 기대수익률

λ_i = 요인 i의 위험프리미엄

β_{ik} = 공통요인 k의 베타계수

이다.

초과수익률에 영향을 미치는 요인은 인플레이션, 이자율의 만기구조, 리스크프리미엄(국고채와 AAA 채권수익률차이), 산업생산성 등의 경제요인, 규모수익률차이(소형주수익률 − 대형주수익률), 고장부가치/시장가치비율차이(고비율 − 저비율), 국채수익률차이(장기국채 − 단기국채) 등으로 구분할 수 있다. 그리고 무위험이자율은 충분히 분산된 포트폴리오 중에서 모든 공통요인에 대하여 민감도가 0인 포트폴리오를 대용할 수 있다. 모든 공통요인에 대하여 베타가 0일 때 포트폴리오의 기대수익률은 0으로 표시한다.

$$E(R_i) = \lambda_0 + \lambda_1\beta_{i1} + \lambda_2\beta_{i2} + \cdots + \lambda_k\beta_{ik}$$

자본자산가격결정모형은 차익가격결정모형의 특수한 형태이며 어떤 공통요인이 위험프리미엄을 결정하는지 확인하기 위하여 요인분석을 실행한다.

13 K요인에 대해서만 민감도 1이고 다른 모든 공통요인에 대해서는 민감도 0이다.

요약정리 및 생각해 볼 문제

1. 요약정리

- 분산투자는 위험을 전체적으로 파악하여 합리적 투자를 제시한다. 총위험은 개별종목 간 상관관계가 작거나 음수에 가까울수록 축소할 수 있지만 현실적으로 종목 간 음수의 관계를 찾기 어렵다. 분산불가능한 시장위험 또는 체계적 위험은 구성종목수를 증가시켜도 제거할 수 없다. 그리고 평균 · 분산모형은 미래수익의 평균 · 분산으로 투자자의 선호를 표현한다. 투자자들이 평균 · 분산기준에 따라서 효율적 포트폴리오를 선택한다면 주어진 수준의 리스크하에서 기대수익률을 달성하도록 자산을 배분한다.
- 블랙-리터만모형은 시장포트폴리오의 균형기대수익률을 기초로 투자자의 시장전망을 반영하여 투자비중을 산출한다. 평균 · 분산모형의 경우 투자결정에 많은 정보를 요구하기 때문에 더 적은 자료를 사용하는 시장수익률과 개별자산 간 단순회귀식인 단일지수모형을 사용한다. 그리고 SF 자산배분은 위험을 제한하거나 최소기대수익률을 제한하여 포트폴리오를 결정한다. 최저요구수익률은 투자요구수익률의 달성확률과 수익률 평균에 대한 곡선이다.
- 자본자산가격결정모형에서 자본시장선은 균형시장에서 무위험자산과 효율적 포트폴리오에 대한 기대수익률과 위험의 관계를 표시한다. 증권시장선은 균형시장에서 기대수익률을 무위험이자율과 시장포트폴리오의 관계로 설명한다. 시장모형은 개별주식과 단일시장지표의 공분산만을 고려한다. 그리고 차익가격가결정모형은 차익거래가 존재하지 않는 균형시장에서 기대수익률과 공통요인의 관계를 설명한다.

2. 세계화의 과정에서 진정한 글로벌 분산투자효과는 존재하는가?

미국이 8일 이라크 반군에 대한 공습을 시작하고 우크라이나와 이스라엘 등도 지정학적 위험도 높아지고 있다. 이에 따른 투자자들의 위험회피성향으로 안전자산인 금값과 미국 국채가격이 급등하고 반면에 자본시장은 상승 모멘텀의 약화로 조정을 받고 있다. 국채가격 상승으로 10년 만기 미국 국채이자율은 전일 대비 0.06%포인트 하락한 2.41%를 기록하였다. 12월 인도분 금선물은 뉴욕상업거래소에서 전일보다 4.30달러(0.3%) 상승하여 거래되었다. 그러나 뉴욕증권거래소와 유럽의 주요 거래소도 큰 폭의 하락세를 지속하였다. 안전자산에 대한 선호는 엔화의 가치를 상승시키면서 니케이 225지수를 전날보다 2.98% 하락시켰다. 러시아의 우크라이나 침공 등이 현실화될 수 있다는 막연한 불안감도 투자심리를 위축시켰다. 국내도 지정학적 리스크의 부각으로 종합주가지수가 전날보다 23.41포인트(1.14%) 떨어졌다.

3. 정부의 개입은 왜 시장을 비효율적으로 만드는가?

국내 증시는 1989년 4월부터 1992년 8월까지 버블의 붕괴로 고점 대비 54% 하락하였다. 그 이유는 1985년에서 1988년까지 과도한 주식발행에 따른 수급의 불균형, 1989년 하반기의 노사분규, 1989년 통화긴축정책에 기인한다. 이 과정에서 정부는 1989년 12월 12일에 증시부양조치(12 · 12조치)

를 발표하여 투신사에 시장거래대금의 40% 수준인 약 2조 7,692억원을 순매수하도록 하였다. 그러나 주가의 추가하락으로 투신사만 엄청난 손실의 발생과 차입금 이자를 부담해야 했다. 그 후 부실화된 투신사는 한국은행과 정부에서 총 3조 3,000억원의 연 3%인 특별융자와 '보장형펀드'를 허가받기도 하였다. 보장형펀드는 최저 정기예금이자율(1년 10%, 3년 33.16%)을 보장하였다. 그러나 만기인 1993년 9월에 만기보장수익률을 충족한 펀드는 33개 중 단 2개였고 투자자에게 상환 미달금액인 2,900억원을 보존해야 했다. 투신사는 부실화가 심화되면서 전업 투신사시대를 종료하고 증권사로 업종을 전환하였다.

4. 관련 홈페이지

corp.financialengines.com
people.duke.edu/~charvey
rady.ucsd.edu/faculty/directory/markowitz
web.stanford.edu/~wfsharpe
www.crandallpierce.com
www.efficientfrontier.com
www.invedu.or.kr

PRIVATE BANKING

PART 3

가치평가의 이해

CHAPTER 6

장세판단의 이해

학습개요

증권분석은 경제상황, 산업전망, 그리고 기업현황 등을 대상으로 한다. 이를 통하여 시장 전체의 체계적 위험과 기업 자체의 비체계적 위험이 투자수익률에 미치는 영향을 분석한다. 따라서 기업가치는 장기적으로 내재가치에 수렴하지만 단기적으로 불균형에 이를 수 있다.

학습목표

1. 증권분석의 방법, 범위와 한계를 이해할 수 있다.
2. 경제분석과 산업분석으로 체계적 위험을 관리할 수 있다.
3. 기본적 분석과 기술적 분석으로 투자를 결정할 수 있다.

생각해 보기

증권분석의 개척자 그라함과 도드

그라함(B. Graham)과 도드(D. Dodd)는 주식투자자를 단순매매자에서 가치추구의 기업가로 전환시켰다. 투자자가 가격변동에 따른 저평가시점을 판단하여 자본소득을 추구하는 것이라 아니라 경영의 관점에서 배당금, 경쟁력, 주당순이익 및 이익률 등의 분석을 제안하였다. 투자방법은 다양한 종목으로 분산투자하면서 저평가된 주식의 장기투자를 권유하였다. 대상 기업은 우수한 경영자 속에서 부채비율도 낮고 자기자본이익률이 15~20% 수준인 기업이다. 내재가치 대비 주가가 2/3 이하, 최근 1년간 PER 20배 또는 7개년 평균 PER 25배 이하의 종목을 대상으로 하였다. 그리고 폭락장세에서 내재가치보다 저평가된 주식의 분산투자를 권유하였다. 아직도 가치투자자들은 이러한 전략을 따르면서 시장의 효율성을 제한적으로 받아들인다.

제1절 경제분석

1. 분석방법

증권분석은 기업의 내재가치보다 저평가되었거나 기업에 영향을 미치는 기업요인, 산업요인, 경제요인을 기초로 성장가능성을 분석한다. 증권의 가치는 경제요인 30~40%, 산업요인 10~15%, 그리고 기업요인 45~60%에 의하여 결정되는 것으로 알려져 있다. 분석방법은 기업요인, 산업요인, 경제요인으로 올라가는 상향식(bottom-up) 방법과 경제요인, 산업요인, 기업요인으로 내려가는 하향식(top-down) 방법으로 구분할 수 있다. 주로 하향식 방법으로 증권을 분석하고 최종 투자결정은 상향식 방법을 채택한다. 주가에 영향을 미치는 5가지 주요 요인은 인플레이션, 이자율, 주당순이익, 배당금, 증권의 가격 등이다.

표 6-1 | 분석과정의 유형

접 근	하향식 접근	상향식 접근
중요변수	거시경제변수, 시장상황	기업수익성 자료, 산업환경
의사결정	자료의 신뢰성 부족	자료의 신뢰성 높음
리서치	소규모 자료로 부담 적음	대규모 자료로 부담이 커서 적시성 떨어짐

첫째, 경제분석은 미래 환경변화와 경제상황을 기초로 투자성과를 예측한다. 그 방법으로 ① 피드백방식(feed back-based)은 시장의 심리를 이해하고 시장참여자들이 합리적으로 행동하지 않는 상황을 포착하여 활용한다. 비이성적으로 투자자가 돈을 너무 쉽게 벌어서 만족하는 기간이나 과다한 손실로 매도에 집중하는 시기이다. 시장붕괴 후 회복조짐이 최초로 나타날 때 진입하여 거품이 터지기 전 회수한다. ② 모델방식(model-based)은 정교한 거시경제모형을 사용하여 세계가 움직이는 방식을 이해하고 관측 가능한 자료로 내재가치를 평가하여 상식적 추정치와 비교한다. 모형의 수명이 짧고 항상 새로운 모형을 개발해야 하는 단점이 있다. ③ 정보분석방식(information-based)은 중앙은행 간행물, 조사자료, 신뢰지수, 유동성 수치, 예측기관, 정치해설가, 그리고 지인의 의견 등 미시정보를 분석한다.

둘째, 투자종목의 산업환경이나 유망 산업분야를 분석한다. 환경요인은 시장규모, 경쟁구조, 정부정책, 노사관계 등이며, 성장산업, 사양산업 및 유망산업으로 구분할 수 있다. 기업의 수명주기에 성장산업의 발굴은 중요한 투자과정이다. 또한 동일산업의 기업은 제품구성, 자산구성 및 자본구조 등의 차이로 이익과 성장에서 차이를 보인다.

셋째, 기업분석은 현금흐름과 성장률 등을 추정한다. 기업의 산업 내 경쟁력, 제품구성의 건전성, 기업의 성장성 및 재무제표를 분석한다. 기업분석은 기술적 분석(technical analysis)[01]과 기본적 분석(fundamental analysis)[02]을 실시한다. 경영환경과 기업이익은 경기순환의 범위, 반기업정서,[3] 그리고 산업별 실적의 차이에 영향을 받는다.

증권분석에서 양적 자료는 기업의 통계자료와 재무제표로 구분할 수 있다. 그리고 질적 자료는 기업의 연혁, 경영자의 자질, 기술혁신, 연구개발력, 노사관계의 건전도, 사풍과 기업문화 등 정성적 측면이다. 기업가치는 사업보고서, 경영진단서, 그리고 CEO 인터뷰 등으로 얻는다. 또한 경영자의 전년 행동과 금년 행동을 비교하면 경영진의 정직성, 외부환경 변화에 대한 대응능력과 자본의 재할당 능력을 확인할 수 있다.

기업실사 기업실사(due diligence)는 지분 혹은 자본구조의 변화, 기업의 재무 및 영업활동을 조사한다. 이 과정은 투자자에게 실제 달성할 수 있는 성과의 가능성이나 의사결정에 필요한 정보를 얻을 수 있다. 실시방법은 현장방문, 면담, 제공자료, 공개 또는 공시자료, 수집정보, 제3자(제품구입처, 경쟁업체 등)의견, 복수 외부전문기관의 분석보고서 등을 검토한다. 재무정보의 기업실사는 최근 3개년 감사보고서, 최근 3개년 분기별 재무제표, 추정재무제표 및 근거자료, 예산신규사업계획, 매출자료, 수주현황(신규, 잔고), 우발채무, 내부회계규정 및 정책 등이다. 그리고 재무분석사(CFA: Chartered Financial Analyst)는 AIMR[04]의 자격시험 합격자로 증권금융, 재무분석 및 투자분석 등을 실행한다.

기업감시자로 ① 사외이사는 기업과 독립된 지위에서 기업 전반의 운영을 감시한다. ② 회계사(감사인)는 정보작성자인 기업과 정보이용자의 합리적 의사결정을 지원할 수 있도록 재무제표에 대하여 감사의견을 제시한다. ③ 증권인수인(underwriter)은 발행기업과 증권정보를 투자자에게 제공한다. 잘못된 정보로 투자자가 손실을 입는 경우 인수인도 손해배상의 책임이 있다. ④ 신용평가회사(CRAs: Credit Rating Agencies)는 기업의 재무상태, 사업실

---

01 기술적 분석은 주식가격이나 거래량의 움직임에서 주식가격을 예측할 수 있는 패턴이나 추세를 찾아서 미래의 주가를 예측한다.

02 기본적 분석은 기업의 이익과 배당, 미래이자율 및 기업의 위험 등 미래의 현금흐름을 예측하여 내재가치를 추정하여 투자를 결정한다.

03 반기업정서의 예로 법인세율 증가, 노동자의 권리신장, 규제통제경쟁의 정부간섭 등이다.

04 재무분석사협회(AIMR: Association for Investment Management and Research)는 1945년 뉴욕증권분석가협회를 모태로 1947년 설립된 투자전문가의 국제협회이다. CFA 자격시험은 1차, 2차, 3차로 나누어 진행되는데 3단계 시험에 순차적으로 합격하고, 4년 이상의 실무경력을 인정받아야 한다.

그림 6-1 CFA협회 홈페이지

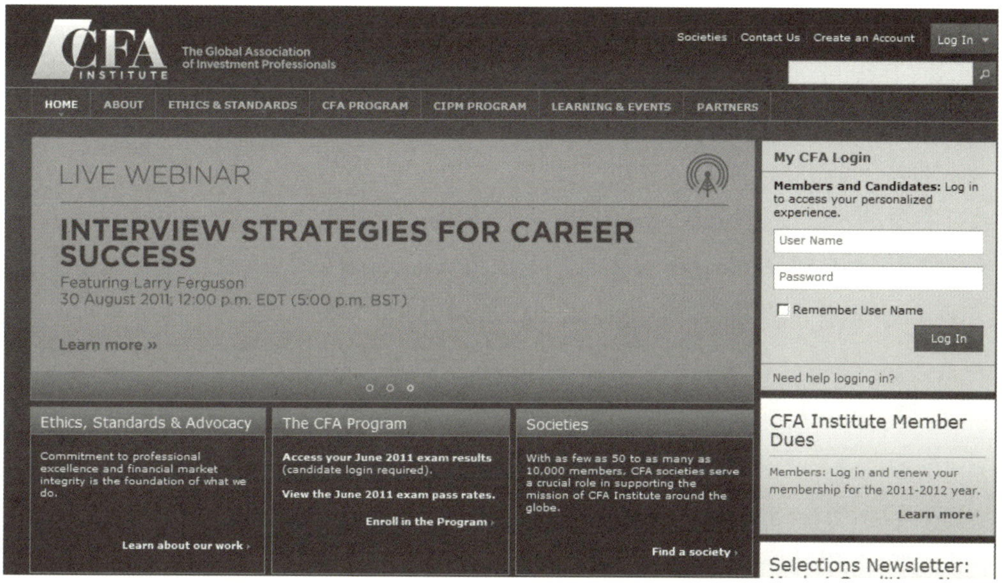

자료: 미국재무분석사협회

적 등 현재의 상황을 파악한 후 원리금의 상환 가능성과 기업의 신용도 등을 평가한다. ⑤ 재무분석사는 회사의 기술, 경쟁력, 수익전망 등을 평가하여 투자자에게 정보를 제공한다. ⑥ 투자자문사(retail investment advisors)는 증권에 대한 정보를 분석한 후 투자판단을 조언한다. ⑦ 변호사는 인증업무와 보고의무를 실행한다.

2. 경기순환

경기순환 경기순환(business cycle)은 주요 경제변수들의 장기추세선이 약 3년에서 5년을 주기로 상하로 움직이는 현상이다. 국가경제의 총체적 활동수준으로 경제성장률, 경상수지, 인플레이션, 유가, 환율 등 거시경제지표들의 종합적 움직임이다. 그 원인은 민간의 투자지출 변화에 따른 수요적인 충격(케인즈), 통화량 변화 등의 화폐적 충격(프리드만), 불완전정보에 따른 경제주체들의 기대심리(루카스), 그리고 기술과 생산성의 변화 같은 공급측면의 충격(슘페터) 등이다. 순환주기는 단기순환으로 키친순환(통화공급 · 이자율변동 · 물가변동 · 재고축적, 40개월), 중기순환으로 쥬글라순환(기술혁신과 설비투자, 9년반), 건축순환(건축투자, 17∼18년), 쿠즈네츠순환(경제성장률, 20∼25년), 장기순환으로 콘트라티에프순환(대발명, 50~60년)으로 구분한다.

주요 변동요인으로 ① 추세변동(trend)은 장기 변화에 따라서 커지거나 작아지는 변화의 요소를 나타낸다. ② 순환변동(cyclical)은 경제전반 또는 특정 산업의 등락을 나타낸다. 예를 들어 GNP(국민총생산), 산업생산지수, 주택수요 등은 순환변동을 한다. ③ 계절변동(seasonal)은 일정한 주기로 동일한 패턴을 반복한다. 계절변동의 경우 주기가 일정(1년, 1달, 1주 등)하지만 순환변동은 불규칙한 기간 동안에 순환한다. ④ 시계열자료는 세 가지 변동을 내포하면서 불규칙한 순환을 포함한다. 오차(error)는 불규칙변동으로 실제 시계열자료(Y_t)와 추세, 순환, 계절변동의 조합의 패턴(f_x) 간 차이이다.

$$Y_t = f(\text{추세, 순환, 계절}) + \text{오차(불규칙)}$$

경기확장국면은 경제활동이 활발한 국면으로 회복국면(저점)과 호황국면(정점)으로 구분한다. 그리고 경기수축국면은 경제활동이 위축된 국면으로 후퇴국면(정점)과 침체국면(저점)으로 구분한다. 그 특징으로 ① 공행운동(comovement)은 주요 경제변수가 함께 움직이면서 경기에 선행, 동행 또는 후행한다. 공행성은 생산, 고용, 투자, 소비 등 경제지표들과 산업부문별 생산, 고용, 투자 등의 공통움직임이다. ② 보편성은 모든 경기변동 형태의 유사성이다. ③ 자기상관(autocorrelation)은 과거의 경제상태가 현재에도 영향을 미친다. ③ 비대칭성(asymmetry)은 확장기간과 수축기간의 차이이다.

그림 6-2 GDP성장률과 경기선행지수증가율 추이

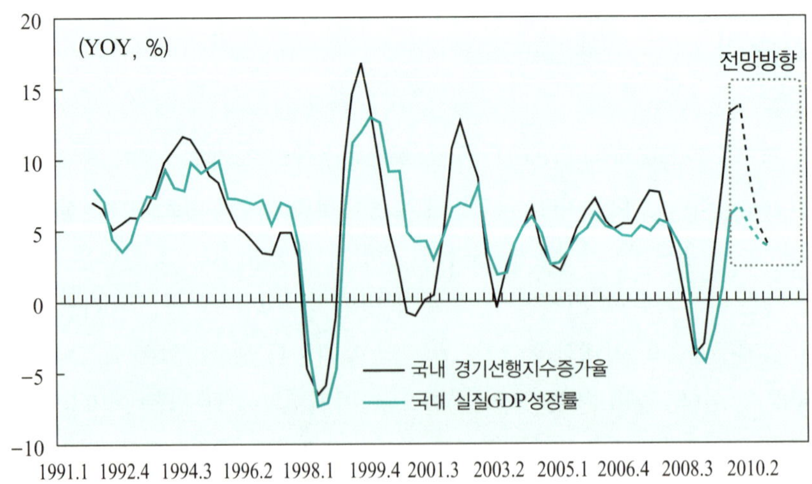

표 6-2 | 경기변동에 따른 투자전략

주식장세	강세국면		약세국면	
	금융장세	실적장세	역금융장세	역실적장세
경기동향	침체기	회복기	활황기	후퇴기
이자율동향	하 락	상 승	상 승	하 락
기업실적	감 소	회 복	증 가	감 소
주가동향	상 승	상 승	하 락	하 락
투자전략	업종대표주	전반 집중투자	현금확보	기회모색
주도주	내수관련주(제약, 음식료), 자산주	이자율수혜주, 차익 관련주, 업종대표주	소재산업, 가공산업 (순환매)	중소형우량주, 저 PER주

침체기는 정부의 이자율 인하와 유동성 확대로 시장의 자금순환을 유도한다. 회복기는 정부의 노력으로 경기주체들이 활기를 띠며 회복한다. 호황기는 경기회복을 넘어서 가파른 상승을 시작한다. 그리고 후퇴기는 정부의 이자율 인상과 유동성 흡수의 움직임이 활발하다. 경기침체시 정부는 정부지출을 늘리는 재정정책과 이자율을 낮추는 통화정책을 활용한다. 유동성 확대와 이자율 인하로 소비가 증가할 경우 기업은 매출이 증가하면서 이익도 증가하고 고용을 창출하는 선순환구조를 이룬다. 그러나 유동성 확대에 따른 인플레이션은 재정지출의 축소와 이자율 인상을 초래한다. 기업투자와 고용이 증가하기 전에 통화긴축이나 이자

그림 6-3 | 경기순환과 투자전략

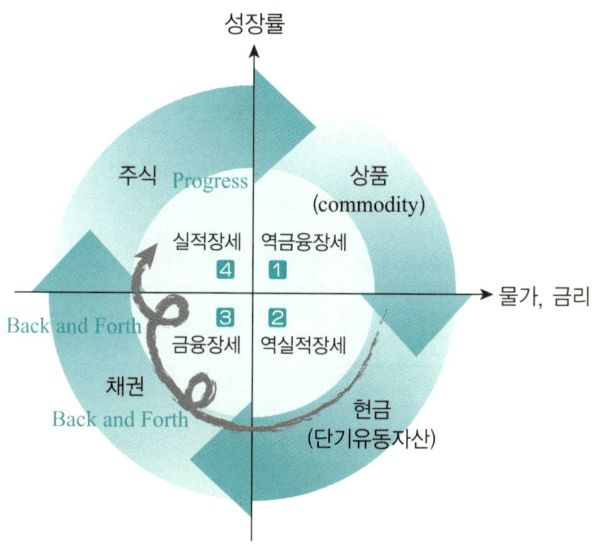

율 인상을 하면 다시 침체에 빠질 수 있다. 경기침체 후 재침체의 'W자형 경기회복' 인 더블딥[05]이 미국의 대공황(1929~1941년)과 2차 오일쇼크기간(1979~1982년)에 발생하였다.

경기예측 경기예측방법은 경기종합지수법, 기업실사법, 계량분석방법 등이 있다. 첫째, 경기종합지수(CI: Composite Indexes of business indicators)는 경기를 잘 반영하는 주요 지표를 선정하여 경기흐름을 종합적으로 평가한다. 순환변동치가 100을 상회하면 추세 이상의 성장을 하고 100을 하회하면 추세 이하의 성장으로 판단한다. 전체 경기의 변화 방향인 국면전환점을 판단하거나 예측하기 위하여 작성한다. 통계청이 1981년 3월부터 24개 부문의 경제지표를 종합하여 발표한다. 개별지수로 ① 경기선행지수는 실제 경기흐름보다 보통 3~10개월 정도 앞서 변한다. ② 경기동행지수는 경기의 움직임과 함께 변한다. 그리고 ③ 경기후행지수는 경기흐름보다 보통 3~10개월 정도 늦게 움직인다. 주가는 수축기 말기의 저물가, 저이자율, 경기부양 등의 영향으로 상승한다. 활황기 말기에 물가상승과 고이자율 등으로 기대수익률이 하락하면서 경기보다 주가가 먼저 하락한다.

둘째, 기업실사지수(BSI: Business Survey Indexs)는 기업활동의 실적과 계획, 경기동향 등에 대한 경영자의 의견을 설문지로 조사하여 파악한다. 전체 응답업체가 전기보다 호전되

표 6-3 | 경기종합지수

경제부문	선행종합지수(9개)	동행종합지수(7개)	후행종합지수(5개)
고 용	구인구직비율	비농림어업취업자수	상용근로자수
생 산	재고순환지표	광공업생산지수 서비스업생산지수	생산자제품재고지수
소 비	소비자기대지수	소매판매액지수 내수출하지수	도시가계소비지출 (실질)
투 자	기계류내수출하지수 건설수주액(실질)	건설기성액(실질)	
대 외	수출입물가비율 국제원자재가격지수(역계열)	수입액(실질)	소비재수입액 (실질)
금 융	주가지수 장 · 단기금리차	–	회사채유통수익률

자료: KDI 경제정보센터

05 더블딥은 경기변동과정에서 경기침체 이후 회복되는 기미를 보이다가 본격적 경기호황이 오기 전에 다시 침체에 빠지는 이중침체 현상을 뜻한다.

었다고 응답한 업체수와 악화되었다고 응답한 업체수를 산출하여 계산한다. 산출값이 100 이상이면 경기확장국면이라고 판단한다. 예를 들어 긍정 · 부정의 응답이 각각 60과 40이라면 60에서 40을 차감한 다음 100을 더하면 120이다. 한편 미국의 공급관리자협회(ISM: Institute for Supply Management)는 20개 업종, 400개 이상의 기업에 매달 설문조사를 실시하여 ISM지수[06]를 발표한다. 일본의 단칸지수는 약 1만 개의 기업(대기업 1,500개, 중소기업 8,500개)을 대상으로 분기 설문조사를 실시하여 경기를 전망한다.

$$\text{기업실사지수} = \frac{\text{증가(상승, 호전)업체수} - \text{감소(하락, 악화)업체수}}{\text{전체 응답업체수}} \times 100 + 100$$

셋째, 소비자태도지수(CSI: Consumer Survey Index)는 소비자의 현재 및 장래의 재정상태, 소비자가 보는 경제전반의 상황과 물가, 구매조건 등을 설문조사하여 산출한다. 조사항목에 대한 소비자의 응답을 가중평균하여 경제주체인 일반소비자들의 체감경기를 분석한다. 미국의 소비자신뢰지수(Consumer Confidence Index)는 매월 전미지역 5천 가구를 대상으로 현재 지역의 경제상황과 고용상태, 6개월 후의 지역경제 및 가계수입의 전망 등을 발표한다. 지수상승은 경기상승에 따른 향후 소비자들의 지출증가로 해석할 수 있다.

경기국면에 따라서 회복기는 원자재, 자본재 등 설비투자 및 건설관련 업종이 상승하고, 회복기말과 활황기초에 기초소재 등 중간재, 그리고 활황기에 전체 업종에서 상승한다.

3. 경제지표

경제지표는 예측이나 현재상황을 나타내면서 기업의 수익성에 영향을 미치는 요인이다. 글로벌경제가 안정적일 경우 기축통화인 미달러 가치가 강세이고 국제정세의 불안정이나 불황기의 경우 금과 석유의 가격이 상승한다. 주요 거시지표는 경제성장률(GDP), 이자율, 통화량, 환율, 인플레이션, 국제원자재가격 등이다.

첫째, 경제성장률(GDP)은 생산, 고용, 판매의 증가로 경기를 확장시켜서 기업의 이익과 가계의 소득을 증가시킨다. 경제성장은 기업의 생산을 증가시켜서 기업의 실적과 가치를 향상시키지만 경제 침체시 기업실적의 감소로 그 가치도 하락한다.

둘째, 인플레이션은 소비자의 실질소득을 감소시켜서 개인의 투자와 저축을 위축시키면

06 ISM 제조업지수는 제조업의 경기동향을 나타내는 경기선행지표이다. 그리고, ISM 비제조업지수는 서비스업의 경기동향을 나타내는 지표이다.

표 6-4 | 주가에 영향을 미치는 경제요인

경제요인	요인변화	주가변화	분석방향
경기동향	회복기 후퇴기	상 승 하 락	경기동행지수 순환 변동치 중요
경제성장률(GDP)	상 승	상 승	성장의 내용 파악이 중요
통화량	증 가	상 승	직접영향
인플레이션	안 정	상 승	인플레 헤징
이자율	상 승	하 락	주식과 채권의 대체관계
환 율	절 상	하 락	원화평가절상 → 기업수지악화
원자재가격	상 승	하 락	기업실적과 연결
산업라이프사이클	성장기	상 승	도입기, 성장기, 성숙기, 쇠퇴기
기업실적	상 승	상 승	재무제표분석, 질적분석

서 실물자산을 선호하게 만든다. 완만한 인플레이션은 실물경기를 상승시켜서 기업수지를 개선하고 기업의 이익을 증가시킨다. 그러나 급격한 인플레이션은 실질소득 하락에 따른 구매력 감소로 이어지면서 기업의 수익을 축소시킨다.

셋째, 이자율이 상승하면 투자자의 요수수익률이 높아지면서 기대 현금흐름의 현재가치를 작게 만들고 기업의 비용 증가에 따른 이익의 감소로 주가를 하락시킨다. 기업의 이익이 일정할 때 이자율이 낮을수록 주가를 상승시킨다. 그러나 이자율 하락은 조달비용의 감소로 실물경제에 도움을 주지만 장기화될 경우 물가불안, 자산버블, 자금의 단기부동화 등으로 스테그플레이션[07]이 출현할 수 있다.

$$\text{주가}(P) = \text{주당순이익}(EPS)/\text{이자율}(i)$$

넷째, 통화량의 증가는 단기적으로 긍정적(유동성증가)이지만 장기적으로 부정적(이자율 상승)인 요인이다. 그 증가율은 약 6~9개월 후 명목소득을 감소시킨다.

다섯째, 환율절상은 물가를 안정화시키면서 해외자본을 유입시키지만 수출기업의 수익을 감소시킨다. 그리고 평가절하는 수출기업의 수익을 상승시켜서 주가를 상승시킨다.

07 경제불황 속에서 물가가 상승하는 현상으로 경기침체를 뜻하는 Stagnation과 물가상승을 뜻하는 Inflation이 결합된 것이다. 경기침체 속에서 물가가 상승하는 인플레이션이 동시에 발생하기 때문에 실업률과 물가상승률이 모두 증가한다. 스태그플레이션의 폐해를 보여주는 사례로 1970년대 석유수출국기구(OPEC)가 원유가격을 크게 인상하면서 세계 각국의 물가가 크게 상승하는 동시에 국민소득이 감소하는 스태그플레이션을 경험하였다.

그림 6-4 환율과 주가와의 관계

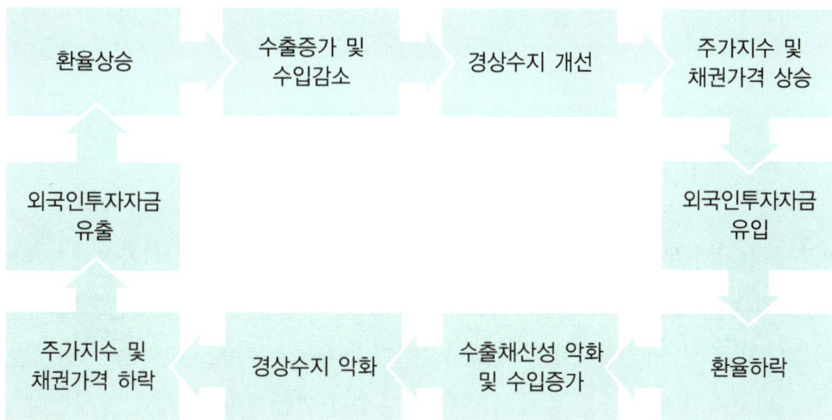

여섯째, 원자재가격의 상승은 국내물가를 상승시켜서 판매감소로 주가를 하락시키지만, 원자재가격 하락은 국내물가를 하락시켜서 판매증가로 주가를 상승시킨다.

주가지수 주가지수(stock index)는 기준시점 대비 주식가격의 변동으로 시장의 변화를 나타낸다. 또한 주식투자에서 성과평가의 기준으로 시장 대비 개별주식이나 포트폴리오의 수익률과 위험을 상대평가할 수 있다. 주가지수의 산출방법은 가격가중방식과 가치가중방식으로 구별할 수 있다. 가격가중방식의 대표지수인 다우존스산업평균지수(Dow Jones Industrial Average)는 1884년 월스트리트저널의 공동설립자 다우(C. Dow)가 창안하였다. 뉴욕증권거래소의 30개 우량기업을 대상으로 주식분할이나 다른 조정효과를 상쇄시킨 후 계산하는 비율평균(scaled average)방식이다. 그러나 30개종목은 지수를 산출하는데 적은 숫자로 구성종목의 대표성에 대한 논쟁이 존재한다. 한경지수, 매경지수 및 MIKKEI225도 다우존스식으로 대표종목을 표본으로 계산한다.

계산방법으로 ① 산술평균가격가중방법은 비교시점의 주가평균 대비 기준시점의 주가평균으로 계산한다. 예를 들어 기준시점의 A, B, C기업의 주가가 각각 A_0 = 10,000, B_0 = 19,000, C_0 = 7,000, 비교시점(t시점)의 주가가 각각 A_t = 16,000, B_t = 32,000, C_t = 6,000일 경우 주가지수는 150이다.

$$\text{주가지수} = \frac{(16,000 + 32,000 + 6,000)/3}{(10,000 + 19,000 + 7,000)/3} \times 100 = \frac{18,000}{12,000} \times 100 = 150$$

② 비율평균가격가중방법은 표본 내 모든 주식의 가치가 동일하다는 가정에서 기준시점의 주가 대비 비교시점의 주가비율을 합한 후 표본수로 나누어 계산한다. 이 경우 주가지수는 138이다.

$$\text{주가지수} = \left(\frac{16,000 + 32,000 + 6,000}{10,000 + 19,000 + 7,000}\right) \div 3 \times 100 \cong 138$$

가치가중방식(시가총액)은 기준시점의 시가총액 대비 비교시점의 시가총액을 나누어 계산한다. 대표지수인 S&P500은 1941~1943년의 평균시가총액 10을 기준으로 뉴욕증권거래소와 나스닥의 주식 500개를 표본으로 산출한다. 시장의 동향을 파악하기 쉽지만 대형주의 영향으로 투자자가 인식하는 주가의 변동과 지수의 변동 간에 괴리가 발생한다. 예를 들어 A, B, C기업이 기준시점의 총발행주식수 A_0 = 100, B_0 = 200, C_0 = 50이고, 비교시점(t시점)의 총발행주식수 A_t = 150, B_t = 250, C_t = 100이다.

$$\text{주가지수} = \frac{(16,000 \times 150 + 32,000 \times 250 + 6,000 \times 100)}{(10,000 \times 100 + 19,000 \times 200 + 7,000 \times 50)} \times 100$$

$$= \frac{11,000,000}{5,150,000} \times 100 = 213.6$$

국내의 경우 한국종합주가지수(KOSPI: Korea Composite Stock Price Index)는 1980년 1월 4일 유가증권시장의 시가총액을 100으로 비교시점의 시가총액을 나누어서 산출한다. 그리고 기업규모는 시가총액의 크기에 따라서 대형주지수 상위 100위 이내, 중형주지수

표 6-5 | 국내 주가지수의 유형

구 분	분류기준	지수명
시 장	유가증권	KOSPI, KOSPI200
	코스닥	KOSDAQ
	종합시장	KRX
규 모	시가총액	대형주, 중형주, 소형주
스타일	PER · PBR	성장주, 가치주, 코어주
산 업	업 종	제조업, 서비스업
	산 업	음식료업, 섬유 · 의복, 종이 · 목재, 화학, 의약품, 비금속광물, 철강 · 금속, 기계, 전기 · 전자, 의료정밀, 운수장비, 유통업, 전기가스업, 건설업, 건설업, 운수창고, 통신업, 금융업, 은행, 증권, 보험

101～300위, 소형주지수 301위 이하로 구분한다. 산업별 지수는 제조업과 서비스업을 각각 20개 산업으로 분류한다. 또한 KOSPI200[08]은 1990년 1월 3일 100을 기준으로 유가증권시장의 업종대표종목 200개로 구성한다. 1997년 시작한 코스닥종합지수(KOSDAQ Composite Index)는 코스닥시장 상장기업의 주가에 주식수를 가중한 시가총액식으로 1996년 7월 1일을 100으로 한다. KRX100지수는 유가증권시장과 코스닥시장의 대표종목 100종목을 대상으로 유동주식수가중 시가총액식에 따라서 2001년 1월 2일을 1000으로 한다. 섹터지수는 산업지수 산출에 포함되는 종목을 중심으로 유사한 산업을 통합하여 산출한다. 섹터는 KOSPI200지수에서 8개섹터로 재분류하고, KRX지수는 18개섹터로 분류한다.

표 6-6 | KOSPI200지수와 KRX지수의 섹터 비교

KOSPI200섹터	KRX섹터
건설 · 기계	건설
조선 · 운송	조선 · 운송
철강 · 소재	철강
에너지 · 화학	에너지 · 화학
정보통신	정보통신, 반도체
금 융	은행, 비은행금융, 증권, 보험
필수소비재	필수소비재, 건강, 미디어 · 통신
자유소비재	자동차, 소비자유통, 레저, 미디어 · 통신

제2절 산업분석

1. 산업구조

산업분석은 개별산업의 특성과 추세를 분석하여 미래를 전망한다. 산업은 경제가 발전하면서 산업 간 성장속도의 차이를 보이면서 변화한다. 산업 간 성장속도는 제품의 수요변화, 신기술 및 신제품의 개발, 그리고 경제정책 및 여건의 변화 등에 따라서 발생한다. 산업사회

08 KOSPI200은 초기 상장주식수(=비유동주식수 + 유동주식수)가중 시가총액으로 산출되었으나 2007년 12월 14일부터 순수 유동주식수만 가중한 시가총액 방식으로 주가지수를 산출한다.

는 농업사회와 다르게 격심한 경제의 변동성을 갖는다. 이러한 변동성은 경제적 변화에 의하여 투자자의 삶을 심각하게 위협한다.

산업은 개별분야에 따라서 위험과 수익성, 성장전망 등에서 차이를 가지고 있다. 경기순환 과정에서 ① 매출액 민감도는 둔감업종(음식료, 의약, 담배) 및 민감업종(자동차, 기계) 등으로 구분한다. ② 영업레버리지의 비율이 크면 민감하고 비율이 작으면 둔감하다. 그리고 ③ 부채는 기업의 성과에 관계없이 이자와 원금상환의무를 가진다.

수명주기별 산업분석은 주력제품이 수명주기상 어느 단계인지를 파악하여 산업의 성장가능성을 파악한다. 첫째, 제품의 도약기는 소득수준이 높고 연구개발 인력이 풍부한 선진국에서 시작한다. 제품을 개발한 선진국이 생산하여 개발도상국에 수출한다. 기업은 매출액이 빠르게 증가하면서 수익성이 매우 높으며 주당순이익도 급속히 성장한다. 투자의 증가로 생산성은 높지만 배당성향은 낮고 높은 수익성으로 경쟁기업도 출현한다. 사업위험은 크지만 시장에서 제품이 속한 산업이 주목을 받는다.

둘째, 성장기는 제품에 대한 소비자의 인정으로 수요가 증가하고 제품생산을 개도국으로 이전한다. 기업 간 경쟁이 점점 치열해지면서 수익성과 이익규모도 둔화된다. 투자가 감소하면서 주당배당성장률은 둔화된다. 그러나 매출액의 증가로 관련비용을 충분히 흡수하여 이윤을 창출한다.

셋째, 성숙기는 생산공정의 표준화로 선진국의 기술우위도 소멸하고 저임금의 개도국에서 생산하여 선진국으로 수출한다. 기업은 핵심분야에 주력하면서 주당순이익의 성장, 배당성향, 그리고 주가상승 등을 지속한다. 그리고 기업은 차입금 등을 상환하고 새로운 업종에 진출하거나 전환을 모색한다.

넷째, 쇠퇴기는 매출이 안정적이지만 대체품의 출현으로 매출이 감소한다. 기업은 유동성이 풍부하지만 철수 또는 업종전환 등의 방향전환을 모색한다.

따라서 선진국은 도입기와 성장기에 비교우위로 수출하지만 성숙기에 생산공정을 표준화하여 역으로 해외에서 생산하여 제품을 수입한다. 따라서 성숙기의 상품은 경쟁력의 확보를 위하여 기술혁신이나 신제품으로 재도약을 해야 한다.

주식투자에서 산업요인은, 첫째 사업의 성격과 전망으로 가장 유망한 산업을 선별하여 최고의 기업을 선택한다. 과거 실적은 수익성에 영향을 미치는 산업의 매출액과 수익률로 평가한다. 그 실적은 유행을 따르지 않으면서 충분한 근거를 가질 때 유효하다.

둘째, 경영조직 및 경영능력으로 기업의 규모가 커질수록 조직의 분화로 위기대처능력이 높아야 한다. 경영정보시스템은 주요 사항(현금흐름, 제품수익성, 경영자성과 등) 보고, 경영자의 경영목표와 지시사항을 효율적으로 전달한다. 경영자의 능력은 경영철학, 경영진의

그림 6-5 산업과 기업의 수명주기

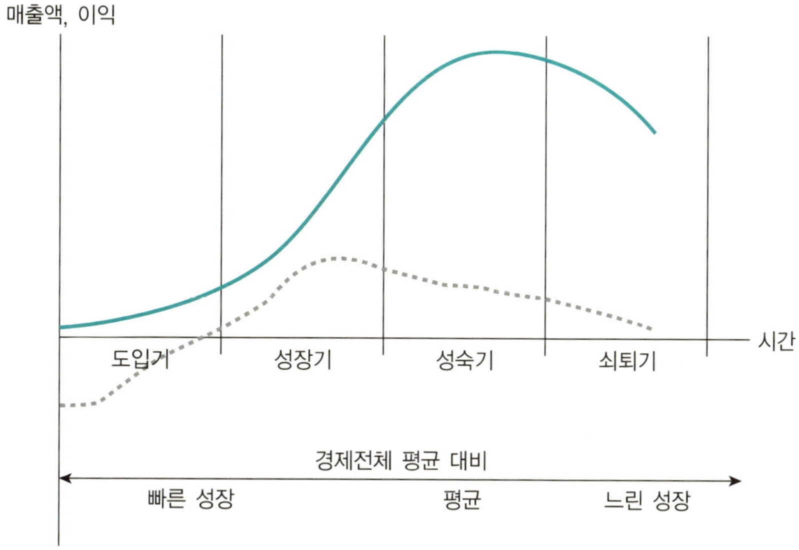

구성, 경영진의 건강 등이 중요하다.

셋째, 기업의 시장점유율과 성장률로 경쟁력을 결정한다. 제품은 시장수요의 변화, 제품의 경기순환성, 시장의 안정성 등에 주의해야 한다. 기타요인으로 대정부 관계, 연구개발활동, 신제품 개발, 기존제품 생산공정개선 등도 분석한다.

표 6-7 | BCG모형

국 면	명 칭	성장성	수익성
1	Barking Dog(포기 또는 사양화가 임박)	낮 음	낮 음
2	Cash Cow(성장성은 낮으나 자금조달원)	낮 음	높 음
3	Rising Star(성장성과 수익성이 모두 높음)	높 음	높 음
4	Question Mark(성장 가능성은 있으나 수익력이 낮음)	높 음	낮 음

넷째, 재무적 융통성으로 외상매출금의 회수 가능성, 재고자산의 현금화 가능성, 고정자산의 융통성(담보, 처분가치 등)을 분석한다. 자본조달능력은 부채의 크기, 채권의 우선순위, 우발채무 크기 등이다. 또한 침체기에도 재무구조가 우수하면서 평균이익을 실현할 수 있어야 한다. 안정적 기업은 사회수요가 뚜렷한 공기업, 대중소비재 기업, 대규모 체인망의 소매기업 등이다.

2. 개별산업

산업은 제품이나 생산공정에서 유사한 성질을 갖는 활동을 하는 생산단위의 집합이다. 개별기업은 해당 산업의 동향과 관련성을 가지지만 전체 경기변동은 산업 간 차이가 존재한다. 해당 산업의 경쟁력은 수요와 공급, 시장의 가격결정, 원자재나 인력공급, 기술개발, 연관산업, 경쟁구도 등으로 파악한다. 그리고 경기순환과 이익에 의하여 ① 순환산업은 경기순환과 일치하며 수출제품 및 자본재를 생산한다. 성장기에 매출이나 이익이 증가하지만 불

표 6-8 | 산업별 지수추이

업 종	2001년 1월 초	2013년 12월 말	증감률(%)
음식료품	648.4	3,872.7	497.3
섬유의복	217.2	244.0	12.4
종이목재	172.8	329.1	90.4
화 학	416.8	4,149.5	895.7
의약품	859.2	4,227.3	392.0
비금속광물	388.0	782.6	101.7
철강금속	907.5	5,180.5	470.8
기 계	146.9	962.8	555.3
전기전자	2,077.7	10,693.8	414.7
의료정밀	197.9	1,789.7	804.5
운수장비	197.5	2,657.6	1,245.9
유통업	121.4	525.5	333.0
전기가스업	668.3	1,178.2	76.3
건설업	44.7	129.7	190.4
운수창고업	320.5	1,899.2	492.6
통신업	446.3	334.4	-25.1
금융업	181.0	452.5	150.0
은 행	113.4	227.0	100.2
증 권	936.0	1,518.1	62.2
보 험	1,974.5	18,372.2	830.5
서비스업	342.3	1,047.2	205.9
제조업	640.4	4,204.2	556.5

자료: 한국거래소(KRX)

황기에 매출감소나 손실이 발생한다. ② 방어산업은 음식료 및 의약품과 같이 경기변동에 영향을 받지 않고 일정수준의 경영성과를 달성할 수 있는 내수주이다. 그리고 ③ 성장산업은 기술혁신과 마케팅능력을 기반으로 높은 수익은 기록하는데 주로 글로벌기업과 다국적 기업에서 나타난다.

고정비용의 비중이 큰 산업은 경기침체시 수익성이 악화되지만 경기활성화시 변동비 부담의 감소로 수익성이 개선된다. 산업활동은 영리와 비영리활동을 포함하지만 주부의 가사활동을 제외한다. 국제산업분류표준(GICS: The Global Industry Classification Standard)은 글로벌지수 산출기관인 S&P와 MSCI에서 1999년 공동으로 개발하여 투자분석, 포트폴리오 및 자산관리에서 활용한다. GICS 산업분류체계는 전 세계 산업을 경제섹터(10개), 산업군(24개), 개별산업(68개), 하위산업(154개)의 4단계 계층구조로 구성한다. 한국표준산업분류는 유엔의 국제표준산업분류(1차개정: 1958년)를 기초로 작성하였다. 생산단위(사업체단위, 기업체단위 등)가 주로 수행하는 산업활동을 그 유사성에 따라 체계적으로 유형화하였다.

20013년 말 기준 산업별 지수는 개별산업에서 화학, 의료정밀, 운수장비 및 보험산업의 수익률이 높았고 서비스업보다 제조업의 성장률이 높았다. 개별종목은 산업의 평균주가에 근사하지만 경제성장과 산업성장은 일치하지 않는다. 개별기업이 수명주기에서 어느 단계인지를 분석하거나 그 제품의 수요와 운영을 분석하여 가치를 파악할 수 있다.

3. 유망산업

산업구조정책은 바람직한 최적의 산업구조를 상정하고 현재의 산업구조를 전환하기 위해 의도적으로 산업 간 자원배분의 변화를 도모한다. 그리고 산업조직정책은 산업 내 기업 간 경쟁형태 및 시장구조에 영향력을 발휘하여 효율성을 증진시킨다. 특히 정부가 재정지원, 법률개정, 관세 및 조세제도를 변화시켜서 특정 산업을 지원할 경우 그 산업은 여타 부문보다 주가가 상대적으로 상승할 수 있다. 반대로 정부가 강제 M&A, 소비자보호, 경쟁제한 등을 실시하면 수익성을 악화시킬 수 있다.

또한 노동집약적 산업은 노사관계와 임금상승에 민감하지만, 자본과 기술집약적 산업은 상대적으로 둔감하다. 노사분규시 자본집약적 산업은 많은 고정비로 기업의 수익에 큰 영향을 받고 노동집약산업도 납기지연으로 고객이 이탈할 가능성도 높다. 한편 경기순환에 따라서 전망이 좋은 산업에 속한 기업이 기대투자수익률도 높다.

포터(M. Porter)는 경쟁요인으로 잠재기업의 진입위협, 대체상품의 위협, 구매자의 교섭력, 공급자의 교섭력, 그리고 기존 경쟁자 간 라이벌관계를 제시하였다. ① 진입장벽은 특정 산업에 새로 진출하려는 기업들의 진입을 어렵게 만든다. ② 경쟁강도는 기업의 수익성을 결정한다. ③ 대체 가능성은 특정 산업에서 제품가격의 상승과 기업의 이윤잠재력을 제한한다. ④ 구매자의 교섭력이 강할수록 산업 내 기업들 간 경쟁이 심해져서 해당 산업의 수익성도 감소한다. ⑤ 강한 공급자의 교섭력은 공급가격의 인상, 제품품질의 하락 등의 위험을 증가시키지만 산업의 수익성을 증가시킨다.

테마산업은 경제, 정치, 사회 등의 특정 이슈로 갑자기 관심을 받는다. 테마주는 해당 기업의 실적이나 내재가치로 볼 때 정상이 아니라 대부분 한때의 유행으로 종료된다. 따라서 단기간 급등한 주식은 시간이 경과하면서 소외되고 급격히 가격이 하락한다. 특히 주요 주주는 내부정보를 이용하여 지분을 매각할 가능성이 높다. 금융당국은 특정 기업의 주가가 크게 변동할 때 그 사유를 밝히라는 조회공시를 요구하면서 15일 이내 자기주식을 처분할 수 없도록 규정하고 있다. 예를 들어 헬스케어산업은 국가별 고령화와 신흥국의 경제성장으로 세계경제를 주도할 주요 산업으로 등장하였다. 주요 테마 종목으로 노바티스(스위스), 머크(미국), 로쉐홀딩스(스위스), 사노피(프랑스), 엘리릴리앤드컴퍼니(미국) 등이다.

기업가치는 시장변화와 경제변화 21%, 산업변화 21%, 그리고 기업 자체의 변화 58% 수준의 영향을 받는다. 특히 자동차, 화학 그리고 철강산업은 시장변화에 민감하고, 석유산업과 고무산업은 산업변화에 덜 민감하다.

그림 6-6 경기순환별 테마업종

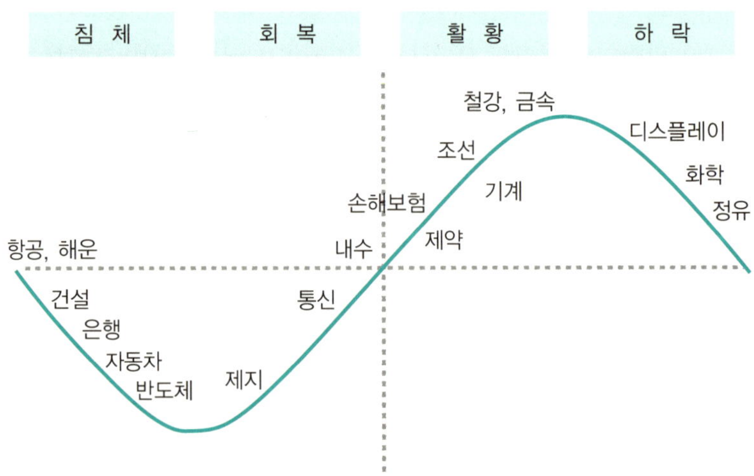

제3절 기업분석

1. 경쟁력 분석

경쟁력 기업의 경쟁력은 시장점유율, 상대적 성장성, 안정적 수익원, 지속성장 가능성, 경영의 안정성, 비용우위 및 경영진의 능력 등으로 판단할 수 있다. 그리고 가격선도능력은 우량기업을 구분하는 가장 간단한 방법이다. 기업이 가격을 결정할 힘이 있으면 프랜차이즈로서 경영진의 실수도 그 사업 자체를 위협하지 않는다. 그러나 강한 프랜차이즈도 결국 새로운 경쟁자의 진입으로 약한 프랜차이즈가 될 수 있다.

버핏이 제시하는 투자대상으로, 첫째 단순하고 이해하기 쉬운 사업을 가진 기업이다. 투자자가 이해하지 못하는 사업에서 실패할 확률이 높다. 수익모델이 명확하면서 누구나 쉽게 이해할 수 있는 사업이 좋다. 그리고 투자경험이나 유사 사업을 경험한 경우 기회와 위협, 장기전망을 알 수 있다.

둘째, 일관된 영업성적을 기록한 오래된 기업이다. 위기를 극복하고 세월의 시험을 이겨낸 오래된 기업은 많은 노하우와 무형자산을 가지고 있다. 역사가 짧은 기업은 위기 해결의 방법을 얻기 어렵다. 역사가 있으면서 영업성적의 큰 기복이 없는 기업은 경기순환에 따라

그림 6-7 금융위기 이후 투자의사 결정시 우선순위(복수응답)

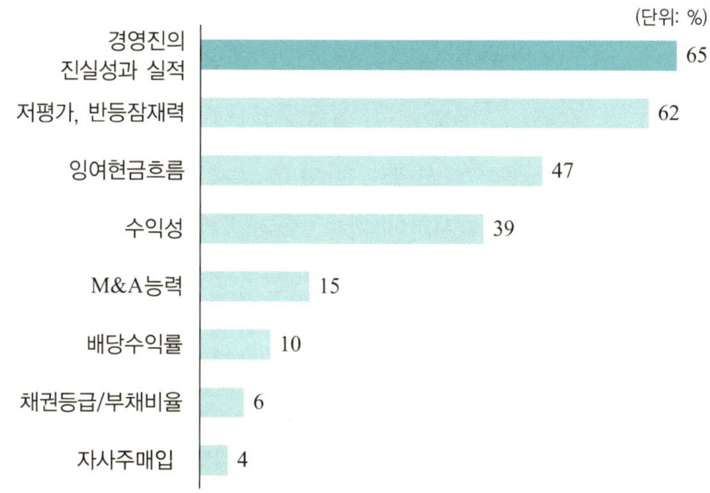

자료: 보스톤컨설팅

매출도 변동되지 않고 일관된 영업성적을 기록할 수 있다.

셋째, 장기전망이 유망한 기업이다. 기업의 성장은 지식과 기술수준으로 판단하는데 대용지표인 연구개발투자, 구성인력의 능력, 평판 및 실적을 활용한다. 또한 프랜차이즈산업은 소비자가 필요하면서 대체재가 없고 가격이나 기타 규제를 받지 않는다. 이미 소비자들의 필요와 욕구를 충족시키고 독점 성격을 갖는 기업으로 코카콜라의 경우 대체재도 드물고 특별히 규제를 받지 않는다. 그러나 보통재 회사는 많은 경쟁자, 기업 간 제품과 서비스의 유사성, 그리고 수시로 정부규제를 받는다.

경쟁력 있는 기업은 모멘텀(momentum), 마진(margin), 중요도(materiality)[09]를 가지고 있다. 기업은 생산성을 꾸준히 향상시켜서 혁신을 만들어야 한다. 현재의 안정적 수익에 만족하는 기업은 더 이상 새로운 사업을 발굴하거나 신규시장 진출 등을 소홀히 하면 기업을 위기에 빠뜨릴 수 있다. 코닥(Kodak)은 1980년대 정보기술(IT)의 붐에서 디지털시대에 플라스틱필름의 쇠퇴를 인식하지 못하였다. 그리고 디지털인화시장이 성상할 때도 신규시장 진출보다 기존 필름사업을 고수하였다. 결국 기업환경의 변화에 적응하지 못하고 위기를 맞이하였고 2012년 파산신청 보호를 하였다. 장수기업들은 경영환경 변화를 빠르게 파악하여 핵심역량(core competence)과 기업 변화를 기초로 초일류 기업으로 성장하였다. 그러나 많은 기업이 끊임없이 변화와 혁신을 하지만 오래된 기업은 많지 않다.

경영자 버핏은 투자기업을 선정할 때 경영자를 제일 중시한다. 경영자는 핵심사업의 위협에 가장 수익성 높은 사업에 집중하고 혁신으로 기업의 성장을 추구한다. 요구되는 능력으로 경쟁력유지능력, 시설확장능력, 수익성유지능력, 생산효율유지능력, 자금조달능력, 대종업원 및 노동조합의 관계, 경영관리능력, 대정부관계, 연구개발 및 신제품개발능력, 후계자 양성능력, 지역사회의 연계, 그리고 변화에 대한 대처능력 등이다.

사업분야가 확장되면 관리분야가 넓어져서 기업의 내부시스템과 규칙도 복잡해지고 높은 비용을 발생시킨다. 따라서 경영자는 선택과 집중으로 효율성과 브랜드가치를 높이고 재투자 여건을 조성하여 기업을 선순환시켜야 한다. 이러한 집중화는 What(제품과 브랜드), Who(고객과 파트너), Where(시장과 유통채널), How(운영과 프로세스)의 최소화를 의미한다. 애플(Apple)은 기업경영에서 단일 브랜드, 시장 및 콘셉트에 집중하고 있다.

반면에 확장전략은 명확한 노하우와 지속 가능한 수익모델로 차별화할 수 있을 때 실행한다. 삼성그룹은 국내경제 발전의 성장기회에 편승하여 성공할 수 있었고, 효율적 사업포트

---

09 ① 모멘텀은 시장의 경쟁자, 인지도 및 이익과 매출의 가능성이다. ② 마진은 이윤을 얻을 가능성이다. 그리고 ③ 중요도는 매출액과 기업의 지속 가능성이다.

표 6-9 | 경영자 평가기준

구 분	파이낸셜타임즈	비즈니스위크
단기목표	재무성과	재무성과
장기목표	지속성장	–
혁신능력	강한 리더십	위기관리능력
경영윤리	경영투명성	책임준수

폴리오의 구성과 경영역량으로 성공하였다. 그러나 집중의 중요성을 인지한 후 애플처럼 애니콜(Anycall)에서 갤럭시(Galaxy)로 이어지는 브랜드 통합전략에 집중하고 있다. 어떤 전략을 사용하든 기업은 수익성 높은 몇몇 분야에 역량을 집중할 수 있어야 한다.

한편 기업가(entrepreneur)는 사업활동을 위하여 시간과 돈을 투자하고 위험을 감당하면서 끊임없이 새로운 시장의 수익을 찾는다. 자본은 시장과 혁신을 따라서 이동하며 기존 사업을 도태시킬 수 있다. 인터넷은 수많은 혁신을 창조하면서 전통적 산업을 대체하고 시장을 역동적으로 변화시켰다. 따라서 혁신적 기업가는 불확실한 상황에서 타 기업을 추종하지 않고 모든 분야의 선도자로서 이윤창출의 기회를 찾는다. 국내 기업도 해방 이후 지난 50년간 성장 정체 극복의 순환 속에서 성장하였다. 1950년대 전쟁 후 경영자원의 부족, 1970년대 오일쇼크, 1980년대 민주화와 시장개방, 1990년대 외환위기와 글로벌 경쟁, 2008년 글로벌 신용위기의 환경 위협을 극복하였다. 이 과정에서 많은 기업들이 성장하거나 쇠퇴하는 과정을 반복하였다.

경영자는 수익률 추구의 목표로 모든 것을 결정할 수 없고 리스크를 감수하는 과감한 결정도 필요하다. 무엇보다 솔직하면서 시장을 선도할 수 있어야 한다. 경영자 평가의 3가지

표 6-10 | 시대별 성장기업과 쇠퇴기업의 비교

구 분	1955~1970	1970~1987	1988~1997	1998~현재
성장산업	목재, 시멘트	종합상사, 건설, 철강, 정유	전자(반도체), 자동차	전자, 통신서비스, 자동차
대표기업	금성방직, 대한방직, 삼양사, 제일제당, 동명목재	삼성물산, 대우실업, 현대건설, 유공, 호남정유	삼성전자, LG전자, 현대자동차, 기아자동차	삼성전자, LG전자, 포스코, 삼성생명, SKT, 현대차
쇠퇴기업	태창방직, 동립산업, 중앙산업	삼호무역, 동명목재, 율산실업, 제세, 명성	국제, 한일, 진로	대우, 한보, 나산

자료: 삼성경제연구소

기준으로 ① 합리성(rationality)은 잉여금을 주주에게 환원할 수 있어야 한다. ② 정직성(candor)은 분식회계를 하지 않고 실패에 대하여 책임지는 자세이다. ③ 기존행태는 회계처리기준을 변경하여 영업성적을 분식하지 않고, 경쟁회사를 모방하지 않으면서 장기전략을 수립해야 한다. 투자의 필요성과 현실성을 스스로 판단하고 기존의 관행을 무비판적으로 받아들여서는 안 된다.

거버넌스 거버넌스는 경영진에서 주주들의 이익을 책임진다는 의미이다. 주가는 지배구조가 강할수록 최적가치에 접근하지만 지배구조가 약할수록 현상유지를 한다. 효율적 시장에서 기업가치는

$$\text{기업가치} = \text{경영진 유지확률} \times \text{현상유지가치} + \text{경영진 교체확률} \times \text{최적가치}$$

이다.

지배구조가 강하면 주주들이 경영진을 교체하여 주가를 높일 수 있다. 주주들은 위임장 대결, 경영진 교체, 적대적 인수 등을 활용하여 대주주의 경영권 독점을 방지하고 경영의사 결정과정과 회계정보의 투명성을 확보한다. 급격한 기술혁신으로 산업의 대체가 쉽게 일어날 수 있기 때문에 기업의 수명도 짧아지고 있다. 미네소타광공업주식회사(Minnesota Mining and Manufacturing Co.)는 광업회사에서 포스트잇을 만드는 3M으로 전환하여 회사의 지속성(sustanable)을 이어갈 수 있었다. 핀란드 노키아(Nokia)도 제지회사에서 통신기기회사로 업종을 전환하였다.

표 6-11 | 글로벌 10대기업의 변화

순위	1985년	1995년	2005년	2014년	2054년(가상)
1	Royal Dutch/Shell	Mitsubishi	Wal-Mart Stores	Wal-Mart Stores	아마존베이
2	British Petroleum	Mitsui & Co.	BP p.l.c.	Royal Dutch/Shell	도요타
3	ENI	Itochu	Exxon Mobil	Sinopec Group	시노가즌
4	Toyota Motor	Sumitomo	Royal Dutch/Shell	China National Petroleum	시노바이오코프
5	IRI	General Motors	General Motors	Exxon Mobil	인도소프트
6	Unilever	Marubeni	DaimlerChrysler AG	BP p.l.c.	IBM
7	Elf-Aquitaine	Ford Motor	Toyota Motor	State Grid	파텔코
8	Matsushita	Exxon	Ford Motor	Volkswagen	네슬레
9	Pemex	Nissho Iwai	General Electric	Toyota Motor	나노보틱스
10	Hitachi	Royal Dutch/Shell	Total S.A.	Glencore	뉴스코프

자료: fortune.com/global500

기업은 이미지 및 생산성의 제고를 위하여 소통과 협력, 교류와 나눔으로 지역사회와 타협을 해야 한다. 또한 종업원의 연금제도, 연대제도(도동조합, 집단정착촌 등), 기부금이나 자선활동을 통하여 기여한다. 일부 기업은 자선단체, 교향악단, 박물관 및 대학설립 등을 설립하였다. 베들레헴철강의 조셉 와튼(Joseph Wharton)은 1881년 펜실베니아대학의 와튼비즈니스스쿨을 창설하였다.

무엇보다 기업은 윤리(ethical)적으로 문제가 없어야 한다. 주주는 자본을 공급하는 주체로 기업의 성과를 배분하는 과정에 참여한다. 그러나 기업이 부실해져서 위기가 발생하면 주주의 책임은 투자한도로 손실이 제한된다. 공익적 성격의 기업은 다양한 위기에서 무한사회적 책임으로 해결하는 믿음을 보여 주어야 한다.

성장전략 기업은 설립 후 일정한 성장단계를 거치는데 도약기, 성장기, 성숙기, 쇠퇴기(워크아웃, 법정관리, M&A, Spin off)의 과정을 거친다. 기업은 이러한 전략을 통합하는 규모의 경제(economy of scale)나 범위의 경제(economy of scope)로 효율성을 확보하고, 전후방 또는 수평통합으로 경쟁력과 성장을 추구한다. 인수합병(Merger & Acquisition)은 기업에서 신기술 개발이나 사업부 신설에 오랜 시간이 소요될 때 사업화를 쉽게 할 수 있다. 인수대상 기업은 기술력, 경영능력 및 시장점유율 등을 충분히 분석하여 실행한다.

인수합병의 발전과정으로 ① 1차시기(1895~1903)는 자유경쟁체제에서 독점기업자본주의로 넘어가는 과정에서 독점을 위한 합병시기로 기업합동(trust)이 부각되었으며, 1907년의 자본시장 붕괴와 제1차 세계대전으로 소멸되었다.

② 2차시기(1920~1929)는 과점을 위한 합병시기로 전기, 가스, 제조업 등에서 수평결합이 이루어졌지만 대공황으로 종료되었다.

③ 3차시기(1960~1973)는 주식시장의 강세와 자금조달기법의 출현으로 투자은행에 전담부서가 설치되고, 상호관련없는 기업집단(conglomerate)이 출현하였으며 오일쇼크로 종료되었다.

④ 4차시기(1978~1989)는 규제완화, 고수익채권 발행, 적대적 M&A와 LBO 확대로 활성화되었다. 전략적 투자자(strategic investor)는 고유사업의 확장으로 시너지효과를 얻었고, 재무적 투자자(financial investor)는 기업집단의 해체 및 분리매각 등에서 차익을 실현하였다. 또한 경영성과가 저조한 기업을 인수하여 경영진을 교체하거나 이들 기업의 고수익채권 투자로 이익을 취득하였다. 그리고 ⑤ 1993년 이후 5차시기는 기술변화, 세계화, 산업의 재편과 규제완화로 전략적 투자가 활성화되었다. 세계적 거래로 Citibank와 Travelers, Chrysler와 Daimler Benz, Exxon과 Mobil, Boeing과 McDouglas, AOL과 Time Warner

그림 6-8 | 기업의 통합적 성장전략

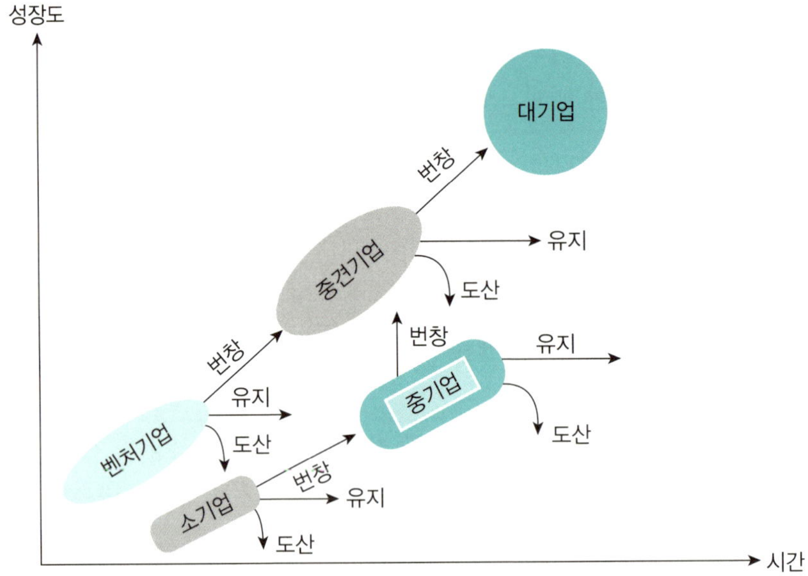

등이 성사되었다.

기업구조조정으로 ① 회사정리는 재정적 원인으로 도산에 직면하였지만 사회적으로 회생의 가치가 있는 기업의 채권자, 주주 및 기타 이해관계자의 이익을 보호하고 조정한다. ② 화의제도는 일부 채권자의 반대로 정리절차가 이루어지지 않을 경우 법정에서 다수 채권자(총채권액의 3/4)의 동의로 파산을 피하고 채무액이나 변제기간의 유예를 받아서 회사를 재건시킨다. 그리고, ③ 기업개선협약(work-out)은 경제적 회생 가능성은 있으나 재무적 곤경에 처한 기업에 대하여 채권자인 금융회사와 채무자인 기업 간 협상으로 채무조건을 완화하는 사적 화의를 시도한다. 기업개선협약 후 구조조정과정에서 감자비율이 높으면 소액주주는 큰 손실을 볼 수 있다.

2. 기본적 분석

재무제표 재무제표분석은 매출액 대비 이익률, 성장분야의 집중도, 시장점유율, 주력분야의 가치창출과 기여도, 장부가치와 시장가치의 괴리, 그리고 기관투자자의 관심도와 IR 등을 측정한다. 기업의 현재 상황이 모멘텀, 마진, 중요도의 관점에서 일시적 현상인지 구조적 문제인지도 파악할 수 있다. 그리고 유동자산은 한 번 생산으로 완전히 소모되는 노동력이나 원료구입에 지출되는 자본이고, 고정자산은 여러 번의 생산활동에서 소모되는 설비 등에 투자되는 자산이다. 근대 경제학에서 중농주의는 유동자산(circulating capital)과 고정자산(fixed capital)의 구분을 명확히 하였다. 주요 재무제표는 재무상태표(financial statement), 손익계산서(income statement), 현금흐름표(statement of cash flows), 자본변동표(statement of shareholders' equity) 등으로 발전하였다. 재무제표분석은 6단계 과정으로 나누어 볼 수 있다.

1단계 감사의견의 확인이다. 공인회계사의 감사의견(자산총액 70억원 이상인 기업)[10]은 적정의견, 한정의견, 부적정의견, 의견거절로 구분할 수 있다.

표 6-12 | 감사인의 의견

의 견	내 용
적정의견	재무제표가 회계기준에 따라 회계처리를 적정하게 작성
한정의견	회계기준에 맞추어 작성되었지만 일부 항목이 회계기준에 위배됨
부적정의견	회계기준에 맞지 않게 작성되어 재무제표를 신뢰할 수 없음
의견거절	감사인이 의견을 표명하지 않음

자료: 이병권(2010)

2단계 손익계산서(Income Statement)는 일정기간 경영성과의 요약으로 매출 또는 실현수익에서 비용을 공제하여 계산한다. 국제회계기준(IFRS)은 일정기간 기업과 주주의 자본거래를 제외한 모든 자본변동을 포함한 포괄손익을 대상으로 한다. 비용은 영업비용(제조원가, 판매비와 관리비), 영업외비용, 법인세비용으로 구성된다. 손익계산서의 이익은 매출총이익, 영업이익, 법인세차감전순이익, 당기순이익으로 구분한다. 1주당순이익(EPS: Earning Per Share)은 기업규모가 서로 다를 경우 기업의 상대적 수익력을 비교할 수 있다.

$$주당순이익(EPS) = 당기순이익/발행주식수$$

손익계산서는 한 회계기간 동안에 발생된 금액의 합계로 발생기준[11]으로 기록한다. 확인

10 한국거래소는 유가증권시장 법인의 감사의견이 감사범위 제한으로 한정이거나 또는 반기검토 의견이 부적정 또는 의견거절일 경우 해당 주식을 관리종목으로 지정하고, 사업보고서의 감사의견이 부적정 또는 의견거절이거나 최근 사업연도의 감사범위 제한으로 한정인 경우 당해 법인의 상장을 폐지할 수 있다.

11 현금기준은 수익과 비용을 현금의 입출입액에 따라서 인식한다. 반면 발생기준은 현금의 유출입에 관계없이 수

사항으로 경영의 체질을 파악하는 매출총이익률, 영업이익률 등을 점검한다. 우량기업은 매출총이익이 많고 영업이익도 많지만 업종의 영업비용이 많이 투입되는 부문(제약, 음료)의 경우 예외적으로 판단해야 한다. 영업이익과 법인세차감전순이익을 비교하여 자금의 여유를 파악할 수 있다.

표 6-13 | 이익의 비교

구 분		영업이익	
		대	소
매출총이익	대	이익체질형(우량기업)	방만경영형(불량경영)
	소	내부관리형(우량경영)	만성적자형(불량기업)
법인세차감전순이익	대	과잉이익형(우량기업)	자본활용형(잉여경영)
	소	과소자본형(차입경영)	과소이익형(불량기업)

자료: 이병권(2009)

손익항목 중에서 일시 발생하는 손익(자산처분이익, 특별이익 등)을 분석한다. 또한 현금유입을 수반하지 않는 매출수익과 영업외수익의 존재로 재고자산과 매출채권이 증가하면 자금의 부족 현상이 발생한다. 이 경우 기업의 자금순환구조는 원재료 → 제품제고 → 매출채권 → 현금 등의 순서로 발생하기 때문에 자금순환기간을 최대한 단축시키는 것이 중요하다.

3단계 재무상태표(financial statement)는 일정시점의 자산, 부채, 그리고 자기자본에 대한 보고서이다. 자산은 기업의 자원으로 1년 이내에 현금화할 수 있는 유동자산과 내용연수가 1년 이상인 고정자산으로 구분한다. 부채와 자본은 기업의 자금조달을 어디서 얼마나 했는지 표시한다. 부채는 타인자본으로 상환기간이 1년이내인 유동부채와 1년을 초과하는 비유동부채로 구성된다. 그리고 자본은 자본금과 잉여금으로 기업의 순자산 또는 장부가치를 나타낸다. 1주당 순자산(BPS: Book-value Per Share)은 청산시 1주당 회사재산에 대한 분배권이다.

$$\text{주당순자산}(BPS) = (\text{자산} - \text{부채})/\text{발행주식수}$$

유동자산과 유동부채를 비교하여 단기채무상환능력 등 회사의 유동성 정보를 획득할 수

익과 비용이 발생할 때 인식한다.

있다. 정상기업의 순자산은 자본금과 잉여금을 합하여 계산하는데 만일 손실이 발생하면 이월이익잉여금, 임의적립금, 법정적립금의 순으로 보전한다. 그러나 보전하고도 미처리결손금이 존재하면 자본잠식 상태가 되면서 순자산금액과 자기자본이 0인 완전자본잠식의 경우 추가출자로 자본을 보충할 수 있으나 불가능시 청산해야 한다. 상장종목은 자본금의 50%가 잠식되면 관리종목으로 지정되고 완전잠식이면 상장을 폐지한다.

4단계 이익잉여금처분계산서는 당기순이익을 포함한 미처분이익잉여금의 처분내역을 보여준다. 이익잉여금은 당기 처분이 반영되지 않은 상태로 주주총회에서 확정된 경우 회계장부에 반영한다. 유보금은 신규사업의 진출, 시설투자, 차입금상환 등의 재무구조 개선이나 경영환경 변화에 대비한다. 그러나 배당금은 주주에게 회사 이익의 일부를 분배하는 절차로 현금과 자기자본을 감소시킬 수 있다. 따라서 배당 증가로 미래의 투자재원의 부족이나 손실 발생에 대비하지 못할 가능성을 가지고 있다. 한편, 자본변동표는 자기자본가치의 변동 이유를 알아 볼 수 있다. 그 사유가 순이익에 의한 것인지 자본거래에 의한 것인지 파악할 필요가 있다. 무상증자의 경우 자본금이 증가하지만 잉여금이 감소하며, 감자차익의 경우 자본잉여금을 증가시킨다.

5단계 현금흐름표(statement of cash flows)는 현금및현금성자산의 회계기간 동안 현금의 유입과 유출을 일목요연하게 나타낸다. 수익과 비용은 발생주의(accrual basis)에 따라서 측정되기 때문에 올바른 이익의 측정이 불가능할 수 있으므로 현금주의회계원칙(cash basis)에 따라서 현금흐름을 측정해야 한다. 현금흐름표는 현금주의로 수익과 비용을 인식하여 발생주의회계의 단점을 보완한다.

$$주당현금흐름(ECF) = 순현금흐름/발행주식수$$

① 영업활동의 현금흐름은 손익계산서의 순이익을 발생주의에서 현금주의로 수정하여 영현금흐름이 (−)라면 현금유출이 많아서 자금사정이 악화된 것이다. ② 투자활동의 현금흐름은 재무상태표의 자산계정에서 각종 자산에 대한 매각이나 취득에 따른 현금유출입을 계산한다. 그리고, ③ 재무활동의 현금흐름은 재무상태표의 자본 및 부채계정에서 차입이나 증자 등의 유입활동과 차입금상환이나 현금배당금 지급 등의 유출활동을 계산한다.

$$현금흐름 = 영업이익 + 감가상각비 - 법인세 - 설비투자지출 - 운전자본증가분$$

분석방법으로 직접법은 매출액에서 시작하여 당기순이익을 현금기준으로 계산하고, 간접

그림 6-9 | 현금흐름분석 과정

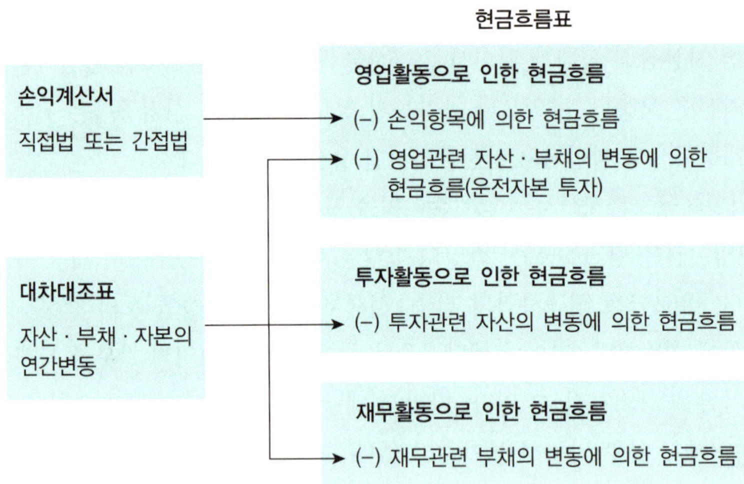

법은 역으로 당기순이익에서 시작하여 비현금거래를 조정한다. 그러나 현금흐름표는 개별 항목의 기간별 변화정보를 제공하지 못하기 때문에 재무상태표와 손익계산서와 함께 사용한다.

표 6-14 | 재무제표분석 단계와 제공하는 정보

단계	재무제표	주요 내용	제공정보	주요 분석내용
1단계	−	감사의견 확인	신뢰성	적정의견 여부
2단계	손익계산서	회계기간 동안의 경영성과	수익성 (주당순이익)	매출총이익률, 총자산이익률, 자기자본이익률
3단계	재무상태표	결산일 현재의 재무상태 (자산, 부채, 자본의 잔액)	재무안정성 (주당순자산)	유동비율, 부채비율, 이자보상비율
4단계	이익잉여금 처분계산서	이익잉여금의 처분내역	배당정책	배당성향과 유보율
	자본변동표	자기자본의 변동내역	지분구조	자본, 감자, 배당 등
5단계	현금흐름표	회계기간 현금의 증감내역	실질가치 (주당현금흐름)	영업현금흐름, 투자현금흐름 재무현금흐름
6단계	주석	회계처리기준, 담보 및 보증 등	비화폐적 정보	주주현황, 회계방침, 회계변경 여부 등

자료: 이병권(2010)

재무비율 재무비율은 재무상태표와 손익계산서를 중심으로 수익성, 안정성, 활동성, 성장성, 생산성 등을 측정한다. 초기에 기업의 재무적 안정성과 유동성을 분석하여 기업의 신용상태나 채무상환능력을 파악하였다. 그러나 점차 기업이 안정화되면서 미래 현금흐름을 예측하여 신규투자계획의 사업성 검토, 자금의 조달, 운용계획의 수립 및 통제 등에 활용하고 있다. 경영자의 경우 경영성과지표인 수익성과 활동성, 주주들의 경우 기업의 수익성과 성장성, 미래의 원금상환능력을 중시하는 채권자는 안정성을 중시한다. 그리고 기업내부활동인 생산성은 임직원과 관련된 지표이다.

자기자본이익률(ROE: Return On Equity)은 기업의 수익력과 자본구조, 주주관점에서 미래의 수익성을 나타낸다. 기업이 부채를 증가시켜서 자기자본이익률을 향상시킬 수 있지만 되도록 부채없이 자기자본이익률을 증가시켜야 한다. 또한 자기자본이익률(ROE)은 매출액

표 6-15 | 재무비율의 유형

5대 지표	재무비율	산출식
수익성	매출액영업이익률	영업이익/매출액
	매출액순이익률(%)	당기순이익/매출액
	자기자본이익률(%)	당기순이익/[(기초자기자본 + 기말자기자본)/2]
	총자산이익률(%)	당기순이익/[(기초총자산 + 기말총자산)/2]
안정성	유동비율(%)	유동자산/유동부채
	당좌비율(%)	당좌자산/유동부채
	부채비율(%)	부채/자기자본
	이자보상비율(배)	영업이익/이자비용
	자기자본비율(%)	자기자본/총자본
활동성	재고자산회전율(회)	매출원가/[(기초재고자산 + 기말재고자산)/2]
	매출채권회전율(회)	매출액/[(기초매출채권 + 기말매출채권)/2]
	총자산회전율(회)	매출액/[(기초총자산 + 기말총자산)/2]
성장성	매출액증가율(%)	(당기매출액 − 전기매출액)/전기매출액
	총자산증가율(%)	(당기말총자산 − 전기말총자산)/전기말총자산
	순이익증가율(%)	(당기순이익 − 전기순이익)/전기순이익
시장가치	주가수익비율(%)	주가/주당순이익
	주가순자산비율(%)	주가/주당순자산
	주가매출액비율(%)	주가/주당매출액
	주당현금흐름	주가/주당현금흐름
	토빈의 Q	자산의 시장가치/추정 대체비용

순이익률(순이익/매출액), 자산회전율(매출액/총자산) 및 부채비율(총자산/자기자본)로 분해할 경우 기업의 건전성을 파악할 수 있다.

$$
\begin{aligned}
ROE &= \frac{\text{순이익}}{\text{자기자본}} \\
&= \frac{\text{순이익}}{\text{매출액}} \times \frac{\text{매출액}}{\text{총자산}} \times \frac{\text{총자산}}{\text{자기자본}} \\
&= \frac{\text{순이익}}{\text{납세전 순이익}} \times \frac{\text{납세전 순이익}}{\text{영업이익}} \times \frac{\text{영업이익}}{\text{매출액}} \times \frac{\text{매출액}}{\text{총자산}} \times \frac{\text{총자산}}{\text{자기자본}} \\
&= (1-\text{세율}) \times (1-\text{지급이자율}) \times \frac{\text{영업이익}}{\text{매출액}} \times \frac{\text{매출액}}{\text{총자산}} \times (1+\text{부채비율})
\end{aligned}
$$

그림 6-10 자기자본이익률에 의한 기업분석

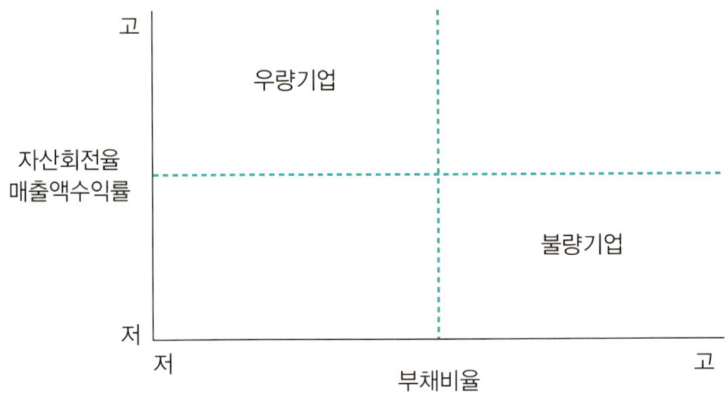

그리고 기업은 이익을 유보할 경우 해당 금액만큼 시장가치를 증가시켜야 한다. 전년도에 10억원을 유보했다면 가까운 기간 내에 기업의 시장가치를 그만큼 증가시켜야 한다. 또한 기업이 재투자로서 고수익률을 얻을 수 있다면 배당보다 내부유보가 바람직하다. 재무비율 분석은 절대적으로 사용하기 어려우므로 분석한 결과를 면밀히 분석하거나 수정하여 사용한다.

레버리지와 경제가치 레버리지분석은 기업의 고정된 금융비용이나 원금상환능력을 파악하는 정보이다. 첫째, 영업레버리지는 매출액 변화에 따라서 고정비용이 영업이익에 미치는 영향을 분석한다.

영업레버리지도(DOL) = 영업이익 변화율/매출액 변화율
= (매출액 − 변동비)/(매출액 − 변동비 − 고정비)
= 공헌이익/영업이익

둘째, 재무레버리지는 금융비용이 당기순이익에 미치는 영향을 분석한다.

재무레버리지도(DFL) = 당기순이익 변화율/영업이익 변화율
= 영업이익/(영업이익 − 지급이자)
= 영업이익/세전이익

셋째, 결합레버리지는 매출액 변동으로 고정비용 및 금융비용이 세후 순이익에 미치는 영향을 분석한다.

결합레버리지도(DCL) = 당기순이익 변화율/매출액 변화율
= (매출액 − 변동비)/(매출액 − 변동비 − 고정비 − 지급이자)
= 공헌이익/세전이익

레버리지가 크면 위험이 증가하면서 영업이익과 당기순이익의 변화폭도 증가한다.

경제적 부가가치(economic value added)는 타인자본비용과 자기자본비용을 고려하여 경영성과를 측정하는 지표로 영업활동의 이익에서 자본비용을 차감한 경제적 이익이다. 주당순이익은 기업의 금융비용을 공제하고 있어서 실질 성장성인 매출액이나 영업이익 기준의 기업평가를 하지 못한다. 경제적 부가가치가 (+)이면 현재시점에서 자본의 기회비용을 초과하여 경제적 이익을 창출한 것으로 평가한다.

EVA = 세후영업이익 − 자본비용
= 세후영업이익 − 영업투하자본 × 가중평균자본비용
= 영업투하자본 × (세후영업이익/영업투하자본) − 가중평균자본비용
= 영업투하자본 × (투하자본수익률 − 가중평균자본비용)

가중평균자본비용($WACC$)은 타인자본에 대한 자본비용(이자)과 자기자본에 대한 자본비용(배당)을 그 구성비율로 평균한 금액이다. 예를 들어 차입금 비중이 20%로 자본비용

6%(법인세율 20%)와 자기자본 비중 80%로 자본비용 10%인 기업의 가중평균자본비용 구조를 가진다.

$$WACC = 0.2 \times (0.06 \times (1 - 0.2)) + 0.8 \times 0.1$$

3. 기술적 분석

추세분석 기술적 분석은 어떤 정보가 주가에 반영되어 추세를 형성할 때 투자시점(장세판단)을 찾는다. 주가는 기대수익률과 위험에 근거하여 공정가치를 결정하지만, 시장에서 수요와 공급의 불균형으로 가격의 비효율적 현상이 발생한다. 이러한 변화는 주가와 거래량을 활용하여 패턴(pattern), 시간(time) 그리고 비율(ratio) 등으로 표시할 수 있다. 투자자는 현재의 수급상황, 투자심리, 특정 추세의 형성과 반복, 그리고 매매시점의 포착으로 초과수익을 기대할 수 있다. 이와 같이 기술적 분석은 추세나 패턴을 쉽게 파악할 수 있도록 도와준다. 기업분석의 3대 핵심 요소는 추세분석, 수급현황, 기업실적이라 할 수 있다.

다우이론은 주가의 움직임이 주기적 추세를 형성한다는 가설에 따라서 추세분석에 대한 이론을 제공한다. 다우(C. Dow)는 증권가격이 미래의 기대수익에 근거하여 결정할 때 시장에서 먼저 가격을 결정한다고 주장하였다. 시장의 변화로 ① 1차변동인 주추세(1~10년)는 가격의 장기변동으로 몇 개월에서 몇 년 동안 지속한다. ② 2차변동인 중기추세(3주에서 수개월)는 가격이 기본추세에서 벗어나서 단기편차를 발생시키며 수정을 거친 후 소멸한다. 그리고 ③ 단기추세(매일)는 일별 변동성이다.

장기추세의 진행과정은 매집국면(강세 1국면), 상승국면(강세 2국면), 과열국면(강세 3국면), 분산국면(약세 1국면), 공포국면(약세 2국면), 침체국면(약세 3국면)으로 구분할 수 있다. 그러나 다우이론은 주추세와 중기추세를 구분하기 어렵고, 추세확인이 늦을 수 있으며, 증권의 위험정보를 제공하지 못한다.

다우이론의 변형이론으로 엘리엇(Elliott)의 파동이론과 콘드라티에프(Kondratieff)의 파동이론이 있다. 이탈리아의 피보나치(Fibonacci)는 9세기 페르시아 수학자인 알고리즈미(Al-Khowarizmi)의 영향을 받으면서 새끼 토끼(B) 한 쌍이 한 달 후 어른 토끼(A)로 성장하여 새끼를 낳을 때 토끼의 숫자가 처음 두 항을 제외하면 직전 두 수의 합이라는 피보나치수열을 발견하였다. 토끼의 숫자는 1, 1, 2, 3, 5, 8, 13, 21, 34, 55, 89, …이다. 2개의 1로 시작하여 연이은 두 수를 더하면, 1 + 1 = 2, 1 + 2 = 3, 2 + 3 = 5, 3 + 5 = 8, 5 + 8 = 13, …

표 6-16 | 시장국면별 투자전략

시 장	강세국면			약세국면		
투자국면	매집국면	상승국면	과열국면	분산국면	공포국면	침체국면
일반인	공포심	공포심	확 신	확 신	확 신	공포심
전문가	확 신	확 신	공포심	공포심	공포심	확 신
투자전략	–	점차매도	매 도	–	점차매수	매 수

가 된다. 피보나치수의 비율은 F_n/F_{n+3}, F_n/F_{n+2}, F_n/F_{n+1}로 23.65%, 38.2%, 61.8%이다. 첫 2개 백분율의 합이 나머지 백분율과 같고, 그리고 두 번째와 세 번째의 백분율을 합하면 100%이다. 또한 연속된 수를 F_{n+1}/F_n으로 나누면 그 수는 커질수록 황금비율(ϕ = 1.608…)에 접근한다. 예를 들어

$$13/8 = 1.625\cdots,\ 55/89 = 1.618\ \cdots,\ \cdots,\ 4{,}181/2{,}584 = 1.618\cdots$$

이다.

표 6-17 | 토끼 개체수의 계보

월	토끼 쌍	어른 토끼 쌍(A)	새끼 토끼 쌍(B)	전체 쌍(A + B)
1월 1일	A	1	0	1
2월 1일	AB	1	1	2
3월 1일	ABA	2	1	3
4월 1일	ABAAB	3	2	5
5월 1일	ABAABABA	5	3	8
	…			
12월 1일	…	144	89	233
1월 1일	…	233	144	377

자료: Posamentier 등

엘리엇(Elliot)은 피보나치수열처럼 주가변동에서 지그재그식의 반복적 행태를 발견하고 파동(wave)이라 정의하였다. 파동이론은 장기파동 주기와 단기파동 주기로 나누어서 복합적인 해석을 통하여 주가를 포괄적으로 예측한다. 그는 수십 년간의 주가변동, 투자자의 행태, 그리고 1929년 이후의 대폭락 장세에 대하여 피보나치수열과 황금비율로 분석하였다.

장기 주가흐름은 상승국면에서 3번의 상승충격파동과 2번의 조정파동을 합하여 5개파동, 하락국면에서 2번의 충격파동과 1번의 조정파동으로 3개의 파동을 반복하는 것을 발견하였다. 이와 같은 과정이 반복되면서 주가는 연속파동에서 상승하면서 다시 하락하는 주기를 형성한다.

그림 6-11 충격패턴 5-3-5-3-5

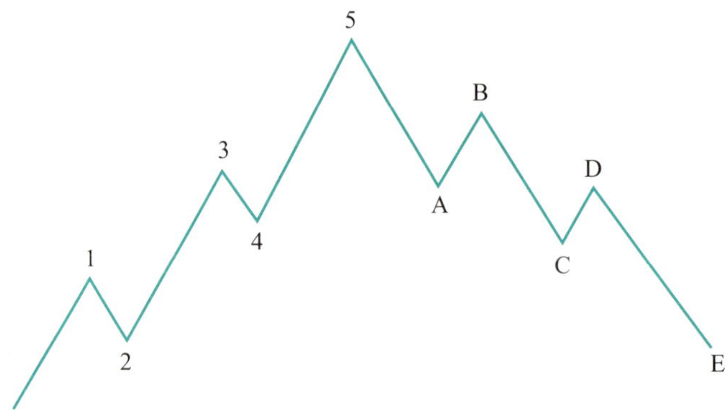

상승 1~5파에서 1파는 추세의 시작을 알리는 파동이다. 2파는 1파에 대한 되돌림 파동으로 1파 크기의 38.2%로 61.8%의 조정을 보이는 경우가 많다. 3파는 가장 강력한 강세국면의 파동으로 1파 크기의 1.618배로 상승한다. 4파는 상승 3파의 조정파동으로 2번 소파동에 일치할 경우가 많으며 통상 38.2%로 조정한다. 그리고 5파는 상승장세의 마무리 파동으로 3파의 고점을 뚫지 못하고 하락하는 경우가 많다. 따라서 크기는 3파 > 1파보다 크면서 3파 > 5파이다. 하락 3파에서 A파는 대단히 빠른 속도로 하락하는 파동이다. B파는 갑작스런 하락추세에 따른 반발매수세로 A파 크기의 38.2%이며 61.8%의 상승조정을 한다. 또한 C파는 본격적인 하락국면으로 C파의 1.618배로 하락한다.

주파동은 중간파동과 하위파동으로 구분할 수 있다. 중간파동은 하락국면에서 13번, 상승국면에서 21번으로 총 34번이다. 하위파동은 하락국면에서 55번, 상승국면에서 89번으로 총 144번이다. 주가의 움직을 설명하는 두 파동 사이의 비례관계를 피보나치지수라 하고 처음 가격의 상승파동 뒤에 하락파동이 발생하고 다시 처음 파동으로 회귀하는 현상(되돌림)을 발견하였다. 회귀현상은 처음 파동의 피보나치 백분율인 최대 61.8%에 접근한다. 이처럼 주가는 무작위로 움직이기보다 투자자의 투자심리(충격) 또는 시장조정의 영향으로 추세패턴과 비율을 보여주기도 한다.

주가분석 기술적 분석은 다우이론과 파동이론에 근거하여 과거 주가와 거래량의 패턴이나 추세를 찾아서 주가변동을 예측한다. 주가는 단기 모멘텀(momentom)을 형성하면서 새로운 정보를 반영하여 반전이나 반등(reversal)을 보여준다. 이러한 자기계열상관은 연속된 기간의 가격변동 간 상관관계로 이전 가격변동이 후속 가격변동에 미치는 영향을 미치기 때문이다. 계열상관이 0이면 기간 사이의 상관관계가 없고, 계열상관이 음수(−)이면 이전가격에 대한 반전을 의미하고, 양수(+)이면 이전가격과 관련된 모멘텀이 존재한다고 해석한다. 추세분석은 일정기간의 추세선을 관찰하여 주가의 방향을 예측한다. 그리고 패턴분석은 추세선이 변할 때 주가변동모형의 추세에 실제 주가의 움직임을 비교하여 예측한다.

주가의 추세와 패턴을 분석하는 도표는 선도표, 봉도표, 점수도표로 구분한다. 첫째, 선도표는 1일 종가나 매시점(매일, 매주 또는 매월)의 가격을 선으로 연결한다. 이동평균선은 단기주가의 비정상 변동을 제거하여 장기 변동추이를 관찰하도록 일정기간의 주가평균을 계산한다. 주가평균의 진행방향과 1일 주가가 어떤 관계인지 분석하여 향후 주가동향을 예측한다. 이동평균선의 유형으로 ① 주추세선은 장기투자의 기준으로 120일(6개월) 이동평균선이다. ② 중기추세선은 중기투자의 기준으로 60일(3개월) 이동평균선이다. 그리고 ③ 단기추세선은 단기투자의 기준으로 5일(1주일) 또는 20일(1개월) 이동평균선이다. 작성방법은 1일 종가를 기준으로 대상 기간의 종가를 합하여 산술평균한다.

$$5\text{일 이동평균치} = (451 + 453 + 452 + 455 + 457)/5 = 453.6$$

추세선은 시장의 방향을 강세국면과 약세국면으로 파악하며 이 과정에서 지지선(suppot)과 저항선(resistance)을 확인한다. 지지선은 일정기간의 추가적인 하락을 멈추는 매입과 매도의 균형으로 주로 직전의 최저점이고, 저항선은 일정기간의 매입세력에 대한 매도세력의 상승저지로 주로 직전 최고점이다. 그러나 저항선과 지지선이 무너질 경우 저항선은 지지선이 되고 지지선은 저항선으로 바뀔 수 있다.

표 6-18 | 5일 이동평균선의 계산

일 자	1	2	3	4	5	6	7	8
주 가	451	453	452	455	457	456	458	459
5일평균					453.6	454.6	455.6	457.0

강세국면은 위에서 단기, 중기, 장기 이동평균선의 순으로 배열되면서 상승세를 보인다. 약세국면은 역으로 위에서 장기, 중기, 단기 이동평균선의 순으로 배열되면서 하락세를 나타낸다. 따라서 매입신호인 골든크로스(golden cross)는 약세국면에서 단기 이동평균선이 중장기 이동평균선을 아래에서 위로 급속히 뚫고 올라가는 강세국면이다. 매도신호인 데드크로스(dead cross)는 강세국면에서 단기 이동평균선이 중장기 이동평균선을 위에서 아래로 급속히 내려가는 약세국면이다.

그림 6-12 | 매입 · 매도시점 파악

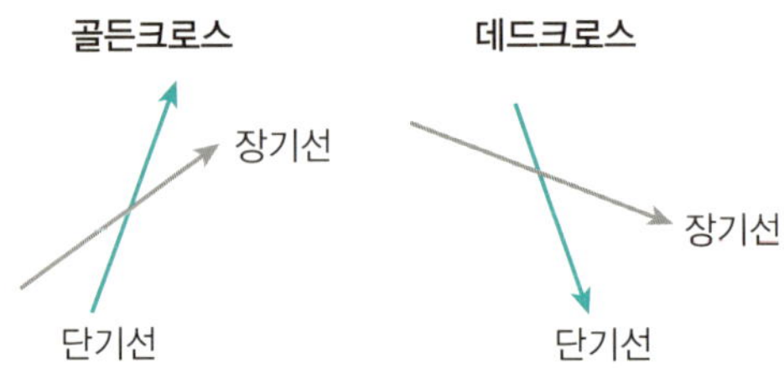

둘째, 이격도(disparity)는 주가와 이동평균선의 분리 정도로 너무 클 경우 매도신호, 낮을 경우 매입신호로 파악한다. 이 방법은 투자시점을 신속히 포착하여 이동평균선의 결점을 보완한다.

이격도 = 당일주가/이동평균값

5일 이동평균 주가와 현재 주가의 비율은 5일 이격도이고, 20일 이격도, 60일 이격도, 120일 이격도로 구분할 수 있다. 이격도가 100% 이상이면 현재주가가 이동평균선보다 위에 있고, 100% 이하면 현재주가가 이동평균선 아래에 있다.

셋째, 봉도표는 1일 시가, 고가, 저가, 종가의 가격변동을 수직의 막대로 표시한다. 시가보다 종가가 높은 주가상승은 빨간색으로 양봉이라 하며, 머리는 고가이고 꼬리는 최저가이며 몸통의 위쪽의 종가와 몸통 아래쪽의 시가를 표시한다. 그리고 시가보다 종가가 낮은 주가 하락은 파란색으로 음봉이라 하며, 머리는 최고가이고 꼬리는 최저가이지만 몸통 위쪽의 시가와 몸통 아래쪽의 종가로 양봉과 위치가 바뀐다.

넷째, P&F점수도(Point and Figure chart)는 가격변동의 일정한 폭을 정하고 그 범위를 벗어날 때마다 일정한 기호로 가격변동의 방향과 크기를 표시한다. 예를 들어 주가가 일정한 가격폭만큼 변동할 때 상승 ×, 하락 ○로 표시한다. 이 방법은 가격변동의 시점을 고려

■ 그림 6-13 이격도의 방향

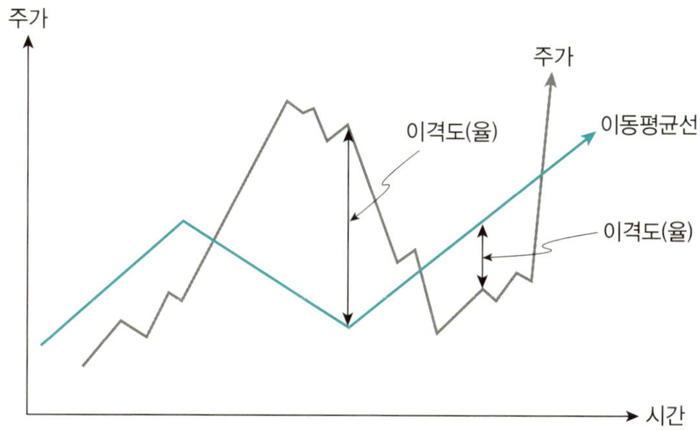

하지 않고 단지 가격변동만을 표시한다.

다섯째, 투자심리도는 투자자의 심리 변화를 일정기간 파악하여 과열상태와 침체상태를 분석한다. 투자심리도가 25% 이하면 안전지대, 25%~75% 사이이면 중립지대, 그리고 75% 이상이면 과열지대로 구분한다. 투자결정은 심리도가 25% 이하일 때 매입하고 75% 이상일 때 매도한다.

■ 그림 6-14 봉도표

자료: 네이버(finance.naver.com)

투자심리도 = 최근 12일의 주가상승일수/12 × 100%

거래량분석 대부분 기술적 지표는 시세조종에 따른 추세나 패턴을 변화시켜서 조작할 수 있지만, 거래량지표는 실제 수요와 공급에 의하여 결정된 지표로 객관적인 정보를 제공한다. 첫째, 등락주율(*ADR*)은 일정기간의 상승종목수 대비 하락종목수의 비율로 시장현황을 분석한다. 등락비율이 120~125%일 경우 과열로 매도신호로 판단한다. 이 비율이 70~75%에 속하면 바닥권으로 매수신호로 파악한다.

$$ADR = \frac{\text{상승종목수}}{\text{하락종목수}} \times 100$$

둘째, 거래량비율(VR: Volume Ratio)은 일정기간(보통 1개월) 주가상승일의 거래량 합계를 주가하락일의 거래량 합계로 나눈다. 그리고 주가변동이 없는 날은 거래량을 각각 50%씩 나누어서 하락일과 상승일에 배분한다. 투자결정은 150% 수준이면 보통, 450% 초과시 경계권, 그리고 70% 이하이면 바닥권으로 구분한다.

$$VR = \frac{\text{주가상승일 거래량} + \text{보합일 거래량} \times 1/2}{\text{주가하락일 거래량} + \text{보합일 거래량} \times 1/2} \times 100$$

셋째, 지수상관곡선(역시계곡선)은 *X*축에 거래량, *Y*축에 주가를 표시하여 시장의 동향을 표시한다. 거래량은 주가변동을 선행하면서 주가상승시 거래량의 증가와 주가하락시 거래량의 감소로 나타난다.

넷째, 풋-콜비율(put-call ratio)은 풋옵션 발행규모 대비 콜옵션 발행규모의 비율이다. 일반적인 수준은 65%로 이 기준에서 벗어날 경우 시장심리의 변화로 판단하여 주가의 예측지표로 활용한다. 지표상승은 풋옵션 비중의 증가로 하락장세를 의미하고, 지표하락은 콜옵션 비중의 증가로 상승장세로 판단한다.

기술적 분석은 거래량이 많은 대형주에 적용하지만 중 · 소형주의 경우 시세조종으로 인위적 추세를 만들기 쉬우므로 적용하기 어렵다. 따라서 대형주는 기술적 분석을 적용하는데 유리하므로 경기순환을 중시하고, 중 · 소형주는 기본적 분석을 적용하여 기업의 이익과 성장추이를 분석한다. 그리고 기술적 지표들의 매매신호는 거래 이후의 추세나 패턴으로 비현실적인 경우가 많다. 효율적 시장에서 새로운 정보는 주식을 균형가격에 접근시켜서 기술적 분석에 의한 매매시점 파악을 어렵게 할 수 있다.

그림 6-15 지수상관곡선의 신호

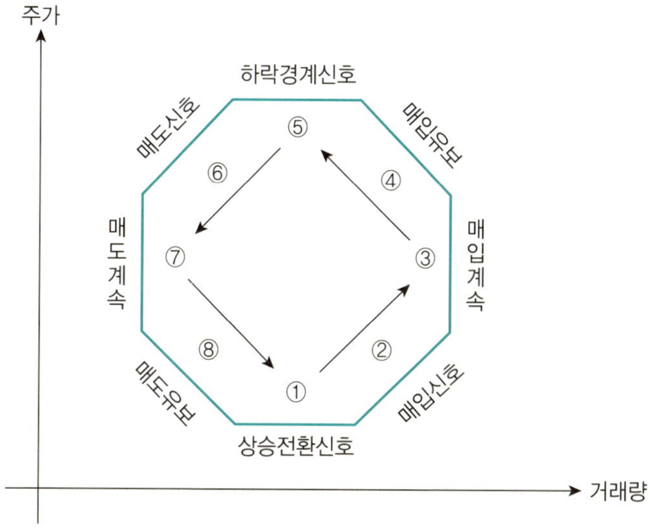

요약정리 및 생각해 볼 문제

1. 요약정리

- 분석방법은 기업요인, 산업요인, 경제요인으로 올라가는 상향식 방법과 경제요인, 산업요인, 기업요인으로 내려가는 하향식 방법으로 구분할 수 있다. 경기변동은 한 경제의 총체적 활동 수준으로 실물부문, 금융부문, 그리고 해외부문을 포함한 종합적인 움직임이다. 변동요소는 추세변동, 순환변동, 계절변동, 그리고 불규칙변동으로 구성되며 회복, 호황, 후퇴, 불황의 네 개 국면으로 구분한다. 주요 거시지표는 경제성장률(GDP), 이자율, 통화량, 환율, 인플레이션, 국제원자재가격 등이다.
- 산업분석은 해당 산업의 특성과 추세가 미래에도 연결된다고 가정하여 분석한다. 해당산업의 수요와 공급, 시장의 가격결정구조, 원자재나 인력공급, 기술개발, 연관산업, 경쟁구도 등을 분석하여 산업 내 기업들의 경쟁력을 파악한다. 그리고 산업은 경기순환과 산업이익을 기초로 순환산업, 방어산업 및 성장산업으로 구분할 수 있다. 정부의 산업정책이 개별산업에 미치는 영향을 산업구조정책과 산업조직정책으로 구분하여 파악한다.
- 기업분석은 시장점유율, 상대적 성장성, 안정적 수익원, 지속성장 가능성, 경영의 안정성, 비용우위 및 경영진의 능력 등을 파악한다. 기본적 분석은 매출액 대비 이익률, 성장분야의 집중도, 시장점유율, 주력분야의 가치창출과 기여도, 장부가치와 시장가치의 괴리, 기관투자자의 관심도와 IR 등을 측정한다. 재무비율은 재무상태표와 손익계산서를 중심으로 수익성, 안정성, 활동성, 성장성, 생산성 등을 측정한다. 그리고 기술적 분석은 다우이론과 파동이론에 근거하여 과거 주가와 거래량의 패턴이나 추세를 찾아서 주가변동을 예측한다.

2. 애널리스트 보고서는 얼마나 믿을 수 있는가?

증권사 애널리스트들은 '어닝 쇼크' 직전 해당 기업의 목표주가를 상향조정하거나 어닝 쇼크가 밝혀진 직후에 목표주가를 크게 낮추기도 한다. 바이오업종의 경우 특성상 단기 실적보다 중장기 성장성을 중시한다. 한미약품의 2분기 영업이익은 전년 동기보다 71% 감소한 24억원으로 증권사들 추정치(669억원)의 20분의 1에도 채 미치지 못했다. 그러나 애널리스트들은 당일 오전까지도 목표주가를 최고 73만원까지 상향조정하였다. 미래의 신약가치와 수출잠재력에 변함이 없다는 투자의견과 목표주가를 제시하였다. 이후 저조한 실적은 가격하락을 가속화하였고 일부 애널리스트는 2분기 실적을 반영하여 목표주가를 내리기도 하였다. 애널리스트의 보고서는 투자자들에게 큰 영향을 주는 만큼 매수 · 매도의견을 제시할 때 신중해야 한다.

3. 미국의 레이거노믹스는 시장원리를 성공적으로 작동시켰는가?

레이거노믹스는 정부간섭을 줄이는 대신 시장과 기업의 자율을 확대하고 생산을 촉진시켜서 수요를 확대하는 경제활성화 정책이다. 그 근거는 부자들이 고용과 소비를 증가시키면 그 덕분에 서민도 잘 산다는 낙수효과[12]였다. 레이건의 정책은 소통과 타협의 토대 위에서 국민과 정치권의 협조, 법인세율 인하와 개인소득세 감면, 규제완화와 정부역할의 축소로서 민간부문을 활성화시키는 것이다. 한 나라의 세율이 적정수준을 넘어서 비정상 혹은 비표준 지대에 놓일 때 세율을 낮춰서 소비를 촉진하고 경제를 활성화시켜서 경제성장과 조세징수를 동시에 회복할 수 있다. 그 결과 1980년대 미국은 실업률과 물가상승을 낮추고 경제를 안정화시켰다. 그러나 국가부채는 임기 중 9,000억달러에서 2조 9,000억달러로 3배 이상 증가하였고 막대한 무역적자와 재정적자를 초래하였다.

4. 관련 홈페이지

dart.fss.or.kr
www.compustat.com
www.eiu.com
www.factset.com
www.fnguide.com
www.instrategy.com
www.index.go.kr
www.kicpa.or.kr
www.lexisnexis.com
www.marketwatch.com
www.ndr.com
www.stockta.com
www.technicalanalysis.org.uk

12 낙수경제(trickle down economics)는 대기업이나 부자의 성장을 장려하면 중장기적으로 중소기업과 소비자에게 긍정적 영향을 미쳐서 국가경제의 상승으로 국민생활을 개선한다. 또한 분수경제(bottom up economics)는 경제성장을 중소기업, 서민, 중산층에서 시작하여 그 힘이 분수처럼 솟구쳐서 시장 전체의 성장을 이룬다.

CHAPTER 7

증권투자의 이해

학습개요

기업은 주로 채권과 주식을 중심으로 자본을 조달한다. 채권은 신용등급과 액면의 만기에 영향을 받는 내재가치를 중시한다. 주식은 기업의 수익창출능력과 순자산가치를 기초로 미래가치를 중시한다. 따라서 증권투자는 기업의 내재가치와 미래의 성장성을 고려하여 결정한다.

학습목표

1. 증권의 개념과 유형을 이해할 수 있다.
2. 채권가격을 계산하고 투자위험을 관리할 수 있다.
3. 주식가치를 평가하고 투자전략을 수립할 수 있다.

생각해 보기

버핏과 사이먼스

버핏(W. Buffett)은 20년간 연평균 20%의 수익률을 달성하였다. 꼼꼼하고 섬세한 내향적인 성격 속에서도 예리한 관찰력과 집중력을 가졌다. 그는 투자 초기에 수많은 경제서적을 읽으면서 투자를 준비하였다. 투자대상은 사업이 단순하여 이해할 수 있어야 하며, 사업의 성과가 일관되면서 안정적인 영업이익을 확보할 수 있어야 한다. 따라서 코카콜라처럼 친근한 소비재이면서도 시장 독과점적이거나 대주주가 책임경영을 하는 기업을 선호하였다. 이와 달리 수학자 출신의 사이먼스(J. Simons)는 경쟁자보다 과학적 투자로 2478.6%라는 전설적인 수익률을 기록하였다. 그의 메달리온펀드는 버핏의 버크셔해서웨이가 최악의 해를 보낸 2008년에도 80%의 수익률을 기록하였다. 투자전략은 컴퓨터를 활용하여 시장의 방향과 속도를 계산하여 결정한다.

제1절 증권의 이해

1. 채권의 이해

채권(bond)은 일정한 이자를 지급하고 만기에 원금상환을 약속한 차용증서로 청산시 주식에 우선하여 원리금을 지급받고 지급능력이 있는 한 상환해야 한다. 채권은 액면, 만기일, 액면이자율 및 원금상환방법 등을 증서에 표시한다. ① 만기일(maturity date)은 이자와 원금을 상환하는 날이다. ② 액면(face value)은 만기일에 지급하는 원금이다. ③ 액면이자율(coupon rate)은 정기에 지급을 약속한 채권의 이자율이다. 예를 들어 액면 100만원, 액면이자율 10%일 때 투자자는 6개월마다 이자 5만원을 받는다.

$$\text{액면금액} \times \frac{\text{액면이자율}}{2} = 100\text{만원} \times 0.05 = 5\text{만원}$$

④ 단가(unit price)는 채권의 매매가격으로 적용수익률로 계산한 만원당 가격(한편넣기)이다. 만약 액면 100만원, 액면이자율 10%, 매매단가 9천원이면 시장거래가격은 90만원이다. ⑤ 할인율(discount rate)은 할인채에서 만기일까지 매기간 지급을 약속한 액면이자율이다. 그리고 ⑥ 잔존기간(residual period)은 채권매매일부터 원금상환일까지이다. ⑦ 만기수익률은 채권을 만기까지 보유할 때 1년 단위로 환산한 투자수익률이다.

이자지급과 만기일을 기준으로, 첫째 이표채는 이표가 있어서 정기적으로 이자를 지급받

표 7-1 | 국내 주요 채권의 예(%)

종 류	이자율 (만기 2~3년)	발행잔액		거래량(일평균, 최근 1년)	
		금액(조원)	비 중	금액(십억원)	비 중
국 채	4.36	104.8	16.9	3,286	34.5
지방채	4.63	9.6	1.5	24	0.3
특수채	4.51	132.9	21.3	549	5.8
통안채	4.35	95.3	15.3	3,373	35.5
금융채	5.83	125.5	20.2	1,398	14.7
회사채	6.03	153.3	24.7	884	9.3
전 체	4.83	621.4	100.0	9,514	100.0

는다. 시장이자율이 변하지 않으면 발행가격도 시간에 관계없이 일정하지만, 할인발행 또는 할증발행된 채권은 만기에 접근하면서 액면금액에 수렴한다. 둘째, 할인채는 액면에서 상환일까지 이자를 단리로 할인하여 발행한다. 채권가격은 시간이 경과하면서 발생된 이자의 현재가치만큼 상승한다. 그리고, 셋째 영구채는 주식과 같이 만기일이 없는 주식과 채권의 중간 성격인 하이브리드채권이다. 일반 채권보다 이자율이 높고 시장이자율이 상승할 경우 보상을 제공하는 경우도 있다. 넷째, 국제채(international bond)는 자기 나라 이외의 지역에서 외국통화표시로 발행하는 채권이다. 현지에서 제3국 통화표시로 발행하는 유로채(eurobond)[01]와 현지 통화표시로 발행하는 외국채(foreign bond)[02]로 구분할 수 있다.

소액채권은 개인이 자동차등록, 부동산등기 또는 각종 인 · 허가받을 때 의무적으로 매입한다. 그러나 매수자가 구입비용과 보유기간의 문제로 매입 후 즉시 매각하는 경우가 많으며 금융회사는 이 소액채권을 매수하여 투자자에게 재매도한다. 소액채권 수익률은 매수전담 증권사들이 한국거래소에 제출한 신고수익률 가운데 상위 20%와 하위 10%를 빼고 산술평균하여 결정한다. 대부분의 채권이 고액의 액면가격인 데 비하여 소액채권은 낮은 액면가격으로 다른 안전자산 대비 수익률이 높다.

채권의 특성으로 채권가격과 이자율은 반대방향으로 이동하는데 이자율 하락의 가격상승폭이 이자율 상승의 가격하락폭보다 크다(볼록성). 따라서 이자율 상승시 자본손실이 발생하고 재투자수입은 증가하며, 이자율 하락시 자본이득이 발생하고 재투자수입은 감소한다. 따라서 이자율 하락이 예상되면 잔존만기가 길거나 액면이자율이 낮은 채권을 매입하고, 이자율이 상승할 것으로 예상하면 잔존만기가 짧은 채권을 매입한다. 예를 들어 잔존만기 1년, 액면가 10,000원인 채권을 단가 9,500원에 매입하여 1년 만기 후 이자 500원을 연말에 수령하였다.

$$\text{투자수익률} = [(10{,}000 - 9{,}500) + 500]/9{,}500 = 10.53\%$$

채권과 비슷한 성격으로 어음(bill)은 채무자가 일정한 금액을 특정한 장소에서 특정한 날짜에 무조건 지급한다는 내용을 일정한 서식에 따라 기재한 증서이다. 약속어음은 채무자가 채권자에게 약정한 기일과 장소에서 일정금액을 지급할 약속한 어음이다. 그리고 환어음은

---

01 유로채는 한 나라의 차입자가 외국에서 제3국 통화표시로 발행하는 채권이다. 유로채는 주로 유로달러를 중심으로 유로엔채, 유로파운드채 등이 발행된다.

02 외국채는 외국에서 그 나라의 통화와 법률에 따라서 발행한다. 각 국의 통화에 따라서 미국의 양키본드, 영국의 불독본드, 일본의 사무라이본드, 호주의 캥거루본드, 캐나다의 메이플본드, 중국의 팬더본드 및 딤섬본드, 한국의 아리랑본드 등이 있다.

발행인이 약정한 기일과 장소에서 일정금액을 수취인에게 인수인이 지급할 것을 위탁한 어음이다. 또한 수표(check)는 채무자가 은행에 일정한 금액을 소지인에게 지급할 것을 위탁하는 유가증권이다.

2. 주식의 이해

주식은 주식회사가 투자자에게 자금을 투자한 대가로 발행한 주주권을 보유한 유가증권으로 사전에 약정된 현금흐름과 시장의 요구수익률을 관찰할 수 없다. 주주의 권리로 ① 주주권은 보유주식에 비례하여 이익배당청구권, 신주인수권, 잔여재산배분청구권, 의결권 등을 행사한다. ② 주식매수청구권은 회사합병, 영업양도, 분할합병에 반대할 경우 발행회사에 주식매수를 청구할 수 있다. ③ 주주제안권은 소수주주에게 주주총회의 안건을 제안하고 구체적인 결의를 할 수 있다. ④ 대표소송제기권은 소수주주권자에게 이사의 책임추궁에 대하여 대표소송 권리를 부여한다. 그리고 ⑤ 회계장부열람권은 열람사유를 기재하여 회계의 장부와 서류의 열람 또는 등사를 청구할 수 있다.

주식의 종류로, 첫째 보통주(common stock)는 주주총회의 결의에 참여하고 배당[03]에 대한 권리를 가진다. 보통주주는 주주총회의 의결권과 대리의결권을 기본권리로 배당청구권(dividends), 잔여재산분배청구권, 신주매입의 선매권(preemptive right)을 가지고 있다.

둘째, 우선주(preferred stock)는 주주로서 의결권을 행사하지 못하지만 특정 사항에 대하여 우선적 지위를 가진다. 우선권의 내용에 따라서 이익배당우선주, 보통주전환우선주, 일정기간 후 상환우선주로 구분할 수 있다. 후배주(deferred stock)는 보통주에 비하여 이익배당과 잔여재산의 분배에서 후위에 있다. 그리고 혼합주는 보통주에 부여된 권리에 따라서 선순위와 후순위를 가진다.

셋째, 해외주식예탁증서(DR: Depositary Receipts)는 기업에서 발행한 주식을 해외증권예탁기관에 맡기고 현지에서 대신 발행하는 주식대체증서이다. 이 증서는 미국에서 거래되는 ADR(America Depository Receipts)과 기타 지역의 GDR(Global Depository Receipts)로 구분한다.

업종의 특성이나 시장가격의 특성에 따라서 블루칩(blue chip)은 영업실적우수, 재무구조건실, 업종을 대표하는 종목들이다. 옐로칩(yellow chip)은 블루칩에 못들지만 양호한 실적

03 배당은 이사회에서 배당을 선언하지 않으면 부채가 아니며, 배당을 지급하지 않아도 파산시키지 못한다. 그러나 배당은 비영업비용으로 세금공제 혜택이 없고 배당소득세의 납부로 이중과세의 문제를 가지고 있다.

의 중가권 실적우량주이며, 관리종목의 경우 투자부적격 지정 종목이다. 기업은 주식의 가치를 높이기 위한 간접방식으로 자사주매입, 무상증자, 액면분할 등을 활용한다. ① 자사주매입(stock repurchase)은 자기회사의 주식을 매입하여 주가를 안정화시키고 자기자본이익률(ROE)과 주당순이익(EPS)을 증가시킬 수 있다. ② 무상증자는 기업이 보유한 자산의 가치상승이나 이익잉여금 등을 신주발행으로 주주에게 배정한다. 증자는 발행주식의 증가로 주가를 하락시킬 수 있다. ③ 액면분할은 자본금의 변동없이 액면가를 분할하여 주식수를 증가시킨다. 유통물량이 증가하면서 거래가격이 하락하여 주가상승의 요인이 된다. 그리고 ④ 주주환원의 직접방법인 배당, 자사주소각 등도 함께 사용한다.

3. 옵션부증권

옵션부증권은 증권의 만기일이나 그 이전에 옵션을 행사할 수 있는 권리를 부여한다.

첫째, 옵션부채권은 채권발행시 향후 일정한 조건이 충족되면 만기 전이라도 원리금을 상환할 수 있는 조항을 첨부한다. 수의상환채권(callable bond)은 발행기업이 사전에 결정된 가격으로 만기 이전에 채권을 재구매할 수 있는 권리를 보유한다. 시장이자율이 낮을 때 기존 고이자율 채권을 상환하고 저이자율의 채권을 발행하여 이자비용을 절약할 수 있다. 그리고 감채기금부(sinking fund) 채권은 잔존기간에 결쳐서 기업이 직접 채권을 매입하거나 상환을 요구할 수 있는 옵션을 가진다. 그 대신에 채권발행회사는 채권상환의 확실성을 보장하기 위하여 사채상환기금의 적립조건을 채권약정서에 명시한다.

둘째, 전환사채(CB: Convertible Bond)는 채권 보유자에게 발행회사의 주식으로 전환할 수 있는 전환권을 부여한다. 해당기업의 주가가 전환가격 이상으로 상승하면 전환하여 자본소득을 얻지만, 전환권을 행사하지 않을 경우 액면이자와 원금을 지급한다. 전환조건[04]은 전환비율, 전환가격, 조기상환조항, 전환사채가격, 패리티, 전환프리미엄에 의하여 영향을 받는다.

셋째, 우발전환사채(코코본드, contingent convertible bond)는 자본비율이 일정수준 이하 또는 특정 조건에서 주식으로 전환(전환형)되거나 상각(상각형)할 수 있는 조건부 자본증권

04 ① 전환비율은 채권의 액면가격으로 받는 주식의 수이다. ② 전환가격은 매수하는 주식가격으로 전환사채의 가격을 전환비율로 나누어 계산한다. ③ 조기상환조항은 발행자가 만기 이전에 채권을 상환할 수 있는 권리이다. ④ 전환사채가격은 전환사채의 호가로 통상 액면의 %로 표시한다. ⑤ 패리티는 전환되는 주식의 시장가치 대비 액면가치의 비율이다. ⑥ 전환프리미엄은 전환사채가격과 패리티의 차이로 취득주식과 시장거래주식을 비교하여 계산한다.

표 7-2 | 코코본드 발행현황

은행	발행일	이자율(%)	발행규모(억원)
크레디트 스위스	2013년 9월	5.750	12.5
크레디트 아그레콜	2013년 9월	8.125	7.0
바클레이즈	2013년 11월	8.250	14.0
산탄데르	2014년 3월	6.250	15.0
소시에테제네랄	2014년 3월	8.125	9.0
JB금융지주	2014년 8월	6.000	2,000

자료: Union Asset Management, 매일경제

이다. 2008년 글로벌 금융위기 이후 강화된 바젤 Ⅲ 자본규제에 대응하기 위하여 2009년 영국 로이즈은행이 최초로 발행하였다. 국내 최초로 JB금융지주가 2014년 8월 발행규모 2,000억원, 이자율 연 6%, 만기 30년 채권을 발행하였다. 발행조건으로 보통주자본비율(CET1)이 7% 이하로 떨어지면 이자지급을 제한하고, 그 후 비율이 개선되어도 발행회사의 이자지급 의무는 없어진다.

넷째, 신주인수권부사채(BW)는 일정기간(행사기간) 내 사전에 결정된 가격(행사가격)과 수량의 신주를 인수할 수 있는 신주인수권(Warrant)이 있다. 상장회사의 신주인수권은 권리행사기간이 1년 이상시 채권에서 분리하여 매매할 수 있다. 전환사채는 주식으로 전환할 경우 채권효력이 없어지지만, 신주인수권부사채는 신주인수권을 행사하여도 채권을 유지한다.

다섯째, 이익참가부사채는 약정된 이자 외에도 발행회사의 이익분배에 참가할 수 있는 권리를 부여한다.

여섯째, 교환사채(exchangeable bond)는 사채의 소지인에게 사전에 합의된 조건(교환조건)으로 당해 발행회사에서 소유한 타 상장회사의 주식으로 교환을 청구할 수 있다.

표 7-3 | 전환사채와 신주인수권부사채의 비교

구 분	전환사채	신주인수권부사채
권 리	전환권	신주인수권
행 사	채권소멸	채권잔존
	신규자금 불필요	신규자금 필요

제2절 채권의 가치평가

1. 채권가격

매매가격 채권가격은 자산의 모든 위험을 반영하여 미래 현금흐름인 이자의 현재가치와 만기 원금의 현재가치로 평가한다. 채권의 특성으로 ① 시장이자율이 하락하면 채권가격은 상승하고 시장이자율이 상승하면 채권가격은 하락한다. ② 채권가격의 변동은 만기가 길수록 커지지만 그 증가율은 체감한다. ③ 만기가 일정할 때 수익률 하락시 가격상승폭이 수익률 상승시 가격하락폭보다 크다. ④ 채권가격의 변동률은 액면이자율이 높을수록 작다. ⑤ 채권가격은 만기가 다가오면서 액면금액에 접근한다.

$$P = \frac{C_1}{(1+R)} + \frac{C_2}{(1+R)^2} + \cdots + \frac{C_n + F}{(1+R)^n}$$
$$= \sum_{t=1}^{n} \frac{C_t}{(1+R)^t} + \frac{F}{(1+R)^n}$$

여기서, P = 채권가격
C = 쿠폰이자
R = 시장이자율
F = 액면금액
n = 잔존만기

채권수익률[05]은 가격변화에 따른 자본소득과 이자수익으로 구분할 수 있다. 만기수익률(yield to maturity)은 채권을 구입하여 만기까지 보유할 때 발생하는 현금유입의 현재가치와 채권의 현재가격을 일치시키는 할인율(내부수익률)이다. 액면이자도 모두 만기수익률로 재투자된다고 가정하여 만기까지 복리수익률로 계산한다. 따라서 액면이자를 채권가격으로 나누어 계산하는 경상수익률(current yield)과 다르다.

순수할인채에서 해당 만기까지 적용될 현물이자율(spot rate)은 현재부터 만기까지 형성되는 평균이자율로 매기의 단기이자율을 의미하지 않는다. 이러한 현물이자율은 미래 현금흐름의 현재가치를 평가할 때 할인율로 이용한다. 그리고 내재선도이자율(forward rate)은

---

05 채권수익률은 가격수익, 액면이자수익, 재투자수익으로 구분할 수 있다. 가격수익은 보유기간 동안에 시장이자율 변동으로 발생한 가격변화이다. 액면이자는 특정 보유기간 중 지급받은 지급이자와 경과이자의 합이다. 재투자수익은 액면이자의 재투자에서 발생한다.

현물이자율에 내재된 미래 단기이자율로 실제로 관찰할 수 없지만 추정할 수 있다.

$$F_n = \frac{(1 + Y_n)^n}{(1 + Y_{n-1})^{n-1}} - 1$$

실현수익률은 보유기간의 지급이자와 채권가격의 변화에 따라서 달라진다. 보유기간 수익률은 보유기간말의 채권가격에 따라서 변동된다. 기대수익률은 현재의 시장가격으로 매입하여 만기까지 보유할 경우 기대현금흐름에서 얻는 연평균수익률이다. 할인율은 사전에 채권의 향후 현금유입 및 시장가격정보를 알고 있어야 얻을 수 있다.

신용등급 신용등급(credit rating)은 발행주체의 이자와 원금에 대한 지불능력을 평가한다. 어떤 기업이 3년 만기 회사채를 발행할 경우 3년 후 지불이 불가능한 정도를 평가한다. 국제신용평가회사로 Moody's,[06] S&P,[07] Fitch,[08] 국내평가회사로 한국기업평가, 한국신용평가,

표 7-4 | 기업의 부도위험측정비율

비 율	공 식
매출액 대비 EBITDA	EBITDA/매출액
투하자본이익률(ROIC)	EBIT/(자산총액 − 현금)
이자보상배율	EBIT/이자비용
이자 대비 EBITDA	EBITDA/이자비용
부채 대비 운영수익	(순이익 + 감가상각비))/부채
부채 대비 잉여영업현금흐름	운영수익/부채
부채 대비 현금흐름의 현재가치	현금흐름의 현재가치/부채
EBITDA 대비 부채	부채/EBITDA
자산총액 대비 부채	부채/자산총액

자료: 스탠다드&푸어스(S&P)

06 무디스사는 정부기관과 사업체에 대한 금융연구 및 분석업무를 하는 무디스투자자서비스(Moody's Investors Service)의 지주회사이다. 기준평가척도를 이용하여 차입기관에 대한 신용등급을 산정한다.

07 스탠다드&푸어스사는 맥그로힐 출판사의 사업부문으로 1860년 창립하여 미국 뉴욕에 본사를 두고 있다. 금융시장정보(신용등급, 지표, 투자연구 및 위험평가)를 전 세계 투자자들에게 제공한다. 또한 미국 S&P500, 호주 S&P/ASX 200, 캐나다 S&P/TSX, 이탈리아 S&P/MIB 등의 주가지수를 산출한다.

08 피치사는 미국 뉴욕과 영국 런던에 이중 본사를 두고 있는 국제신용평가기관이다. 1913년 12월 24일 존 놀스(John Knowles)가 뉴욕시에서 피치 퍼블리싱 컴퍼니라는 이름으로 출발하였다. 1997년 영국 런던의 IBCA 유한회사와 합병하였다. 2000년 미국 시카고의 Duff & Phelps Credit Rating Co.와 Thomson BankWatch를 인수하였다.

표 7-5 | 장기신용등급의 분류

구 분		국내사	S&P, Fitch	Moody's	등급평정기준
투자 적격 등급	고등급	AAA	AAA	Aaa	원리금 지급능력이 최고수준
		AA	AA+, AA, AA−	Aa1, Aa2, Aa3	원리금 지급확실성이 매우 높으나 AAA에 비해 다소 열등
	중간 등급	A	A+, A, A−	A1, A2, A3	원리금 지급확실성은 높지만 장래 환경변화에 따라 다소 영향을 받기 쉬움
		BBB	BBB+, BBB, BBB−	Baa1, Baa2, Baa3	원리금 지급확실성은 인정되지만 장래 환경변화에 따라 저하 가능성
투자 주의 등급	저등급	BB	BB+, BB, BB−	Ba1, Ba2, Ba3	원리금 지급능력에 문제가 없으나 장래 안전성을 보장할수 없음
		B	B+, B, B−	B1, B2, B3	원리금 지급능력에 문제되고 투기적 면이 강함
		CCC	CCC+, CCC, CCC−	Caa1, Caa2, Caa3	채무불이행이 발생할 위험요소 내포
투자 부적격 등급	초저 등급	CC	CC	Ca	채무불이행이 발생할 위험이 큼
		C	C	C	이자지급이 연기되고 채무불이행 위험이 매우 높음
		D	D	D	원리금 또는 이자의 지급불능상태

자료: 한국신용평가, 한국신용정보

NICE신용정보 등이 있다. 국가도 하나의 경제주체로서 국가신용등급은 개별국가의 외채상환능력과 이행할 의사가 어느 정도인지 표시한다.

또한 1980년대 밀켄(M. Milken)은 드렉셀 번햄 램버트사(Drexel Burnham Lambert)를 설립하여 벤처기업의 투기등급채권(정크본드)시장을 활성화시켰다. 정크본드(Junk Bond)는 신용도가 낮은 기업에서 발행하는 신용등급 BB 이하의 채권이다. 그리고 현재 신용등급은 낮지만 성장성있는 벤처기업의 채권, 인수합병시 매수대상 기업의 자산을 담보로 발행한 채권 등도 포함한다.

장기신용등급은 장기채무의 상환능력 및 상환불능위험, 투자자의 법적 보호 정도 등을 표시한다. 신용등급은 AAA, AA, A, BBB, BB, B, CCC, CC, C, D 등으로 나누고, 보통 B등급까지 AA+, AA, AA의 3단계로 더욱 세분화한다. 통상 AAA에서 BBB까지 투자등급이라 하고 그 이하를 투기등급이라 한다. D등급은 부도나 화의 등으로 이미 채무불이행 상태이다. 일반적으로 포트폴리오는 신용등급채권 A− 이상, 어음 A2− 이상이거나 국공채, 통안채, 은행채를 중심으로 구성한다.

표 7-6 | 신용등급별 채권이자율 예

(단위: %)

신용등급	종 목	종 류	기간별 금리(연)	
			1년	3년
무위험	국고채	채권	3.35	3.38
AAA	은행채	채권	3.60	3.85
AAA	공사채	채권	3.65	3.85
AA+	토지보상채	채권	3.80	4.10
AA	수협신종자본증권	채권	–	5.40(7년)
AA–	삼성물산	ABS	–	4.50
A+	두산중공업40	EB	–	4.80
A+	하나캐피탈	채권	4.20	4.80
A	대우건설	ABCP	5.30	–
A–	두산건설64	CB	7.50	–
BBB	동부제철	채권	–	8.50
BB+	웅토매직5	채권	20.00	–
BB	범양건영2	채권	40.00	–
CCC	남광토건77	채권	100.00	–

자료: 매일경제

또한 단기신용등급은 상환기간이나 만기가 짧기 때문에 위험이 낮아져서 다른 평가등급을 부여한다. 기업어음(CP)은 해당기업의 재무적 항목과 비재무적 항목을 분석하여 평가한다. 채권보다 채무상환시 우선순위로 채권의 등급체계보다 작은 구간의 분류체계를 가지고 있다.

표 7-7 | 국내 단기신용등급의 분류

구 분	평가등급	등급정의
투자적격등급	A1	적기상환능력 최고, 장래환경의 영향도 받지 않음
	A2+, A2, A2–	적기상환능력 우수, 안정성은 A1보다 다소 열등
	A3+, A3, A3–	적기상환능력 양호, 안정성은 A2보다 다소 열등
투자주의등급	B+, B, B–	적기상환능력 적정, 안정성에 투기적 요소 내포
	C	적기상환능력 및 안정성에 투기적 요소가 큼
투자부적격	D	현재 채무불이행 상태

투자위험 채권에서 체계적 위험은 이자율변동위험과 구매력위험이고, 비체계적 위험은 채무불이행위험, 중도상환위험 및 유동성위험이다. ① 이자율변동위험은 가격변동위험[09]과 재투자위험의 대응으로 상호 상쇄되지만 불완전한 상쇄관계로 위험이 발생한다. ② 구매력위험은 예상물가상승률 변동에 따른 위험이다. ③ 채무불이행위험은 발행자의 이자 및 원금상환의 불이행위험이다. ④ 중도상환위험은 만기 이전에 발행회사의 원금상환으로 초기 기대수익률이 변동할 위험(예: 콜옵션 조항)이다. ⑤ 유동성위험은 채권매각이 불가능하거나 유동성 부족으로 적정가격을 받지 못할 위험이다.

그림 7-1 채권의 위험

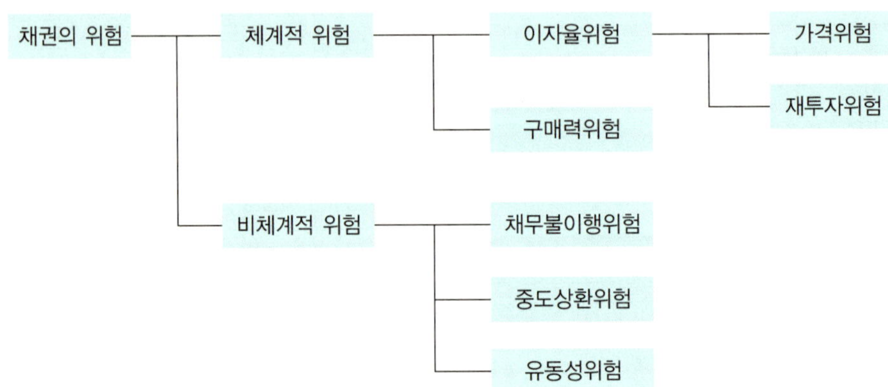

신뢰도지수는 신용등급이 낮은 채권의 수익률과 높은 등급의 채권수익률의 비율이다. 경기가 좋아질 것으로 예상되면 저등급채권의 가격이 상승하여 수익률이 낮아지면서 고등급채권수익률과 차이도 적어진다. 지수는 언제나 1 이하로 경기상승시 올라가고 경기하락시 떨어지는데 주가지수보다 미래 경제상황을 2~11개월 선행한다.

$$\text{신뢰도지수} = \frac{t\text{시점 우량채권(AAA)의 평균수익률}}{t\text{시점 비우량채권(BBB 이하)의 평균수익률}}$$

채권지수는 유사한 종류의 채권들을 모아서 실적치지수, 가격지수, 수익률지수 그리고 이자지수로 산출한다. ① 실적치지수는 일정기간 채권투자에서 발생한 총투자수익률로 자본소득과 이자수익, 재투자수익을 포함하여 계산한다. 일정기간의 투자수익률로서 일별지수

---

09 가격변동위험은 시장이자율의 변동으로 채권가격이 변동하는 위험이다. 재투자위험은 시장이자율의 변동으로 중간에 지급받는 이자의 재투자수익이 변동하는 위험이다.

는 산출할 수 없다. ② 채권가격지수는 기준시점 대비 비교시점의 채권가격 변동으로 계산한다. 대상종목은 채권의 종류 및 잔존기간별로 소그룹을 구성하고 소그룹별 대표종목을 선정한다.

$$\text{채권가격지수} = \frac{\text{비교시점 가격합계}}{\text{기준시점 가격합계}}$$

③ 수익률지수는 현재 매입하여 만기까지 보유할 때 얻는 연평균 투자수익률로 계산한다. 이 지수는 상호 또는 다른 금융자산과 비교하고 기간별 투자수익률을 예측할 수 있어서 투자지표로 활용한다. ④ 이자지수는 대표종목의 월간이자를 매월 초 대표종목의 가격합계와 비교하여 계산하며 성과평가의 보조지표로 사용한다.

$$\text{채권이자지수} = \frac{\text{대표채권의 월발생이자}}{\text{대표채권의 월초가격}}$$

한국거래소는 1986년 1월 4일부터 채권가격지수와 채권평균수익률을 매일 산출하고, 월 1회 채권이자지수를 보조지표로 발표한다.

2. 듀레이션

만기구조 만기구조(term structure)는 조건이 모두 동일하고 만기만 서로 다른 채권 간 만기수익률의 모습이다. 이자율의 기간구조의 가정으로 ① 기대이론은 만기가 다른 채권 간 완전한 대체관계를 가정하여 단기채권의 교체운용과 장기채권의 만기운용의 수익률이 같다. ② 시장분할이론은 장 · 단기채권 간 대체관계가 없고 투자자는 특정 만기의 채권을 선호한다. ③ 특정 시장선호이론은 장 · 단기채권 간 불완전 대체관계로 기대이론과 시장분할이론을 결합한다. ④ 유동성프리미엄이론은 장 · 단기채권의 불완전 대체관계로 유동성프리미엄과 만기 예상평균단기이자율의 합으로 장기채권이자율을 결정한다.

그러나 실현수익률은 만기까지 보유하지 않을 경우 만기수익률과 차이가 있다. 어떤 기업이 동일시점에서 발행한 채권도 만기에 따라서 수익률의 차이를 가진다. 예를 들어 한 채권이 만기구조가 주어지고 액면 1만원, 액면이자율 10%, 만기 2년이다. 채권 소유자는 6개월, 12개월, 18개월에 500원의 이자를 받고, 2년째 만기일에 원금과 이자로 10,500원을 받는

그림 7-2 | 수익률곡선의 형태

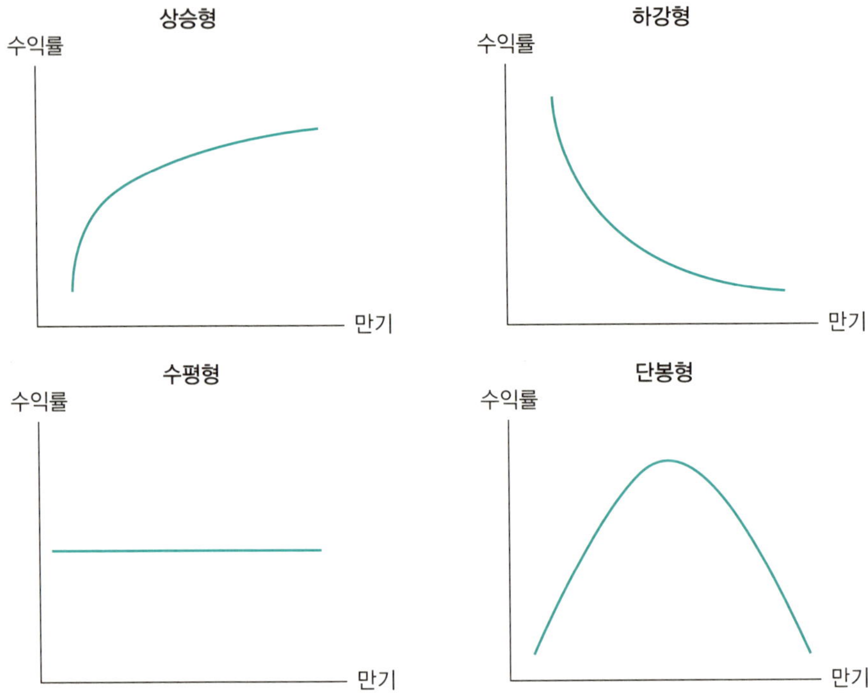

표 7-8 | 채권의 기간구조

만기(월)	3	6	9	12	18	24	30	36	40
이율(%)	6.61	7.08	7.37	7.57	7.64	7.67	7.76	7.82	7.90

다. 연속복리로 할인한 채권의 현재가치는 10,400원이다.

$$6\text{개월 } 500\text{원} \times e^{-0.0708 \times 0.50} = 483\text{원}$$

$$12\text{개월 } 500\text{원} \times e^{-0.0757 \times 1.00} = 464\text{원}$$

$$18\text{개월 } 500\text{원} \times e^{-0.0764 \times 1.50} = 446\text{원}$$

$$24\text{개월 } 10{,}500\text{원} \times e^{-0.0767 \times 2.00} = 9{,}007\text{원}$$

$$\cdots$$

$$483\text{원} + 464\text{원} + 446\text{원} + 9{,}007\text{원} = 10{,}400\text{원}$$

이와 같이 채권이자율의 기간구조를 이용하여 거래가격을 계산할 수 있다. 예금 1만원의 3

개월 후 현재가치는 10,167원이다.

$$3\text{개월 } 1\text{만원} \times e^{0.0661 \times 0.25} = 10,167\text{원}$$
$$6\text{개월 } 1\text{만원} \times e^{0.0708 \times 0.50} = 10,360\text{원}$$
$$\cdots$$
$$5\text{년 후 } 1\text{만원} \times e^{0.0790 \times 5.00} = 14,844\text{원}$$

만기구조는 만기별 연속복리이자율을 표나 그래프로 나타내며, 기간프리미엄은 만기가 서로 다른 두 채권의 수익률차이이다. 이자율스프레드(spot rate spread)는 다양한 만기와 신용등급으로 회사채이자율과 국채이자율의 차이이다. 신용스프레드(credit spread)는 채권발행자의 신용도에 따른 이자율차이로서 투자자들의 위험에 대한 태도를 나타낸다. 그리고 장 · 단기이자율차이는 경기전망에 대한 채권시장의 예상을 담고 있다.

듀레이션 듀레이션(duration)은 미래현금흐름을 현재가치로 환산하여 채권투자액을 회수하는데 소요되는 가중평균 회수기간이다. 채권에서 발생하는 모든 현금흐름의 현재가치로 이자율변동위험을 설명한다. 이자율 상승시 자본손실의 크기와 이자율 하락시 자본이득의 크기는 듀레이션으로 파악할 수 있다.

$$D = \frac{\sum_{T=1}^{m} \frac{T \cdot C_t}{(1+R)^T}}{P_0}$$

여기서, C_t: 매기 현금흐름액
T: 현금흐름시점
R: 연간이자율

표 7-9 | 듀레이션의 계산 예(원금 100원, 이자율 10%)

잔존기간	현금흐름	할인율	현재가치	가중총현금흐름
1	100	0.9091	90.9	90.9
2	100	0.8264	82.6	165.3
3	100	0.7513	75.1	225.4
4	100	0.6830	68.3	273.2
5	1,100	0.6209	683.0	3,415.1
계			1,000	4,169.9

기간별 현금흐름의 현재가치와 현재의 채권가격을 비교하여 원금이 상환되는 채권의 평균만기를 측정한다.

$$D = 4{,}169.9/1{,}000 = 4.17$$

듀레이션의 특징으로 ① 할인채는 만기에 모든 현금흐름을 발생시키기 때문에 가중평균만기와 듀레이션이 일치한다. ② 만기가 일정할 때 액면이자율이 낮을수록 듀레이션도 커진다. ③ 액면이자율이 일정할 때 만기가 길수록 듀레이션이 증가한다. 액면가 또는 할증채권의 듀레이션은 항상 만기와 함께 증가한다. ④ 다른 요인들이 일정할 경우 만기수익률이 낮으면 이표채권의 듀레이션도 커진다. ⑤ 이표채의 경우 이자지급단위 기간이 짧을수록 듀레이션이 작다. ⑥ 수익률곡선이 수평일 경우 개별 듀레이션의 가중평균이다. ⑦ 영구채의 경우 수익률이 낮을수록 듀레이션이 길다. 영구채의 만기는 무한이지만 듀레이션은 수익률로 결정할 수 있다.

$$D = (1 + R)/R$$

한편 맥컬리의 수정듀레이션(Macualay Duration)은 듀레이션을 할인하여 채권가격의 변동성을 측정한다. 채권가격의 변동률은 수정듀레이션에 만기수익률변동률을 곱하여 계산한다.

$$\text{수정듀레이션} = \frac{D}{1 + \frac{YTM}{n}}$$

$$\text{채권가격변동률} = -\text{수정듀레이션} \times \text{만기수익률변동률} \times 100$$

여기서, n = 연간 이표지급횟수

YTM = 명목수익률

볼록성 볼록성(convexity, $\Delta P/\Delta R$)은 이자율의 변화에 대한 채권가격의 변화이다. 채권가격과 이자율 간 관계에서 원점에 대하여 볼록한 채권가격곡선의 기울기이다. 이자율 상승시 가격의 하락폭을 축소하고 이자율 하락시 가격의 상승폭을 확대한다.

$$\Delta P = \frac{1}{2} \times P \times C \times (\Delta R)^2$$

그림 7-3 이자율과 채권가격의 변화에 따른 볼록성

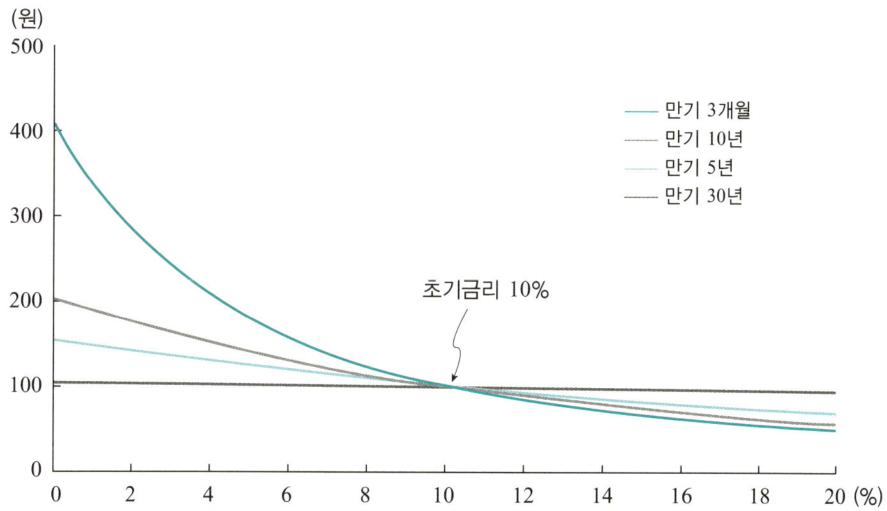

그 특징으로 ① 만기수익률과 잔존기간이 일정할 경우 액면이자율이 낮을수록 볼록성은 커진다. ② 만기수익률과 액면이자율이 일정할 경우 잔존기간이 길수록 볼록성은 커진다. ③ 볼록성이 큰 채권이 작은 채권보다 상대적으로 높은 프리미엄을 형성한다. ④ 액면이자율과 잔존기간이 일정할 경우 만기수익률이 낮을수록 볼록성은 커진다. 그리고 ⑤ 옵션부사채의 경우 음의 볼록성을 가질 수 있다.

볼록성 때문에 잔존기간이 단축되면 이자율 하락에 따른 가격상승의 롤링효과(rolling effect)[10]로 경과이자와 시세차익을 얻는다. 또한 잔존기간이 짧은 상황에서도 기간감소에 따른 이자율 하락폭인 숄더효과(shoulder effect)로 수익을 얻을 수 있다.

3. 채권투자전략

채권은 수익성, 안정성, 유동성을 확복할 수 있다. ① 수익성은 채권보유에 따른 이자소득과 자본소득을 얻을 수 있다. ② 안정성은 확정이율을 안정적으로 받을 수 있다. ③ 유동성은 채권 유통시장의 거래로 당일 현금화할 수 있다. 소극적 투자전략(passive strategy)은 시

10 롤링효과(rolling effect)는 수익률곡선의 우상향으로 잔존기간이 단축되면서 이자율의 하락에 따른 가격상승의 효과를 얻는다. 숄더효과(shoulder effect)는 잔존기간이 짧은 상황에서 기간감소에 따른 극단적 이자율의 하락으로 잔존기간을 이용하면 투자효율을 높일 수 있다.

장의 효율성을 가정하고 면역전략을 활용하거나 분산투자로 위험을 축소한다.

첫째, 만기보유전략(buy and hold) 또는 매칭전략(matching)은 만기보유로 이자율변동에 대응하면서 수익을 확정한다. 그러나 단순만기보유전략은 시장이나 벤치마크 대비 초과수익률을 얻기 어려우므로 사다리형전략과 바벨형전략으로 보완한다. 사다리형전략은 잔존기간마다 동일한 수량의 채권을 투자하고 가격변동위험을 평준화한다. 투자기간 중 일정하게 만기가 도래하는 채권을 동일 규모로 재투자한다. 한편, 바벨형전략은 단기채와 장기채만 투자하여 단기채 만기시 단기채에 투자하고, 장기채의 중기채 전환시 장기채로 교체한다. 그리고 이자율 하락이 예상될 경우 장기채 비중을 높이고 이자율 상승이 예상될 경우 단기채 비중을 높인다.

둘째, 지수펀드(index fund)는 채권투자의 성과가 특정 채권지수의 수익률을 따를 수 있도록 복제포트폴리오를 구성한다. 복제방법은 채권지수의 구성종목을 지수구성의 비율에 맞춰서 포트폴리오를 결정한다. 채권지수는 기간별 투자수익률이나 채권의 가격수준으로 투자성과나 수익성을 평가할 수 있다. 개별채권의 액면은 대부분 고액으로 투자자금의 제약과 거래비용의 존재로 투자에 어려움이 있고, 일부 채권의 경우 만기 축소와 유동성 하락으로 분산투자에 제약을 받는다.

셋째, 면역(immunization)전략은 채권포트폴리오의 듀레이션과 투자기간을 일치시켜서 채권가격과 이자율 변동에 관계없이 현재시점에서 수익률을 확정한다. 듀레이션이 목표기간보다 짧은 경우 재투자위험이 있고, 목표기간보다 큰 경우 가격변동위험을 부담해야 한다. ① 순자산가치 면역전략은 순자산가치를 일정하게 유지하기 위하여 자산과 부채의 듀레이션을 일치시킨다.[11] 자산과 부채의 듀레이션 갭(gap)이 0일 때 순자산가치의 면역이 가능하다. ② 목표시기 면역전략은 부채의 듀레이션과 채권포트폴리오의 듀레이션을 일치시켜서 이자율변동위험을 축소한다. 이자율변동이 발생하여도 예정된 목표금액에 도달할 수 있다. 그리고 ③ 현금흐름 대응전략은 미래의 현금지출과 같은 현금흐름을 얻는 채권포트폴리오를 구성한다. 미래 현금지출이 여러 시기일 때 현금흐름이 대응될 수 있도록 할인채와 이표채를 결합한다.

적극적 투자전략(active strategy)은 시장의 비효율성을 가정하여 미래예측이나 증권분석으로 초과수익률을 추구한다. 미래이자율이 변동할 것으로 예상할 때 장 · 단기채권을 교체하거나 종목 간 수익률격차를 이용하여 초과수익을 얻을 수 있다. 첫째, 수익률예측전략(horizon analysis)은 수익률곡선을 이용하여 투자 만기의 이자율을 예측한다. 투자자는 목

11 자산부채관리(ALM: Asset and Liability Management)는 자산과 부채의 듀레이션을 일치시켜서 순자산가치를 이자율변동에 관계없이 일정하게 관리한다.

표투자기간 말의 수익률곡선을 예측하여 현재 수익률곡선과 비교하여 미래이자율을 예측한다. 이자율 하락이 예상되면 장기채나 액면이자율이 낮은 채권에 투자하고, 반대로 이자율 상승이 예상되면 단기채 및 액면이자율이 높은 채권에 투자한다.

둘째, 채권교체(swap)전략은 이자율 하락을 예상하면 듀레이션을 증가시키고, 이자율 상승을 예상하면 듀레이션을 감소시킨다. 채권가격이 일시 불균형인 경우 고평가채권을 매각하고 저평가채권을 매입하여 교체한다. 교체방법으로 동종채권교체, 이종채권교체, 이자율 상승교체, 순수수익률교체, 세금교체 등이 있다.

셋째, 수익률곡선타기(riding yield curve)전략은 장기채에 투자하여 만기 전 매각하여 이익을 얻는다. 보유채권은 시간의 경과에 따라서 단기채가 되고 수익률도 낮아져 가격상승효과를 얻는다.

넷째, 스프레드(spread)전략은 매매시점을 잘 포착하여 서로 다른 두 종목 간(또는 복수종목 간)의 수익률격차의 복원성을 이용하여 매매한다. 수익률격차가 확대된 경우 수익률이 높은 종목으로 교체하고, 수익률격차가 축소된 경우 수익률이 낮은 종목으로 교체한다. 중장기 채권이자율의 하락을 예상할 때 수익률도 이자율의 변동에 따라서 민감하게 변한다. 그리고 신흥국시장은 해당 국가의 신용도에 따라서 국가선정,[12] 종목선정, 위험관리(채무불이행위험)를 적절히 구사해야 한다.

제3절 주식의 가치평가

1. 상대가치

배당금 배당(dividends)은 경영활동의 결과로 얻은 이익을 주주에게 현금이나 주식으로 분배하는 것이다. 기업은 배당과 사내유보를 적절히 조정하여 주가를 극대화할 수 있다. 자본비용은 자본을 사용한 대가로 기업의 가치를 하락시키지 않고 신규투자에서 벌어야 하는 요구수익 또는 필수수익이다. 주가는 높은 기대배당금, 낮은 요구수익률, 그리고 높은 배당성장률에서 상승한다. 그래함(Graham)의 개별주가는

12 국가선정은 경제펀더멘털, 차익상황, 정치상황, 시장특성을 검토하는 top-down방식에 의한다.

$$주가 = 주당이익 \times (2 \times 이익의\ 기대증가율 + 8.5) \times 단기국채수익률 \div AAA급\ 회사채수익률$$

이다. 여기서 8.5는 성장률이 0인 기업의 적정배수이다. 현재주가가 산출주가보다 낮을 경우 투자한다. 예를 들어 순이익 1만원, 성장률 5%, 단기국채이자율 3%, AAA회사채 이자율 3%라면 주가는 285,000원이어야 한다.

$$주가 = 10{,}000 \times (2 \times 10\% + 8.5) \times 3\% \div 3\%$$
$$= 285{,}000원$$

기업의 가치는 미래의 배당금과 투자회수액을 현재가치로 환산하여 평가한다. 주당배당금(DPS: Dividend Per Shares)은 1주당 액면가를 기준으로 지급되며, 배당지급률은 1주당 배당금을 1주당 액면가로 나눈 비율이다. 그리고 배당수익률은 보통주 1주당 배당금을 1주당 시장가격으로 나눈 비율이다.

$$배당지급률 = \frac{1주당\ 배당금액}{1주당\ 액면가격}$$

$$배당수익률 = \frac{1주당\ 배당금액}{1주당\ 시장가격}$$

표 7-10 | 배당지급률과 수익률의 계산

구 분	A회사	B회사	삼성전자
액면가격	5,000원	5,000원	5,000원
시장가격	400,000원	8,000원	600,000원
주당배당금	4,000원	400원	5,500원
배당지급률	80%	8%	110%
배당수익률	1%	5%	0.9%

배당성향은 당해 연도의 순이익 중에서 배당금의 비중으로 높을수록 유보율은 낮아진다.

$$배당성향 = \frac{배당금총액}{당기순이익} = \frac{1주당\ 배당금}{1주당\ 순이익}$$

주식투자는 사전에 약정된 현금을 알 수 없고 투자기간도 영구적이다. 또한 시장요구수익률도 쉽게 관찰할 수 없다. 예를 들어 어떤 기업이 매년 순이익 중에서 사내유보 60%와 배당 40%를 하는데 자기자본이익률 20%, 연초 주가 25,000원이었다. 기말 주당배당이 800원으로 예상될 경우 기대수익률은

$$\text{배당성장률} = 0.6 \times 0.2 = 0.12$$
$$\text{배당수익률} = 800/25{,}000 = 0.032$$
$$\text{기대수익률} = 0.032 + 0.12 = 0.152$$

이다.

MM이론은 현금배당을 할 경우 주가하락으로 배당 전후의 주주가치는 변하지 않는다. 그러나 현실적으로 투자자는 배당을 기업의 자신감으로 판단하고 주가상승에 긍정적 영향을 미친다. 즉 배당기업은 사내유보의 필요성이 적은 기업으로 판단한다.

배당평가모형 배당평가모형(discounted cash flow model)은 주식보유로 얻는 미래현금흐름인 예상배당금과 주식의 기대가격을 할인하여 주가를 결정한다.

$$P_0 = (D_1 + P_1)/(1 + K)$$

여기서, P_0 = 현재주가
P_1 = 1기후 주가
D_1 = 1기말 현금배당액
K = 요구수익률

배당의 성장은 무성장, 항상성장, 그리고 불규칙성장의 3가지로 구분할 수 있다. 첫째, 무성장모형은 배당의 성장이 없어서 매년 일정한 배당을 지급하는 평가방법이다. 기업이 성장하지 않고 현상을 유지할 경우 배당금은 현재수준에서 크게 변하지 않는다. 주식의 매도를 무한정 연기할 경우 현재가치는 0이며 1기간 후부터 영원히 계속되는 배당의 현재가치가 주식의 시장가격이다.

$$P_0 = \frac{D_1}{(1+K)} + \frac{D_2}{(1+K)^2} + \frac{D_3}{(1+K)^3} + \cdots = \sum_{t=1}^{\infty} \frac{D_t}{(1+K)^t} = \frac{D}{K}$$

둘째, 항상성장모형(constant growth model)은 배당이 매년 일정비율(G)로 성장할 때 주

식의 가치를 평가한다. 배당성장은 직전 대비 1 + G만큼 항상 동일한 비율로 성장한다.

$$P_0 = \frac{D_1(1+G)^1}{(1+K)} + \frac{D_2(1+G)^2}{(1+K)^2} + \cdots = \frac{D_0 \times (1+G)}{K-G} = \frac{D_1}{K-G}$$

예를 들어 예상배당금 1만원, 요구수익률 10%, 예상성장률 5%일 때 예상주가는 200,000원이다.

$$10{,}000/(0.1 - 0.05) = 200{,}000$$

균형시장에서 기업의 내재가치와 시장가격은 동일하고, 기대수익률과 요구수익률(K)도 같다. 성장주(growth stock)는 적은 배당에서도 미래에 가격상승의 기회를 가지므로 충분히 투자할 가치가 있다. 요구수익률이 하락하면 주가(P_0)는 상승하고 경기를 활성화시키면서 배당성장률도 증가한다.

$$P_0 = \frac{D_1}{K-G}$$

$$\text{요구수익률}(K) = \text{배당수익률}\left(\frac{D_1}{P_0}\right) + \text{배당성장률}(G)$$

여기서, 배당성장률(G) = 내부유보율(b) × 자기자본이익률(ROE)

내부유보율 = 1 − 배당성향

셋째, 불규칙성장모형은 기업의 성장률이 기간별로 불규칙하게 변할 경우 주로 2단계성장을 사용한다. 기업은 수명주기에 따라서 도약기에 배당성향이 낮지만 성장률은 증가하고, 성장기에 수익성이 떨어지고 이익의 성장도 둔화된다. 그리고 성숙기에 배당성향은 높지만 성장률이 감소한다.

$$P_0 = \frac{D_1(1+G)^1}{(1+K)} + \frac{D_2(1+G)^2}{(1+K)^2} + \cdots + \frac{D_n(1+G)^n}{(1+K)^n} = \frac{E(P_n)}{(1+K)^{n+1}} + \cdots$$

$$E(P_n) = \frac{D_0(1+G)^n \times (1+G)}{K-G}$$

이익평가모형 이익평가모형(earning valuation model)은 미래의 주당순이익(EPS)을 적정한 할인율 또는 요구수익률(K)로 할인하여 평가한다. 보통주의 가치는 다음과 같다.

$$P_0 = \frac{E(EPS_1)}{(1+K)^1} + \frac{E(EPS_2)}{(1+K)^2} + \cdots + \frac{E(EPS_N)}{(1+K)^N} + \cdots = \sum_{t=1}^{\infty} \frac{E(EPS_t)}{(1+K)^t}$$

여기서, $E(EPS_t)$ = t기간의 예상주당이익

K = 요구수익률

각 기간의 주당순이익이 일정하면 배당평가모형과 무성장모형은 다음과 같다.

$$P_0 = \frac{EPS}{1+K}\left[1 + \frac{1}{(1+K)} + \frac{1}{(1+K)^2} + \cdots\right] = \frac{EPS}{K}$$

한편, 초과이익평가모형은 기초장부가치(B_0)와 미래초과이익을 현재가치로 전환하여 평가한다. 초과이익률은 자기자본이익률(ROE)이 요구수익률(K)보다 클 때 의미가 있다.

초과이익 = 당기순이익 − (요구수익률 × 자기자본)

$$P_0 = B_0 + \frac{(ROE - K) \times B_0}{(1+K)}$$

성장기회가치모형(NPVGO: Net Present Value of Growth Opportunity)은 성장기회가 있는 주식가치에서 성장기회가 없는 주식가치를 제거하여 성장기회의 순현가를 평가한다. 그리고 성장기회가 있는 성장기업의 주가는 일정성장모형을 이용하고, 무성장기업의 주가는 무성장모형을 이용한다.

$NPVGO$ = 성장기업의 주가 − 무성장기업의 주가

$$= \frac{D_1}{K - G} - \frac{EPS_t}{K}$$

내부유보는 재투자하여 미래의 배당을 증가시키기 때문에 배당이나 유보에 관계없이 주식의 가치는 일정하다. 이익기준이나 배당기준이나 주가는 동일하고 이익평가모형과 배당할인모형의 결과도 차이가 없다.

상대가치평가모형 배당평가모형이나 이익평가모형은 미래현금흐름의 예측과 할인율의 추정에서 주관적이다. 상대가치평가는 이러한 한계를 극복할 수 있다. 첫째, 주가수익비율(PER: Price Earning Ratio)모형은 기업의 회계적 이익 1단위에 대하여 투자자들이 지불하

는 상대적 주가수준이다. 주가수익비율은 투자자의 기대수익률(R)이 낮고 기업의 성장률(G)이 높을수록 커진다.

$$PER = \text{주가}(P)/\text{주당순이익}(EPS)\ (\text{배})$$

정상 PER의 대용치는 동일위험주식군 PER, 동종산업평균 PER, 과거평균 PER, 또는 배당평가모형 PER이다. 배당성향과 이익성장률이 동일할 때

$$P_0 = \frac{D_1(1+G)}{K-G} = \frac{D_1}{K-G}$$

이다. 따라서, $D_1 = (1-b)EPS_0$로 미래기대배당은 주당순이익에 배당성향을 곱하여 계산한다. 기대배당성향과 성장률이 클수록 커지고 기대수익률이 클수록 낮아진다.

$$P_0 = \frac{(1-b)EPS_0}{K-G}, \quad PER = \frac{1-b}{K-G}$$

그리고, PER의 표준편차로 PER의 정상범위를 결정하여 고평가된 주식과 저평가된 주식을 계산한다. 이론가치는 정상주가수익비율(PER)에 특정 시점의 주당순이익(EPS)의 곱으로 추정한다.

$$P_0 = PER \times EPS_1$$

여기서, P_0 = 현재의 주가
EPS_1 = 1시점의 주당순이익
PER = 정상주가수익비율

정상주가수익비율은 배당평가모형이나 회귀분석으로 계산한다. 배당평가모형은

$$PER = \frac{D_0(1+G)}{K-G} \times \frac{1}{EPS} = \frac{D_0(1+G)}{K-G} \times \frac{(1-b)}{D_0} = \frac{(1-b)(1+G)}{K-G}$$

이다.

회귀분석모형은 주가수익비율과 특정 변수 간 선형관계를 추정한다. 다중회귀분석모형은 배당성장률, 배당성향, 그리고 위험(β) 등으로 정상주가수익비율을 추정한다. 과소평가 또

는 과대평가된 주식은 이론가격에 수렴할 것이라는 데 기초하고 있다. 주가수익비율은 과거의 실적이기 때문에 기업의 미래 성장성을 반영하지 못한다.

$$PER = \text{기울기} + \beta_1 \text{배당성장률}_t + \beta_2 \text{배당성향}_t + \beta_3 \text{기업베타}_t + \varepsilon_t$$

둘째, 주가매출액비율(PSR: Price Sales Ratio)은 주가를 주당매출액으로 나눈 비율로 높을수록 고평가된 것으로 판단한다. 기업의 도약기는 영업활동을 객관적으로 표현할 수 없어서 일정기간 이익발생이 어려우므로 가치평가도 어렵다. 경영악화 기업도 매출로 파악할 수 있고, 매출액은 임의로 조작하기 어렵다. 비율의 변동성도 *PER*만큼 심하지 않으면서 가격정책이나 경영전략의 영향을 분석할 수 있다. 그러나, 2014년 파산한 ㈜모뉴엘은 신생기업이면서 현금흐름없는 장부상 매출을 발생시키는 분식회계를 하였다. 이러한 회계보고서가 정부기관의 보증을 거쳐서 여러 은행에서 대출을 해주는 기준이 되었다.

$$PSR = \text{주가}/\text{주당매출액 (배)}$$

셋째, 주가현금흐름비율(PCR: Price Cash Ratio)은 당기순이익에 현금지출을 수반하지 않는 비용인 감가상각비, 외환 및 유가증권평가차손 등을 추가하고 현금유입이 없는 외환 및 유가증권평가차익 등을 차감한다. 만일 이 값이 낮으면 저평가된 주식으로 판단한다.

$$PCR = \text{주가}/\text{주당현금흐름 (배)}$$

넷째, 주가순자산비율(PBR: Price Book-value Ratio)은 주가를 주당순자산으로 나누어서 계산하며, 장부가치가 실질가치를 반영하고 시장가격이 내재가치를 반영할 경우 1이다. 그

표 7-11 | 주당순자산가치 계산 예

(단위: 원, 주)

항목	금액
자본총계	1,152,572,000,000
무형자산 등 차감	149,502,000,000
이연자산 연부채	–
순자산총계(A)	1,003,070,000,000
기말 발행주식수(B)	63,940,000
주당순자산(BPS, A/B)	15,688

러나 장부가치는 발생주의와 원가주의로 회계처리를 하고 내부의 무형자산을 반영하지 않아서 장부에 반영되지 않는 자산을 포함할 경우 1보다 커야 한다. 장부가치는 기업의 모든 자산과 부채를 반영하지 않고 시장가치가 아니라 과거 취득원가에서 감가상각비를 차감하여 계산한다.

$$PBR = 주가(P)/주당순자산(B)\ (배)$$

그리고 안정적인 투자대상 기업은 자기자본이익률(*ROE*)이 건전하고 기대성장률은 높지만 자본비용이 작아서 위험이 낮은 기업이다. 이론가격은 정상적 *PBR*에 *BPS*를 곱하여 추정한다.

$$PBR = \frac{ROE - 기대성장률}{ROE - 자본비용}, \quad P = PBR \times BPS$$

또한 주가순자산비율은 수익성, 활동성, 자기자본비율 및 주가수익비율 등에 의하여 결정된다.

$$PBR = \frac{P}{BPS} = \frac{순이익}{매출액} \times \frac{매출액}{총자산} \times \frac{총자본}{자기자본} \times \frac{P}{EPS}$$
$$= 매출액순이익률 \times 총자산회전율 \times 자기자본승수 \times 주가수익비율$$

다섯째, 토빈의 *Q*비율은 주가를 대체원가로 나누어서 계산한다. 자본시장이 충분히 경쟁적일 때 *Q*비율은 장기적으로 1에 가까워야 한다. 높을수록 투자수익성이 양호하고 경영이

표 7-12 | 상대가치와 영향요인

상대가치	영향요인
주가수익비율	성장률, 배당성향, 위험
주가순자산비율	성장률, 배당성향, 위험, 자기자본이익률
주가매출액비율	성장률, 배당성향, 위험, 순이익률
EV/*EBIT*	성장률, 재투자필요액, 레버리지, 위험
EV/매출액	성장률, 순자본적지출필요액, 레버리지, 위험, 영업이익률
EV/자본금	성장률, 레버리지, 위험, 자본이익률

표 7-13 | 주요 평가요소와 비율의 예

구 분	2015년 12월 31일	2014년 12월 31일	2013년 12월 31일
주당순이익	1,227원	1,103원	1,036원
주가수익비율	1,227/주가 = 18.75	1,103/주가 = 20.86	1,036/주가 = 22.20
주당순자산가치	14,875원	14,171원	15,051원
주가순자산비율	14,875/주가 = 1.55	14,171/주가 = 1.62	15,051/주가 = 1.53
주당매출액	47,977원	42,208원	45,330원
수가매출액비율	47,977/주가 = 0.48	42,208/주가 = 0.54	45,330/주가 = 0.51

효율적이지만 낮을수록 적대적 M&A대상이 되기 쉽다. 보통주의 시장가격이 대체원가보다 높으면 동일한 자산구조와 자본구조를 복제한 경쟁회사가 나타날 가능성이 크다. 물가상승으로 대체원가가 상승하면 Q비율은 주가순자산비율보다 낮고, 반대로 기술발전으로 자산의 대체원가가 하락하면 Q비율은 주가순자산비율보다 높다.

$$Q = \frac{\text{주가}}{\text{1주당대체원가}}$$

여섯째, *PEG*비율은 기대성장률 대비 주가수익비율로서 높으면 고평가, 낮으면 저평가된 것으로 판단한다. 기대성장률과 현금흐름이 일정하다고 가정하고 위험을 변화시켜서 가상기업의 *PER*을 계산한다.

$$PEG = \frac{PER}{\text{기대성장률}}$$

*PEG*비율은 고성장기업을 과소평가하고, 저성장기업을 과대평가한다. 따라서 수정 *PEG*비율은 이런 잠재위험을 해결할 수 있도록 분모에 배당수익률을 포함한 *PEGY*비율이다.

$$PEGY = \frac{PER}{\text{기대성장률} + \text{배당수익률}}$$

자본자산가격결정모형과 응용모형 자본자산가격결정모형은 단일투자기간만 고려하여 단일기간의 수익률을 계산한다. 현재 P_0이고 기말 P_1인 주식의 기대수익률과 체계적 위험은 균형시장에서 선형관계이다. 증권시장선은

PRIVATE BANKING

$$R_i = \frac{P_1 - P_0}{P_0} = R_f + [(E(R_M) - R_f]\beta_i$$

이다. 현재가격으로 정리하면

$$P_0 = \frac{E(P_1)}{1 + R_f + [E(R_M) - R_f] \cdot \beta_i}$$

이다.

위험수정할인율은 무위험수익률과 위험프리미엄의 합이다. 그리고 확실성등가법은 기말의 기대주가에서 위험프리미엄을 차감한 후 무위험이자율로 할인한다.

$$P_0 = \frac{E(P_1) - [E(R_M) - R_f] \cdot \dfrac{Cov(P_1, P_M)}{\sigma_M^2}}{1 + R_f}$$

웰스파고(Wells Fargo)모형은 전통적 주식가치평가모형과 자산가격결정이론을 결합하였다. 이 모형은 기대내부수익률 측정과 균형기대수익률 측정의 2단계로 이루어져 있다. 평가에 사용되는 자료는 향후 5개년 1주당 배당의 추정치($E(D_1)$, $E(D_2)$, $E(D_3)$, $E(D_4)$, $E(D_5)$), 5년 후 주당순이익의 추정치($E(EPS_5)$), 주당순이익 성장률의 추정치(G_5) 및 배당성향의 추정치($1 - b_5$), 안정적 배당성향과 성장률, 안정적 배당성장률과 배당성향이 실현되는 예상연도(T), 제5년도 이후 T년도까지 기대되는 주당순이익 증가의 패턴 등이다. 추정과정으로 1단계는 기대내부수익률($E(IRR_i)$)을 계산한다. T년도까지의 기대배당흐름을 추정하여 미래배당흐름의 현재가치와 현재의 주가를 일치시키는 기대내부수익률을 산출한다.

$$P_0 = \frac{D_1}{(1 + IRR_i)} + \frac{D_2}{(1 + IRR_i)^2} + \cdots + \frac{D_n}{(1 + IRR_i)^n}$$

2단계는 균형기대수익률($E(R_i)$)을 계산한다. 회귀분석은 독립변수로 베타계수와 배당수익률, 종속변수로 평균수익률을 사용한다. 3단계, 기대내부수익률과 균형기대수익률을 비교하여 상대평가를 실시한다. 기대내부수익률보다 기대균형수익률이 낮다면 저평가된 것으로 판단하고 반대일 경우 고평가된 것으로 판단한다.

$$\text{상대평가측정치} = E(IRR_i) - E(R_i)$$

한편, 밸류라인모형(value line)은 향후 12개월의 주가 변화를 추정하고, 이 추정가격을 근거로 가치지수, 이익동향 및 비기대이익을 고려하여 5등급으로 주식을 구분한다. 가치지수는 상대적 이익, 상대적 주가, 주가동향을 반영하여 산정한다. 이익동향은 최근 분기별 이익의 추이이다. 그리고 비기대이익은 최근 분기 주당이익과 밸류라인사의 기대주당이익의 차이이다. 최종적으로 총점을 크기 순서로 분류하여 5개등급(1~5등급)을 구분한다.

2. 주식스타일

주식의 투자기준으로 ① 특정 주식을 거래할 때 회사에서 발표한 자료를 의심하고 좀 더 정확한 정보를 획득할 수 있도록 노력한다. ② 분산투자로 특정 자산이나 산업보다 종목과 산업의 다양성을 고려하여 투자한다. ③ 손절매[13]를 실시하여 손실을 최소할 수 있어야 한다. ④ 주식이 보통주인지 우선주인지를 확인한다. 우선주의 현재가격이 시장의 의견을 적절히 반영하는지 확인한다. ⑤ 글로벌 차익거래로 동일한 국내 주식과 해외 주식예탁증서(DR)의 가격을 비교하여 저평가된 종목에 투자한다. ⑥ 프로그램매매[14]는 현물과 선물을 동

표 7-14 | 주식스타일별 투자전략

투자기간	추천포트폴리오		
	포트폴리오	주요종목	투자목표
장기 (5년 이상)	우량주	시장 대표기업	벤치마크 대비 초과수익
	업종대표주	업종별 대표기업	시장수익 대비 초과수익
	인덱스	KOSPI200지수의 구성종목	시장수익
중기 (1~3년)	가치주	저PER, 저PBR, 배당수익률 등	장기초과수익
	성장주	지속성장형, 이익모멘텀형	강세장 투자
	배당주	고배당 또는 고배당 예상 기업	약세장 투자
단기 (1년 미만)	섹터주	현재가치와 미래 이익이 우수	고위험 · 고수익
	테마주	미래 이익모멘텀이 큰 업종 등	강세장 투자

13 손절매는 주가가 일정수준 이하로 하락할 때 기계적으로 주식을 매도하여 투자손실을 일정한 범위로 한정시켜서 보험효과를 가진다.

14 프로그램매매는 컴퓨터 프로그램으로 현재 주식가격과 미래의 선물가격을 비교하여 선물가격이 비싸면 비싼 선물을 매도하고 값이 싼 주식을 매수한다. 선물 만기일에 매도한 선물을 매입하고 매입한 주식은 매도하여 포지션을 청산한다.

시에 매매하므로 선물가격으로 미래예상주가를 예측한다. ⑦ 주주의 권리와 지배구조를 확인한다. 특히 대주주지분이나 정부지분이 많을 경우 주가상승에 한계를 가진다.

투자의 기초가 되는 스타일(style)은 주식을 유사한 특성에 따라서 개별집단으로 구분한다. 시장가격보다 합리적으로 평가한 공정가치가 투자판단에서 중요하지만 소외종목은 강세장세에서도 소외당하고 약세장세에서 하락폭이 더 클 수 있다. 이와 같은 투자환경에서 스타일은 주식의 가격을 결정하는 주요한 요인이다. 주식스타일은 가치주 성장주, 자산주 또는 대형주, 중형주, 소형주 등으로 구분한다.

첫째, 가치주는 주가수익비율(*PER*)과 주가매출액비율(*PSR*)이 상대적으로 저평가되어 있다. 또한 가치주는 재무제표에 숨은 자산가치와 독점적 사업구조 등 무형의 자산가치를 가지고 있다. 주식시장의 흐름과 무관하게 저위험성향의 약세장세에서 초과수익을 얻는다.

둘째, 성장주는 시장평균 이상으로 이익과 배당의 성장을 기대한다. 성장률이 동일산업 내 평균수준을 상회하면서 예상되는 성장의 원천이나 요인이 시장가격에 반영되지 않는 종목이다. 가치주가 성장주보다 장기적으로 우수하지만 스타일은 일정기간의 추세이다.

셋째, 대형주, 중 · 소형주는 주식의 시가총액을 기준으로 구분한다. 한국종합주가지수는 시가총액 상위 100위 이내 대형주, 100~300위 중형주, 그리고 301위 이하 소형주로 구분한다. 대형주는 안정적 수익률과 낮은 위험을 가지고 있지만 중 · 소형주는 주가의 변동성이 높아서 기대수익률도 높고 위험도 크다.

그림 7-4 | 가치주와 성장주의 선정방법 예

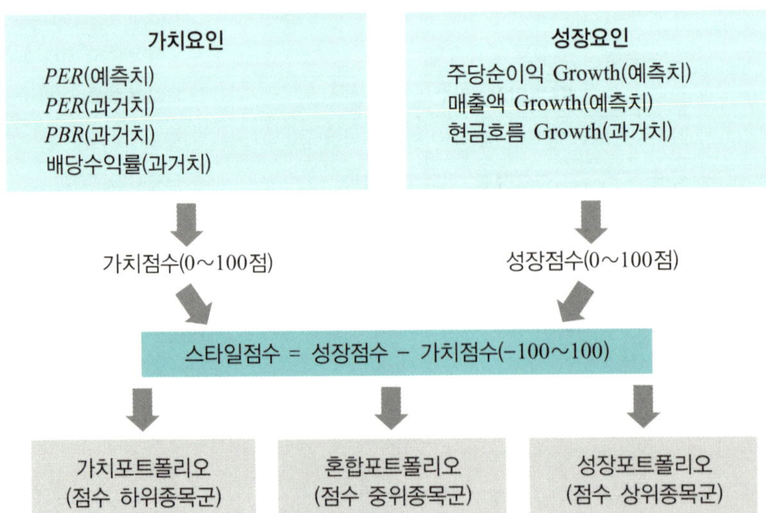

넷째, 자산주는 주가순자산비율(*PBR*)이 낮으면서 보유현금이 풍부하다. 장부가치가 시가총액보다 큰 우량자산을 보유하기 때문에 주가순자산비율(*PBR*)의 역수를 이용하여 낮으면 성장주 높으면 자산주로 분류한다.

$$BV/MV = \frac{BPS}{P}$$

또한 주가수익비율(*PER*)의 역수로 낮으면 성장주, 높으면 자산주로 분류한다. 이 비율도 높을수록 투자수익률이 좋은 것으로 분석되고 있다.

$$NI/MV = \frac{BPS}{P}$$

3. 주식투자전략

소극적 투자는 효율적 시장을 전제로 시장수익률이나 인덱스수익률을 목표로 한다. 해당 투자전략으로 ① 매입보유전략은 특정 우량종목의 장기투자나 시장수익률을 목표로 위험을 축소할 수 있다. ② 인덱스투자는 선정한 인덱스의 수익률을 추적하는데 글로벌인덱스의 활성화, 파생상품시장의 발전 및 전산시스템의 고도화 등으로 발전하고 있다. 인덱스 운용이 적극적 투자전략보다 시장평균수익률을 꾸준히 성취하기 때문이다. ③ 필터기법인 포뮬러 플랜[15]은 보유하는 위험자산과 무위험자산의 구성비율을 조정하여 리스크를 관리하면서 유

그림 7-5 | 주식투자전략

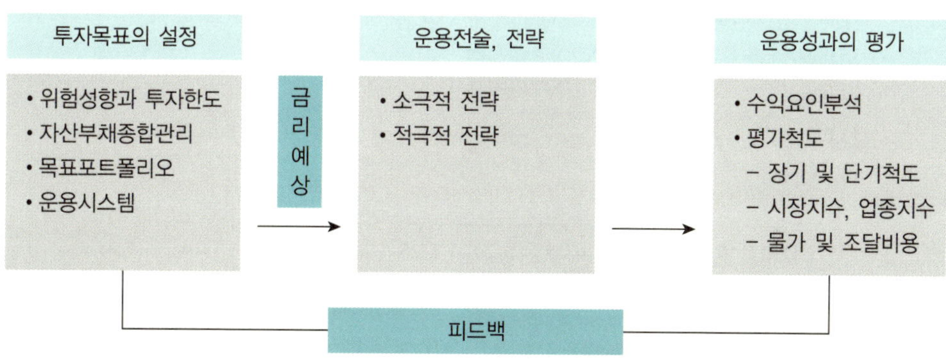

15 불변금액법은 투자자금을 주식과 채권에 나누어 투자하고 주가의 변동에 관계없이 주식에 투자한 금액을 일정하

리한 상황에서 수익을 획득한다. 주식투자비중은 주가의 동향과 순자산의 규모에 따라서 탄력적으로 조정한다.

필터기법(filter)[16]은 기준가격을 중심으로 가격변동의 폭을 정하고 일정한 금액이나 고정된 비율로 매매한다. 연속적 분할매매는 자본소득이 지속적으로 누적되면서 안정적 수익을 얻을 수 있다. 컴퓨터에 의한 자동분할매매는 초기에 일정비율을 투자한 후 시스템의 신호에 따라 주가가 하락하면 분할매수하고 주가가 상승하면 분할매도한다.

또 다른 필터기법으로 시장가격이 선도표의 저점에서 일정한 비율로 상승하면 매입하고,

그림 7-6 | 기준가격중심의 매입매도전략

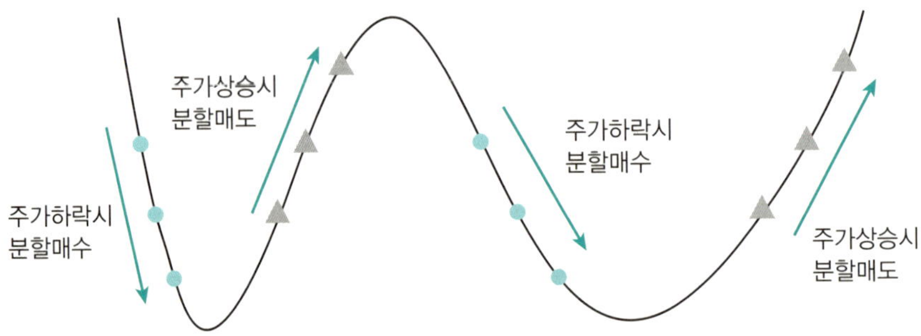

그림 7-7 | 고점 및 저점확인에 따른 매입매도전략

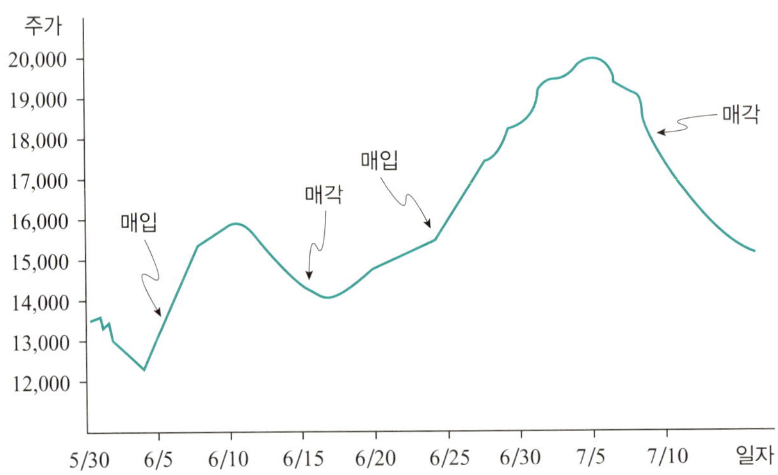

게 유지한다. 불변비율법은 투자금액의 비율을 언제나 일정하게 주식과 채권에 나누어 투자한다. 그리고 변동비율법은 주가하락이 예상되면 주식투자비중을 낮추고 주가상승이 예상되면 주식투자비중을 증가시킨다.

16 필터는 주식의 매입과 매도를 결정하는 일정한 가격폭 또는 변동비율이다.

고점에서 일정한 비율로 하락하면 매도(또는 공매)한다. 예를 들어 만일 매매가격이 최고 5만원, 최저 3만원, 그리고 기준 4만원일 때 1천원 단위로 10%씩 분할매매한다. 기준가격인 4만원에서 1천원씩 상승할 때 전체 금액의 10%를 매도하고, 4만원에서 1천원씩 하락할 때 10%를 매입한다. 그러나 필터의 크기결정, 필터의 이탈과 거래비용으로 비효율적인 방법이 될 수 있다.

수동적 필터링은 가치필터로서 ① 주가순자산비율(*PBR*)을 이용할 경우 저*PBR*주를 매입한다. 그렇지만 상당수 저*PBR*주는 현재 자기자본이익률도 낮고 장기 전망이 어두운 경우가 많다. ② 토빈의 *Q*는 회사의 시장가격을 보유자산의 대체원가로 나누어 계산한다. 대체원가의 추정이 어렵고 *PBR*보다 많은 정보가 있어야 투자에 활용할 수 있다. ③ 주가수익비율(*PER*)은 저*PER*주를 이용할 경우 산업별 평균*PER*과 비교한다. 저*PER*주도 소형주와 같이 미래의 영업이익이나 이익성장의 전망이 불확실한 경우에 나타날 수 있고, 자본화지 않은 비용이 과대계상되는 경우 *PER*가 높아질 수 있다. ④ 주가매출액비율(*PSR*)은 회계의 신뢰성이 떨어져서 조작이 어려운 저*PSR*을 선택기준으로 사용한다. ⑤ 유보이익은 재투자되어 주주의 단기가치에 영향을 주지 못하므르 배당수익률을 사용한다. 필터기법을 이용하는 경우 좋은 투자성과를 얻기 위하여 투자기간을 장기화하고 한 개의 필터보다 여러 필터를 조합하여 합리적인 분산투자를 해야 한다.

적극적 투자는 증권시장의 비효율성을 전제로 기본적 · 기술적 분석을 활용하여 대상 포트폴리오의 위험수준을 상회하는 초과수익을 추구한다. 장세판단(market timing)은 기술적 분석, 경기순환, 이자율동향 등 증권분석을 활용하여 설정한다. 그리고 종목선정(security selection)은 내재가치의 추정, RVAR비율, β계수, 트레이너 · 블랙모형 및 시장의 이례적 현상 등을 이용한다. 이때 역발상투자는 과거 실적이 부진하거나 악재가 발생하여 다른 투자자들에게 소외된 종목을 매입한다.

부실종목을 매입하여 충분한 보상을 얻으려면 장기 보유하고 추가 부도와 변동성 위험을 더 많이 감수해야 한다. 그러나 사양산업에 속할 경우 장기적으로 성장에 대한 전망이 어두울 수 있다. 개선의 여지가 어느 정도 존재해야 좋은 투자성과를 기대할 수 있다. 완벽한 시점을 확인하는 것은 어려우므로 단기적 손실도 감수해야 한다.

주요 대상종목으로 ① 실적호전주는 성장산업으로 체질을 개선하고 산업경기의 회복으로 이익이 상승하는 기업들이다. ② 자산주는 부동산 매각으로 유동성을 제고하여 기업가치가 증가한 기업이다. ③ 전자상거래 및 정보통신관련주는 꾸준히 수출증가와 경기회복으로 유망한 기업이다. ④ 외국인 선호주는 시장지배력이 높은 기업, 최고경영자가 뛰어난 기업, 첨단기술력을 보유한 기업, 소액주주 중시기업 등이다. ⑤ 코스닥주는 성장잠재력이 있는 벤처기업과 중소기업으로 투자위험이 높지만 기대수익도 높다.

또한 배당주, 공모주, 우선주 및 소형주 투자는 시장의 변동성에 민감하지 않으면서 일정 수익을 기대할 수 있다. ① 배당주는 배당여력, 현금흐름, 배당성향을 기초로 배당성장이 기대되는 종목이다. 저평가종목 중에서 배당수익률이 높은 종목들을 선별하여 투자한다. ② 공모주는 공모가격에 매입한 후 시장가격이 높아질 것으로 기대하고 투자한다. 기업공개시 내재가치가 좋은 기업을 대상으로 최대한 지분을 확보한다. ③ 실권주는 신주 발행시 기존 주주에게 배정된 주식을 포기할 때 발생한다. 실권주는 시가보다 20~30% 할인되어 차익을 얻을 가능성이 크다. ④ 액면분할주는 기업가치에 변동을 주지 않지만 유동성을 증가시키고 저가라는 착시로 투자대상이다. ⑤ 우선주는 배당 우선권에 따른 안정적 현금흐름과 주가상승의 자본소득을 얻을 수 있다. ⑥ 중 · 소형주는 초과수익을 얻기 쉽지만 가격의 변동성이 크다. 애널리스트들이 중 · 소형주 분석을 하지 않기 때문에 재무제표뿐만 아니라 다양한 정보를 수집해야 한다.

투자시 주의종목으로 상장폐지는 2~3년의 유예기간이 걸리지만 강제퇴출 등 특별한 사유의 경우 유예기간을 짧게 정한다. 관리종목은 상장폐지 요건의 종목으로 상장폐지를 벗어날 가능성을 확인한다. 그리고 감자기업은 주식수가 줄어드는 대신에 감자비율만큼 주가를 올려서 거래한다.

요약정리 및 생각해 볼 문제

1. 요약정리

- 채권은 발행자가 일정한 이자를 지급하고 만기에 원금상환을 약속한 차용증서이다. 청산시 채권은 주식보다 우선하여 원리금을 청구할 수 있고 지급능력이 있는 한 반드시 상환해야 한다. 주식은 주주권을 갖는 유가증권으로 보통주, 우선주 및 주식예탁증서로 나눌 수 있다. 한편 기업은 회사채에 여러 권리를 첨가하여 투자옵션을 부여하는 신종채권을 발행하고 있다.
- 채권가격은 미래에 받을 지급이자와 만기 상환원금의 현재가치로 평가한다. 시장이자율이 변동하여 액면이자율과 다를 경우 거래가격과 액면 간에 차이가 발생한다. 체계적 위험은 분산투자로 회피 불가능한 이자율변동위험과 구매력위험이다. 소극적 투자는 잘 분산된 포트폴리오를 구성하여 가능한 위험을 줄이고, 적극적 투자는 미래에 대한 예측이나 채권분석으로 시장평균수익률 이상의 초과수익을 추구한다.
- 주식의 가치평가는 미래 배당을 할인하는 배당평가모형과 예상 주당순이익을 할인하는 이익평가모형이 있다. 상대평가모형은 현금흐름 예측의 어려움과 할인율 추정의 주관성으로 객관적 지표인 *PER*, *PSR*, *PCR*, *PBR* 등을 활용한다. 주식은 가치주, 성장주, 자산주 등의 스타일로 구분한다. 소극적 투자는 시장수익률이나 비교집단(peer group)의 중앙값 대비 초과달성을 목표로 하며, 적극적 투자는 시장수익률을 상회하는 초과수익을 목표로 한다.

2. 최고경영자(CEO)의 리스크가 주가에 미치는 영향은?

회장의 직무가 정지된 KB금융의 주가가 전일보다 5.22% 급락한 39,000원에 거래되었다. 어떤 애널리스트는 CEO의 중징계 결정과 추정수익의 하향을 근거로 투자의견을 매수에서 보유로 낮추고 목표주가도 내렸다. 감독 당국의 비상체제 가동과 감독관 파견으로 KB금융의 정상적 운영은 큰 문제없지만 은행업 변혁기의 경영진 공백과 새로운 출발에 필요한 비용의 투입으로 전망를 어둡게 하고 있다. 한편 CJ그룹도 회장의 실형선고로 경영공백이 길어지면서 계열사의 주가도 약세를 나타냈다. 총수부재가 장기경영의 차질로 인식되면서 투자심리에 영향을 미치고 있기 때문이다. 내수기업인 CJ그룹은 정부의 경기부양책으로 내수가 활성화될 경우 이러한 악재에도 불구하고 호전될 것으로 전망한다. 한 애널리스트는 식품, 유통, 엔터테인먼트 등의 내수활성화 정책의 최대 수혜주가 될 수 있다고 전망하였다.

3. 국내 신용평가사의 기업평가는 신뢰 가능한 수준인가?

국내 기업의 평가등급이 국내 신용평가회사와 해외 신용평가회사 간 큰 차이를 보이고 있다. 그 이유로 국내 신용평가회사가 기업과 유착하여 신용평가 결과를 왜곡시키는 것으로 판단하였다. CEO점수의 경우 국내외에서 신용평가를 받은 33개 기업의 국내 평가회사의 평균등급은 AA+(조정수치 1.6)이지만 해외 평가회사의 평균등급은 A−(6.8)이었다. 18개 민간기업의 평가등급에서 국내평가회사의 평균등급은 AA+(2.2)이었고 해외 평가회사의 평균등급은 BBB+(8.5)이었다. 국내 신용평가회사에서 1등급(AAA)을 부여한 20개 기업의 해외 평가회사등급도 1등급을 받지 못했다. 일부 국내 신용평가회사는 그룹 자회사의 국내 경쟁력만을 평가하고 채무상환능력을 모회사에 기초하여 평가하고 있다. 따라서 국내 신용평가회사의 평가결과는 투자자보호를 어렵게 하기 때문에 공정한 감시체계를 구축해야 한다.

4. 관련 홈페이지

www.bond.co.kr
www.bondsonline.com
www.fitchratings.com
www.investinginbonds.com
www.kisrating.com
www.korearatings.com
www.nicerating.com
www.npricing.co.kr
www.standardandpoors.com
www.valueline.com
www.wellsfargo.com

CHAPTER 8

위험중립화전략의 이해

학습개요

선물계약은 선도계약을 표준화하여 1일정산제도로 운영된다. 선물계약이 1일정산이 아닌 정기적으로 현금흐름을 교환하는 장기계약일 때 스왑이 된다. 그리고 위험관리전략으로 델타헤징, 포트폴리오보험, 캡 · 플로우어 · 칼라전략 등이 있다.

학습목표

1. 선물계약을 활용하여 리스크를 관리할 수 있다.
2. 스왑계약을 활용하여 장기위험을 관리할 수 있다.
3. 투자위험별로 다양한 리스크관리전략을 활용할 수 있다.

생각해 보기

익명의 파생상품 매니저

줄리안 로버트슨은 1980년 약 800만달러로 헤지펀드인 타이거매니지먼트를 설립하였다. 그는 저평가된 종목에 집중투자하고 선물투자의 차익거래전략으로 1980년부터 2000년까지 연평균 25%의 수익률을 달성하였다. 그러나 2000년 일본 엔화 투자의 실패로 "현재의 시장을 이해할 수 없다"고 말한 후 업계를 떠났다. 한편, 대신증권의 장기철 씨는 1996년 주가지수선물시장이 개장된 이후 '목포 세발낙지'라는 별명으로 초기 시장을 석권하였다. 윤강로 씨는 각종 위험을 미꾸라지처럼 잘 빠져나간다고 해서 '압구정동 미꾸라지'라 불렸으며 8,000만원으로 1,300억원을 만들었다. 또 다른 스타였던 '홍콩물고기'는 정체불명의 외국인투자자로 '송어(trout)'라는 계좌이름을 사용하였다. 이러한 별명은 제로섬게임의 선물시장에서 패자에게 본인의 존재를 알리려 하지 않기 때문이다.

제1절 선물계약

1. 선물계약

선물계약 선도계약(forward contract)[01]은 매매계약을 현재시점에서 하고 사전에 정한 미래의 특정 시점에서 계약을 이행하는 거래로 계약의 체결과 대금결제 간 시차가 존재한다. 선도계약의 시초로 1650년경 일본 오사카에서 수확 예정인 쌀을 담보로 일종의 창고증권인 물표를 발행했다는 기록을 가지고 있다. 공식 거래는 1848년 시카고상품거래소(CBOT)에서 시작하였다. 선도계약은 시장의 변화에도 계약 자체를 변경하기 어렵고 계약기간 중 일방의 취소시 계약을 이행할 수 없다. 무엇보다 높은 거래비용과 반대계약을 원하는 상대를 찾기가 대단히 어렵다.

표 8-1 | 현물거래와 선도계약의 차이

구 분	현물거래	선도계약
현 재	매매거래	매매계약
미 래	–	매매거래

선물계약(futures contract)은 선도계약을 표준화하여 현재시점에 결정한 가격(선물가격)으로 미래시점에 거래소에서 거래할 것을 약정한다. 표준계약은 기초자산(underlying asset), 현물가격(spot price), 만기일(maturity date), 그리고 선물가격(futures price)을 포함한다. 선물계약의 대상은 표준화가 가능하면서 현물시장의 규모와 시장가격의 변동성이 동시에 커야 한다. 기초자산의 가격이 상승할 것으로 예상되면 선물을 매입(long)하고 하락할 것으로 예상되면 선물을 매도(short)한다. 선물계약은 계약자 간의 반대거래로 매수자와 매도자의 손익을 합하면 0이다.

$$\text{매입손익} = \text{만기현물가격}(S_T) - \text{계약선물가격}(F_0)$$
$$\text{매도손익} = \text{계약선물가격}(F_0) - \text{만기현물가격}(S_T)$$

01 현물거래는 매매계약이 성립된 당일에 대금의 결제와 상품 인수 및 인도가 이루어지는 거래이다. 그리고 외상거래는 상품을 먼저 인도하고 대금을 후에 결제한다.

그림 8-1 선물계약구조

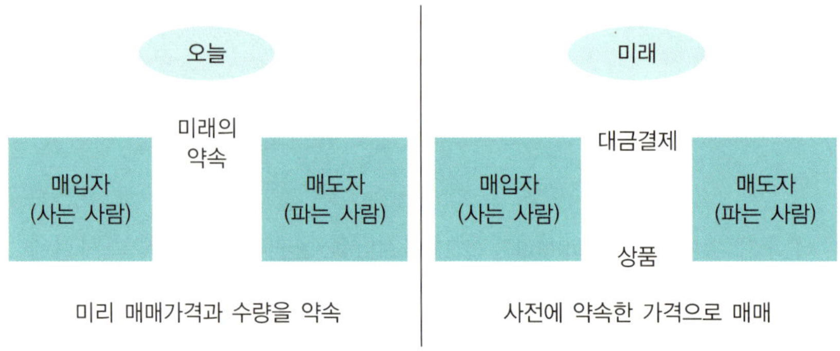

자료: 한국거래소(KRX)

선도계약은 서로 반대의 입장에서 계약자를 찾아야 하는 비용과 계약 이후의 이행에 대한 불확실성을 가지고 있다. 그러나 선물계약은 계약자 간 표준화된 상대거래로 인도일 이전에도 계약을 청산할 수 있다. 즉, 선도계약은 표준화되지 않은 상품을 장외시장에서 거래하지만 선물계약은 표준화된 상품을 거래소에서 거래한다.

그림 8-2 선물계약의 수익구조

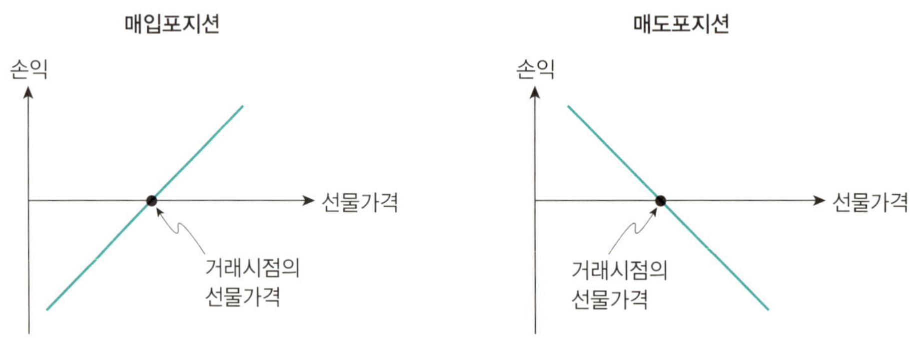

선물계약은 1848년 4월 최초 상품선물거래소인 시카고상품거래소(CBOT: Chicago Board of Trade)에서 농산물 선물계약, 1877년 1월 런던금속거래소(LME: London Metal Exchange)에서 금속선물계약을 최초로 시작하였다. 상품선물은 농산물, 축산물, 비철금속, 식료품, 에너지(원유 혹은 전기) 등을 대상으로 세계 선물계약의 약 40%를 차지한다. 금융선물은 1972년 시카고상업거래소(CME)의 국제통화시장(IMM: International Monetary Market)에서 통화선물계약을 시작하였다. 1975년 이자율 선물계약이 시카고상품거래소에 상장되었다. 주가지수선물은 주가지수를 계약대상으로 1982년 2월 미국의 캔자스시티상품거래소(KCBT: Kansas City Board of Trade)에서 최초로 시작하였다. 한국거래소는 1996년 5월 주가지수선물, 1997년 7월 주가지수옵션을 도입하였다. 채권시장, 외환시장, 주식시장 및 인플레이션 등의 변동성 확대로 선물계약이 리스크관리 및 투자수단으로 성장하였다.

표 8-2 | 선물의 종류

종 류	구 분	대상상품
상품선물	농산물	대두, 소맥, 생우, 옥수수, 코코아
	귀금속	금, 은, 백금 등
	비철금속	구리, 알루미늄
	공업제품	고무, 면사
	에너지	원유, 난방유
	기 타	상품지수, 목재
금융선물	통 화	달러, 파운드, 유로화, 엔
	금 리	단기금리, 채권, 유로달러
	주가지수	미국, 일본 등의 주가지수

선물계약의 장점은 ① 거래소에서 자신과 반대입장의 상대방을 쉽게 찾을 수 있다. ② 거래비용으로 약간의 수수료만 지불한다. ③ 정산소에서 손익을 서로 상계처리하여 계약 파기의 위험을 제거한다. ④ 만기 이전에 현물매입이나 반대매매로 거래를 청산할 수 있다. ⑤ 거래규모 대비 낮은 거래비용과 증거금으로 레버리지효과를 얻을 수 있다. 선물의 헤징[02]기능은 현물포지션과 선물포지션을 반대방향으로 설정하여 가격변동위험을 피한다. 주가상승이 예상되면 주가지수선물을 매입하고 주가하락 예상시 주가지수선물을 매도한다.[03]

선물계약의 단점으로 ① 1일정산에 따른 손익실현으로 숨은 비용이 발생한다. ② 상품의 제한성과 원월물(back contract)의 경우 유동성이 하락한다. ③ 레버리지효과로 시장의 충격에 민감하다. ④ 시장대표성과 유동성이 결여된 종목의 지수조작으로 합리적인 가격결정을 못할 수 있다. ⑤ 시장 전체의 이익과 손실이 0이 되는 투기거래이다. 주식시장은 유명한 투자자가 존재하지만 파생시장의 경우 익명이나 가명의 투자자만 존재한다. ⑥ 1일정산제도로 정확한 시장예측에도 증거금이 부족하면 퇴출당한다. 따라서 계약자가 정보력과 자본력이

02 헤징은 기본적으로 손실을 막기 위하여 이익을 포기하는 행위이다.

03 프로그램매매는 컴퓨터를 이용하여 모든 자료를 실시간 처리하고 이익을 실현할 기회가 발생하면 프로그램에 따라서 매매를 체결한다.

떨어질 경우 선물시장에 대응하기 어렵다.

선물가격 선물계약은 제로섬게임으로 만기일에 계약자 간 손익의 합이 0이다. 그러나 계약가격은 기초자산의 현물가격과 순보유비용(자금조달비용－지급받는 이익)을 합산하여 계산한다. 선물가격과 현물가격은 계약시점에서 인도시점까지 재고유지비용[04](cost of carry)만큼 괴리가 발생한다. 선물계약은 상품의 재고부담과 현금지급의 연기에 따른 기회비용(이자)만큼 유리하다. 따라서 상품선물은 보관비용의 존재로 현물가격보다 높지만 금융선물은 보관비용이 없어서 현물가격보다 낮게 형성될 수 있다.

표 8-3 | 코스피200선물 시세 예

종 목	현재가	대 비	시 가	고 가	저 가	거래량	미결제
코스피200 F 201409	264.95	0.90	264.25	264.95	263.95	75,641	117,027
코스피200 F 201412	266.50	1.00	265.90	266.50	265.40	212	2,881
코스피200 F 201503	264.15	0.00	0.00	0.00	0.00	0	728
코스피200 F 201506	265.50	0.00	0.00	0.00	0.00	0	350

동일한 상품의 계약시점과 결제시점에 대한 개별가격이 존재하고 유사한 상품이 서로 다른 가격으로 동시에 거래되면서 저평가된 상품을 매입하고 고평가된 상품을 매도하는 차익거래가 발생한다. 현물과 선물, 근월물과 원월물 간 가격차이가 클 경우 차익거래로 무위험이익을 얻을 수 있다. 그러나 현물과 선물이 균형상태이거나 선물의 시장가격과 이론가격이 일치하면 차익거래를 할 수 없다. 선물에서 이론가격은 차익거래의 기회가 없는 균형가격이다. 예를 들어 무위험이자율로 현재주가 S_0만큼을 차입하여 그 자금으로 주식 1주를 매입한

표 8-4 | 차익거래포트폴리오의 현금흐름

거래내역	현 재	만 기
S_0차입	S_0	$-S_0(1+R_f)$
주식 1주 매입	$-S_0$	S_1+D
선물매도	0	F_0-S_1
차익거래포트폴리오	0	$F_0-S_0(1+R_f)+D$

04 재고유지비용은 창고비, 보험료 등의 보관비용과 현물구입자금의 이자비용으로 구성된다.

후 그 주식의 선물을 매도하고, 보유기간 동안 배당수익(D)을 얻는다. 현물과 선물의 균형관계(parity)는

$$F_0 - S_0(1 + R_f) + D = 0$$
$$F_0 = S_0(1 + R_f) - D$$

이다.

기회비용은 현물을 보유하는 동안 무위험이자율(R_f)을 부담하지만 배당금을 받는다면 그 수익만큼 상쇄된다. 따라서 선물과 동일한 만기의 현물에 대한 순보관비용은 이자비용(R_f)에서 배당수익률(d)을 공제하여 결정한다.

$$F_0 = S_0(1 + R_f) - D = S_0(1 + R_f - d)$$

여기서, d = 배당수익률(D/S_0)

한편 이론 베이시스(basis)는 현물가격과 이론 선물가격의 차이이며 시장 베이시스는 현물가격과 시장선물가격의 차이이다. 일반적으로 베이시스는 양(+)의 값으로 선물가격의 미래 불확실성에 대한 보상이다.

베이시스 = 선물가격 − 현물가격

베이시스는 만기에 가까울수록 작아져서 선물가격이 현물가격에 수렴한다. 베이시스가 양(+)의 값일 때 '콘탱고(contango, 정상시장)' 로 선물가격이 현물가격보다 고평가된 상태이다. 반대로 베이시스가 음(−)일 때 '백워데이션(backwardation, 역조시장)' 으로 선물가격이 현물가격보다 저평가된 상태이다.

콘탱고 = 선물가격 > 현물가격

백워데이션 = 선물가격 < 현물가격

현재 선물가격은 만기일의 기대현물가격($E(S_T)$)이지만 다양한 요인으로 기대현물가격과 차이가 발생한다. 이론적으로 ① 기대가설(expectations hypothesis)은 현재선물가격(F_0)과 만기기대현물가격($E(S_T)$)이 동일해야 한다.

그림 8-3 선물의 만기와 베이시스

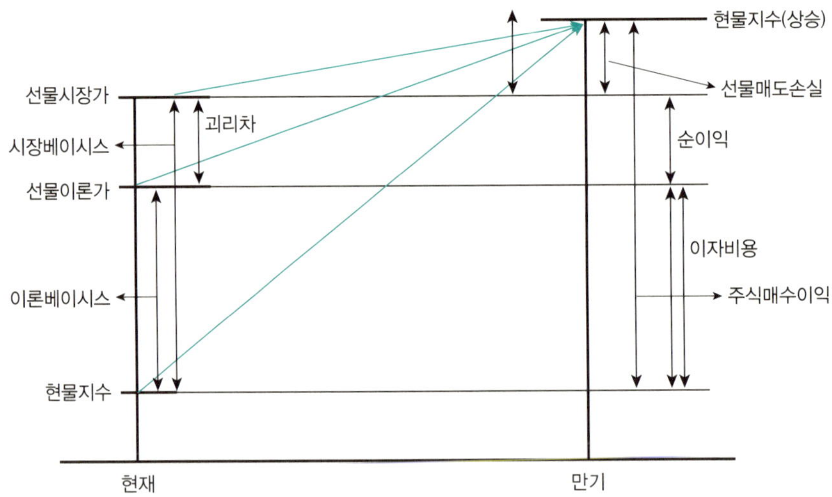

자료: www.google.com

$$F_0 = E(S_T)$$

② 정상적 백워데이션가설(normal backwardation hypothesis)은 선물가격이 기대현물가격보다 낮다. 이때 선물매도자(매도헤저, 생산자)는 위험프리미엄(π)을 얻기 위하여 시장에 참여한다.

$$F_0 = E(S_T) - \pi$$

③ 콘탱고가설(contango hypothesis)은 선물가격이 기대현물가격보다 크다. 매수자(매입헤저, 소비자)는 미래 가격변동 리스크를 헤지하기 때문에 매도자에게 보상을 지급한다.

$$F_0 = E(S_T) + \pi$$

2. 거래구조

선물시장은 선물을 거래하는 선물거래소와 선물을 정산하는 선물정산소를 중심으로 운영한다. 개인이 선물을 매매하려면 중개회사에 계좌를 개설하여 매매주문을 한다. 중계회사가 선물거래소에서 조건이 일치하는 매수주문과 매도주문을 연결하여 거래를 성사시킨다. 코스피200 주가지수선물은 호가단위 0.05포인트, 계약단위 1계약, 계약금액 1포인트당 50만원이다.

약정금액 = KOSPI200선물지수 × 계약수 × 50만원

선물계약은 최종 결제월인 3월, 6월, 9월, 12월을 기준으로 최종거래일은 각 결제월의 두 번째 목요일이다. 새로운 결제월의 개시일은 최종 거래일 다음 날부터 1년이며 현금결제를 한다. 또는 최종 만기에 현물인수도로 포지션을 청산하거나 만기 이전에 반대거래로 포지션을 청산한다. 대량의 주식을 보유한 투자자가 향후 주가하락을 예상하면 보유주식을 매도하거나 주식을 보유하면서 주가지수선물을 매도할 수 있다. 만일 선물 매도시 주가가 하락할 경우 보유주식의 손실을 주가지수선물의 이익으로 상쇄할 수 있다.

선물거래소는 선물계약의 거래장소로서 회원인 선물중개회사들만 참여한다. 선물중개회사는 피트(Pit)에서 투자자와 다른 회원들 간 거래를 중개(broker)한다.

그림 8-4 선물계약과정

자료: www.daishin.co.kr

선물증거금(margin)은 계약자가 선물계약의 이행을 보증하기 위하여 예치하는 담보물이다. 따라서 선물계약의 이익과 손실은 매일 거래계좌에 반영하여 계약불이행의 위험을 제거한다. 선물계약은 계약자 각자가 권리와 의무를 동시에 가지고 있어서 각자 증거금을 예치한다. 이 금액은 1일거래에서 이익이나 손실이 발생할 경우 일일정산제도(daily marking-to-market)에 의하여 계약자의 계좌에 이체를 즉시 실시한다. 최대 손실액보다 항상 크게 설정하는데 개시증거금(initial margin)은 선물계약의 시작을 위하여 약정금액의 15% 이상을 예치한다. 유지증거금(maintenance margin)은 선물계약의 이행을 보증하는 증거금으로 거래

대금의 10% 이상을 유지해야 한다. 만일 1일정산으로 증거금이 10% 이하가 되면 금융투자회사에서 다음 날 12시까지 증거금을 15% 이상 유지하도록 마진콜(margin call)을 한다. 투자자가 증거금을 유지하지 못하면 금융투자회사에서 반대매매로 일부 선물계약을 청산하여 15% 수준의 증거금을 유지시킨다. 그리고 개시증거금을 초과하는 증거금은 인출할 수 있다.

표 8-5 | KOSPI200 주가지수선물

기초자산	코스피200지수
거래단위	코스피200선물가격 × 50만(거래승수)
결제월	3, 6, 9, 12월
상장결제월	1년 이내의 4개 결제월
가격의 표시	코스피200선물 수치(포인트)
호가가격단위	0.05포인트
최소가격변동금액	25,000원(50만원 × 0.05)
거래시간	9:00~15:15(최종거래일 9:00~14:50)
최종거래일	각 결제월의 두 번째 목요일(공휴일인 경우 순차적으로 앞당김)
최종결제일	최종거래일의 다음 거래일
결제방법	현금결제
가격제한폭	기준가격 대비 상하 ±10%
단일가격경쟁거래	개장시(8:00~9:00) 및 거래종료시(15:5~15:15)
거래중단(Circuit Breakers)	선물가격/현물가격 급변시 선물거래 일시중단

자료: 한국거래소(KRX)

선물거래소는 거래단위, 가격단위와 최소가격변동단위, 일일가격변동폭, 품질, 거래시간, 인도월, 인도시기와 절차 등을 결정한다. 12월물을 122.05포인트에 7계약 매수할 경우 주문거래대금과 개시증거금은

$$\text{주문거래대금} = \text{주문가격} \times \text{계약수} \times 50\text{만원}$$
$$= 122.05 \times 7\text{계약} \times 50\text{만원} = 427,175,000\text{원}$$

$$\text{개시증거금} = 427,175,000\text{원} \times 15\%$$
$$= 64,076,250\text{원}$$

이다. 그리고 매입 당일의 12월물 종가가 122.10포인트라면 상대계좌에서 175,000원이 이체된다.

1일정산이익 = (122.10 − 122.05) × 7계약 × 50만원 = 175,000원

만일 다음 날 종가가 122.00포인트라면 350,000원의 손실로 거래계좌에서 상대계약자에게 이체된다.

미결제약정(open interest)은 만기에 실물의 인도 또는 반대매매를 하지 않은 계약의 숫자이다. 계약을 만기까지 보유하면 최종 거래일의 KOSPI200종가를 기준으로 마지막 1일정산을 한 후 계약을 소멸시킨다. 예를 들어 시장에서 계약자 A, B, C, D, E의 선물포지션이

A: 8계약(3월물 매수 5계약, 6월물 매수 1계약, 9월물 매도 1계약, 12월물 매도 1계약)
B: 1계약(3월물 매도 1계약)
C: 3계약(3월물 매수 1계약, 6월물 매도 2계약)
D: 4계약(3월물 매도 3계약, 6월물 매도 1계약)
E: 6계약(3월물 매도 2계약, 6월물 매수 2계약, 9월물 매수 1계약, 12월물 매수 1계약)

일 경우 이때 미결제약정은

미결제약정 = (8계약 + 1계약 + 3계약 + 4계약 + 6계약)/2 = 11계약

이다. 미결제약정이 11계약으로 반대매매 등을 고려할 경우 선물계약의 총숫자이다.

선물계약은 만기에 기초자산을 인수하거나 인도하여 거래를 청산해야 한다. 그러나 대부분 만기에 현물가격과 선물가격의 차액결제로 청산하거나 만기 이전에 계약자가 반대포지션으로 청산한다. 결제기관인 청산소(clearing house)는 회원 간 채무를 보증할 수 있도록 모든 거래의 상대방이 되어서 매수자에게 매도포지션을 취하고 매도자에게 매수포지션을 취한다. 두 거래당사자 간 직접 계약관계를 분리하여 미청산상태의 선물포지션을 매일 정산할 수 있다. 계약자들의 증거금을 파악하면서 매일 결산자료를 기초로 각 품목 및 만기별 정산가격[05]을 발표한다.

05 정산가격은 당일 종가와 거래시간 가격등락폭으로 결정하며 모든 선물계약의 기초가 된다.

계약의 목적은 매매차익을 얻으려는 투기자와 위험을 제거하려는 헤저 간에 서로 다르다. 따라서 투기자는 시세차익에 관심이 있을 뿐 현물에 무관심하지만 헤저는 위험회피에 관심을 집중한다. 투기자나 헤저 모두 현물을 인도하지 않고 일부 선물의 경우 기초 현물 자체가 존재하지 않는다(예: 주가지수선물). 증거금 1천만원으로 2014년 9월 9일 KOSPI200 주가지수선물 9월물을 100에 10계약 매도한 후 9일 101, 10일 99, 만기일인 11일 98, 그리고 현물지수는 99이었다. 이 계약은 최종청산으로 500만원의 이익을 얻으면서 거래를 종료한다.

표 8-6 | 정산 및 청산 결과

구 분	9월 9일	9월 10일	9월 11일
정산가격	101	99	98
계약정산	(100 − 101) × 50만원 × 10계약 = −500만원	(101 − 99) × 50만원 × 10계약 = 1천만원	(99 − 98) × 50만원 × 10계약 = 500만원
계약청산			(98 − 99) × 50만원 × 10계약 = −500만원
정산손익	−500만원	1,000만원	0원
누적손익	−500만원	500만원	500만원

1일정산은 이 거래에서 500만원의 누적이익이 발생하였다. 손실이 발생할 경우 계약자의 계좌에서 증거금이 인출되면서 10% 미만으로 낮아질 수 있다.

3. 헤징전략

선물계약은 헤징거래, 투기거래 또는 차익거래를 목적으로 실행한다. 첫째, 위험관리자(hedger)는 자산을 현재 보유하거나 취득하려는 실수요자로 실물자산의 가격변동위험을 회피한다. 헤징거래(hedging)는 현물자산의 손실위험을 감소시키기 위하여 선물계약을 한다. 계약자는 주가하락을 예상할 경우 선물매도로 현물시장의 손실과 선물시장의 이익으로 리스크를 관리한다. 헤징거래로 매입헤징(long hedging)은 자산가격의 상승을 예상할 경우 매입포지션(long position), 매도헤징(short hedging)은 기초자산의 가격하락을 예상하여 매도포지션(short position)으로 가격변동리스크를 제거한다. 그러나 완전헤징은 거의 불가능하므로 헤징비율과 헤징수단을 결정해야 한다. 헤징비율은 보유포지션의 리스크를 분석하여

표 8-7 | 헤징거래

포지션	매입헤징(가격상승)	매도헤징(가격하락)
현 물	매도포지션	매수포지션
선 물	매수포지션	매도포지션
헤지결과	현물매도 + 선물매수	현물매수 + 선물매도

자료: 신한금융투자

결정한다. 또한 헤징수단은 보유현물에 대한 상관관계를 기준으로 결정한다.

둘째, 투기거래자(speculator)[06]는 선물계약으로 위험프리미엄을 얻거나 매매차익을 얻는다. 가격상승이 예상되면 매입계약을 하고 하락이 예상되면 매도계약을 한다. 투기거래는 선물가격 변동을 예측하여 매매차익을 얻는다. 선물계약은 거래비용이 적어서 가격변동에 따른 레버리지효과가 발생한다.

표 8-8 | 투기거래의 예

투자자	포지션	1개월 후 10% 주가하락		1개월 후 10% 주가상승	
A	현물매수 주식 15억원	1.5억원 손실	투자수익률 −10%	1.5억원 이익	투자수익률 10%
		현물: 13.5억원 손익: −1.5억원(13.5억원 − 15억원) 수익: −10%(−1.5억원/15억원)		현물: 16.5억원 손익: 1.5억원(16.5억원 − 15억원) 수익: 10%(1.5억원/15억원)	
B	선물매수 200계약	10억원 손실	투자수익률 −67%	10억원 이익	투자수익률 67%
		선물: 90P 손익: −10억원(10 × 200계약 × 50만원) 수익: −67%(−10억원/15억원)		선물: 110P 손익: 10억원(10 × 200계약 × 50만원) 수익: 67%(10억원/15억원)	

자료: 신한금융투자

스프레드거래는 상품, 결제월 또는 시장 등의 가격차이를 이용한다. 결제월 차이는 한 결제월 종목을 매수하고 다른 결제월 종목을 매도하여 두 개 결제월의 가격차이(원월물가격 − 근월물가격)를 이용한다. 스프레드가 이론스프레드보다 클 경우 근월물 고평가와 원월물 저평가, 이론스프레드보다 작은 경우 근월물 저평가와 원월물 고평가로 선물계약을 한다.

06 거래소 회원은 고객을 대신하여 주문을 체결하는 중개인(floor broker), 유동성 제공의 투기자(local) 역할을 수행한다. 투기자는 수십초에서 몇분 단위로 거래하는 스캘퍼(scalper), 각 거래일 내 포지션을 정리하는 일중거래자(day trader), 장기거래의 포지션거래자(position trader)로 구분한다.

표 8-9 | 스프레드거래의 전략

거 래	가 격	이론스프레드 3P	이론스프레드 1P
근월물	100P	근월물 매도	근월물 매수
원월물	102P	원월물 매수	원월물 매도
스프레드	2P	매수포지션	매도포지션
	원월물-근월물	확대시 이익발생	축소시 이익발생

자료: 신한금융투자

셋째, 차익거래자(arbitrager)는 선물의 시장가격이 현물가격에서 이탈할 때 무위험이익을 목표로 차익거래를 한다. 차익거래[07]는 현물가격과 선물가격의 일시적 가격불균형으로 이론적인 균형관계가 성립되지 않을 때 저평가된 자산을 매입하고 고평가된 자산을 매도하여 무위험차익을 얻는다. 상품자산은 거래비용으로 차익거래를 실현하기 힘들지만 금융자산은 거래비용이 작아서 차익거래를 할 수 있다.

표 8-10 | 매수차익거래구조

거래구조	포지션 구축	포지션 청산
현 물	매수포지션	(현물 - 이자 + 배당)만큼 매도
선 물	매도포지션	매수포지션
구축/청산조건	베이시스나 괴리율 +	베이시스나 괴리율 -

자료: 신한금융투자

매수차익거래는 선물의 실제가격이 이론가격보다 높으면 선물매도와 현물매입으로 포지션을 구성한다. 만기에 매매차익에서 이자비용을 차감하고 배당금을 더하여 무위험이익을 실현한다. 그리고 매도차익거래는 선물의 실제가격이 이론가격보다 낮으면 선물매입과 현물매도로 포지션을 구성한다. 만기에 현물과 선물의 매매차익에서 이자비용을 차감하고 배당금을 더하여 무위험이익을 얻는다.

프로그램매매는 다수 기업의 바스켓을 구성하여 선물가격이 현물가격보다 높다면 바스켓을 매입하고 선물을 매도한다. 베이시스거래는 베이시스에 따라서 컴퓨터가 자동으로 매수 또는 매도주문을 한다. 만약 베이시스가 음(-)의 값인 백워데이션 추세가 강하면 선물을 매입하고 현물을 매도한다. 선물 만기에 현물매도로 선물매도계약을 청산하고 현물과 선물의

07 차익거래는 주로 현물과 선물, 선물과 옵션 및 현물과 옵션의 거래로 이루어진다.

표 8-11 | 매도차익거래구조

거래구조	포지션 구축	포지션 청산
현 물	매도포지션	(현물 + 이자 − 배당)만큼 매수
선 물	매수포지션	매도포지션
구축/청산조건	베이시스나 괴리율 −	베이시스나 괴리율 +

차익을 얻는다.

투기거래의 대표적 사례로 1995년 2월 26일 233년 역사의 유서 깊은 영국 베어링증권이 파산하였다. 싱가포르 지사의 트레이더인 닉 리슨이 일본 주가지수선물을 매입하였는데 불행히 1995년 1월의 고베 대지진으로 주가지수가 약 1000포인트 하락하면서 큰 손실을 입었다. 그는 손실을 만회하기 위하여 선물 매입포지션을 확대하였지만 지수의 추가하락으로 약 14억달러의 누적손실을 기록하였다. 베어링증권은 파산을 선언하였고 네덜란드 ING그룹이 이 회사를 1파운드에 매입하였다.

그림 8-5 | 베이시스 차익거래의 구조

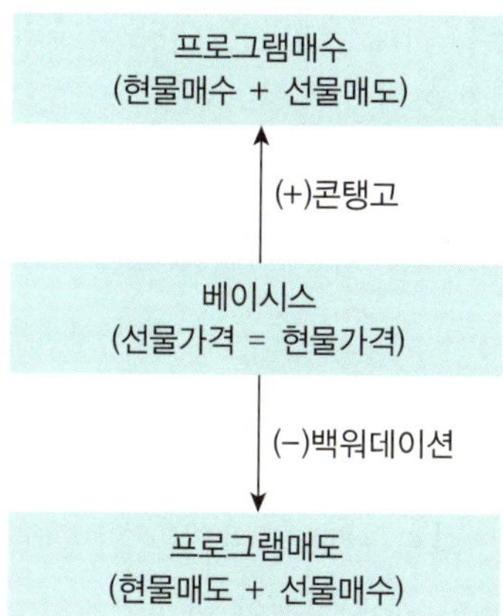

제2절 스왑계약

1. 스왑계약

스왑계약(swap)은 거래당사자가 각자의 지급의무를 일정기간 동안 서로 교환하여 특정기간 발생하는 현금흐름만을 결제한다. 특정 기간에 특정 가격에 대한 현금흐름의 교환으로 몇 개의 연속적 선도계약의 역할을 한다. 두 거래당사자가 자산의 지급의무에서 발생하는 위험을 회피할 목적으로 사용한다. 만일 미국인이 원화가 필요하고 한국인이 달러를 필요로 할 때 미국인은 달러로 자금을 차입하고 한국인은 원화를 차입하여 서로 계약을 교환한다. 그리고 차입기간 동안에 각자가 지불할 의무를 상대방이 지불한다. 최종적으로 만기에 서로 차입한 금액을 교환하여 계약으로 종료한다. 따라서 이 거래는 각 시장에서 발생할 수 있는 차입조건, 조달비용 및 환율의 문제를 동시에 해결할 수 있다.

위험을 적극적으로 관리하기 위하여 1960년대 말 영국 기업들이 해외투자에 필요한 미국 달러화를 매입할 때 사용하였다. 1980년대 국제경제의 불안으로 물가상승률과 이자율변동이 확대되면서 급격히 성장하였다. 거래상대방은 해당 국가의 거래은행에서 주선하므로 상대 계약자를 선택하는 시간과 비용을 절약할 수 있다. 그러나 계약자들이 동시에 동일한 금융회사에서 서로 반대포지션을 취하는 경우는 드물다. 따라서 금융회사가 계약 의뢰를 받을 때 상대 계약자로 반대포지션의 계약을 체결한다. 금융회사는 계약자 사이에서 거래를 주선하고 수수료 수입을 얻는다. 그 종류로 이자율스왑(interest rate swap)은 계약자가 스왑만기까지 원금에 대한 고정금리이자와 변동금리이자를 서로 교환한다. 통화스왑(currency swap)은 교환되는 통화가 서로 다른 가운데 이자와 원금을 교환한다.

스왑의 효과는, 첫째 이자율 변화로 서로 상반되는 위험에 있을 때 이자율위험을 헤지할 수 있다. 또한 금융회사나 기업들이 자체 거래와 반대거래하는 상대방과 계약하여 환위험을 관리할 수 있다. 둘째, 비표준화된 다양한 위험을 제거할 수 있다. 선물계약이나 옵션거래는 표준화된 일부 종목을 대상으로 하지만 스왑계약은 양 당사자 간 합의로 비정형화된 형태도 계약할 수 있다. 셋째, 차익거래의 기회를 제공한다. 각국의 자본시장 간 불균형이 존재할 때 이자율차이를 이용하거나 이종통화거래로 추가비용과 위험을 부담하지 않고 차익거래를 실현할 수 있다. 넷째, 각국 시장의 불균형, 외환통제, 조세차별 등과 같은 국가별 장애요인을 극복할 수 있다. 그리고, 다섯째 재무제표에 기록되지 않는 부외금융거래 기능을 한다. 신용거래와 담보거래의 중간적 성격을 가지고 있다.

2. 이자율스왑

이자율스왑(interest rate swap)은 두 거래 계약자의 채무에서 발생하는 각 이자의 지불을 일정기간 서로 교환하고 원금은 교환하지 않는다. 두 기업이 서로 상대적으로 비교우위에서 자금을 차입할 수 있을 때 차입비용을 줄일 수 있다. 이자율스왑은 미래에 교환할 이자의 현금흐름을 계산할 수 있도록 명목원금(nominal principal)의 개념을 사용한다. 최초로 1982년 도이치은행(Deutsche Bank)이 3억USD의 고정이자율로 유로본드를 발행하여 다른 3개 은행의 변동이자율 부채와 교환하였다. 변동이자율로 차입한 은행과 고정이자율로 차입한 은행이 이자율 지급의무를 서로 교환하여 각자 원하는 조건으로 자금을 차입하고 조달비용을 낮추었다.

계약의 유형으로 변동이자율과 고정이자율 간 교환(coupon swap), 만기가 다른 변동이자율 간 교환(basis swap) 등이 있다. 스왑계약의 준비사항으로 ① 각 기업은 비교우위를 가지는 이자율을 찾는다. ② 각 기업에게 교환의 이익이 서로 발생할 수 있는지 확인한다. ③ 스왑계약의 거래비용과 조달비용을 확정하여 계약내용을 결정한다. ④ 중개기관이 존재할 경

그림 8-6 | 이자율스왑의 교환구조

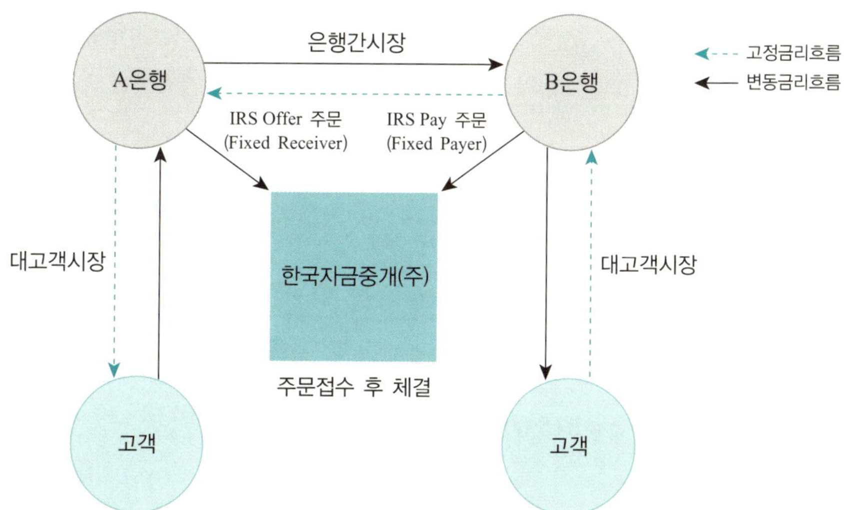

자료: 한국자금중개

우 중개수수료를 산출한다. 스왑계약에서 이익이 발생할 것으로 판단되면

1단계, 계약자가 스왑이 시작되는 시점에서 명목원금을 교환한다.

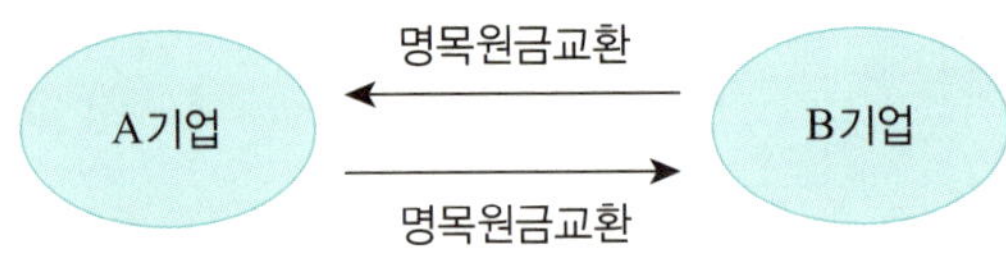

2단계, 스왑기간 중 계약자 간 이자를 지급한다.

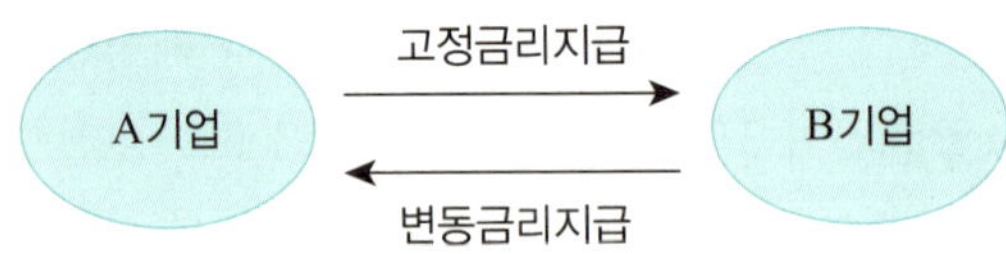

3단계, 스왑계약이 끝나는 시점에서 계약자 간 명목원금을 재교환한다.

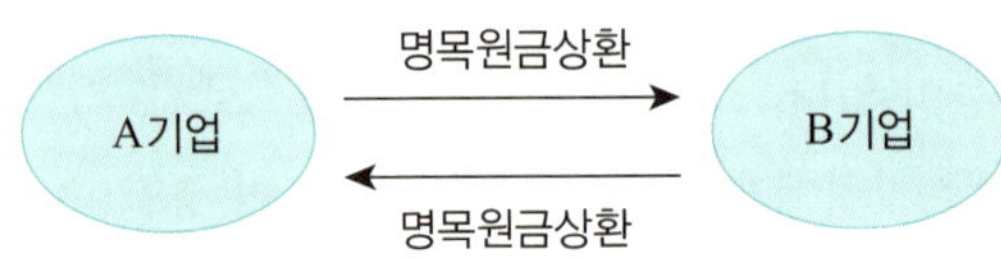

예를 들어 A기업과 B기업이 만나서 이자율스왑을 10년 동안 하기로 계약하였다. A기업은 B기업에 원금 100억원을 6개월 만기 변동이자율로 6개월마다 이자를 지불하고, B기업은 A기업에 원금 100억원, 고정이자율 연 6.32%로 6개월마다 이자를 지불한다. 첫 번째 이자지급일에 6개월 만기 변동이자율이 6.30%일 때 A기업은 B기업에 6개월 이자 3.15억원을 지급한다.

100억원 × 6.30%/2 = 315,000,000원

B기업은 A기업에 6.32%의 고정이자율로 6개월 이자를 지급한다.

100억원 × 6.32%/2 = 316,000,000원

그러나 이자가 서로 상계되면서 실제로 교환되는 이자는 B기업에서 A기업에 1백만원만 지

불한다. 두 번째 이자지급기간의 6개월 만기 리보가 6.28%이면 A기업은 B기업에 6개월 이자를 지급한다.

100억원 × 6.28%/2 = 314,000,000원

B기업은 A기업에 6.32%이자율의 6개월 이자를 지급한다.

100억원 × 6.32%/2 = 316,000,000원

이 경우도 B기업만 A기업에 2백만원을 지급한다. 이와 같이 6개월마다 A기업과 B기업은 그 차액을 10년간 20번 교환한다.

3. 통화스왑

통화스왑(currency swap)은 일정기간 각 계약자가 두 통화로 표시된 채무의 현금흐름을 서로 교환한다. 이종통화거래의 계약자가 각자 비교우위의 통화로 자금을 조달한 후 계약기간 동안 이자를 교환하고 만기에 최초원금 교환에 적용한 환율로 다시 원금을 교환한다. 1981년 살로만브러더스(Salomon Brothers)의 중개로 세계은행(World Bank)의 미국달러 표시 유로본드와 IBM의 독일 마르크화 및 스위스프랑 표시 유로본드를 재교환하였다. 주로 1년 이상의 중장기 환리스크 및 이자율리스크 헤지수단으로 이용한다. 그리고 만기 1년 이내의 현물환과 선물환을 동시에 체결한다. 전체 포지션은 상쇄되어 외환리스크를 제거하고 계약기간에 다른 통화의 자금을 창출하여 사용한다.

초기 계약형태인 상호대출(parallel loan)은 모기업 A가 있는 국가에 B기업의 자회사가 있고 모기업 B가 있는 국가에 A기업 자회사가 있을 때 각각 모기업이 소재한 국가에서 대출을 받아서 상대방 계약자의 자회사에 대출을 한다. 각 자회사가 소재한 국가의 상대 모기업에서 대출받고 두 모기업은 계약기간 발생하는 현금흐름만을 교환하여 변동위험을 회피한다. 그리고 상호 직접대출(back-to-back loan)은 서로 다른 통화를 사용하는 기업 간에 서로 대출하여 환율변동위험을 제거한다. 이 방법은 국가 간 자본이동을 수반하지 않으면서 정부의 외환통제를 피할 수 있다.

직접통화스왑(straight currency swap)은 스왑계약의 체결시점에 두 통화의 현물환율로

그림 8-7 외환스왑의 거래구조

자료: 한국자금중개

일정금액의 외화를 조달하고 만기시점의 현물환율에 관계없이 두 통화를 재매매한다. 거래계약자가 각 통화를 상대방에게 매각하는 형태를 취한다. 기타 유형으로 고정이자율 대 고정이자율, 변동이자율 대 변동이자율, 변동이자율 대 고정이자율, 역통화스왑, 이중통화스왑, 통화옵션스왑 등이 있다.

혼합스왑은 자산스왑과 칵테일스왑으로 구분한다. 자산스왑은 특정 통화의 변동이자율자산과 다른 통화의 고정이자율자산의 현금흐름을 교환한다. 또한 칵테일스왑은 중개기관이 고정이자율 지급의무와 변동이자율 지급의무의 계약자로서 고정이자율 대 고정이자율, 변동이자율 대 고정이자율의 통화스왑계약으로 통화스왑과 이자율스왑을 결합하여 혼합스왑을 구성한다. 예를 들어 JP모건은 다이아몬드 파생상품의 투자전략으로 엔과 달러의 바스켓 통화를 매년 10억달러 이상을 바트화로 환전한 후 태국 국채를 매입하여 10% 수준의 고수익을 얻었다. 이자는 바스켓 통화로 바꾸는 연 8%의 이자율 스왑계약을 하였다. 그리고 JP모건은 이 파생상품의 상대 포지션인 총수익률스왑(total return swap)[08]을 1996년 말부터 1997년 초까지 국내에 판매하여 포지션을 완전히 헤지하였다.

스왑션(swaption)은 변동이자율을 지급하는 계약자에게 일정수준 이상의 이자율과 일정수준 이하의 이자율을 고정이자율로 전환한다. 스왑션매수자는 일정 이자율로 이자지급의무를 고정시킨다.

---

08 총수익률스왑은 투자자가 실제로 실물자산을 보유하지 않으면서 특정 자산의 보유에 따른 현금의 혜택을 수령하는 계약이다.

그림 8-8 총수익률스왑의 구조

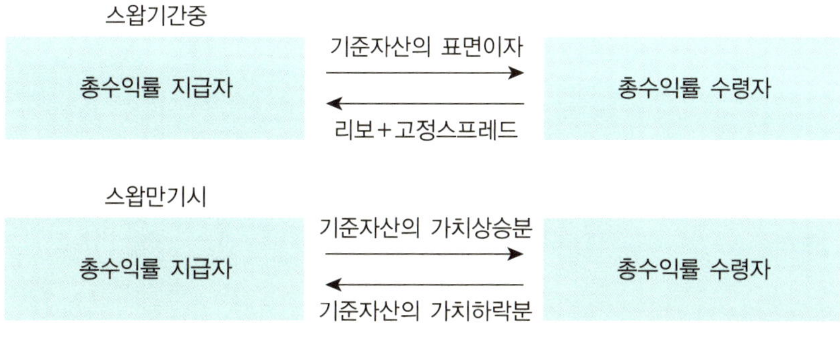

제3절 리스크헤징

1. 델타헤징

델타헤징(delta hedging)은 옵션매도금액으로 주식에 추가투자하여 투자위험을 제거한다. 투자자가 6월 27일 KOSPI200풋옵션 7월물에 대한 행사가격 90.0포인트를 0.63포인트에 5계약을 매도하였다. 따라서 매도자는 옵션 매도거래로 315,000원(0.63포인트 × 10만원 × 5계약)을 받는다. 결제월인 7월 13일의 KOSPI200이 80포인트였다면 옵션매도자는 옵션행사로 1계약당

$$(90 - 80) \times 10\text{만원} = 100\text{만원}$$

을 지불한다. 만일 $t = 0$에서 자산의 현재가격이 S_0일 때 $t = 1$에서 $S_1 = uS_0$ 또는 $S_1 = dS_0$이다. 이 기간의 이자율(r)은 하락률(d) < 1 + r < 상승률(u)이다.

어떤 옵션만기인 $t = 1$에 주식의 시장가격이 S_1일 때 만기수익구조는 $f(S_1)$이다. 행사가격 K에서 만기수익구조는 콜옵션의 경우 $f(S_1) = (S_1 - K)$이고, 풋옵션의 경우 $f(S_1) = (K - S_1)$이다. 콜옵션 1계약을 매도하면 포트폴리오 A는 $t = 0$에 현금을 지급받고, 만기 $t = 1$에 옵션의 수익구조만큼 지불한다. 그러나 옵션의 행사시 지불금액은 $S_1 = uS_0$일 경우 $f(uS_0)$이고, $S_1 = dS_0$일 경우 $f(dS_0)$이다.

그림 8-9 주식가격 변동

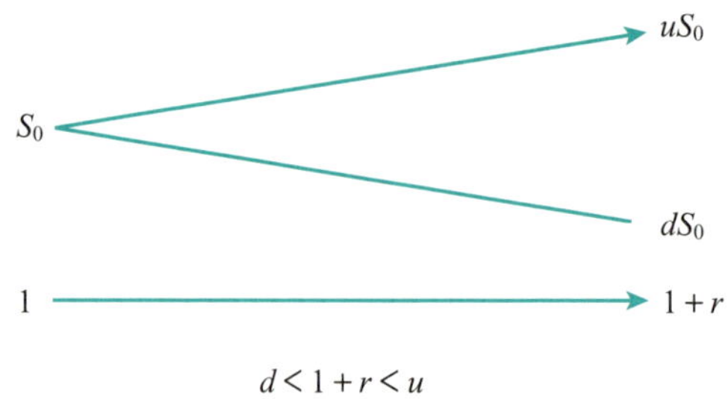

포트폴리오 A = 콜옵션 − 1계약

포트폴리오 A에 주식 Δ주를 투자하면 신규 포트폴리오 B는 $t=1$에서 주가의 등락에 관계없이 일정하도록 분산을 0으로 만든다. 투자자는 무위험거래로 $t=0$시점에 일정량의 현금을 획득한다.

포트폴리오 B = 옵션 − 1계약 + 주식 Δ주

그리고 주가상승으로 $S_1 = uS_0$이면 포트폴리오 B는 옵션 매도(−1계약)에 대하여 $f(uS_0)$를 지불하고, 주식 Δ주는 $uS_0\Delta$의 가치로

포트폴리오 B = $-f(uS_0) + uS_0\Delta$

이다. 주가하락시 $S_1 = dS_0$이면

포트폴리오 B = $f(uS_0) + dS_0\Delta$

이다.

$S_1 = uS_0$와 $S_1 = dS_0$에서 주식투자비중(Δ)은 포트폴리오 B의 가치를 불변하도록 한다.

$$-f(uS_0) + uS_0\Delta = -f(dS_0) + dS_0\Delta$$

옵션 1계약의 매도로 위험을 제거하는 주식투자비중(Δ)은

$$\Delta = \frac{f(uS_0) - f(dS_0)}{uS_0 - dS_0}$$

이다.

이만큼의 주식을 $t = 0$에 매입(혹은 공매)하면 만기 $t = 1$에서 포트폴리오 B의 가치는 주가 등락에 관계없이 일정하고 리스크도 0이다. $t = 1$시점에서 1억원을 지급하는 포트폴리오 A와 B는 $t = 0$시점에서 가격이 일치한다. 만일 포트폴리오 A가 고평가되어 있다면 $t = 0$에서 A를 매도하고 B를 매입하면 A와 B의 가격차이만큼 현금이 유입된다. 그리고 $t = 1$에 포트폴리오 B에서 1억원을 받고 포트폴리오 A의 매수자에게 즉시 지급하여 상계처리한다. $t = 0$에 포트폴리오 B에서 포트폴리오수익률(x)과 주식가치(y)를 찾으면 옵션가치는

옵션 1계약 = 포트폴리오 A의 가치 = 포트폴리오 B의 가치 = $x \times S_0 + y$

이다.

옵션에 대한 복제포트폴리오를 구성하는 투자자산의 시장가격을 정확히 알면 복제포트폴리오 구성에 필요한 투자금액을 알 수 있다. $t = 0$에서

포트폴리오 C = 옵션 −1계약 + 주식 Δ주
포트폴리오 D = 현금 1원

이다.

$t = 1$에서 포트폴리오 C의 주가가 일정한 가치를 지니도록 Δ를 조정한다. 이 두 포트폴리오간의 비율은 $t = 0$에서도 성립한다. $t = 0$의 옵션가치는

$$t_0\text{의 옵션가치} + \Delta S_0 : 1 = \frac{f(u \times S_0) \times d - f(d \times S_0) \times u}{u - d} : 1 + r$$

$$\frac{f(u \times S_0) \times d - f(d \times S_0) \times u}{u - d} = (t_0\text{의 옵션가치} + \Delta S_0) \times (1 + r)$$

어떤 투자자가 2월 15일 주식 1주를 13,010원에 매입하고 풋옵션 2계약을 매입하였다. 2월 25일 풋옵션 1계약 매도하고 3월 5일 포트폴리오를 청산하였다. 현금흐름은 13,190원이고 순현금흐름은 180원이다.

13,190원 = 12,650원 + 200원 + 340원 (현금흐름)

180원 = 13,190원 − 13,010원 (순현금흐름)

표 8-12 | 델타를 이용한 동적 헤징

날 짜	현물거래	옵션거래	거래이익
2월 15일	1주 매입 13,010원	Δ = 0.5, 헤지비율 = 2 행사가격 13,000원의 4월물 풋옵션 2계약 매입 @120원	0
2월 25일	주가수준 12,800원	Δ = 0.95, 헤지비율 = 1 행사가격 13,000원의 4월물 풋옵션 1계약 매도 @320원	320 − 120 = 200
3월 5일	1주 매도 12,650원	Δ = 0.95, 헤지비율 = 0 행사가격 13,000원의 4월물 풋옵션 1계약 매도 @460원	460 − 120 = 340

2. 포트폴리오보험

기본전략 포트폴리오보험(portfolio insurance)은 시장변화에 따라서 목표금액을 유지하고 위험자산과 무위험자산의 투자비중을 동적으로 변화시키면서 투자한다. 기초 포트폴리오의 가치가 특정 수준 이하로 하락할 때 손실을 보상하는 보험계약과 유사하다. 분산투자가 체계적 위험에 노출되고, 헤징(hedging)은 가격상승에 따른 추가수익의 기회를 포기한다. 그러나 포트폴리오보험은 체계적 위험에 따른 시장위험을 회피하면서 보험계약으로 상승이익에 참여할 수 있다.

국내 시장에 1994년 9월 일정비율포트폴리오보험전략(CPPI)을 구사하는 'PI일석이조주식투자신탁'[09]이 최초로 운용되었다. 그러나 초기 운용과정에서 보험설계의 문제점, 정교한 운용기법과 프로그램의 미비로 정착하지 못하였다. 2000년대 초 만기까지 고정이자율을 일부 확보하면서 원금보존 범위에서 주식투자로 수익을 극대화하는 상품(파도타기예금 등)이 등장하였다. 그리고 간접투자자산운용업법의 시행으로 포트포리오보험전략은 파생결합증권과 주가지수연계증권에서 활용되었다.

포트폴리오보험은 옵션을 이용하는 경우 옵션의 만기 수익구조로 기본전략을 결정한다. 그렇지만 옵션을 이용할 수 없다면 주식과 채권의 투자비율을 조정하는 옵션복제전략과 주

---

09 PI일석이조주식투자신탁은 처음으로 주식을 최대 80%까지 투자하고 채권 및 유동자산에 20% 이상을 투자하여 주가하락시 원금보존을 추구하고 주가상승시 펀드수익률을 극대화한다.

그림 8-10 포트폴리오보험의 수익구조

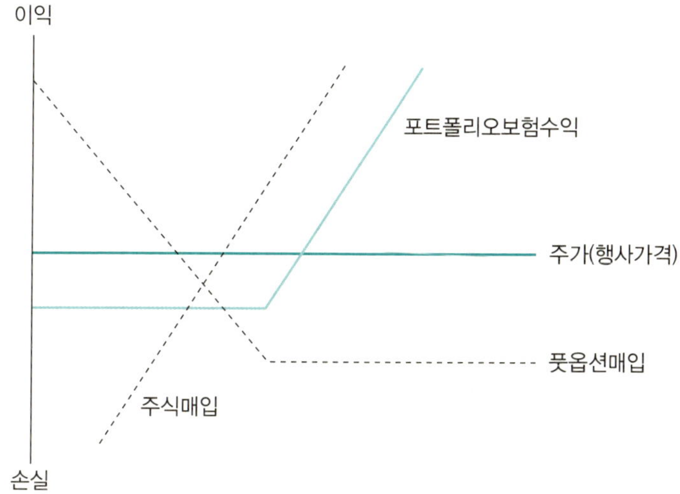

가지수선물을 이용한 헤징전략을 실행한다. 옵션복제전략은 주식포트폴리오와 채권투자를 이용하여 방어적 풋옵션의 수익구조를 복제한다. 또한 선물을 이용한 복제법은 주식매입과 선물매도로 포트폴리오를 관리한다.

복제전략 일정비율포트폴리오보험전략(CPPI: Constant Proportion Portfolio Insurance)은 주식과 채권으로 포트폴리오를 구성하고 자산가격의 변동에 따라서 투자비중을 조절한다. 포트폴리오의 가치가 일정한 목표수준(F: floor) 이하로 하락하지 않도록 쿠션(C) 및 승수(m)를 조정하여 자산을 배분한다. 주식투자비중은 쿠션의 승수에 따라서 일정하게 유지한다.

주식투자금액 = 쿠션 × 승수

투자자는 포트폴리오의 기대하한수익률을 결정하고 하한초과부분으로 쿠션을 계산한다. 그리고 승수와 쿠션을 곱하여 주식투자금액을 결정한다. 주가상시 주식투자비중을 확대하고 주가하락시 주식의 비중을 축소한다. 이 방법은 미래 시장변동성의 추정이나 헤지비율을 계산하지 않고 최저유지수준과 승수만으로 주식투자금액을 결정한다. 그러나 가격상승과 하락시 승수(m)를 구하는 것이 용이하지 않다.

시간불변포트폴리오보험전략(TIPI: Time Invariant Portfolio Insurance)은 포트폴리오 재

그림 8-11 일정비율포트폴리오보험전략의 구조

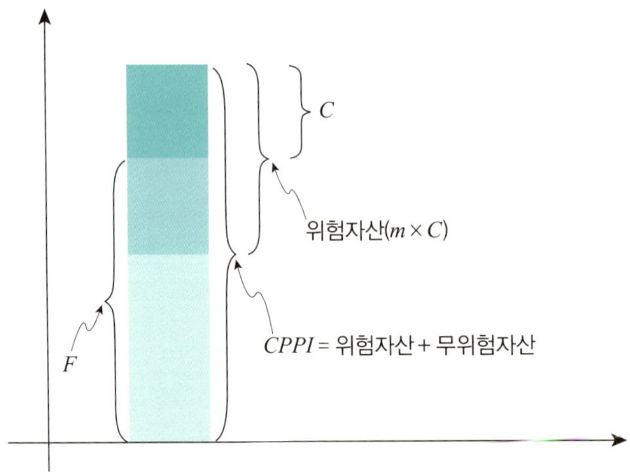

구성 시점에 과거 목표보험수준과 신규 목표보험수준을 비교하여 큰 금액으로 목표보험수준을 설정한다. 투자시점에 목표보험수준을 설정하고 포트폴리오 평가액이 증가하면 그 수준을 조정한다. 따라서 포트폴리오 가치는 최초 결정된 목표보험수준 이하로 하락하지 않으면서 발생한 무위험이자만큼 계속 증가한다. 계산과정으로

1단계, 매기 포트폴리오(주식 + 채권)의 가치를 결정한다.

2단계, 포트폴리오의 가치에 미리 정해 놓은 비율(예, 95%)을 곱하여 목표보험수준을 결정한다.

3단계, 산출된 보험수준을 이전 보험수준과 비교하여 높은 금액을 선택한다.

4단계, 포트폴리오의 가치에서 보험수준을 차감하여 쿠션을 계산한다.

5단계, 승수와 쿠션을 곱한다.

6단계, 보유주식의 가치가 목표보험수준에 도달할 때까지 매매하고 나머지는 채권에 투자한다.

예를 들어, 최초투자금액 100억원, 목표보험수준 80억원, 승수 2.5이면 쿠션은 20억원(100억원 − 80억원)으로 주식투자 50억원(20억원 × 82.5억원), 채권투자 50억원(100억원 − 850억원)이다. 이후 주가가 20% 상승할 경우 포트폴리오가치는 110억원(원금100억원 + 이익 10억원)으로 새로운 목표보험수준은 88억원(Max(110억원 × 0.8, 기존목표보험수준 80억원))이다. 따라서 조정된 쿠션은 22억원(110억원 − 88억원)이며, 주식 55억원(22억원 × 2.5)과 채권 55억원(110억원 − 55억원)을 투자한다.

3. 이자율, 환율 및 신용관리

옵션매수자는 의무가 아닌 권리로 유리할 때 옵션을 행사한다. 옵션의 특성으로, ① 옵션은 기초상품 및 파생상품 중에서 가장 기초적 조립단위(block)이다. 블록 장난감으로 기차나 집 등을 만들듯이 옵션과 금융상품을 결합하여 다양한 신금융상품을 만들 수 있다. ② 다양한 계약조건이 가능하다. 이색(exotic)옵션으로 캡(caps), 플로어(floors), 그리고 칼라(collars)는 이자율위험을 사전에 결정한 범위로 제한한다. ③ 옵션은 다른 금융상품에 부수편입(embedded)으로 기존상품의 매력을 높여준다. 보장형 펀드는 풋옵션 매입으로 주가하락에도 포지션 가치를 보호한다. 옵션이 내장된 금융상품은 전환사채(CB), 주택저당채권(MBS), 옵션부채권(optional bond), 참가부선물환(participating forward)[10] 등이다.

이자율캡(caps)은 변동이자율 상한(cap)을 정하고 시장이자율이 캡초과시 초과부분을 매수자에게 주는 콜옵션을 추가한다. 이자율캡매수자는 매도자에게 프리미엄을 지불하고 변동이자율이 상한(cap)보다 클 때 이자율차이(변동이자율－캡)를 매도자에게 얻는다. 그러나 이자율 하락시 비용절감효과를 기대할 수 없다. 변동이자율이 캡이자율 이상으로 상승할 위험을 헤지한다.

그림 8-12 이자율캡 수익구조의 형태

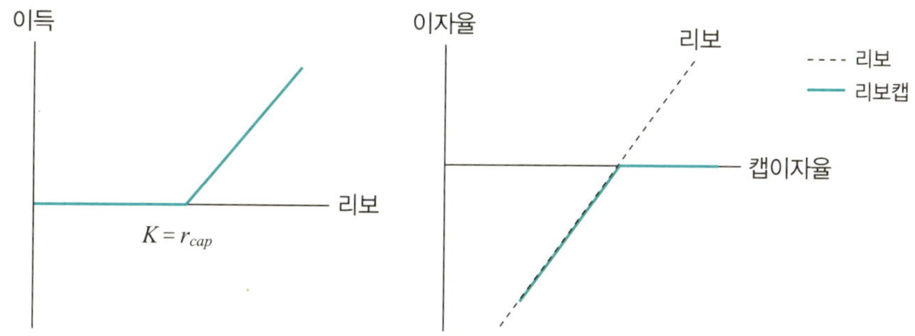

이자율플로어(floors)는 매수자가 수취할 이자율 하한(floor)을 정하고 그 이하로 하락할 경우 매도자가 미달부분을 매수자에게 지급한다. 매수자는 매도자에게 프리미엄을 지불하고 변동이자율이 플로어보다 낮을 경우 이자율차이(플로어－변동이자율)를 얻는다. 변동이

10 참가부선물환은 선물환을 약정할 때 최저한도를 정하고 만기의 환율이 최저한도를 초과하는 경우에 참가율만큼 환율에 반영한다.

그림 8-13 이자율플로어 수익구조의 형태

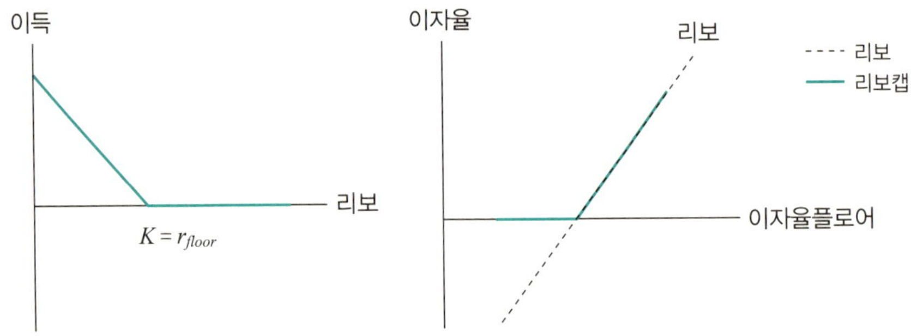

자율이 높을 경우 높은 이익률을 확보하고 미래이자율이 하락할 때 최저이익률을 확보한다.

이자율칼라(collars)는 이자율캡을 매입하고 이자율플로어를 매도한다. 이자율변동에 관계없이 일정범위에서 이자를 고정하거나 수익을 확보하기 위하여 설정한다. 칼라매도자는 이자율의 계약범위를 초과한 부분과 미달한 부분을 매수자에게 지급한다. 이자율캡의 매입과 이자율플로어의 매도로 변동이자율의 위험을 제한한다. 매수자는 플로어매수에 프리미엄을 지불하고 캡매도에서 프리미엄을 얻는다.

그림 8-14 이자율칼라 이자율구조의 형태

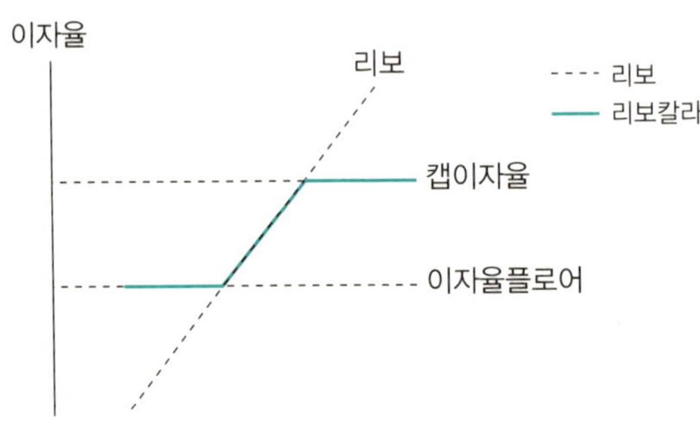

또한 환위험 관리수단으로 키코옵션(KIKO: Knock-In Knock-Out)은 넉아웃(knock-out)에서 기초자산의 가격이 일정수준에 도달하면 효력이 소멸되고, 넉인(knock-in)에서 기초자산의 가격이 일정수준에 도달하면 효력이 발생한다.

신용파생상품(CDS: Credit Default Swap)은 특정 자산의 신용도에 의하여 현금흐름을 결정한다. 매도자가 기초자산 발행자의 위험을 부담하는 대가로 프리미엄을 받는다. 매수자

그림 8-15 키코옵션의 수익구조

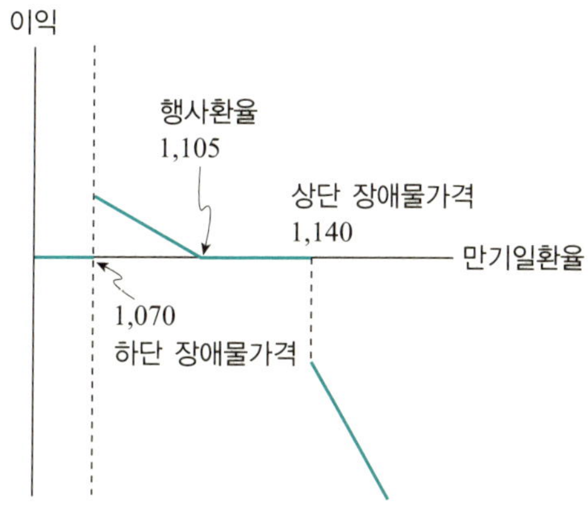

는 프리미엄을 지급하는 대신에 특정 기업의 부도나 채무 불이행시 매도자에게 보상을 받는다. 손실보전금액의 지급은 실물결제(physical settlement)와 현금결제(cash settlement) 중에서 할 수 있다. 양 당사자가 기준자산의 소유권을 이전하지 않고 신용위험을 이전한다. 매도자가 매수자의 부도발생 위험이나 신용도 약화에 대하여 보험을 제공한다. 계약시 기준자산 및 그 발행자의 자본구조 및 부채의 상환순위, 정산방식 등을 결정한다.

그림 8-16 CDS의 구조

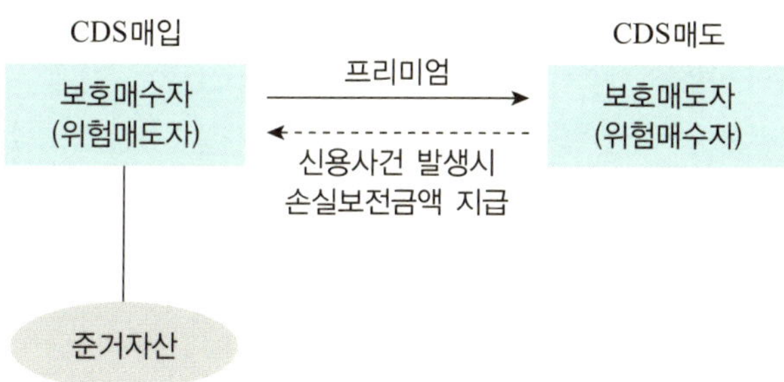

요약정리 및 생각해 볼 문제

1. 요약정리

- 선도계약은 매매계약을 현재시점에서 하지만 계약이행을 미래의 특정 시점에 하는 거래로 계약의 체결과 대금결제 간 시차가 존재한다. 선물거래는 거래내용과 조건을 표준화하여 시장성을 높인 선도거래이다. 선물시장은 선물을 거래하는 선물거래소와 선물을 정산하는 선물정산소를 중심으로 운영한다. 선물계약은 헤징거래, 투기거래 또는 차익거래를 목적으로 실행한다.
- 스왑계약은 거래당사자가 각자 비교우위에 있는 상품이나 서로 다른 자금흐름을 서로 교환하여 특정 기간 발생하는 현금흐름만을 결제한다. 현금흐름의 교환이 몇 개 연속적 선도계약의 역할을 한다. 이자율스왑은 두 거래 계약자의 이자지불을 일정기간 서로 교환하고 원금은 교환하지 않는다. 또한 통화스왑은 일정기간 각 계약자가 두 통화로 표시된 채무의 현금흐름을 서로 교환한다.
- 델타헤징은 옵션을 매도하고 주식에 투자하여 옵션의 위험을 제거하는 방법이다. 포트폴리오보험은 투자손실을 일정한 수준으로 한정시키기 위하여 포트폴리오 복제, 선물 또는 기타 투자수단으로 위험을 관리한다. 그리고 이자율캡은 이자율이 캡 이상으로 상승하면 그 차이를 채무자에게 주는 콜옵션이고 이자율플로어는 이자율이 하한선 이하로 하락하면 그 차이를 지급하는 옵션이다. 이자율칼라는 캡을 매입하고 동시에 플로어를 매도하여 상한이자율과 하한이자율을 설정한다.

2. SK증권은 JP모건의 투자전략에서 무엇을 간과하였는가?

1997년 SK증권은 자사가 200억원, 한남투자신탁 50억원, LG금속 50억원으로 다이아몬드펀드를 설립하였다. 이 펀드는 미국 JP모건에서 5,300만달러를 차입하여 총 8,650만달러를 인도네시아 루피아채권에 투자하였다. 이표채로서 지급이자율이 연 20.15%의 고수익이었다. 차입조건으로 일본 엔화와 태국 바트화의 바스켓 환율이 계약 이후에 변하지 않으면 연 −3%를 적용하지만 만기상환시 엔화가 상승하고 바트화가 하락할 경우 대출이자율도 급격히 상승하는 구조였다. 그런데 1997년 동남아 경제위기는 태국 바트화의 가치를 폭락시켜서 최악의 결과를 가져왔다. SK증권은 1년 후 투자원금의 8배인 2,600억원을 차입금상환에 사용하였고, 루피아/달러 환율의 3배 상승으로 투자원금은 1,060만달러를 회수하였다.

3. 거래과정이 어느 일방의 잘못인가 아니면 서로 책임을 가지고 있는가?

대한전선은 2003년 4월 도이치은행에 한미은행 주식 285만여 주를 주당 7,930원에 매도하면서 한미은행 주가가 2003년 6월 27일부터 1년 동안 15,784원 미만이면 원래 가격대로 되살 수 있는 콜옵션계약을 하였다. 그리고 행사기간에 주가가 하루라도 15,784원 이상이면 콜옵션을 행사할 수 없도록 하였다. 즉, 주가가 1년간 15,784원 미만을 유지하면 대한전선은 한미은행 주식 285만주를 7,930원에 되살 수 있다. 2004년 2월 19일 한미은행 주가가 15,800원 선에서 등락을 거듭하자 도이치은행에서 종가를 15,784원 이상으로 올리기 위하여 마감 직전 93만여 주를 대량매수주문하였다. 이에 대한전선도 35만여 주를 매도하며 가격하락을 유도하였다. 결국 주가는 15,800원으로 마감하였고 대한전선도 콜옵션 행사를 못하였다. 대한전선은 시장 마감 직전의 시세조종으로 피해를 입었다며 도이치증권을 상대로 소송을 냈으나 항소심에서 패하였다.

4. 관련 홈페이지

www.cme.org
www.compustat.com
www.isda.org
www.kmbco.com
www.krx.or.kr
www.nymex.com
www.optionsclearing.com
www.optionseducation.org
www.phlx.com

CHAPTER 9

옵션가치평가의 이해

학습개요

옵션은 매수자의 경우 프리미엄을 지급하고 권리를 얻는다. 주식워런트증권은 개별 자산가격의 방향성에 따라서 수익을 결정한다. 그리고 파생결합증권은 기초자산에 연동된 파생상품과 다른 자산을 결합하여 수익구조를 만든다.

학습목표

1. 옵션의 가격결정과 거래전략을 설명할 수 있다.
2. 주식워런트증권의 특징과 수익구조를 이해할 수 있다.
3. 파생결합증권의 합성전략을 분석할 수 있다.

생각해 보기

매도프의 금융피라미드

금융피라미드는 나중에 투자한 사람의 투자금으로 먼저 투자한 사람에게 수익금을 주는 일종의 다단계 사기수법이다. 매도프(B. Madoff)는 1990년 12월부터 2005년 5월까지 연평균수익률 12%, 투자손실 1% 미만인 경우가 단 7개월로 급격한 하락장세에서도 언제나 수익을 실현하였다. 매매전략은 우량주를 구매하는 동시에 주가지수옵션을 거래하여 투자위험 없이 언제나 고수익을 실현하였다. 그러나 2001년 경제전문지 「배런스」가 투자실적에 대해 의문을 제기하였을 때 투자수익의 원리에 대한 설명을 거부하였다. 운용자산이 수백억 달러였음에도 불구하고 거래내역을 감사하는 감사인은 단 한 명이었다. 주요 거래고객이 월가의 유명한 투자자들과 금융천재들로 일반인들의 신뢰를 얻을 수 있어서 고액 투자자를 유치할 수 있었다. 그러나 후발 투자자의 돈으로 선발 투자자에게 수익금을 지급하였지만 투자자가 끊기면서 대량의 환매요청으로 사기가 드러났다.

제1절 옵션거래

1. 옵션거래

옵션(option)은 특정 상품을 사전에 약정한 가격(행사가격)으로 만기에 살 수 있는 권리(call) 또는 팔 수 있는 권리(put)이다. 콜옵션(call option)은 살 수 있는 권리이며, 풋옵션(put option)은 팔 수 있는 권리이다. 또한 만기(expiration datd) 전이라도 매수자가 원할 때 언제라도 권리를 행사(exercise)할 수 있는 아메리칸옵션(American option)과 만기일 하루만 매입자가 권리를 행사할 수 있는 유러피언옵션(European option)으로 구분한다. 프리미엄(premium)은 의무자인 매도자에게 지급하는 보상이다. 그리고 클래스(class)는 주어진 기초자산에 대한 콜옵션 전체 또는 풋옵션 전체를 가리키고, 시리즈(series)는 클래스 중에서 행사가격과 만기일이 같은 옵션이다.

17세기 네덜란드에서 튤립투기로 가격변동이 심할 때 튤립재배자들이 최저가격을 보장하는 풋옵션 매입으로 가격폭락의 위험에 대비하였다. 그러나 실제로 튤립가격이 폭락하자 풋옵션매도자들의 계약불이행으로 혼란을 가중시켰다. 이후 1973년 미국의 시카고옵션거래소(CBOE: Chicago Board Options Exchange)가 주식옵션을 시작하면서 현대적 거래구조를 갖추었다. 1982년 미국장기국채(T-bond) 옵션이 도입되면서 성장을 가속화하였다. 1997년 7월 KOSPI200 주가지수옵션의 시장이 개설되었다.

옵션매수자(holder)는 매도자에게 특정한 자산을 매매할 수 있는 권리를 얻는 대가로 프리미엄을 지불한다. 옵션매도자(writer)는 프리미엄을 받고 계약이행의 의무를 가지고 있다. 즉, 선물계약이 매입자와 매도자가 권리와 의무를 동시에 가지는 대칭적 구조이지만, 옵션거래는 매수자의 권리와 매도자의 의무로 비대칭구조이다. 보험가입자의 보험금 청구가 옵션의 행사와 유사하다. 만일 특정 보험계약의 수요가 시장에 충분하면 이 보험계약을 표준화하여 거래소에서 거래하고 정산소에서 정산할 수 있다. 거래소에서 거래되는 보험이 옵션으로 기초자산의 가격변동위험을 헤지한다.

선물매수자는 가격하락에 따른 위험을 회피하기 위하여 상승에 따른 이익도 포기한다. 그러나 옵션은 하락손실의 위험을 피하면서 상승에 따른 이익의 기회를 유지한다. 계약은 프리미엄을 받은 옵션매도자(seller)의 이행의무와 프리미엄을 지불한 매수자(buyer)의 권리행사로 구성된다. 특히 선물계약은 매도자와 매수자가 중계회사에 증거금을 유지하지만 옵션

표 9-1 | 옵션거래와 선물계약

구 분	옵션거래	선물계약
의무와 권리	매수자의 권리, 매도자의 의무	매수자와 매도자의 권리와 의무
손익의 지급	매수자의 프리미엄 지급	일일정산으로 손익결제
위험요인	매도자의 무한위험	매수자와 매도자의 무한위험
결제방법	반대매매 및 권리행사	반대매매 및 기초자산의 인수도

거래는 매도자만 중계회사에 증거금을 유지한다.

KOSPI200주가지수 옵션은 유럽형 옵션으로 KOSPI200지수에 인위적 가치를 부여하여 거래를 실시한다. 옵션 1계약은 KOSPI200지수에 10만원을 곱하여 산출한다. KOSPI200 주가지수 옵션시장은 선물시장에서 거래되는 4가지 결제월(3월, 6월, 9월, 12월) 중 현재와 가장 가까운 두 개의 결제월, 그 외의 월 중 가장 가까운 2개의 월을 선택하여 거래한다. 따라서, 항상 4개의 결제월 종목을 거래하고 각 결제월마다 여러 행사가격의 콜옵션과 풋옵션이 있다. 그리고 KOSPI200이 급격히 변동할 때 변동시점의 KOSPI200을 기준으로 추가 옵션을 생성하여 옵션 종류를 확대한다.

매수자는 계좌를 개설한 후 1,000만원 이상의 현금 또는 이에 상당하는 증권을 증거금(margin)으로 입금한다. 이 금액은 옵션거래의 최소 기본금액으로 모든 옵션포지션을 정리

표 9-2 | KOSPI200주가지수 옵션

구분	내용
기초자산	코스피200지수
거래단위	코스피200옵션가격 × 50만원(거래승수)
결제월	최근 연속 3개월 및 3, 6, 9, 12월
상장결제월	6월 이내의 4개 결제월
호가가격단위	프리미엄 3 이상: 0.05포인트
	프리미엄 3 미만: 0.01포인트
최소가격변동금액	프리미엄 3 이상: 25,000원(50만원 × 0.05)
	프리미엄 3 미만: 5,000원(50만원 × 0.01)
거래시간	9:00～15:15(최종거래일 9:00～14:50)
최종거래일	각 결제월의 두 번째 목요일(공휴일인 경우 순차적으로 앞당김)
권리행사	최종거래일에만 가능(유럽형)
단일가격경쟁거래	개장시(8:00～9:00) 및 거래종료시(15:5～15:15)

자료: 한국거래소(KRX)

할 때까지 인출할 수 없다. 중개회사가 옵션거래소에서 조건이 일치하는 매수주문과 매도주문을 연결하여 옵션거래를 성사시킨다. 김투자 씨가 3월콜 107.50을 3.90포인트에 5계약 샀다고 하자. 이때 김투자 씨는 옵션프리미엄으로

$$\begin{aligned}\text{옵션프리미엄} &= \text{옵션가격} \times \text{계약수} \times 10\text{만원} \\ &= 3.90\text{포인트} \times 5\text{계약} \times 10\text{만원} \\ &= 195\text{만원}\end{aligned}$$

을 매도자에게 지불한다. 옵션매도자는 중개회사 증거금을 예치하고 1일정산을 한다. 최종거래일은 결제월의 둘째 주 목요일이고 모든 거래가 종결된 후 정산소에서 KOSPI200 종가를 기준으로 옵션을 행사한다. 콜옵션의 경우 1계약당

$$(\text{만기 KOSPI200지수} - \text{옵션행사가격}) \times 10\text{만원}$$

이다. 그리고 풋옵션의 경우 1계약당

$$(\text{옵션행사가격} - \text{만기 KOSPI200지수}) \times 10\text{만원}$$

이 매도자의 계좌에서 매수자의 계좌로 자동이체된다.

미결제약정수량(open interest)은 옵션거래에서 청산되지 않고 남은 계약수이다. 거래량의 증가로 미결제약정수량이 증가하면 신규 옵션거래도 증가한다. 그러나 거래량이 증가하지만 미결제약정수량이 감소할 경우 기존계약을 청산하는 과정이다. 옵션거래소는 만기일, 행사가격 등을 표준화시켜서 옵션거래를 쉽고 최소 거래비용으로 이루어지도록 한다. 그리고 정산소는 옵션의 매수자에게 매도자의 역할을 수행하고 매도자에게 매수자의 역할을 수행한다.

2. 옵션평가

옵션가치 옵션가치는 내재가치(intrinsic value)와 시간가치(time value, 옵션가격−내재가치)로 구성된다. 내재가치는 현재 권리를 행사할 때 얻는 이익으로 기초자산가격과 행사가

격의 차이이다. 예를 들어 행사가격 100원인 콜옵션의 현재 가격이 120원이라면 내재가치는 20(= 120 − 100)원이다. 또한 시간가치는 옵션의 현재가치와 내재가치의 차이이다. 주가가 행사가격 이상으로 상승할 가능성은 0보다 크지만 만기에 가까울수록 그 크기는 축소된다.

그림 9-1 | 옵션의 시간가치와 내재가치

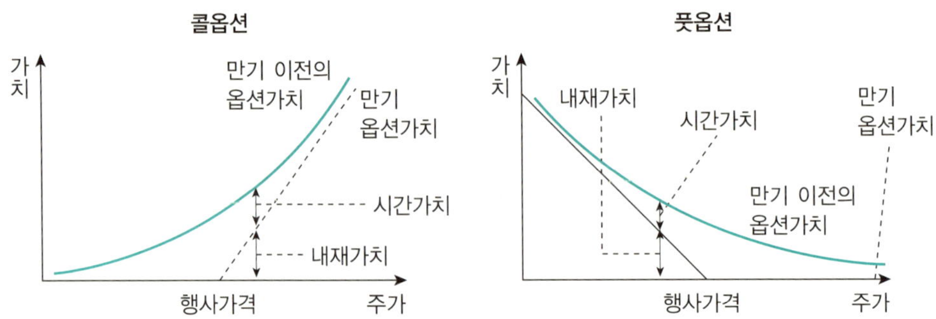

기초자산 포지션의 헤지로서 옵션거래를 할 수도 있고, 기초자산을 대신하여 옵션매입을 할 수 있다. 옵션가치는 옵션행사로 이익이 발생하는 경우 내가격(ITM: In-The-Money), 손실이 발생하는 경우 외가격(OTM: Out of-The-Money), 이익도 손실도 없는 경우 등가격(ATM: At-The-Money) 또는 근가격(NTM: Near The Money) 상태라 한다. 외가격(OTM)과 등가격(ATM)일 때 내재가치는 0으로 시간가치만을 가지고, 내가격(ITM)일 때 시간가치와 내재가치를 가진다.

표 9-3 | 기초자산의 가격과 행사가격

가 격	콜옵션	풋옵션
내가격	$S > K$	$S < K$
등가격	S = K	S = K
외가격	$S < K$	$S > K$

매매의 기준인 이론가격은 기초자산의 가격, 행사가격, 잔존기간, 기초자산의 변동성, 이자율 및 배당률로 결정한다. ① 기초자산의 현재가격이 높으면 콜옵션가격은 높고 풋옵션가격은 낮다. ② 행사가격이 높으면 콜옵션가격은 낮고 풋옵션가격은 높다. ③ 잔존기간이 길수록 주가가 행사가격보다 유리할 가능성이 모두 크다. ④ 기초자산의 변동성이 클수록

콜옵션과 풋옵션가격이 모두 높다. ⑤ 이자율이 낮을수록 콜옵션가격은 상승하고 풋옵션가격은 하락한다. ⑥ 배당금이 클수록 콜옵션가격은 낮고 풋옵션가격은 높다.

표 9-4 | 콜옵션과 풋옵션의 가격변동 요인의 영향

결정요인	콜옵션	풋옵션
기초자산가격	+	−
행사가격	−	+
가격변동성	+	+
잔존만기	+	+
이자율	+	−
배당금	−	+

옵션가치는 다른 자산의 가치나 특정 사건의 발생에 따라서 현금흐름을 결정한다. 현금흐름할인모형을 적용할 수 없으므로 옵션과 동일한 현금흐름의 기초자산으로 복제포트폴리오를 구성하여 그 가치를 평가한다. 즉, 동일 자산은 서로 다른 가격을 가질 수 없다는 무차익원리(no arbitrage principle)를 적용한다. 옵션 프리미엄은 만기 기초자산가격의 확률분포로 이항분포를 가정하는 이항모형과 대수정규분포를 가정하는 블랙−숄즈(Black & Sholes)방법으로 산출한다.

첫째, 콜옵션의 매수자는 매도자에게 프리미엄을 지불한다. 이때 프리미엄의 산출기준인 행사가격은 K로 표시한다. 콜옵션이 t시점에 행사되면 기초자산의 시장가격(S_T)에서 행사가격(K)을 제거하여 양(+)이면 차액을 지불하고 음(−)이면 지불하지 않는다.

그림 9-2 | 100콜 3에 1계약 매수 수익구조

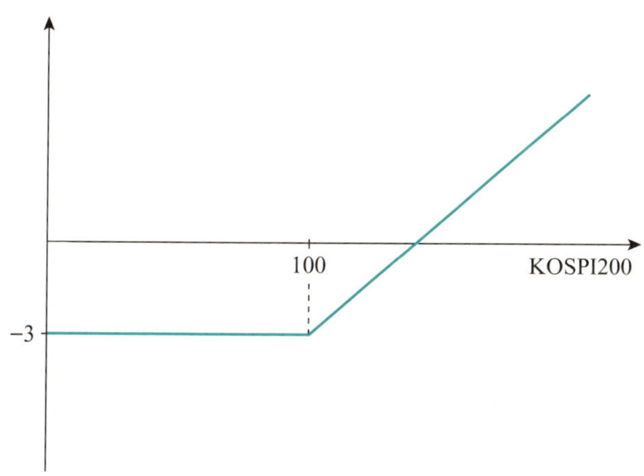

$$콜옵션가치(C) = S_t - K = \begin{cases} S_t - K, & S_t - K > 0이면 \\ 0, & 기타 \end{cases}$$

콜옵션 매수는 기초자산의 가격상승을 기대하면서 가격하락에도 대비한다. 기초자산의 가격상승으로 프리미엄이 매수가격보다 높으면 콜옵션을 매도하여 차익을 얻는다. 콜옵션의 만기 행사는

(만기 KOSPI200지수 − 옵션행사가격) × 10만원

을 지급받는다. t시점에서 풋옵션을 행사하면 행사가격 K에서 기초자산의 시장가격(S_t)을 제거한다. 만일 그 값이 (+)이면 차액을 지불하고 (−)이면 지불하지 않는다.

$$풋옵션가치(P) = K - S_t = \begin{cases} K - S_t, & K - S_t > 0이면 \\ 0, & 기타 \end{cases}$$

그림 9-3 100풋 3에 1계약 매수의 수익구조

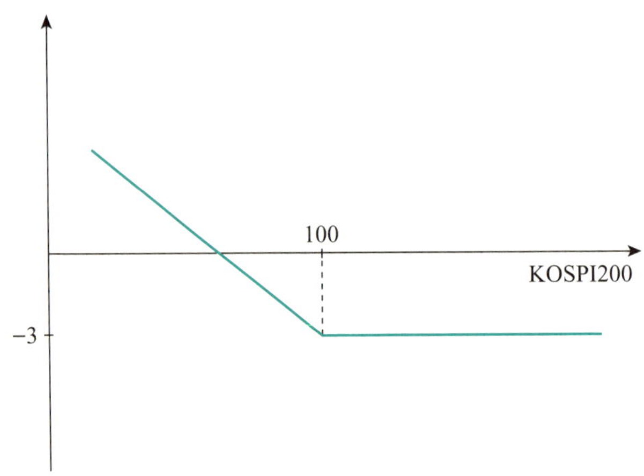

풋옵션 매수는 기초자산의 가격하락을 기대하면서 가격상승에도 대비한다. 기초자산의 가격하락으로 옵션프리미엄이 매수가격보다 높으면 풋옵션을 매도하여 차익을 얻는다. 풋옵션 만기의 행사는

(옵션행사가격 − 만기 KOSPI200지수) × 10만원

을 지급받는다. 옵션거래는 매수자와 매도자의 손익을 합하면 0으로 제로섬게임(zero-sum game)이다.

풋-콜패리티 풋-콜패리티(put-call parity)는 기초자산, 행사가격과 만기가 동일한 콜옵션가격과 풋옵션가격의 균형관계이다. 콜옵션은 기초자산의 가격이 상승하면 내재가치가 커지고 시간가치는 작아지며, 반대로 기초자산의 가격이 하락하면 시간가치의 비중이 상대적으로 커진다. 동일한 만기(T), 행사가격(K)인 콜옵션 1개 매도와 풋옵션 1개 매입, 그리고 주식(S)을 매입하여 $K/(1+R)^T$ 만큼의 자금을 차입한다. 이 포트폴리오는 주식가격의 변동에 관계없이 일정한 성과를 얻는 무위험포트폴리오이다.

$$\text{포트폴리오 가치} = S_0 + P_0 - C_0 - K/(1+R)^T$$

표 9-5 | 풋-콜패리티

포트폴리오 \ 상황	현재가치	만기 $S_T > K$	만기 $S_T \le K$
주식매입	S_0	S_T	S_T
풋옵션매입	P_0	0	$K - S_T$
콜옵션매도	$-C_0$	$-(S_T - K)$	0
자금차입	$-K/(1+R)^T$	$-K$	$-K$
포트폴리오	$S_0 + P_0 - C_0 - K/(1+R)^T$	0	0

만기시점에 주가상승시 콜옵션을 행사하기 때문에 기초자산을 매도하여 차입금을 상환한다. 반대로 주가하락시 풋옵션을 행사하기 때문에 기초자산을 매도하여 차입금을 상환한다. 만기 현금흐름은 기초자산가격에 관계없이 모두 0이다.

무위험포트폴리오의 수익률은 시장의 무위험이자율(R_f)과 동일하다. 만기 투자성과(K)와 포트폴리오의 현재가치는

$$S_0 + P_0 - C_0 = \frac{K}{(1+R_f)^T}$$

$$P_0 = C_0 + \frac{K}{(1+R_f)^T} - S_0 = C_0 + K \cdot e^{-R_f \cdot T} - S_0$$

이다.

콜옵션의 가격을 알 수 있을 때 동일한 행사가격과 기초자산의 풋옵션가격도 풋콜패리티로 계산할 수 있다.

이항모형 이항모형(binomial model)은 주가의 상승과 하락 확률이 불필요할 뿐만 아니라 제약조건이 적다. 1976년 콕스(J. Cox)와 루빈스타인(M. Rubinstein)이 발표하였고 로그정규분포에 가깝게 하면 블랙-숄즈모형과 비슷하다. 이항모형의 가정은 ① 완전자본시장으로 차익거래의 기회를 제공하지 않는다. ② 기초자산의 가격이 이산적으로 변하면서 이항분포를 따른다. 그리고 ③ 가격변동은 매기간 일정비율로 상승 또는 하락한다. 기초자산가격(S_0)은 옵션만기시점에서 uS_0과 dS_0 두 가지의 결과를 가진다. u = 기초자산의 상승 정도, d = 기초자산의 하락 정도, P = 상승확률, $1 - P$ = 하락확률, 그리고 R_f = 무위험이자율이다. 그리고

$$d < 1 + R_f < u$$

로서 1년 후 무위험자산의 투자수익률은 주식의 상한수익률보다 낮고 하한수익률보다 높다.

그림 9-4 이항분포과정

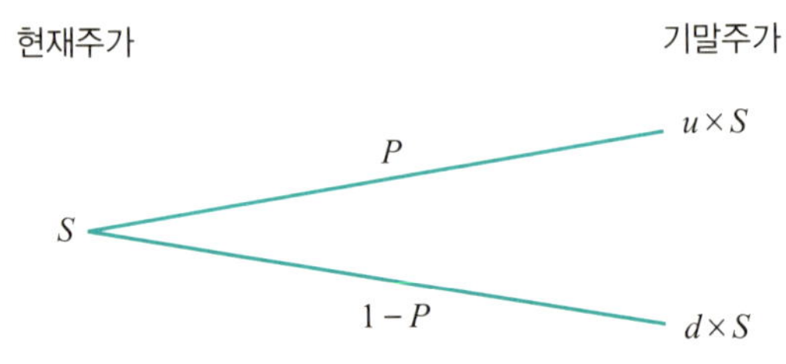

기초자산의 확률적 움직임은 이산시간대에서 근사적으로 미래의 어떤 시점까지 전개한다. 현재주가(S_0)는 1기말 P의 확률로 uS_0, $1 - P$의 확률로 dS_0이다. 이 경우 주식수익률은 $u - 1$ 또는 $d - 1$이다. 1기간 콜옵션은 주가상승시 C_u이고 주가하락시 C_d이다. 기말 옵션가치와 발생확률은 [그림 9-5]와 같다.

그림 9-5 | 1기간 옵션가치

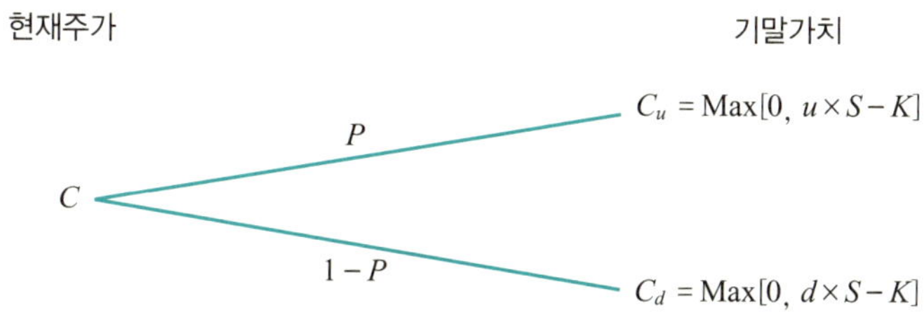

따라서 투자자가 주식 1주를 매입하고 콜옵션 h단위를 매도할 때 포트폴리오의 현금흐름은 [그림 9-6]과 같다.

그림 9-6 | 포트폴리오의 현금흐름

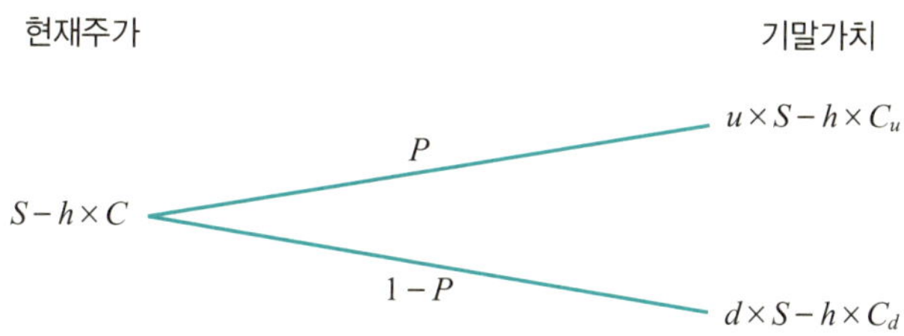

이 포트폴리오의 기말현금흐름은 현재와 동질적 기대로 일정해야 한다. 따라서 포트폴리오가치는 주식가격의 변화에 관계없이 항상 일정하다. 헤지포트폴리오 구성에 필요한 매도 콜옵션의 계약단위(h)를 헤지비율[01]이라 한다.

$$u \times S - h \times C_u = d \times S - h \times C_d$$

$$h = \frac{S \cdot u - S \cdot d}{C_u - C_d}$$

이 포트포리오의 기말의 기대수익률은 현재 투자금액에 무위험이자율로 곱하여 얻는 값과 동일하다.

$$(1 + R_f)(S - h \times C) = u \times S - h \times C_u$$

---

01 헤지비율은 무위험 포트폴리오를 구성하기 위하여 주식 1주를 매입하고 동시에 매도하는 콜옵션의 개수이다.

$$C = \frac{S(1+R_f-u)+h\times C_u}{h\times(1+R_f)}$$

따라서, 헤지비율(h)을 대입하면

$$C = \frac{\left[C_u\left(\frac{1+R_f-d}{u-d}\right)+C_d\left(\frac{u-1-R_f}{u-d}\right)\right]}{1+R_f}$$

이다. 여기서, $(1+R_f-d)/(u-d)=q$라 하면 $(u-1-R_f)/(u-d)=1-q$로

$$C = \frac{q\times C_u+(1-q)\,C_d}{1+R_f}$$

$$P = \frac{1+R_f-d}{u-d}$$

이다. q는 위험중립화확률인 헤징확률로 $d < 1+R_f < u$, $0 < q < 1$이다. 위험중립화확률은 주식투자의 기대수익률과 무위험이자율의 주가상승확률(p')과 같다.

$$up' + d(1-p') = 1+R_f$$

$$p' = \frac{1+R_f-d}{u-d}$$

투자자들은 u, d, R_f의 크기에 대하여 동일한 기대를 갖고 있다. 헤징확률 p도 투자자의 미래에 대한 주관적 예상이나 위험성향에 관계없이 모두에게 동일하다. 그러나 이항모델은 이해하기 쉽지만 현실적으로 적용하는 데 문제가 있다. 그 이유로 이항모델을 이용하여 옵션가격을 결정할 때 여러 모수 S_0, u, d, r를 알아야 한다. S_0와 R_f는 시장에서 알 수 있지만 u, d는 시장에서 정확히 관측할 수 없다. 만기시점의 두 가지 가능한 지수 혹은 주가는 비현실적이다. 따라서 시간구간을 더 세밀하게 나누면 블랙–숄즈모형이다.

블랙–숄즈모형 블랙–숄즈(Black & Scholes)모형은 기초자산과 무위험자산으로 복제포트폴리오를 구성하여 콜옵션과 풋옵션의 가치를 산출한다. 주가의 움직임은 위너과정(wiener process)이며, 가정으로 ① 투자자는 자유롭게 기초자산 및 콜옵션을 공매할 수 있다. ② 거래비용이나 세금 등의 마찰적 비용이 없는 완전자본시장이다. ③ 콜옵션은 유러피언형으로

만기에 행사한다. ④ 기초자산의 가격은 연속적으로 변동한다. ⑤ 만기 이전에 기초자산은 배당을 지급하지 않는다. ⑥ 단기적으로 무위험이자율은 안정적이다. 만기에 내가격으로 끝나는 콜옵션가치는

콜옵션가치 = (만기 기초자산가격 − 옵션행사가격) × 만기 내가격으로 끝날 확률

이다. 배당을 지급하지 않는 유럽형 콜옵션은

$$C = S \cdot N(d_1) - Ke^{-R_f \cdot T} \cdot N(d_2)$$

$$d_1 = \frac{ln(S/K) + \left(r_f + \frac{1}{2}\sigma^2\right)t}{\sigma \cdot \sqrt{t}}, \quad d_2 = d_1 - \sigma \cdot \sqrt{t}$$

여기서, S = 기초자산의 현재가치
K = 행사가격
R_f = 무위험이자율
T = 만기일
e = 2.71828
ln = 자연로그함수
σ^2 = 수익률분산
$N(d)$ = 표준정규분포표에서 d값보다 작은 값을 취할 확률

이다. 만일 $S = 100$, $K = 95$, $R_f = 0.1$, $T = 0.25$년, $\sigma^2 = 0.25$이면

$$d_1 = \frac{ln(100/95) + \left(0.1 + \frac{0.25}{2}\right) \times 0.25}{0.5\sqrt{0.25}} = 0.43, \quad d_2 = 0.43 - 0.5\sqrt{0.25} = 0.18$$

이다.

정규분포표에서 누적확률은 $Z = 0.43$일 때 0.6664이고, $Z = 0.18$일 때 0.5714이다. 따라서 콜옵션의 가치는

$$C = 100 \cdot 0.6664 - 95 \cdot e^{-0.1 \cdot 0.25} \times 0.5714$$
$$= 66.64 - 52.94 = 13.7$$

이다. 풋옵션의 가치는

$$P = C + \frac{K}{e^{R_f \cdot T}} - S$$
$$= K \cdot e^{-R_f \cdot T} N(-d_2) - S \cdot N(-d_1)$$

이다.

가격결정요소로 기초자산가격(S) 및 이자율(r)은 시장에서 쉽게 관측되고 행사가격(X)과 잔존기간(T)은 거래조건으로 이미 알려져 있다. 그러나 기초자산가격의 변동성[02]은 측정하기 어려우며 통상적으로 과거 1일 수익률의 표준편차를 연율화시킨 역사적 변동성을 사용한다. 이때 표본수는 최근값을 기준으로 통상 20개에서 50개 정도를 사용한다.

옵션 그릭스(option Greeks)는 블랙-숄즈모형에서 다른 요인의 변화에 따른 옵션가격의 변화를 계산한다. 5가지 옵션의 민감도로, 첫째 델타(Δ)는 기초자산가격의 변화에 대한 옵션가격의 변화에 대한 비율이다. 델타값은 콜옵션의 경우 백분율로 0~100%, 풋옵션의 경우 -100%~0 사이에 존재한다. 이 백분율은 델타의 절대값이 옵션의 만기에 내가격으로 끝날 확률이다. 예를 들어 델타가 1인 경우 기초자산이 1포인트 변할 때 옵션의 가격도 1포인트 변하며 만기시 내가격으로 끝날 확률이 100%이다. 델타를 이용하면 기초자산의 변화와 전혀 무관한 옵션포지션을 구성할 수 있다. 만일 콜옵션의 현재가격 1.56, 델타 0.3203일 때 선물이 1포인트 하락하면 옵션가격의 변화는

$$\Delta = \partial V / \partial S$$

옵션가치 = 옵션현재가격 − (선물변동폭 × 콜옵션델타)

= 1.56 − (1 × 0.3203) = 1.2399

둘째, 감마(Γ)는 기초자산가격 변화에 대한 델타의 변화율로 옵션가격의 변화 속도를 나타낸다. 동일한 델타, 다른 감마를 가지는 두 옵션은 기초자산이 처음 1포인트 변할 때 동일하지만 그 다음 1포인트 변할 때 그 변화폭이 달라진다. 그러므로 같은 델타를 가지는 옵션

02 변동성은 미래변동성, 역사적변동성, 내재변동성, 예측변동성, 실현변동성 등이 있다. ① 미래변동성은 미래에 실제로 발생할 변동성이다. ② 역사적변동성은 과거 기초자산의 변동 행태가 미래에도 비슷하게 되풀이된다는 가정하에 계산한다. ③ 내재변동성은 옵션의 시장가격을 옵션가격결정모형에 넣어서 변동성을 찾는다. ④ 예측변동성은 행사가격마다 내재변동성의 행태를 분석하는 변동성 스큐(volatility skew)와 역사적변동성을 이용하는 변동성 콘(volatility cone)을 활용한다.

도 감마의 크기에 따라서 위험의 정도가 달라진다.

$$\Gamma = \partial^2 \Delta / \partial S^2$$

셋째, 쎄타(Θ)는 시간의 경과에 따라서 옵션가치가 소멸하는 변화율이다. 포지션을 구성한 후 시간가치의 감소로 발생하는 손실은 감지하지 못할 때가 있다. 그러므로 시간가치의 변화를 확인하기 위해서 보유 포지션의 쎄타를 항상 주시한다. 콜옵션과 풋옵션은 매수시 – 값이고 매도시 + 값이다. 콜옵션의 매수자의 쎄타값이 −0.02라면

$$\Theta = \partial V / \partial t$$

옵션가격 = 1.2399 − 0.02 = 1.2199

넷째, 베가(υ)는 기초자산의 가격변화에 따른 옵션가격의 변화율에 대한 비율이다. 기초자산가격이 1% 움직일 때 옵션가격의 변화를 측정한다.

$$\upsilon = \partial V / \partial \sigma$$

다섯째, 로우(ρ)는 이자율의 변화에 따른 옵션가격의 변화에 대한 비율이다. 무위험자산의 이자율(r)이 변할 때 옵션의 가격(V)이 어떻게 변하는지를 나타낸다.

$$\rho = \partial V / \partial r$$

3. 옵션투자전략

헤징전략 헤징전략은 주식과 옵션을 결합하여 방어적 풋전략(protective put)과 보호적 콜전략(covered call)으로 나눌 수 있다. 첫째, 방어적 풋전략은 주식을 매입하고 동시에 내가격(*ATM*) 풋옵션을 매입하여 투자손실을 제한한다. 만기 주가(S_T)가 옵션의 행사가격(K)보다 큰 경우 풋옵션은 행사되지 않으므로 그 가치는 0이다.

주식과 풋옵션의 포트폴리오는 만기일의 주가와 동일하다. 그러나 만기 주가가 옵션의 행사가격보다 작은 경우 풋옵션을 행사하여 $X - S_T$만큼 이득을 얻는다. 포트폴리오의 손실은

그림 9-7 | 방어적 풋전략의 구조

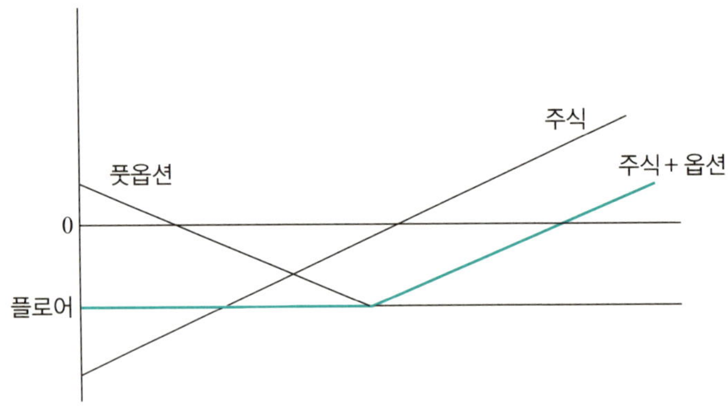

표 9-6 | 방어적 풋전략

포트폴리오 \ 상황	$S_T > K$	$S_T \le K$
주 식 풋옵션	S_T 0	S_T $X - S_T$
방어적 풋전략	S_T	K

풋옵션 행사로 보호하면서 주가상승시 풋옵션을 포기하고 주가상승의 이익을 얻는다. 주가가 하락할 경우 투자손실을 풋옵션의 이득으로 상쇄한다. 그러나 기초자산에 대응하는 적절한 풋옵션을 찾기 힘들고 기초자산의 보유기간과 풋옵션의 만기를 일치시키기 어렵다.

둘째, 보호적 콜전략은 주식을 매입하고 동시에 콜옵션을 매도한다. 주식을 보유할 때 향후 매도가격은 옵션의 행사가격(K)으로 결정하고 옵션을 매도하여 프리미엄을 얻는다. 주가상승시 수익을 포기하지만 완만한 상승이나 하락시 콜옵션 프리미엄으로 추가수익을 확보하거나 손실을 축소할 수 있다. 만기 주가가 행사가격보다 낮으면 콜옵션은 행사되지 않으며, 포트폴리오의 가치와 만기 주가는 동일하다.

표 9-7 | 보호적 콜전략

포트폴리오 \ 상황	$S_T > K$	$S_T \le K$
주 식 콜매도	S_T $-(S_T - K)$	S_T 0
보호적 콜전략	K	S_T

방향성 전략 방향성 전략은 시장전망대로 움직일 때 이익을 얻지만 반대로 움직일 때 손실이 발생한다. 방향성 전략으로 한 가지 상품만 구성하는 네이키드전략과 여러 옵션을 결합하는 합성포지션이 있다. 네이키드전략은 이익이 크지만 예상과 반대로 진행할 때 손실도 크다.

표 9-8 | 방향성 포지션의 구성

거래전략	주가하락 예상시	주가상승 예상시
네이키드	선물매도, 콜옵션매도, 풋옵션매수	선물매수, 콜옵션매수, 풋옵션매도
합성전략	베어스프레드, 콜레이쇼스프레드, 풋백스프레드	불스프레드, 풋레이쇼스프레드, 콜백스프레드

합성포지션으로, 첫째 스프레드(spread)전략은 콜옵션 또는 풋옵션을 매입하고 행사가격이나 만기일이 다른 동일한 옵션을 매도한다. 이러한 수직 스프레드 중에서 ① 강세스프레드는 미래에 기초자산가격의 상승을 예상하여 만기가 동일한 낮은 행사가격의 콜옵션을 매수하고 높은 행사가격의 콜옵션을 매도한다.

표 9-9 | 스프레드전략

거래전략	주가하락 예상시	주가상승 예상시
콜옵션	높은 행사가격 콜옵션 매도 낮은 행사가격 콜옵션 매수	낮은 행사가격 콜옵션 매수 높은 행사가격 콜옵션 매도
풋옵션	높은 행사가격 풋옵션 매도 낮은 행사가격 풋옵션 매수	낮은 행사가격 풋옵션 매수 높은 행사가격 풋옵션 매도
스프레드손익	콜매도, 풋매수시 일부 이익포기 이익포기로 주가상승시 손실축소	콜매수, 풋매도시 일부이익 포기 이익포기로 주가하락시 손실축소

② 매도프가 사기를 일으킨 분할태환(split strike conversion)전략은 주식바스켓의 가치하락을 풋옵션의 이익으로 보전하고 바스켓의 가치상승은 콜옵션의 행사로 상쇄한다. 포트폴리오는 목표주가지수를 선정하고 주요 종목으로 바스켓을 구성하여 주가지수와 바스켓의 상관관계를 높게 유지한다. 바스켓의 시장가치에 해당하는 주가지수의 외가격 콜옵션을 매도하여 풋옵션 헤징비용을 조달한다. 또한 동일한 가치에 상당하는 등가격 또는 약간 외가격 풋옵션을 매입하여 바스켓의 시장위험을 풋옵션행사로 제한한다.

그림 9-8 분할태환전략

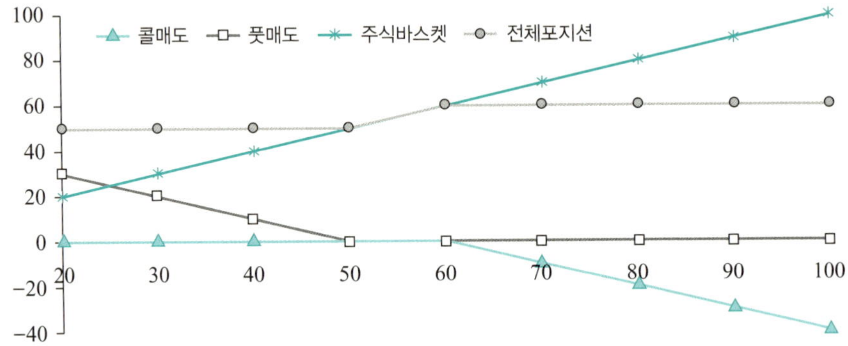

③ 약세스프레드는 기초자산가격의 하락을 예상하여 낮은 행사가격의 옵션을 매도하고 높은 행사가격의 옵션을 매수한다.

그림 9-9 스프레드전략

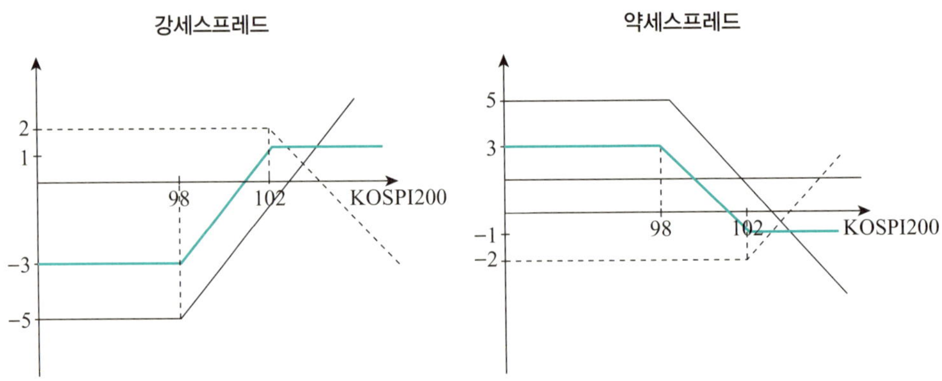

둘째, 레이쇼스프레드는 주가변동위험을 줄이기 위하여 내가격(ITM 또는 ATM)옵션을 매수하고 외가격(OTM)옵션을 매도한다. 포지션 델타값을 작게 하여 매도수량의 비율을 크게 하면서 매도옵션에서 이익을 기대한다. 따라서 주가상승이 예상될 경우 풋옵션을 이용하고 하락이 예상될 경우 콜옵션을 이용한다. KOSPI200이 102에서 내가격 100의 콜옵션 1계약을 매수(가격 5P)하고, 외가격 105의 콜옵션 2계약을 매도(가격 2P)하여 포지션 델타를 0에 가깝게 구성한다. 이 전략은 큰 폭의 가격상승시 매도콜옵션의 무한정 손실의 발생으로 매도수량을 줄이거나 매수수량을 증가시켜서 비율을 조정한다.

셋째, 대각스프레드(diagonal spread)는 서로 다른 행사가격과 만기의 두 옵션(두 개의 콜

표 9-10 | 레이쇼스프레드

구 분	콜레이쇼스프레드	풋레이쇼스프레드
포지션구축	낮은 행사가격 콜옵션매수, 높은 행사가격 콜옵션매도	높은 행사가격 풋옵션매수, 낮은 행사가격 풋옵션매도
목 표	주가변동이 없거나 하락시 이익획득	주가변동이 없거나 상승시 이익획득
주가하락시	매도콜옵션의 가치하락으로 손실한정	매도 풋옵션의 가치상승으로 손실무한정
주가상승시	매도콜옵션의 가치상승으로 손실무한정	매도풋옵션의 가치하락으로 손실한정

그림 9-10 | 콜레이쇼스프레드의 수익구조

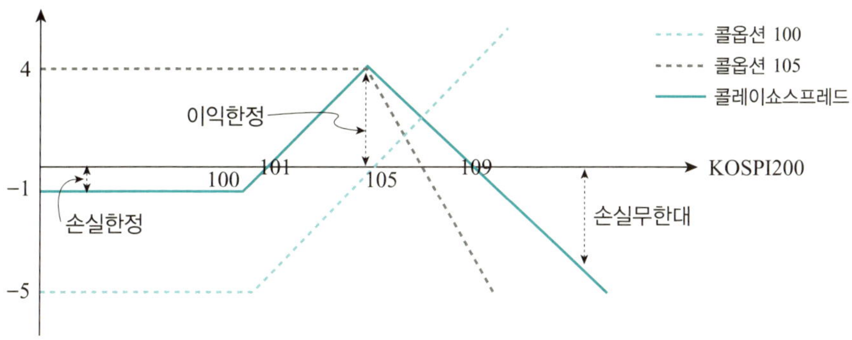

옵션 또는 두 개의 풋옵션)을 동시에 매매한다. 시간가치잠식의 효과를 극대화하기 위하여 행사가격은 등가격이 되도록 한다.

변동성 전략 변동성 전략은 기초자산가격의 변동성을 이용하여 위험을 관리하고 이익을 얻는다. 첫째, 스트래들(straddle)은 동일한 기초자산, 만기일, 행사가격, 수량의 콜옵션과 풋옵션을 동시에 매매한다. ① 매입 스트래들(long)은 동일한 기초자산, 만기일, 행사가격, 수량의 콜옵션과 풋옵션을 동시에 매수한다. 매입 스트래들은 콜과 풋옵션을 모두 보유하므로 가격에 관계없이 이익이다. 그러나 비싼 옵션 프리미엄으로 기초자산의 가격변화보다 변동성 자체가 크게 변할 것으로 기대할 때 활용한다. ② 매도 스트래들(short)은 동일한 기초자산, 만기일, 행사가격, 수량의 콜옵션과 풋옵션을 동시에 매도한다. 변동성의 감소가 예측되거나 큰 폭의 가격변동이 지났다고 예상하는 경우에 활용한다. ③ 스트래들에서 구입 단위를 변화시켜서 스트립(strip)은 콜옵션 2단위, 풋옵션 1단위를 매입하여 큰 폭의 가격상승을 예상하지만 예외적 주가하락을 예상할 때 사용한다. 스트랩(strap)은 콜옵션 1단위, 풋옵션 2단위를 매입하여 큰 폭의 가격하락을 예상하지만 예외적 주가상승을 예상할 때 활용

그림 9-11 스트래들전략

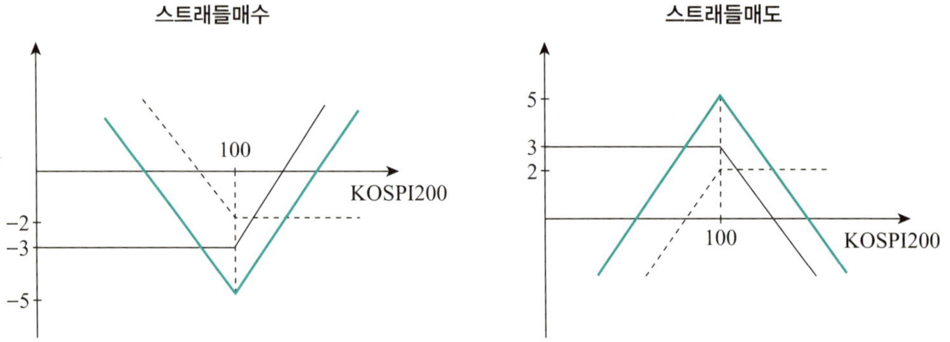

표 9-11 | 스트래들의 수익구조

포트폴리오 \ 상황	$S_T > K$	$S_T \leq K$
콜옵션 풋옵션	$S_T - K$ 0	0 $K - S_T$
스트래들	$S_T - K$	$K - S_T$

한다.

둘째, 스트랭글(strangle)은 낮은 행사가격의 풋옵션과 높은 행사가격의 콜옵션을 매입하거나 매도한다. 두 손익분기점 간 가격대가 스트래들(straddle)보다 커서 손실 가능성이 큰 반면에 프리미엄이 상대적으로 싸다. ① 스트랭글매수는 기초자산과 만기일이 동일한 어떤

그림 9-12 스트랭글전략

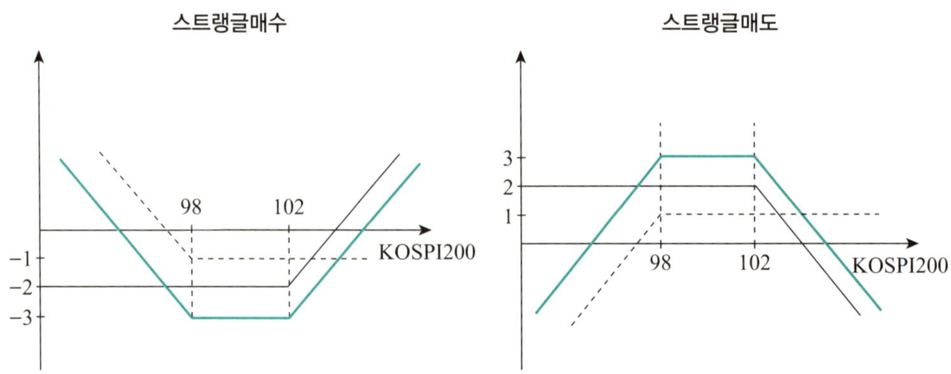

행사가격의 콜옵션을 매수하고 상대적으로 낮은 행사가격의 풋옵션을 매수한다. ② 스트랭글매도는 기초자산과 만기일이 일치하는 어떤 행사가격의 콜옵션을 매도하고 상대적으로 낮은 행사가격의 풋옵션을 매도한다.

셋째, 스트래들의 변형으로 ① 매입 나비형 스프레드(Butterfly spread)는 가장 낮은 행사가격의 콜옵션 1개 매입, 중간 행사가격의 콜옵션 2개 매도, 그리고 가장 높은 행사가격의 콜옵션 1개를 매입한다. ② 매입 콘도르(Condor)는 가장 낮은 행사가격의 콜옵션 1개 매입, 약간 높은 행사가격의 콜옵션 1개 매도, 더 높은 행사가격의 콜옵션 1개 매도하고, 가장 높은 행사가격의 콜옵션 1개를 매입한다. ③ 버터플라이매수는 낮은 행사가격과 높은 행사가격의 옵션을 1계약씩 매수하고 중간 행사가격의 옵션을 2계약 매도한다. 버터플라이매도는 낮은 행사가격과 높은 행사가격의 옵션을 1계약씩 매도하고 중간 행사가격의 옵션을 2계약 매수한다.

그림 9-13 | 버터플라이전략

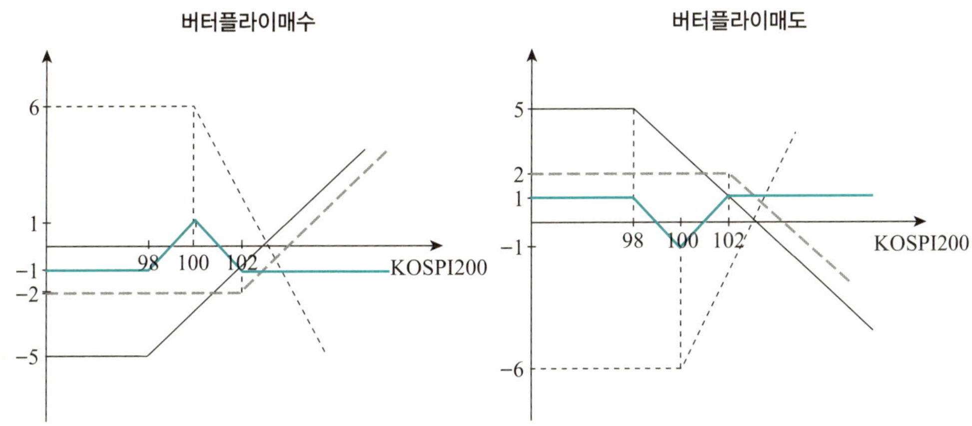

넷째, 기초자산과 파생금융상품의 가격의 괴리가 발생할 경우 시장가격은 정상가격으로 수렴한다는 점에서 거래비용을 감안하여 옵션과 선물의 차익거래를 할 수 있다. 전환차익거래(conversion)는 콜옵션매도, 풋옵션매입 및 기초자산매입으로 포지션을 구성하고, 역차익거래(reversal)는 콜옵션매입, 풋옵션매도 및 기초자산매입으로 포지션을 구성한다. 따라서 시장가격과 이론가격 사이에 괴리가 발생할 경우 무위험이익을 얻는다.

제2절 ELW(주식워런트증권)

1. 워런트 종류와 수익구조

워런트(warrants)는 만기시 행사가격과 시장가격을 비교하여 권리를 행사하거나 포기하여 손실을 최소화할 수 있는 조건부청구권(contingent claims)이다. 옵션과 워런트의 개념은 명확하게 구분되지 않는 재산적 가치의 권리로 그 가치는 다른 증권이나 인덱스 등의 기초자산에서 의존한다. 워런트 보유자는 권리행사로 신규 주식의 발행을 요구할 수 있으며, 발행자는 신주를 발행하거나 자기주식을 이전할 의무를 부담한다.

워런트는 기초자산 발행인의 워런트(company warrant)와 제3자 발행의 워런트로 나눌 수 있다. 발행인 워런트는 신주인수권부사채의 신주인수권이 대표적이다. 제3자 발행 워런트로 네이키드 워런트(naked warrant)는 기초자산을 보유하지 않고 발행(uncovered)하고, 커버드 워런트(covered warrant)는 기초자산을 보유한 상태에서 발행한다. 신주인수권은 권리행사시 신주를 발행하지만 네이키드 워런트나 커버드 워런트는 권리행사시 실물 또는 현금결제를 한다.

주식워런트증권(ELW: Equity Linked Warrant)은 거래자 일방의 의사표시로 개별주식 또는 주가지수의 변동과 연계하여 미리 약정한 방법으로 주권을 매매할 수 있다. 워런트의 발행은 발행인인 금융투자회사에서 시장수요를 반영하여 자유롭게 결정한다. 워런트의 유형으로, 첫째 권리행사에 따라서 콜워런트(call warrant)는 기초자산을 만기일에 미리 정한 가

그림 9-14 콜워런트와 풋워런트의 수익구조

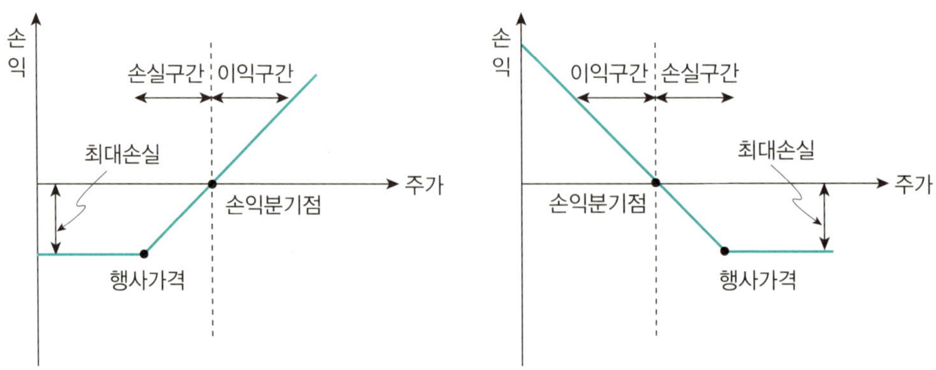

격으로 살 수 있다. 풋워런트(put warrant)는 기초자산을 만기일에 미리 정한 가격으로 팔 수 있다.

둘째, 기초자산에 따라서 개별주식워런트(single stock warrant)는 지수를 구성하는 개별 종목을 기초로 발행한다. 바스켓워런트(basket warrant)는 2개 이상 기초자산의 바스켓 또는 포트폴리오를 대상으로 발행한다. 그리고 주가지수워런트(stock index warrant)는 지수를 기초자산으로 발행한다.

셋째, 권리행사시점에 따라서 유럽형 워런트는 만기일에 권리행사가 가능하고, 미국형 워런트는 만기일 이전에도 언제든지 권리행사가 가능하다.

워런트는 증권거래소(유가증권시장)에서 거래되지만 옵션은 옵션거래소(파생상품시장)에서 거래한다. 그리고 옵션이 기존 주식의 가치를 희석화시키지 않지만 워런트는 주식의 가치를 희석시킨다.

표 9-12 | 주식워런트증권과 옵션의 비교

구 분	주식워런트증권	주가지수옵션
법적 특성	파생결합증권	파생상품
발행주체	금융투자회사(매도)	옵션매도자
거래시장	유가증권시장	파생상품시장
의무이행자	발행자	매도포지션 보유자
계약기간	3개월~3년	표준화된 만기
유동성제공	유동성공급자(LP)	시장거래
결제방식	증권거래로 T+2일 결제	1일정산 및 증거금 유지 T+1일 결제
계약보증이행	발행자	거래소
손실가능성	제한	무제한
결제수단	현금 또는 실물	현금

워런트에서 유동성공급자(LP: Liquidity Provider)[03]는 일정한 스프레드에서 매매호가를 제시하여 시장에 유동성을 공급한다. 발행자가 최초의 물량을 전부 보유한 상태에서 유동성 공급을 시작하여 순매도가 많아지면 보유물량이 감소하고 순매수가 많으면 보유물량이 증

03 유동성공급자는 워런트 상장일부터 유동성공급 종료일까지 일반투자자가 활발히 거래할 수 있도록 유동성공급을 한다. 국내에서 장외파생상품 겸영인가를 받은 결제회원 중 영업용순자본비율이 300% 이상인 금융투자회사에서 할 수 있다.

가한다. 호가스프레드는 유동성공급자의 매도가격과 매수가격의 차이로 현재가치의 20%이내이다. 스프레드에 가장 큰 영향을 미치는 요인은 해당 델타값[04]이지만, 기초자산의 유동성 축소, 자체 호가스프레드의 확대, 그리고 변동성의 증가에도 영향을 받는다.

2. 워런트가치

워런트의 가치는 내재가치(또는 행사가치)와 시간가치로 구분할 수 있다. 내재가치는 콜워런트에서 기초자산의 만기가격에서 행사가격을 제거하고 풋워런트에서 행사가격에서 만기가격을 제거하여 계산한다.

$$\text{콜워런트} = \text{만기가격} - \text{행사가격}$$
$$\text{풋워런트} = \text{행사가격} - \text{만기가격}$$

시간가치는 만기까지 잔존기간과 변동성 등으로 결정하며 만기에 접근할수록 소멸한다. 기초자산의 가격변동에 관계없이 시간가치가 감소하면서 워런트의 가격도 점차 감소한다. 만기시점은 시간가치의 소멸로 내재가치만을 고려한다. 그리고 프리미엄은 현재 기초자산가격 대비 백분율로 표시한다.

$$\text{프리미엄} = \frac{\text{워런트가격} - \text{내재가치}}{\text{기초자산가격}} \times 100$$

기어링비율(gearing ratio)은 기초자산을 매입하는 대신에 워런트를 매입하기 때문에 발생하는 증폭효과이다. 전환비율은 워런트 1주로 취득할 수 있는 기초주식의 수에 대한 비율이다.

$$\text{기어링비율} = \frac{\text{기초자산가격}}{\text{워런트가격}} \times \text{전환비율}$$

레버리지(leverage)는 기초자산의 가격변화율에 대한 워런트의 가격변화율이다.

---

04 델타는 주식가격 변화에 따른 워런트의 가격변화를 나타내는 지표로 델타가 높을수록 기초자산과 ELW의 스프레드 차이는 좁혀진다.

$$레버리지 = \frac{워런트가격\ 변화율}{기초자산가격\ 변화율}$$

따라서 이득은

$$콜워런트 = (기초자산가격 - 만기행사가격) \times 전환비율$$
$$풋워런트 = (만기행사가격 - 기초자산가격) \times 전환비율$$

워런트의 장점으로 레버리지효과는 기초자산의 가격변동에 비하여 워런트가격이 더 크게 움직인다. 워런트는 직접 주식을 매입할 때보다 현금지출이 적고 레버리지효과로 주식보다 높은 수익률을 올릴 수 있다. 기초자산에 대하여 전환비율 1, 만기 1년, 행사가격 10,000원, 현재 워런트가격 1,000원이다. 현재 행사가격 10,000원인 주식이 30% 상승하여 1년 후 13,000원이라면 워런트 투자수익은

$$워런트수익 = 만기기초자산가격 - 행사가격 - 워런트매입가격$$
$$2{,}000 = 13{,}000 - 10{,}000 - 1{,}000$$

투자수익률은 주식투자시 30%의 수익률이지만 워런트 투자로 100%의 수익을 얻는다. 주가하락시 하락만큼 모두 손실을 보지만 워런트는 최초 투자금액으로 한정된다. 그리고 워런트매수는 보유자산의 가격변동으로 발생하는 위험을 관리하고 보유자산의 가치를 유지할 수 있다. 상승장세에서 콜워런트에 투자하고, 하락장세에서 풋워런트에 투자한다. 워런트는 주식과 동일한 방식으로 거래하면서 0.3%의 증권거래세 면제로 거래비용을 절감한다. 그러나 만기가 존재하여 시간 내 목표수익을 달성하지 못하면 권리가 소멸된다. 수익구조가 기초자산과 직접 연관되어 있지만 다양한 요소들이 가격형성에 영향을 미친다.

3. 워런트투자전략

워런트투자는 기초자산의 선정, 시장전망의 확인, 매매전략 및 투자 프로파일 작성, 그리고 워런트 선정과정으로 이루어진다. 기초자산은 기본적 분석, 기술적 분석, 그리고 시장전망 등에 기초하여 분석한다. 투자프로파일은 위험성향, 기어링수준, 투자기간, 기대수익률

표 9-13 | 주식워런트증권 거래 예

(2012년 6월 2일 기준)

종 목	현재가	매도호가	매수호가	기초자산 현재가격	행사가격
신영2157KOSPI200풋	815	815	550	244	250
신영2158KOSPI200풋	1,645	1,645	1,400	244	260
신영2159KOSPI200콜	5	5	0	244	275
신영2208KOSPI200풋	555	600	480	244	240
신영2209KOSPI200풋	760	0	70	244	245
신영2210KOSPI200풋	1,000	1,050	65	244	250
신영2211KOSPI200콜	80	85	80	244	265
신영2212KOSPI200콜	40	0	10	244	270

자료: 한국거래소(KRX)

등이다. 발행회사 또는 행사가격에 따라서 동일자산에 다수의 워런트가 발행되므로 워런트 선정이 중요하다.

워런트 선정의 조건으로 ① 시간가치 하락폭 등을 감안하여 잔존만기에 여유가 있는 종목을 매입한다. ② 투자자별 위험성향에 따라서 레버리지를 결정한다. ③ 행사가격과 현재 기초자산가격의 괴리가 크지 않아야 한다. ④ 내재변동성이 낮은 종목이 안전하다.

거래방법으로, 첫째 투기거래는 기초자산의 방향성을 예측하여 콜워런트 혹은 풋워런트를 매입한다. 기초자산의 가격상승이 예상되면 주식을 직접 투자하거나 콜워런트를 매입하고, 가격하락이 예상되면 주식의 공매도나 풋워런트를 매입한다. 예를 들어 신구전자의 2015년 12월 1일 현재가격이 250,000원일 때 1년뒤 신구전자의 주식가격이 상승할 것으로 예상한다. 이 경우 신구전자주식에 직접 투자하거나 신구전자를 기초자산으로 콜워런트를 매입한다.

표 9-14 | 1주당 주가하락 또는 상승에 따른 손익현황

구 분	주식가격 30% 하락	주식가격 30% 상승
주식가격	70,000원	130,000원
주식보유손익	−30,000원	+30,000원
풋워런트손익	+24,000원 (=100,000 − 70,000 − 6,000)	−6,000원 (워런트 초기매입비용)
최종손익	−6,000원	24,000원

둘째, 헤징거래는 보유자산의 가격하락 예상시 풋워런트를 매입하여 위험을 관리한다. 투자자가 2015년 2월 1일 현재가격 100,000원인 신구자동차주식을 1만주 보유 중인데 1년 후 신구자동차 주식가격이 30% 이상 하락할 것으로 예상되고 있다. 풋워런트의 계약조건은 신구자동차가격 100,000원, 행사가격 100,000원, 풋워런트가격 6,000원, 잔존만기 1년, 헤징수량(1만주/전환비율1) = 1만주이다.

셋째, 현금창출거래는 보유주식을 매도하고 워런트를 매입하여 잉여현금흐름을 창출한다. 워런트 매입은 기존 주식포지션을 유지하면서 현물매도자금으로 다른 자산에 투자하여 수익률을 향상할 수 있다.

$$\text{매매계약수} = \frac{\text{보유주식수}}{\text{워런트델타}}$$

신구 씨가 신구자동차주식 100주(현재가격 120,000원)를 보유하고 있는데 이자율상승을 예상하여 채권투자로 전환하려고 한다. 이 경우 신구 씨는 보유주식을 매도하여 현금을 확보하고 매도대금의 일부로 콜워런트를 매입한다. 그는 주식보유 포지션을 유지하고 나머지 금액으로 채권을 매입할 수 있다.

제3절 합성증권

1. 파생결합증권

파생결합증권(DLS: Derivative Linked Security)은 기초자산의 가격, 이자율, 환율, 실물자산, 신용위험 등의 변동성과 연계하여 이익을 결정한다. 주가지수연계증권도 파생결합증권의 일부이다. 다양한 기초자산에 대한 투자가 가능하고 실물자산에 투자하거나 펀드투자로 할 수 있다. 실물의 직접투자는 보관 및 운송비용의 부담으로 파생상품을 활용하여 투자할 수 있다. 그러나 기초자산이 되는 원자재, 통화, 이자율 등은 주가지수에 비하여 상대적으로 가격예측이 어렵기 때문에 이들 기초자산의 추이를 살펴볼 필요가 있다. 파생상품 투자전략은 상품선물에서 만기가 가장 가까운 근월물을 매수한 뒤 만기전 매도하는 전략을 반복한다.

표 9-15 | 파생결합증권 기초자산의 유형

기초자산	대 상
신 용	파산, 지급불이행, 채무조정 등 특정 기업의 신용사건
실물자산	원유, 금, 구리, 천연가스 등
이자율	국고채 5년물, 국고채 3년물, CD 91일물 등
원자재지수	S&P GSCI 상품지수 등
기 타	달러화, 부동산, ETF, 탄소배출권 등

그림 9-15 파생상품결합증권의 유형

합성전략은 동일한 수익구조를 만들기 위하여 옵션을 합성하여 선물과 동일한 상품을 만들거나 선물과 옵션을 합성하여 옵션과 동일한 상품을 만든다. 선물매수와 풋옵션매수를 결합하면 콜매수와 동일한 수익구조를 가지는 합성 콜매수포지션이다. 향후 시장이 큰 폭으로 상승할 것으로 예상할 경우 사용하지만 콜매수보다 호가갭으로 인한 손실과 거래비용이 더 발생한다.

이와 같은 합성증권(synthetic securities)은 파생상품과 기초자산을 결합하여 기존 특정 증권의 현금흐름이나 수익구조를 복제한다. 기초자산가격의 변동성에 따라서 풋콜패리티와 매수차익거래를 이용하여 수익을 창출한다. 첫째, 풋콜패리티는 동일한 기초자산, 행사가격과 만기를 가지는 풋옵션가격과 콜옵션가격의 균형관계이다.

표 9-16 | 합성포지션 과정

합성포지션	구성방법
합성콜매수	풋매수 + 선물매수
합성콜매도	풋매도 + 선물매도
합성풋매수	콜매수 + 선물매도
합성풋매도	콜매도 + 선물매수
합성선물매수	콜매수 + 풋매도
합성선물매도	콜매도 + 풋매수

합성증권 = 주식보유(S) + 풋매입(P) − 콜매도(C)

예를 들어 외국은행의 서울지점이 국내 기업이 보유하던 자기주식을 2회에 걸쳐서 매입(−S)하고 국내 기업에게 그 주식을 기초자산으로 콜옵션을 매도(+C)하였다. 서울지점은 국내기업의 발행주식을 기초자산으로 하는 풋옵션을 매입하였다. 서울지점은 그 약정에 따라서 국내기업에게 추가로 매입금액을 지급하였다. 이 거래에서 서울지점은 주식매입의 형태로 국내기업에 대출하고 일정기간 경과 후 옵션을 행사하여 국내기업이 자기주식을 매수하면서 대출금을 회수한다.

둘째, 프로그램매매는 선물시장과 연계한 차익거래로 선물과 현물 중에서 상대적으로 고평가된 자산을 매도하고 동시에 가격이 낮은 자산을 매수한다. 매수차익거래는 현물시장에서 저평가된 기초자산을 매수하고 선물시장에서 고평가된 해당 선물을 매도한다.

합성채권 = 현물매입(S) × 선물매도(F)

매도차익거래는 현물을 매도하고 선물을 매수한다.

합성채권 = 선물매입(F) − 현물매도(S)

합성증권은 원금보존+초과수익을 기대하며 이자수익의 기회를 포기한다. 채권으로 원금을 일부(전부) 보존하고 옵션이나 파생상품투자로 추가수익을 얻는다. 가격상승에 따른 이익(upside potential)은 일부 얻고 하락위험을 회피한다. 합성증권의 발행회사는 사전에 정해진 수익구조를 얻기 위하여 헤지거래를 한다. 트레이더들이 기초자산의 가격변동에 따라서

표 9-17 | 차익거래전략

거래유형	프로그램매수 (선물 > 현물(주식))	프로그램매도 (선물 < 현물(주식))	비차익거래
투자전략	선물매도, 현물매수	선물매수, 현물매도	인덱스매매 포트폴리오보험 재산배분매매

델타헤지 트레이딩을 실시하여 시장의 변동성에 대응한다. 기초자산의 가격변동을 잘 추적하면 수익구조를 충족하면서도 매매수입을 증가시킬 수 있다.

헤지거래방법으로 제1세대는 발행자가 발행대금을 재간접펀드(fund of funds) 및 투자 만기와 일치하는 우량 무이표채권에 투자하였다. 무이표채권이 원금을 보장하고 재간접핀드에서 추가수익을 창출한다. 제2세대는 주가지수나 개별주식에 연동된 옵션을 이용하였다. 최초자산은 우량 무이표채권매수와 등가격 콜옵션매도, 풋옵션매입으로 원금을 보장한다. 제3세대는 사전에 정해진 자산배분원칙에 따라서 무이표채권과 주식에 투자하여 수익의 변동에 따라서 동적으로 매매한다. 동적자산배분은 주식가치가 상승하면 추가투자하고 성과가 낮으면 채권으로 교체한다. 제4세대는 무이표채권과 동적자산배분전략의 자펀드(feeder)에 대한 콜옵션으로 구성한다. 펀드에서 최소한 주식 노출도를 유지하면서 동적자산배분으로 자본을 전액 보존한다.

$$100\% + \text{Max}(0, \textit{CPPI}\text{의 수익률})$$

2. 주가지수연계증권

주가지수연계증권(ELS: Equity Linked Securities)은 기초자산인 개별주식의 가격이나 주가지수를 연계하여 조기 및 만기수익률을 결정한다. 수익구조는 자산을 우량채권에 투자하여 원금을 보존하고 일부를 주가지수옵션 등 파생상품에 투자하여 수익률을 향상시킨다. 포함되는 옵션가치는 기대수익률과 거래비용에 의하여 결정되고 옵션행사는 기초자산 수익률의 확률분포로 결정한다. 참여율은 만기 또는 조기상환 평가일에 기초자산의 평가지수가 넉아웃 베리어에 도달하기 전까지 지급되는 수익률이 기초자산의 가격변동 대비 증가하는 비율이다. 리베이트(rebate)는 투자자에게 불리한 방향으로 수익구조 변화시 부여되는 추가

보상이다.

그리고 옵션프리미엄은 확률을 기초로 원금보장 여부를 고려하여 판단한다. 원금이 보장되지 않는 손실위험이 존재하여 발행회사의 신용위험을 분석해야 한다. 또한 거래소가 결제이행을 보증하지 않으므로 일정한 자격을 갖춘 금융투자업자가 발행한다. 금융투자업자는 영업용순자본비율(net capital ratio)이 300% 이상으로 장외파생상품투자의 전문인력을 확보하고, 금융위원회에서 정한 '위험관리 및 내부통제 등에 관한 기준'을 충족해야 한다.

그 유형으로, 첫째 넉아웃형(knock-out)은 간단한 수익구조로 주가가 상방 배리어(barrier)에 도달하면 확정이자율을 만기에 지급하고 원금을 보장하였다. 원금보장 포기 대가로 참여율 또는 배리어를 높일 수 있다. 원금보장형의 기대수익률은 옵션투자 등의 거래비용으로 시장이자율보다 낮다. 복권구입은 매우 낮은 확률로 엄청난 부를 가져다 주거나 또는 −100% 수익률(미달성)의 극단적 수익구조이다. 이때의 수익률은 최초기준가 대비 기초자산의 상승률 × 참여율로서, 예를 들어 배리어 130, 참여율 55%인 경우 기초자산이 25%를 상승하였다면 25% × 55% = 13.73%의 수익률을 얻는다.

그림 9-16 원금보장형 넉아웃콜 ELS의 수익구조

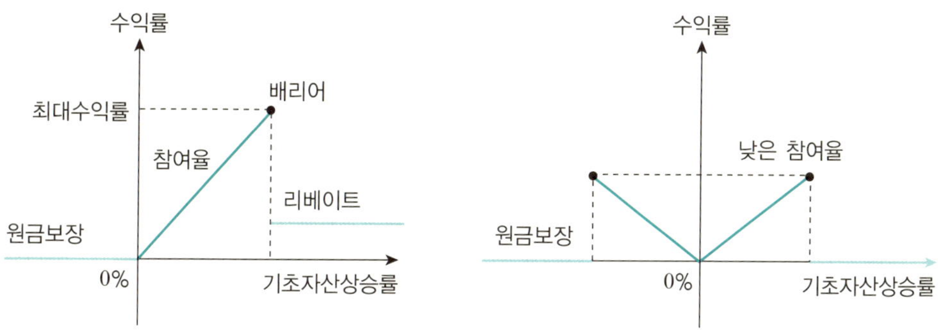

둘째, 원금보장형 디지털 ELS는 가입시 결정한 주가 초과시 약정수익을 제공하여 원금보장과 확정수익률을 추구한다. 저위험추구형 투자자에게 적합한 유형으로 주식시장 불확실성이 높은 투자에 적합하다.

셋째, 스텝다운형(step-down)은 각각의 기준일에 기초자산 중 더 하락한 주가가 일정률 이상이면 일정 수익(dummy)[05]을 제공하고, 만기 이전에 기초자산 중 하락폭이 큰 주가가 일

05 더미는 기초자산의 평가지수가 하락하였으나 넉아웃형 배리어 이하로 떨어진 경우가 없는 경우 행사가격 이하에서 지급되는 약정 수익률이다. 예를 들어, 앞에서 넉인 배리어(knock-in barrier)를 설명할 때 예로 들었던 ELS의 경우, 삼성전자의 가격이 기준가격보다 하락하였으나 넉인 배리어인 55%(319,000원) 이하로 떨어진 경우가

그림 9-17 원금보장형 디지털ELS의 수익구조

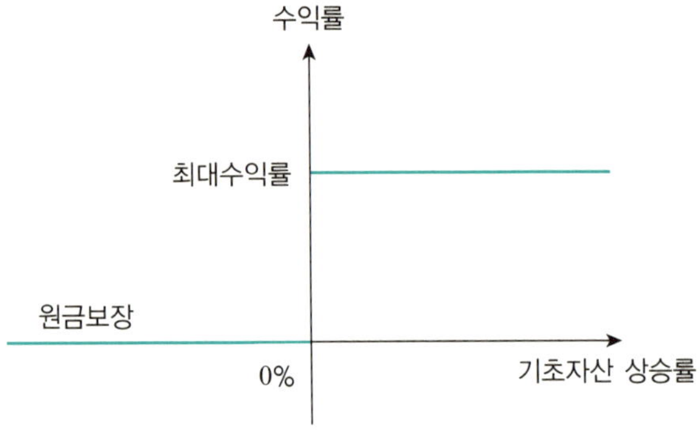

정률 이상 하락하면 손실이 발생한다. 투자기간에 비례하는 수익률로 다수의 조기상환 기회가 부여되고, 기초자산이 일정수준 이하로 하락하면 풋옵션 매도포지션에 대응해야 한다. 넉인 배리어는 기초자산의 가치하락이 일정수준 이하일 경우 투자위험이 된다.

그림 9-18 스텝다운 ELS의 자동조기상환과 만기상환 수익구조

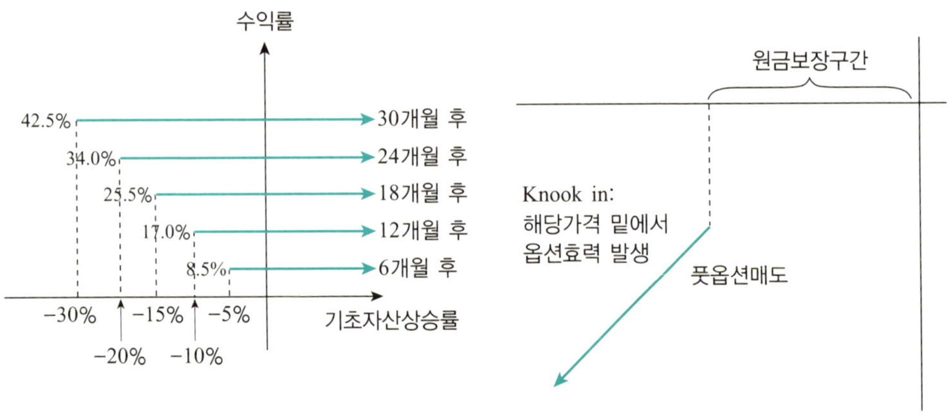

3. 파생결합증권 투자전략

파생결합증권은 사전에 결정된 수익구조에 따른 수익을 얻을 수 있도록 투자의 손실가능

없으면 연 10%를 지급한다.

성과 상품의 이해가능성 등을 종합적으로 판단하여 투자한다. 주식시장이 불안한 모습을 보일 때 원금보장형 중에서 기초자산의 하락이 크지 않을 종목인지 확인한다. 주가의 변동성이 큰 중소형주보다 하방경직성이 크게 하락하지 않을 우량주에 연동된 증권을 선택한다. 원금비보장형인 경우 원금손실발생가능조건, No knock-in, 조기상환주기, 만기일 등을 확인한다. 또한 발행된 증권은 발행회사의 부채로서 발행회사의 신용도가 중요하다.

파생결합증권 투자는 수익구조가 복잡하고 가입 후 수익률 확인과 모니터링을 하기 어렵고, 중도해지의 제약으로 불편하며 투자비용도 크다. 일부 발행회사는 약속된 조건의 이행 시 손실발생이 예상되면 시세조종 행위의 유혹에 빠질 수 있다. 예를 들어, 국내 금융투자회사의 파생상품운용팀 과장과 외국증권사 한국시장 담당자들이 주가지수연계증권의 만기에 연계된 주가를 하락시켜서 손실을 회피할 목적으로 시세조종을 하였다. 한편 전업투자자인 K 씨는 자신이 투자한 주가지수연계증권 중 2개에 연계된 기초자산의 가격하락을 방지할 목적으로 시세를 조종하였다.

그림 9-19 | ELS 기초자산 시세조종행위

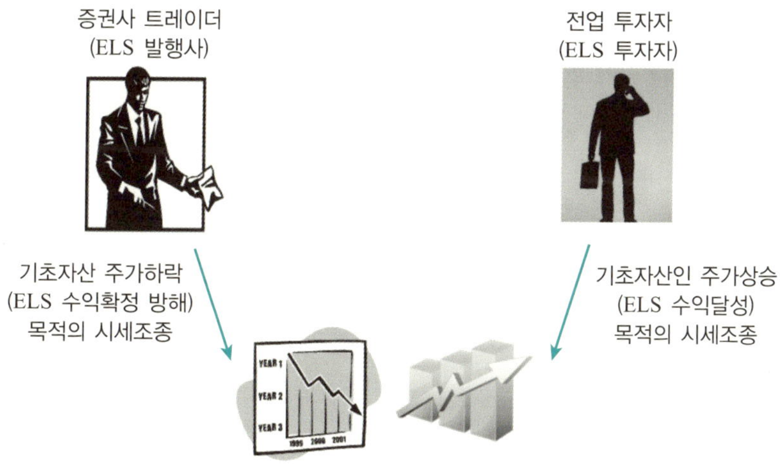

자료: 금융감독원

투자수익률은 확정이 아니라 확률분포의 형태를 가지고 있다. 투자자는 수익의 불확실성이 동일하면 기대수익률이 높은 투자안(ⓑ보다 ⓐ)을 선호하고 동일한 기대수익이라면 수익의 불확실성이 낮은 금융상품(ⓒ보다 ⓑ, ⓑ보다 ⓓ)을 선호한다. ⓒ → ⓑ → ⓓ로 갈수록 손실확률은 줄어든다.

그림 9-20 수익률분포에 따른 투자결정

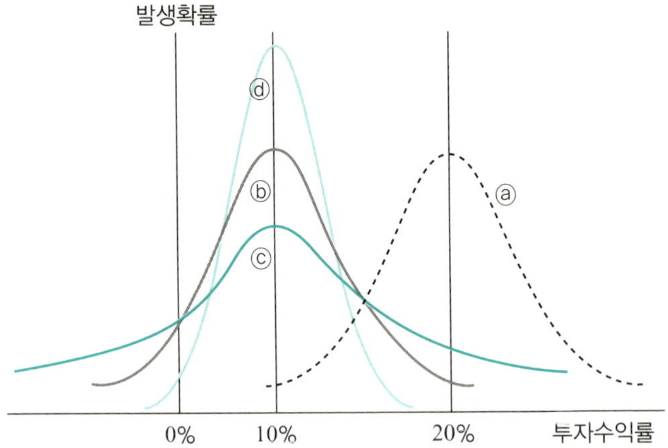

투자원칙으로, 첫째 원금보장형의 경우 ① 수익참여의 기회가 많은 상품을 선택한다. 안정적 수익기회를 추구한다면 수익참여구간이 넓은 구조가 좋다. ② 수익참여가 없는 구간에서 리베이트가 높은 것을 선택한다. 증권이 하락확률보다 상승확률이 높으면 리베이트가 높을수록 더 좋은 수익기회를 제공한다. ③ 직접 투자해도 좋은 종목을 선택한다. 기초자산의 변동성이 감소추세이고, 이익개선(연간성장률, 분기성장률)으로 분산이 작고 하락 후 상승력이 낮은 기초자산이다. ④ 수익참여구간이 확대되고 공격적 수익구조를 선택한다. ⑤ 계단형은 안정적 수익구조로 안정적 수익을 얻을 수 있다.

그림 9-21 종목선택기준 예시

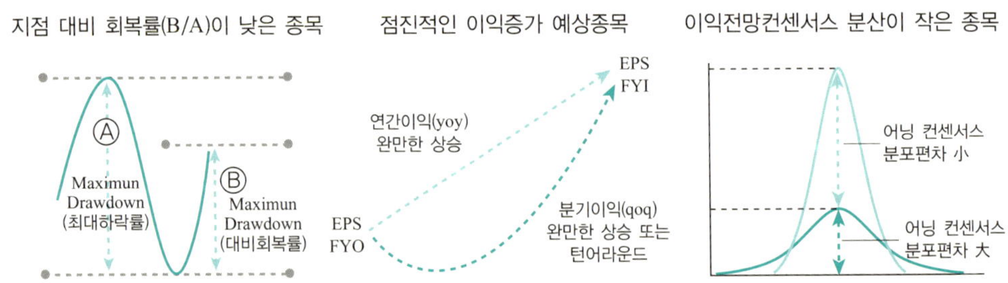

둘째, 원금비보장형의 투자기준으로 ① 우량 기초자산에 대하여 분석과 전망을 가지고 투자한다. 시장 자체가 불안하거나 기초자산 중 어느 하나라도 변동성이 매우 클 경우 원금손실의 위험이 따를 수 있다. ② 수익구조의 비대칭성을 이해한다. 기초자산이 다소 하락하는 것을 막는 대신에 고수익 달성의 기회를 박탈한다. 투자비용이 높아서 투자전망이 좋다면 직접투자가 좋다. ③ 높은 쿠폰에 현혹되지 말아야 한다. 높은 쿠폰을 제시하는 경우 높은 쿠폰이 가져다 주는 효용보다 비용이 더 크다. ④ 전체 포트폴리오 관점에서 투자비중을 결정한다. 기초자산의 변동에 따라서 수익구조가 결정되는 매수포지션으로 기초자산의 가격이 유리한 경우 투자비중을 증가시킨다.

요약정리 및 생각해 볼 문제

1. 요약정리

- 옵션은 어떤 상품을 사전에 결정한 가격(행사가격)으로 일정기일(만기)에 살 수 있는 권리 또는 팔 수 있는 권리이다. 옵션가치는 권리를 행사하여 얻을 수 있는 내재가치와 만기까지 시장가격의 변동가능성인 시간가치로 결정한다. 헤징전략은 주식과 옵션을 결합한 전략으로 방어적 풋 전략과 보호적 콜전략이다. 그리고 차익거래는 기초자산과 파생상품의 일시적 가격불균형에서 이익을 얻는다.
- 주식워런트증권은 개별주식 또는 주가지수를 미리 약정한 가격으로 사거나 팔 수 있는 권리이다. 워런트가치는 옵션과 동일하게 기초자산, 행사가격, 변동성, 잔존만기, 이자율, 배당의 6가지 요인을 기초로 결정한다. 워런트투자는 기초자산 선정, 기초자산 시장전망, 매매전략 및 투자 프로파일 작성, 그리고 워런트 선정의 과정으로 이루어진다. 기초자산은 기본적 분석, 기술적 분석, 뉴스나 공시자료를 통하여 분석한다.
- 파생결합증권은 파생상품과 기초상품을 결합하여 기존 특정 증권의 현금흐름이나 수익구조를 복제한다. 기초자산의 변동에 따라서 수익이나 원금 등을 지급하거나 회수한다. 기초자산이 개별주식의 가격과 주가지수의 가격에 연계되어 수익률을 결정할 때 주가지수연계증권이다. 투자종목은 투자의 손실가능성, 상품의 이해가능성, 시장상황 등에 따라서 결정한다.

2. 외국계 ELS 발행회사는 만기상환가격을 조작하였는가?

한 외국계은행이 해당 ELS 만기일의 장 종료 직전에 보유주식을 대량매도하여 기초자산가격을 변동시켜서 만기상환조건을 충족시키지 못하도록 하였다. 외국계은행은 위험관리기법인 '델타헤징'에 따른 정상거래라고 주장했지만 거래량 변동, 만기상환조건 미성취 등에 근거하여 시세조종행위로 판단하였다. 해당 주가지수연계증권은 2007년 국민은행과 삼성전자 보통주 가격을 기초자산으로 발행하였다. 만기일의 국민은행 보통주가 54,740원 이상이고 삼성전자 보통주가 429,000원 이상이면 원금의 128.6%를 받을 수 있었다. 그러나 2009년 8월 24일 56,000원이던 국민은행 주가는 외국계은행의 대량매도로 54,700원까지 떨어지면서 만기일인 26일에 투자자들은 오히려 30%가량의 손실을 봤다. 투자자들은 상환원리금 청구소송으로 시세조종행위에 대한 원고승소판결을 받았다.

3. 자본의 이동이 궁극적으로 추구하는 것은 무엇인가?

대구출신인 강찬수 씨는 초등학교 4학년 때 이민을 가서 하버드대 경제학사, 와튼 MBA를 마치고 월가에서 활약하였다. 울펜손 전 세계은행 총재가 세운 울펜손사에서 재무 애널리스트로 근무하며 능력을 인정받았다. 이후 1999년부터 2007년까지 소로스가 운영하던 서울증권 대표이사를 역임하면서 한국증권업계에 등장하였다. 소로스펀드는 기업실사 작업을 진행하여 1999년 1월 지분율과 인수가격 등을 확정하여 서울증권을 675억원에 인수하였다. 소로스는 1990년대 초부터 최대

4,000억원(5억달러)을 국내에 투자하였지만 1996년 외환시스템의 불안으로 300억원만을 남기고 철수하였다. 그리고 1997년 가을 싱가포르 역외선물환 시장에서 원화가 대량매도되면서 원화가치를 폭락시켰는데 그 진원지를 소로스펀드로 지목하였다. 소로스펀드는 IMF시절 국내에 복귀하여 서울증권투자에서 배당금과 보유주식을 매각하여 800억여 원의 차익을 얻었다.

4. 관련 홈페이지

www.forbes.com
www.goodi.com
www.ici.org
www.ishares.com
www.kdbdw.com
www.kodex.com
www.mynycb.com
www.sec.gov
www.ssga.com
www.yieldcurve.com

PRIVATE BANKING

PART 4

자산관리의 발전

CHAPTER 10

위험분산투자의 이해

학습개요

펀드는 포트폴리오이론의 발전과 함께 성장하여 간접투자를 대표하고 있다. 법률적 구조와 주요 투자자산이 특징과 운용전략을 결정한다. 이때 투자자는 위험성향에 따라서 투자기간과 투자금액을 분할하여 투자할 수 있다.

학습목표

1. 펀드의 역사, 종류 및 운용전략을 설명할 수 있다.
2. 상장지수펀드의 특징과 운용구조를 이해할 수 있다.
3. 투자스타일을 확인하고 투자전략을 수립할 수 있다.

생각해 보기

스타펀드매니저의 투자스타일

별명과 함께 스타펀드매니저들이 1990년대 시장을 선도했다. 국민투자신탁은 한국의 버핏을 꿈꾸는 억대 펀드매니저들을 영입하였다. 그 중에 '피스톨박' 박길종 매니저는 삼부토건 투자로 엄청난 수익을 기록하였고, '라이플장' 장영상 매니저도 특정 종목의 집중투자로 시장을 주도하였다. 이들이 투자한 종목은 무조건 오르면서 권총인 피스톨(pistol)이나 소총인 라이플(rifle)의 별명으로 투자스타일을 표현하였다. 그리고 1995년 펀드매니저의 등록, 1998년 운용전문인력 시험의 실시로 펀드매니저의 자격증 시대가 도래하였다. 이 후 펀드시장은 두 가지 큰 사건인 바이코리아펀드 열풍과 1억만들기로 시작된 적립식펀드의 대중화로 한 단계 도약하였다. 펀드운용은 스타매니저에서 팀운용시스템으로 바뀌었고, 투자철학과 투자전략이 펀드를 대표하는 브랜드시대로 전환되었다.

제1절 투자신탁과 투자회사

1. 펀드의 발전

발전과정 펀드(fund)는 불특정 다수의 투자자에게 공개적으로 자금을 모집(공모)하여 주식, 채권, 파생상품 등에 투자하여 얻은 수익을 투자자에게 환원하는 간접투자이다. 직접투자는 투자자가 직접 자기의 명의 및 계산으로 투자하지만 간접투자는 투자에 대한 의사판단을 타인이 투자자를 대신하여 수행한다.

17세기부터 신탁과 회사가 집합투자수단으로 이용되어 왔으나 그 기반이 구축된 것은 1860년대이다. 세계 최초의 펀드는 1868년 영국에서 설립된 'Foreign and Colonial Government Trust' 이다. 이후 많은 펀드가 설립되었고 투자자에게 확정이자를 약속하였다. 그러나 수익의 불확실성으로 일부 펀드는 배당과 원금상환시점에서 선순위 증권과 후순위 증권을 발행하여 연기하거나 상환하였다. 현대적 형태의 펀드는 일단 설정되고 나면 존속기간 동안 포트폴리오 구성을 고정하는 단위형투자신탁(unit trust)에서 시작하였다.

미국은 대공황을 거치면서 투자회사가 뮤추얼펀드라는 이름으로 자리를 잡았다. 단위형투자신탁과 같이 주식을 발행하여 매매하면서 투자회사의 이사회와 주주총회를 두고 있다. 최초 뮤추얼펀드는 1924년 3월에 설립된 Massachusetts Investors Trusts로서 보통법 신탁(Common Law Trust)에 의하여 설립되었다. 현재 뮤추얼펀드가 갖고 있는 특성을 구비하면서 엄격한 투자제한, 소유증권의 공표, 보수적 경영을 수행하였다. 그리고 1924년 State Street Investment Corporation와 1925년 Incorporated Investors가 뮤추얼펀드를 설립하였다. 국내 펀드는 1969년 증권투자신탁업법을 제정하여 증권투자신탁(trust)만 인정하였다. 이후 1998년 12월 증권투자회사법을 제정하여 증권투자회사도 도입하였다. 2004년 간접투자자산운용업법은 증권투자신탁업법, 증권투자회사법, 신탁업법의 불특정 금전신탁, 보험업법의 변액보험, 투자자문 및 투자일임을 통합하였다. 그리고 2009년 자본시장법은 금융투자상품을 증권과 파생상품으로 구분하고 펀드는 수익증권 또는 집합투자증권으로 분류하고 있다.

펀드 개발은 뚜렷한 비전과 사명을 가지고 직관적 감각과 예측, 실체에 대한 자각 등을 포함하는 철학을 만드는 것이다. 국내펀드는 종류별로 신탁약관을 제정하여 미리 금융위원회에 보고하거나 표준신탁약관을 사용하면 금융투자협회에 보고하여 개발한다. 그리고 자산

그림 10-1 | 펀드의 개발과정

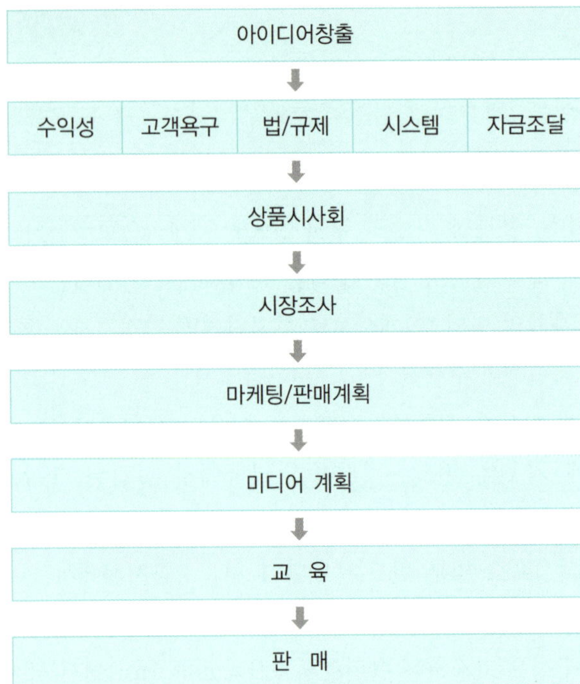

운용회사 또는 금융투자회사는 투자설명서를 작성하여 투자자에게 제공한다.

펀드의 특징은 소액자금으로 접근할 수 없는 시장참여와 분산투자가 가능하다. 매일 펀드 자산을 평가하기 때문에 투자자산의 가치를 파악하기 쉽다. 그러나 자산가치는 끊임없이 변동하면서 예금처럼 투자원금과 수익을 보증하지 않는다. 투자과정에서 수수료 등의 비용이 발생한다. 투자자를 대신하여 투자판단 업무를 수행하는 매니저의 대리인문제도 대두되고

표 10-1 | 예금과 펀드

항 목	예 금	펀 드
운용방법	대출 등	증권 등
리스크부담	은 행	투자자
원본보증	은행보증	없 음
수 익	확정이율	실적배당
비 용	해약수수료	매입수수료
운용내용	비공개	공 개

있다. 미국의 경우 이를 통제하기 위하여 매니저의 윤리의식과 컴플라이언스를 중시하고 있다. 일반 대중에게 모은 펀드자금이 파생상품이나 파생결합증권의 투자로 투기시장의 자금원이 되어 건전한 자본시장 발전을 저해하기도 한다.

운용전략 소극적 투자관리(passive investment)는 포트폴리오의 위험에 대응하는 기대수익률을 목표로 한다. 포트폴리오구성은 투기전략을 포함하지 않고 장세판단이나 종목선정도 하지 않는다. 그러나 적극적 투자관리(active investment)는 예측을 기초로 특정 증권을 선별 매입 또는 공매하거나 적절한 투자시점에 투자하여 초과수익을 추구한다. 각 종목의 내재가치와 시장가격을 비교하여 과대평가 또는 과소평가 여부를 확인하여 투자종목을 선택한다. 소극적 투자전략의 인덱스펀드인 뱅가드 인덱스펀드(Vanguard index fund)와 적극적 투자전략의 액티브펀드인 핌코 토탈리턴펀드(Pimco total return fund)가 유명하다.

펀드의 운용과정으로, 첫째 투자철학은 자산의 운용과정 전체를 축약하여 표현한 의사결정이나 행위의 기준이다. 장기적으로 투자자의 기대수익률 또는 목표수익률 등의 세부사항

그림 10-2 투자프로세스

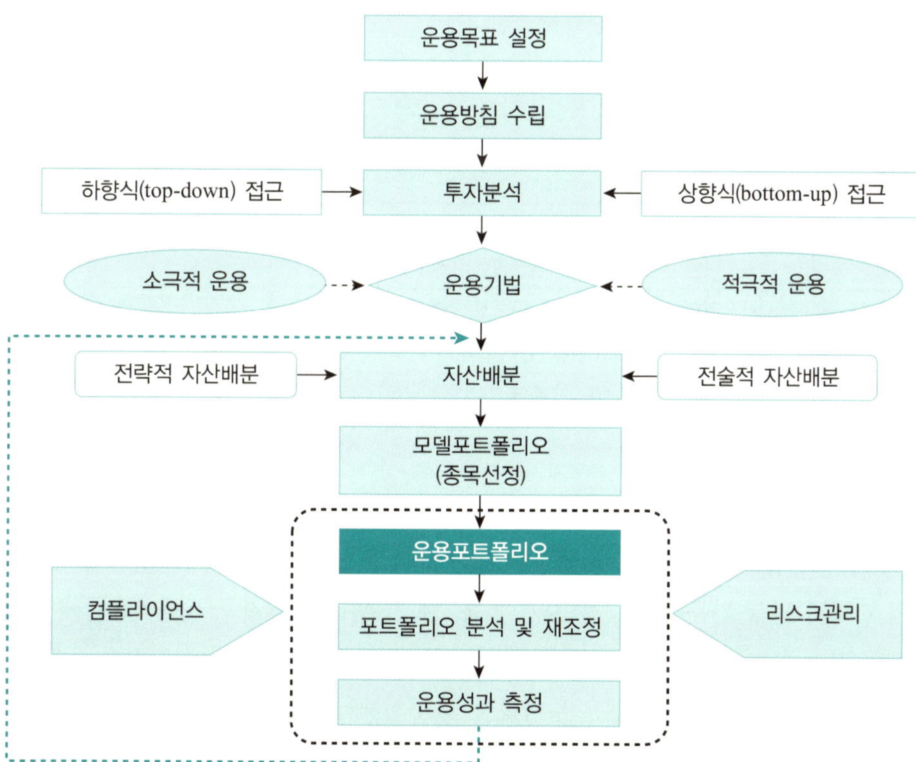

도 규정한다.

둘째, 투자목표는 제시된 투자철학을 달성하기 위하여 투자자산(주식, 채권, 파생상품 등)별로 구분한다. 주식형 펀드는 절대수익률을 추구하거나 채권은 원금보존을 목표로 할 수 있다.

셋째, 투자전략은 장세판단, 종목선정 및 자산배분을 중심으로 매매기준을 정한다. 자본시장은 단기적으로 장세판단이나 종목선정 같은 외모의 경연(beauty contest)이지만 장기적으로 내재가치(intrinsic value)에 수렴하여 자산배분으로 위험을 관리해주어야 한다.

넷째, 증권분석은 내재가치에 집중하여 업종과 종목을 분석한다. 장부가치와 영업이익을 기준으로 업종별 유망종목을 선정한다. 공시자료나 애널리스트가 투자에 필요한 각종 정보를 제시한다.

다섯째, 포트폴리오 구성은 내부 투자의견과 투자 아이디어 등을 모아서 결정한다. 모델포트폴리오는 투자예상 종목군이며 투자 포트폴리오를 결정한다. 구성자산은 사전에 정한 투자규정에 따라서 정기적으로 리밸런싱을 한다.

여섯째, 리스크관리는 일일점검과 주간점검사항을 구분하여 수행한다. 일일점검에서 펀드별 위험관리, 주간점검에서 운용전략 및 리스크관리준칙의 준수를 모니터링한다. 모니터링의 위반사항은 그 사유를 확인하여 해소한다.

표 10-2 | 펀드 리스크관리

자 산	리스크	관리과정
채 권	이자율위험	목표듀레이션의 관리
	종목위험	신용분석에 의한 투자풀 구성
주 식	시장위험	리스크 요인으로 투자비중 조정
	종목위험	모델포트폴리오 60% 이상 복제와 매니저의 재량권
파생상품		펀드 약관의 준수

여기서 자산배분은 전략적 자산배분, 전술적 자산배분, 그리고 동적 자산배분으로 구분할 수 있다. 1단계 전략적 자산배분(strategic asset allocation)은 단기적 자산구성에 따른 투자성과의 하락과 발생 가능한 위험을 사전에 통제하기 위하여 장기 포트폴리오를 구성한다. 투자자의 장기 또는 평균수준의 리스크를 제시하고 투자환경의 변화에 따라서 포트폴리오의 자산배분을 결정한다. 그 방법은 투자목적 및 투자제약조건의 파악, 자산군의 선택, 기대수익과 위험추정, 최적화에 의한 자산배분이다. 자산군의 과거 자료를 이용하여 자산을 배

분한 후 목표수익률과 리스크를 기초로 자산군 간 장기배분안을 조정한다.

2단계 전술적 자산배분(tactical asset allocation)은 전략적 자산배분으로 결정한 포트폴리오를 투자전망에 따라서 자산구성을 변동시킨다. 저평가된 자산을 매수하고 고평가된 자산을 매도하여 투자성과를 증대시킬 수 있다. 주기적으로 반복되는 대폭락과 폭등, 시장의 과민반응에 기초하여 실시한다. 투자매력도에 따라서 최적화 자산배분 대비 초과가중치/하향가중치를 결정한다. 매력도는 시장별로 예상이익모멘텀, 기대이익벨류에이션, 경제지표, 질적지표(수익성, 수익률곡선갭), 장기이익성장률 등을 고려하여 측정한다.

3단계 동적자산배분전략은 위험자산과 무위험자산의 투자비중을 변동시켜서 미리 설정한 최소수익을 달성하면서 누적수익을 얻는다. 순자산가치가 상승하면 공격적으로 포트폴리오를 구성하고, 순자산가치가 하락하면 보수적으로 포트폴리오를 구성한다. 그러나 동적자산배분은 리스크허용수준의 변화를 설명하지만 자본시장의 변화를 반영하지 못한다. 시장 전망에 따라서 현금성 자산배분을 축소하거나 증가시켜서 자산군 간 배분을 조정한다.

기준가격과 비용 기준가격은 펀드의 자산평가액에서 부채를 차감하여 수익자에게 분배할 수 있는 순자산가치(NAV: Net Asset Value)이다. 국내의 경우 펀드는 1좌당 1원에서 시작하여 1,000좌를 단위로 거래하고, 1좌당 원본 1원이 아닌 외수펀드나 상장형펀드 등의 경우 1좌 단위로 거래한다. 펀드 평가액은 취득좌수에 기준가격을 곱하여 순자산을 산출한다. 증권의 자본소득은 비과세로서 과세형평성을 맞추기 위하여 비과세소득을 제외한 과표기준가격을 산출한다. 펀드 전체에서 손실이 발생하여도 이자나 배당 같은 과세소득의 경우 과세한다. 따라서 손실이 발생해도 세금을 낼 수 있고 이익이 발생해도 세금을 내지 않을 수 있다. 기준가격은 금융투자협회, 해당 자산운용회사 및 판매회사의 공시가격으로 확인할 수 있다.

표 10-3 | 순이익과 과세표준이익의 관계

수입이자	자본소득	순이익	비 교	과세표준이익
500	500	1,000	>	500
500	0	500	=	500
500	−1,000	−500	<	500

펀드의 총비용은 최초 1회만 내는 수수료와 매년 부담하는 보수로 구분한다. ① 판매수수료는 한 번 부담하는 1회성 비용으로 선취수수료의 경우 가입할 때 미리 공제하고 후취수수

료의 경우 해지할 때 공제한다. ② 환매수수료는 투자자가 만기 이전에 펀드를 상환 또는 해지할 때 발생한다. ③ 투자기간의 판매보수는 투자자가 펀드에 투자한 후 판매회사에 정기적으로 지불한다. 운용보수는 운용비용으로 투자성과에 관계없이 순자산가치에 비례하여 정기 부담한다. 그리고 사무수탁보수는 자산의 가치평가(기준가계산)나 펀드관리의 비용이다.

수수료와 보수의 체계에 따라서 펀드의 유형으로 ① 클래스 A형은 선취판매수수료가 있으며 판매보수가 낮다. ② 클래스 B형은 후취판매수수료로 판매보수가 낮다. ③ 클래스 C형은 판매수수료가 없지만 판매보수가 비교적 높다. ④ 클래스 D형은 선취판매수수료와 후취판매수수료, 그리고 판매보수가 있다. 이러한 비용은 투자성과에 영향을 미치지만 투자자들이 그 비용을 분석하기 어렵다.

펀드 내 거래비용은 적극적 운용의 펀드일수록 빈번한 종목교체로 높다. 그러나 소극적 운영의 인덱스펀드는 목표 인덱스를 추적하므로 회전율이 낮아서 거래비용도 최소화된다. 펀드 내 거래비용을 줄이기 위하여 ① 일관된 투자철학과 투자전략을 실행한다. ② 투자전략의 실행시 기회비용을 추정한다. ③ 선택한 투자철학과 매매전략에 따른 적정 운용규모를 유지한다. ④ 현재의 투자전략에서 수익과 비용을 분석한다.

2. 펀드의 종류

법적 형태 펀드는 다수의 투자자에게 자금을 모집하여 일정한 목적에 따라서 자금을 투자한다. 펀드의 구분방법으로, 첫째 펀드의 법률형태[01]는 투자신탁과 투자회사로 구분한다. 투자신탁은 투자자인 수익자, 운용을 담당하는 위탁자(자산관리회사), 그리고 보관 · 관리를 담당하는 수탁자(은행 등) 간의 신탁계약으로 운용한다. 투자자는 신탁계약에 의하여 이익을 분배할 수 있는 증권을 취득한다. 그리고 투자회사는 설립자본금을 투자하여 그 수익을 주주에게 배분한다. 자산운용회사는 투자회사의 법인이사로 회사를 대표하면서 업무를 집행한다.

둘째, 추가설정 여부에 따라서 단위형은 모집이 종료되면 펀드에 추가로 투자할 수 없으며 펀드존속기간에 고정 포트폴리오를 구성한다. 추가형은 언제든지 추가설정이 가능하다.

셋째, 펀드의 해약가능 여부로 개방형은 투자자의 청구가 있으면 언제나 발행증권을 해지

---

01 모집방식, 환매 여부, 추가설정, 투자대상 및 운용구조 등에 따라 여러 가지 방식으로 유형을 분류한다.

표 10-4 | 펀드의 법률적 형태

유 형	법률형태		설립형태	투자규약	발행증권	투자업자
일반펀드	신탁형	투자신탁	신탁계약	약 관	수익증권	위탁자
	회사형	투자회사	주식회사	정 관	주 식	법인이사
		투자유한회사	유한회사	정 관	지분증권	법인이사
		투자합자회사	합자회사	정 관	지분증권	무한책임사원
	조합형	투자합자조합	조 합	약 관	출자증권	무한책임조합원
		투자익명조합	익명조합	약 관	출자증권	영업자
특수펀드	회사형	투자합자회사	사모투자 전문회사	정 관	지분증권	무한책임사원

할 수 있다. 폐쇄형은 발행주식을 상장하여 거래하면서 추가증자하지 않는다.

넷째, 특수한 운용형태로서 환매금지형펀드는 펀드해약을 할 수 없으며, 종류형(클래스)펀드는 동일한 펀드에서 기준가격과 판매수수료를 달리 한다. 전환형펀드는 투자약관이나 정관에 의하여 펀드를 교체할 수 있다. 모자형펀드는 자펀드와 모펀드로 구분하고 투자자는 자펀드에 투자하고 자펀드가 모펀드에 투자한다.

자본시장법은 증권, 부동산, 특별자산, 혼합자산, 단기금융(MMF)으로 구분한다. ① 증권펀드는 투자재산의 50% 이상을 증권에 투자한다. ② 부동산펀드는 투자재산의 50% 이상을

그림 10-3 | 펀드의 구조

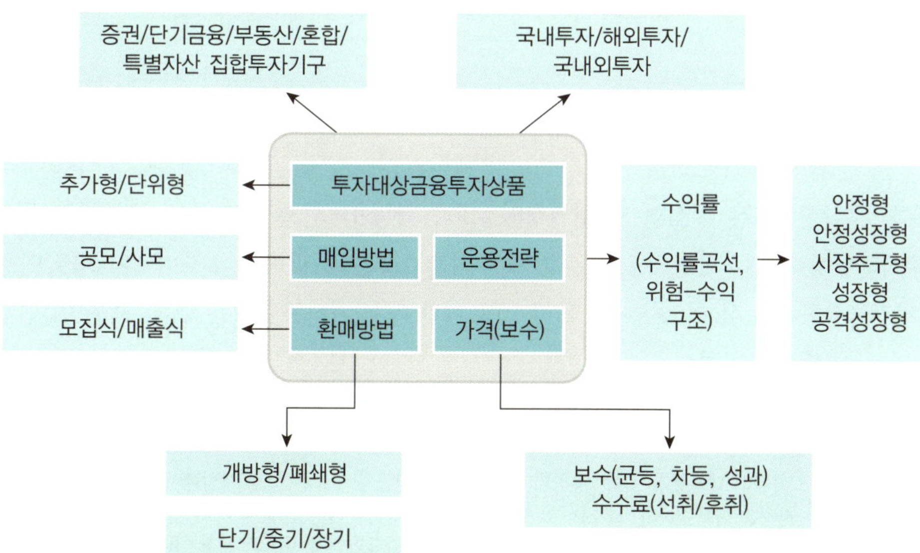

부동산에 투자한다. ② 특별자산펀드[02]는 투자재산의 50% 이상을 특별자산에 투자한다. ④ 혼합자산펀드는 투자재산의 종류나 투자비율에 대한 제한을 받지 않고 투자한다. ⑤ 단기금융펀드(MMF)[03]는 투자재산의 전부를 만기가 짧은 양도성예금증서, 채권, 기업어음, 단기대출, 금융기관예치 등으로 운용한다.

증권펀드는 주식형, 혼합형, 채권형 그리고 역외펀드로 구분할 수 있다. 첫째, 주식형 펀드는 주식 및 주식관련 상품에 대부분의 자산을 투자한다. 주식투자비율이 60% 이상으로 벤치마크 대비 초과수익률의 달성을 목표로 한다. 투자대상 주식의 업종(sector) 또는 운용전략에 따라서 다양한 형태로 분류한다. 장기적으로 변동성을 축소할 수 있지만 단기적으로 변동성이 높아서 장기 고위험고수익을 추구하는 투자전략에 활용한다.

둘째, 채권형펀드는 채권 및 채권관련 파생상품에 펀드 재산의 60% 이상을 투자한다. 그 유형은 투자대상 채권 및 운용방법 등에 따라서 국공채펀드, 회사채펀드, 인덱스펀드, 스팟펀드 등 다양하다. 채권은 만기가 장기일수록 수익률이 올라가는 반면에 가격변동의 위험에 노출된다.

표 10-5 | 국고채 채권펀드의 예

구 분	비 중	예상수익률	가중평균수익률	비 고
국고채	95%	4.67%	4.44%	국고채 등 1.5년 이자율
유동성자산	5%	4.15%	0.21%	콜이자율
거래이익			0.50%	
예상수익률			5.14%	
신탁보수			0.14%	
보수공제 후			5.00%	

셋째, 혼합형펀드는 주식형 및 채권형(MMF 포함) 이외의 펀드로 주된 투자대상에 따라서 주식혼합형, 채권혼합형으로 구분한다. 주식혼합형은 주식 최고 투자비율이 50% 이상이며, 채권혼합형은 주식 최고 투자비율이 50% 미만이다. 기타혼합형은 주식, 채권 이외의 자산(CP 등)에 주로 투자한다.

넷째, 역외펀드는 해외 국가의 법률에 따라서 등록되거나 승인을 받은 국외펀드로 직전

02 특별자산은 펀드자산의 대부분을 선박, 항공기, 금, 곡물 등 실물자산 또는 특정 사업에서 발생하는 수익을 분배받을 수 있는 출자지분 및 권리 등 특별자산에 주로 투자하여 수익을 추구한다.

03 장부가 평가방식을 적용하는 펀드이지만 시가 괴리율 제한제도가 있어서 자산의 시장가치가 장부가치 대비 마이너스(−) 0.5 이상이거나 우려가 있을 경우 시가평가를 실시한다.

회계기간 종료일 현재 투자자가 100명 이상으로 조세 조약상의 혜택을 적용받는다. 국내 판매의 등록요건은 운용자산규모 1조원 이상, 최저 자기자본요건의 충족, 최근 3년간 감독처분이나 형사처벌이 없고, 금융위원회에서 요구하는 연락책임자를 국내에 두어야 한다. 또한 해당 펀드는 OECD가입국, 홍콩, 싱가포르 등의 법률로 발행하고 거래비용의 내용과 투자 요구시 해지할 수 있어야 한다. 해당일 환율로 가입하고 가입과 해지에 시간이 소요되므로 환위험관리와 환전수수료가 발생한다.

표 10-6 | 역내펀드와 역외펀드의 비교

구 분	해외투자펀드	해외운용펀드
설립지역	역내펀드	역외펀드
설립근거	외국법	국내법
운용주체	국내 자산운용사	외국 자산운용사
펀드형태	Fund of Funds	개별운용 펀드
펀드종류	제한적	다양성
환위험	펀드운용자	투자자
수수료	낮 음	높 음

3. 주요 펀드 사례

BUY KOREA펀드 바이코리아펀드(Buy Korea Fund)는 국내에서 선도적으로 시스템적 의사결정기법을 운용에 도입하였다. 1999년 3월 2일 바이코리아펀드는 한국의 국가대표 펀드로 판매목표 100조원, 세계적 펀드와 경쟁하는 것을 목표로 하였다. 외환위기 이후 '한국경제는 다시 일어설 수 있다' 며 최초 1개월 판매가 5조원을 넘어서면서 자본시장을 주도하였다. 저평가된 국내기업에 대한 주식투자로 전 국민이 경제발전에 따른 성과를 함께 나누려는 국민지향의 펀드였다. 탄탄한 투자철학을 기초로 스타매니저(star manager)방식이 아니라 팀제운용(team approach)을 도입하였다. 역량있는 펀드매니저들로 구성된 운영팀에서 전문분야별 리서치를 수행하였다. 기업현장실사로 저평가된 종목을 발굴하고 투자가능종목(buying list)을 결정하였다.

IMF 구제금융 이후 자본시장의 침체로 기업의 실질가치와 시장가치의 괴리가 발생하였다. 그동안의 경제발전과 기업성장에 따른 이익을 외국인 투자자에게 넘어가지 않도록 국부를 지키려는 애국심의 산물이었다. 비록 대우사태의 영향과 IT버블로 그 목표는 달성하지 못하였지만 운용 바이코리아시리즈는 지난 10여 년간 우수한 성과를 보여주고 있다. 저평가된 대형 우량주에 장기투자하여 높은 투자성과를 얻을 수 있었다. 또한 국내 펀드시장이 성숙되지 못한 상황에서 다양한 특징의 펀드를 개발하여 펀드산업의 발전을 선도하였다.

표 10-7 | 바이코리아 상품일람표

구 분	상품명	투자기간	주식비중
안정형	퇴직금, 자녀행복, 하모니	6개월~1년	20~30%
안정성장형	르네상스	3개월~1년	50%
성장형	나폴레옹, 밀레니엄칩	3개월~1년	90%
스팟형	스파트	3개월~1년	90%
단위형	골든벨	1년	80%
테마형	정보통신, 성장중소형, CSAT(외수펀드), 새마을, 코스닥	6개월~1년	30~90%
인덱스	인덱스헤지	1년	80%
선물형	선 물	1년	–

그림 10-4 바이코리아펀드의 종목선정과정

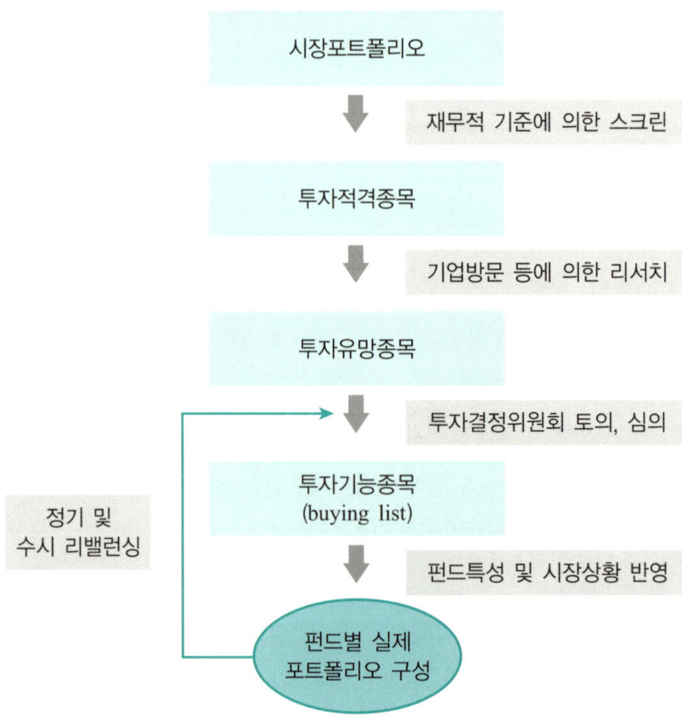

주요 펀드로, 첫째 자녀행복펀드는 자녀에게 한국경제의 성장에 따른 자산증식 과정을 교육할 기회로 삼았다. 또한 청소년들이 올바른 경제지식 및 투자지식을 직접 체험하고 새로운 잠재투자자를 육성한다는 철학으로 운용하였다.

둘째, 르네상스펀드는 다소 위험을 감수하면서 고수익의 기회를 얻으려는 투자자를 대상으로 하였다. 채권과 주식을 균형있게 투자하면서 주가상승의 기회를 포착하였다.

셋째, 나폴레옹펀드는 한국경제의 성장과 국내기업 저평가라는 인식 속에서 시장초과 수익을 극대화할 수 있는 공격적 성향의 펀드였다.

1억만들기펀드(적립식 펀드) 1억만들기펀드는 국내 최초의 적립식 펀드로 투자자의 목표수익률을 반영하면서 상해보험서비스를 제공하였다. 대우사태, IT버블의 붕괴와 9 · 11테러는 전 세계 경제를 침체시켜서 국내 가계에도 영향을 주었다. 무엇보다 부동산가격의 상승은 서민경제의 어두운 면이었고 미래 희망도 사라지게 만들었다. '1억만들기' 명칭은 서민의 주요 목표인 주택을 마련할 수 있는 상징 금액인 1억원을 근거로 부여하였다. 한국시장을 선도하는 좋은 주식에 집중 투자하여 장기 안정적 초과수익을 추구한다.

주요 특징은 투자자별 목표금액을 지정하여 목표도달시 안전자산으로 자동 전환할 수 있도록 하였다. 주식시장의 변동성으로 만기보유 또는 장기예치보다 목표금액 달성이 위험관리 및 투자성과의 제고에 유리하다는 근거였다. 목표금액 달성의 전환 조건은 평가금액 ≥

표 10-8 | 랜드마크 1억만들기펀드 약관의 주요 사항

상품명	1억만들기 주식투자신탁
상품유형	주식형, 추가형
납입방법	적립식, 목표금액 달성형
적립기간	36개월 이상 월단위(만기 이전 계약기간 연장 가능)
신탁재산운용	1. 주식 및 관련파생상품 신탁재산의 60% 이상(코스닥주식: 95% 이하) 2. 유동성자산 및 기업어음 등 신탁재산의 40% 이하(유동성자산: 5% 이상) 3. 집합투자증권 신탁재산의 5% 이하 4. 이자율스왑계약채권 또는 채무증서총액의 100% 범위 이내 5. 유가증권대여 50% 이내
환매수수료	90일 미만 이익금의 70%(단, 목표금액 도달 자동환매의 경우 면제)
환매방법	환매청구일로부터 제3영업일 기준가격으로 제4영업일 지급
보수계산기간	설정일로부터 매 3개월간
회계기간	12개월
신탁기간	투자신탁 설정일로부터 해지일까지

목표금액이며 목표달성으로 자동해지시 해지수수료를 면제하였다. 그리고 투자종목이 저평가되었는지 고평가되었는지 판단하기 어려운 상황에서 장기 분할투자로 매입단가를 낮추는 적립식 펀드를 지향하고 있다. 이것은 투자수익을 안정화하고 주가변동에 관계없이 장기 평균수익을 얻을 수 있다. 또한 상해보험서비스로 정액적립식 투자자(계약기간 3~10년)가 상해사고로 사망 및 후유장애(50%)시 만기까지 납입할 금액을 보험금으로 지급한다.

주식운용은 선도주(leading stock) 편입비율을 일정수준(70% 수준) 이상으로 유지하고, 벤치마크(KOSPI지수) 대비 초과수익의 획득을 위하여 신규종목을 발굴한다. 그리고 벤치마크 추적범위 내에서 전술적 주식편입비율을 조절하여 초과수익을 획득할 수 있도록 하였다. 모델 포트폴리오는 안정적으로 벤치마크를 추적하면서 업종 비중의 조절과 종목선정을 통하여 초과수익을 추구하고 있다. 주요 종목(leading stock)은 35개 내외로 구성하고 시장변화에 따라서 선도주[04] 내 종목선정 및 투자비율을 조정한다. 신규종목은 9개업종(sector)의 매니저가 종목선정 및 관리를 담당한다. 개별업종의 비중은 상향식 의사결정과 하향식 의사결정을 혼합하여 조정한다. 벤치마크 추적의 범위 내 시장상황(상승, 보합, 하락국면)에 따라서 필터링기법으로 투자비중을 변환시켰다.

바이코리아펀드와 1억만들기펀드는 자본시장 발전의 선도적 역할을 담당하였다. 자산운용회사가 펀드매니저 중심의 의사결정에서 팀과 시스템에 의한 집단의사결정으로 전환되는

그림 10-5 필터링전략

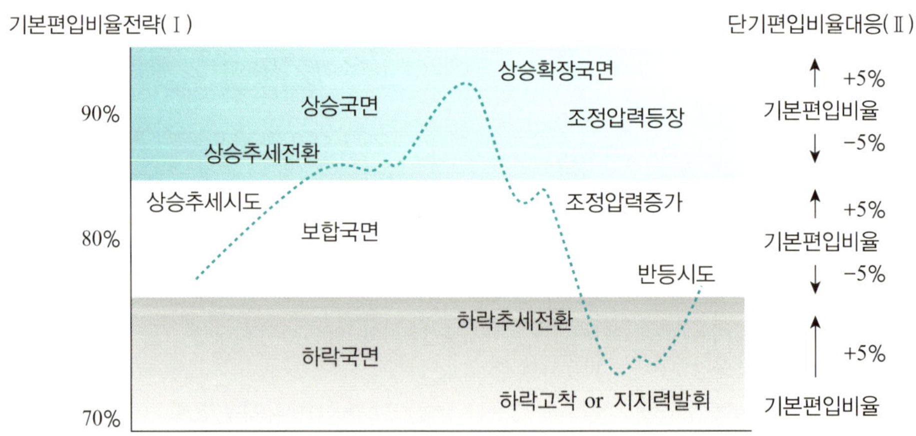

04 선정기준은 한국표준산업분류를 기준으로 최근 3년간 성장업종, 최근 3년간 업종 내 매출이 상위 50분위 내 종목, 수익성(영업이익률, ROE)이 3년 연속 업종평균을 상회하는 종목, 향후 3년간 수익성조건충족이 예상되는 회생종목, 그리고 기업분할, 합병 등에도 영속성이 존재하면서 업종을 대표하는 종목이다.

계기를 마련하였다. 단기투자에서 장기투자로 투자문화를 변환시키면서 안정적 주식 수요 기반을 정착시켰다. 그리고 2000년대 이후 본격적인 펀드브랜드화 시대를 열면서 자산운용 회사가 투자철학을 기초로 자산을 관리하는 토대를 마련하였다.

제2절 상장지수펀드

1. 수익구조

상장지수펀드(ETF: Exchange-Traded Fund)는 선정한 인덱스 전체 또는 대표 주식에 투자하여 그 지수의 수익률을 추적하면서 거래소에 상장된 인덱스펀드이다. 펀드와 같이 순자산가치는 해당 ETF의 본질가치를 평가한다. 시장참가자로 개인투자자는 발행시장에 참여할 수 없고 유통시장에서 거래만 가능하다. 유동성공급자(LP)는 시장가격과 순자산가치의 차이가 최대허용수준인 1% 초과시 유동성공급 호가를 제출한다. 그리고 법인투자자는 유통시장의 매매거래와 ETF 설정과 해지 신청으로 발행시장에도 참여한다. 이때 지정판매회사(AP: Authorized Participant)와 유동성공급자(LP: Liquidity Provider)는 차익거래를 통하여 순자산가치와 시장가치의 괴리를 방지한다.

관련업무의 회사로서 ① 지정판매회사는 펀드를 설정하고 해약하는 업무를 담당한다. ② 운용회사는 수탁은행에 자산의 운용과 관련된 지시를 한다. ③ 수탁은행은 자산을 보관 · 관리하고 운용회사의 운용지시를 수행한다. ④ 일반사무관리회사는 펀드의 일반적 사무업무를 처리하고 순자산가치(기준가격)를 계산한다.

ETF거래는 주식주문과 동일한 거래수수료를 지불하지만 거래세를 지불하지 않는다. 인덱스복제는 완전복제법으로 지수에 포함된 모든 종목의 비율에 맞추어 운용한다. 투자자가 지정판매회사에 주식바스켓을 납입하면 지정판매회사는 운용회사에 펀드발행을 청구한다. 투자자에게 받은 주식바스켓은 청구설정일부터 제3영업일까지 해당 수탁은행에 납입한다. 운용회사는 수탁은행에 납입된 주식바스켓의 납입자산내역(PDF: Portfolio Deposit File)을 확인하고 펀드를 발행한다.

발행펀드는 예탁원을 통하여 지정판매회사의 투자자계좌에 입금한다. 그리고 해약시 지정판매회사가 운용회사에 해약을 청구하고 해약청구일부터 제3영업일까지 해당 펀드를 수

표 10-9 | 인덱스펀드와 상장지수펀드

구 분	인덱스펀드	상장지수펀드
펀드유형	개방형, 폐쇄형	개방형
펀드설정	현금납입(투자자) → 펀드 → 주식매입	• 실물납입(투자자) → 펀드 • 현금납입(투자자) → 주식매입 → 펀드
자금회수	환매	시장매각
해지방법	현금지급	실물지급
환매방법	환매신청일 익일 종가로 환매금액 결정	시장매도로 환매가격 결정
거래비용	거래비용의 투자자분담	매매수수료 부담 없음
시장충격비용	투자기회비용의 발생	매수/매도호가 간 차이 존재

탁은행에 납입한다. 운용회사는 수탁은행의 펀드를 확인한 후 펀드를 해지하고, 예탁원을 통하여 지정판매회사의 투자자계좌에 납입자산내역을 기입한다.

그림 10-6 ETF의 상품구조

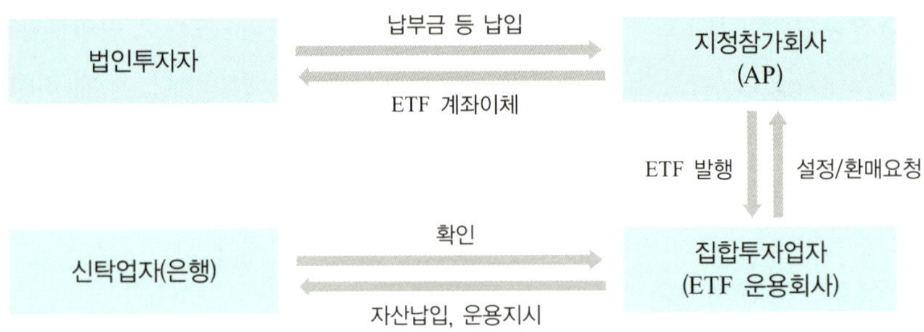

자료: 한국거래소(KRX)

ETF가격은 발행시장에서 납입자산내역(PDF)의 시가로 결정하는 ETF 순자산가치와 유통시장에서 거래되는 시장가격으로 구성한다. ETF거래는 거래가격과 무관하게 항상 최소호가 5원, 최소호가수량 1좌를 기본으로 거래한다. 예상 순자산가치는 현재 펀드의 1주당 추정 순자산가치로 10초 단위로 계산한다.

이론가격 = 주가지수(KOSPI, KOSPI200 등) × 100

펀드의 괴리율은 시장가격과 펀드가치의 괴리로 차익거래의 기준이다. 또한 벤치마크 대

그림 10-7 ETF의 차익거래

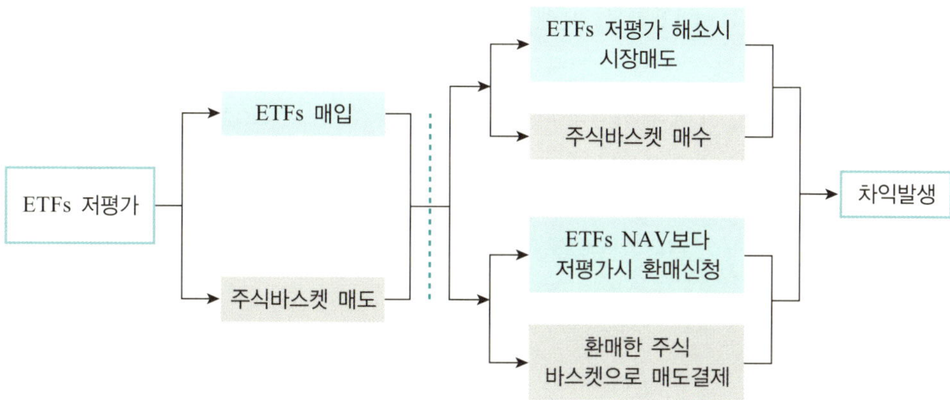

비 괴리율은 시장가격과 주가지수(KOSPI, KOSPI200 등)의 차이이고, 추적오차(tracking error)는 벤치마크(주가지수)와 펀드가치의 차이이다. 순자산가치는 펀드 납입자산의 실시간 추정 순자산가치(iNAV: indicative NAV)를 평가하여 현재의 설정원가와 환매단가를 실시간으로 알 수 있다.

발행주식은 순자산가치로 제한하여 희석효과를 제거한다. 시장가격이 순자산가치보다 떨어지면 지정판매회사가 차익거래로 가격괴리를 조절한다. 즉, 시장에 적절한 유동성이 없으면 시장조성자(market maker)가 차익거래를 통하여 순자산가치와 거래가격 간의 차이

그림 10-8 시장조성과정

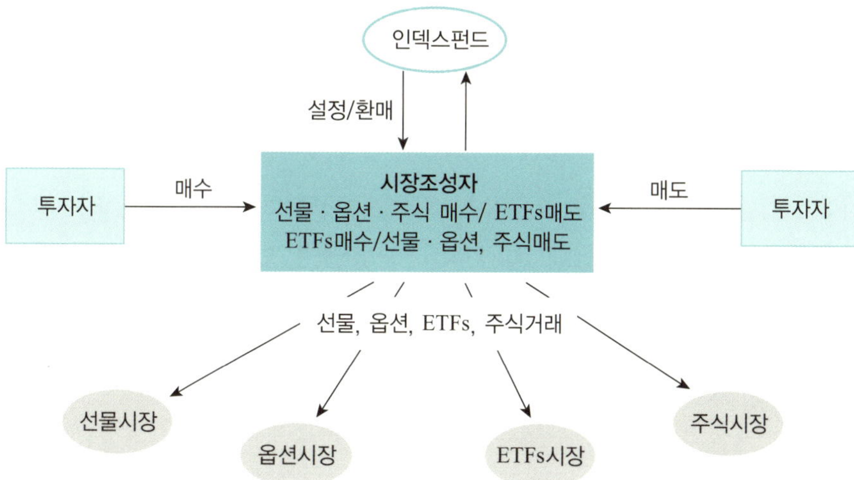

(spread)를 적정하게 유지하면서 유동성을 부여한다.

시장조성의 방법은 ① ETF의 설정/해지 프로세스를 활용한다. ② 시장의 다양한 금융수단을 활용하여 헤징한다. ③ ETF, 현물바스켓, 금융수단 간 차익거래를 실행한다. ④ ETF에서 주식을 대여한다. 그러나 시장의 유동성이 충분할 경우 시장조성이 불필요하다. 설정/해지는 지정판매회사를 통하여 CU(Creation Unit)[05] 단위로 주식바스켓을 매도한다.

2. 상장지수펀드의 유형

ETF는 1989년 아메리칸증권거래소와 필라델피아증권거래소에서 S&P500지수의 인덱스 참가주식을 기초로 발전하였다. 1990년 토론토거래소는 토론토 인덱스 참가주식을 거래하면서 TSE35지수와 TSE100지수의 변동을 추적하였다. Spider(SPDR)는 S&P500지수를 추적하고 SPY라는 티커로 거래하고 있다.

표 10-10 | ETF의 역사

설정년도	ETF	인덱스	운용사
1989	TIP/HIP(I units)	S&P/TSE60	State Street Global Advisors
1993	SPDRs	S&P500	State Street Global Advisors
1997	Diamonds	Dow Jones Industrials	New York Community Bancorp
1999	Qubes	Nasdaq100	New York Community Bancorp
2000	iShares	FTSE(UK) BGI	Barclays Global Investors
2001	ETFs in Japan	TOPIX, NIKKEI	NOMURA 등
2002	ETFS In Korea	KOSPI200, KOSPI50	SAMSUNG 등

국내시장에서, 첫째 주식형으로 ① 지수형 ETF는 KOSPI200, KRX100 또는 코스닥 프리미어지수 등을 추적하여 운영한다. ② 섹터ETF는 자동차, 반도체, 조선, 금융 등 특정 업종의 종목에 투자한다. 업황 호전이 예상되는 종목에 투자하면서 종목선정의 어려움과 개별위험을 제거할 수 있다. ③ 스타일ETF는 기업의 성장률, 주가수준, 시가총액을 고려하여 투자한다. ④ 테마ETF는 시장의 테마를 형성하는 종목으로 지수를 생성하여 투자한다.

05 ETF의 설정/해지 단위이다.

둘째, 채권ETF는 정기적으로 지급되는 이자와 만기에 원금을 확보할 수 있다. 이자율이 단기적으로 등락할 수 있지만 만기구조에 수렴하므로 수익률도 안정적이다. 개인투자자는 투자기간과 채권의 만기 간 괴리, 유동성 부족으로 접근이 어렵지만 채권ETF로 투자를 쉽게 할 수 있다.

셋째, 상품ETF는 에너지, 금속, 소프트상품, 농산물 등 원자재 및 원자재 인덱스에 연동되어 있다. 상품의 직접투자는 원자재가격이 상승하여도 높은 거래비용으로 실질수익률은 낮다. 상품ETF는 선물계약을 활용하여 실물투자와 동일한 효과를 얻을 수 있다. 그리고 선물계약의 경우 만기연장시 비용발생과 위험을 부담하기 때문에 상품ETF가 유리하다.

넷째, 레버리지ETF는 표본할당으로 80~95%를 지수구성 자산에 투자하고 나머지를 지수구성 외의 자산에 투자한다. 그리고 인버스ETF는 지수하락에도 수익률을 확보할 수 있도록 장세판단을 활용한다. 시장지수나 벤치마크보다 2배 또는 3배의 1일 수익을 추구하는 만큼 일시적 시장의 충격에 취약할 수 있다.

표 10-11 | KOSPI200주가지수 대비 1.5배 레버리지 운용사례

구 분	투자비중	운용전략
자 산	현물투자 80% 수준	KOSPI200주가지수 복제
	선물투자 70% 수준	선물증거금 예치
노출도	150%	1일등락률 1.5배

다섯째, 합성ETF는 스왑(swap)거래로 해외지수, 하이일드, 부동산, 원자재 등 다양한 기초지수의 수익률을 복제한다. 콩선물 ETF는 S&P GSCI 콩지수를 활용하고, 농산물선물 ETF는 S&P GSCI 농산물가격지수를 기초로 한다.

글로벌 ETF시장은 주식, 채권, 상품 등의 순으로 발전하고, 세계적으로 유명한 시장인덱스나 국제 벤치마크지수를 사용한다. 국내는 KRX를 제외하면 지수의 생성의 역사가 짧기 때문에 장기적으로 ETF의 연속성이 보장될 수 있도록 지수의 신뢰성에 대한 보완이 필요하다.

3. 상장지수펀드투자

ETF투자의 장점은 ① 소액으로 탁월한 분산투자효과를 누릴 수 있다. 예를 들어 1주를 매입하더라도 ETF를 추종하는 지수구성종목 전체에 투자하는 효과가 있다. 이것은 개별종목투자 대비 리스크를 감소시킬 수 있다. ② 가격변동 파악과 투자판단이 용이하다. 개별 주식종목 거래시 관련 기업에 대한 분석이 필요하지만 ETF는 시장이나 업종 전체에 대한 전망으로 대체할 수 있다. IT업종의 전망이 유망할 경우 IT업종 ETF를 매수한다. ③ ETF는 해외시장의 투자수단으로 활용한다. 해외시장은 정보 및 접근성의 부족으로 종목을 선정하기 어렵지만 해외 상장ETF투자로 특정 국가의 업종투자를 보다 쉽게 할 수 있다. ④ 필요시 ETF매매가 가능하여 거래가 편리하다. HTS를 활용하여 펀드와 달리 즉시 매매를 할 수 있다. 그러나 거래량이 많지 않은 ETF는 현금화하지 못할 유동성위험이 있다. 순자산가치와 거래소 거래가격 간 괴리가 발생한다. 무엇보다 매매의 편리성으로 투자가 단기화할 가능성이 있다.

기관투자자는 발행시장 순자산가치(NAV)와 유통시장 시장가격 간 괴리율을 차익거래로 줄인다. ETF의 수요가 급격히 증가할 경우 ETF 주당 가격이 단기적으로 순자산가치보다 급등하면서 차익거래가 발생할 수 있다. ETF의 발행이 부족한 경우 자본총액을 증가시키고 주가를 낮추면서 순자산가치에 대한 프리미엄을 소멸시킨다. 시장가격이 순자산가치보다 높은 경우 유동성공급자가 ETF의 납입자산 내역의 주식바스켓을 매수한 후 펀드를 시장에 매도하여 펀드의 시장가격이 순자산가치에 수렴하도록 한다. 그러나 펀드의 거래가격이 순자산가치보다 낮은 경우 유동성공급자가 펀드를 매수하고, 납입자산 내역의 주식바스켓을 시장에 매도한다. 주식바스켓을 매도할 때 환매자금이 확정되므로 매도가격보다 시장가격이 낮으면 유동성공급자는 무위험차익거래를 하게 된다.

ETF투자전략으로 ① ETF 자체가 포트폴리오로 주식시장의 방향성에 따라서 투자할 수 있다. ② 시장 전체 흐름을 추적하는 핵심ETF와 업종, 국가, 스타일 등의 주변ETF로 초과수익률을 달성한다. ③ 투자기간과 현금흐름을 고려하여 유형별 ETF의 비중을 결정할 수 있다. ④ 여러 국가에 분산투자가 가능하다. 다만, 환율변동위험으로 환율추이도 분석한다. ETF는 적립식 투자, 장세판단(저점매수 후 장기보유), 테마투자(경기에 따른 유망업종 순차투자), 단기차익거래 등으로 수익률을 극대화할 수 있다. 한편 기초자산의 변동성이 높은 스타일 및 섹터지수 ETF는 상대적으로 단기투자에 적합하다.

제3절 펀드투자전략

1. 투자판단의 요인

투자실패의 원인은 주변 사람의 추천, 막연한 추천기사, 창구직원의 권유, 과거 수익률의 의존, 시장분석의 부족, 환매시기의 판단오류, 목표수익률, 그리고 손절매 수준의 미결정 등이다. 투자자는 투자시점에서 여러 가지 수익률에 미치는 요인을 분석해야 한다. ① 펀드는 결산일에 수익을 재투자하여 이익분배하고 투자자의 잔고좌수를 증가시킨다. ② 거래비용은 기준가격에 반영되기 때문에 수수료와 보수를 유사펀드와 비교해야 한다. 외화표시자산의 경우 자문비용과 보수가 비교적 높다. ③ 펀드에 자금이 유입되면 순자산액의 증가로 기준가격의 변동이 둔화된다. ④ 펀드매니저의 교체도 기준가격에 영향을 미친다.

펀드투자시 상품선정, 투자기간, 납입방법 및 환매방법 등을 세밀하게 확인한다. 첫째, 상품선정은 다양한 펀드를 활용하여 분산투자한다. 여러 펀드에 투자하여 개별펀드가 가지는 위험을 분산시킬 수 있다.

둘째, 투자자산의 가치는 내재가치에 수렴하므로 장기투자한다. 장기투자는 단기가격변동위험을 극복하면서 이익기회를 확보할 수 있다.

셋째, 적립식 투자는 수익률 변동을 완화시켜서 수익획득의 기회를 증가시킨다. 조정장세에서 저가매수가 가능하고 주가상승시 평균매입 단가를 하락시킨다.

넷째, 분할해지는 투자위험을 완화하면서 추가수익을 기대할 수 있다. 시장이 상승과 하락을 반복할 때 유리한 시장상황에서 해지한다.

다섯째, 목표금액이 조기 달성되면 안전자산으로 전환하여 수익을 확보한다. 예를 들어 [그림 10-9]에서 주가가 고점일 때 중도(4년 경과)이익은 면적 *ACD*이고, 만기(5년 경과)이익은 면적 *BCF*로 면적 *FDE*만큼 줄어든다. 따라서 중도수익(월리금) > 만기수익(월리금)으로 중도해지가 유리하다. 주가상승으로 목표금액에 도달하면 안전자산으로 전환한다.

일본 노무라종합연구소는 표준편차에 근거하여 펀드의 시장리스크를 정량적으로 평가하고 있다. 리스크평가는 투자대상이나 운용방침에 따라 리스크 특성을 평가 · 분석하여 5단계로 표시한다. 구체적으로 펀드유형은 환율헤징의 유무, 업종, 지역 등으로 150개로 분류한다. 유형별 대표지수의 과거 10년간 표준편차를 연율화하여 각 유형별 리스크수준(RL: Risk Level)을 결정한다.

그림 10-9 | 만기 5년 가입 후 4년차 목표금액 도달 전환예

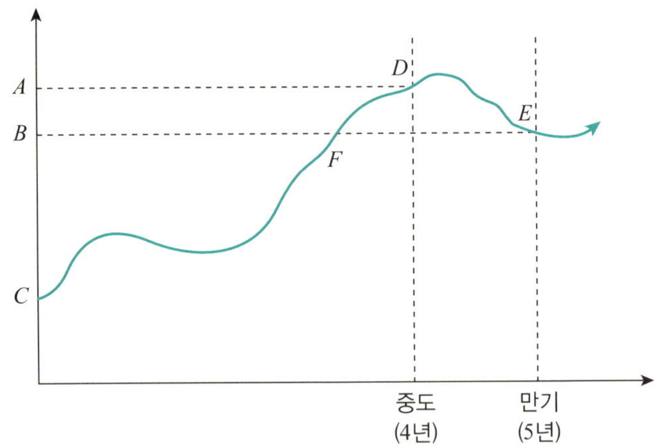

표 10-12 | 노무라종합연구소의 리스크수준

수 준	위험크기	목표위험
위험 1	안정성 중시 타입	투자의 안정성 확보
위험 2	가격움직임이 작은 타입	연율 리스크 5% 이하
위험 3	가격움직임이 중 정도인 타입	연율 리스크 5% 이상 15% 이하
위험 4	가격움직임이 큰 타입	연율 리스크 15% 이상 30% 이하
위험 5	가격움직임이 가장 큰 타입	연율 리스크 30% 이상

2. 벤치마크와 스타일

벤치마크 벤치마크(benchmark)는 펀드 또는 포트폴리오를 운용할 때 그 운용성과를 비교하는 기준이다. 벤치마크의 조건은 ① 명확성(unambiguous)으로 벤치마크를 구성하는 유가증권의 명칭과 가중치를 명확히 기술한다. ② 투자가능성(investable)으로 벤치마크와 유사한 포트폴리오를 구성할 수 있다. ③ 측정가능성(measurable)으로 벤치마크 수익률을 적절한 주기로 측정할 수 있다. ④ 적정성(appropriate)으로 벤치마크의 스타일은 펀드매니저의 투자스타일과 일치한다. ⑥ 시장전망을 반영한다. ⑦ 투자전략에 미리 벤치마크를 구성한다.

주식의 글로벌 벤치마크지수는 미국계 펀드에서 사용하는 MSCI지수와 유럽계 펀드에서

사용하는 FTSE지수로 나눌 수 있다. MSCI(Morgan Stanley Capital International)지수는 글로벌 펀드의 대표 지표로 미국계 펀드 운용의 기준이다. 지수 체계는 1969년 최초로 선진지수(Developed Market Index)를 발표한 이후 세계지수(World Index), 선진국지수(Developed Market), 신흥시장지수(Emerging Markets) 및 프론티어시장지수(Frontier Markets)로 구분한다. 또한 부속지수는 지역지수(Region Index), 개별국가지수(Country Index), 산업지수 및 스타일지수 등 약 3,000개를 발표한다. 전 세계 6,200여 개 기관투자자(연기금, 자산운용사, 헤지펀드 등)가 운용하는 펀드의 벤치마크 지표로 활용하고 있다.

그리고 FTSE(Financial Times Security Exchange)지수는 글로벌 인덱스펀드의 기준수익률로 선정하는 벤치마크이다. 영국 파이낸셜타임스와 런던증권거래소(LSE)가 1995년 공동으로 설립한 FTSE 인터내셔널에서 매일 2만 개 이상의 지수를 산출한다. 주로 영국을 비롯한 유럽계 자금이 투자지침으로 선정하는 지수이다. 주요 벤치마크지수는 국가별 시장의 형태와 발전단계를 반영한다. 글로벌지수에 포함된 시장은 이 지수를 따르는 해외상장지수펀드나 인덱스펀드에서 지수구성비율로 자금이 유입된다. 따라서 각국 자본시장은 자금유입

표 10-13 | MSCI지수 분류

지수명	세부지수
국가 및 지역지수	Developed Markets(DM), Emerging Markets(EM), Frontier Markets(FM), All Market, Tradable, MSCI ACWI Index, MSCI EAFE Index, MSCI Emerging Markets Index, MSCI China Indexes
국내지수	US Equity, US REIT, China, 中國股指數, Hong Kong MPF, Australia
규모지수	All Cap(DM only), IMI(Large & Mid & Small), Standard(Large & Mid), Large Cap, Mid Cap, Small Cap, SMID(Small & Mid), Micro Cap(DM only)
업종지수	Sector, Industry Group, Industry
공정가치지수	IDCo
스타일지수	Value, Growth
전략지수	Factor(Risk Premia), Capped, Hedging & Currency, Short & Leveraged, Equal Sector Weighted, Equal Country Weighted
테마지수	Economic Exposure, Agriculture & Food Chain, Commodity Producers, Infrastructure, Faith-Based, Cyclical & Defensive Sectors
ESG지수	Sustainability, Best-in-Class, Socially Responsible, Ex Controversial Weapons, Environmental, Custom
기호품지수	Screens, Weighting, Currencies/Hedging, Withholding Tax Ratio, Delivery, File Format

자료: www.msci.com/products/indexes

효과와 대표종목의 인식제고 효과를 가지게 된다. 국내는 2009년 9월 21일부터 FTSE선진국지수에 편입되어서 전체 지수의 약 2.4% 정도를 차지한다. 그리고 FTSE한국지수의 107개 종목이 대부분 선진국지수에 편입되어 있다.

채권벤치마크로 WGBI(World Global Bond Index)는 씨티그룹이 발표하는 주요 23개 국가의 국채로 구성하는 글로벌 국채지수이다. 국내는 대만, 인도네시아, 필리핀 등과 함께 Additional Market Index에 포함되어 있다. WGBI에서 각국 시장은 최소 200억달러 이상의 시장규모와 BBB- 이상의 신용등급, 외국인 투자유인 제고 정책의 조건을 충족해야 한다.

그리고 VIX(Volatility Index)는 1993년부터 시카고옵션거래소에서 S&P500지수옵션에 대한 향후 30일간 변동성의 기대지표로 발표한다. 특정 위험으로 증시의 조정 가능성이 높아질 경우 투자자들이 헤지거래로서 옵션을 매입하여 VIX를 상승시킨다. 주식시장과 반대로 움직이기 때문에 상승은 주가하락으로 예상할 수 있다. VIX지수가 역사적 평균 수준인 20~30의 범위 내에서 움직일지 아니면 새로운 위험요인으로 상승세를 보일지 관심의 대상이다.

스타일 스타일투자는 시장의 구조와 흐름을 파악하고 그 흐름 안에서 유망한 섹터와 스타일, 종목을 구별하고 적절한 투자시점에서 투자한다. 스타일은 성장형(growth), 가치형(value), 인덱스형(index), 중소형(small) 등으로 분류한다. 성장주와 가치주는 구분기준으로 주가순자산비율(PBR)을 주로 사용하였으나 주가수익비율(PER), 배당수익률, 이익성장률 등으로 확대되었다.

표 10-14 | 모닝스타의 스타일 분류

구 분	가치주	혼합주	성장주
대형주	대형가치주	대형혼합주	대형성장주
중형주	중형가치주	중형혼합주	중형성장주
소형주	소형가치주	소형혼합주	소형성장주

대체로 가치형이 성장형보다 성과가 우월하지만 스타일은 일정기간의 추세로서 시간이 경과하면서 변한다. ① 성장형은 산업 내 경쟁기업보다 주당순이익(EPS)과 자기자본이익률(ROE)이 더 높게 기대되는 기업이다. ② 가치형은 적정주가를 기준으로 가격 대비 좋은 가치를 가지고 있는 종목이다. ③ 인덱스 또는 지수형은 분산투자로 장기 성장을 추구한다. ④

표 10-15 | 스타일 분류기준

펀드유형	분류기준
대형주	• 시가총액 상위 15% 이내 • 시가총액이 상위 100위 이내
중소형주	• 시가총액 상위 15% 초과 • 시가총액이 100위 초과
가치주	• 시장평균 이상의 ROE • 시장평균 이하의 PBR 및 EV/EBITDA • PBR 1.75 이하 종목 • 동일업종 또는 시장평균 PER 70% 이하
성장주	• 동일업종 평균 이상 또는 중앙값 이상의 PBR • PBR 2.25 이상인 종목 • 동일업종 내 ROE 하위 50%, 상대 PER 및 PBR 상위 50%

자료: 자산운용회사 자료 정리

중소형은 성장성이 빠른 신생기업들로 변동성이 높다.

펀드의 성과에 관계없이 스타일의 교체만으로도 펀드의 운용자산이 증가하는 화장효과(cosmetic effects)가 있다. 특정 스타일이 시장에서 유행하면서 투자자에게 영향을 미치기 때문이다. 그러나 장기적으로 스타일 수익률은 전체 시장의 평균으로 회귀한다. 펀드규모가 커지면 자산의 추가 선택의 제약으로 시장초과수익률을 얻을 기회도 줄어든다. 대형펀드는 운용자산의 증가로 투자종목을 증가시키면서 스타일자산의 투자를 작게 한다.

펀드는 manager of manager의 접근방식으로 성과의 안정성을 추구할 수 있다. 자산, 스

그림 10-10 | 러셀의 종목선정 사례

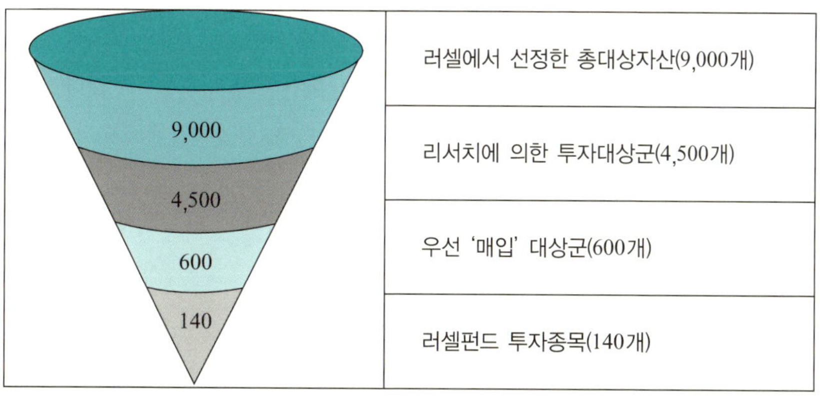

자료: www.russel.com(Russel그룹)

타일과 매니저를 혼합하여 위험을 축소하고 시장의 변화에 대응하여 일관된 성과를 추구할 수 있다. 다양한 요소를 사용하면 우월한 운용프로세스와 재능있는 매니저를 찾을 수 있고 그 매니저의 펀드를 선별하여 투자목표에 따라서 투자할 수 있다.

3. 펀드투자전략

투자자는 ① 전체 자산에서 펀드투자비중을 결정한다. ② 객관적 정보에 기초하여 스스로 진위 여부를 판단한다. ③ 꾸준히 중상위권 수익률의 펀드를 선택한다. ④ 목표수익률은 무위험수익률 + 물가상승률 수준에서 결정한다. ⑤ 투자기간 5년 이상이지만 목표수익률 달성 시 안전자산으로 전환한다. 그리고 ⑥ 초기 매수는 장세판단으로 주식의 하락과 상승을 분석한다. 글로벌 투자는 정치적 위험과 환율변동에 대처하기 위하여 대상지역과 자산을 다양하게 분산시킨다.

적극적 투자전략으로, 첫째 하향식 방법은 글로벌 차원에서 주식, 채권, 통화(현금)의 비중을 결정한다. 각 국가별 주식 및 통화별 채권투자비중을 결정한다. 그리고 해당국의 산업, 개별기업의 순으로 선정하여 의사결정을 한다.

둘째, 상향식 방법은 투자대상증권과 투자액을 미리 정하고 전체 포트폴리오 내 각 국가별 비중 및 통화별 비중을 결정한다. 특정 국가 또는 통화위험보다 여러 복합적 위험을 고려할 때 상향식 방법을 따른다.

셋째, 재량투자는 주로 운용자들의 재량하에서 시장지식과 개별판단에 의해 운용하는 방식이다. 시스템투자는 전산화를 통하여 인간의 감정을 배제하여 보다 일관성 있게 매매시점을 파악한다.

소극적 투자전략은 거래비용을 통제하면서 시장을 추종하는 인덱스펀드를 중심(core)으로 특정 섹터 또는 스타일에 투자하면 시장의 변동에 유연하게 대처할 수 있다. 소극적 투자자는 글로벌시장의 비시장위험 또는 고유위험을 제거하기 위한 인덱스투자나 ETF투자를 실시할 수 있다. 적립식투자는 기간을 나누어서 정액분할 투자하면 매입평균단가를 하락시킨다. 장세판단이나 종목선정이 실제로 어렵기 때문에 이러한 노력을 줄이면서 평균 이상의 수익을 얻을 수 있다.

적립식투자는 크게 시간분산투자와 가치분할투자로 나눌 수 있다. 시간분산투자(cost averaging)는 일정한 간격으로 동일금액을 분할투자하여 시장의 상승과 하락에서 매입가격을 평준화한다. 정기적으로 동일 금액을 투자하면 투자위험을 축소하면서 수익의 안정화를

표 10-16 | MSCI의 글로벌 및 지역 인덱스 체계

분 류	개별지수
지역지수	All Country(AC) Asia ex Japan, AC Far East ex Japan, Pacific, ACWI
	Arabian Markets, Arabian Markets & Africa
	Asia APEX 50, BRIC, EAFE
	Emerging Markets(EM), EM Europe Middle East and Africa, EM Latin America
	EMU, Europe, Europe & Middle East, Frontier Markets
	Gulf Cooperation Council Countries ex Saudi, Countries
	KOKUSAI, Pacific, Select OECD
	World
섹터지수	Global Investable Market, Global Standard
	Global Small Cap
	Global Value and Growth
	Price
	Total Return

자료: www.msci.com/products/indexes

기대할 수 있다. 투자자는 수익률의 변동성을 낮추고 안정성을 높일 수 있어서 심리적 안정감을 얻는다. 그러나 초기에 평균매입단가의 하락효과가 분명하지만 투자기간이 경과하여 누적금액이 커지면 매입단가의 하락효과는 체감한다. 따라서 기존 적립자산이 일시 투자한 자산처럼 변화되면서 변동성이 커지는 잠재위험을 가지고 있다.

둘째, 가치분할투자(value averaging)는 기간별 목표평가액을 설정하고 목표금액과 평가

표 10-17 | 평균매입가격 절감효과

(단위: 원)

횟 수	주가지수	투자금액	누적투자액	매입수량	누적수량	평가금액	평균단가
1	1,000	100,000	100,000	100	100	100,000	1,000
2	900	100,000	200,000	111	211	190,000	947
3	800	100,000	300,000	125	336	268,889	893
4	700	100,000	400,000	143	479	335,278	835
5	600	100,000	500,000	167	646	387,381	774
6	500	100,000	600,000	200	846	422,817	710
합 계	4,500	600,000		846			

주) 평균주가 = 750원

금액의 차액으로 정기 투자액을 결정한다. 평가금액이 기간별 목표금액보다 작을 때만 적립한다. 매월 100만원씩 증가를 목표로 결정할 경우 첫 달 100만원을 투자하여 1개월 2%의 수익을 얻었다면 다음 달 총평가액은 120만원으로 98만원을 추가 투자한다. 그러나 첫 달에 2%의 손실이 발생했다면 120만원을 투자한다. 이 방법은 월별 적립금액이 일정하지 않으므로 손실상황에서도 추가 투자할 수 있는 심리와 자금능력을 요구한다. 투자자가 정기 투자금액을 확정할 수 없고, 평가액이 하락할 경우 정기 적립금의 규모가 증가한다. 시장의 회복속도가 지체되면 투자액의 증가에 따라서 이자비용 등의 기회비용도 증가한다.

표 10-18 | 가치분할투자의 효과

(단위: 원)

주 가	목표평가액	자산가치	월투자액	매입수량	누적수량	누계금액
1000	1,000,000	1,000,000	1,000,000	1,000	1,000	1,000,000
900	2,000,000	900,000	1,100,000	1,222	2,222	2,100,000
1050	4,000,000	2,333,333	666,667	635	2,857	2,766,667
950	3,000,000	2,714,286	1,285,714	1,353	4,211	4,052,381
1000	5,000,000	4,210,526	789,474	789	5,000	4,841,855
1000	6,000,000	5,000,000	1,000,000	1,000	6,000	5,841,855

두 가지 방법의 차이로 시간분산투자는 정기 적립액이 동일하지만 가치분할투자는 매월 목표평가액이 일정하다. 그리고 시간분산투자는 시장 상승기에 목돈의 일시투자보다 수익률이 저조하다.

요약정리 및 생각해 볼 문제

1. 요약정리

- 펀드는 불특정 다수의 투자자에게 자금을 모아서 포트폴리오를 구성하여 가치를 증식하는 투자풀이다. 직접투자는 직접 자기의 명의 및 계산으로 투자하지만 간접투자는 투자에 대한 의사판단을 타인에게 위탁한다. 법률 형태는 신탁형과 회사형으로 구분한다. 자산관리자는 시장초과수익률을 목표로 적극적 운용전략이나 시장수익률을 목표로 소극적 운용전략을 사용한다. 금융투자상품은 증권, 부동산, 특별자산, 혼합자산, 단기금융(MMF)으로 구분한다.
- 상장지수펀드는 인덱스, 상품 또는 자산바스켓을 추적하거나 특정 주가지수의 수익률을 추적한다. 거래소에 상장시켜서 일반 주식과 같이 매매할 수 있다. 투자자산은 인덱스 전체 또는 인덱스 내 대표 주식으로 포트폴리오를 구성하여 지수의 성과를 추적한다. 펀드 자체가 개별 투자자산으로 서로 혼합하여 자산배분전략을 실행할 수 있다. 자산배분시 시장 전체의 핵심ETF와 섹터별 주변ETF의 포트폴리오를 중심으로 유형별 ETF의 비중을 결정할 수 있다.
- 펀드투자는 개인별 펀드투자비중, 객관적 정보, 수익률의 안정성, 목표수익률, 투자기간을 고려하여 결정한다. 펀드스타일은 일정한 분류기준에 따라서 비슷한 특성의 종목들로 펀드를 구성한다. 향후 가능성을 추정하여 장기시장수익률을 상회하는 특정 스타일을 찾아야 한다. 시간분산투자는 정기 분할투자하면 매입평균단가를 하락시킨다. 그리고 가치분할투자는 기간별 목표평가액을 설정하고 기간별 목표금액과 평가금액의 차액만을 투자한다.

2. 초단기 최대펀드였던 인사이트펀드의 특징, 투자전략 및 문제점은 무엇인가?

인사이트펀드는 투자자산을 제한하지 않고 이론적으로 채권 100% 또는 주식 100%를 투자할 수 있다. 실물자산은 투자하지 않지만 리츠, 원유, 금, 아연 등의 파생상품, 그리고 외환투자 등도 활용한다. 벤치마크는 MSCI AC(All Country) 월드 인덱스로서 글로벌 자산 배분 펀드와 유사하다. 이 펀드는 운용자산의 70% 이상을 전 세계 400여 개 주식 및 채권 등에 투자하면서 지역과 종목을 탄력적으로 변경한다. 그 성격은 특정 자산이나 지역, 업종에 국한하지 않고 전 세계의 유망한 대상을 발굴하여 투자하는 헤지펀드와 유사한 성격의 '글로벌 스윙펀드'이다. 최초 인사이트펀드는 2007년 판매 첫 날 1조원을 넘었고, 1주일 3조원과 1개월 4조원을 돌파하면서 최단기간 가장 많이 팔린 펀드로 기록되었다.

3. 헤지펀드인 버크셔 해서웨이가 가장 비싼 주식이 될 수 있었던 비결은 무엇인가?

버핏은 운용자산의 가치를 올려서 투자자들을 유인해야 한다는 운영철학을 가지고 있다. 2007년 8월 투자회사 버크셔 해서웨이(Berkshire Hathaway Inc)의 액면분할을 하지 않은 A주(B주의 경우 액면분할주)가 1주당 1억원을 넘어서면서 세계에서 가장 비싼 주식이 되었다. 이 주식은 1주에 12만 7백달러로 원화환산으로 1억 1,388만원이었다. 그 후 2014년 8월에 사상 처음으로 주당 20만달러를 넘어섰다. 1962년의 최초매입가격은 7~8달러였기 때문에 주당가치가 3만 배 높아졌다. 미 중서

부 네브래스카주 오마하에 본사를 둔 버크셔 해서웨이 그룹은 2014년 초 직원수 33만 여명, 당기순이익 195억달러였다. 그리고 80여 개 자회사는 보험회사인 가이코와 제너럴콜론리, 식품업체인 하인즈 등도 포함하고, 투자목적으로 아멕스(14.2%), 코카콜라(9.1%), 무디스(11.5%), 웰스파고(9.2%), 월마트(1.8%) 등을 보유하였다.

4. 관련 홈페이지

www.calpers.ca.gov
www.cefa.com
www.factset.com
www.fidelity.com
www.ici.org
www.iif.com
www.ishares.com
www.morningstar.com
www.russel.com
www.statestreet.com
www.vanguard.com

CHAPTER 11

비효율적 시장의 초과수익

학습개요

대안투자는 시장의 변동에 중립적이면서 투자대상을 제한하지 않고 포트폴리오를 구성하거나 투자전략을 수립한다. 헤지펀드는 다양한 투자대상이나 방법으로 절대수익을 추구한다. 그리고 사모펀드는 구조조정이나 지배구조개선을 통하여 기업가치를 제고한다.

학습목표

1. 헤지펀드의 투자대상과 투자전략을 이해할 수 있다.
2. 사모펀드의 운용구조와 기업가치 개선방법을 설명할 수 있다.
3. 실물자산의 투자방법과 수익구조를 확인할 수 있다.

생각해 보기

소로스의 투자철학

소로스는 헝가리계 유태인으로 런던정치경제대학교(LSE)를 나와서 증권사 직원으로 일했다. 그는 로스차일드가의 도움으로 퀀텀(Quantum)펀드를 설립한 후 조세피난처에서 자산을 운용하였다. 주로 경제력이 약세를 보이는 국가의 통화 공격, 주식의 공매도 및 파생상품투자 등으로 매크로전략을 구사하였다. 1992년 영국의 중앙은행과 환율전쟁을 벌여서 외환위기로 몰아넣었으며 1997년에 아시아 금융위기를 촉발시켰다. 그러면서 부정적 사회여론을 피하기 위하여 사회재단을 설립하여 자선사업을 벌이고 있다. 1900년대 록펠러가문이 사회적 혼란을 야기하면서 번 돈으로 사회재단을 세워서 박애주의자로 변신한 것을 따라하고 있다. 국제투기자본의 경우 다양한 방법으로 개별국가에 압력을 행사하는데 중국의 시진핑 주석은 우회적으로 "세계 어느 곳에서도 다 옳은 진리는 없으며 각 나라는 자신의 국정상황에 맞는 발전의 길을 걸어야 한다"고 표현하였다.

제1절 헤지펀드

1. 대안투자

전통적 투자는 개별종목의 고유위험을 제거하기 위하여 분산투자를 하지만 여전히 포트폴리오위험이나 시장위험은 존재한다. 대안투자(alternative investment)는 투자위험을 제거하거나 중립화하기 위하여 투자대상의 확대, 자산별 투자금액의 규제제거, 다양한 투자전략 등을 활용하여 절대적 이익을 추구한다. 이 방법은 시장상황에 따라서 현금흐름을 창출하여 전체 포트폴리오의 안정성을 높이지만, 수익률의 하락이나 변동성의 증가에 따른 시장 위험을 제거하지는 못한다.

대표적인 대안투자로 헤지펀드(hedge fund)는 소수 거액투자자에게 자금을 모집하여 투자자산의 범위에 대한 제한없이 고수익을 추구한다. 주로 펀드는 조세피난처에 합자회사로 설립되며 GP(General Partner)인 매니저가 상당한 지분을 보유한다. 투자자에게 절대수익을 목표로 운영자가 위험을 중립화하거나 위험을 피하기 위하여 적극적으로 운영한다.

1930년대 카스타인(K. Karstein)의 바로미터(Barometer)펀드는 미래 사업환경의 예측, 교역량, 건축활동, 이자율, 도매물가, 특정산업 지속 등을 고려하여 상승예상종목을 매입하고 하락예상종목을 공매도하였다. 또한 1949년 존스(A. Jones)가 "시장분석의 기술적 방법, 투자 및 시장예측에 관한 투자분석"을 발표하였다. 그는 최초의 헤지펀드인 A.W. Jones & Co.펀드를 설립하여 공도매와 레버리지전략으로 수익을 극대화하였다. 그 당시 기자인 루미스(C. Loomis)가 이 펀드를 헤지펀드라고 최초로 소개하였다. 그는 펀드의 특성으로 증권거래위원회(SEC)의 규제를 피할 수 있는 파트너십 형태이면서 매니저의 종목선정 능력과 적정매매시점의 판단을 소개하였다. 1980년대 로버트슨(J. Robertson)의 타이거(Tiger)펀드가 글로벌 매크로전략과 파생상품투자로 과감한 포지션을 실행하였다.

1997년 아시아 금융위기는 헤지펀드투기[01]의 영향을 받았다. 순간적 투기자금의 이탈과 대량 공매도는 아시아 금융시장의 위기를 더욱 확대시켰다. 또한 1998년 롱텀캐피털(Long-term Capital)의 파산도 신용스프레드 축소의 기대에 대한 이탈, 과다한 레버리지 및 장외파생상품 계약 등의 결과로 발생하였다. 그리고 2000년대 IT버블과 부동산투기는 2008년 글

01 일부 헤지펀드는 균형시장에서 초과수익을 획득할 수 없기 때문에 인위적으로 균형시장에 변동성을 확대시켜서 단기차익거래를 실현한다.

로벌 신용위기를 발생시켰다. 이 과정에서 미국의 부실 피해액은 최고 약 3조달러로 추산되며 그 여파가 오랜기간 지속되었다.

사모투자회사(PEF)는 전문투자자를 제외한 50인 미만의 투자자에게 사모로 자금을 모아서 운용한다. 사모펀드는 투자위험성이 크기 때문에 사모적격투자자에 한하여 투자를 허용하며 최소투자한도 5억원이다. 그리고 개인투자자 및 비상장법인은 손실감수능력이 있는 고액자산가에 한하여 직접투자를 허용한다. 법률적으로 사모펀드는 전문투자형(헤지펀드)과 경영참여형(PEF)으로 구분하고 있다.

표 11-1 | 대안투자펀드의 규제

펀드유형	헤지펀드	사모투자펀드
운용자	등록 사모집합투자업자	GP 등록한 자
펀드설립	사후 보고	사후 보고
투자전략	롱-숏전략, 글로벌매크로전략, 이벤트드라이븐전략, 시장중립전략, 차익거래전략, 이머징마켓전략 등	벤처캐피털전략, 바이아웃전략 메자닌전략, 특정상황전략 등
대기업 규제	투자제한 강화	계열사 거래 제한

주: 일반주택: 2년 내 처분금지, 기타주택: 제한 무
자료: 금융감독원, EVCA(European Private Equity and Venture Capital Association)

2. 운용구조

헤지펀드는 소수 투자자들이 사모투자 파트너십으로 자산의 변동성에 따른 무위험차익거래로 절대수익을 추구한다. 변동성은 개별시장의 관점에서 볼 때 효율적이지만 전체시장에서 보면 비효율적으로 차익거래의 기회가 발생한다. 이러한 이유로 글로벌투기자본이나 핫머니(hot money)는 대규모 자본을 활용하여 차익거래를 통한 이익을 창출한다.

미국에서 헤지펀드는 투자자수 99명 이내의 파트너를 한정하여 1인당 최소 약 1백만달러 이상의 투자를 요구한다. 이 펀드는 설립이나 운용상에서 감독당국 등록 및 공시의무가 면제되는 등 상대적으로 규제가 약하다. 세계를 대상으로 국가와 상품을 교체하면서 운용하고 환율변동이 중요 관심사항이다. 재간접헤지펀드(fund of hedge funds)는 일반투자자들이 가장 보편적으로 참여할 수 있는 헤지펀드이다.

풍부한 유동성은 시장위기에서 자금의 우위를 확보하여 시장가격의 오류보다 유동성프리미엄으로 초과수익을 발생시킨다.

표 11-2 | 일반펀드와 헤지펀드의 비교

구 분	일반펀드	헤지펀드
목표수익	상대수익률	절대수익률
모집형태	공모(투자신탁, 투자회사)	사모(투자회사)
GP출자	없 음	일정비율
투자자산	제한(주로 증권)	제한 없음
투자자수	제약 없음	99(일부 499)인 이하
투자위험	시장위험	운용위험

펀드의 등록지역에 따라서 역내펀드는 개인사업자, 유한책임파트너(limited partnership), 주식회사, 유한회사 등의 형태로 구성한다. 주주는 유한책임으로 채무에 대하여 책임을 지지 않는다. 역외펀드는 자산보관과 업무수탁을 역외국가에서 수행하고, 자문사는 자국 이외의 지역에 위치한다.

특징으로 ① 시장의 상승 혹은 하락에 관계없이 절대수익을 추구한다. ② 매수포지션, 매도포지션, 레버리지활용 등 다양한 매매기법을 활용한다. ③ 투자전략이나 업종, 특정 국가에 대해 전문성을 가지고 운영한다. ④ 펀드매니저가 지분참여를 하거나 투자수익률과 매니저의 수입을 연동시켜서 대리인문제를 완화한다. ④ 세금이 없는 조세회피지역에 설립하여 운영한다. 그러나 헤지펀드는 거래비용이 높고 포지션 청산과정에서 환금성이 낮다.

3. 운용전략

공매도전략 공매도전략은 시장섹터 간의 평가차이를 이용하고 레버리지를 활용한다. 첫째, 롱숏전략(long/short)은 주가상승이 예상되는 종목의 매입을 확대하고 하락이 예상되는 종목을 대주하여 매도한다. 시장의 흐름에 대응하여 주식의 투자비율을 탄력적으로 조정하고 시장변화에 대응한다. 하락이나 상승 양방향 전망이 모두 틀릴 경우 손실폭이 예상보다 커질 수 있다. 헤지펀드는 대량 공매도로 주가를 하락시키고 재매입하여 공매도를 청산하여 이익을 얻는다.

둘째, Covered short은 공매도시점에서 주식을 이미 차입하거나 차입 가능한 경우의 공매도이다. Naked short은 결제를 위한 차입이 안된 경우의 공매도이다. 공매도거래는 결제시점까지 차입을 확보하지 못하면 결제 불이행이 발생할 수 있다. 공매도는 부정적 정보를 시

그림 11-1 증권대여와 공매도과정

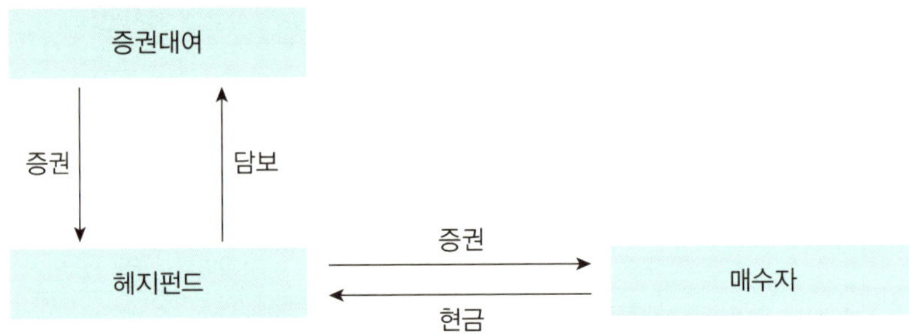

장에 전달하여 과도한 평가와 비합리적 과열의 가능성을 축소시킨다. 또한 금융사기 및 타당성 없는 버블에 대한 방어수단으로 딜러에게 유동성을 제공하거나 딜러의 서비스로 유동성을 보장한다.

셋째, 순수공매도(dedicated short)전략은 과대평가된 주식만을 대주하여 공매도한다. 그러나 유동성이 낮은 소형주를 공매도할 경우 매입가격이 폭등할 위험이 존재한다. 단독 공매도도 이론적으로 무한대의 손실을 볼 수 있다.

넷째, Long/short전략은 주식보유와 공매도를 결합하여 상승예상종목을 매수하고 하락예상종목을 공매도한다. 예를 들어 1억원을 금융회사에 예치하고 A주식을 9천만원에 현금매입하고, 고평가된 B주식을 차입하여 8천만원에 매도한다. 따라서 90%의 매입포지션과 80%의 매도포지션으로 10%의 순포지션을 보유한다. 그러나 거래비용의 부담, 빈번한 매매거래, 매매체결의 지연, 강세장의 성과저조, 그리고 순포지션의 매입포지션 편중현상 등이 나타난다.

차익거래 차익거래는 무투자, 무위험으로 확실하게 이익을 확보하는 방법이다. 첫째, 순수차익거래(pure arbitrage)는 무위험으로 무위험이자율보다 높은 수익률을 추구한다. 기본전략으로 Market Neutral(시장중립)전략은 상관관계가 높은 주식이나 섹터의 반대거래로 시장의 방향성과 무관하게 가격스프레드를 활용한다. 모든 위험요소가 완전히 헤징된다면 포트폴리오는 무위험으로 무위험이자율에서 거래비용을 뺀 수익률을 얻는다. 시장중립의 방법으로 ① 금액기준중립성(dollar neutrality)은 매수와 공매도의 금액을 일치시키기 위하여 정기적으로 매수와 공매도 간 포지션의 균형을 맞춘다. ② 베타중립성은 포트폴리오와 시장수익률 간의 상관관계가 없도록 베타를 중립하여 수익을 창출한다. ③ 업종중립성(sector neutrality)은 매수와 공매도 포지션을 동일한 업종 또는 산업 내에서 균형을 맞춘다. ④ 시

그림 11-2 위험요인의 분해

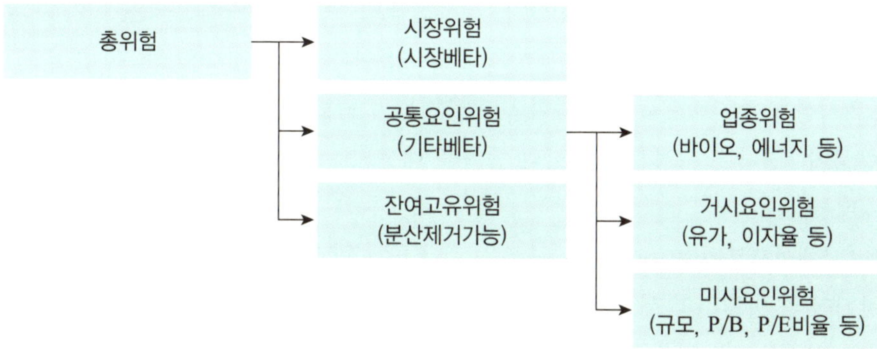

장요인중립성(factor neutrality)은 시장모형으로 포트폴리오의 위험 원천을 정확히 찾아서 그 원천의 노출도를 측정하여 중립화한다. ⑤ 더블알파전략은 특정 위험에 대해서 0베타로 매매에서 알파 또는 적극적 수익을 추구한다.

둘째, Managed Futures(CTA: Commodity Trading Advisors)전략은 상장된 상품선물 및 금융선물거래를 주로 금융공학(algorithmic)적으로 실행한다. 시스템트레이딩은 우선 이동평균선의 수렴/이탈을 파악하고, 추세의 소멸을 포착하기 위하여 이동평균선에서 단기변동성을 제거한다. 매일 24시간 광범위한 상품선물거래를 실시하면서 총위험은 운용 알고리즘으로 통제한다. 그러나 알고리즘을 이용한 파생거래는 시세조종행위로 불공정거래를 발생시키기도 한다. 미국 소재 알고리즘 트레이딩 전문회사의 트레이더가 코스피200 야간 선물시장에서 시세조종을 하였다. 투자종목에 대한 높은 시장지배력(약 35% 내외)을 유지하고 가장매매, 물량소진 등의 수법으로 시세를 조종하여 약 141억원의 부당이득을 취득하였다.

그림 11-3 알고리즘을 이용한 파생상품 시세조종사건

자료: 금융감독원

셋째, 채권차익거래전략은 채권파생상품의 비정상적 가격괴리를 활용하여 채권의 보유포지션과 공매도포지션을 동시에 실행한다. 투자전략으로 ① 상대가치전략은 두 개 이상의 채권에 위험을 분산시키고 상대적 비정상가격을 이용한다. ② 시장중립전략은 보유포지션과 공매도포지션을 주기적으로 조정하여 이자율변동의 중립(듀레이션의 제로화)을 유지한다. ③ 방향성매매전략은 비정상적 가격의 종목을 대상으로 스프레드나 이자율의 방향을 이용하여 매매한다.

넷째, 국채이표분리(strip)전략은 쿠폰을 지급하는 채권을 원금과 이자로 분리하여 서로 다른 만기를 가진 일련의 제로쿠폰을 만든다. 신규 채권명칭은 CATS, TIGERS, LIONS 등 고양이과 이름을 사용하며 공정가치보다 높은 가격으로 매도한다. 즉, 채권가격이 분리된 부분들보다 낮은면 분리부분을 공매도하고, 매도대금으로 채권을 매수하여 공매도포지션을 해소한다. 예를 들어 액면 1,000원, 만기 5년, 연 5.5%의 채권의 현재 이자율이 5%일 때 원금 1,000원과 5개의 이표(연 55원)로 분리하여 5%로 할인하여 평가한다. 제로쿠폰채의 공정가치는 초기 채권가치와 동일하며 제로쿠폰만 프리미엄을 붙여 판매한다.

다섯째, 유사차익거래(near arbitrage)로 ① 전환사채[02] 차익거래전략은 저평가된 전환사

그림 11-4 델타헤징의 과정

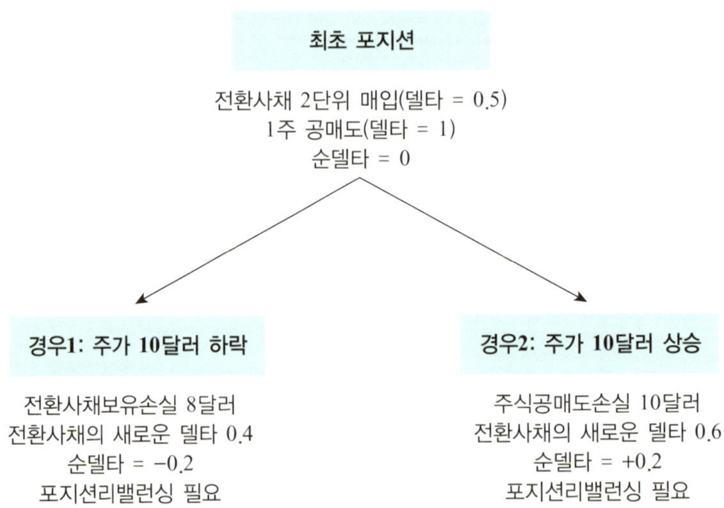

02 전환사채의 가치평가법으로 구조적 접근법은 기업의 자본과 부채를 조건부청구권으로 간주하고 옵션가격결정모형을 활용하여 계산한다. 축약형태 접근법은 부도발생시점에서 회수할 수 있는 가치를 평가하고 부도율/회수율, 신용스프레드를 활용한다. 그리고 Monte Carlo시뮬레이션은 사전에 이자율 및 주가에서 발생 가능한 다양한 시나리오를 모의실험하여 전환사채의 가능한 가치를 계산한다.

채의 전환권을 매수하거나 전환사채 매수와 기초자산 매도를 병행하여 낮은 위험을 추구한다. ② 델타헤징전략은 가격이 저렴한 전환사채를 매수한 후 가격괴리가 해소될 때까지 리스크를 관리한다. 이자율위험은 선물매도나 스왑을 활용하고, 주식은 기초주식을 공매도하여 헤징한다. 공매도 주식수는 옵션부분의 델타에 전환주식수를 곱하여 산출한다. 델타가 상승하면 주식을 공매도하여 조정[03]한다. ③ 분리(stripping)와 스왑핑(swapping)전략은 주식의 공매도 또는 일반채권의 공매도로 신용위험을 헤징하고 자산스왑을 한다. 자산스왑은 저평가된 고정 액면이자율의 전환사채를 매수한다. 투자자에게 전환사채를 시장보다 할인하여 매도하고 투자자는 콜옵션을 발행하여 전환사채를 재매수할 수 있다.

여섯째, 합병차익거래(merger arbitrage)전략에서 피인수 대상기업의 주가는 LBO, 합병 및 적대적 인수 등을 성공할 경우 인수가격에 수렴한다. 그러나 실패시 피인수 대상회사의 주가는 급락할 가능성도 존재한다. ① 현금공개매수는 M&A 공표시 대상주식을 공개매수 기간에 시장반응을 보면서 매입한다. 시장가격과 M&A 가격 간의 스프레드(프리미엄)는 M&A 공표 30~90일 전 30~50%, 공표시점 5~15% 수준에서 거래된다. M&A 진행 중에 주식시장이 폭락하여 보유주식의 가치가 하락하면 M&A의 성공 가능성이 낮아진다. ② 주식교환공개매수(고정교환비율)는 공개매입자가 주식인수대금으로 자사의 주식을 지급하는 주식교환 공개매수이다. 인수대상기업의 주가가 공개매수의 주가에 따라 변동하면서 합병 후 최초 매입가를 하회할 위험을 가지고 있다. ③ 복합합병제안은 주식의 교환비율을 일정 기간의 주가로 결정하는 칼라(collar)인수를 제안한다. 고정칼라인수는 인수자가 두 주식 간의 교환비율을 고정하면서 자사의 주가범위를 지정하여 범위 이탈시 합병계약 취소, 재협상권 및 M&A 거래가치 상하한선을 설정한다. 그리고 변동칼라인수는 합병승인 여부를 결의할 주주총회 직전까지 사전에 정해진 가격범위를 벗어나면 양측이 계약을 취소하거나 재협상을 실시한다.

일곱째, 캐리트레이드(carry trade)전략은 고수익률 상품을 보유하고 저수익률 상품을 공매도한다. 최근물(on-the-run)과 기존물(off-the-run) 국채전략은 값이 싼 기존물 국채를 매입하고 비싼 최근물 국채를 매도한다.

열덟째, 수익률곡선 차익거래는 만기가 다른 채권의 매수포지션과 매도포지션을 구성하는데 저가의 단기국채를 매도하고 고가의 장기국채를 공매도한다. 또한 swap-spread 가치수렴 트레이드전략은 스왑이자율과 국채수익률의 스프레드와 동일한 양의 현금흐름을 발생시킬 수 있다.

---

03 헤징의 조정방법으로 기간기준은 사전에 정해진 시간간격마다 조정하고, 가격기준은 주가가 사전에 정해진 수준에 도달할 때 조정한다.

일반전략 첫째, 신흥시장(emerging market)전략은 신흥국시장에서 과잉인구, 통화의 저평가, 사회간접시설의 개선, 경상수지적자의 감소, 높은 저축률, 장기성장동향 등의 유리한 투자환경과 자본시장의 비효율성을 활용한다. 1981년 아그트맬(A. Agtmael)이 자본시장 개혁을 실행한 국가 중에서 소득이 낮거나 중간 정도인 경제를 신흥시장으로 불렀다. 높은 변동성과 시장의 비효율성을 가진 적정 산업과 국가를 선택할 경우 적극적 투자전략이 가능하다. 국제적 관심을 유발할 수 있는 시가총액 대비 장부가치보다 낮은 기업을 대상으로 적대적 매수전략과 주주행동주의로 투자를 실행한다.

둘째, 글로벌 매크로(global macro)전략은 거시경제분석에 기초하여 특별한 헤징전략없이 공격적 투자를 한다. 투자환경 요인은 달러화 대비 국내통화의 약세, 금과 상품가격의 급등, 이자율 10% 초과, 채권가격하락 및 주식시장강세 등이다. 소로스는 "매크로전략은 게임을 추종하는 것이 아니라 게임의 규칙이 변화되는 것을 찾는 것"이라고 하였다. 시장의 가격변동성이 커질수록 공격적으로 차입하여 투자수익을 극대화한다. 이 전략은 1992년 영국의 파운드화 공격, 1997년 동남아시아 외환위기에서 성공하였지만, 1990년대 일본 엔화투기, 1998년 러시아 루블화투기, 그리고 1999년 유로화투기에서 실패하였다.

재간접헤지펀드(FoHF: Funds of Hedge Funds)는 펀드자금을 복수의 헤지펀드에 배분하여 투자한다. 1969년 Rothchild Capital Management사가 설립한 Leverage Capital Holdings가 효시로서 전체 헤지펀드시장의 30~50%의 시장점유율을 가지고 있다. 장점은 효율적 위험분산, 적절한 투자액 및 투자대상의 접근이 용이하며 전문가의 운용 및 시스템적 자산배분을 활용할 수 있다. 그러나 이중수수료, 중간해약의 유동성 제공비용, 펀드의 통제력 부족, 과도한 분산과 유사 펀드의 중복투자 등의 단점이 있다.

재간접헤지펀드의 선택 및 관리기준으로 ① 헤지펀드에 대한 이해, 여러 시장의 순환주기의 경험, 업계 내 네트워크 및 강력한 협상력 등이다. ② 초기투자전략과 실제투자내용이 차이를 가진 펀드의 선별능력이다. ③ 펀드개발능력 및 실사과정의 확인, 사업모델의 이해, 과거 수익률의 질과 일관성을 검증한다. ④ 전체 포트폴리오를 지속적으로 모니터링한다.

Long Term Capital Management의 실패 이후 헤지펀드는 극단적 위험상품으로 오해를 받았다. 투자시 연금이나 기관투자자 등은 감독규제가 심하여 투자제한을 상당히 받고 있다. 개인투자자들은 투자금액의 최저요건, 세무, 규제, 회계처리, 환노출 등의 관리에 부담을 가지고 있다. 헤지펀드는 펀드선정의 어려움과 선택한 펀드를 모니터링하기 어렵다. 펀드의 최저 투자금액이 커서 직접투자시 단일자산에 대한 포트폴리오 집중으로 분산투자가 어렵다. 장기투자로 투자자금 회수에 많은 기간이 소요되고 공정가치를 통한 해약(해지)도 쉽지 않다.

제2절 사모투자회사

1. 사모투자회사

사모투자회사(PEF: Private Equity Fund)는 사모방식으로 소수 고액투자자에게 장기자금을 조달하여 기업인수, 기업가치제고, 재매각 등으로 수익을 추구한다. 법률상의 회사로서 유한책임사원(LP: Limited Partner)과 무한책임사원(GP: General Partner)을 포함하여 보통 100인 미만으로 구성한다. 유한책임사원은 출자한도 내 책임으로 은행, 보험회사, 연기금, 학교재단 등에서 참여한다. 이에 비하여 무한책임사원은 펀드운용을 책임지는 업무집행사원으로 자산운용회사나 투자은행에서 맡는다.

사모투자회사는 1940년대 후반 미국에서 군사기술을 상업화하기 위하여 재원을 조달한 벤처캐피털에서 시작한다. 크래비스와 로버트(KKR)는 최초 사모투자회사의 공동창업자로 1970~1980년대 LBO펀드를 개발하였다. 투자전략은 성공뿐만 아니라 실패를 인정하면서 조직내부구성원, 금융업계 관계자 및 학자들의 의견을 종합하여 결정하였다. 1980년대 말과 1990년대 초 워크아웃제도는 미국 은행의 대규모 부실자산을 매입하여 투자하는 펀드를 성장시켰다. 그 시절에 밀켄(M. Milken)은 투기등급채권시장을 개척하였다. 사모투자회사는 우수한 투자성과, 소수기업의 집중투자, 다른 자산과 낮은 상관관계, 내부정보의 접근 가능성의 장점을 가지고 있다. 그러나 투자는 최소 3년 이상의 장기투자와 투자대상을 모르는 Blind Pool로 운용한다.

사모투자회사는 자금모집(fund raising), 대상기업투자(investment), 기업가치제고(value-addition), 출구전략(exit)의 단계로 진행한다. ① 무한책임사원(업무집행사원)이 투자자에게 투자참여를 제안하여 자금을 모집한다. ② 투자대상기업에 대한 실사(due diligence)로 회사의 구체적 정보와 타당성 등을 검토한다. ③ 투자집행 후 직접 경영에 참여하고 경영 · 재무자문서비스 등으로 기업가치를 제고한다. 그리고 ④ 출구전략은 투자기업을 다른 투자자에게 매각하거나 상장(IPO) 등으로 투자자금을 회수한다.

투자자금의 모집방법에서 크라우드펀딩(cloud funding)은 불특정 다수에게 자금을 모아서 기업이나 프로젝트에 투자한다. 기업이 온라인이나 오프라인을 활용하여 기존 금융회사가 아닌 불특정 다수의 투자를 유치한다. 대표적 대행사로 미국의 킥스타터(Kick Starter)나 인디고고(Indiegogo), 영국의 저스트기빙(Just Giving) · 조파(Zopa) 등이 있다. 그러나 온라

그림 11-5 사모투자회사의 기본운용구조

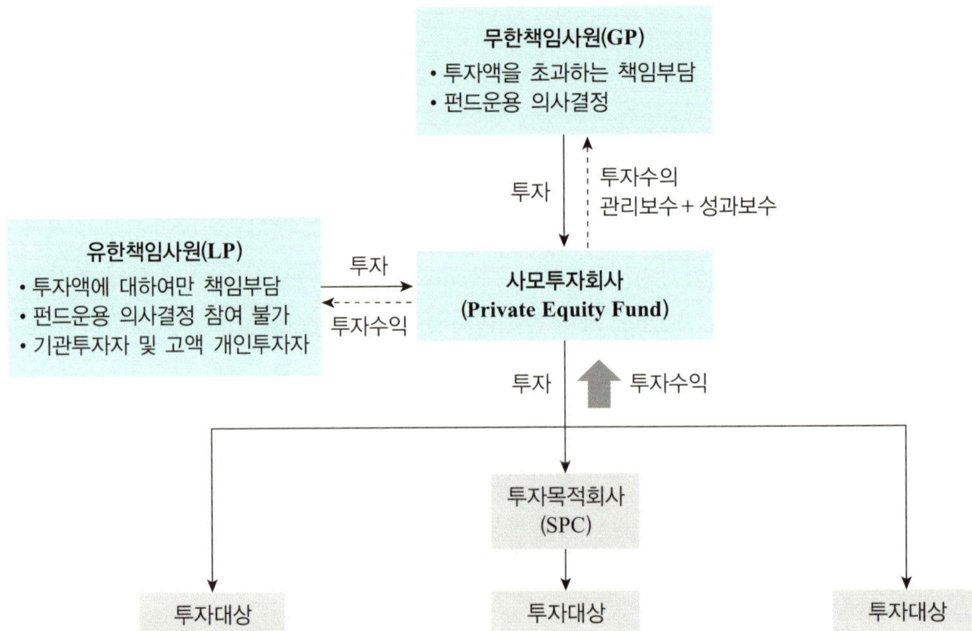

자료: 금융감독원

인에서 개인 간 금융거래는 사고확률도 높고 별도의 투자자 보호장치가 없다.

사모투자회사에서 주주행동주의는 경영이 부실하여 저평가된 기업의 주식을 대량으로 매입한 후 구조조정을 통하여 가치를 향상시킨다. 회사의 부채비율이 낮다면 레버리지를 활용하여 자본구조를 변경시키고 자기자본이익률을 확대한다. 한편 경영이 부실한 기업의 주식을 인수한 후 경영방식의 변경을 시도한다. 2000년 미국계 사모투자회사 '칼라일'은 약 4,000억원에 한미은행을 인수하여 4년 뒤 씨티그룹에 매각하여 6,600억원의 차익을 얻었다. 1999년 뉴브리지캐피털도 5,000억원에 제일은행을 인수한 후 스탠다드차타드(SC)그룹에 재매각하여 1조 1,500억원의 차익을 실현하였다. 그리고 사모투자회사는 조세회피지역에 투자목적회사를 섭립하여 세금납부를 피하고 있다.

사모투자회사는 투자대상국의 전직 관료나 정치인을 영입하여 로비활동을 하고 특혜 산업분야의 기업 또는 표적기업을 인수하여 막대한 이익을 얻는다. 기업가치는 회계적 이익의 확대, 법률에 근거한 세무조작, 그리고 과도한 구조조정 등을 활용하여 제고한다. 이러한 활동이 근본적인 기업가치의 상승이나 구조적인 개선과정을 거치지 않았기 때문에 대상기업의 인수자에게 지속적 경영성과를 보장하지 못하거나 막대한 손실을 전가하는 부작용도 발

표 11-3 | 글로벌 투기자금의 자본유출 현황

외국사모펀드	인수회사	투자규모	투자성과
칼라일그룹/ JP Morgan Partners	한미은행	2000년 11월 투자 약 4,800억원(지분 36.6%)	2004년 5월 매각 약 6,600억원 이익
뉴브리지캐피털	제일은행	1999년 약 5,000억원(지분 51%)	2005년 4월 매각 약 12,000억원 이익
론스타	외환은행	2003년 8월 투자 약 13,830억원(지분 51%)	배당에 의한 출자회수 하나지주 매각
	극동건설	2003년 4월 투자 약 1,700억원(지분 100%)	약 5,000억원 이익
골드만삭스	㈜진로	1997년 부실채권 인수 약 3,200억원 투자	2005년 매각 약 1조원 이익

생한다.

2. 사모투자전략

투자의 목적에 따라서 벤처펀드(venture fund), 기업인수 및 지배구조펀드(M&A펀드, buyout펀드), 그리고 부실자산매입펀드(distressed) 등으로 구분할 수 있다. 첫째, 벤처캐피털(venture capital)전략은 사업전망이 밝은 고위험의 벤처기업에 투자하고 경영관리, 자금, 기술 등을 지원하여 벤처기업의 성공과 이에 따른 자본소득을 추구한다. 신설기업은 고도의 기술력과 성장성이 있지만 자본과 경영능력이 취약하다. 벤처캐피털의 방법으로 ① 벤처캐피털펀드가 기업의 초기부터 자금을 공급하고 성장을 지원한다. ② 대기업이 신생기업의 기술력을 이용하거나 상장이익을 목적으로 투자한다. ③ 사모투자회사가 투자자에게 자금을 모아서 유망 비상장회사에 투자한다. 주로 투자기업이 기업공개를 거쳐서 상장(주식공개)을 하거나 다른 기업이나 펀드 등에 매각하여 투자금액을 회수한다.

둘째, 바이아웃(buyout)전략은 투자대상기업의 지분 또는 핵심자산을 매수하여 경영권을 획득하고, 사업구조조정 또는 지배구조를 개선하여 가치를 증대시킨 후 매각한다. 유능한 펀드매니저(GP)와 경영진의 확보가 성공의 열쇠이다. 적극적 투자는 주식매입보다 부실채권을 대량매입한 후 감자를 실시하여 출자전환(capital decrease and debt-to-equity swap)을 실시한다. 그리고 소극적 투자는 저평가된 부실기업의 주식에 투자하여 자본소득을 얻거나

그림 11-6 벤처캐피털전략의 흐름

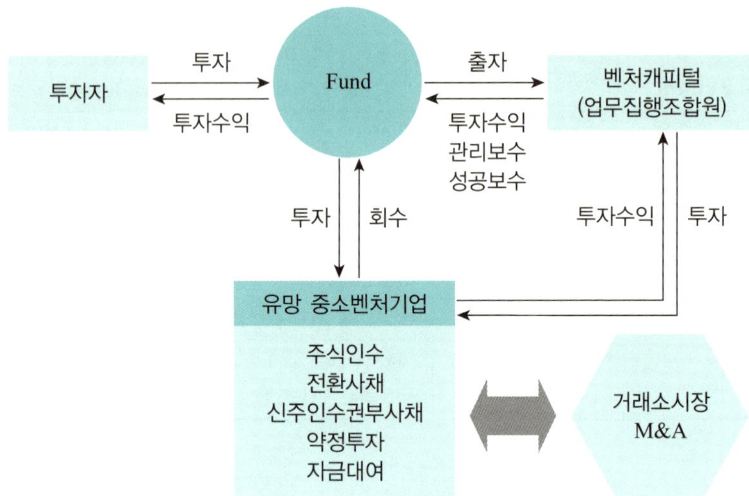

자료: 금융감독원

그림 11-7 LBO의 운용구조

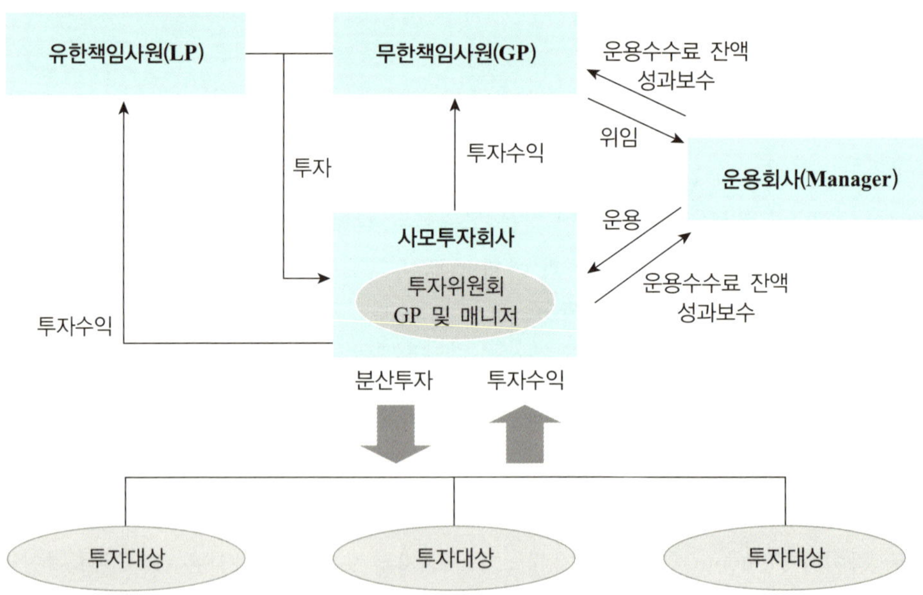

자료: 금융감독원

분산투자하여 위험을 관리한다. 투자대상은 투자회사재산 중 50% 이상이 공정거래법에 의한 기업집단에 속하지 않는 기업의 유가증권이다. 회사의 존립기간이 3년 이상이며 개방형 투자회사가 아니어야 한다.

LBO(leverage buyout)는 경영효율성의 증대, 대리인문제와 지배구조문제의 완화, 소유권 집중의 구조조정, 임직원의 보상체계를 변화시켜서 기업가치를 향상시킨다. 그리고 매수한 기업의 각 사업부문별 또는 자회사별로 분할매각한다. 일부 매수성장전략은 다수의 LBO거래를 통하여 여러 사업부문 또는 기업을 매수하여 기업규모를 확장한다.

셋째, 메자닌(Mezzaine)투자는 신주인수권부사채, 전환사채 또는 후순위채권 등에 투자하여 원금과 이자율을 보장한다. 향후 주가상승, 신주인수권이나 주식전환권의 행사에서 이익을 얻는다. 또한 부실기업(distressed company)이나 부실자산(NPAs)[04]에 대한 투자를 전문적으로 수행하는 Turn around펀드(vulture fund)는 사업 · 재무 · 인력 구조조정, 경영진 교체 등으로 기업을 정상화한 후 매각한다.

부실채권(NPL: Non Performing Loan)은 재정적 어려움으로 일정기간 이자를 지급하지 못하거나 높은 신용위험으로 집중관리가 필요한 채권이다. 채권발행자가 지급불능상태에 빠지면 채권이 큰 폭으로 할인되면서 저평가된다. 투자전략은 구조조정과정에서 경영권을 확보하여 20~25% 수준의 수익률을 요구하거나 파산구조조정을 요청한다. 회생계획이 재

그림 11-8 LBO의 흐름

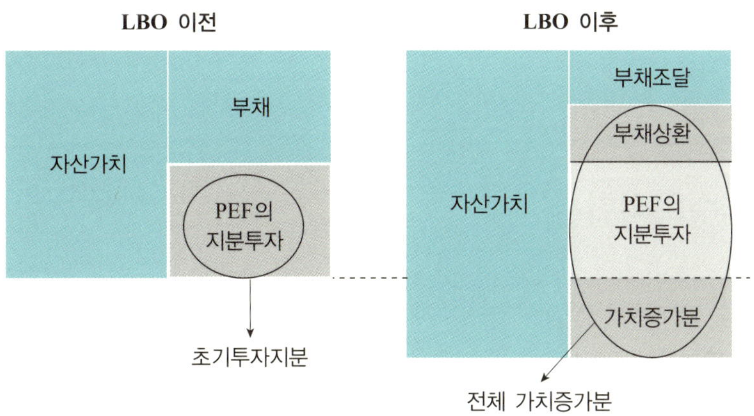

자료: 금융감독원

04 부실기업이란 시장환경, 경영부진 등 일시적 요인으로 영업 및 재무상태가 악화되어 내재가치에 비해 기업가치가 저평가되어 있는 기업을 의미한다. 부실자산은 금융회사보유부실채권(NPLs), 투기등급채권(Junk Bond), 부실기업의 구조조정과정에서 발생하는 매각부동산 등이다.

무적 문제이면 재무상태표에 집중하고 사업문제이면 자산에 집중한다. 대상기업의 가치평가방법으로 ① 시장비교방식은 재무성과지표를 계산한 후 비교 가능한 우량기업의 평균치를 적용하여 기업가치를 도출한다. ② 거래비교방식은 최근 비교 가능한 인수합병에서 인수자가 지급한 가격에서 기업가치를 도출한다. ③ 현금흐름할인방식은 대상기업의 예상현금흐름을 할인하여 현재가치로 평가한다.

표 11-4 | 투자에 따른 가치평가 시나리오

(단위: 백만원)

시나리오	도산시 가치평가	회생시 가치평가
1	기업가치 1,500 선순위채권 1,000(67%) 후순위채권 500(33%)	기업가치 2,100 선순위채권 1,000 후순위채권 1,100
2	기업가치 3,000 선순위채권 1,000(67%) 후순위채권 2,000(33%)	기업가치 2,100 선순위채권 700 후순위채권 1,400

미국의 골드만삭스(Goldman Sachs)는 1997년 진로 부실채권을 2,740억원에 사들인 뒤 1조원 이상의 시세차익으로 300%가 넘는 수익을 올렸다. 골드만삭스는 진로와 컨설팅 자문계약을 맺은 후 진로의 자금흐름을 파악하고 진로 채권을 액면가의 10~20% 수준에서 대량매입하였다. 과다하게 저평가된 채권을 매입한 후 법정관리를 신청하고, 제3자 매각 방법으로 투자금액을 회수하였다. 물론 액면상으로 채권자로서 법률이 허용한 권리행사와 투자전략을 실행하였다.

3. 기업인수목적회사

기업인수 증권투자회사(M&A 증권투자회사)는 동일종목 · 동일회사 투자한도의 제한을 받지 않고, 의결권제한(shadow voting)을 배제하여 M&A 목적으로 활용되는 증권투자회사이다. 기업인수 증권투자회사는 인수합병 추진주체를 형성하고 재원조달을 용이하게 하여 비효율적 기업의 구조조정을 촉진한다. 약관은 인수합병으로 발생하는 위험감수에 대하여 투자자의 인지 및 동의를 사전에 확인하는 절차를 명시한다. 외부차입을 대부분 금지하고 단기매도차익을 추구하는 행위(green mail)도 금지된다. 인수합병 목적의 주식을 취득한 후

그림 11-9 기업인수전략의 구조

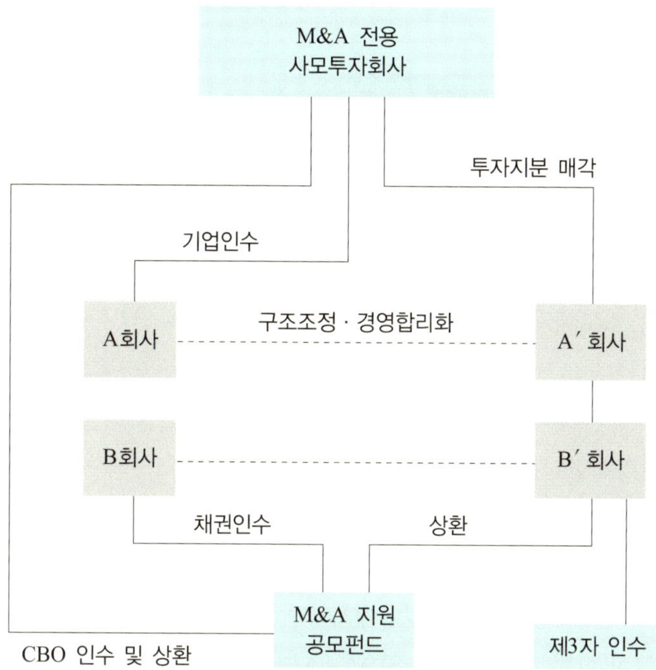

자료: 금융투자협회

일정기간 매각을 금지할 수 있다. 또한 Bondmail은 부실채권을 매입하여 방어포지션(blocking position)을 획득하고, 다른 채권자의 권리를 약화시켜서 자신의 권리를 높이거나 채권을 고가에 매입하게 만든다.

그 유형으로 기업인수목적회사(SPAC: Special Purpose Acquisition Company)는 기업공개(IPO)를 통하여 조달한 자금으로 다른 기업의 합병을 유일한 목적으로 한다. 이 회사가 비상장회사를 흡수합병한 후 법인격을 제외한 사명, 조직 등을 피합병회사와 동일하게 변경하여 우회상장과 유사한 형태로 상장한다. 따라서 다른 기업의 인수합병이 기업가치를 높이고 그 자본이득은 투자자에게 귀속된다. 1993년 미국의 금융투자회사인 Early Bird Capital사가 침체된 기업공개시장에서 상장을 촉진하기 위하여 개발하였다. 국내의 경우 2010년 대우증권의 그린코리아스팩이 최초로 상장된 이후 2014년 말 총 50개 상장에 16개가 합병에 성공하였고 12개사가 실패하였다.

기업인수목적회사의 운용은 법인설립, 기업공개 및 상장, 인수합병으로 이루어진다. 1단계, 소수 발기인으로 기업인수목적회사가 주식회사의 설립절차에 따라 설립되고 발기인이

그림 11-10 기업인수목적회사의 운용구조

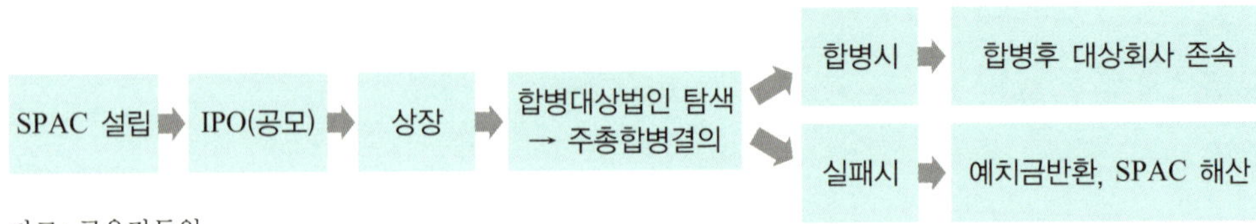

자료: 금융감독원

설립 당시의 발행주식을 인수한다. 2단계, 설립 후 기업공개를 실시하여 공모자금의 90% 이상을 금융회사에 별도예치한다. 기업인수목적회사는 상장요건을 충족하여 발행한 주식을 거래소에서 거래한다. 3단계, 기업인수목적회사는 대상기업을 탐색한다. 대상기업의 가치는 의무 예치금액의 80% 이상으로 발기인과 이해관계가 있는 회사를 제외한다.

대상기업이 결정되면 거래소에서 비상장법인의 상장적격성 심사를 받는다. 거래소의 합병상장심사 승인을 받은 경우 주주총회를 개최하여 일반 주주의 의사에 따라서 M&A 결정을 한다. 주주총회에서 M&A가 승인되면 대상기업은 상장기업의 지위를 얻는다. 그러나 기한 내 인수합병이 완료되지 않으면 의무예치금액을 일반주주에게 반환하는 청산절차를 진행한다. 공모자금이 합병 후 사업회사(SPAC+M&A대상법인)에 귀속되면서 직접 자금조달 효과를 발생시킨다.

기업인수목적회사는 조직형태가 주식회사이고 사모투자회사는 합자회사로 운영된다. 사모투자회사는 투자자의 총수가 49명 이내로 제한되지만, 기업인수목적회사는 투자자의 수에 제한이 없다. 기업인수목적회사는 다른 기업과의 인수합병에 필요한 대규모 자금을 조달하기 위해서 기업공개를 해야 한다. 또한 사모투자회사는 사원 간의 인적 결합이 중요하므로 그 지분의 양도가 어렵지만 기업인수목적회사의 경우 주식회사로서 그 주식을 자유롭게 양도할 수 있다. 마지막으로 사모투자회사는 금융위원회에 등록하고 자산운용 등에 관한 규제를 받는다. 그러나 기업인수목적회사는 일반 주식으로 이러한 규제를 받지 않는다. 기업인수목적회사가 합병관련 정보를 공시하기 전 해당 정보를 알게 된 외부인이 미공개정보를 이용할 경우 내부자거래로 형사처벌을 받을 수 있다.

제3절 실물자산투자

1. 부동산

부동산투자 국제통화기금(IMF)과 국제결제은행(BIS)은 부동산자산의 변동성이 금융시스템으로 전이되는 것을 사전에 인지하기 위하여 부동산가격지수 개발을 권고하고 있다. 주거용 부동산가격지수는 KB국민은행이나 국토교통부에서 발표하여 금융권에서 활용하고 있다. 그러나 상업용 부동산지수로 국토교통부의 상업용 부동산지수, CBRE의 서울 오피스빌딩가격지수, IPD의 한국상업용 부동산가격지수 등이 발표되지만 산출지수에 대한 신뢰성이 부족하다.

부동산 직접투자로 부동산경매는 시세보다 싼 가격으로 구입할 수 있고 토지거래규제의 적용이 면제된다. 그러나 입찰금액 오류시 시세보다 비싸게 낙찰받을 수 있고, 이해관계인의 항고시 경매절차의 지연이나 주거용부동산 임차보증금 상환의무 등을 이행해야 한다. 주택담보대출 이자율은 매매가격변동에 적지 않은 영향을 미치는 요인으로 주택담보대출비율(LTV)[05]이나 총부채상환비율(DTI)에 영향을 준다. 그리고 부동산 간접투자는 신탁회사 또는 자산운용회사를 통하여 적절한 위험관리를 하면서 수익의 안정성을 유지할 수 있다.

부동산 간접투자는 부동산투자회사(REITs), 부동산펀드, 자산유동화증권(ABS) 등으로 할 수 있다. 첫째, 부동산투자회사(REITs: Real Estate Investment Trusts)는 투자자의 위임을 받아서 부동산개발사업이나 임대, 수익성부동산, 부동산관련회사, 프로젝트파이낸싱 및 자산유동화증권 등의 부동산투자를 전문으로 한다.

그림 11-11 간접투자의 방법 및 유형

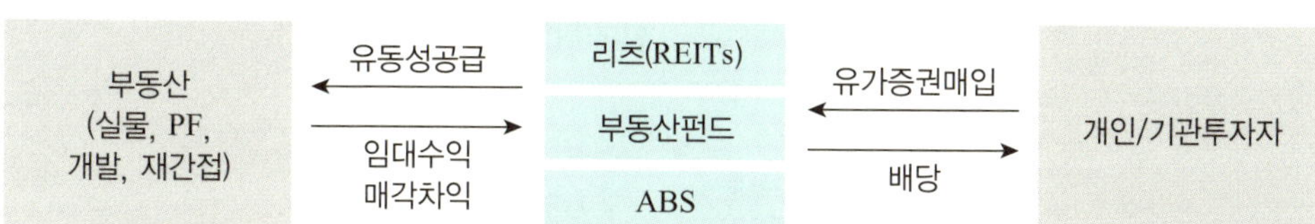

05 주택담보대출비율(LTV: Loan to Value)은 주택을 담보로 돈을 빌릴 때 인정되는 자산가치의 비율로 주택담보대출비율이 70%이고, 3억짜리 주택을 담보로 빌릴 수 있는 최대금액은 2억 1천만원(3억원 × 0.7)이 된다. 또한 총부채상환비율(DTI: Debt to Income)은 주택담보대출을 받을 때 연간 상환해야 하는 금액을 연소득의 일정비율로 제한한 것이다.

둘째, 부동산투자신탁은 다수의 투자자에게 자금을 모아서 부동산투자나 부동산관련 대출을 하고 발생하는 수익을 실적배당한다. 총자산의 50% 이상은 부동산에 투자하고, 나머지는 부동산관련 유가증권과 현금 등으로 운용한다.

표 11-5 | 부동산투자신탁과 부동산투자회사의 비교

구 분	부동산투자신탁	부동산투자회사
관계법규	자본시장법	부동산투자회사법
운용기관	신탁회사, 자산운용회사	자산관리회사
투자대상	• 부동산개발사업의 대출 • 수익성 부동산의 매입 • 개발사업투자	• 수익성 부동산의 매입 • 개발사업의 투자
투자자보호	• 수익자총회, 공시의무 등 • 수탁은행 자산관리	• 주주총회, 공시의무 등 • 자산보관 등 상호감시
투자기간	다양	5년

셋째, 자산유동화증권(ABS: Asset Backed Security)은 고정자산을 기초로 증권을 발행하여 증권 소유자에게 자산이 이전될 수 있도록 한다. 그리고 주택저당증권(MBS: Mortgage Backed Securities)은 금융회사의 주택담보대출을 담보로 발행한다.

그림 11-12 유동화증권의 구조

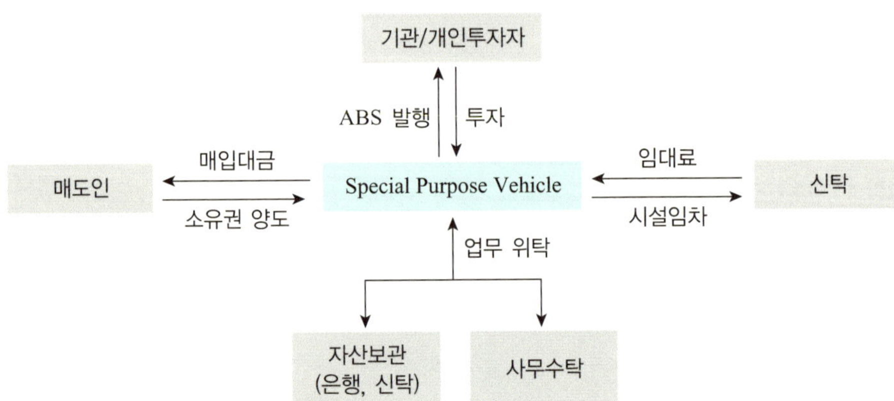

인프라투자 인프라투자는 모집한 자금을 사회기반시설사업(민간투자사업)에 투자하고 수익을 투자자에게 배분한다. 국가에서 사회기반시설투자에 대한 재정을 민간에 분담시키고 정부가 일정수준의 수입을 보장한다. 국가가 사회기반시설을 건설할 때 민간투자사업자는 BTO(Build-Transfer-Operate)/BTL(Build-Transfer-Lease) 방식으로 투자하여 배당금 또는 이자를 받는다.

그림 11-13 BTO방식과 BTL방식

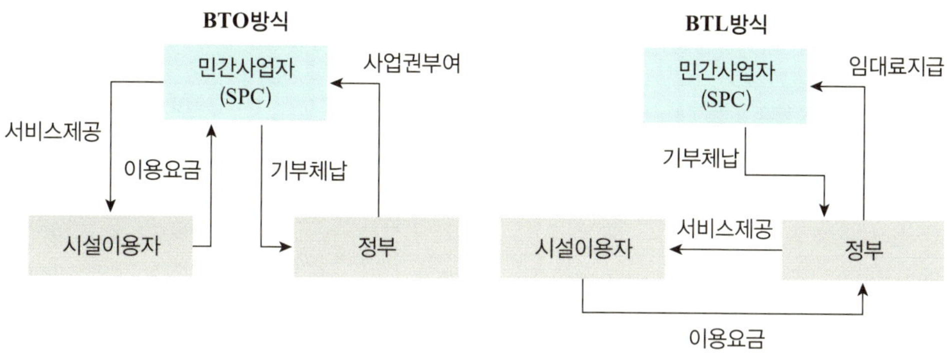

인프라펀드는 자본시장법의 투자회사로 민간투자법의 특례사항 외에는 자본시장법의 적용을 받는다. 실물자산 및 천연자원 등에 대한 수요가 증가하면서 투자도 활성화되고 있다.

그림 11-14 고속도로 인프라펀드의 수익구조 예

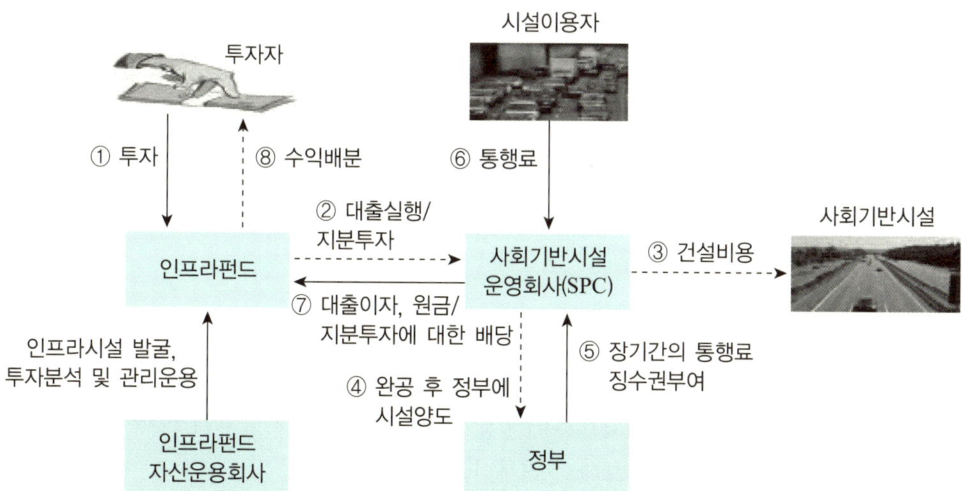

그러나 2006년 민간이 제안하여 건설되는 도로의 최소운영수입보장제(MRG)를 폐지하였고, 2009년 민간사업자의 최소운영수입보장제도도 폐지되었다.

인프라투자는 인플레이션 헤징기능과 함께 장기간에 걸쳐서 안정적 수익을 올릴 수 있고 지속적으로 현금흐름을 기대할 수 있다. 맥쿼리인프라펀드는 민간투자법으로 설립하고 자본시장법을 따르는 상장 인프라펀드이다.

표 11-6 | 맥쿼리 한국인프라의 포트폴리오 현황

(2014년 6월 말, 10억원 기준)

자산명	주 식	후순위대출	선순위대출	합 계	지분율(%)
백양터널	1.2	–	1.4	2.6	100.0
광주 제2순환도로, 1구간	33.1	35.2	142.0	210.3	100.0
인천국제공항 고속도로	58.2	51.7	–	109.9	24.1
수정산터널	47.1	19.3	32.4	98.8	100.0
천안-논산 고속도로	87.8	182.2	–	270.0	60.0
우면산터널	10.7	9.6	–	20.3	36.0
광주 제2순환도로, 3-1구간	28.9	–	49.5	78.4	75.0
마창대교	33.8	79.0	–	112.8	70.0
용인-서울 고속도로	57.8	77.0	–	134.8	35.0
서울-춘천 고속도로	48.6	87.4	–	136.0	15.0
인천대교	74.5	89.4	–	163.9	41.0
부산 신항만 2-3단계	66.4	243.0	–	309.4	30.0
총계	528.1	873.8	225.3	1,647.2	–
비율(%)	33.3%	53.0%	13.7%	100%	–

자료: www.macquarie.com

2. 천연자원

금(gold)은 글로벌시장에서 중요한 위치를 차지하고 세계 주요 사건에 민감하게 반응한다. 금융시장이 불확실할 때 안전도피자산(safe haven)의 기능을 한다. 그리고 모든 국가의 중앙은행 외환보유고에 포함되지만 산업수요는 전체 수요의 10% 정도에 불과하다. 금의 통화 및 금융적 특성이 원자재 특성보다 강력하다.

미 달러의 금태환은 1971년 8월에 중지되었지만 세계 금시장은 24시간 운영되고 있다.

금은 최고의 안전자산으로 지역적 특성에 영향을 받지 않기 때문에 특정 국가의 화폐가치가 폭락하여도 보유한 금의 가치는 변하지 않는다. 금은 물가상승뿐 아니라 전쟁이나 자연재난, 극심한 인플레이션 및 기타 금융시장의 혼란기에 실질구매력을 보전하는 보험기능을 수행한다. 그 역할로 ① 물가상승위험에 대한 안전장치인 동시에 통화가치 하락에 대한 보호막이다. ② 글로벌투자에서 환율변동위험을 헤지하기 위하여 금을 선택한다. 금은 달러가치와 역(−)의 관계, 인플레이션과 정(+)의 관계를 반영한다. ③ 전통적 부자들은 장기투자가산으로 금을 보관한다. ④ 각국의 중앙은행은 금보유량으로 자국의 통화가치를 안정화시킨다.

그림 11-15 | 온스당 금가격의 변화

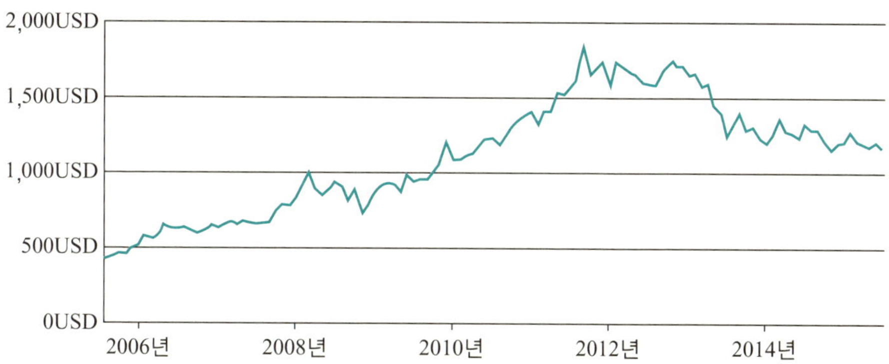

자료: World Gold Council

금시장은 금괴나 금화가 이전되는 실물시장과 실물자산에 대한 권리를 거래하는 paper시장으로 구성되어 있다. 주요 실물시장은 런던, 취리히, 홍콩, 뉴욕, 싱가포르 등이며 금광관련회사들의 주식은 주로 토론토거래소에 상장되어 있다. 수요와 공급에 영향을 미치는 요인들이 굉장히 복잡하여 거래가격예측을 어렵게 한다. 각국 중앙은행에서 자국 화폐의 안정성을 확대하기 위하여 금의 구매를 확대하고 있다.

금은 달러화 가치와 역의 관계이다. 국가경제에 어려움이 닥치거나 금융시장의 혼란기에 자산증식보다 현상유지가 중요할 때 투자매력이 높다. 그리고 인플레이션하에서 실질구매력을 보존할 수 있다. 신흥시장은 금의 실수요 증가와 자국통화 강세시 금가격 하락으로 수요를 증가시킨다. 그러나 기업가치가 상승하면 주가는 상승하지만 시장이 안정화될 경우 금가격은 장기평균에 수렴한다. 금시세는 달러표시로 환율 강세시 손실을 볼 수 있고 금가격은 자체 실물수요에 의존하지 않는다. 세계적으로 남아프리카공화국의 오펜하이머(E.

표 11-7 | 각국 중앙은행의 금보유량(2014년 초)

순 위	국 가	보유규모(톤)	외환보유액 중 비중(%)	변동규모(2009~2013)
1	미 국	8,133.5	71.0	
2	독 일	3,387.1	67.5	−24.0
3	IMF	2,814.0		−403.3
4	이탈리아	2,451.8	66.1	
5	프랑스	2,435.4	65.5	−56.8
6	중 국	1,054.1	1.1	+454.0
7	스위스	1,040.1	7.9	
8	러시아	1,015.1	7.9	+495.7
9	일 본	765.2	2.4	
10	네덜란드	612.5	52.4	

자료: World Gold Council

Oppenheimer)가 1917년 앵글로아메리칸(Anglo-American)[06]을 설립하면서 금시장을 지배하여 왔다.

원유(crude oil)는 세계 에너지공급의 약 40%를 차지하면서 가장 활발하게 거래되는 상품이다. 원유가격의 상승은 물가상승의 압력으로 크게 작용할 뿐만 아니라 산업 전반의 생산에도 부정적 영향을 미치고 있다. 세계 3대 최대 원유생산국은 러시아, 사우디아라비아, 미국이고, 채굴 가능한 매장량의 절반 이상은 중동지역에 있다. 원유의 3대 가격지표는 WTI, 브렌트유(Brent), 두바이−오만유이다.

첫째, WTI 가격은 뉴욕상업거래소(NYMEX)에서 발표한다. WTI는 미국으로 수입되는 원유의 가격을 결정할 때 이용되는 주요 벤치마크이며, 캐나다를 비롯한 북미지역의 내수용 원유가격 결정에도 이용되고 있다.

둘째, 브렌트유 가격은 유럽과 아프리카 원유의 기준가격이다. 브렌트(Brent) 현물은 저유황 경질유로서 플래츠(Platts), 아르구스(Argus), ICIS-LOR과 같은 전문평가기관에서 가격을 결정한다. 브렌트유 가격지수는 바스켓 내 북해지역의 4곳인 BFOE(Brent, Forties, Oseberg, Ekofisk) 유전에서 생산된 원유가격을 기초로 한다.

06 앵글로아메리칸(Anglo-American PLC)은 백금, 금, 다이아몬드, 석탄, 구리, 철광석, 니켈, 공업용 광물 관련 사업을 전개하는 세계적 광산 및 천연자원회사이다. 자회사인 Anglo Platinum은 백금 광산을 소유하며 백금류의 금속을 채굴 · 가공 · 정제한다. 또한 이 회사는 다이아몬드 탐사, 채굴 및 판매업체인 De Beers의 지분 45%를 소유하고 있다.

셋째, 두바이유 가격은 두바이, 오만 및 어퍼자쿰(Upper Zakum) 원유의 현물로 결정한다. 오만유(Oman Blend)는 두바이유를 대신하여 중동 및 아시아에서 가장 중요한 가격기준으로 이용된다. 오만유는 수에즈운하 동쪽에서 생산된 원유 중 현물시장에 상장된 유일한 원유계약이다.

그리고 천연가스(natural gas)는 자연적으로 지하에 매장되어 있는 혼합기체로 연료용 가스이다. PNG(Pipeline Natural Gas)는 가스전에서 채취한 천연가스를 소비지까지 배관을 통해 공급하는 가스이며, LNG(Liquefied Natural Gas)는 천연가스를 −162도로 냉각시켜서 부피 1/600로 축소한 액화가스이다. 천연가스의 소비는 산업용, 소매용, 발전용으로 구분한다. 천연가스의 국가별 매장량은 러시아, 이란, 카타르, 사우디아라비아, 미국, 아랍에미레이트 등의 순이다.

천연자원의 투자방법은 실물자산, 관련기업의 증권투자, 선물계약 또는 ETF투자로 구분할 수 있다. 금투자 방법으로 ① 실물로서 Gold Bar와 Gold Medal을 매입한다. 골드바는 런던금시장협회(LBMA) 인증을 받은 순도 99.99% 제품으로 무게에 따라 1kg, 500g, 100g으로 판매한다. ② 금광회사, 금광탐사 및 개발회사의 주식이나 펀드에 투자한다. 금시세뿐만 아니라 주식시장의 변동에 따른 위험도 부담한다. ③ 글로벌 금시세를 추종하는 금관련 파생상품에 투자한다. 금선물은 현물과 선물 간 가격괴리가 나타날 수 있고, 선물 롤오버(근

그림 11-16 SPDR Gold ETF의 기준가와 거래량 추이

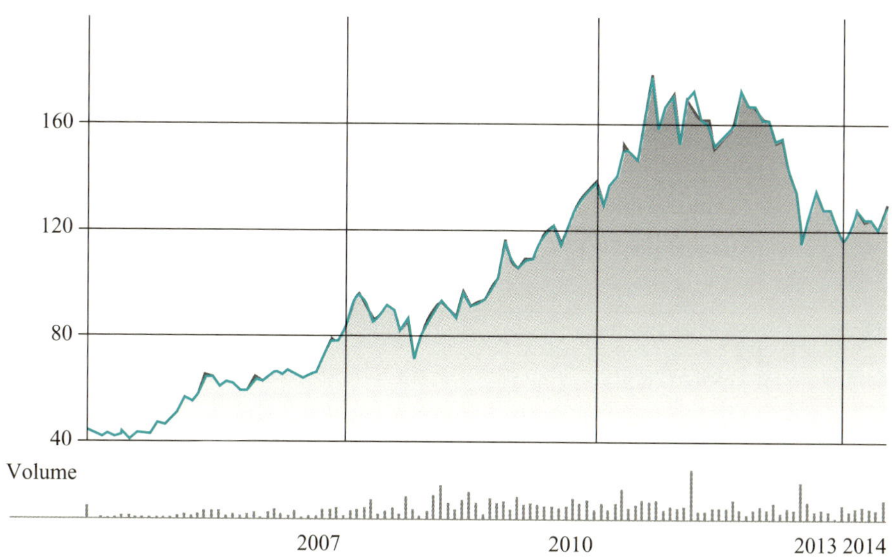

자료: etfs.morningstar.com

월물과 차근월물 교체)에 따른 추가적 이익 및 손실이 발생할 수 있다. ④ 금 ETF에 투자한다. 금 ETF는 금현물과 선물에 주로 투자하며 SPDR Gold ETF가 대표적이다.

3. 상품자산

와인은 6000년 역사의 알카리성 주류로서 100% 포도즙으로 만든다. 그 종류는 Red/White/Rose와인, 일반와인/샹파뉴(스파클링와인), 스위트와인/드라이와인으로 구분한다. 포도주 생산의 4대 요소는 토양, 기후, 품종, 기술이며 자연적 환경(미세기후)이 중요하다.

프랑스는 1000년의 포도재배 역사에서 다양한 와인을 연간 100억 병 이상 생산(전 세계 25%)한다. 프랑스 와인산지는 샹파뉴(Champagne), 보르도(Bordeaux), 부르고뉴(Bourgogne), 보졸레(Beaujolais), 알자스(Alsace), 꼬뜨 뒤 론(Cotes du Rhone), 발 드 르와르(Val de Loire), 랑그독(Languedoc), 루씨옹(Roussillon), 프로방스(Provence), 꼬냑(Cognac) 등이다. 프리미엄와인으로 샤또페트뤼스(Chateau Petrus)는 예수님의 제자 베드로의 이름을 딴 와인이며, 샤또이껨(Chateau d'Yquem)은 러시아 짜르의 사랑을 받은 와인이다. 이러한 와인의 수요가 선진국과 신흥시장에서 증가하고 있지만 공급은 한정되어 있다.

표 11-8 | 와인의 종류

구 분	와인명	특 징
제조방법	Still Wine	기포없는 일반와인
	Sparkling Wine	샴페인으로 샹파뉴와인
	Fortified Wine	스페인 세리/포르투갈 포트
	Flavored Wine	베르무쓰지역
당 도	Dry Wine	달지 않은 와인
	Medium Dry Wine	약간 단맛의 신세계 와인
	Sweet Wine	쏘떼른느와인(Sauterne Wine)
무게감/체급	Light Bodied Wine	가벼운 보졸레 누보 와인, 로제와인
	Medium Bodied Wine	중간 정도의 와인
	Full Bodied Wine	묵직하고 탄닌맛이 강한 와인

그림 11-17 | 와인의 생산과정 예

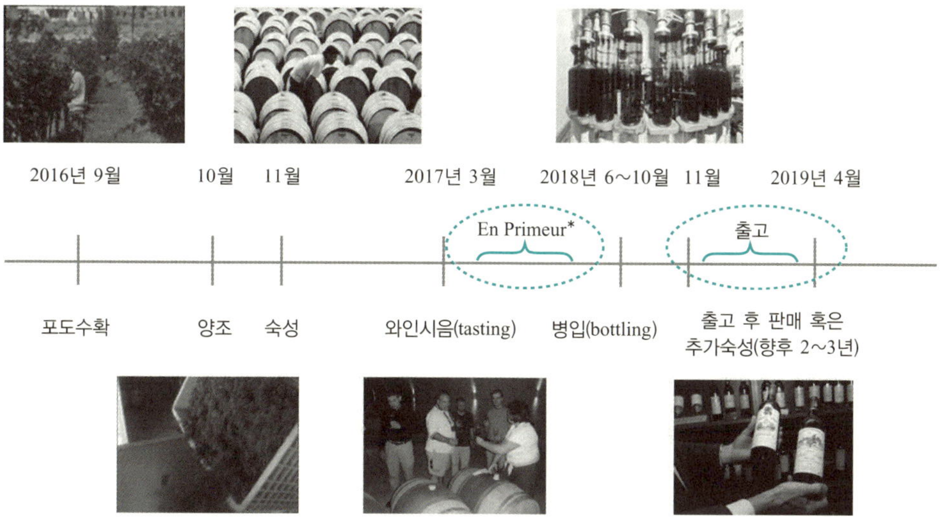

법적 규제인 AOC(Appellation d'Orgine Controlee)는 포도의 품종과 그 사용비율을 통제하고 단위면적당 수확량을 제한하여 가격을 통제한다. 따라서 고급 와인의 가격은 비효율적으로 결정되면서 도 · 소매 등의 유통단계에서 비용과 마진의 부과로 상승한다.

프리미엄 와인가격은 전통적 투자자산에 비하여 변동성이 낮으면서 주식, 채권, 원자재 등과 낮은 상관관계를 가진다. 투자방법은 좋은 빈티지(Vintage), 가격매력도가 있는 와인을 직거래하여 매입하거나 앙프리뫼(En Primeur)로 할인하여 매입한다. 앙프리뫼 또는 앙프리

그림 11-18 | 프랑스산 고급와인의 생산량

La Tache DRC	Chateau Lafite Rothschild	Chateau Haut Brion

연간 약 2,000case (24,000병)만 생산	연간 약 15,000case (180,000병)만 생산	연간 약 12,000case (144,000병)만 생산

자료: IWSR/GDR, 비넥스포(VINEXPO)

뫼 후 단계에서 숙성 중에 가격을 형성하고 가격상승이 이루어진다. 초기 숙성단계 병입 후 10개월~12개월, 중간 숙성단계 병입 후 20개월~5년에 대부분 소비되며, 추가 1~2년의 후기 숙성단계는 주로 수집목적의 소비가 이루어진다.

요약정리 및 생각해 볼 문제

1. 요약정리

- 대안투자는 투자위험을 제거하거나 중립화, 자산별 투자금액의 규제제거, 다양한 투자전략 등으로 절대이익을 추구한다. 헤지펀드는 소수 거액투자자에게 자금을 모집하여 투자자산을 제한하지 않고 고수익을 추구한다. 투자전략은 매수포지션, 매도포지션, 레버리지활용, 기타 광범위한 투자기구 등을 활용한다. 주로 조세피난처에 합자회사 형태로 설립하며 펀드매니저가 GP인 무한책임사원으로 상당한 지분을 보유한다.
- 사모투자회사는 소수의 고액투자자에게 사모방식으로 장기자금을 조달하여 기업인수 및 기업가치제고, 재매각 등으로 수익을 추구한다. 투자의 목적에 따라서 벤처펀드, 기업인수 및 지배구조펀드, 그리고 부실자산매입펀드 등으로 구분할 수 있다. 기업인수목적회사는 기업공개를 통하여 조달한 자금으로 비상장회사를 흡수합병하고, 피합병회사와 동일하게 사명과 조직 등을 변경하여 비상장회사를 우회상장한다.
- 부동산투자는 신탁회사 또는 자산운용회사를 통한 간접투자로 적절하게 위험을 관리하면서 수익의 안정성을 유지할 수 있다. 인프라투자는 모집한 자금을 사회기반시설사업에 투자하고 수익을 투자자에게 배분한다. 금은 자원이지만 산업적 수요보다 금융이나 통화적 수단으로 세계 주요 사건에 민감하게 반응한다. 원유는 세계 에너지시장의 약 40%를 차지하는데 전략적으로 가격을 결정한다. 그리고 프리미엄와인은 보관 및 보전 여부에 따라서 가격이 상승하는 성장자산의 특징을 가지고 있다.

2. 국내 사모펀드가 발전하기 위하여 해결해야 할 과제는 무엇인가?

사모투자회사인 보고펀드가 LG실트론 투자를 위하여 빌린 차입금을 갚지 못하여 채무불이행에 빠지게 되었다. LG실트론의 실적악화로 만기 원리금의 상환능력이 없기 때문이다. 보고펀드는 2007년 KTB사모투자와 공동으로 LG실트론 지분 49%를 인수하면서 1,350억원을 차입하였다. 그러나 2011년 매출액 1조 934억원, 영업이익 1,844억원이었지만 세계적 불황과 태양광사업의 부진으로 2013년 매출액 8,503억원, 영업손실 179억원을 기록하였다. 채권단은 보고펀드에서 인수금융을 상환할 능력이 없는 것으로 판단하고 담보인 LG실트론 지분을 공동으로 매각할 전망이다. 국내 사모투자회사는 기업을 경영하는 바이아웃전략보다 주요 주주로 기업의 성장에 주력하는 그로스캐피털전략을 선호하고 있다.

3. 일본은 버블의 붕괴에서 회복되지 못하였고 초이노믹스는 성공할 것인가?

일본의 주가는 1983년부터 1980년대 후반까지 급속히 상승하여 1989년 말 니케이지수 38,915에 달하였다. 지가의 상승도 상업지에서 주택지, 도쿄도심에서 도쿄권, 대도시권, 지방권으로 파급되었다. 이 시기에 정부는 부동산활성화정책인 민간사업자의 참여, 융자제도의 확대 및 임대주택 수준의 향상 등을 강화하였다. 그러나 니케이지수가 1992년 8월 14,309까지 급락하고 부동산버블도 붕괴되면서 개인신용 불량자의 발생과 부동산 과잉투자 기업의 도산을 경험하였다. 일부 은행도 개인과 기업의 파산에 따라서 부실자산의 증가로 퇴출되었다. 한 국가에서 소득 대비 주택가격비율(PIR: Price Income Rate)은 6을 초과하면 거품지역으로 판단하며, 6일 경우 개인소득자가 6년간 총소득을 전부 저축하면 주택을 구매할 수 있는 수준이다. 국내에서 2014년 부동산 및 금융규제 완화를 골자로 한 초이노믹스는 이 비율의 초과상태에서 침체된 부동산시장을 활성화하려는 경제성장의 정책이었다.

4. 관련 홈페이지

www.blackstone.com
www.bloomberg.com
www.carlyle.com
www.icgplc.com
www.ielp.com
www.kkr.com
www.lonestarfunds.com
www.statestreet.com
www.tpggrowth.com

CHAPTER 12

연금 · 자산관리의 이해

학습개요

국민연금은 전 국민을 대상으로 하며 개인에 따라서 사적연금인 기업연금과 개인연금도 가입할 수 있다. 자산관리는 수익관리와 위험관리로 구분할 수 있다. 투자전략의 변화에 따라서 자산배분을 조정하면서 관리한다. 그리고 투자성과는 위험조정성과와 효율성평가로 확인할 수 있다.

학습목표

1. 연금제도, 공적연금 및 사적연금을 구분할 수 있다.
2. 자산관리방법을 이해하고 포트폴리오를 조정할 수 있다.
3. 투자전략의 변경과 성과측정과정을 설명할 수 있다.

생각해 보기

한국의 가치투자

투자철학은 어떤 상황에서도 그 핵심가치를 유지하여 예측 가능한 결과를 만들어 간다. 강방천 매니저는 재무구조와 사업가치를 파악하여 행동으로 옮기는 투자철학을 고집하고 있다. 대상기업은 환경변화에 따른 어려움을 이겨내면서 좋은 비즈니스모델을 시장에서 검증받고, 미래의 기업환경과 결합하면서 성장하는 기업이다. 또한 이채원 매니저는 밸류이채원펀드를 운용하면서 기술주의 열풍 속에서도 가치투자의 원칙을 고수하여 좋은 성과를 기록하였다. 한국투자증권의 고유계정을 운용하면서 시장수익률이 56.4%일 때 운용펀드의 수익률은 435%였다. 가치주 펀드인 신영마라톤펀드도 핵심기준으로 최소 3년 후에도 믿고 투자할 수 있는 회사에 투자한다. 연평균 주식매매 회전율은 60% 수준으로 목표가격에 도달하거나 최초 투자의사결정과 괴리될 때만 매도하고 있다.

제1절 연금제도의 이해

1. 공적연금제도

국민연금 개인의 은퇴시기는 은퇴 직후의 활동기(go-go years), 과거를 회상하는 회고기(reflective years), 병간호를 받는 간병기(care years)로 구분한다. 이 중에서 활동기와 간병기에 가장 많은 지출이 필요하다. 이에 대비하는 국내 연금제도는 국민연금, 기업연금 및 개인연금의 3층체계로 구성되어 있다. ① 국민연금은 국가가 운영의 주체가 되어서 국민의 기초생활을 보장한다. ② 기업연금은 회사 또는 근로자가 운영의 주체가 되어 안정적 생활의 보장을 추구한다. 그리고 ③ 개인연금은 금융회사가 자산을 관리하면서 개인별 노후생활에 대비할 수 있도록 한다.

표 12-1 | 연금제도의 유형

구 분	주 체	유형(도입기)	담당기관
공적연금	국 가	국민연금(1988년)	보건복지부
		공무원연금(1960년)	행정자치부
		사립학교교직원연금(1975년)	교육인적자원부
		군인연금(1963년)	국방부
사적연금	기 업	기업연금(2005년)	노동부, 금융위원회, 금융감독원
	개 인	개인연금(1994년)	재정경제부, 금융위원회, 금융감독원

국민연금은 고령화, 장애 또는 사망으로 소득이 감소할 경우 일정한 급여를 지급하여 소득을 보장하는 사회보험이다. 지급받는 급여는 노령연금(분할연금), 장애연금, 유족연금, 반환일시금, 사망일시금이다. 1988년 국민연금은 운영주체인 국민연금공단을 설립하고, 10인 이상 사업장의 18세 이상 60세 미만의 근로자 및 사업주를 가입 대상으로 하였다. 그 후 1992년 5인 이상 사업장, 1995년 농어촌지역 및 1999년 도시지역까지 확대하여 전 국민을 대상으로 한다.

가입자를 구분하면 ① 사업장가입자는 국민연금가입 사업장의 18세 이상 60세 미만의 사용자 및 근로자이다. ② 지역가입자는 사업장가입자가 아닌 사람을 대상으로 한다. ③ 임의가입자는 사업장가입자와 지역가입자가 될 수 없는 사람으로 60세 이전에 본인의 희망으로

표 12-2 | 국민연금 급여의 종류

연금 급여(매월 지급)		일시금 급여	
노령연금	노후 소득보장의 기초 급여	반환일시금	연금을 받지 못하거나 가입할 수 없는 경우
장애연금	장애로 인한 급여	사망일시금	유족연금 또는 반환일시금을 받지 못할 경우
유족연금	가입자의 사망으로 인한 급여		

가입할 수 있다. 소득이 없는 27세 미만인 자도 임의가입자가 될 수 있다. 임의가입자는 1개월 이상 가입자 또는 가입자였던 자로서 65세에 달할 때까지 신청하여 임의계속가입자가 될 수 있다.

특히 노령연금은 국민연금가입자가 소득활동에 종사하지 못할 경우 생활안정과 복지증진을 위하여 지급한다. 가입기간이 10년 이상이면 60세('소득이 있는 업무' 에 종사하지 않는 경우 55세) 이후부터 평생 동안 매월 지급받을 수 있다. 노령연금은 가입기간, 연령, 소득활동 유무에 따라서 노령연금과 조기노령연금, 또한 이혼한 배우자에게 지급되는 분할연금이 있다.

주택연금 주택연금은 주택을 담보로 역모기지 계약을 체결하여 매달 일정액의 생활자금을 지급받는다. 만 60세 이상의 고령자가 소유주택을 담보로 평생 혹은 일정기간 매월 연금방식으로 노후생활자금을 지급받으며 국가에서 보증한다. 부부 모두 사망 시 집을 처분하여 대출을 상환한다. 대출자격은 부부 모두 60세 이상, 시가 9억원 이하의 1세대 1주택, 1년 이상 거주 및 보유한 사람이다. 대출이자율은 부동산을 담보로 양도성예금증서(CD) 이자율에 가산이자율을 추가하여 변동이자율을 적용한다. 조기 상환시 처분하여 정산하고 남는 금액은 상속인들에게 분배되지만 부족한 부분을 상속인에게 청구하지 않는다.

역모기지는 대출원리금이 증가하고 지분이 감소하는 주택대출로 대출잔고와 지분의 관계가 일반적 모기지론과 반대이다. 역모기지의 유형으로 ① 종신지급형은 채무자가 주택을 소유하고 거주하는 동안 연금을 지급한다. ② 확정기간지급형은 계약기간 내에서 연금을 지급한다. ③ 한도설정형은 정해진 한도 내에서 인출하여 사용한다.

가입자는 청장년기에 모기지론을 이용하여 주택을 마련하고 대출이 종료되는 시점인 은퇴 이후 고령기에 그 주택을 담보로 대출받아서 생활비를 마련한다. 주택금융공사가 연금가입자를 위하여 보증서를 발급하고 은행은 보증서를 기초로 주택연금을 지급한다. 고령자들이 생전에 자금상환을 하지 않으면서도 부부가 모두 사망한 후에 주택을 처분하여 정산한다. 주택연금을 신청하기 위하여 ① 신청인이 주택금융공사를 방문하여 보증상담을 받고 보

표 12-3 | 주택연금지급방식

주택유형	종신지급방식	확정기간방식
일반주택	가입 가능	가입 가능
노인복지주택	가입 가능	가입 불가
복합용도주택	가입 가능	가입 가능

자료: 한국주택금융공사

증신청을 한다. ② 신청인이 은행에 대출을 신청한다. 주택금융공사는 자격요건과 담보주택 평가 등의 보증심사를 한다. ③ 주택금융공사는 보증약정체결과 저당권을 거쳐서 금융회사에 보증서를 발급한다. ④ 신청인이 금융회사에 주택연금대출을 실행한다.

그림 12-1 | 주택연금 운용구조

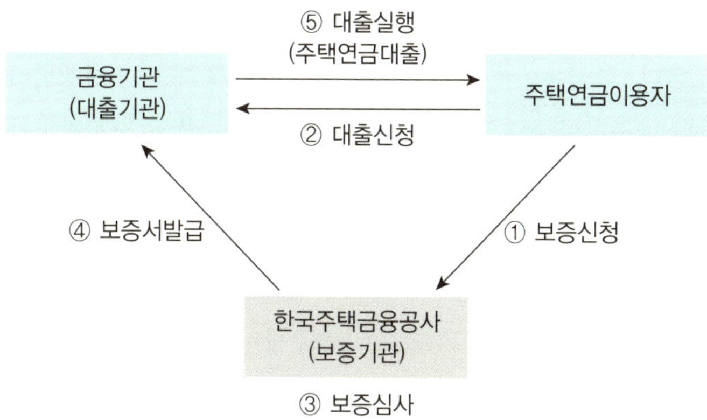

자료: 한국주택금융공사

주택연금은 주택을 소유하면서 사망할 때까지 거주하면서 매월 일정한 금액의 연금을 지급받을 수 있다. 주택연금을 신청하는 시점에 주택의 잔존가치 중 일부를 한 번에 지급받아 자녀들에게 줄 수 있다. 그리고 가입자의 사망시점에 주택가격이 상승하면 상속인은 그때까지 퇴직자가 지급받은 금액과 이자를 상환하고서 주택을 계속 보유할 수 있다.

일반적으로 자녀들은 보통 주택을 상속받을 수 없다고 생각하여 부모의 역모기지 신청을 바라지 않는다. 그러나 역모기지는 자녀에게 일정 현금을 미리 상속하고, 집을 다시 소유할 수 있는 콜옵션이다. 신청자는 안정적 주거를 유지하면서 다른 연금에 가입할 수 있고, 자녀에게 미리 현금을 증여할 수 있다. 가입자가 사망할 때 상속자는 금융회사에 원금과 이자를 상환하고 집을 소유하거나 주택을 양도할 수 있는 콜옵션을 소유한다. 남은 잔존가치는 상

표 12-4 | 최종 주택연금의 처리

금액 비교	비 고
주택처분금액 > 연금지급총액	채무자(상속인)에게 잔여분 귀속
주택처분금액 < 연금지급총액	채무자(상속인)에게 별도 청구 없음

자료: 한국주택금융공사

속할 수 있다. 자녀의 콜옵션 보유와 잔존가치의 상속으로 가입자와 은행이 서로 이익을 얻는다.

농지연금 농지연금은 고령의 농업종사자에게 소유한 농지를 담보로 매월 노후생활안정자금을 지급한다. 가입자가 사망시 담보농지를 처분하여 연금으로 지급한 채무를 상환한다. 가입자격은 만 65세 이상, 영농경력 5년 이상 및 소유농지면적 3ha 이하의 농업인이다. 연금 가입은 신청인 주소지 관할 한국농어촌공사에 신청하고 서류검토 및 현지조사를 거쳐서 지원 여부를 통보한다. 한국농어촌공사가 직접 보증하면서 대출을 진행한다. 월지급액은 수급자의 사망시기를 예측하여 농지연금채권액과 농지가격[01]을 일치시키도록 산출하며, 지급액은 월 300만원을 넘지 못한다. 농업인은 담보농지를 직접 경작하거나 임대하여 추가소득을 올릴 수 있다. 가입자가 사망할 경우 배우자에게 농지연금채무를 승계시키고 연금을 지급한다. 그리고 농지연금 회수시 연금수령액보다 농지처분가격이 클 경우 잔액을 가입자 또는 상속자에게 되돌려주지만 작을 경우 별도로 청구하지 않는다.

그림 12-2 농지연금 운영구조

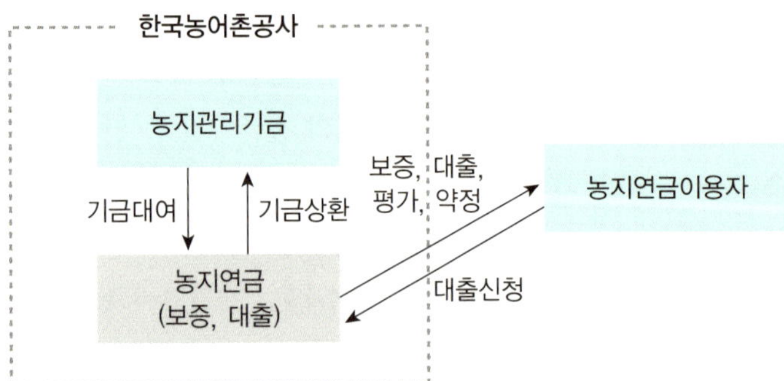

자료: 한국농어촌공사

01 농지가격은 개별공시지가를 기준으로 해당 농지의 면적을 곱하여 산출한다.

2. 기업연금제도

기업연금(corporate pension)은 근로자의 노후소득보장과 생활안정을 위해 사용자가 퇴직금 지급재원을 외부의 금융회사에 적립하고, 이를 사용자(기업) 또는 근로자의 지시에 따라 운용하여 연금 또는 일시금으로 지급한다. 1인 이상의 사업장은 퇴직금제도와 퇴직연금제도를 선택하여 도입해야 한다. 적립금의 외부 운용기관은 특별금전신탁으로 운영하는 신탁계약 또는 특별계정으로 운영하는 보험계약으로 관리한다.

그림 12-3 기업연금의 운영구조

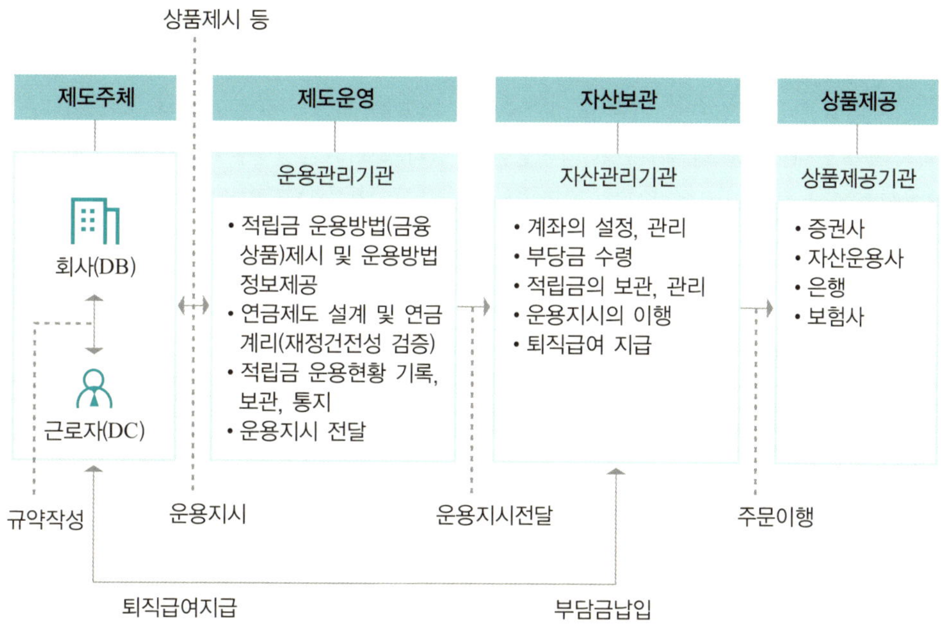

자료: 교보생명

국내 기업연금제도는 사전에 급여가 확정되는 확정급여형, 납입액만 확정되고 급여액이 변동되는 확정기여형, 그리고 개인별로 관리하는 개인형퇴직관리계좌(IRP)로 시작하였다. 확정급여형(DB: Defined Benefit)은 회사가 매년 부담금을 퇴직연금사업자에게 사외적립하여 운용하고, 근로자의 퇴직시 임금상승률 등을 고려하여 사전에 정한 급여수준(퇴직금수준)의 연금 또는 일시금을 지급한다. 사용자는 부담금 전액을 연 1회 이상 정기적으로 퇴직연금규약에서 선정한 금융회사에 근로자 명의로 입금한다. 근로자가 운용관리회사에 운

그림 12-4 | 퇴직연금의 구조

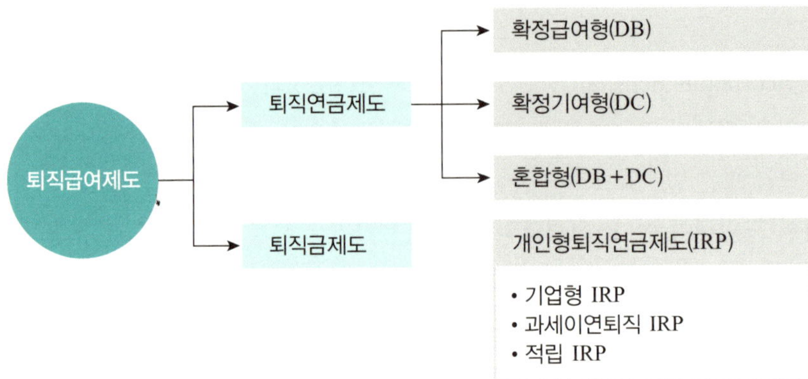

용방법을 지시하고 운용관리회사는 자산관리회사에 운용을 지시한다. 자산운용회사는 금융상품으로 위험과 수익구조가 서로 상이한 3가지 이상의 적립금 운용방법을 매 반기 1회 이상 제시해야 한다. 최종 임금수준이 퇴직금을 결정하므로 임금인상률이 높을수록 유리하다. 사외적립부분이 퇴직급여충당금에서 차감형식으로 표시되어서 기업의 부채비율 개선효과가 있다.

표 12-5 | 확정급여형과 확정기여형의 비교

구 분	확정급여형	확정기여형
부담금	연금계리에 의해 산출	근로자별 연간급여의 1/12 이상 적립
운용지시	사용자	근로자
급여수준	퇴직금과 동일	운용실적 연동
중도인출	담보대출(법정요건 충족 시)	담보대출, 중도인출(법정요건충족)
제도이전	개인퇴직계좌로 이전 가능	확정기여형 또는 개인퇴직계좌 이전
기업/근로자	고용안정, 연공급, 장기근속기업	연봉제, 체불위험, 고용불안정 근로자
과세내용	퇴직소득세, 연금소득세	퇴직소득세, 연금소득세

확정기여형(DC: Defined Contribution)은 기업이 최소한 개인의 연간 총임금 12분의 1을 근로자가 선택하는 상품으로 운용한다. 기업은 매회 정해진 적립금의 납입으로 근로자 퇴직금의 지급이 소멸된다. 적립금 운영성과가 퇴직 후의 연금수령액을 결정하기 때문에 적립금 운용의 위험을 근로자가 부담한다. 사용자는 올바른 투자기회를 갖도록 연 1회 이상 의무교육을 근로자에게 실시한다. 적립금이 근로자 명의로서 기업의 파산에도 수급권을 100% 보

장한다. 연봉제 실시 기업의 경우 매년 중간정산 형태의 퇴직금지급과 유사한 기업의 자금흐름을 가진다. 또한 기업은 당해연도 부담금을 비용으로 인식하여 재무상태표에서 퇴직급여충당금 항목이 없어진다. 운용수익은 비과세혜택을 받을 수 있지만 퇴직 일시금의 경우 퇴직소득세와 연금인출의 경우 연금소득세를 납부해야 한다.

개인퇴직관리계좌(IRP: Individual Retirement Pension)는 근로자가 조기퇴직 또는 이직에도 퇴직금을 적립하여 은퇴자금으로 활용할 수 있는 퇴직연금 전용계좌이다. 일시금을 수령한 퇴직자가 퇴직급여를 IRP에 이전하여 퇴직금을 생활자금으로 소진하는 것을 제한한다. 개인퇴직계좌는 재직 여부와 관계없이 가입할 수 있고 퇴직일시금을 적립 · 운용할 수 있다. 상시근로자 10인 미만 사업장은 개인퇴직계좌에 가입후 확정기여형과 동일하게 운영할 수 있다. 기업형 개인퇴직계좌는 상시근로자 10인 미만 사업장에서 연금규약을 생략하는 등 행정절차를 간소화하여 퇴직연금제도를 간편하게 도입할 수 있다. 그리고 개인형 퇴직계좌는 직장 이동시 받은 퇴직일시금을 비과세로 은퇴시까지 관리한다. 퇴직자는 퇴직일시금을 개인형 퇴직계좌로 이전하여 과세이연으로 실질수령액을 증가시킬 수 있다.

그림 12-5 개인형 IRP 운영구조

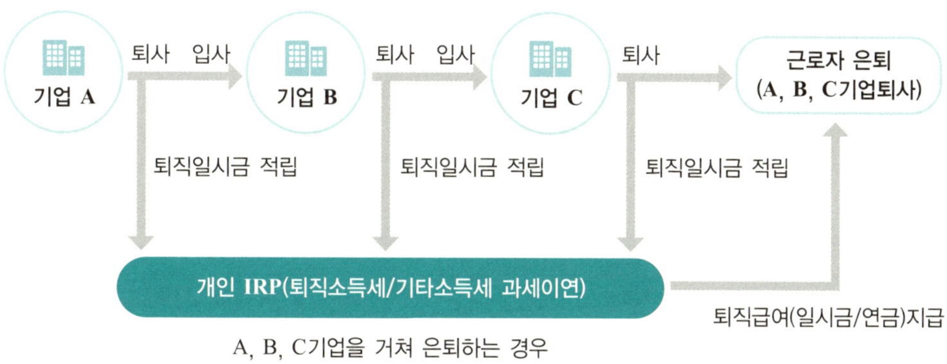

자료: 금융감독원

3. 개인연금제도

연금저축 개인연금(personal pension)은 개인의 임의가입으로 추가 노후소득을 마련하여 여유로운 노후생활을 가능하도록 도입하였다. 연간 최대 400만원 한도 내에서 연간 납입금액의 100%까지 소득공제혜택을 받지만 연금지급시점의 연금소득세와 중도해지에 따른 기타소득세(지방소득세 포함 22%)를 부과한다. 가입 후 5년 이내 중도해지시 해지가산세(지방소득세 포함 2.2%)도 추가된다. 개인연금은 일정조건 충족시 소득공제혜택을 받을 수 있는 세제적격 연금저축과 수급시 비과세 혜택만 주어지는 세제비적격 연금보험으로 구분한다.

표 12-6 | 세제적격 연금과 세제비적격 연금의 비교

상품명	연금저축		연금보험
	개인연금저축	연금저축	일반연금보험, 변액연금보험 등
소득공제	가 능	가 능	불가능
수령시 세금	비과세	과 세	비과세
중도해지시 과세	이자소득세, 5년 이내 추가징수	기타소득세	10년 이내 이자소득세
연금수령	55세~	55세~	45세~

자료: KB금융지주 경영연구소

연금저축은 연금저축신탁, 연금저축펀드, 연금저축보험 등으로 구분하고 있다. ① 연금저축보험은 적립금에 실질이자율을 반영하고 유배당상품의 경우 배당수익을 기대할 수 있다. 종신형은 경우 생존시 지속적으로 연금을 지급하는 대신에 사망시 상대적으로 불리하다. ② 연금저축펀드는 공격적 운용으로 고수익이 가능하며, 개인의 재무목표와 시장상황에 따라서 연 2~6회까지 다른 펀드로 전환할 수 있다. 그리고 ③ 연금저축신탁은 납입원금이 보장되지만 낮은 수익률과 종신형 연금수령의 부재, 높은 거래비용 등을 수반한다.

표 12-7 | 연금저축의 유형별 비교

구 분	연금저축신탁	연금저축펀드	연금저축보험
운용주체	은행 및 증권사	자산운용사	보험사
수 익	실적배당	실적배당	공시이율(최저보증)
안전성	원금보장/예금자보호	원금비보장/예금자비보호	원금보장/예금자보호
납입방식	자유납입식	자유납입식	정기납입식
지급방식	확정기간형	확정기간형	확정기간형과 종신지급형

자료: KB금융지주 경영연구소

연금보험 연금보험은 목돈을 일시에 납입한 뒤 원하는 기간에 연금을 지급받을 수 있다. 소득공제혜택이 적용되지 않지만 10년 이상 유지시 연금소득의 비과세혜택이 주어진다. 납입방식은 일시납입방식(single payment), 정액분할납입방식(fixed periodic payment), 그리고 변액분할납입방식(variable periodic payment)으로 나눌 수 있다. 또한 급여방식은 가입자의 생존기간에 연금을 지급하는 종신연금(life annuity)과 구체적 기간만 지급하는 확정연금(annuity certain) 방식이 있다.

지급시점에 따라서 즉시연금은 가입 후 한 달 후부터 바로 연금개시를 할 수 있으나, 거치연금은 일정기간 거치 후 연금을 개시한다. 지급기간에 따라서 종신연금은 사망시까지 지급받고 사망시 법정상속자가 남은 기간 동안 지급받는다. 확정기간연금은 정해진 기간 동안 연금을 나누어서 받는다. 상속연금은 원금은 유지하고 이자만 받는다. 그러나 종신연금은 일단 연금이 개시되면 해지가 불가능하며, 확정연금이나 상속연금의 경우 해지환급률이 낮다.

제2절 라이프사이클 자산관리

1. 자산관리

현명한 투자자는 강세장세에서 고평가된 종목을 탐색하고 약세장세에서 저평가된 종목을 탐색할 필요가 있다. 특히 가격이 조정을 받는 장세에서 투자자는 확실히 하락하는 시점까지 기다려야 한다. 개인별 투자가치의 인식 차이로 특정 가격이 어떤 개인에게 적정가격이지만 다른 사람에게 고가격일 수도 있다. 이러한 점을 고려하여 자산관리(wealth management)는 수익관리와 리스크관리의 두 가지 측면에서 실시한다.

수익관리는 투자목적을 달성하기 위하여 투자자금을 배분하여 포트폴리오의 위험을 통제한다. 또한 투자자가 직면한 상황과 불확실성을 관리하고 운용성과에 따라서 투자목표의 달성을 확인하면서 자산배분을 조정한다. 이때 잦은 교체매매는 거래비용을 증가시킬 수 있으므로 투자의 균형을 맞출 필요가 있다. 리스크관리는 자산배분을 중심으로 분산투자하여 리스크를 통제할 수 있다.

투자전략은 시장상황에 따라서 ① 최근 실적이 가까운 장래에도 이어질 것으로 예상되면 모멘텀전략을 활용한다. 추세선이나 상대강도 같은 기술적 지표나 이익증가율 모멘텀을 활용한다. ② 모든 실적은 과거 평균으로 회귀한다고 가정할 경우 역발상전략을 활용한다. ③

그림 12-6 | 자산관리과정

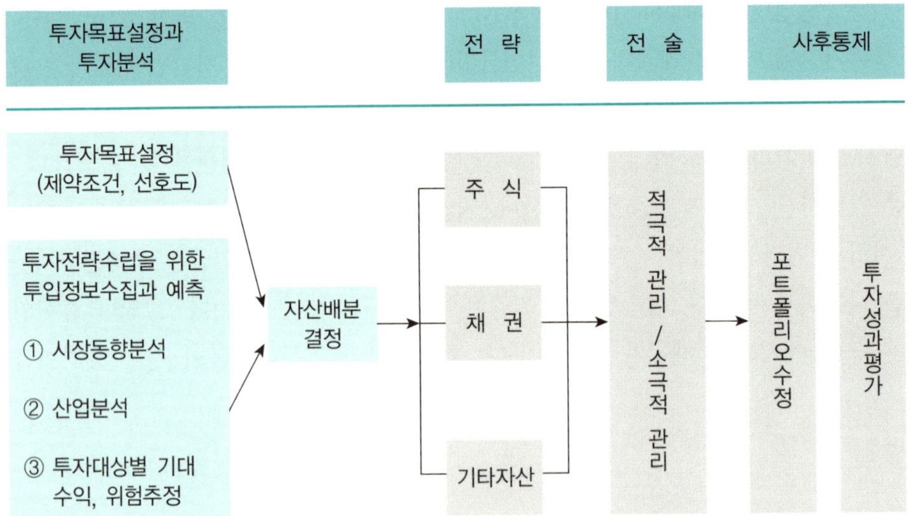

표 12-8 | 주요 투자전략

주요 전략	혼합전략	내 용
인덱스전략	인덱스전략+단기매매전략	ETF 비중조절로 안정성 증대
	인덱스전략+베타전략	시장상황별 베타수준 조정으로 시장초과수익률추구
정기예금+알파전략(단기매매전략)	단기매매전략+테마주	단기전략매매를 테마주 위주로 전개
	단기매매전략+리서치추천주	리서치 추천종목으로 압축(낙폭과대주 등)
	단기매매전략+기업규모별투자	대형주의 일시적 급락시 매매전략
베타전략	베타전략+스타일	가치/성장주 중 시장상황에 따라 베타조정
	베타전략+배당주	베타전략으로 배당+초과수익추구전략
	베타전략+섹터주	시장상황에 따른 레버리지 수준 증대(초과수익)
	베타전략+리서치추천주	추천종목 중 베타수준별 분류 투자
	베타전략+기업규모별 투자	베타수준별 대형주 투자
스타일전략	스타일전략+섹터주	섹터업종을 스타일별로 투자
	스타일전략+리서치 추천주	리서치 추천종목에 대한 스타일분류 투자
	스타일전략+기업규모별 투자	크기별로 스타일을 분류하여 투자(대형성장)
섹터전략	섹터전략+리서치추천주	섹터별 리서치 섹터담당자의 추천종목투자
	섹터전략+기업규모별 투자	섹터별 사이즈별 비율혼합전략
리서치추천	리서치추천+기업규모별 투자	리서치추천주에 대한 규모별 비율혼합투자

시장상황에 과잉반응하거나 과소반응하기 때문에 중립적으로 운용한다. ④ 시장에서 발생하는 오류의 불확실성으로 인덱스 투자전략을 활용한다. 이러한 전략들이 서로 충돌하지 않도록 기본전략과 보조전략으로 나누어서 우선순위를 두고 실행한다.

2. 수익관리

프로파일링 프로파일링(profiling)은 복잡한 개인의 투자행태를 단순화시키는 과정이면서 투자자의 특정한 속성이다. 투자철학과 투자선호도를 파악하는 과정으로 부의 원천, 부의 측정, 라이프사이클, 기대효용과 기대값 등을 기초로 한다. 첫째, 부의 원천으로 성공적 사업가는 높은 수준의 위험성향을 보여주며, 자수성가한 투자자도 위험수용에 친숙하다. 그러나 자수성가한 사람은 개인의 강한 위험 통제력으로 투자의 변동성을 스스로 수용한다. 반대로 보수적 자산관리자는 위험수용을 기피하는데 재산 형성이 유산상속, 증여 그리고 저축에 기초하기 때문이다.

둘째, 부의 측정으로 재무적 행복의 주관적 판단은 재산의 규모만으로 투자자를 분류하기 어렵다. 어떤 투자자에게 충분히 큰 재산도 타인의 입장에서 불충분할 수 있다. 개인의 위험성향은 연령에 의존하면서 위험자산에서 안전자산으로 비중을 이동시킨다.

셋째, 라이프사이클에서 투자전략과 위험성향은 유년시절부터 청소년, 성인, 퇴직, 그리고 사망단계로 이동하면서 변한다. 위험성향은 젊은 시절에 최고점이고 이후 시간이 경과하면서 감소한다. 투자전략은 경험, 생계조건, 초기재산의 규모, 개인의 능력과 야망 등으로 결정한다.

넷째, 기대효용과 기대값으로 투자결정은 기대효용의 수준을 고려하여 수익의 불확실성과 투자자의 기대값을 통합하여 결정한다.[02]

다섯째, 연금은 평생 지속되기 때문에 실질구매력이 중요하다. 인플레이션은 구매력을 감소시키고, 의료비(medicare), 개인소득세 및 주거조건 등도 자금을 유출시킨다.

랩어카운트 랩어카운트(wrap account)는 여러 금융투자상품을 하나의 계좌로 관리하는 종

---

02 기대값의 통합은 7단계로 ① 예상투자기간을 포함하여 필요한 기대요소들을 확인한다. ② 과거자산의 기록들을 조사한다. ③ 적용할 모형, 방법과 정보요구량을 확인한다. ④ 필요한 정보의 원천을 결정한다. ⑤ 선택된 자료와 방법을 사용하여 현재의 투자환경을 분석한다. ⑥ 최종결과를 문서화하고 기대값을 제공한다. ⑦ 실제결과를 점검하여 기대값을 개선하기 위하여 피드백을 실시한다.

합자산관리계좌이다. 금융회사가 투자자에 대한 상담을 기초로 자산을 운용하여 주고 자산관리 규모에 따라서 수수료를 받는다. 미국의 대형 금융투자회사였던 휴튼(E. Hutton)이 처음 개발한 프로그램으로 예탁자산의 확대를 통한 보수(fee) 차원 기반의 거래비용을 추구한다.

랩어카운트는 일임형랩, 컨설턴트랩(consultant wrap)과 펀드랩(funds wrap)으로 구분할 수 있다. 일임형랩 어카운트는 투자자가 운용회사에 자산포트폴리오 구성에서 운용까지 모두 위임한다. 컨설턴트랩은 투자에 대한 조언과 자문만 하고 투자자가 실제거래를 실행한다. 그리고 펀드랩은 투자자의 위험성향에 따라서 적정펀드로 구성된 펀드포트폴리오를 제안한다. 보수가 투자상품이나 자산규모에 따라서 차등을 두거나 할인도 가능하므로 거래비용을 절감할 수 있다. 또한 객관적이고 효과적 자산관리를 실행하므로 투자자와 금융투자회사 간의 이해상충문제를 해결할 수 있다.

표 12-9 | 컨설턴트랩과 펀드랩

구 분	컨설턴트랩	펀드랩
자산운용주체	투자자문회사	영업사원 & 투자자(펀드운용회사)
운용사선정	다소 불투명	정형화된 업무처리
상품의 다양성	다소 제한적임	다양한 상품구성
운용의 유용성	높 음	미 흡
계좌관리비용	주문집행료, 유가증권보호예수비용, 상담비용, 투자자문사운용수수료	상담비용 및 펀드운용비용
최저투자금액	많 음	적 음

개인종합자산관리계좌(ISA) 개인종합관리계좌(individual saving accounting)는 1개의 계좌에서 예금, 펀드, 주가연계증권(ELS) 등 다양한 금융상품을 거래할 수 있고 발생한 소득에 대해 비과세혜택을 부여한다. 투자자가 개인종합관리계좌에 저축하여 5년 이상 투자할 경우 소득의 200만원까지 비과세혜택을 제공한다. 200만원을 초과한 수익은 소득세와 주민세를 합하여 9.9%의 세금만 납부하고 분리과세로 금융소득종합과세를 적용받지 않는다. 가입 당시 직전연도 과세기간에 근로소득 또는 사업소득이 있는 금융소득종합과세 대상자는 제외한다.

가입년도부터 5년간 매년 2,000만원(총 1억원)까지 납입할 수 있고 연간 한도를 채우지 못한 금액의 이월은 없다. 세제혜택을 받기 위해서 5년간 계좌를 유지해야 하며 원금 및 이자 등의 인출이 제한된다. 소득이 있는 15~29세 또는 일정소득 이하 가입자[03]는 의무가입기간 3년으로 3년이 경과하면 언제든지 인출하거나 해지할 수 있다.

투자자는 신탁업 인가를 보유한 은행, 증권, 보험사를 방문하여 개인종합자산관리계좌를 개설(신탁계약체결)한다. 다양한 금융회사의 상품 중에서 계좌에 편입 또는 교체할 상품을 선택하여 신탁업자에게 운용을 지시한다. 그리고 신탁업자는 가입자의 지시에 따라 계좌 내 금융상품의 편입 · 교체, 원천징수 등 계좌관리업무를 수행한다. 가입자별로 분기별 운용보고서를 교부(이메일, 서면 등)하여 투자자가 운용현황을 점검할 수 있도록 한다.

그림 12-7 | 개인종합관리계좌의 운용구조

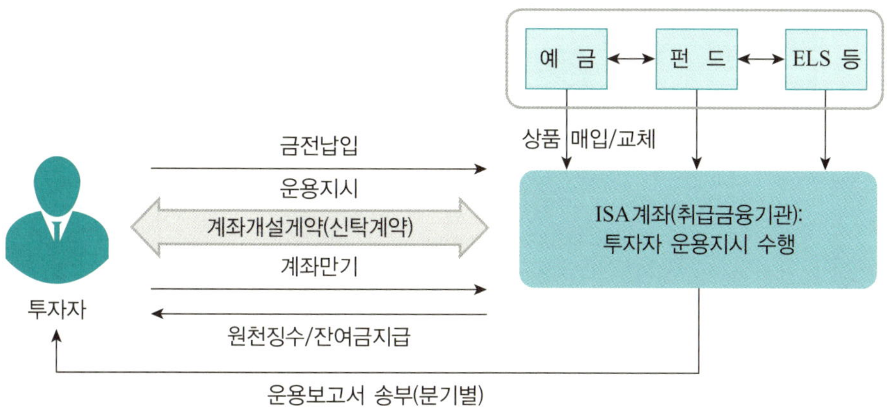

3. 리스크관리

자산배분 리스크관리는 투자대상자산의 선정, 종목당 투자한도 및 매매회전율관리 등을 포함한다. 그 결과는 정기 보고서작성, 리스크관리의 모니터링, 그리고 컴플라이언스 등으로 내부통제에 이용한다. 라이프사이클 포트폴리오는 시간의 이동에 따라 자산배분을 조정하면서 투자리스크를 관리한다. 투자비중의 조정은 초기 위험자산에 투자하고 점차 안전자산으로 교체한다. 시간의 경과에 따라서 위험자산에 대한 비중은 축소되고 안전자산을 증가시킨다. 투자비중은 정기적으로 자산군 내 개별자산을 조정한다. 자산배분의 형태는 위험자산의 비중을 축소하는 방법에 따라서 크게 4가지 유형(긴 쇠퇴형, 짧은 쇠퇴형, 지수형, 로

03 개인종합관계좌에서 일정소득 이하의 가입자는 총급여 2,500만원 이하 근로자, 종합소득 1,600만원 이하 사업자이다.

그림 12-8 라이프사이클투자의 자산배분방법

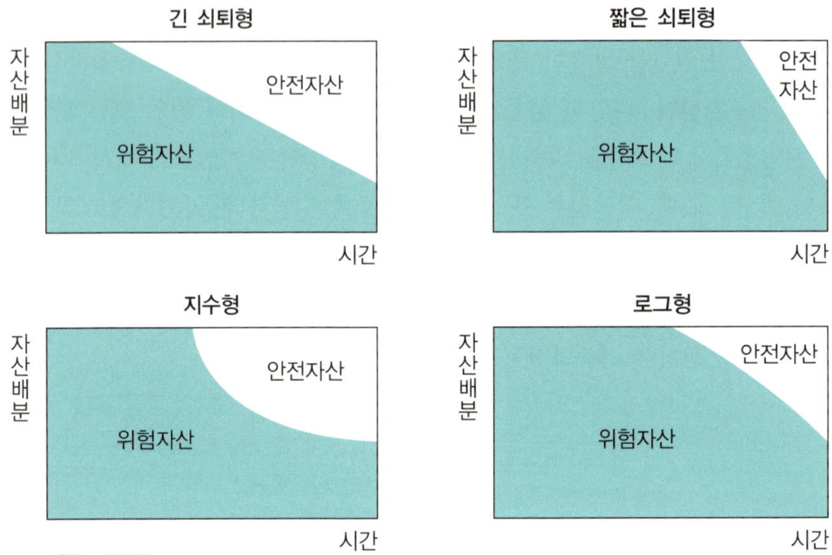

자료: Fidelity

그형)으로 세분화할 수 있다. 각 라이프사이클 포트폴리오는 공격적 투자전략에서 만기에 접근할수록 보수적 투자전략으로 자산을 변경한다.

리스크관리 방법으로 목표만기형(target maturity)은 시간의 경과에 따라서 자동으로 자산을 재배분하는데(SIFT: Set-It-Forget-It), 위험포트폴리오에서 안전포트폴리오로 변경한다. 위험조정의 방법에 따라서 글라이드패스(glide-path)방법은 목표시기에 접근하면서 위험자

그림 12-9 글라이드패스모형과 스텝다운모형

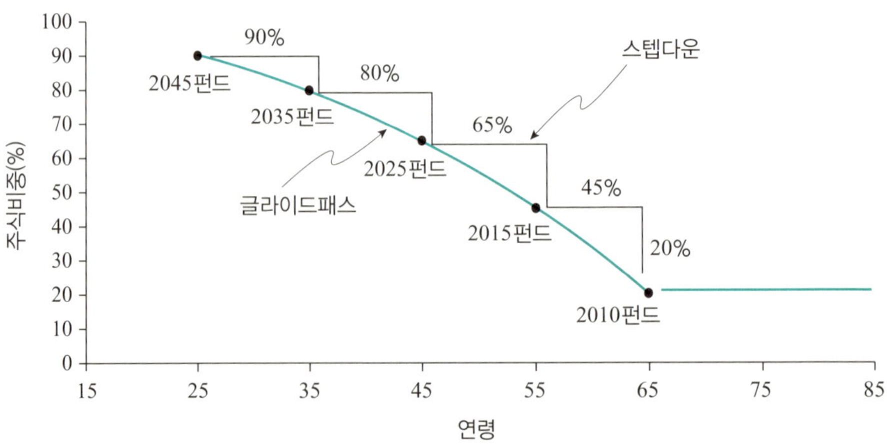

산에서 안전자산으로 조정한다. 스텝다운(step-down)방법은 정기적으로 투자비중을 교체한다. 예를 들어 2045펀드에서 2035펀드로 조정할 경우 주식투자비중은 글라이드패스모형의 경우 서서히 감소하지만 스텝다운모형의 경우 일시에 감소한다.

목표위험형(target risk)은 시간의 경과에 따라 투자자의 위험성향을 고위험에서 저위험으로 전환하여 포트폴리오(DIY: do it yourself)를 교체한다. 위험성향별 표준자산배분은 투자비중의 상한선과 하한선을 제시하여 자산배분의 범위를 결정한다. 목표만기형과 목표위험형은 목표기간에 가까울수록 안전자산의 비중을 증가시키거나 위험을 축소한다. 투자자는 자산관리능력에 따라서 유리한 방법을 선택할 수 있다.

표 12-10 | 만기목표형과 목표위험형의 비교

구 분	목표만기형	목표위험형
투자기준	목표시기	위험성향
자산배분주체	자동으로 자산배분변환	자동으로 적정위험의 유지
자산배분조정	포트폴리오를 자동배분	투자자의 주기적 조정
투자기간	만기목표일에 사전결정	투자기간의 유연성

자료: www.vanguard.com

리밸런싱 포트폴리오 수정(portfolio revision)은 미래 투자상황에 대한 예측이 잘못되었거나 새로운 환경변화로 기존 포트폴리오를 재구성하는 것이다. 수익과 위험이 초기에 의도한 저위험 또는 고수익을 획득할 목적으로 비효율적 포트폴리오에서 효율적 포트폴리오로 수정한다. 초기자산운용의 목표수익률은 실질경제성장률과 소비자물가상승률에 따라서 중장

표 12-11 | 목표수익률과 허용위험한도

기 간	관리지표	관리기준
단 기	목표수익률	단기자산수익률
	허용위험한도	Shortfall Risk ≤ 단기기준수익률
중장기	목표수익률	실질경제성장률 + 소비자물가상승률
	허용위험한도	Shortfall Risk ≤ 중장기기준수익률
전 체	목표수익률	실질경제성장률 + 소비자물가상승률
	허용위험한도	Shortfall Risk ≤ 중장기기준수익률
	자산배분모형	평균 · 분산모형

자료: www.vanguard.com

기 목표에 부합할 수 있도록 설정한다. 허용위험도 인플레이션 기준으로 투자기간 내 감내할 수 있는 최대위험한도를 결정하지만 투자기간의 이동에 따라서 시장상황의 변화로 위험기준을 변경해야 한다.

첫째, 포트폴리오 리밸런싱(rebalancing)은 포트폴리오의 기존 특성을 유지하면서 구성종목의 상대가격 변동에 따른 투자비율의 변화를 원래 비율로 전환한다. 구성비율은 일정수준 또는 투자목표에 맞도록 재조정하여 체계적 위험을 일정하게 유지한다. 이때 상대적으로 가격이 상승한 종목을 매도하고 하락한 종목을 매입한다. 정기적으로 각 자산의 시장가격을 반영하여 투자비중이 변동할 경우 원래 포트폴리오 구성비중을 회복시킨다. ① CMS (Constant-Mix Strategies)는 개별자산의 투자비중을 재조정 주기마다 초기 배분비중으로 일정하게 유지시킨다. 시장에 뚜렷한 방향성이 없으면서 변동성이 클 경우 유용하다. ② 고정목표수정전략은 투자비중이 높아진 종목을 매도하고 낮아진 종목을 매입하여 초기 구성비율로 조정한다. 특정 종목에 대한 집중투자를 회피하면서 비체계적 위험을 감소시킬 수 있다.

둘째, 포트폴리오 업그레이딩(upgrading)은 포트폴리오의 위험을 감소시키거나 기대수익률을 증가시키도록 조정한다. 기존 포트폴리오의 표준편차를 축소하거나 자본시장선을 변경하여 기대수익률을 높이고 위험을 낮춘다. 그러나 이 과정은 복잡하고 전문성을 요구하기 때문에 주로 운용전문회사를 활용한다. 단기상황변화에 대한 포트폴리오의 수정은 거래종

그림 12-10 포트폴리오 업그레이딩

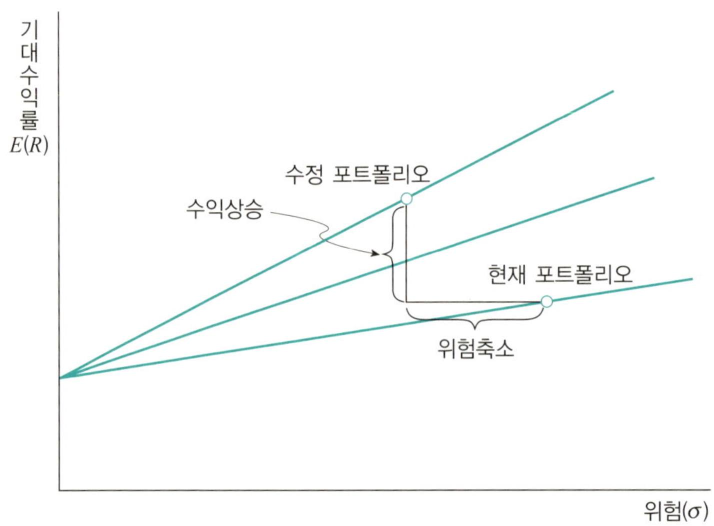

목수와 거래빈도가 많을수록 비용이 증가한다. 투자상황의 변화에 대한 반영은 중장기적인 전략적 자산배분과 단기적인 전술적 자산배분으로 적절히 대응한다.

제3절 투자성과평가

1. 투자성과분해

글로벌투자성과표준(GIPS: Global Investment Performance Standards)은 증권분석사협회(AIMR)에서 1998년 2월 발표한 자산운용성과를 측정하고 공시하는 글로벌기준이다. 증권분석사협회는 세계 각국의 대표자로 투자성과평가위원회를 구성하여 GIPS 기준의 개발 및 적용을 관장하고 있다. 투자성과를 산정하고 공시할 때 공정한 작성과 성과평가의 표준화로 비교가능성을 제고하기 위하여 제정하였다. GIPS는 운용전략에 따라 펀드그룹(composite)을 분류하고 그룹 내 투자성과를 공시한다.

표 12-12 | 컴퍼지트의 구성

자산유형	투자지역	투자스타일	세부전략
주식형	국내, 글로벌, 글로벌신흥국, 아시아태평양, 아시아태평양(일본 제외), 유럽, 남미, 브릭스, 친디아, 중국, 인도, 기타	일반주	액티브
		대형주	패시브
		중소형주, 배당주, 성장주, 가치주, 섹터주	
혼합형	국내, 글로벌, 글로벌신흥국, 아시아태평양, 유럽, 남미, 브릭스, 친디아, 중국, 인도, 기타	주식혼합, 채권혼합, 자산배분, 절대수익	주식비중, 액티브, 패시브, 롱숏, 시장중립, 차익거래
채권형	국내, 글로벌, 글로벌신흥국, 아시아태평양, 유럽, 남미, 브릭스, 친디아, 중국, 인도, 기타	일반채권	듀레이션
		국공채권	액티브
		회사채권	패시브
		하이일드채권	기초통화
		하이브리드채권	

주: 기타 파생상품형(헤지전략형), 실물자산형 등이나 개별지역, 개별국가 등으로 추가분류 가능

벤치마크수익률은 포트폴리오의 비교대상수익률로 성과평가의 기준이다. 기준인 벤치마크지수[04]는 주식, 채권 등의 투자자산군, 투자스타일과 투자전략, 포트폴리오의 위험, 투자자의 특성 등에 의하여 결정한다. 이 지수가 운용전략의 실행 및 성과평가의 기준으로 사용할 경우 투자목적을 달성하지 못한 투자자산을 확인할 수 있다.

표 12-13 | AIMR의 벤치마크수익률

- 모든 포트폴리오들은 반드시 투자전략 또는 투자목적에 부합되는 적어도 한 개 이상의 기준수익률을 적용하여 평가해야 한다.
- 기준수익률이란 성과평가기간의 시작시점에서 모든 새로운 포트폴리오를 포함해야 하며, 합리적이며 일관성 있는 방법에 의하여 만들어져야 한다.
- 포트폴리오는 반드시 투자자와 합의하에 이루어진 문서변경에 의하여 운용지침이 바뀌지 않고서는 다른 기준수익률로 변경하여 적용할 수 없다.
- 전환형 또는 복합증권은 일관성있게 취급되어야 한다.
- 자산수익률(asset-only return)은 자산-현금혼합수익률(asset-plus-cash return)과 혼용될 수 없다.

자료: www.aimr.org

성과요인의 분석으로, 첫째 전략적 자산배분은 각 자산집단별 구성비율과 해당 벤치마크간 실현수익률을 가중하여 계산한다.

전략적 자산배분수익률 = 전략적 자산배분비율 × 해당 벤치마크수익률

둘째, 전술적 자산배분은 매니저의 재량적 판단으로 결정한 비율이지만 매니저가 적극적으로 자산구성을 변경하여 벤치마크 대비 성과를 향상시킨다.

전술적 자산배분수익률 = (전술적 자산배분 비율 – 전략적 자산배분비율) ×
(해당 자산군의 벤치마크수익률 – 전략적 자산배분의 총수익률)

셋째, 운용포트폴리오는 종목선정을 중심으로 기준지표(벤치마크)를 상회할 수 있도록 운용한다.

04 벤치마크지수는 투자자의 투자전략과 조건을 표현하므로 벤치마크의 구성을 파악하면 매니저의 운용전략을 이해할 수 있다.

주식선택능력 = 주식부문 실제수익률 − 주식의 전술적 자산배분비율
채권선택능력 = 채권부문 실제수익률 − 채권의 전술적 자산배분비율

포트폴리오의 성과는 매니저의 여러 의사결정에 따른 성과차이를 분해하여 분석할 수 있다. 성과요인분석은 수익을 다수의 항목으로 분해하여 관련 요인과 대응시킨다. 이 과정은 초과수익 달성의 파악뿐만 아니라 초과수익의 요인인 주식선택기법, 섹터선택기법 등의 성과도 파악할 수 있다. 성과요인은 발생요인별로 수익을 구분하여 사전목표의 달성 여부를 파악할 수 있다.

포트폴리오수익률 = 체계적 요인(A) + 섹타요인 (B) + 포트폴리오고유요인(C)

첫째, 체계적 요인은 적극적 벤치마크 대비 장세판단수익률(active benchmark timing return)로 계산할 수 있다.

기대베타수익 = [(포트폴리오 베타계수 − 벤치마크 베타계수)/대상기간] ×
벤치마크수익 장기평균
비기대베타수익 = 포트폴리오의 베타계수와 벤치마크 베타계수의 차이평균 ×
(검증기간 벤치마크수익의 평균 − 벤치마크수익의 장기평균)
벤치마크 장세판단수익 = [(포트폴리오 베타계수 − 벤치마크 베타계수) − (포트폴리오 베타계수와 벤치마크 베타계수의 차이평균)] × (T기 벤치마크수익 − 벤치마크수익의 평균)

둘째, 섹타요인수익률은 운용스타일의 수익률로 벤치마크수익률과 체계적 요인수익률의 차이이다. 특정 섹타 편입비율 등 전략적 자산배분에 의한 수익률이다.

셋째, 포트폴리오 고유요인수익률은 매니저의 능력에 의하여 달성된 수익률이며, 펀드수익률에서 벤치마크수익률을 차감하여 산정한다. 이것은 전술적 자산배분에 의한 시장예측능력과 종목선정능력을 평가한다.

고유요인수익률 = 포트폴리오수익률 − 벤치마크수익률

파마의 성과분해 파마의 성과분해는 무위험자산과 시장포트폴리오(M)를 결합한 증권시장선에서 성과를 분석한다. 기대위험수준에서 매니저는 무위험자산과 시장포트폴리오의 증권시장선에서 성과를 추구한다. 포트폴리오 A와 A'의 경우 베타는 동일하지만 총위험(σ)은 다르다. 포트폴리오 A'는 위험은 분산 가능하지만 동일위험에서 포트폴리오 A가 시장포트폴리오는 아니지만 R_FM상에서 수익을 얻는다. 거리 $\overline{R}_A - \overline{R}_{A''}$는 포트폴리오 A에서 얻은 초과수익의 측정치로 순선택능력이다. 거리 $\overline{R}_{A''} - \overline{R}_{A'}$는 분산효과이다.

그리고 두 번째 성과분해는 $\overline{R}_{A'} - R_F$로 위험을 가진 일반포트폴리오에 얻는 초과수익이다. 투자자의 기대초과수익은 투자자가 부담하려는 위험수준에서 β_T를 가진 일반포트폴리오와 무위험자산의 수익률차이로 투자자위험수익(investor's risk)이다. 잔존수익인 $\overline{R}_{A'} - \overline{R}_T$는 매니저가 목표와 다른 위험수준을 선택했기 때문에 얻은 매니저위험수익(manager's risk)이다.

그림 12-11 파마의 성과분해

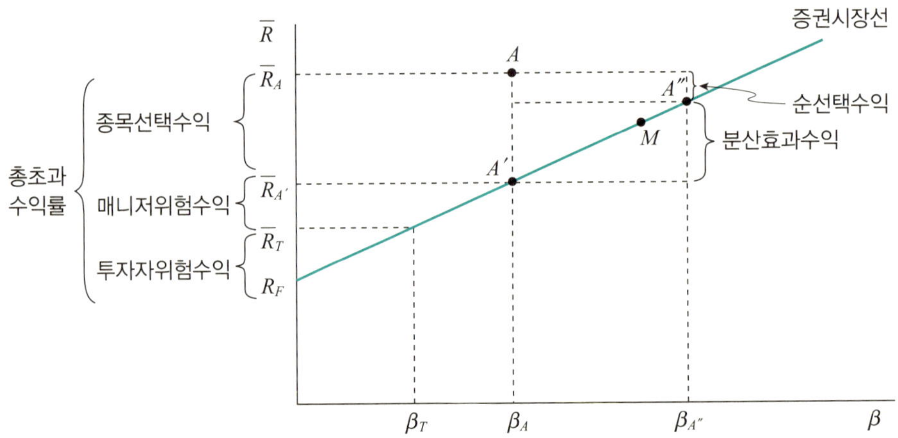

2. 성과평가과정

성과평가(performance evaluation)는 적절한 방법으로 포트폴리오에서 부담한 위험과 실현수익률을 비교하여 투자목표의 달성 여부를 측정한다. 평가대상은 전체 포트폴리오, 포트폴리오매니저, 그리고 투자전략 등이다. 포트폴리오의 가치평가는 포트폴리오 내 보유자산의 회계처리를 정확히 한 후 자산가치의 증감을 수익률로 변환한다. 모든 투자자산은 시가주의와 발생주의 회계처리를 적용하여 적정시장가치로 정확히 환산해야 한다. 포트폴리오

그림 12-12 | 성과평가과정

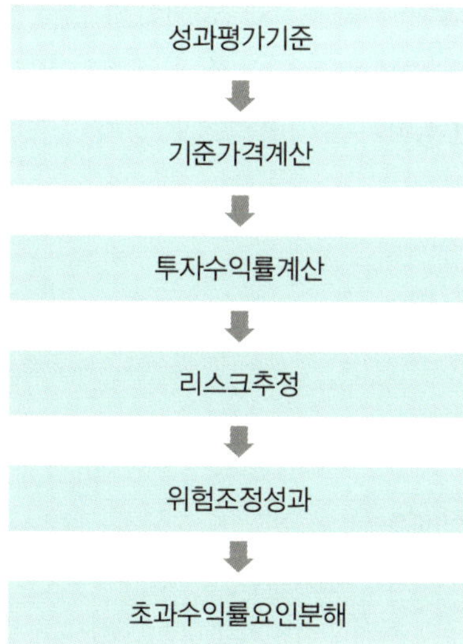

의 순자산가치(NAV: Net Asset Value)는 포트폴리오의 투자수익률을 의미한다. 따라서 포트폴리오별 투자전략과 자산구성이 서로 다르기 때문에 동일 유형과 투자성과를 비교한다.

수익률은 기말가치가 기초가치보다 얼마나 증가되었는지 비율로 나타낸다. 그 목적이 매니저 비교라면 자산유출입의 영향을 상쇄시킨 시간가중수익률을 사용한다. 자산의 유출입을 반영하여 분석할 경우 금액가중수익률을 사용한다. GIPS는 수익률 산정의 일반적 원칙을 제시하고 있다.

표 12-14 | GIPS의 기준수익률 계산원칙

- 시간가중수익률 사용
- 기준수익률은 기초의 자산구성비를 가중하여 산출
- 포트폴리오수익률은 적어도 월별 단위로 회계처리
- 각 기간별 산출수익률은 기하평균으로 총수익률 산출

위험조정성과는 위험 1단위의 초과수익률로 위험을 기준으로 시장지수나 벤치마크를 활용하여 분석한다. 여기서 위험은 평균에서 이탈할 가능성, 펀드매니저의 벤치마크 이탈, 그리고 투자자의 손실 가능성이다. ① 절대위험(absolute risk)은 수익률의 안정성 차원에서 표준편차와 절대 *VaR*로 측정한다. ② 하락위험(downside risk)은 목표수익률을 추구하는 운용전략에서 반편차나 손실위험으로 측정한다. ③ 상대위험(relative risk)은 장기자산배분전략에서 공분산, 초과수익률, 베타, 상대 *VaR*로 측정한다.

대표적 위험측정지표인 분산과 표준편차는 총위험의 측정치로 사용하고 베타는 체계적 위험을 측정한다. 또한 이것은 수익률의 역사적 평균에서 떨어진 정도만 측정하기 때문에 투자자는 semi-분산과 semi-표준편차를 사용하기도 한다.

$$\text{하락위험} = \frac{1}{T}\sqrt{\sum_{t=1}^{T} d_{t-1,\,t}^{2}}$$

표 12-15 | 위험지표의 유형

측정지표	의 미
σ	자산수익률의 변동성
VaR	표준편차를 이용하여 최대손실 가능액을 추정
β	벤치마크로 인한 체계적 위험(시장 대비 민감도)
TE	벤치마크 대비 초과수익률의 표준편차

성과평가의 장애요소로 ① 일관성 결여는 투자의 목적과 철학을 이탈하여 직전의 시장흐름에 반응하여 스타일을 바꾸는 행위이다. 스타일을 변화도 거래비용을 증가시켜서 수익률의 일관성을 얻기 어렵다. ② 군집행동은 동일시점에서 동일종목을 집단매매하는 현상이다. 기관투자자는 시장상황에 따라서 종목을 교체하거나 이동이 서로 유사하다. ③ 윈도우드레싱(window dressing)은 손실종목을 매도하고 이익종목을 매입하여 거래비용을 증가시킨다. 투자자가 포트폴리오의 개별종목보다 전체 운용성과에 관심을 보이기 때문이다.

3. 성과평가방법

위험조정성과 위험조정성과는 주로 포트폴리오에서 부담하는 총위험(σ)과 체계적 위험(β)을 기준으로 측정한다. 포트폴리오의 초과수익률이 높으면서 위험수준이 낮을수록 더 높은 점수(score)를 부여한다. 첫째, 샤프지수(S_P)는 자본시장선(*CML*)의 총위험(σ)에 대한 위험프리미엄(보상률)의 위험보상비율(reward to variability ratio)로 총위험 1단위 증가에 대한 초과 성과의 증가를 측정한다. 총위험 1단위당 실현된 위험프리미엄이 투자포트폴리오와 시장포트폴리오 간 동일할 경우 포트폴리오의 성과는 자본시장의 평균성과와 같다. 자본시장

표 12-16 | 위험단위당 조정성과지표

지 표	내 용
샤프지수	단위당 총위험 대비 초과수익률의 크기
트레이너지수	단위당 체계적 위험 대비 초과수익률의 크기
젠센알파	CAPM 등의 균형모형으로 도출한 초과수익률의 크기
정보비율	벤치마크지수의 추적오차 대비 초과수익률의 크기

선의 기울기(S_p)가 클수록 투자자의 효율성이 증가한다.

$$S_p = \frac{\overline{R}_p - \overline{R}_f}{\overline{\sigma}_p}$$

그러나 초과수익률이 음수이면 샤프지수도 음수가 되면서 수익률은 낮고 위험이 높을수록 좋은 성과를 나타낸다. 위험조정방법은 시장의 하락으로 대부분 포트폴리오가 음의(negative) 초과수익률을 기록할 때 한계에 부딪친다. 수정샤프지수는 초과수익률이 (+)인 경우 기존 샤프지수와 동일하지만 (−)인 경우 초과수익률에 표준편차를 곱하여 사용한다.

$$\begin{aligned} \text{수정 } S_p &= \frac{\overline{R}_p - \overline{R}_f}{\overline{\sigma}_p}, & (\overline{R}_p - \overline{R}_f \geq 0)\text{이면} \\ &= (\overline{R}_p - \overline{R}_f) \cdot \sigma_p, & (\overline{R}_p - \overline{R}_f < 0) \end{aligned}$$

둘째, 트레이너지수(T_P)는 증권시장선(SML)의 체계적 위험(β)에 대한 위험프리미엄의 보상비율(reward to volatility ratio)이다. 분산투자된 포트폴리오는 총위험이 아니라 체계적 위험만을 고려해야 하다. 체계적 위험이 1단위 증가할 때 위험프리미엄의 증가를 측정한다. 샤프지수가 총위험인 표준편차를 사용하고 트레이너지수는 체계적 위험만을 고려한다.

$$T_i = \frac{\overline{R}_j - \overline{R}_f}{\overline{\beta}_j}$$

셋째, 젠센의 알파(α_P)는 증권시장선(SML)에서 포트폴리오의 수익률과 균형상태의 수익률을 비교하여 성과를 평가한다. 젠센알파가 $\alpha_P > 0$이면 포트폴리오수익률이 우수하고, $\alpha_P = 0$이면 포트폴리오의 성과를 정확히 측정하며, $\alpha_P < 0$이면 포트폴리오의 수익률이 시장수익률보다 열등하다. β위험하에서 실현수익률이 요구수익률을 얼마나 초과했는지 알 수

있다. 실현평균수익률이 균형수익률보다 어느 정도 많은가를 나타내는 비정상 성과의 크기를 측정한다.

$$\overline{R}_p - \overline{R}_f = \alpha + (\overline{R}_m - \overline{R}_f)\beta_p$$

젠센알파 = 실제수익률 − 증권시장선수익률

여기서, 증권시장선수익률 = 무위험이자율 + *CAPM*수익률

넷째, 평가비율(AR: Appraisal Ratio)은 포트폴리오의 비정상 성과와 비체계적 위험을 고려하여 평가한다. 비정상수익률인 젠센 알파를 비체계적 위험으로 나눈 비율이다. 비록 알파가 크더라도 비체계적 위험을 부담하였다면 포트폴리오의 성과는 우수하다고 볼 수 없다.

$$AR = \frac{\alpha_p}{S(\varepsilon_p)}$$

성과측정방법은 성과평가의 목적과 대상포트폴리오의 특성을 반영하여 선택한다. 어떤 포트폴리오가 종목선정에 집중하면 샤프지수를 선택하고 분산투자할 경우 트레이너지수를 활용한다. 또한 젠센 알파는 포트폴리오관리자의 포트폴리오 선택능력을 분석할 때 유용하다.

효율성 평가 효율성은 포트폴리오별 투자성과를 투입요소 대비 산출변수를 비교하여 상대적 효율성을 측정한다. 투입요소가 작으면서 산출변수를 증가시킬 수 있다면 효율적으로 평가한다. 정보비율(information ratio)은 연환산 상대(초과/미달)수익률을 연환산 추적오차(tracking error)로 나눈 값이다. 적극적 투자활동의 초과수익률과 수익률의 표준편차의 비율(RVR: Reward-to-Variability Ratio)로 포트폴리오의 벤치마크 대비 초과성과 미달한 성과를 측정한다. 위험조정수익률이 수익률의 변동 또는 고유위험의 노출로 달성된 것인지 파악할 수 있다. 추적오차(TE: Tracking Error)는 포트폴리와 벤치마크수익률의 차이에 대한 표준편차이다.

$$IR_F^M = \frac{\overline{R}_F - \overline{R}_M}{TE_F^M}$$

여기서, $\overline{R}_F$ = 펀드수익률의 평균

$\overline{R}_M$ = 시장수익률의 평균

$$TE_F = \sqrt{\frac{1}{n-1}\sum_{i=1}^{n}(R_F^j - R_{BM}^j)^2}$$

한편 자료포괄분석(DEA: Data Envelopment Analysis)은 가상의 효율적 포트폴리오와 특정 포트폴리오를 비교하여 상대적 성과를 측정한다. 어떤 포트폴리오가 가장 효율적으로 운영되었고, 어떤 포트폴리오가 비효율적으로 운영되었는지를 결정한다. 효율적 가상포트폴리오가 실제포트폴리오보다 더 적은 투입자원에서 비슷한 성과를 냈다면 실제포트폴리오가 비효율적이다. 모든 투입요소의 가중합계 대비 산출요소 가중합계의 비율은 1 이하로 제한된다. 효율성지수는 0과 1 사이의 수치로 표준화하고, 각 투입요소와 산출요소의 가중치는 0보다 크다는 제약조건을 부여한다.

목적함수 $\text{Max } E_p = \dfrac{\sum_{r=1}^{t} u_r y_{rj}}{\sum_{i=1}^{m} v_i x_{ij}}$

제약조건 $\dfrac{\sum_{r=1}^{t} u_r y_{rj}}{\sum_{i=1}^{m} v_i x_{ij}} \le 1,\ u_r \ge 0,\ v_i \ge 0$

여기서, E_p = 포트폴리오의 효율성지수
y_{rj} = j번째 포트폴리오의 산출요소크기
x_{ij} = j번째 포트폴리오의 투입요소크기
u_r = 산출요소에 할당된 가중치
v_i = 투입요소에 할당된 가중치

목적함수의 분모를 1로 놓고(즉, $\sum_{i=1}^{m} v_i x_{ij} = 1$) 선형계획모형으로 전환한다. 목적함수값은 평가대상 자산배분의 효율성지수이며, 산출요소와 투입요소의 가중치 u_r, v_i는 평가대상 자산배분의 효율성을 최대화한다. 효율성지수가 1인 경우 해당 포트폴리오는 효율적이며 1보다 작은 경우 비효율적으로 판단한다.

목적함수 $\text{Max } \sum_{r=1}^{t} u_r y_{rj}$
제약조건 $s.t.\ \sum_{i=1}^{m} v_i x_{ij} = 1$
$\sum_{r=1}^{t} u_r y_{rj} - \sum_{i=1}^{m} v_i x_{ij} \le 0,\ u_r \ge 0,\ v_i \ge 0$

성과평가회사 ㈜제로인과 모닝스타의 펀드평가는 국내외에서 대표적인 공개 성과평가로서 위험조정성과지표의 단점을 보완한다. 제로인 성과평가(ZI Score)는 수익률과 변동성(위험)을 동시에 고려하여 포트폴리오의 성과를 평가한다. 제로인 평가등급은 ZI 백분율순위

(%Rank)를 기초로 포트폴리오의 운용기간 3~5년의 경우 정식 등급(●로 표시), 1년의 경우 가(假)등급(◑로 표시), 그리고 1년 미만의 경우 등급을 부여하지 않는다. 위험조정수익률이 상위 10% 1등급, 상위 33% 이내 2등급, 상위 67% 이내 3등급, 상위 90% 이내 4등급, 하위 10% 5등급으로 부여한다.

그리고 ㈜모닝스타의 스타평가는 과거 위험조정성과로 평가한다. 모닝스타의 분류그룹(주식형, 채권형, 혼합형 등) 내에서 상대비교로 성과를 결정한다. 스타평가는 1년 이상의 운용성과를 가진 동일 유형의 MRAR성과지표[05]를 이용하여 등급을 부여한다. 평가등급은 최상위 10% 5스타, 상위 22.5% 4스타, 중간 35% 3스타, 하위 22.5% 2스타, 최하위 10% 1스타를 부여한다.

성과평가는 그 목적과 대상 포트폴리오의 특성에 따라서 달라진다. 특정 포트폴리오의 성과평가는 샤프지수나 정보비율을 활용하고, 분산투자된 포트폴리오의 경우 트레이너지수나 젠센알파가 적절하다. 주로 포괄적 측정방법인 샤프지수와 적극적 성과측정방법인 정보비율을 활용한다.

05 모닝스타의 MRAR(Morningstar Risk Adjusted Return)는 기본적으로 월간 초과수익률의 기하평균에 패널티를 부여하여 결정한다. 패널티 부여는 효용함수의 모양과 수익률의 표준편차(위험)를 활용한다.

요약정리 및 생각해 볼 문제

1. 요약정리

- 국민연금은 국가가 운영의 주체로서 국민의 기초생활보장을 목적으로 한다. 주택연금은 집을 담보로 매월 생활비를 받고 부부 모두 사망시 집을 처분하여 대출을 상환한다. 농지연금은 고령의 농업종사자가 소유한 농지를 담보로 매월 노후 생활안정자금을 연금방식으로 지급한다. 기업연금은 퇴직금 지급재원을 외부에 적립하고, 사용자 또는 근로자의 지시에 따라서 운용하여 퇴직시 연금 또는 일시금으로 지급한다. 또한 개인연금은 개인별 추가 연금의 적립으로 보다 여유로운 노후생활을 준비한다.
- 투자자별 프로파일링은 부의 원천, 부의 측정, 생애단계, 기대효용과 기대값 등을 기초로 접근한다. 랩어카운트는 여러 금융투자상품을 하나의 계좌로 관리한다. 자산배분은 다양한 자산에 투자자금을 배분하여 포트폴리오의 수익과 위험을 효율적으로 관리한다. 포트폴리오 수정은 미래 투자상황에 대한 예측이 잘못되었거나 새로운 환경변화에 대응하여 포트폴리오를 재구성한다.
- 펀드매니저는 각 자산의 미래가치를 예측하여 포트폴리오를 구성한다. 성과평가는 투자목표의 달성 여부를 총위험(σ)과 체계적 위험(β)으로 측정한다. 위험조정평가에서 샤프지수는 총위험에 대한 보상, 트레이너지수는 체계적 위험에 대한 보상, 그리고 젠센알파는 포트폴리오의 균형수익률 대비 초과성과를 측정한다. 그리고 효율성평가는 포트폴리오별 투자성과를 투입요소 대비 산출결과를 비교하여 상대적 효율성을 측정한다.

2. 기업의 신뢰성과 투명성을 저해하는 분식회계가 기업가치에 미치는 영향은 무엇인가?

회계정보는 신뢰성에 대한 의심의 대상이 되어 왔는데 기업의 구조조정과정에서 그 사실을 확인할 수 있었다. 분식회계규모는 1997년 한보철강(6,920억원), 기아자동차(총 4조 5천억원), 1999년 대우그룹(22조 9천억), 그리고 동아건설의 10년 누적액 7,140억원 등이었다. 기업회계기준은 1974년 이후 1998년까지 외화평가손익의 회계처리방법 7차례, 유가증권의 평가방법 11차례 등을 변경하면서 대응하였다. 그러나 국내 회계정보의 투명성은 극히 낮게 평가되고 있으며 기업지배구조도 부정적 평가를 받았다. 따라서 국가신용도와 기업주가도 상당한 할인평가를 감수해야 했다. 1997년 외환위기 이후 국제통화기금과 세계은행은 중요 정책과제로 회계의 신뢰성과 유용성의 개선을 요구하였다. 궁극적으로 회계의 투명성은 국제회계기준, 회계기준의 준수, 외부감사, 자율규제, 회계정보공시, 외부감사제도, 그리고 소송 및 소액주주권 등을 강화하여 이루어질 수 있다.

3. 가장 이상적 투자상품은 어떠한 특성을 가지고 있는가?

한 증권회사의 성과추구형 랩은 리서치 · 투자컨설팅 · 리스크관리 · 상품전략 등을 종합관리한다. 관리과정의 1단계는 애널리스트의 분석을 토대로 투자에 적합한 종목을 선정한다. 2단계는 업종별 경쟁력과 업황, 이익성장성 · 지속 가능성 등 이익모멘텀 지표를 비교한다. 3단계는 가치평가지표와 수급요인을 확인하여 '모델 포트폴리오'를 구성한다. 그리고 4단계는 리스크관리를 위하여 보유종목의 한도는 발행주식의 5% 이내, 종목당 펀드 순자산가치의 20% 이내로 한다. 15% 이상 손실종목은 매니저가 의견서를 제출하고, 20% 이상 손실종목은 즉시 매도한다. 손절매 이후 동일종목은 30일 이내에 재매수할 수 없다. 상품을 교체하거나 주식을 매매할 때 수수료가 없어서 시장상황에 대응하여 리밸런싱을 할 수 있다. 한편 투자수익률이 일정수준에 못미칠 경우 기본 수수료만 내고 수익률이 상승할 경우 성과보수를 지불한다. 금융투자회사는 분기별 일임투자평가보고서를 발송하고 수시로 투자자와 커뮤니케이션을 한다.

4. 관련 홈페이지

www.geps.or.kr
www.hf.go.kr
www.kdic.or.kr
www.kidi.or.kr
www.klia.or.kr
www.knia.or.kr
www.mmaa.or.kr
www.nps.or.kr
www.tiaa-cref.org
www.tp.or.kr

PRIVATE BANKING

PART 5

글로벌 자본시장

제 13 장 투기자본, 인센티브와 조세제도 등

제 14 장 세계화와 글로벌투자의 미래

CHAPTER 13

투기자본, 인센티브와 조세제도 등

학습개요

글로벌화는 고객의 다양성과 자본이동을 자유화하면서 변동성을 확대하고 있다. 각국은 글로벌표준을 준수하면서 이해상충, 규제 및 감독, 주주행동주의 등에 대응하고 있다. 한편, 투자자들은 세금을 탈세하기 위하여 조세회피지역으로 자본을 이동시키고 있다.

학습목표

1. 투기자본의 이동과 규제제도를 설명할 수 있다.
2. 경영자와 자본시장의 인센티브 문제를 이해할 수 있다.
3. 금융소득의 과세체계와 조세회피전략을 설명할 수 있다.

생각해 보기

셸던 아델슨

아델슨(Adelson)은 보스턴 외곽의 흑인거주 지역인 도체스터에서 태어났다. 그는 대학을 중퇴한 후 부동산중개업을 시작하여 미국 동북부 개발에서 성공하였다. 1979년부터 라스베가스에서 미국 최대 컴퓨터전시쇼인 컴덱스(COMDEX)를 개최하였다. 그 후 라스베가스의 샌즈 카지노호텔을 인수하고 도박장을 매입하면서 샌즈그룹을 형성하였다. 그리고 도박장 주변에 대형 컨벤션센터 등을 포함한 종합 리조트 단지를 조성하였고, 샌즈 마카오 카지노, 싱가포르 마리나 베이 샌즈 카지노를 설립하여 성공하였다. 마카오 카지노 매출은 라스베가스 카지노의 매출을 크게 상회하고 있다. 재단을 설립하여 카지노산업의 사회적 부정인식을 불식시킬 수 있는 기부활동과 사회활동으로 개인적 실리를 추구하고 있다. 그리고 내국인 출입이 가능한 오픈카지노의 설립을 위하여 한국을 매년 방문하고 있다.

제1절 투기자본의 규제

1. 핫머니와 카지노

글로벌 투기자본 투기자본(hot money)은 소수의 투자자에게 거액의 자금을 모아서 집단 내부거래로 단번에 전 세계 금융시장을 혼란에 빠뜨린다. 산업자본의 경우 주로 선진국에서 신흥국으로 이전되었지만, 2000년대 이후 투기자본이 신흥국에서 선진국으로 이동하는 현상도 나타나고 있다.[01] 신흥국은 금융 불안기에 외화의 해외 이탈로 환율의 변동성이 확대되면서, 외환부족으로 국가부도의 위험에 직면한다. 또한 실물경제의 발전에도 불구하고 체계적 위험 때문에 국가위기시 자본유출을 막는 데 어려움을 가지고 있다.

해외투기자본은 1997년 IMF 구제금융시절에 국내자산가격의 폭락과 환율평가절하로 거대한 이익을 챙겼다. 2008년 글로벌 신용위기는 자산가치의 하락에도 불구하고 자본수익률의 증가 현상이 발생하였다. 글로벌 투기자본의 문제로서, 첫째 금융자본이 파생상품으로 실물시장에 영향을 미치면서 상품가격의 급등 및 투기적 버블(speculative bubbles)을 발생시키고 있다. 2000년대 중반 파생상품투기가 상품가격을 급등시켜서 실수요거래의 수급불균형을 발생시켰다.

둘째, 글로벌 상품시장에서 현물가격과 선물가격의 수렴을 저해하고 있다. 파생상품의 대규모 투기거래가 주요 상품의 베이시스를 확대시켜서 만기 현물가격과 선물가격의 수렴을 방해하고 있다. 베이시스위험(basis risk)의 증가로 파생상품의 헤지효율성(hedging efficiency)이 감소하고 있다.

셋째, 상품의 가격변동이 서로 동조화(co-movements)되고 있다. 투기거래로 에너지상품과 비에너지상품 가격의 상관관계가 높아지고 농산물 내에서도 서로 다른 품목(예: 옥수수와 밀)의 상관관계도 크게 증가하였다. 대표 상품지수인 S&P GSCI 및 DJ-UBSCI에 구성품목이 포함될수록 특히 더욱 두드러진다.

투기거래에 대한 대응방안으로, 첫째 스왑딜러(swap dealer)에 대한 엄격한 투기거래한도를 적용해야 한다. 장외시장(OTC)의 스왑계약은 선물시장에 대한 감독과 규제를 담당하는 정부기관의 통제를 받지 않는다. 스왑딜러는 상업적 거래자(commercial trader)로 투기거래

01 루카스의 역설(Lucas's Paradox)은 자본은 선진국에서 신흥국으로 이전하지만 실질적 증거는 없다는 것이다. 경제가 불안해지면 자본은 일시에 선진국으로 유출되어서 실물경제를 위태롭게 만든다. 때문에 신흥국은 위기에 대처하기 위하여 외환보유액을 증가시켜야 한다.

한도를 제한받지 않는다. 스왑딜러도 비상업적 거래자(non-commercial trader)로 분류하여 투기거래한도를 적용해야 한다.

둘째, 파생상품의 국가별 감독기관들의 글로벌 공조를 강화해야 한다. 일부 파생계약은 시장 간 차익거래(arbitrage)로 여러 국가의 감독을 받기 때문에 글로벌 공조(시장정보, 선물시장에 대한 감독 및 규제 등)가 필요하다. 즉, 뉴욕상업거래소(NYMEX)와 런던 ICE Futures Europe의 서부텍사스중질유(WTI)는 각각 미국 상품선물거래위원회(CFTC)와 영국 재정청(FSA: Financial Services Authority)의 규제와 감독을 받는다. 동일한 상품의 규제와 감독이 달라지는 런던의 허점(London loophole)을 발생시키고 있다.

셋째, 거래소 및 장외시장의 정보가 투명성을 확보해야 한다. 선물시장 참여자들의 거래현황, 거래자 유형 등의 상세한 정보가 자유롭게 이용될 수 있어야 한다. 선물시장의 투명성은 시장참여자뿐만 아니라 선물시장의 규제와 감독을 맡은 감독기관도 중요하다.

카지노 도박(gamble)이나 카지노(casino)는 승산(odds)이나 우연으로 결정되는 승부를 하면서 개인의 효용과 심리가 개입된다. 그 종류는 용구와 대상에 따라서 놀이도구, 기계, 추첨, 스포츠, 경기, 인터넷게임 등으로 구분할 수 있다. 국내의 사행사업은 카지노(파라다이스, 강원랜드, GKL 등), 경마(한국마사회), 경륜(국민체육진흥공단, 창원경륜공단, 부산경륜공단), 경정(국민체육진흥공단), 복권, 체육진흥투표권(국민체육진흥공단) 및 소싸움(한국우사회) 등이 있다.

도박의 역사는 고대 이집트와 로마에서 국내의 삼국시대까지 오랜 기간을 가지고 있다. 중세 기독교사회는 투기로 얻은 불로소득을 얻는 도박을 범죄로 간주하였다. 그러나 유럽 귀족사회의 사교수단으로 태동하면서 17세기 이탈리아의 베니스가 최초로 도박을 합법화하

표 13-1 | 국내 도박의 종류

승부방식	게 임
놀이기구	화투, 장기, 바둑, 골패, 주사위, 트럼프, 체스, 마작 등
기 계	카지노(슬롯모신, 비디오게임), 경품, 오락, 전자오락 등
추 첨	복권(체육, 기술, 복지, 기업, 자치, 관광, 스피드 등), 로또 등
스포츠	경마, 경정, 경륜, 체육진흥투표권(토토, 프로토)
동물경기	소싸움, 투견, 투계 등
인터넷	인터넷 도박 등

자료: KL중독관리센터

여 일반인도 참여할 수 있었다. 19세기 도박은 회원제 형태로 전 세계에 확산되었고, 20세기 도박은 합법적 카지노산업[02]으로 발전하였다. 제1차 세계대전 이후 전통적 금욕 · 윤리가 해체되면서 자유주의가 성장하였다. 1931년 미국 네바다주가 최초로 카지노를 합법화하였고, 1976년 뉴저지주, 1980년대 사우스다코타, 콜로라도, 아이오와주 등으로 확대되었다.

1990년대 카지노산업은 리조트화, 대형화, 고급화 및 온라인카지노 등으로 더욱 활성화되었다. 그리고 중국인의 도박에 대한 선호를 인지하고 2000년대 라스베가스(Lasvegas)의 카지노업체들은 마카오, 싱가포르로 진출하였다. 마카오의 카지노 총매출이 2006년 라스베가스를 추월하면서 2012년 마카오 대형카지노(SJM, 샌즈, 갤럭시 등) 매출의 경우 319억달러로 미국(시저스, MGM 등) 대형 카지노회사의 약 179억달러와 큰 격차를 나타냈다. 그리고 2014년초 라스베가스샌즈(샌즈차이나 지주회사)와 샌즈차이나는 마카오 카지노 매출의 성장으로 글로벌 시가총액 1위, 2위의 카지노사업자가 되었다. 미국 시장점유율 1위였던 시저스 엔터테인먼트는 미국 시장에 집중하면서 성장하지 못하였다.

국내의 경우 최초로 1967년 인천 파라다이스올림포스카지노가 설립되었지만 1969년부터 내국인출입을 전면 금지하였다. 이후 외국인전용 카지노가 전국에 설립되었고 내국인출입

그림 13-1 샌즈차이나 매출비중(2014년 초 기준)

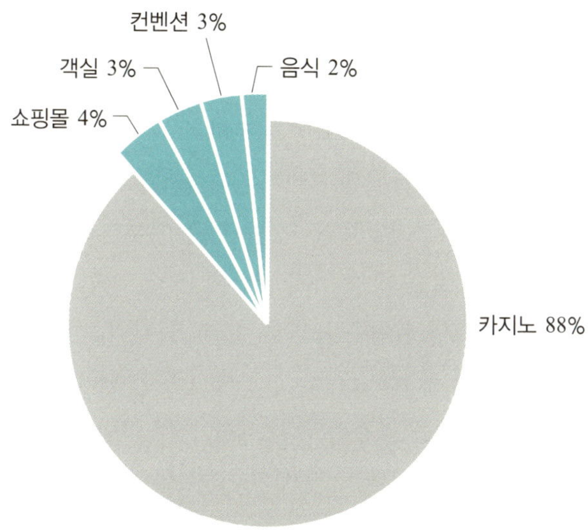

자료: Bloomberg, 한국투자증권

02 카지노산업은 전문영업장을 갖추고 주사위, 트럼프, 슬롯머신 등의 특정한 기구를 이용하여 특정인에게 이익을 주고 다른 계약자에게 손실을 줘서 승자와 패자를 구분한다.

이 가능한 강원랜드카지노도 2000년 설립되었다. 그리고 2005년 그랜드코리아레저(GKL) 카지노의 설립으로 2015년 말 총 17개의 카지노가 있다. 카지노게임[03]은 포커(Poker), 블랙잭(Blackjack), 패고(Paigow) 등의 단순한 게임과 바카라(Baccarat), 크랩(Craps), 룰렛(Roulette) 등의 확률게임(unbeatable)으로 구분한다. 도박자의 성향은 지적 수준이 높을 경우 선택의 요인이 최소화되는 게임을 선호하고, 지적 수준이 낮을 경우 그 결과를 통제할 수 없는 게임을 선호한다. 특히 확률게임은 오래할수록 대수의 법칙(number's law), 손실에 대한 공격적 위험성향으로 실패하기 쉽다.

표 13-2 | 대표 카지노게임 승률

게임명	유 래	하우스프리미엄
포커(Poker)	1800년대 유럽	3~6%
블랙잭(Blackjack)	1750년대 프랑스	0~2%
룰렛(Roulette)	1790년대 프랑스	5.26%
크랩스(Craps)	1840년대 유럽	1.40%
바카라(Baccarat)	1600년대 프랑스	1.17%
키노(Keno)[04]	1930년대 미국	27.0%
슬롯머신(Slot machine)	1980년대 미국	5~10%

그런데 도박은 그 욕망을 억제하지 못하여 반복적으로 하다보면 만성중독에 이를 수 있다. 도박중독[05]은 술·마약처럼 한 번 중독되면 치료하기 힘든 정신질환이다. 뇌의 쾌락중추는 특정한 자극이 오면 다량의 쾌락물질을 분비하는데 항상 더 강력한 자극을 찾는다. 이 회로에 작용하는 도파민 등 여러 신경전달물질이 불균형을 이루면 도박중독에 빠진다. 따라서 도박중독은 일종의 뇌기능 장애로 도박을 하지 않으면 초조, 불안 및 집중력저하 등의 금단증상을 보인다. 케임브리지대학의 실험은 도박을 할 때 인간의 뇌에서 쾌락, 중독, 보상 등과 관련있는 내측전두엽(medial frontal cortex), 복측선조체(ventral striatum), 그리고 뇌섬엽(anterior insula)의 활발한 활동을 발견하였다. 예를 들어 그림 중 3개를 다 맞추는 슬롯머신게임에서 간발의 차이로 빗나갈 때 뇌의 일부가 크게 활성화되었다. 이들 부위가 활성화

03 카지노객장은 영업책임자(shift manager), 게임별 테이블관리자(pit boss), 피트관리자(floor person), 피트게임운영자(dealer)로 구성된다.

04 키노는 차이니스 로터리(chinese lottery) 또는 일종의 빙고게임으로 80개의 볼에 숫자를 부여하고 참가자들이 15개 볼을 선택하고 딜러가 20개의 볼을 꺼냈을 때 선택한 숫자와 일치 여부로 승부를 결정한다.

05 도박중독자는 도박행위(gambling)의 차원을 넘어서 도박에 대한 충동, 욕망, 유혹을 뿌리치지 못하는 사람이다.

되는 사람일수록 도박에 빠지기 쉽다.

미국은 전체 인구의 1~2%가 도박중독자인 데 비해 한국은 4.1~9.8%에 달한다. 몽고계통(몽고, 동북3성, 한국 등) 사람은 전부를 걸면서 끝장을 보거나 오기를 부리는 습성, 사소한 일에 흥분하는 등의 도박중독에 빠지기 쉬운 속성을 가지고 있다. 또한 도박중독은 항상 새롭고 더 강렬한 자극을 바라는 탐닉형에서 잘 발생한다. 내성적이고 조용하면서 현실도피적인 사람도 도박중독에 빠지기 쉽다. 도박은 일시적 도피처이자 우울증 치료제의 역할을 한다. 도박중독은 불치의 병도 아니지만 완치도 어렵다. 중독자 개인은 근로의식이 소멸되고 사회는 소비지향적 가치관으로 생산지향적 가치관을 말살한다. 소속된 지역경제는 산업구조가 단순화되고, 범죄, 매춘, 폭력 등으로 사회적 비용을 증가시킨다.

2. 자금세탁과 비밀금고

자금세탁(money laundering)은 위법한 자금의 출처를 숨겨서 적법하게 위장하며 불법재산의 취득 · 처분사실을 가장하거나 그 재산을 은닉하는 행위이다. 자금세탁의 과정은 빨고(washing), 헹구고(rinsing), 말리(drying)는 3단계로 이루어진다. ① 배치(placement)단계는 불법자금이 재무적 시스템에 유입된다. 실제 현금의 예금과 전자이체를 통하여 불법자금(dirty money)이 제도권에 들어온다. ② 층화(layering)단계는 자금이 불법적 원천에서 분리된다. 전통적으로 매매과정에서 보유 중인 주식을 담보로 다양하게 회전시켜서 감시과정을 이탈한다. ③ 통합(integration)단계는 합법적 투자포트폴리오의 구성, 사업의 수행 또는 자금의 이동으로 실행한다.

특정 금융거래정보의 보고 및 이용에 관한 법률에 따라서 금융정보분석기구(FIU: Financial Intelligence Unit)[06]가 금융정보를 수집 · 분석하여 이를 법집행기관에 제공한다. 자금세탁방지제도는 불법자금의 이동을 적발하고 예방하기 위한 법적 · 제도적 장치이다. 자금세탁은 불법자금을 현금결제시스템으로 이동시키기 때문에 긴밀한 국제협력을 필요로 한다. 1991년의 EU Directive on Money Laundering은 자금세탁자들의 시장의 이용을 막고 있다. FATF(Financial Action Task Force)는 1989년 G7 정상회의에서 금융회사를 이용한 자금세탁에 대처하기 위하여 출범하였다. 자금세탁은 범죄행위로 간주하고 자금세탁방

06 금융회사 등에서 자금세탁관련 혐의거래를 수집 · 분석하여 관련된 금융거래자료를 법집행기관(검찰청, 경찰청, 국세청, 관세청, 금융위, 중앙선관위 등)에 제공한다. 또한 금융회사 등의 혐의거래 보고업무에 대한 감독 및 검사, 외국의 FIU와의 협조 및 정보교류 등을 담당한다.

표 13-3 | FATF 회원국 현황

지 역	국 가
유 럽	영국, 아일랜드, 아이슬란드, 독일, 프랑스, 네덜란드, 벨기에, 룩셈부르크, 오스트리아, 스위스, 이탈리아, 스페인, 포르투갈, 그리스, 스웨덴, 노르웨이, 핀란드, 덴마크, 러시아, European Commission
미주 · 기타	미국, 캐나다, 멕시코, 브라질, 아르헨티나, 남아프리카공화국, 걸프연합
아 · 태평양	한국, 호주, 뉴질랜드, 일본, 터키, 홍콩, 싱가포르, 중국, 인도

자료: 금융정보분석원

지 국제기준의 제정과 국제협력 강화 등을 목표로 활동하고 있다.

부정한 소득은 자국 은행으로 가지 않고 변호사와 회계사의 자문을 통하여 해외 조세회피 지역으로 빠지는 경우도 많다. 각국은 다양한 자금세탁과 관련된 제도에서 국제협약의 회원 당사국이 아니거나 기준을 준수하지 않는 국가의 자금이동을 제한한다. 자금세탁 방지의 세부기준으로, 첫째 자금세탁 범죄화제도(CML: Criminalization of Money Laundering)는 자금세탁을 독립된 범죄로 규정하고 처벌한다. 범죄행위에서 발생한 자산이라는 사실을 알면서 해당 자산을 전환 또는 양도하는 행위, 자산의 성질 · 출처 · 소재 · 처분 · 이동 · 권리 · 소유권을 은닉하거나 가장하는 행위, 그리고 자산을 취득 · 소지 · 사용하는 행위를 범죄로 처벌한다.

둘째, 의심거래보고제도(STR: Suspicious Transaction Report)는 금융거래(카지노의 칩 교환 포함)에서 자금세탁과 관련된 것으로 혐의성이 있는 원화 1천만원 이상, 외화 5천달러 이상 거래시 그 거래내역을 금융정보분석원에 보고한다.

셋째, 고액현금거래보고제도(CTR: Currency Transaction Reporting)는 1일 2천만원 이상을 입금하거나 출금한 경우 거래자의 신원과 거래일시, 거래금액 등을 자동으로 보고한

표 13-4 | 각국별 제도

국 가	기준금액	보고대상기관
미 국	USD10,000 이상	은행, 증권브로커와 딜러, 자금서비스업, 카지노 등
캐나다	CAD10,000 이상	은행, 신탁회사, 생명보험회사, 증권딜러, 환전업자, 회계사(법인), 부동산중개인, 카지노 등
호 주	AUD10,000 이상	은행, 보험회사 및 보험중개인, 금융서비스업, 신탁회사, 변호사 또는 법무법인, 카지노 등

자료: 금융정보분석원

다. 금융회사가 주관적으로 판단하는 의심거래보고제도와 구별된다.

넷째, 고객확인제도(CDD: Customer Due Diligence)는 금융회사에서 고객의 성명과 실지명의 이외에 주소, 연락처 등을 확보하여 실제 당사자 여부 및 금융거래 목적을 확인한다.

스위스는 금융회사에서 형사, 검사에게 자금세탁을 보고할 의무가 없어서 금융비밀(banking secrecy)이 유행하였다. 또한 유사한 정책을 시행하는 룩셈부르크(Luxembourg)도 역외금융에서 5~10% 정도의 시장점유율을 차지하고 있다. 일부 신흥국이나 동유럽 국가의 지역은행들은 자금의 자유로운 전환(태환)으로 자금세탁업자들을 유인하고 있다. 이들 국가에서 외국인투자자는 자금의 원천에 대한 확인에 구속받지 않는다. 미국은 자국민의 역외탈세방지를 위하여 다른 나라 금융회사의 거래고객 중 미국 납세자의 금융정보를 미국 국세청(IRS)에 제출하도록 요구하고 있다. 해외계좌신고제(FATCA)는 미국의 영주권이나 시민권을 가진 자가 5만달러 이상의 계좌를 보유할 경우 해당 금융회사에서 미국 국세청에 보고해야 한다. 지키지 않는 금융회사는 미국 수신거래(예금, 투자, 신탁, 연금, 보험 등)로 받는 소득의 30%를 과징금으로 징수당한다.

표 13-5 | FACTA제도

신고의무자	미국 시민권자/영주권자
신고대상기준금액	• 5만달러 이상 계좌(예금, 적금, 신탁, 펀드, 연금계약 등) • 만기 때 받는 총액 25만달러 이상 저축성보험 보유자 등
제출정보	• 성명, 주소, 계좌번호, 미국납세자번호(TIN) • 이자총액, 배당총액, 예치자금의 총매각대금 또는 상환대금
미신고시 불이익	• 계좌당 1만달러 이하 과태료 부과 • 고의성확인시 10만달러 또는 계좌잔액 50% 중 더 큰 금액 과태료 • 최악의 경우 25만달러 이하 벌금

3. 공정거래제도

공정거래는 기업의 공시제도, 감사제도, 내부자거래규제 및 불공정거래규제 등으로 통제한다. 그렇지만 글로벌화는 자유로운 자본의 이동과 이용으로 자본시장이나 외환시장의 규모와 발전이 느린 국가에게 커다란 위협요인이다. 수요와 공급에 관계없이 실물시장과 괴리된 파생상품시장도 시장의 균형과 가격구조를 파괴하고 있다. 1980년대 많은 국가가 자본규제를 철폐하면서 투자소득의 원천징수를 폐지하였다. 그러나 1990년대 많은 자금시장의 스캔들이 일어나면서 다시 규제와 조정을 가하기 시작하였다. 규제기관이 위험을 측정하고 관리하면서 자체 강력한 규정을 설정하고 있다.

공정거래위원회는 경쟁정책 및 소비자정책 등을 수립하여 집행하고 준사법적 성격도 보유한다. 주요 업무는 경쟁정책 및 공정거래정책, 소비자정책과 관련된 13개 법률을 운용한다. 또한 진입규제는 인가(charter)를 받은 경우에 회사를 설립할 수 있는 자격을 부여한다. 엄격한 공시의무를 부과하여 정기감사를 실시하고 금융회사에서 그 결과를 공개한다.

표 13-6 | 공정거래위원회의 기능

정책분야	주요 내용
경쟁정책	독과점 시장구조 개선 및 담합 등 불공정행위제재
대기업집단정책	대기업집단의 경제력집중 폐해 시정
기업거래정책	힘의 불균형으로부터 경제적 약자 보호
소비자정책	소비자 역량강화 및 피해구제

자료: 공정거래위원회

시장경제는 사유재산을 인정하고 사유재산의 자발적 이용이나 처분을 위한 계약을 존중한다. 따라서 국가는 완전경쟁시장에서 가장 효율적 자원배분을 할 수 있는 법률을 제정하여 사유재산과 계약을 보호해야 한다. 그러나 독과점상태나 경제력집중이 지나칠 경우 누군가 초과이득을 얻으면서 사회의 공정성과 경제의 성장성을 저하시킨다. 이러한 독점현상을 막기 위하여 국가는 규제와 제한으로 공정거래를 강요한다. 독일과 유럽은 기업의 결합, 담합, 부당공동행위, 시장지배력 남용 등 공정거래를 저해하는 행위를 통제한다. 그러나 미국은 계약, 불법행위, 소유권, 범죄, 소송 등의 경제적 관점을 핵심으로 한다.

제2절 인센티브문제

1. 이해상충방지

이해상충(conflict of interests)은 일종의 도덕적 해이 문제로 개인업무 또는 공공업무가 타인의 이익과 서로 상충되는 상황이다. 어떤 의무가 개인적 이해상충으로 무시될 수도 있다. 현실적 이해상충은 이해관계의 상충이 실제로 나타나서 당장 의사결정이 필요한 상황이다. 그리고 잠재적 이해상충은 향후 개인상황과 책임업무의 충돌로 발생할 수 있는 상황이다. 그 결과 도덕적 실수를 유발할 수 있는 도덕적 해이와 도덕 · 법률 의무를 위반하는 의무불이행이 발생할 수 있다. 이것은 투자은행의 리서치부문과 마케팅부문, 회계법인의 감사부문과 컨설팅부문 등에서 자주 발생한다.

주식회사의 목표는 주가의 상승을 통한 주주가치의 극대화이다. 주주의 가치를 극대화하는 과정에서 기업은 온갖 수단과 방법을 동원하여 그 가치를 상승시키려고 한다. 규제산업과 전통적 이권산업은 정치적 영향력과 로비력으로 이익을 극대화하려고 한다. 이러한 부정부패는 사회적 불평등을 야기하고 뇌물을 포함한 반부패 행위규제를 강화시킨다. 주요 이권산업인 석유산업, 군수산업, 카지노산업, 그리고 담배산업 등은 산업체와 관련 이익집단 간 연합으로 정책결정에 영향력을 행사한다. 이러한 분야에서 국내 결탁세력과 해외 결탁세력이 서로 이익을 매개로 상호작용을 하는 경우가 많다. 카르텔은 필요악 같은 존재로 계속 성장하고 있다. 대형 군수산업체인 1975년 록히드마틴사와 2008년 지멘스사, BAE시스템 및 토탈 등이 로비와 리베이트의 결과로 신흥국의 대형 뇌물사건에 연루되었다. 국가별 방위비리도 세계적 흐름의 일부로 개별국가가 편입되어 톱니바퀴처럼 움직이면서 발생한다.

자본시장법은 정당한 사유 없이 투자자의 이익을 해하면서 자기의 이익이 제3자의 이익을 얻는 이행상충행위로 규제한다. 금융투자회사는 내부통제절차로서 정보차단벽(Chinese Wall), 비밀유지규정, 외부활동규정, 윤리강령 등을 제정한다. 이해상충 해소 전략으로 사전고지, 동의, 업무거절 또는 회피, 업무위탁 등을 실시한다. 일임매매에서 투자자의 이익과 회사(임직원)의 이익 간 이해상충문제 발생시 민사책임과 형사책임(5년 이하 징역, 2억원 이하 벌금)을 적용한다. 이해상충이 발생할 수 있는 경우 그 사실을 미리 해당 위탁자 및 수익자에게 알리며, 내부통제기준에 따라서 투자자보호에 문제가 없는 수준으로 낮춘다. 낮추는 것이 곤란한 경우 매매 및 그 밖의 거래를 하지 않는다.

신탁업은 독립부서에서 업무처리와 보고를 독립적으로 실행한다. 정보교류 차단대상 업무담당자 간에 업무회의나 통신을 한 경우 내부통제기준에 따라서 사항을 기록 · 유지하고 준법감시인의 확인을 받는다. 금융투자회사의 임직원은 고유재산의 운용업무를 포함한 다른 금융투자업무를 겸직하지 않는다. 사무실은 정보공유를 막을 수 있도록 공간분리를 해야 한다. 그리고 정보교류 차단대상 업무 간에 전산자료가 공유될 수 없도록 독립적으로 저장 · 관리 · 열람한다.

계약은 서로의 불일치를 줄이는 수단으로 그 과정이 투명하고 상호합의를 할수록 유용성이 높다. 그러나 정보의 비대칭으로 경제적 이해관계가 있는 당사자들 사이에도 정보수준의 차이가 존재한다. 정보부족의 소비자는 많은 정보를 가진 판매자의 농간으로 손실을 볼 수 있다. 즉 정보를 많이 가진 판매자의 역선택으로 소비자는 합리적 의사결정이 어려울 수 있다. 그리고 도덕적 해이 문제는 개별 상황에 따라서 개인이 취하는 태도 및 행동으로 상품이나 사건의 특성을 표준화하여 시행하는 역선택보다 해결하기 어렵다. 기업에서 주인정신이 이러한 도덕적 해이를 줄이면서 기업의 혁신을 이끌 수 있다.

경제 전체도 복지가 증가할수록 복지혜택을 받기 위한 인센티브 문제를 발생시킨다. 부자 노인도 복지혜택을 받기 위하여 거짓말을 하고, 자식도 불효자가 되어서 복지혜택을 받는다. 결국 인센티브 문제가 최종적으로 사회적 신뢰도를 소멸시킬 수 있다. 그러나 이해상충은 영원히 피할 수 없으므로 일관된 원칙과 열린 태도로 대하는 것이 가장 효과적이다.

2. 금융규제 및 감독

자본시장법의 위반은 민사적 제재로서 효력상실, 강제이행 및 손실배상의 책임, 형사적 제재로서 공익적 성격을 감안하여 가중 처벌조항을 두고 있다. 그리고 국내에서 금융투자의 불법행위에 대한 행정제재는 금융위원회, 증권선물위원회, 금융감독원 및 자율규제기관(증권거래소, 증권업협회 등)에서 부과한다. 기관별로 ① 금융위원회는 증권의 발행 및 유통의 최고기관으로 자본시장법에 규정된 사항을 심의의결한다. ② 증권선물위원회는 자본시장의 불공정거래 조사, 기업회계기준 감리 등에 관한 업무를 수행한다. ③ 금융감독원은 금융기관의 검사 · 감독업무 등을 수행한다. 또한 ④ 자율규제기관은 공시제도와 현장실사(due diligence)에 관한 모범준칙을 제정하여 시장을 모니터링한다. 불법행위는 고의 또는 과실의 위법행위로 타인에게 손실을 가한 경우이다. 고의는 일정한 결과가 발생한 것을 알면서도

표 13-7 | 계약책임과 불법행위책임

구 분	계약책임	불법행위책임
입증책임	채무자	피해자
시 효	10년	피해자 인지 후 3년, 또는 불법행위 후 10년
제3자 책임	이행보조자의 채무자책임	피용자의 사용자책임

주: 손해배상의 범위 · 방법, 과실상계, 손해배상자의 대위는 공통 적용

행하며, 과실은 일정한 결과가 발생할 것을 알아야 하지만 모르고 행한다. 금융거래에서 민사책임은 손실의 전보에 그 목적을 두지만 형사책임은 행위자를 제재하는 데 있다.

정보의 불균형으로 기업의 내부자는 기업 외부자보다 우월한 정보를 가지고 자본구조를 형성할 수 있다. 내부자[07]는 일반투자자에게 공시되지 않은 상태에서 회사의 내부관계자만이 접근할 수 있다. 내부자들은 종종 미래의 주가를 예측할 수 있는 내부정보를 이용하여 매매한다. 내부자가 해당 비공개정보 또는 내부정보를 사용하여 이득을 취할 경우 관련법규를 위반하게 된다. 비공개정보를 가진 개인도 해당 기업의 주식 또는 기타 유가증권을 거래하거나 해당 정보를 타인에게 공개할 경우 불법이다. 중요한 비공개정보는 기업 또는 사업부의 재무결과, 주당이익, 배당조치, 인수합병, 매각 또는 합작투자, 대규모 소송, 주요 경영진 교체, 그리고 중요한 신제품 개발 또는 연구발전 등이다.

금융분쟁은 쌍방의 자율적 해결과 조정위원회의 조정으로 해결한다. 그러나 법률적인 경우 법원은 조정, 소액사건심판, 정식소송으로 해결한다. 임직원의 부패범죄는 수재 · 알선수재, 증재, 직무에 관한 알선수재 등으로 나눈다. 직접 부정한 금품을 받는 경우 수수액이 5억원 이상이면 최고 무기징역, 주식 대량보유 공시의무 위반시 최대 1년 6개월, 그리고 증권신고서 공시의무 위반시 최대 2년 6개월까지 처벌할 수 있다.

표 13-8 | 주요 국가의 불공정거래에 대한 처벌

국 가	행정 및 민사제재	형사제재
미 국	민사제재금, 중지명령, 부당이득환수명령, 자산동결	벌금 또는 무기징역, 행정 및 형사의 이중처벌
일 본	과징금부과 손해배상청구	부당이득몰수, 추징 벌금 또는 징역형
영 국	민사제재금, 부당이득환수, 원상회복조치명령	벌금 또는 최대 무기징역
호 주	민사제재금, 보상명령, 손해배상청구	4만호주달러 이하 벌금, 5년 이하 징역병과

자료: 매일경제

해외국가들은 사법적 제재보다 금전적 제재로 금융범죄를 엄단하고 있다. 내부자거래 혐의로 헤지펀드 갤리언(Galleon)의 설립자 라자라트남(R. Rajaratnam)은 징역 11년, 벌금 1,000만달러(약 115억원), 재산 5,380만달러(약 620억원) 몰수를 선고받았다. 2008년 워런 버핏이 골드만삭스에 50억달러를 투자한다는 내부정보를 펀드 운용에 활용하였다. 그는 다

07 내부자는 회사내부자(임직원과 주요주주), 준내부자(공무원, 감독기관 임직원, 변호사, 회계사 등), 내부자에 해당되지 않게 된 날부터 1년이 경과되지 않은 자, 내부정보수령자(매스컴관계자, 증권분석가, 회사 임직원의 가족, 친구 등)를 말한다.

양한 내부자거래로 약 7,200만달러(약 830억원)의 부당이득을 취한 것으로 추산되었다. 또한 1987년 10월 블랙먼데이는 대형 프로그램매매를 활용한 대량거래로 극단적 가격변동을 일으킨 사건이었다.

한국거래소(KRX)의 옵션만기일인 2010년 11월 11일에 도이치증권이 종료 10분 전 동시호가 상황에서 약 2조 3,000억원의 프로그램매도 주문을 하였다. 옵션결제기준인 KOSPI200지수는 2.79% 급락하였고 풋옵션매수자는 최고 500배의 수익을 얻었다. 그 후 파생상품 만기일에 프로그램매매 호가가 불균형이면 상대편에서 추가호가를 제출하고, 매매금액의 차이가 75% 이상 또는 5,000억원 이상일 때 신고시한(오후 2시 45분) 후에도 주문할 수 있도록 하였다. 만기일의 종목별 체결 종가가 왜곡되지 않도록 랜덤엔드(임의종료)[08] 발동기준을 완화하였다.

금융투자회사들이 투자와 관련된 심리정보를 자제하고 사전에 객관적으로 공시하면, 금융시장의 불공정거래가 완화되면서 자율적 거래질서를 확립할 수 있다. 금융관련 법률이 시장을 규제하지만 통제불능으로 투자자보호에 어려움을 가진 경우도 많다. 따라서 자본시장법은 금융의 사각지대와 선의의 피해자가 발생하지 않도록 적용해야 한다. 2004년 설립된 투기자본감시센터가 불법적인 거래의 원천인 시장조종행위나 투기자본을 끊임없이 감시하고 있다.

엔론(Enron)은 1985년 천연가스 유통회사인 인터노스와 휴스턴 내추럴 가스의 합병으로 탄생하였다. 무분별하게 기업을 인수하면서 해당 부채는 자사의 장부에서 특별목적회사(SPC)로 이전하는 분식회계를 사용하였다. 2001년말 분식회계가 드러나면서 이를 묵인한 회계법인 아더앤더슨(Arthur Andersen)도 파산하였다. 또한 2014년 파산한 국내기업인 모뉴엘(Moneual)도 매출을 부풀려서 무역보험공사에서 보증서를 받고 최대 한도까지 대출을 받았다. 그 과정에서 수출가격을 조작하고 실물이 이동하지 않은 가운데 허위로 수출입을 반복하는 가공거래를 하였다. 대출규모가 6년간 총 3조 2,000억원이었는데 6,745억원을 상환하지 못하였다. 이 과정에서 대표이사는 장부상 이익을 근거로 지분율 94.7%에 대한 66억 5,000여만원을 배당받았다.

---

08 랜덤엔드는 특정 종목의 잠정시가나 종가가 예상 체결가격과 크게 벌어질 때 호가 접수시간을 연장하는 제도이다. 만기일의 종가가 매매시간의 직전가와 잠정종가 간에 3% 이상 차이나는 종목에 대하여 발동한다.

3. 주주행동주의

주주행동주의(shareholders activism)[09]는 적극적으로 의결권 행사와 의사표현으로 기업의 통제를 위한 감시기능을 수행한다. 주주는 주식의 소유로 소득권을 가지고 경영자와 종업원은 기업운영의 통제권을 가지고 있다. 기관투자자는 수익권을 강화하기 위하여 과거 월스트리트룰(Wall Street Rule)[10]을 따랐으나 펀드의 대형화와 단기 대량거래의 어려움으로 주주행동주의를 강화하고 있다. 막대한 자금이 헤지펀드 시장에 유입되면서 경쟁의 심화로 수익률 확보도 어려워졌다. 그리고 단기대량매도가 어려워지면서 투자가 장기화되었고 적극적으로 기업을 감시하게 되었다.

주주권 제안은 지분을 보유하거나 위임받아서 의결권을 행사한다. 매표(vote buying)는 주주가 의결권만 보유하고 나머지 권리를 금융투자회사에 양도한다. 금융투자회사는 의결권이 없는 보관 중인 주식을 기초로 파생상품을 발행한다. ISS(Institutional Sahreholder Services)[11]와 같은 의결권전문기관이 주총안건분석 및 의결권행사 조언 등의 서비스를 제공하기도 한다. 그리고 위임장 권유운동이나 주주제안 등은 반대편의 기업인수규제(anti-takeover) 시도를 무산시키거나 임시주총에서 포이즌 필(poison pill)[12]을 제거한다. 주주행동주의의 실행방법으로 1단계: 영업실적이 부진하여 주가수익률이 낮은 기업을 표적으로 삼는다. 2단계: 투자대상, 자본구조, 배당실적 등에 이의를 제기하면서 기업을 논란의 대상으로 만든다. 3단계: 불만을 가진 다른 주주들과 연합하거나 위임장을 통하여 경영진과 대적한다. 4단계: 투자 목적을 달성할 때까지 지속적으로 경영진을 공격하지만 승산이 없을 경우 포기한다.

KT&G에 대한 아이칸(C. Icahn)의 주주행동주의는 신흥시장 투자전략의 대표 사례이다. 아이칸은 KT&G의 지분을 취득한 후 사업의 슬림화, 인삼사업의 분리, 부동산매각과 대리인임명권 등을 요구하였다. 정기주총에서 우군인 헤지펀드 리히텐슈타인(Lichtenstein)이 이사 자리를 확보하고, 비핵심자산을 매각하지 않을 경우 주식을 공개매수할 것이라고 계속

---

09 주주관여는 투자자가 투자기업에 잠재된 사회, 환경, 지배구조 리스크를 파악하고 기업과의 대화, 주요 이슈에 대한 기업의 대응현황공개, 주주제안, 의결권행사, 투자철회 등의 방법으로 자신의 입장을 주장한다.

10 월스트리트룰은 투자대상기업의 경영이 악화될 경우 경영에 참여하기보다 주식을 매각하여 손실을 최소화하고 유동성을 확보하는 자산운용원칙이다.

11 의결권 자문회사인 ISS는 기관투자자를 대상으로 의안분석, 의결권대리행사, 기업지배구조 자문서비스를 제공하며, 전 세계 4만여 개사, 국내 1,000여 개 기업을 분석하여 서비스를 제공하고 있다.

12 포이즌 필은 적대적 인수합병이나 경영권 침해에 대하여 기존주주들에게 시가보다 훨씬 싼 가격으로 지분을 매입할 수 있도록 미리 권리를 부여하는 경영권 방어수단이다.

위협하였다. 그리고 지분 9.47%의 프랭클린(Franklin Mutual Advisers LLC)의 지지도 획득하면서 전략을 구사하였다. 그 결과 국내시장은 외국인투자자의 부정적 이미지를 증가시켰고 경영권 방어수단을 준비하게 되었다.

주주행동주의는 수익성 지표의 개선과 배당금 증가로 주주에게 이익을 주었지만 부채비율의 증가, 신용등급의 하락 및 경영진의 교체 등 부작용도 발생하였다. 또한 지배주주나 경영자가 개인적 이익을 위하여 회사에 불리한 거래를 할 인센티브도 발생하게 되었다. 그러나 투자자의 가치를 높일 수 있다고 확신할 때 투자가 이루어지므로 단순히 기업과 다른 주주들에게 해를 끼치는 행위로 간주할 수만도 없다. 대다수 주주가 경영권에 무관심한 가운데 누군가 기업경영을 감시하는 것은 긍정적 역할이다. 주주행동주의는 기업지배구조 부분에서 시장의 주요한 자율규제의 역할을 담당한다.

자본주의는 시장원리에 따라서 이익과 이권을 중심으로 구성요인들 간에 복잡한 상호작용을 한다. 그 생태계를 먹이사슬체계와 시스템적 관점에서 분석하며, 위법행위는 엄격히 법률을 적용해야 한다. 단기투기자본은 지배구조가 취약하거나 주주 이익을 공유하지 않는 기업을 대상으로 한다. 자본시장에서 주주행동주의의 표적이 되지 않도록 허점을 노출하지 않아야 한다. 그러므로 경영이 소수 대주주를 위한 것이 아니라 다양한 이해관계자의 가치를 향상시킬 수 있도록 노력해야 한다. 경영권 방어장치가 지배구조를 개선시키지 못할 경우 글로벌 무한경쟁에서 기업을 도퇴시킬 수 있다.

제3절 조세제도

1. 자본소득세

금융소득은 금융자산을 보유하고 처분하는 과정에서 발생하는 이자소득, 배당소득, 연금소득, 자본소득 등을 의미한다. 과세기준은 소득, 소비, 재산 등을 대상으로 공정성[13]과 효율성의 원칙에서 부과한다. 세금과 죽음은 인간이 멀리하고 싶지만 끝가지 따라간다. 세금은

---

13 조세의 공정성은 조세부담능력이 있으면 반드시 세금을 납부하고 비슷한 상황에서 비슷한 세금을 내며, 그리고 정부의 혜택을 입은 사람들은 세금으로 기여해야 한다. 효율성은 세금을 효율적으로 징수하고 세금으로 사회복리를 극대화해야 한다는 원칙이다.

내국세와 관세로 구분하고, 내국세는 직접세와 간접세로 나눈다. 직접세는 납세의무자와 세금을 부과하는 자가 일치하지만 간접세의 경우 납세의무자와 세금을 부담하는 자가 일치하지 않는다. 직접세인 금융소득은 지급 금액의 15.4%(소득세 14%, 주민세 1.4%)를 원천징수하여 다음 달 10일까지 관할 세무서에 납부하며 연간 2천만원을 초과할 경우 종합소득세 신고시 합산한다.

표 13-9 | 금융상품의 과세

투자지역	투자자산		소득종류	과세구분
국 내	주 식	국내상장(등록)주식	배당소득	배당소득세 과세
			양도차익	• 일반적인 경우: 과세되지 않음 • 대주주 양도시, 장외양도시: 양도세 과세
		비상장주식	배당소득	배당소득세 과세
			양도차익	양도소득세 과세
	채 권		이자소득	이자소득세 과세
			양도차익	과세되지 않음
국 외	주 식		배당소득	배당소득세 과세
			양도차익	양도소득세 과세
	채 권		이자소득	이자소득세 과세
			양도차익	과세되지 않음
	외화환전		외환차익	과세되지 않음
	선물환계약		선물환차익	과세되지 않음

상장주식의 양도차익은 비과세이지만 배당소득, 대주주 양도분과 장외양도의 경우 양도소득은 과세된다. 주식매수청구도 장외양도로 보아서 양도소득세를 부과한다. 비상장주식의 양도차익은 양도소득세를 과세하지만 프리보드종목에서 벤처기업의 소액주주는 비과세이다. 그리고 해외주식의 배당소득은 국내에 배당의 지급대행자가 있어서 소득세를 원천징수하여 종합금융소득이 2천만원 초과시 종합과세한다. 국내에서 원천징수 없이 배당을 받은 경우 2천만원을 초과하지 않더라도 종합소득세를 신고한다. 그리고 해외주식의 자본소득은 과세시 양도소득세율을 적용한다. 외화환산평가는 양도가액을 수령하거나 지출한 날의 기준환율(재정환율)을 적용한다.

채권의 이자소득은 중도매도시 매도자에게 채권보유기간의 이자소득세를 원천징수한다. 채권의 투자수익은 이자소득과 자본소득으로 구분하고 이자소득만 과세한다. 특수채권의 이자소득은 그 종류별로 과세대상을 결정한다.

보유기간이자상당액 = 채권액면액 × 적용이자율 × 보유기간

해외채권의 이자소득도 과세대상으로 국내에서 소득세를 원천징수한 경우 종합금융소득이 2천만원을 초과하면 금융소득종합과세에 해당된다. 또한 국내에서 원천징수 없이 이자를 지급받은 경우 2천만원을 초과하지 않더라도 종합소득세를 신고한다.

국내펀드와 ETF의 주식자본소득 등은 배당소득으로 과세되며 종합과세대상이다. 그러나 ETF의 자본소득은 양도소득세와 증권거래세를 부과하지 아니한다. ELF(ELS)의 배당소득은 과세소득으로 종합과세대상이다. 해외투자펀드(on-shore fund)의 소득(자본소득, 이자·배당소득, 환차익, 선물환차익 등)은 배당소득으로 종합과세대상에 해당된다. 또한 역외펀드(off-shore fund)는 모든 수익을 배당소득으로 과세하면서 종합과세대상이다. 펀드 내 개별외환차익 및 선물환차익은 비과세한다.

그리고 연금소득은 수령금액 전체를 과세대상으로 한다. 개인연금납입액은 연 400만원 한도에서 12%의 세율로 계산한 금액을 세액공제한다. 과세대상연금소득은

과세연금소득 = 연금수령액 × [1 − (실제소득공제금액의 초과누계액/연금개시일의 원리금)]

증권거래세는 상법 또는 특별법에 의하여 설립된 법인이나 단체의 주권 또는 지분, 외국법인이 발행한 주권을 거래소에서 거래할 때 발생한다. 그러나 매매가 발행주식의 10% 이하 주식을 5년 이상 소유한 국내사업장이 없는 비거주자, 금융투자회사를 통하지 않고 거래되는 국내사업장이 없는 비거주자나 외국법인에게 양도될 경우 비과세한다. 과세표준은 양도가액이나 상장법인의 양도일 직전종가로 한다. 세율은 비상장주식 및 프리보드시장 0.5%, 유가증권시장 0.15%, 코스닥시장 0.3%이다. 비거주자는 소득세법과 조세조약을 따라서 결정한다.

2. 금융종합과세

금융소득종합과세는 개인별 연간 금융소득이 2천만원을 초과하는 경우 다른 소득과 합산

표 13-10 | 종합소득세율표

소득자	과세표준	세 율	누진공제액
개 인	1,200만원 이하	6%	0원
	1,200만원 초과～4,600만원 이하	15%	108만원
	4,600만원 초과～8,800만원 이하	24%	522만원
	8,800만원 초과～1억 5천만원 이하	35%	1,490만원
	1억 5천만원 초과	38%	1,940만원
법 인	2억원 이하	10%	0원
	2억원 초과～200억원 이하	20%	2,000만원
	200억원 초과	22%	39.8억원

하여 누진세율(종합소득세율)을 적용한다. 배우자의 금융소득은 본인의 금융소득에 합산되지 않는다. 2천만원 미만의 금융소득은 다른 소득이 있어도 종합소득세를 신고하지 않는다. 그러나 금액에 관계없이 원천징수되지 않은 금융소득은 타 소득과 합산하여 종합소득세를 신고한다.

종합소득세는 소득을 지급할 때 원천징수하여 국세청에 납부하고 다음 해 5월말까지 종합소득세액을 산출하여, 기납부한 원천징수세액을 제외한 나머지 금액을 추가로 납부한다. 그리고 금융회사는 금융거래시 금융감독원에 소득자의 인적사항, 소득지급내역, 원천징수내역, 기타관리항목 등을 통보한다. 통보의 실익이 없는 비과세소득이나 휴면계좌, 소액이자의 경우 통보를 면제한다. 종합소득세액은 과세표준에 기본세율(6～38%)을 적용하지만 금융소득이 포함될 경우 세액계산의 특례를 적용한다.

종합소득세 = 2천만원 × 14% + (2천만원 초과 + 배당가산액 + 다른종합소득
− 소득공제) × 기본세율

전체 근로자의 40% 정도는 절대소득수준이 낮거나 공제혜택으로 소득세를 내지 않고 있다. 종합소득세의 70%는 소득이 높은 상위 소득자 1.5%에서 부담하고 있다. 따라서 감세정책은 서민보다는 세금이 부담이 높은 중상층에 맞춰지고 있다.

절세는 법률의 범위에서 합리적이고 합법적으로 세금을 줄이고, 탈세는 고의적 탈법으로 세금을 줄인다. 대표적 탈세인 지하경제는 무자료거래 등으로 과세대상을 제거하여 세원을 노출시키지 않기 때문에 실질과세를 못한다. 국내거주자의 해외소득도 조세회피지역을 활

용하면서 역외탈세가 증가하고 있다. IMF체제 이후 자본시장의 완전 개방화로 국내세력과 투기자본이 결탁하여 교묘한 방법으로 탈세를 하고 있다. 해외파 엘리트들이 해외자본을 활용하여 경제성장에서 이룩한 국가의 부를 투기자본으로 이전하는 데 기여하기도 한다. 시도상선 권혁 회장은 사업을 국내에서 하면서도 조세회피처에서 하는 것처럼 속여서 2011년 4월 4,101억원을 추징당하고, 탈세혐의로 징역 8월에 집행유예 2년을 선고받았다.

3. 조세회피지역

조세조약은 글로벌 거래에서 소득원천지국과 거주지국 간 서로 과세권을 일부 포기하는 계약이다. 그 이유는 소득의 국가 간 이중과세로 소득자에게 손실을 발생시키므로 한 국가에서만 과세한다. 국제법상 소득이 발생한 지역을 관할하는 정부가 과세권 행사를 규정하는 OECD모델[14]에 근거한다. 국내외 국민이 한 국가에서 동등한 대우를 받으면서 양국 간 조세분쟁을 해소한다. 예를 들어 국내 거주자가 페루에서 세금을 납부할 경우 해당 세액을 한국의 조세범위에서 공제한다. 페루 거주자도 한국에서 납부한 조세를 페루의 과세범위에서 세액을 공제할 수 있다. 국내 비거주자의 과세는 ① 국내 소득세법에서 열거한 국내 원천소득인지를 판단한다. ② 조세조약이 비거주자의 과세권을 거주지국이나 소득원천지국 중 어디에 부여하는지 확인한다. ③ 조세조약의 소득세율과 국내 소득세율을 비교하여 낮은 세율을 적용한다.

조세회피지역은 특별목적법인(SPC)을 설립하여 세금의 회피와 탈세로 본국의 세수기반을 위축시킨다. 그 유형은 완전면세국, 저세율국, 외국소득면세국, 그리고 특수활동특혜국 등으로 분류한다. ① 완전면세국(tax paradise)은 소득세 · 상속세 · 증여세 등 직접세가 전혀 없는 케이맨제도, 바하마, 버뮤다 등 섬나라 소국이다. ② 저세율국(low tax haven)은 저율과세와 해외사업소득에 특별조세혜택을 부여하는 마카오 · 싱가포르, 스위스, 자메이카, 이스라엘 등이다. ③ 외국소득면제국(tax shelters)은 해외원천소득의 경우 세금을 부과하지 않는 홍콩 · 말레이시아(라부안) · 라이베리아 등이다. ④ 특수사업활동특혜국(tax resort)은 외국자본유치를 위하여 특정 분야나 사업에 조세혜택을 부여하는 영국 · 캐나다 · 필리핀 · 그린랜드 · 룩셈부르크 · 아일랜드 등이다.

주별 제도가 다른 미국은 내부에서도 조세회피현상이 발생하고 있다. 애플(Apple)은 법인

14 OECD모델조약은 소득원천지국에서 이자소득 및 배당소득의 세율을 15% 미만으로 적용한다.

그림 13-2 세계의 역외금융센터(Offshore Financial Center)

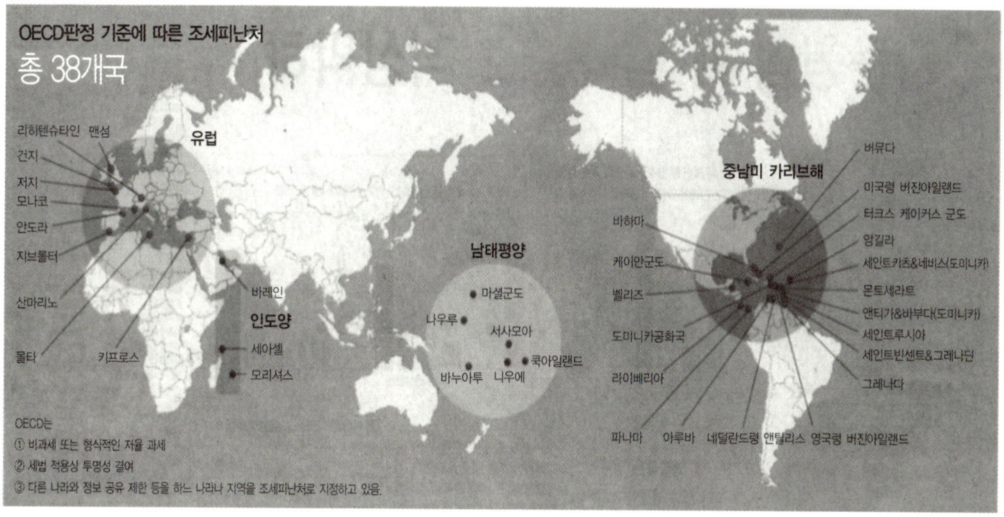

자료: 조선일보

세를 부과하는 본사 소재지 캘리포니아에서 법인세를 부과하지 않는 네바다주에 자체 투자관리회사(Braeburn Capital)를 설립하였다. 전 세계적으로 자국인들이 조세회피지역을 통하여 탈세와 자금세탁으로 상당한 지하경제를 형성하는 것으로 알려져 있다.

각 국가는 투기자본의 자본시장 공격에 취약성을 가지면서 역외시장뿐만 아니라 역내시장(onshore)도 위협받고 있다. 일부는 핫머니(hot money)에 의한 외환시장의 변동성을 축소하기 위하여 투기성 외환거래에 대하여 토빈세(Tobin tax)[15]를 부과한다. 자국의 통화가 글로벌 통화가 아닌 상황에서 선진국처럼 양적완화정책을 사용하기 어려울 경우 자본유입을 억제하기 위하여 사용한다. 세율은 외환거래마다 0.1~0.25% 정도를 적용하여 단기투기자본에 부담을 준다. 아르헨티나, 인도, 그리스 등의 일부 국가에서 시행하고 있는데 전 세계가 동시에 실시하지 않으면 투기자본의 이동으로 효과를 거두기 어렵다.

미국계 사모투자회사 론스타는 외환은행 매각에서 수조원의 이익을 얻었고 매각시 원천징수한 양도소득세 1,192억원의 반환 소송에서도 승소하였다. 2007년 6월 론스타의 LSF-KEB홀딩스가 보유한 외환은행의 주식 8,700만여 주를 1조 1,928억원에 매각하면서 10%

15 토빈세는 투기성 단기자본의 국경 간 이동을 규제하기 위하여 모든 단기성 외화거래에 부고하는 세금이다. 국제투기자본의 이동으로 발생되는 단기외환거래에 불이익을 주기 위해 부과하는 세금으로 미국경제학자인 토빈(J. Tobin)의 이름에서 따왔다. 토빈은 1971년 고정환율제도의 브레튼우즈시스템의 붕괴로 국가의 환율안정을 위해 국제자본이동의 과세를 제안하였다. 1990년대 이후 글로벌화로 투기자본이 각국의 금융시장을 혼란시키면서 국가경제에 악영향을 미치고 있어 이를 규제하는 대표적 방법이다.

PRIVATE BANKING

의 양도소득세를 납부하였다. 그러나 LSF-KEB홀딩스는 벨기에 법인으로 한국 · 벨기에 조세조약에 따라 세금을 낼 의무가 없다고 주장하였다. 정부는 국세기본법에서 이익의 실질 귀속자에게 납세의무를 부담시키므로 한국과 미국의 조세조약을 기준으로 결정해야 한다고 주장하였다. 한 · 미 조세조약은 한 국가의 거주자에게 다른 국가의 과세를 면제한다.

요약정리 및 생각해 볼 문제

1. 요약정리

- 투기자본은 소수의 투자자에게 거액의 자금을 모아서 집단내부거래로 전 세계 금융시장을 단번에 혼란에 빠뜨린다. 도박이나 카지노는 승산이나 우연으로 결정되는 결과에 승부하면서 개인의 효용과 심리가 개입되는 전통 게임이다. 자금세탁방지제도는 국내 · 외에서 이루어지는 불법자금의 세탁을 적발하고 예방한다. 국가별 공정거래는 세계표준에 맞추어 비교 가능성과 통일성을 기반으로 기업의 공시제도, 감사제도, 내부자거래규제, 불공정거래 감시 등으로 접근한다.
- 이해상충은 자신의 업무나 공공업무가 타인의 이익과 상충되는 상황이다. 자본시장에서 증권선물위원회가 자본시장 불공정거래 조사, 기업회계기준 · 감리 등으로 이러한 업무를 수행한다. 금융감독원은 금융기관에 대한 검사 · 감독업무 등으로 금융수요자를 보호한다. 또한 주주행동주의는 적극적 의결권 행사로 경영진을 감시하고 기업의 통제를 위한 감시기능을 한다.
- 금융소득은 세금을 원천징수하여 관할 세무서에 납부하고 연간 2천만원을 초과할 경우 종합소득세에 합산한다. 금융소득 종합과세는 개인별 연간 금융소득이 2천만원을 초과할 경우 다른 소득과 합산하여 누진세율(종합소득세율)을 적용한다. 조세조약은 국제거래에서 발생한 소득에 대하여 소득원천지국과 거주지국의 과세권을 일정부분 포기하는 국가 간 계약이다.

2. 글로벌 금융전략에서 성공의 조건은 무엇인가?

금융시장은 인력과 인프라를 동시에 필요로 하기 때문에 하드웨어와 소프트웨어의 환경을 갖추어야 발전할 수 있다. 아시아 금융시장은 홍콩, 싱가포르 및 중국 등을 중심으로 확대되면서 무한한 잠재력을 보여 주고 있다. 배경이 되는 금융인력은 핵심적인 성공요인으로 전문지식과 금융이론을 이해하고 있어야 한다. 미래에셋자산운용은 국내 금융회사 중에서 글로벌 네트워크를 구축하고 글로벌화와 금융경쟁력 확보에 필요한 인재를 양성하고 있다. 2003년 홍콩법인을 시작으로 전 세계 영업망을 확장하면서 국내외 투자자들에게 다양한 상품을 제공하였다. 인도네시아의 NISP자산운용회사를 인수하여 현지화전략의 경험도 축적하였다. 중국 화신신탁과 합작회사인 미래에셋화신자산운용도 설립하면서 전 세계 28개국에 진출하고 있다. 그러나 다른 국내 금융회사가 글로벌시장에 진출하였지만 현지화에 실패하면서 주로 해외거주 내국인이나 국내법인 상대의 중계역할에 그치고 있다.

3. 대포통장의 거래를 축소하고 보이스피싱을 막을 수 있을까?

대포통장은 금융 5대악 중 하나인 보이스피싱과 연관되어 있다. 보이스피싱을 이용한 사기꾼들은 사람들에게 돈을 받기 위하여 대포통장을 이용한다. 이들은 인터넷카페나 블로그 등에서 광고로 대포통장을 확보한다. 따라서 대포통장이 활성화될수록 보이스피싱을 막을 수 없다. 대포통장의 방지책은 은행고객들에게 종전보다 거래를 불편하게 만드는 것이다. 은행은 입출금 실적이 없는 신규고객에게 금융거래 목적 확인서를 받고, 30일간 자동화기기 및 전자뱅킹 등의 가입 및 이용을 제한한다. 또한 자동화기기(CD, ATM)의 지연인출제도로 자동이체금액을 100만원 이상 인출과 재이체시 30

분간 지연시킨다. 금융사기범이 자동화기기를 활용할 경우 30분간 인출을 막으면 그동안 피해자의 신고로 손해를 막을 수 있다. 따라서 1,000만원을 30분 이내에 인출하기 위하여 100만원으로 쪼갤 수 있는 10개의 대포통장이 필요하다.

4. 관련 홈페이지

www.bis.org
www.eurexchange.com
www.goldmansachs.com
www.gompayment.com
www.ishares.com
www.jpmorgan.com
www.master.com
www.oecd.org
www.site-by-site.com
www.smbs.biz
www.visa.com

CHAPTER 14

세계화와 글로벌투자의 미래

학습개요

글로벌시장은 자본시장, 상품시장 및 외환시장을 중심으로 움직인다. 글로벌화에 따라서 가격결정과 투자결정이 복잡한 구조로 이루어지고 있다. 그리고 국내시장도 개인별 자본의 축적과 글로벌 자본이동으로 규모를 확대하고 있지만 투기자본의 유입으로 불확실성도 커지고 있다.

학습목표

1. 글로벌시스템의 거버넌스와 거래구조를 이해할 수 있다.
2. 시장의 불확실성과 정보의 불완전성을 설명할 수 있다.
3. 부의 세습에 따른 자본의 독점과 금융저널리즘의 정보독점을 이해할 수 있다.

생각해 보기

역발상투자의 귀재 '마이클 스타인하트'

스타인하트는 뉴욕 브루클린의 유태인거리에서 태어나 Wharton School을 졸업한 후 월스트리트의 중형증권사인 Loeb Rhoades에 입사하였다. 그 후 스타인하트펀드를 설립하고 기술주에 과감히 투자하여 첫 해 84%의 순수익률을 얻었고 초기 11년간 연평균 23.4%의 수익률을 얻었다. 그는 시장가격보다 할인하여 중개인에게 매각하고 매입가격에 이익을 추가하여 매도하는 블록트레이딩(시간외 대량주식매매)을 실시하였다. 그 당시 유일한 대형거래자로 특정 블록물량을 매매하여 큰 이익을 얻었다. 기관투자자들의 대규모 거래는 장중 매도시 가격하락과 거래정보 유출로 보유주식의 가치를 급락시킬 수 있기 때문이다. 1970년대 말까지 증권감독당국은 이 거래가 부당거래인지조차도 인지하지 못하고 있었다. 그 후 감독당국이 개입하면서 독점적 지위를 상실하였다. 그는 탁월한 운용전략과 블록트레이딩 등으로 28년간 단 4개년만 손실을 기록하였다.

제1절 글로벌 거버넌스와 시장구조

1. 글로벌 거버넌스

거버넌스 글로벌 금융시장은 각국 자본시장의 개방으로 개별국가의 특성이 사라지면서 세계적 금융자본들 간의 치열한 경쟁이 이루어지고 있다. 그리고 글로벌화가 전후 냉전에 따른 이분법적 사고(동–서, 남–북)를 폐기하고 단순한 비전 또는 단일한 역학관계로 국가경제의 상호의존성을 증가시키면서 개별국가의 조정범위를 축소하고 있다. 특히 세계기구들은 국가 간 협력을 증진하기 위한 광범위한 규율을 확립하여 국가 단위의 규칙이나 규정을 해체하고 새로운 규칙을 형성하고 있다. 그러나 이러한 규칙은 국가별 발전 수준이 동일하지 않기 때문에 각국의 환경, 사회, 문화 등의 목표와 충돌하고 있다.

글로벌 거버넌스는 금융과 교역의 축인 국제통화기금(IMF)과 세계무역기구(WTO)를 중심으로 벤치마크회사(MSCI, FTSE), 신용평가회사(무디스, S&P 및 Fitch) 및 글로벌 씽크탱크의 이론적 지원을 배경으로 체계화되고 있다. 첫째, 국제통화기금(IMF)이나 세계은행(World Bank)은 국가 간 자금흐름을 직 · 간접적으로 통제한다. 국제통화기금의 구제금융[01]은 외환위기를 겪는 국가의 환율안정과 국제수지적자 보존에 단기저리로 자금을 빌려준다. 그리고 세계은행(World Bank)은 5개의 국제기관인 국제부흥개발은행(IBRD), 국제개발협회(IDA), 국제금융공사(IFC), 다자간투자보증기구(MIGA) 및 국제투자분쟁해결센터(ICSID)를 통칭한다. 회원국의 경제개발, 빈곤문제해결에 대한 자문 및 경제적 지원을 담당하고 있다.

둘째, 국제결제은행(BIS: Bank for International Settlements)[02]은 각국 중앙은행의 통화결제나 예금을 받는 업무 등을 조정한다. 그 목적은 중앙은행 간 협력증진, 국제금융거래의 편의 제공, 국제결제업무와 관련한 수탁자(trustee)와 대리인(agent)의 역할이다. 또한 국제

---

01 구제금융은 지원강도에 따라서 ① 스탠바이 크레디트는 IMF 회원국의 출자규모 한도에서 단기저리로 자금을 융자한다. 원화로 국제통화기금의 특별인출권(SDR)을 매입한다. ② 어퍼 크레디트협정은 한도를 초과하여 빌려주는 긴급지원자금(SRF)이다. 특별인출권(SDR)은 IMF의 공적준비자산으로 1968년 4월 IMF이사회의 결의에 따라 1970년부터 도입되었다. IMF가 가맹국에 출자액 비율에 따라서 무상으로 SDR을 배분하여 자국의 국제수지가 악화됐을 때 무담보로 외화를 인출할 수 있는 권리를 갖는다.

02 1930년 제1차 세계대전 후 독일의 배상문제를 처리하기 위해 스위스 바젤에 주요 당사국의 공동출자로 설립되었다. 1969년 정관을 개정하여 비유럽 중앙은행을 가입시키면서 기능을 강화하면서 스위스 국내법으로 설립한 주식회사이지만 정부 간 협정으로 설립된 국제금융기구의 성격을 지니게 되었다. 각국의 중앙은행이 독자적으로 주주의 총회 참석권이나 투표권을 행사한다.

금융의 정책분석과 토론으로 경제와 통화연구 중심지의 역할도 한다. 1988년의 바젤합의는 은행의 위험자산에 대하여 최소 8% 이상의 자기자본을 유지하도록 권고하고 있다.

셋째, 관세 및 무역에 관한 일반협정(GATT: General Agreement on Tariffs and Trade)을 대신하여 1995년 우루과이라운드로 설립된 세계무역기구(WTO: World Trade Organization)는 상품, 서비스, 자본의 자유로운 이동을 추진하고 있다. 주요 업무는 무역협정 관련 행정업무, 무역협상포럼, 무역분쟁조정, 국가별 무역정책 감독, 개도국 기술지원 · 훈련 및 다른 국제기구와의 협력 등이다.

넷째, 벤치마크회사와 신용평가회사는 글로벌 자본이동의 기준으로 각국 자본시장의 안정성에 중요한 역할을 하고 있다. 글로벌 금융시장은 MSCI지수와 FTSE지수를 벤치마크지수로 글로벌시장과 개별기업을 구분한다. 또한 신용평가회사는 기업뿐만 아니라 국가도 신용을 평가하며, 3대평가회사로 Moody's, S&P 및 Fitch사가 있다.

다섯째, 글로벌 변동성의 확대로 싱크탱크집단의 영향력도 확대되고 있다. 외교전문지 포린폴리시(FP)는 미국 최고의 10개 싱크탱크로 브루킹스연구소(Brookings Institution),[03] 미국외교협회(CFR), 카네기국제평화재단(CEIP),[04] 랜드연구소(RAND Corporation),[05] 헤리티지재단(The Heritage Foundation),[06] 우드로윌슨센터, 국제전략연구센터(CSIS),[07] 미국기업연구소(AEI), 케이토연구소, 후버연구소 등을 선정하였다. 미국 이외의 싱크탱크는 영국 채텀하우스(Chatham House),[08] 영국 국제전략문제연구소(IISS),[09] 스웨덴의 스톡홀름국제평화연구소(SIPRI) 및 중국사회과학원을 주목하고 있다. 한편 국제경영개발원(IMD: Institute of Management Development)[10]은 스위스 로잔에 위치한 상설부속기관인 세계경제포럼(WEF)에서 1980년부터 매년 국가별 경쟁력을 종합평가하고 있다.

---

03 브루킹스연구소는 1927년 미국의 기업가인 로버트 브루킹스가 설립한 민주당계 인사들이 주로 참여한다.

04 카네기국제평화재단(CEIP)은 1911년 설립한 재단으로 격월간 진보적 포린 폴리시를 1970년부터 출판하고 있다. 보수적 포린 어페어스와 함께 국제문제 전문지의 양대 산맥이다.

05 랜드연구소는 미국의 대표적 싱크탱크로 방산재벌인 맥도넬더글러스의 전신 더글러스 항공이 1948년에 설립하였다.

06 헤리티지재단은 1973년에 설립된 보수주의 싱크탱크로 워싱턴 DC에 본부를 두고 있으며, 기업의 자유, 작은 정부, 개인의 자유 및 전통적 미국의 가치관, 국방의 강화를 중시한다.

07 전략국제연구센터(Center For Strategic and International Studies)는 미국 워싱턴 DC에 소재한 보수 성향의 외교전문 싱크탱크로 1962년 공화당 하원의원을 지낸 데이비드 앱시러가 영국의 국제전략문제연구소(IISS)를 본떠 만들었다.

08 채텀하우스(Chatham House)는 외교 · 안보분야의 싱크탱크로 '채텀하우스룰'에 따라서 토론내용을 자유롭게 보도하되 발언자와 참석자의 신분을 공개하지 않는다.

09 국제전략문제연구소(International Institution for Strategic Studies)는 영국의 외교분야 싱크탱크로 1958년에 창설하여 핵억지력과 군비규제 등을 다루고 있다.

10 세계경제포럼(WEF: World Economic Forum)은 독립적 비영리재단으로 스위스 제네바에 있고 1981년부터 다보스포럼을 주관하고 있다.

글로벌 메이저기업들도 소속 산업분야를 주도하면서 글로벌시장을 주도하고 있다. 첫째, 금융회사는 전통적으로 금융자본주의를 대표하고 있다. 금융산업의 중요성 때문에 각국은 메이저 금융회사를 육성하고 있다.

표 14-1 | 세계 금융회사 순위

(2013년 기준)

순 위	은행명	국 적	순 위	은행명	국 적
1	ICBC	중국	11	BNP Paribas	프랑스
2	JP Morgan Chase & Co	미국	12	Royal Bank of Scotland	영국
3	Bank of America	미국	13	Credit Agricole	프랑스
4	HSBC Holdings	영국	14	Banco Santander	스페인
5	China Construction Bank	중국	15	Barclays	영국
6	Citigroup	미국	16	Sumitomo Mitsui Financial Group	일본
7	Mitsubishi UFJ Financial Group	일본	17	Mizuho Financial Group	일본
8	Wells Fargo & Co	미국	18	Lloyds Banking Group	영국
9	Bank of China	중국	19	Goldman Sachs	미국
10	Agricultural Bank of China	중국	20	Deutsche Bank	독일

자료: 한국은행

둘째, 군수회사는 글로벌시장의 변동을 가져오는 무기를 제조하여 그 매출액으로 미래의 전략과 방향을 예측할 수 있다. 2014년 초 기준으로 세계 10대 군수회사는 Lockheed Martin(미국), BAE Systems(미국), Boeing(미국), Northrop Grumman(미국), General Dynamics(미국), Raytheon(미국), 유럽항공방위우주산업(EADS), Finmeccanica(이탈리아), L-3 Communications(미국), United Technologies(미국), Thales(프랑스)이다. 제2차 세계대전의 패전국인 독일과 일본은 잠재적 능력에도 불구하고 과거의 특수상황 때문에 군수산업을 발전시키지 못하고 있다.

셋째, 석유회사는 20세기 초 이래 수많은 글로벌 변동성의 주요한 주체가 되어 왔다. 1870년 록펠러는 오하이오스탠다드 석유회사를 설립하여 미국의 정제 및 판매시장의 90%를 독점하는 스탠다드 오일 트러스트로 성장시켰다. 이 후 전 세계 석유산업은 스탠다드 오일 트러스트에서 분리된 독립계(Independent)회사와 대형 메이저회사(Major Oil Company)들에 의하여 지배되고 있다. 수퍼 메이저 기업은 엑슨모빌(미국), 세브론텍사코(미국), BP(영국), 로열더치쉘(영국/네덜란드) 및 토탈(프랑스) 등이다.

넷째, 광산회사는 제품생산의 주요 원료를 공급하면서 국제상품가격과 완제품가격을 좌

그림 14-1 7대 메이저 석유회사의 흐름

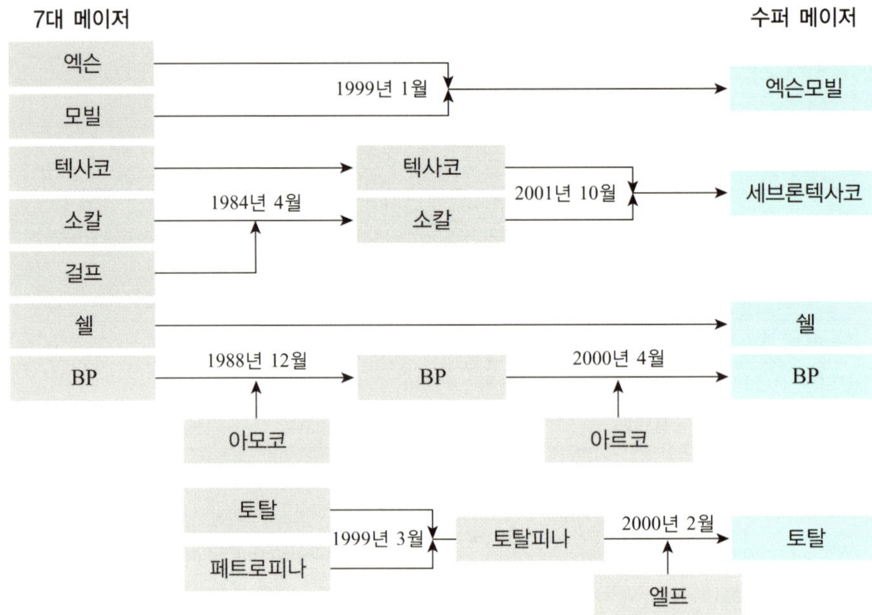

자료: 대한석유협회

우한다. 세계 10대 광산기업은 Anglo American(영국), Rio Tinto(영국/호주), BHP Billiton(호주/영국), CVRD(브라질), Norilsk Nicklel(러시아), Codelco(칠레), Newmont(미국), Phelps Dodge(미국), Barrick(캐나다), Group Mexico(멕시코)이다.

다섯째, 글로벌 패권국가인 미국의 주요 기업들도 글로벌시장에서 막대한 영향력을 발휘하고 있다. 다우존스지수의 30개 기업[11]은 전 세계적으로 소속 산업이나 업종 분야의 거래와 발전 방향을 주도하고 있다. 과거 100여 년간 최초 12개 회사 중에서 GE만이 현재까지 구성종목에 포함되어 있다. 전체적으로 미국 기업들의 주도권 속에서 과거 식민지로 영연방을 구축하고 있는 영국도 다수의 주요 기업을 보유하고 있다.

11 2015년 현재 다우존스지수의 30개 기업은 3M(사무), IBM(컴퓨터), JP모건 체이스(상업은행), 애플(IT), 골드만삭스(투자은행), 나이키(스포츠), 듀폰(화학), 마이크로소프트(컴퓨터소프트웨어), 맥도날드(패스트푸드), 머크(제약), 버라이즌 커뮤니케이션(정보통신), 보잉(항공기), 비자(신용카드), 쉐브론텍사코(석유), 시스코 시스템즈(네트워크장비), 아메리칸익스프레스(신용카드), 엑슨모빌(석유), 월마트(할인매장), 월트디즈니(엔터테인먼트), 유나이티드테크놀러지(방위산업). 유나이티드헬스(의료서비스), 인텔(반도체), 제너럴일렉트릭(전기), 존슨앤존슨(의약품), 캐터필러(중장비), 코카콜라(음료), 트래블러스(보험), 프록터&갬블(소비재), 홈디포(홈용품), 화이자(제약사)이다.

결제시스템 첫째, 결제시스템으로 유로클리어(Euroclear)와 클리어스트림(Clearstream)은 세계 증권시장의 주요 청산기관이다. 유로클리어는 Morgan Guaranty Brussels에서 운영하는 세계 최대의 증권예탁결제기관으로 주식, 채권, 파생상품 및 펀드거래의 결제서비스를 제공한다. 한국은 2009년 9월 유로클리어와 국고채와 통안채 거래의 통합계좌를 개설하여 외국인 투자자들이 별도의 국내투자용 계좌를 개설하지 않고 거래할 수 있다. 그리고 클리어스트림은 증권과 귀금속의 지불과 유통을 관리하며 1970년 유럽과 미국은행에 의하여 설립되었다. 두 회사의 주요 활동은 ① 국제증권수탁기관으로 전 세계 예금은행의 네트워크를 활용하여 서비스를 제공한다. ② 예탁서비스로 증권의 보관, 쿠폰의 발행, 이익배당과 보상금지급, 세금서비스, 보증과 전환 등의 기능을 실행한다. ③ 기타 거래결제 확인, 예탁금관리, 전산시스템과 증권대여의 프로그램을 운영한다. 자금이전은 각 증권발행국가의 금융회사에서 각각 다른 통화로 이루어진다.

둘째, 글로벌 자금이체시스템이 투자자가 외화로 국제결제를 할 수 있도록 연결한다. SWIFT시스템(Society for Worldwide Interbank Financial Telecommunications)[12]은 글로벌 은행 간 서비스를 제공하는 주공급자로 전 세계 208개국 8,300여 개 은행, 증권사 및 기업에 표준화된 금융메시지를 교환한다. 메시지 전송 중에 금융정보를 저장하지 않고 메시지만을 전달한다. SWIFT거래는 모두 암호화로 전달과 미전달 메시지 등을 사용자에게 자동보고한다. 한편 은행의 국가 간 소액결제는 주로 Europay, Visa international과 Mastercard에 의존하고 있다. 국가 간 지급시스템(Cross-Border retail payment Systems)은 선택 가능한 많은 종류의 국가 간 소액지급시스템을 지원한다.

셋째, 수탁시스템(custody)은 유가증권의 보관, 결재 및 회계에 대한 청산(settlement)활동을 수행한다. 투자자에게 유가증권의 관리현황 및 회계자료를 보고한다. 그리고 투자관리자 및 고객에게 지역시장에 맞는 자료를 수집하여 제공한다. 시장과 고객의 요구수준이 다양하기 때문에 서비스는 국가, 지역, 글로벌 수준에서 제공한다. 예를 들어 Pictet & Cie는 개인고객들과 스위스에 있는 기관들, 그리고 전 세계적 수탁서비스를 제공하는 데 선두에 있다. 서비스의 범위는 아시아의 신흥시장과 동유럽, 아프리카와 라틴아메리카를 포함한 65개 나라에 걸쳐서 광범위하다. 글로벌수탁서비스도 글로벌화로 청산과정도 짧아지고 업무의 복잡성도 증가하였다.

12 금융회사 간 거래를 취급하는 글로벌 커뮤니케이션시스템이다.

2. 글로벌 자본시장

금융센터 글로벌 금융센터를 중심으로 투자자는 시장 및 통화의 분산을 위하여 글로벌 포트폴리오를 구성한다. 16~17세기 네덜란드가 세계 최초로 증권거래소를 개설하면서 암스테르담, 브뤼셀, 안트베르펜 등이 금융센터가 되었다. 그리고 파운드화가 기축통화 역할을 했던 제1차 세계대전까지 런던이 독점하였으나 미국 달러의 지위 향상으로 뉴욕이 중심센터가 되었다.

역사적으로 이탈리아의 메디치(Medici)가가 유럽금융의 시조로 네덜란드의 동인도회사에서 영국의 동인도회사, 로이드보험(Loyds Insurance), 잉글랜드은행, 베어링증권 등으로 발전하면서 런던의 시티(City)를 만들있다. 그리고 영국의 베어링가문과 로스차일드가문이 중심이 되어서 뉴욕의 월가(Wall Street)를 형성하였다. 그리고 역외금융센터(offshore financial center)는 비거주자 간의 거래를 유치하여 고용창출, 수수료수입, 세금 등의 부수적 소득증대를 도모한다. 그 조건으로 정치 및 경제의 안정, 은행비밀과 기업비밀의 준수, 자유로운 자본이동, 해외소득의 저율세금, 그리고 이중과세방지협정이 있어야 한다.

글로벌 금융센터로 ① 런던형(내외일체형)은 국내시장과 역외시장이 구분되지 않고 양 시장의 자금이동이 자유롭다. 런던과 홍콩이 대표적이다. ② 뉴욕 IBF형(내외분리형)은 역외거래전문계정을 설치하여 국내시장과 역외시장을 분리한다. 대표적 센터는 뉴욕의 IBF, 싱가포르의 ACU계정, 바레인, 도쿄 등이다. ③ 조세회피지역(tax heaven)은 소득세가 면제되고 해당 국가는 등록료 및 면허세 등을 얻는다.

주요 조세회피센터는 4개 비즈니스 시간대(time-zones)에서 활동한다. ① 카리브해 및 중앙아메리카지역은 주로 뉴욕시간대에서 북남미 대륙에 서비스를 제공한다. ② 벨기에, 룩셈부르크, 모나코, 리히텐슈타인, 아이슬란드 등은 런던시간대에서 활동한다. ③ 북아프리카 및 중동국가들은 중동의 산유국이나 두바이시간대에서 서비스를 제공한다. ④ 그리고 홍콩, 싱가포르, 라부안 및 마카오 등은 주로 도쿄시간대에서 서비스를 제공한다. 중국시장[13]도 경제성장과 자본시장의 활성화로 도쿄시장대에서 활동하고 있다.

글로벌 벤치마크인 MSCI지수는 국가경제의 발달, 자본시장의 규모와 유동성, 시장개방

---

13 중국 자본시장은 상해거래소, 심천거래소, 홍콩시장으로 구분할 수 있다. 상해거래소는 1990년 12월 19일에 정식 오픈한 중국 최초의 증권거래소로서 상장기업수, 상장주식수, 거래량, 주식의 시가총액 등에서 중국 최대 규모이다. A주(내국인투자자 전용시장)와 B주(외국인투자자 전용시장)으로 거래하고 있다. 심천거래소는 1990년 심천 경제특구에 설립하여 1991년 7월에 정식 영업을 시작하였다. A주(내국인 투자자 전용시장)와 B주(외국인 투자자 전용시장)를 거래하고 있다.

성을 기준으로 시장을 구분한다. 자본시장의 성숙도 및 규모에 따라서 선진시장(developed market), 신흥시장(emerging market), 프론티어시장(frontier market)으로 국가를 그룹화하였다. 지수체계도 전 세계 82개 국가에 대한 세계지수(World Index), 23개 국가의 선진국지수, 24개 국가의 신흥시장지수 및 35개 국가의 프론티어시장지수로 구분한다.

표 14-2 | 글로벌시장의 분류현황

구 분	아메리카	유 럽	아시아태평양	기 타
선진시장(23)	미국, 캐나다	오스트리아, 벨기에, 덴마크, 핀란드, 프랑스, 독일, 아일랜드, 이스라엘, 이탈리아, 네덜란드, 노르웨이, 포르투갈, 스페인, 스웨덴, 스위스, 영국	호주, 홍콩, 일본, 뉴질랜드, 싱가포르	
신흥시장(24)	브라질, 칠레, 콜롬비아, 멕시코, 페루	체코, 그리스, 헝가리, 폴란드, 러시아, 터키	한국, 중국, 인도, 대만, 인도네시아, 말레이시아, 필리핀, 태국, UAE, 카타르, 사우디아라비아	이집트, 남아프리카공화국
프론티어시장(35)	아르헨티나, 자메이카, 트리니나드&토바고	보스니아, 불가리아, 크로아티아, 에스토니아, 리투아니아, 카자흐스탄, 루마니아, 세르비아, 슬로베니아, 우크라이나, 헤르체고비나	방글라데시, 파키스탄, 스리랑카, 베트남, 바레인, 요르단, 쿠웨이트, 레바논, 오만, 팔레스타인	보츠와나, 가나, 케냐, 모리셔스, 모로코, 나이지리아, 튀니지, 짐바브웨, 세네갈, 아이보리코스트, 버키나파소

자료: www.msci.com/products/indexes

글로벌 금융회사는 시장 및 지역의 구분을 따라서 본부센터(global headquarter), 지역센터(regional center), 역내국가(local area)로 글로벌 네트워크를 구축하여 시장을 연결한다. 네트워크에 포함되는 지역이나 국가는 통화의 안정, 외환거래의 자유, 해당국 통화의 수급유지, 장기 국제수지의 균형 및 금융시장의 발달을 토대로 선정한다.

표 14-3 | 국내 동북아 금융허브를 위한 로드맵

1단계(2002~2007)	2단계(2008~2010)	3단계(2011~2015)
금융허브기반 구축	특화금융허브 구현	아시아 3대금융허브
규제완화와 금융시스템 구축	선도 금융시장 육성	홍콩, 싱가포르와 한국

자료: 재경부

글로벌투자는 국내투자에서 발생하는 위험을 포함하여 외국의 정치적 위험과 환율변동 위험을 추가한다. 정치적 위험은 기업환경의 변화, 사회전반의 권력관계, 기업의 수익성이나 목표에 영향을 미칠 수 있다. 거시적 위험은 정치적 역학관계의 변동으로 기업 전체에 영향을 미치는 위험이다. 그리고 미시적 위험은 특정 산업이나 기업에 영향을 미치는 위험이다.

글로벌 투자전략 글로벌화는 상품과 자본을 자유롭게 이동시킨다. 직접투자는 외국법인의 지배를 목적으로 발행주식의 25% 이상 투자하는 경우이다. 투자시 투자대상종목의 가격의 등락뿐 아니라 환율등락에 따른 수익의 변동성으로 환위험관리도 실행한다. 대부분의 국가는 상하한가제도가 없어서 1일 변동성이 크고 자본소득에 대한 양도소득세를 부과한다. 그리고 거래비용도 높아서 장기투자를 요구한다.

해외분산투자는 이자, 배당 또는 자본소득을 추구하면서 국내 증권의 가격변동위험을 관리할 수 있다. 이때 각국 증권시장 간의 상관관계와 개별기업 간의 상관관계를 충분히 낮춰야 한다. 글로벌 분산투자는 통화선정(currency selection), 국가선정(country selection), 종목선정(security selection), 그리고 현금/채권선정(cash/bond selection)으로 초과수익전략을 실시한다. 환위험관리는 투자대상 국가를 확대하여 통화를 분산하여 상호변동에 따른 위험의 상쇄로 관리한다. 그리고 각 자산별 상관관계를 이용하여 위험을 분산시켜야 한다.

그림 14-2 글로벌 분산투자 프로세스 예

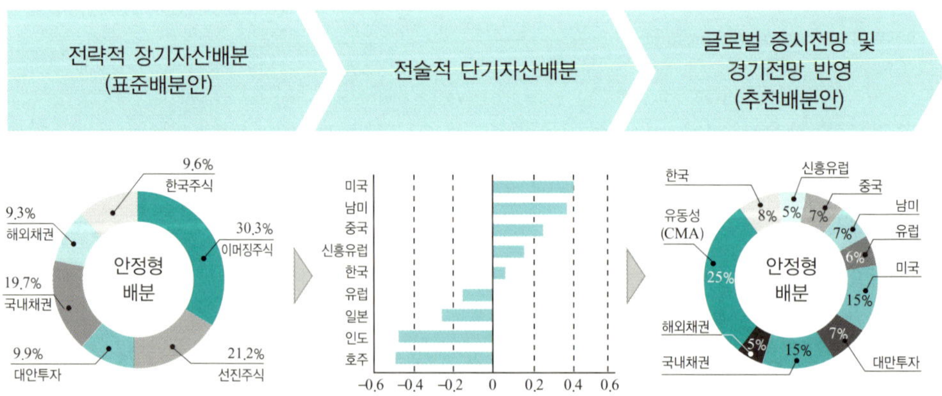

1단계, 전략적 자산배분은 목표수익률과 위험을 고려하여 효율적 투자선을 도출한다.

2단계, 전술적 자산배분은 글로벌 증시의 투자매력도가 높은 시장에 투자비중을 확대한다.

3단계, 글로벌 증시 및 경기의 예측에 따라서 자산비중을 조절하고, 정치적 리스크 및 기타 계량화가 어려운 리스크를 반영한다.

4단계, 글로벌 경제지표 및 시장전망 자료를 활용하여 절대적 지역별 매력도를 조절한다.

글로벌 분산투자는 국가 간 시장의 상관관계가 낮으므로 국가별 고유위험인 비체계적 위험을 낮출 수 있다. 증권수익률은 한 국가 내에서보다 국가 간의 상관관계가 적다. 수익률에 영향을 미치는 경제, 정치, 제도 그리고 심리적 요인은 국가별 차이로 국가가 낮은 상관성을 보인다. 그리고 국내정보는 글로벌시장의 가격변동에 큰 영향을 미치지 않는다. 따라서 글로벌 증권시장은 서로 상관관계가 낮아서 포트폴리오를 구성하여 위험을 분산시킬 수 있다. 글로벌 투기자본(hot money)은 글로벌시장 간의 낮은 관계성을 이용하여 단기간 국가를 이동하면서 수익을 극대화하고 있다.

3. 글로벌 상품시장

상품시장 실물상품의 직접투자는 저장비용과 거래비용 등을 감안할 경우 기대수익률이 매우 낮다. 그렇지만 상품선물(상품지수)은 주식과 유사한 수익구조를 가지면서도 주식이나 채권과 같은 전통적 자산들과 부(−)의 상관관계 또는 아주 약한 정(+)의 상관관계를 가지고 있다. 투자자가 금융자산과 실물상품으로 포트폴리오를 구성하면 위험분산과 인플레이션 헤지(hedge)로 투자리스크를 관리할 수 있다. 상품시장에서 세계 최대의 회사는 미국의 CME그룹으로 시카고상업거래소(CME), 시카고상품거래소(CBOT), 뉴욕상품거래소(NYMEX), 뉴욕금속거래소(COMEX), 캔사스시티상품거래소(KCBT) 및 유럽청산소(European Clearing)를 운영한다.

글로벌 상품분류는 전 세계적으로 거래가 많은 상품 중에서 7개산업 30여 개 내외의 종목으로 구분한다. 상품투자는 상품가격의 변동성을 지수화한 기준지수(benchmark index)의 변동에 따라서 수익을 획득할 수 있다. 상품지수 투자는 금융자본이 상품에 투자하는 주요 수단이다. 글로벌 상품지수는 S&P GSCI(S&P Goldman Sachs Commodity Index), DJ-UBSCI(Dow Jones-UBS Commodity Index), TR/J CRB, RICI(Rogers International Commodity Index) 등이다.

글로벌 상품투자의 95%는 S&P GSCI와 DJ-UBSCI 기준으로 하고 있다. ① TR/J CRB 지수(Thomson Reuters/Jefferies CRB Index)는 1957년부터 19개 종목으로 발표한다. ②

표 14-4 | 글로벌 상품분류기준

산 업	주요 상품
에너지	원유(WTI, 브렌트), 난방유, 휘발유, 천연가스, 가스오일
귀금속	금, 은, 백금, 팔라듐
비철금속	전기동, 알루미늄, 니켈, 아연, 납
곡 물	대두, 소맥, 대두유, 옥수수
소프트	코코아, 커피, 원당, 원면, 오렌지주스
축산물	생돈, 생우, 축산우
고 무	천연고무

S&P-골드만삭스 상품지수는 1992년부터 총 24개 종목이며 에너지가 67%를 차지한다. ③ 다우존스-UBS 상품지수는 1999년부터 20개 종목으로 구성되어 있다. 그리고 ④ 로저스 상품지수(RICI)는 1998년부터 총 36개 종목을 가중 평균한다.

표 14-5 | 상품지수별 구성현황

구 분	S&P GSCI	DJ-UBSCI	TR/J CRB	RICI
개시일	1991년 5월 1일	1998년 7월 14일	1957년	1998년 7월 31일
품목수	24	20	19	38
에너지	6(67.52%)	6(32.63%)	4(39.00%)	6(44.00%)
농산물	8(16.79%)	7(30.42%)	8(34.00%)	20(31.90%)
축산물	3(4.32%)	2(5.75%)	2(7.00%)	2(3.00%)
비철금속	5(8.14%)	4(18.64%)	3(13.00%)	6(14.00%)
귀금속	2(3.22%)	2(12.56%)	2(7.00%)	4(7.10%)
Rebalancing	매년	매년	매월	매월
Reweighting	매년	매년	1957년 이후 10회	매년
Roll-over 기간	5일(5~9일) (매일 20%씩)	5일(5~9일) (매일 20%씩)	4일(1~4일) (매일 25%씩)	3일(-2~1일) (매일 1/3%씩)

외환시장 환율(국가 간 교환비율)은 자국통화와 외국통화 간의 상대적 교환비율로서 실물경제 및 금융시장을 자동으로 조절한다. 통화 간의 수요와 공급이 일치하는 수준에서 시장평균환율제,[14] 변동환율제, 고정환율제, 달러페그제 및 복수통화바스켓제 등[15]의 환율제도로

14 복수통화바스켓은 통화바스켓에 속하는 여러 나라 통화의 가치변동을 종합적으로 고려하여 국내환율을 결정한

구분할 수 있다. 환율변동은 무역뿐만 아니라 자본거래로 발생하기 때문에 예측하기 어렵다. 한편 자산시장접근법은 통화량, 이자율, 실질소득증가율, 물가상승률 등의 거시경제변수의 상호작용과 수출상품의 가격경쟁력을 환율에 반영한다.

표 14-6 | 경제변수의 상승/하락에 따른 환율의 변동

구 분		통화량	실질소득	경상수지	이자율	인플레이션
환율	상 승	하 락	상 승	상 승	상 승	하 락
	하 락	상 승	하 락	하 락	하 락	상 승

실질적으로 국내환율은 기축통화인 달러에 연동되어 결정되고 있다. 세계의 무역과 투자, 금융 등은 달러로 거래하고 각국 중앙은행도 상당한 규모의 달러를 보유한다. 미국은 기축통화인 달러 발행으로 글로벌 통화신용정책을 주도하면서 외환위기에서 자유롭다. 또한 미국은 무역적자로 수출국에 달러를 공급하여 성장을 지원하는 중앙은행의 역할을 수행한다. 자국민에게 저가의 수입품을 제공하고 대량 수입으로 물가상승률을 낮추면서 세계의 자본을 유인한다. 발행된 달러의 상당 부분이 해외에서 유통되면서 미국경제를 유지하는 데 기여한다. 그러나 달러가 기축통화로 모든 교환의 중심이지만 자금조달의 기준 이자율은 런던 은행간 이자율인 리보(LIBOR: London Interbank Offer Rate)를 사용한다.

환율결정이론으로, 첫째 구매력평가설에서 ① 절대적 구매력평가는 국내 물가수준과 해외 물가수준의 상대평가로 결정한다. ② 상대적 구매력평가는 국가 간 물가상승률의 차이로 결정한다. 현재 원/달러환율이 1달러 = 1,000원일 때 연간 국내물가상승률이 4%이고 미국 물가상승률이 2%라면 1년 후 적정환율은 1,020원이다.

다. 시장평균환율제는 외환의 수요와 공급에 의하여 환율을 결정한다. 즉, 하루 동안에 거래된 거래환율과 각 환율로 거래된 거래액을 가중평균하여 시장평균환율을 산출한다.

15 ① 변동환율제는 환율이 외환시장에서 외환의 수요와 공급에 따라 자유롭게 결정되어, 기본적으로 중앙은행이나 기타 외환당국이 개입하지 않는다. ② 고정환율제는 환율을 일정수준으로 고정시켜 놓거나 환율변동폭을 일정한 수준으로 정하고 상하를 제한한다. 또한 금이나 특정 통화, 또는 복수바스켓 등을 기준으로 평가하고 실제 환율로 하거나 평가를 기준으로 환율이 움직이도록 한다. ③ 달러 페그(연통)제는 달러에 연동되어 환율을 결정하며 홍콩 달러가 대표적 경우인데, 매일 미국 1달러가 7.75~7.85 홍콩달러 범위 안에서 움직이도록 고정시켜 놓았다. 그리고, ④ 복수통화바스켓제도는 주요 교역상대국이나 외국시장에서 거래비중이 높은 국가 몇 개의 통화를 모아서 경제적 연관관계나 중요도에 따라 가중치를 두고 이를 평균하여 환율을 결정한다.

(미래환율 − 현재환율)/현재환율 = 국내물가상승률 − 외국물가상승률

$(X - 1{,}000)/1{,}000 = 4\% - 2\%$

$X = (2\% \times 1{,}000) + 1{,}000$

$X = 1{,}020$원

둘째, 국제피셔이론에서 예상 환율변화율은 국내이자율과 외국이자율의 차이가 같도록 상대적으로 고이자율 국가의 통화를 평가절하시켜서 균형[16]을 이룬다. 예를 들어 원화이자율이 5%이고 미국달러이자율이 2%일 때 현재 원/달러환율은 1달러 = 1,000원이다. 그러면 1년 후 균형환율은 1,030원이 되어야 한다.

(미래환율 − 현재환율)/현재환율 = 국내이자율 − 외국이자율

$(X - 1{,}000)/1{,}000 = 5\% - 2\%$

$X = (3\% \times 1{,}000) + 1{,}000$

$X = 1{,}030$원

만일 시장의 균형이 깨어질 경우 국가 간의 이자율과 환율이 서로 상쇄되지 못하면서 글로벌 투기자본의 유출입으로 국내시장을 교란시킬 수 있다. 통화가치의 상승은 기업의 수출경쟁력을 저하시키고 실업률을 상승시키며, 자산가격의 거품 발생으로 금융시스템을 붕괴시킬 수 있다.

셋째, 외환기대이론은 1기 후 인도할 선물환율과 1기 후 현물환율의 기대값과 같다고 정의한다. 1달러를 현물환율로 매입하여 1기 후 기대현물환율로 매도할 경우 현물투자의 기대수익률은 1달러를 현물환율로 매입하고 동시에 1기 후 인도할 선물환을 매도하여 얻는 선물투자수익률과 같다.

$$\frac{\text{선물환율} - \text{현물환율}}{\text{현물환율}} = \frac{\text{기대현물환율} - \text{현물환율}}{\text{현물환율}}$$

외환거래는 위험중립에서 외환선물을 이용하여 어떤 비용도 지불하지 않고 환위험을 제거할 수 있다. 현재 원/달러환율이 1,000일 때 1년 후 1,100원을 예상할 경우 달러 현물투자의 기대수익률은 10%이다. 이 경우 1달러를 매입하고 동시에 1년 후 인도할 외환선물을

16 투자자들이 어느 한 국가의 시장을 선호하지 않는 상태를 균형상태라 한다.

1,100원에 매도한다.

넷째, 이자율평가이론은 선물환율과 현물환율의 차이와 국내이자율과 외국이자율의 차이로 균형을 설명한다. 외환시장과 자금시장 간의 차익거래가 존재하면 환율변화로 이자율을 변동시키거나 이자율변화로 환율을 변동시키는 이자율패러티(interest parity) 관계가 발생한다.

그림 14-3 | **선물환율의 결정구조**

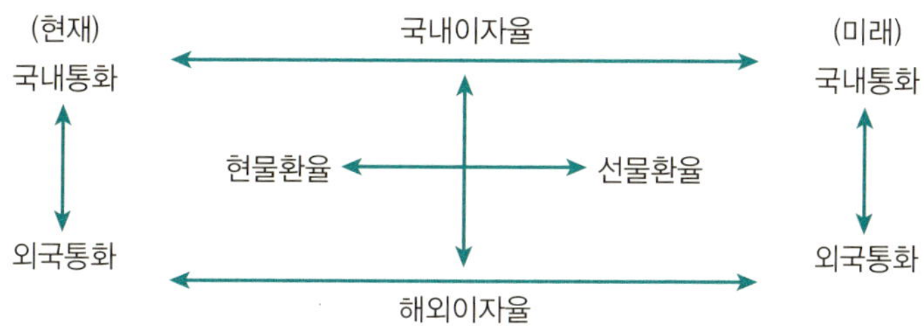

해외투자수익률은 투자금액 × (1 + 외국이자율) × (1 + 원/외국통화변동률)이다. 이 경우 두 시장은 국내투자수익률과 외국투자수익률이 동일할 때 균형을 이룬다.

$$1 + \text{국내이자율} = (1 + \text{외국이자율}) \times (1 + \text{원/외국통화변동률})$$

또는 환율변동을 막기 위하여 통화선물계약시 외국채의 투자수익률은

$$\text{투자금액} \times (1 + \text{외국이자율}) \times (\text{외국선물가격/외국현물가격})$$

이다. 두 시장이 균형일 때

$$1 + \text{국내이자율} = (1 + \text{외국이자율}) \times (\text{선물가격/현물가격})$$

$$\text{선물가격/현물가격} = (1 + \text{국내이자율})/(1 + \text{외국이자율})$$

이다. 외환시장에서 상대적으로 이자율이 낮을 경우 프리미엄이 존재하고 상대적으로 높을 경우 외환시장에서 할인하여 거래한다. 따라서 선물가격은 양국의 이자율차이를 반영하여 결정한다.

근대의 무역수지는 국제결제수단인 금의 유출입의 크기로 알 수 있었다. 그러나 제1차 세계대전 이후 금본위제가 사라지면서 기축통화인 달러가 중심이 되었다. 달러인덱스(dollar index)는 세계 주요 6개국 통화(유로, 일본엔, 영국파운드, 캐나다달러, 스웨덴크로네, 스위스프랑) 대비 달러화의 평균적 가치를 나타내는 지표이다. 1973년 4월을 기준점(100)으로 미국연방준비제도이사회(FRB)에서 발표한다. 달러인덱스가 높아지면 달러가치의 상승으로 자금이 신흥국시장에서 선진국시장으로 회귀하는 현상이 발생한다.

글로벌 분산투자의 수익은 투자대상자산의 수익과 환율변동에 영향을 받는다. 환위험은 거래위험, 경제적 위험 및 외화환산위험으로 구분할 수 있다.

그림 14-4 환율변동추이

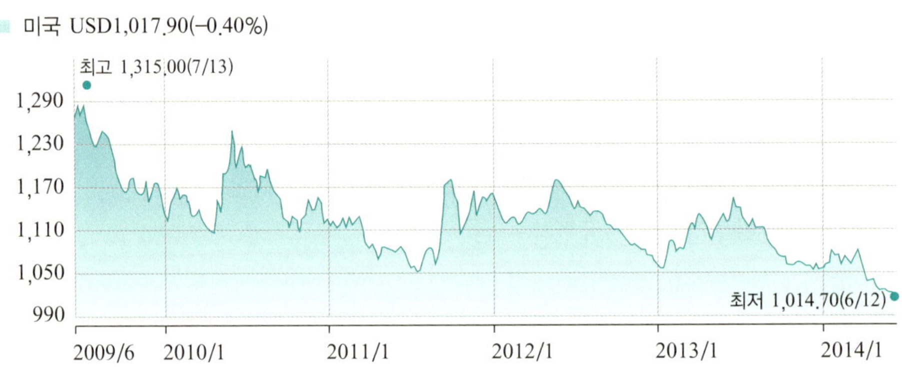

자료: 네이버

환위험은 선물환이나 통화옵션을 이용하는 파생상품거래, 다양한 국가의 통화분산 등으로 관리할 수 있다. ① NDF(Non-Deliverable Forward)는 만기에 계약한 선물환율과 만기전일의 시장평균환율(MAR: Market Average Rate) 간의 차액을 기준통화(주로 미 달러화)로 정산한다. ② 포트폴리오에 포함되는 국가의 수를 증가시켜서 통화분산으로 환위험을 관리할 수 있다. 각 국가 간의 환율이 서로 변동하면서 위험을 상쇄시킨다. 그러나 글로벌시장이 동조화되면서 환위험을 축소하는 데 한계가 있다. ③ 환헤징비율 유지전략은 포트폴리오의 가치가 변할 경우 추가 선물환거래로 환헤징비율을 유지한다. ④ 환헤징비율 구간화전략은 순자산가치에 대한 환헤징비율을 정하고 구간에서 벗어날 경우에 추가 환포지션을 조정한다. ⑤ 동적헤징전략은 포지션을 일정한 환헤징비율로 설정하고 투자종료시점까지 그 포지션을 유지한다. 헤징비율은 기간별 경제적 펀더멘털, 보유기간의 헤징비용, 명확한 장기추세 등을 반영한다.

제2절 투자의사결정의 과제

1. 시장의 불확실성

불확실성하의 의사결정은 확률의 자유로운 구사와 리스크관리방법의 발전 속에서 가능하였다. 자본시장은 이러한 리스크를 분산시킬 수 있도록 하면서 기업과 국가의 성장, 그리고 부의 축적을 가능하게 했다. 불확실성하에서 위험성향과 투자의지 등은 의사결정에 중요한 역할을 한다. 어떤 사람은 위험이 높은 자산에 투자하고 반대로 전혀 위험을 감수하지 않는다. 최악의 경우 원금 이상의 손실도 발생할 수 있다. 그리고 투자목표나 제약요소를 고려할 때 투의지가 적다면 투자결정은 이루어지지 않거나 미뤄질 수도 있다. 그렇지만 투자를 결정했다면 투자목적과 제약조건을 이해하고, 주요 구성요소와 그들 간의 관계를 파악한다. 이때 관련된 자료를 수집하여 주요 매개변수의 값 또는 분포를 추정하여 수리모형을 구축한다. 수리모형은 불확실성의 포함 여부에 따라서 확정모형(deterministic model)과 확률모형(stochastic model)으로 구분할 수 있다.

불확실성하의 투자결정은 리스크 관리능력과 투자안 선택능력을 중시한다. 그 방법으로 확률이론은 파스칼(Pascal)과 페르마(Fermat)의 정리로 정보의 조직과 해석에 활용하였다. 그리고 이론들이 추가되면서 초기에 평균여명의 산출이나 사고율 추정에 적용하였다. 피보나치의 수열 이후 스위스의 야코프 베르누이(J. Bernoulli)는 자연계의 패턴과 법칙을 발견하고 대수의 법칙(Law of Numbers)과 표본통계의 개념을 제시하였다. 1730년 드무아브르(de Moivre)는 중심극한정리(Central Limit Theorem)의 핵심인 정규분포곡선과 표준편차의 개념을 제시하였다. 그리고 다니엘 베르누이(D. Bernoulli)는 "부의 증가에 따른 효용은 체감한다"는 효용이론으로 선택과 의사결정의 과정을 설명하였다. 한편, 영국의 베이스(T. Bayses)는 사전확률을 이용하여 사후확률을 추정하는 방법으로 과거정보와 신규정보를 기초로 의사결정할 수 있도록 하였다. 어떤 알려져 있는 확실한 실제 사건에서 그 결과를 변경할 때 활용할 수 있다.

실제 의사결정상황은 불확실함에도 불구하고 경제학은 인간의 투자의사결정이나 모든 판단이 합리적이라고 가정한다. 아담 스미스의 보이지 않는 손이 시장의 수요와 공급을 조절하기 때문에 효율적 시장을 가정한다. 위험성향에서 ① 위험회피성향의 투자자는 완전정보하의 확실한 대안을 선호한다. ② 위험추구성향은 완전정보하의 기대화폐가치를 포기하면서 확률적 대안을 선택한다. 그리고 ③ 위험중립성향은 확률적 대안이나 확정정 대안에 관계없이 기대화폐가치의 크기에 따라서 투자안을 선택한다. 전통적으로 투자자는 위험회피자(risk averse)로서 모든 정보를 분석하여 합리적 투자의사결정(rational expectation)을 한다. 그러나 투자자는 과거의 추세와 패턴이나 불확실한 미래의 주관적 기준을 사용하기도 한다.

자본시장은 어떤 정보가 시장에 유입되면 가격에 정확하고 신속하게 반영된다. 투자자가 시장에서 모든 정보를 충분히 이용하여 행동할 때 시장가격은 내재가치에 의한 균형가격이다. 이러한 균형하에서 버핏(Buffet)은 향후 20년 동안 미래를 예측할 수 있는 기업에 장기투자한다. 피터 린치(Lynch)도 장기투자시 기업환경과 경제상황에 따라서 투자대상을 선택하였다. 합리적 투자자는 현재의 부를 더 선호하고 불확실한 결과보다 확실한 결과를 선호한다. 기대수익률이 동일하면 위험이 작은 투자안을 선호하고 위험이 동일하면 기대수익률이 큰 대안을 선호한다. 한계효용체감의 법칙에 따라서 부가 증가할수록 효용의 증가는 체감한다. 또한 위험자산투자는 기대효용($E(U)$)과 기대재산(U)을 확실히 보장받을 때 실시한다. 이때 효용곡선은 원점에 대하여 오목한 형태이다.

$$E(U) < U$$

예산선은 주어진 재산으로 투자할 수 있는 재화의 양을 나타낸다. 투자자는 주어진 예산의 제약하에서 효용이 극대화되도록 투자한다. 재산은 예산선으로 표시하고 효용수준을 무차별곡선으로 표시할 때 두 선이 만나는 균형점에서 최적투자가 이루어진다. 균형점에서 무차별곡선의 기울기(한계대체율)와 예산선의 기울기가 같다.

$$\frac{MU_s}{MU_y} = \frac{P_x}{P_y}$$

X자산과 Y자산의 가치는 투자자가 주관적으로 평가하는 가치와 시장에서 거래되는 가치가 일치된 상태이다. 예를 들어 어떤 투자자의 효용함수가 $U = \sqrt{xy}$ 이고, X주식 20,000원, Y주식 10,000원일 때 투자 가능한 금액은 200,000원이다. 효용극대화하는 X주식과 Y주식의 투자금액은

① $MRS = \dfrac{\frac{1}{2}x^{-1/2}y^{1/2}}{\frac{1}{2}x^{1/2}y^{-1/2}} = \dfrac{y}{x}$

② $\dfrac{P_x}{P_y} = \dfrac{20}{10} = 2$

③ 예산선 $= 20x + 10y = 200$

④ $y/x = 2$이므로 ③에 대입하면 최적소비량은 $X = 5$주, $Y = 10$주이다.

따라서 투자의사결정은 제약조건하에서 균형점과 균형가격을 찾는 과정이다. 위험회피자는 확실성등가에 따라서 주관적 의사결정을 한다. 확실성등가는 기대효용과 동일한 효용을 제공하는 확실한 부의 수준으로 '기대현금흐름(기대수익) > 확실성등가' 에서 투자한다. 리스크프리미엄, 기대현금흐름 및 확실성등가 간의 관계는

$$\text{리스크프리미엄} = \text{기대현금흐름(기대수익)} - \text{확실성등가}(CEQ) > 0$$

이다.

투자결정은 우선 투자하지 않는 경우의 효용과 투자할 경우의 효용을 비교하여 판단한다. 그러나 이에 따른 각종 거래비용이 존재할 경우 투자결정은 달라질 수 있다. 첫째, 최대지불가능한 투자의 참가비용은

$$\text{최대지불가능 참가비용} = \text{확실성등가}(CEQ) - \text{현재재산}$$

이며,

둘째, 투자참가로 발생하는 재산의 감소량은

$$\text{투자비용} = \text{현재재산} - \text{확실성등가}(CEQ)$$

이다.

셋째, 최대지불가능 보험료는

$$\text{최대지불가능 보험료} = \text{보장되는 재산} - \text{확실성등가}(CEQ)$$

이다.

그러나 시장은 효율적 측면보다 비효율적이고 불확실성이 존재한다. 투자환경이 복잡해지면서 일부 투자자들은 뚜렷한 성과나 초과수익을 얻지만 기관투자자조차 시장을 주도하기 어렵다. 이에 따라서 컴퓨터 프로그램으로 가격이나 거래량의 패턴을 분석하기도 한다. 여기서도 과거의 성과로 미래를 예측하는 것은 불가능하며, 또한 우수한 성과를 기록한 방법도 시간의 경과에 따라서 효율성이 하락한다.

2. 그림자금융과 변동성의 확대

현대 금융은 은행을 중심으로 예금과 대출 등의 신용거래로 금융시스템을 유지한다. 따라서 신용거래가 은행시스템 밖에서 진행될 경우 그 구조가 투명하게 드러나지 않는다. 그림자금융(shadow banking)은 투자은행, 헤지펀드, 사모투자펀드 및 구조조정회사 등에서 은행과 비슷한 역할을 하면서도 중앙은행의 규제와 감독을 받지 않는 것을 말한다. 이 회사들은 고수익 · 고위험 상품을 매매하면서 새로운 유동성을 창출하지만 은행으로 순환되는 일반적 금융시장과 다르게 투자대상의 구조가 복잡하여 그 과정이 나타나지 않는다.

그림자금융은 1990년대부터 발생한 여러 경제위기에서 그 실체를 인식하기 시작하였다. 1994년 멕시코 금융위기, 1997년 아시아 외환위기, 2008년 글로벌 금융위기, 그리고 2012년 유럽 재정위기에 직 · 간접적 영향을 미쳤다. 그러나 2008년 글로벌 금융위기 이후 2010년 G20 서울정상회의에서 비로소 이 문제가 본격적으로 다루어지기 시작하였다. 재무안정위원회(FSB: Financial Stability Board)[17]는 그림자금융을 전형적 은행시스템 밖에서 은행과 유사하게 신용을 중개하는 시스템으로 포괄적으로 정의한다. 금융중개기구(entities)와 기능(activities) 측면에서 ① 기구(entities)는 사모펀드(PEF), 헤지펀드, 투자펀드, SPC 등 예금 성격을 가진 자금을 수취하거나 만기/유동성 전환, 신용리스크 전가, 레버리지 등을 이용한다. ② 기능(activities)은 증권화, 증권대여, 환매거래 등을 통하여 비은행기구에 자금을 제공한다.

그림자금융은 금융시스템에서 대체투자수단을 제공하고, 특정 전문분야의 자금수요에 대한 효율적 자원배분, 그리고 리스크분산 등의 순기능도 수행한다. 은행과 자본시장의 자금중개기능이 약화되는 경우에 실물경제에 대체자금조달 수단을 제공한다. 그러나 그림자금

17 재무안정위원회는 G20의 피츠버그 정상회담에서 2009년 글로벌 금융위기 이후 글로벌 금융규제를 개혁하기 위하여 설립되었다.

표 14-7 | 은행시스템 밖의 그림자금융 구조

금융중개 원천	특 징	예 시
기구(entities)	• 예금성격의 자금수취 • 만기/유동성전환 수행 • 신용리스크 전가 • 금융레버리지 이용	• 유동성 및 만기 변환하는 특수기구 • 예금성격의 MMF 및 투자펀드상품 • 신용제공/차입이 가능한 투자펀드 • 신용/신용보증을 제공하는 금융기구 • 신용상품을 발행 또는 보증하는 보험 및 재보험인수
기능(activities)	비은행기구에 자금제공	증권화, 증권대여, 환매거래

융은 거대한 규모로 금융혁신(신용거래나 파생상품 등)을 창조하기 때문에 전체 시스템 리스크로 연결된다. 재무안정위원회는 2012년 전 세계 그림자금융 규모를 약 71조달러로 전체 금융의 24.5%, 은행자산의 52.4%에 해당하는 것으로 추정하고 있다. 이것은 수 차례 다른 자산으로 유동화된 상태에서 부실자산에 대한 담보차입방식의 높은 레버리지, 조달자금과 운용자산의 만기불일치로 외부충격에 취약하다.

재무안정위원회는 2011년부터 글로벌 그림자금융 모니터링보고서를 매년 작성하여 정책권고안을 마련하고 있다. 2008년 글로벌 금융위기 이후 그림자금융에 대한 직·간접적 규제의 강화로 ① 은행 및 보험 등의 규제를 강화하였고 규제회피할 수 없도록 건전성 감독범위를 확대하고 있다. 금융시장법의 규제 대상은 모든 고빈도 매매자 및 대상투자회사의 범위를 확대하여 적용한다. ② 직접적 규제로 장외파생상품에 대한 규제강화 및 대체투자에 대한 규제마련, 공매도 및 CDS 규제강화, 법인 식별자 감시위원회 설립 등이다. ③ 금융회사의 독자 신용평가 의무화, 국가신용등급의 정기평가(1년 2~3회), 구조화 금융상품발행자의 신용평가회사 교체의무화(매 4년), 신용평가회사 이행상충 방지 및 책임성, 투명성제고 등이다.

또한 체계적이고 효율적 규제를 위하여 ① 그림자금융에 대한 투명성을 강화하고 있다. 국제기구(FSB, IMF)의 공조로 관련정보의 수집 및 교환을 강화하고, 파생상품에 대한 중앙청산소를 설립하여 표준화가 가능한 모든 거래에 규칙을 적용한다. ② 단기자금조달의 주요 창구인 머니마켓펀드(MMF)에 대한 규제를 강화하고 있다. 은행과 연관된 펀드에서 보유채권의 현황(담보적격, 유동성 등) 등을 점검한다. ③ 증권을 통한 자금조달 거래와 관련된 규제를 강화한다. ④ 은행분야에서 전염효과를 억제하기 위하여 은행건전성을 강화한다. 은행들이 규제되지 않은 금융기구들과 거래할 경우에 건전성 감독조치를 더욱 강화한다. ⑤ 효율적이고 체계적 감독체계를 정립한다. ⑥ 비은행 금융기구 대상의 정리 수단을 마련한다.

3. 불확정적 상태의 재귀성

시장은 붐(boom)과 소용돌이(bust cycle) 속에서 무작위로 균형(equilibrium)과 이탈(deviation)을 반복한다. 투자자가 미래의 기대가격을 기초로 투자하지만 시장가격은 투자자의 기대가격에 의하여 결정되고 있다. 이것은 불완전한 지식이나 오류를 반영하면서 연관을 가지기 때문이다. 불완전한 지식은 경험, 본능, 감정, 의식, 행동양식 및 기타 오류를 기초로 추측하면서 부족한 부분을 보충한다. 일반적으로 인정된 것보다 사건의 과정을 결정하는 데 더 큰 역할을 한다. 만일 완벽한 지식이 존재한다면 완전경쟁으로 기대가격과 시장가격이 언제나 일치하면서 불확실성도 발생하지 않는다. 수학과 논리도 정밀하고 객관성을 부여하지만 현실에서 적용하는데 제한을 받는다.

투자심리는 투자자의 행동과 가격결정에 영향을 미치기 때문에 이러한 비이성적 행동을 파악한다면 초과수익을 얻을 수 있다. 고대 그리스의 아리스토텔레스(Arisole)와 근대 프랑스의 경제학자인 케네(F. Quesnay)는 "인간의 선천적이고 숨어 있는 이기심이 경제적 동기를 부여하는데 때로는 이러한 이기심으로 의도하지 않은 결과를 일으킬 수 있다"고 하였다. 미국의 사이먼(H. Simon)은 "인간이 사용 가능한 모든 정보를 획득하고 이해할 수 없기 때문에 제한된 합리성을 가진다"고 하였다. 한편으로 합리적 의사결정도 장기목표와 단기목표 간의 충돌로 흔들릴 수 있다.

투자자의 의사결정은 대부분 습관적이고 반사적 행동의 패턴으로 이루어진다. 그리고 예기치 못한 새로운 자극과 정보가 주어지는 상황에서 추리, 판단, 오류를 발생시킨다. 투자자의 인지와 학습은 이처럼 감각기관이 수용한 각종 정보를 해석하면서 마음의 구조물을 만든다. 지속적으로 유사한 경험이 반복되면 마음속에 외부세계 사건들 간의 관계를 분류하고 범주화하여 재현하거나 강화하는 인지패턴이 형성된다. 즉, 지식의 주관성, 불확실성, 불완전성으로 투자자의 행동은 매우 복잡한 외부세계를 축소하여 규칙을 만든다.

인간의 기억은 저장된 키워드를 선택하여 추리하는 과정으로 매번 새로운 기억을 만들어 간다. 기억은 저장된 정보를 선택하여 사용한 후 반환하고 다시 선택하는 반복과정이 아니다. 두뇌는 집중에 따라서 기억할 수 있는 것이 달라지며 항상 집중하기 어려우므로 선택과 집중을 요구한다. 따라서 투자결정은 교환상황(trade-off)에서 어떤 희생이나 포기를 수반하는 한계에 직면한다. 개인은 희생에 대한 보상을 고려하여 위험을 부담하면서 기대이익에 기초하여 거래한다.

소로스(G. Soros)는 "시장은 투자자에게 동일한 대상이지만 투자자는 모두가 다르다"고

그림 14-5 | 투자심리의 순환

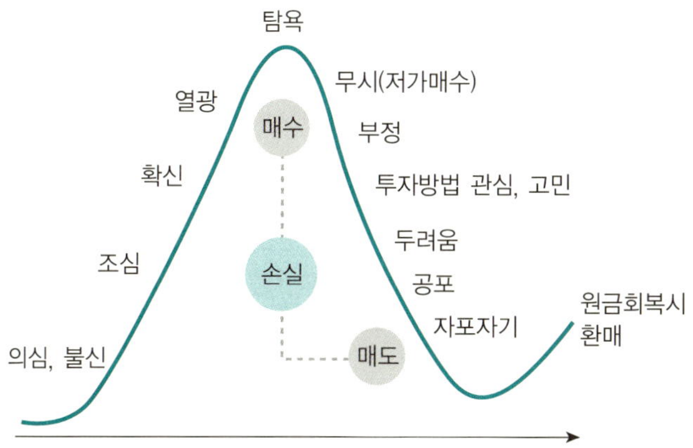

자료: www.google.co.kr

주장하였다. 이러한 시장과 투자자가 만날 때 포퍼(K. Popper)의 오류성과 재귀성을 이용하여 투자를 분석하였다. 오류성(fallibility)은 투자자가 세계를 인지하는 왜곡된 시각으로 전체가 아닌 부분만을 중시한다. 투자자의 지식은 불완전하여 예측도 틀릴 수 있다. 그리고 재귀성(reflexibility)은 투자자의 기대와 현실의 상호작용 속에서 의사결정을 한다는 것이다. 투자자의 행동과 그 결과에 따라서 투자는 영향을 받는다. 투자자는 스스로 오류를 범할 수 있다는 인식 속에서 발전할 수 있지만 정보를 독점할 수 없다. 따라서 증권의 가격은 수요와 공급에 의한 가격결정 메커니즘뿐만 아니라 투자자의 기대를 반영한다.

주가가 내재가치를 넘을 경우 버블이 발생하지만 투자자의 이성적 판단은 신속하게 진정한 가치로 수렴시킨다. 어떤 투자자가 특정 기업에 대하여 낙관적으로 판단하여 투자하면, 다른 투자자도 추종하면서 기업의 성장성이나 공정가치와 무관하게 상승할 수 있다. 그러면 시장가치가 실질가치보다 높게 형성되면서 가격의 불균형이 나타난다. 시장은 이를 해소하려는 하락과 상승의 반복으로 불안해진다. 따라서 시장가치와 실질가치의 균형을 맞추려는 재귀성은 시장을 불확정성으로 만든다. 결국 시장이 끊임없이 움직이면서 극한에 이른 뒤에야 균형이나 안정성에 이른다. 불확정성 원리에서 입자의 위치와 운동량은 동시에 정확히 알 수 없고 두 측정값의 부정확도를 일정 이하로 줄일 수 없다. 경제지표나 정보 자체가 비과학적이거나 잘못될 수도 있지만 정확하고 과학적 지표도 현상을 올바르게 설명하지 못한다. 수많은 투자자가 정보와 지표를 해석하면서 탐욕과 공포 등도 복합적으로 반영된다.

투자자는 현상을 이해하려는 인지기능(cognitive function)과 현재의 상황에 영향을 주어서 유리한 방향으로 변화시키려는 조작기능(manipulative function)을 고려한다. 인지기능에서 사건의 현재상태는 독립변수인 참가자들의 견해는 종속변수이다. 각 기능이 동시에 작용할 경우 고리 형태의 순환관계를 형성한다. 바로 이러한 상호순환 관계가 인지기능과 조작기능의 연관을 맺는다. 만일 재귀성이 없다면 각 기능은 독립이지만 두 기능은 독립이 될 수 없다. 따라서 투자자의 기대와 실제성과는 불확실성이 발생한다. 결국 투자자의 기대와 실제성과가 괴리되면서 투자자의 의도와 투자의 결과도 일치하지 않는다.

금융시장은 어떤 변화가 일어나면 가속화되는 경향이 있다. 고전경제학의 수요와 공급의 법칙이나 효율적 시장은 스스로 자정하면서 균형시장에 수렴한다고 주장한다. 그러나 투자세계에서 투자자는 투자대상에 영향을 주고, 반대로 투자대상도 투자자에게 영향을 미친다. 이러한 상호 재귀성이 투자세계를 작동시킨다. 시장균형은 극히 예외적 현상으로 시장불균형과 변화가 정상적 상황이며 불균형시장에서 폭등과 폭락도 필연이다. 재귀성이론에 의하면 변화의 추세를 사전에 파악하여 파탄에 이르기 전에 탈출하면 이익을 극대화할 수 있다.

현상을 다루는 것보다 사고를 다루는 것은 미래의 불확실성을 더 높인다. 시장은 불완전하고 시장에 참여하는 투자자들도 시장에 영향을 주고, 그 영향을 다시 투자자가 받는다. 또한 시장은 효율적이지도 않고 투자자도 합리적이지 못하다. 투자자가 시장에 영향을 미치고, 시장이 변화하면서 투자자에게 영향을 준다. 그 가정으로 ① 경제실체와 금융시장이 서로 영향을 미치고 있다. ② 경제실체에 불균형이 생기면 그것은 시정되지 않고 갈수록 확대되는 경향이 있다. ③ 금융시장에 어떤 변화가 크게 일어나면 그 움직임이 일단 하나의 경향으로 자리잡는다.

투자자는 어느 한 방향으로 치우쳐 있고, 시장은 예측한 사건에 영향을 미친다. 따라서 일부 투자자의 이득은 비효율적 시장을 의미한다. 리스크관리는 끊임없이 변화하는 시장을 주시하고 그 상황에 따라서 적극적으로 실행한다. 소로스의 투자철학은 "내재가치가 주가를 결정하지만 주가 자체도 기업의 내재가치를 결정할 수 있다"는 상호작용이다. 투자자와 시장은 서로 영향을 주고받으므로 시장의 내재가치와 시장가격은 항상 불균형이다. 시장이 항상 옳은 것만은 아니며 언제나 어느 한 방향으로 치우쳐 있고, 시장이 예측한 사건에 시장 자체가 영향을 미칠 수 있다. 상승하는 주가는 긍정적 편견으로 강화되고, 하락하는 주가는 부정적 편견으로 강화된다. 시장에 존재하는 편견이 내재가치와 시장가치의 괴리를 넓히거나 좁히는데, 두 과정은 끊임없이 서로 새로운 영향을 미친다.

제3절 자본시장의 미래구조

1. 부의 세습과 자본이동

초일류 부자는 단기간에 만들어지는 것이 아니라 오랜 세월을 거쳐서 형성된다. 그 원인으로 일본의 다카시 히로시는 유산상속, 금의 보유, 국제금융시스템, 전통의 유럽가문, 글로벌투기자본, 조세회피지역, 그리고 금융저널리즘 등의 활용을 제시하였다. 부 자체는 일반 계층에게 분산되지 않고 한 방향으로 수렴하는 성질을 가지고 있다.

역사상 최대의 부자는 메디치가문, 로스차일드가문,[18] 베어링가문, 록펠러, JP모건, 빌게이츠 등으로 이어진다. 미국 최대의 부자는 록펠러와 모건이었다. 록펠러(J. Rockefeller)는 1870년 스탠더드 오일 회사를 창립한 후 석유사업으로 역대 세계 최고의 부자가 되었다. 스탠더드 오일 트러스트를 조직하여 석유업을 독점하였으나 반 트러스트법 위반으로 1899년 트러스트를 해산하였다. 그 후 뉴저지 스탠더드 석유회사를 설립하였으나 1911년 해산 명령받았고 시카고대학교를 설립하였다. 또한 모건(J. Morgan)은 기업금융과 기업합병으로 1892년 GE, 1901년 US스틸을 운영하면서 금융을 지배하였다. 1907년 공황을 극복하기 위하여 모건은 은행통합을 주도하였고 경영의 효율성과 현대화를 이끌었다.

록펠러는 1880년대 소규모 매니저들과 함께 보유자금을 운용하면서 가족펀드(family fund)를 시작하였다. 이후 가족펀드수가 2008년 1,000개를 돌파하였고 펀드당 평균 1억달

표 14-8 | 미국 내 가족펀드 현황

구 분	내 용
펀드수	1,000개 이상
펀드규모	1억달러 이상
가조구성	평균 13가구, 회원 40여 명 이내
시작시점	1880년대 록펠러가문
법률규제	없음

자료: WSJ, 한국경제

18 마이어 암셸 로스차일드는 프랑크푸르트의 유태인 게토(getto)에서 환전상을 경영하였고, 5명의 아들이 프랑크푸르트, 비인, 런던, 나폴리, 파리에서 금융회사로 성공하였다.

러, 13개 가구 및 40여 명의 가족회원으로 구성되어 있다. 가족펀드는 세습운용자산으로 운용규모와 무관하게 규제대상에서 제외된다. 도드-프랭크법(Dodd-Frank Rule)[19]은 금융위기 이후 헤지펀드에 대한 규제를 강화하였지만 가족펀드를 규제대상에서 제외하였다. 가족펀드는 보수적 투자전략을 활용하고 외부자금을 사용하지 않아서 규제할 필요가 없기 때문이다.

부자들도 기본적으로 건전한 시민의식에서 출발한다. 시민은 법적 권리와 의무, 견제와 균형 및 자기 책무을 가진 사람이다. 부자는 시민의식 속에서 사회에 대한 경제적 가치를 추구할 때 만들어진다. 그러나 가난한 사람은 부족한 소득을 신용과 부채로 충당하여 생계를 이어가는 경우도 있다. 이들에게 실업과 노령화는 위험하거나 수익성이 낮은 분야로 직업을 이동시킨다. 부자는 대부분 증권의 형태로 재산을 보유하면서 소유와 경영의 분리로 유한책임을 부담하지만, 노동자는 신용과 부채에 대하여 무한책임을 부담한다.

부나 자본을 이동시키는 글로벌화(globalization)는 무제한 자본주의를 확산시키면서 자산과 자본의 순환을 용이하게 한다. 글로벌화는 리카도(D. Ricard)의 비교우위론[20]에 기초하여 주문자와 하청업자가 지역적으로 가까운 관계를 형성하는 것이다. 글로벌화의 특징으로 ① 자본이동의 자유성과 노동력이동의 제한성이다. ② 금융시장에서 자본시장 제도와 투기자본을 활성화하고 있다. ③ 기업의 장기성장보다 단기이익을 추구하고 거시적 정부정책의 실용성을 낮춘다. ④ 글로벌거래의 조세감면과 전자상거래로 국가의 재정기반을 약화시키고 있다. ⑤ 글로벌 미디어와 인터넷의 확대로 국가의 공간적 개념이 희석되었고 선진국의 소비 유형이 전파되면서 필수품과 사치품의 경계를 모호하게 만들고 있다.

국가는 글로벌화의 영향으로 민영화를 실시하면서 공적 개입을 줄이고 유럽공동체(EU)와 같이 공동의 화폐를 사용하면서 독점권을 잃고 있다. 또한 기업의 해외 이전으로 국내산업의 공동화현상도 발생하고 있다. 해외직접투자의 활성화와 자유로운 자본의 이동은 글로벌 다국적기업을 활성화시키고 있다. 이와 함께 개방은 다수의 합리적 시장참여자와 다량의 정보로 시장을 효율적으로 만들 수 있고, 외국자본의 유입으로 보다 많은 국내 실물투자와 생산을 가능하게 하여 국부를 증가시킬 수 있다. 그러나 자본시장이 미성숙된 국가의 경우 무리한 시장개방으로 시장의 지배권만 잃게 된다.

국내의 경우 1990년대부터 자본시장을 개방하면서 단기 유동성인 투기자본(hot money)

---

19 도드-프랭크법(Dodd-Frank Rule)은 오바마행정부가 2008년 발생한 금융위기의 재발을 막기 위해 2010년 7월 제정한 금융개혁법안이다.

20 자국에서 생산된 상품이 외국에서 생산된 상품과 비교하여 상대적으로 생산비가 싼 비교우위에 있는 상품을 특화하여 다른 국가와 무역을 해서 이익을 얻는다.

이 자본시장과 외환시장을 교란시키고 상당한 국부를 유출하여 갔다. 그리고 금융시장은 변동성이 확대되고 실물시장의 건전한 발전도 저해되었다. 실물산업이 발전한 일본도 자본시장을 통하여 막대한 부가 유출되었고 전문인력의 부족, 관리능력의 부재와 실질인력의 부족, 정보수집 및 분석기법 등의 낙후로 다국적 금융회사에 시장과 이익을 잠식당하였다.

2. 정보비대칭에서 금융저널리즘

정보는 표본정보와 완전정보로 구분할 수 있다. 표본정보는 완전하지 않은 정보로 그 결과를 완전히 예측할 수 없지만 완전정보는 관련 정보대로 미래가 움직이는 신뢰할 수 있는 정보이다. 투자자는 투자에 따른 미래의 불확실성을 감소시킬 수 있는 정보를 얻기 위하여 노력한다. 정보는 주로 일정한 대가를 지불하고 얻을 수 있으므로 경제제가 된다. 정보가 존재할 경우 투자자는 사전에 미리 예측된 상황에서 최적 투자안을 선택할 수 있다. 이 경우 미래의 상황이 실제로 어떻게 실현될 것인지 확실히 알려주는 정보를 완전정보(perfect information)라 한다. 그러나 현실적으로 이러한 완전정보는 존재하지 않으며 대부분 불완전정보이다. 불완전한 정보는 미래의 모든 불확실성을 어느 정도 감소시켜 줄 수 있으며 과거자료를 조사하여 얻을 수 있다.

전통적 경제학은 수요와 공급의 원칙에 따라서 정보(information)도 가격처럼 대칭적(symmetric)이라고 가정하였다. 완전경쟁(perfect competition)에서 아담 스미스의 보이지 않는 손(invisible hand)이 시장의 균형을 달성시킨다. 그러나 애컬로프(G. Akerlof)는 1970년 시장의 정보가 비대칭적(asymmetric)일 경우 시장의 균형을 달성할 수 없다고 주장하였다. 비대칭정보는 거래상대방 가운데 한 쪽이 다른 쪽보다 더 많은 정보를 가지고 있는 경우이다. 1998년 외환위기 이전에 국내 개인투자자들의 정보는 기관투자자들보다 부족한 정보의 비대칭으로 경쟁에서 불리하였다.

정보는 수집이 어렵거나 비용을 수반하며 그 내용도 어려워서 접근이 쉽지 않다. 정보의 비대칭성이 존재하면 최적의 용도에 자원을 배분하지 못할 수 있다. 따라서 경제주체는 신호보내기(signaling)나 골라내기(screening)[21] 같은 대응으로 스스로 문제를 해결한다. 이 경우 시장에서 이루어진 자원배분은 최선이 아니다. 투자자의 문제는 거래비용과 정보비용이다. 정보비용(information costs)은 대출자가 차입자의 신용도를 구별하고 어떻게 사용하는

21 신호보내기는 정보를 가진 쪽이 정보를 가지지 못한 쪽에 대해 내부정보를 전달하는 행동이다. 골라내기는 정보를 가지지 못한 쪽이 정보를 가진 쪽의 내부정보를 얻기 위한 행동이다.

지 감시하는 비용이다.

세계 정보시장에서 국경이나 국가라는 개념보다 소프트파워가 정보권력과 지식을 독점한다. 금융저널리즘은 그 영향이 직접적이고 집단적 양상으로 드러나기 때문에 정확성과 공정성을 중시한다. 정보 자체가 상품의 기능을 할 뿐만 아니라 복잡한 경제현상과 정책을 조정할 수 있다. 세계 최고의 금융저널리즘인 일본의 니혼게이자이신문(Nihon Keizai Shimbun, The Nikkei)은 1876년 처음 발행되었고, 1888년 영국의 파이낸셜타임스(The Financial Times)와 1889년 미국의 월스트리트저널(The Wall Street Journal)도 시작하였다. 또한 국내는 1960년 서울경제신문, 1964년 한국경제신문, 1966년 매일경제신문, 1973년 헤럴드경제신문, 1988년 아시아경제신문, 1999년 머니투데이, 2000년 이데일리 등이 설립되었다.

블룸버그(Bloomberg)사는 1981년 마이클 블룸버그에 의해 창립된 24시간 경제뉴스를 서비스한다. 증권회사들에게 전용 단말기와 회선을 통하여 금융시장의 뉴스, 데이터, 정보 등을 제공한다. 로이터(Reuters), 다우존스(Dow Jones)와 함께 3대 경제뉴스 서비스 업체이다. 또한 영향력 있는 매체는 Pearson(UK), Reed Elsevier(UK/NL/US), Thomson Reuters (US), Wolters Kluwer(NL), Random House(Germany), Hachette Livre(France), Holtzbrinck(Germany), Grupo Planeta(Spain), Cengage(US), McGraw-Hill Education (US) 등이다. 특히 Pearson(UK)는 전 세계를 대상으로 가장 유력한 경제신문인 Financial Times와 주간 경제지인 Economist[22]를 발행한다.

또한 금융이 발달한 국가는 대학원 과정에 전공을 설립하여 전문 저널리스트를 양성하고 있다. 영국 시티대학교(City University)는 금융저널리즘 석사과정에서 기업, 경제 및 금융 뉴스에 대한 최고 수준의 저널리스트를 양성하고 있다. 국내 금융저널리즘의 발전을 위하여 전문인력을 양성할 수 있는 전문과정의 설립이 필요하다.

표 14-9 | 시티대학교 수업과목의 예

분 야	과목명
필수(8)	Key issues in financial journalism, Corporate reporting, Financial reporting, Financial journalism practice, Finance journalism editorial production, Online journalism, Media law, Final project
선택(2)	Journalism innovation, Journalism and Society

22 이코노미스트(The Economist)는 세계 최고의 영향력을 자랑하는 영국의 경제주간지이다. 그 내용은 사설, 정치, 비즈니스, 세계, 특별보고서, 경제와 금융, 과학과 기술, 책과 예술, 시장과 통계 등이다.

3. 한국 자본시장의 문제

저성장과 공급과잉 국내 산업구조는 국내 총생산에서 고용효과가 낮은 제조업의 비중은 증가하고 고용효과가 높은 서비스업의 비중은 감소하고 있다. 성숙단계에서 제조업이 계속 큰 비중을 차지하면 정상적 경제성장을 이룩할 수 없다. 또한 자본시장도 재벌들의 시장지배력이 높고 지배구조가 비효율적으로 투기자본의 목표가 되고 있다. 기업도 법인세율 인하와 세금감면 혜택으로 명목세율보다 실질세율이 훨씬 낮은 상황이다. 따라서 기업경영을 투명하고 책임있게 할 수 있도록 지배구조 개선과 소액주주의 권리를 강화할 필요가 있다. 시장의 규칙이 제대로 작동할 수 있도록 기본질서를 세우는 정책이 필요하다.

비상장회사의 배당은 소수의 주주들에게 제한되기 때문에 소득분배효과가 제한적이면서 소득불평등을 야기한다. 그러나 한국 기업들은 상장 전 과도한 배당으로 소수의 대주주에게 이익을 돌려주고, 상장 후 배당에 인색하거나 축소한다. 국내 기업은 배당성향이 낮고 사내유보의 비중이 높아서 가계-기업 간 소득불평등이나 노동분배율의 하락이 심각하다. 소액주주는 배당에 만족하지 않아도 소액주주권과 주식매도 이외에 회사나 경영진에 요구할 수 있는 사항이 없다. 또한 기업의 잉여금은 언젠가 배당이나 재투자에 사용한다. 내부자금의 축적은 높은 자본비용의 부담으로 도덕적 해이의 문제를 증가시킬 수 있다. 기업도 유보액을 임금이나 배당으로 사용하지 않고 투자에도 적극적으로 이용하지 않고 있다.

국가는 소득향상 및 자산형성을 지원하여 삶의 질을 향상할 수 있는 토대를 마련해야 한다. 여유로운 생활을 즐길 수 있도록 사교육비 및 주거비 부담을 완화하고, 다양한 문화 · 스포츠 인프라를 구축해야 한다. 한편 사회적 약자를 위한 사회봉사활동과 기부후원에 대해 인센티브를 제공해야 한다. 스스로 중산층이라 생각하는 체감 중산층의 확대에도 노력해야 한다. 고용창출이 가능하고 파급효과 높은 분야와 공공부분에 대한 지출을 증가시키고, 노동시간을 단축시켜서 고용기회의 평등을 확보해야 한다. 사유재산은 개인의 권리이며 자기표현 방법이지만 노동자의 경우 기업가의 부와 권력에서 배제될 수 있다. 임금이 올라가면 기업의 생산비 상승으로 투자를 줄일 수 있지만 구매력의 증가로 소비수요도 증가시킨다. 임금인상의 효과가 비용상승의 효과보다 크다면 임금인상은 오히려 경제성장을 촉진한다.

그러나 과잉공급과 경쟁격화로 사업부진, 소득저하, 부채증가, 폐업 및 도산, 실업의 악순환이 반복되고 있다. 주력 업종인 조선 · 철강 · 석유화학이 공급과잉으로 수익성이 급락하고 IT · 반도체와 자동차를 대표하는 기업의 실적둔화도 뚜렷하다. 그리고 서비스업도 음식업 · 운수업 · 소매업 등에서 심각한 공급과잉 상태이고, 의사 · 변호사 등의 전문직 서비스도 넘쳐나고 있다. 제조업에선 2005년부터 높은 경제성장을 이룩한 중국이 조선 · 철강 등의 생산을 증가시켜서 공급과잉을 초래하고 있다.

기업실적 하락은 고용창출 악화로 이어지고, 감소한 가계소득은 소비심리를 위축시킨다. 가계소비의 둔화로 내수기업과 자영업자들은 수입감소가 발생한다. 내수시장의 침체와 비싼 인건비로 대기업들은 국내 일자리 확충과 투자를 늘릴 필요성을 느끼지 못하고 있다. 대내외 공급과잉은 한국경제를 수렁에서 헤어나오지 못하게 하고 있다. 한국고용정보원은 2018년에 자영업 취업자로 전체 취업자의 21.0%인 559만 4,000명으로 추정한다. 공급과잉인 상태에서 베이비부머(1955~1963년생) 남성이 은퇴 후 1년 안에 자영업자가 될 확률은 11%였다.

인구감소 맬더스(Malthus)[23]는 인구의 증가속도보다 식량의 증가속도가 느린 수확체감의 법칙을 따르기 때문에 부의 증가가 대규모 기아를 일으킬 것으로 예측하였다. 경제발전의 초기에 우등한 토지에 대한 투자로 그 이윤과 임금을 발생시키고, 부가 형성되면서 열등한 토지에 자본을 투입하면서 인구도 증가한다. 그 결과 이윤과 임금의 하락, 생산비용도 줄지만 생산물의 가치는 오히려 증가한다. 이때 지대가 별도의 독립된 존재가 되고, 이윤율하락보다 임금하락이 더 커진다. 즉, 자본주의는 기술의 발전으로 대량생산시스템을 갖추지만 유효수요의 부족으로 판매의 어려움을 겪는다. 전반적 유효수요부족은 매출하락에 따른 고용감소로 다시 수요부족을 더욱 확대시키면서 매출과 고용감소의 악순환을 반복한다. 수요부족에 따른 전반적 과잉생산이 유효수요의 부족과 기업의 이익을 감소시킨다.

만일 노동자와 농부가 자신의 모든 소득을 소비하고, 자본가는 일부만 소비한다면 수요격차[24]의 발생으로 경기침체에 빠져들 수 있다. 기업도 이윤을 창출하고 투자활동을 하지 않는다면, 수요격차가 발생하여 유효수요의 부족으로 경제가 침체한다. 국가는 전체 유효수요의 부족으로 과잉생산이 발생하지 않도록 대비해야 한다. 맬더스는 유효수요를 창출하기 위하여 생산하지 않으면서 소비하는 계급이나 계층의 역할을 강조하였다. 한 국가의 유효수요가 부족할 경우 개방경제로 외부수요를 창출해야 한다.

근대사회의 인구는 과거와 비교할 수 없을 정도로 급속히 증가하였다. 인구증가는 기원 이후 1650년, 200년, 100년, 40년의 간격으로 두 배씩 증가하였다. 인구의 증가는 인간과 인간, 인간과 자연의 대립으로 전체를 파멸에 이르게 할 수 있다. 산업사회는 자연을 파괴하

---

23 인구론은 다윈의 진화론에 영향을 미치고, 진화론은 마르크스의 자본론에 영향을 미친다.

24 노동자와 자본가는 수요격차뿐만 아니라 정보격차도 발생할 수 있다. 정보격차는 정보의 접근과 이용에 대한 개인별 차이로 경제사회적 불균형이 발생하는 현상이다.

기 때문에 지구 전체의 생태계를 파괴할 수 있다. 과거에도 환경파괴는 있었지만 한정된 지역의 문제였다. 과거 서구인들이 남북아메리카로 이주하면서 구대륙의 전염병인 천연두를 확산시키고 생태계를 파괴하여 원주민을 거의 전멸시켰다. 지금 인류 전체가 환경파괴에 따른 희생자가 될 위기에 직면하고 있다. 그렇지만 선진국은 인구증가 속도의 감소와 노령화로 경제성장의 동력을 잃고 있지만, 신흥국은 빠른 속도의 인구증가로 빈곤과 사회불안에 시달리는 지구의 이중문제(Earth's double dilema)를 가지고 있다.

인구정책은 장기적 관점에서 이성적으로 대응해야 한다. 인구의 감소는 여성의 교육을 신장시키면서 경제활동을 강화시켰고 또한 소수의 자녀에 대한 집중으로 인재양성에 기여하였다. 국내에서 외환위기 이후의 경제성장은 빈곤율 감소라는 낙수효과보다 부의 불평등만 심화시켰다. 국가는 조세정책이나 사회복지정책으로 소득을 재분배하여 빈곤율을 낮추려하고 있다. 국민소득 하위 10%계층에게 평균세금 86만원에 복지혜택 522만원을 제공하고 전체적으로 평균 704만원의 세금을 납부하고 754만원의 복지혜택을 얻고 있다. 그러나 간접세는 저소득층과 고소득층이 동일하므로 소득재분배에 역행하여 경제적 양극화를 심화시킨다.

감가상각 감가상각(depreciation)은 시간의 흐름에 따라서 감모성자산의 가치가 감소하기 때문에 취득한 자산의 원가를 사용기간에 걸쳐서 비용으로 배분하는 과정이다. 설비투자는 초기에 현금지출이 이루어지지만 후에 자기금융의 기능을 수행하는 감가상각비로 초기비용을 회수한다. 감가상각은 비용으로 세금을 감면시키면서도 기업의 현금흐름상에서 수익으로 남는다. 영국과 미국은 유형고정자산의 감가상각과 광산 · 유전 · 삼림 등의 고갈성자산의 감모상각으로 구별한다. 그 차이로 ① 감가상각은 자산용역 잠재력의 감소이며 감모상각은 수량의 소진이다. ② 감가상각은 감가한 부분을 전부 제품의 원가로 인식하지 않지만 감모상각은 모두 원가로 인식한다 ③ 감가상각자산은 대체 가능하지만 감모상각자산은 대체 불가능하다.

감가상각에서 ① 실질감가상각(economic depreciation)은 설비처분, 자산평가시 물리적 가치감소, 기능적 가치감소, 진부화로 상대적 가치감소, 필요성의 감소 등으로 나타난다. ② 회계적 감가상각(accounting depreciation)은 세금을 부과하기 위하여 감가상각의 크기를 인위적으로 결정한다. ③ 경제적 감가상각[25]은 특정 시점에서 동 자산의 수명감소에 따른 가치감소로 중고자산을 매각하고 새로운 자산으로 대체하는 순비용이다. 경제적 감가상각에 대

25 경제적 감가상각은 특정 시점에서 생산연도가 다른 동종자산 간의 가격차이로 그 자산의 연령가격함수(age-price profile)를 통하여 파악이 가능하다.

응되는 물리적 감모, 일상적 진부화 또는 통상적 불의의 손실(damage)은 회계기간 중에 생산자가 소유나 사용으로 고정자산의 가치가 저하된 부분이다. 즉, 자산의 연령가격함수[26]가 특정 시점에서 신품자산과 중고자산의 가격비율인 잔존가액 비율을 나타내기 때문에 감가상각함수를 도출할 수 있다. 국내경제는 인프라의 구축이나 성장보다 기존자산을 유지하거나 감가상각을 하는 단계에 진입하면서 성장비용보다 유지비용이 더 커지고 있다.

아편전쟁과 화폐전쟁

(한겨레신문, 2010년 11월 19일)

"플랑드르 들판에 양귀비꽃 피었네/ 줄줄이 선 십자가들 사이에/ … 우리는 이제 운명을 달리한 자들/ 며칠 전만 해도 살아서 새벽을 느꼈고 석양을 바라보았었네…" 1915년 유럽 플랑드르 전선에 투입된 캐나다군 군의관 존 매크레이가 전사한 전우의 무덤가에 흐드러지게 핀 붉은 양귀비꽃을 보고 쓴 시 〈플랑드르 들판에서〉는 제1차 세계대전을 상징하는 가장 유명한 작품이다. 독일이 항복을 선언한 11월 11일이 올 때마다 영국인들은 이 시에 나오는 붉은 양귀비꽃 배지를 사서 달고, 수익금은 참전 군인들을 돕는 기금으로 쓴다.

지난주 주요 20개국(G20) 서울정상회의에 참석하기 전 중국을 방문해 후진타오 주석, 원자바오 총리와 회담한 데이비드 캐머런 영국 총리의 가슴에도 어김없이 붉은 양귀비꽃 배지가 선명했다. 중국 정부는 캐머런 총리에게 정상회담 때는 이 배지를 떼달라고 요구했지만 영국 정부는 거절했다.

중국인들에게 영국 총리의 가슴에 달린 붉은 양귀비꽃은 완전히 다른 역사를 이야기한다. 19세기초 영국의 집요한 요구로 중국(청나라)-영국 무역이 시작된 뒤 중국은 차 수출로 막대한 무역흑자를 냈다. '선진 제품'을 중국 시장에 팔아 큰 이익을 얻을 것으로 기대했다가 실망한 영국은 결국 식민지 인도에서 재배한 마약 · 아편을 중국으로 대량수출하기 시작했다. 1839년 청나라가 아편무역금지령을 내리고 청의 고관 린쩌쉬(임칙서)가 영국산 아편 2만상자를 몰수해 불태우자, 영국이 아편무역의 거대한 이익을 지키려고 아편전쟁을 일으킨 역사는 잘 알려져 있다. 중국은 서구의 군사력 앞에 처절하게 무릎을 꿇고 1842년 난징조약을 맺어 홍콩을 내주고 몰수했던 아편에 대한 거액의 보상금까지 내야 했다.

아편전쟁으로부터 170년이 흐른 오늘, 막강한 경제력을 갖게 된 중국은 '모욕의 세기'를 뒤로 하고 우뚝 일어서 새로운 세계질서를 꿈꾼다. 중국이 더 많은 물건을 사주고 더 많은 투자를 해 휘청이는 경제를 살려주기를 간절히 원하는 유럽 각국이 중국에 손을 벌리고 있다. 중국 정부는 이

---

26 연령가격함수는 자산의 가격이 연령의 증가에 따라 어떻게 변하는지를 나타내는 것으로 동일시점의 횡단면 자료를 이용하여 파악할 수 있다. 시계열자료의 경우 전반적 자산가격의 상승이나 품질의 차이 등을 제거한 후 연령변화가 가격에 미치는 효과를 분석할 수 있다.

제 외부의 압력에 굴복하지 않는 '중국식 질서'에 목소리를 높이고 있다. 위안화 환율과 달러 기축통화 체제를 둘러싼 미국과 중국의 치열한 '화폐전쟁'은 그 상징이다.

지난주 정상회의를 앞두고 버락 오바마 미국 대통령은 'G20 참가국 정상들에게 보내는 서한'까지 발표해 대중국 위안화 절상 압박에 동참해줄 것을 호소했으나, 구체적 절상 합의를 얻어내지 못했다. 미국은 중국이 위안화 가치를 낮게 조작해 막대한 무역이익을 얻고 있다고 공세를 취했지만, 미국이 양적완화정책으로 대규모 달러를 시장에 풀어 다른 나라의 이익을 침해했다는 중국의 주장에 지지를 보낸 나라가 더 많았다.

이번 서울정상회의는 '미국의 추락'을 상징하는 역사의 한 페이지로 기록될 가능성이 크다. 미국의 세계 패권의 주요 축인 달러 기축통화체제를 뒤흔드는 논의가 본격화됐기 때문이다. G20 차기 의장국인 프랑스는 기축통화체제 개혁의 깃발을 높이 들고 60년 동안 세계를 지배해온 달러시스템에 도전장을 던지고 있다. 중국도 기축통화 개혁을 외치며 미국을 압박하고 있다.

붉은 양귀비꽃에 대한 동서양 기억의 거리만큼 '중국의 시대'는 '미국의 시대'와는 다른 세계질서를 예고한다. 서구 지배 시대의 종언이다. 하지만 중국식 세계질서는 아직 세계의 대안으로 받아들여지지는 못한다. 국내외에서 수많은 모순과 도전에 부딪쳐 있는 중국은 경제 · 사회적 개혁을 강조하고 있지만, 서구식 질서에 '노'라고 말하는 것 외에 분명한 비전을 제시하지 못하고 있다. 옛 질서가 몰락하고 있지만 새 질서는 보이지 않는 불안한 아노미시대다.

요약정리 및 생각해 볼 문제

1. 요약정리

- 글로벌 거버넌스는 국제기구인 국제통화기금(IMF)과 세계무역기구(WTO) 등을 중심으로 글로벌 시장을 움직이면서, 벤치마크회사 및 신용평가회사, 글로벌 싱크탱크에 의한 이론적 지원을 배경으로 움직이고 있다. 국제통화기금은 자유주의적 구조개혁의 추진을 대출조건으로 하고 있다. 또한 세계무역기구가 상품, 서비스, 자본이 자유롭게 이동할 수 있는 국경없는 세계 건설을 추진하고 있다. 국제자본시장은 런던, 뉴욕, 홍콩을 축으로 24시간 운영되고 있다.
- 예산선은 주어진 재산으로 투자할 수 있는 재화의 양을 나타낸다. 확실성 등가는 기대효용과 동일한 효용을 제공하는 확실한 부의 수준이며, 투자자는 기대수익이 확실성등가계수보다 클 때 투자한다. 투자결정은 위험성향과 투자의지 등을 기초로 한다. 위험성향은 투자수익률이 기대한 값(기대수익률)에서 얼마나 벗어날 수 있는가를 의미한다. 그리고 투자의지는 투자자의 투자목표, 제약요소 및 자산배분에 반영한다.
- 한편 부자는 단기간에 만들어지는 것이 아니라 오랜 세월을 거쳐서 형성된다. 부자가 된 원인으로 일본의 다카시 히로시는 유산상속, 금의 보유, 국제금융시스템, 전통 유럽의 가문, 국제투기자본, 조세회피지역, 그리고 금융저널리즘 등의 활용을 제시하였다. 그림자금융은 은행과 비슷한 역할을 하면서도 중앙은행의 규제와 감독을 받지 않는 금융회사를 의미한다. 그리고 자본시장은 자본의 배분에 중심적 역할을 수행하지만 각국은 글로벌화에 따른 시장의 변동성확대에 대응할 과제를 가지고 있다.

2. 국제금융시장에서 원화거래가 활성화되지 못하는 이유와 해결방안은 무엇인가?

1993년부터 정부가 환위험회피와 환거래비용을 줄일 수 있는 원화의 국제화를 추진하고 있다. 참여정부는 원화의 국제화[27]를 통하여 국제적 위상을 제고하고 금융허브를 추진하였다. 2003년 7월 8일 호주인 2명이 한국은행 발권업무팀을 찾아와서 한국 관광객들이 해외관광지 분수와 연못에 던진 동전을 국내에 들여올 수 있도록 수입허가를 요청하였다. 해외에서 사용된 원화는 외국환관리법에서 세관신고와 한국은행의 수출입허가를 얻어야 국내로 다시 들어 올 수 있다. 이들은 동전 2,500만원을 한국은행에서 1만원짜리 지폐로 바꾼 뒤 달러로 환전하여 출국하였다. 한편, 2014년 중국 공상은행 서울지점과 신한은행이 국내 최초로 원화와 위안화 직거래를 성사시켰다. 개인이나 기업은 은행에서 원화를 위안화로 직접 바꿀 수 있다. 그렇지만 은행은 국내 외환시장에서 원화를 매도하여 미국달러를 매입한 후 달러화를 역외 외환시장에서 위안화로 환전한다. 이런 복잡한 절차를 생략한 원화와 위안화의 직거래는 수수료를 절감하면서 환리스크를 축소할 수 있다.

---

27 원화의 국제화는 외국인 등 비거주자들이 국내에서 원화를 자유롭게 사용할 뿐 아니라 해외에서도 자유롭게 통용되는 것을 의미한다.

3. 대한민국의 동북아시아 금융허브는 가능한가?

노무현 정부는 동북아중심국가로 도약하기 위해 '동북아중심국 프로젝트 전담기구'를 설치하였다. 그리고 동북아 금융허브의 추진전략으로 7대과제를 선정하면서 대한민국을 아시아 3대 금융허브로 육성한다고 밝혔다. 영국은 금융빅뱅으로 금융장벽을 허물면서 무한자유를 보장하였고, 미국도 글래스 스티걸법을 폐지하여 금융지주회사에 의한 대형화 및 겸업화를 유도하였다. 금융허브로 성장하기 위하여 골드만삭스와 같은 과감한 자기자본 투자와 강력한 해외 네트워크 구축을 가진 국내 금융회사를 육성해야 한다. 국내 자본시장 전문가들은 그 모델로 1위 골드만삭스, 2위 미국 JP모건체이스와 호주 맥쿼리를 선정하였다. 글로벌 금융허브를 구축하기 위하여 금융회사별로 해외 네트워크 강화, 전문인력 확보, 자기자본의 확대, 업적 및 성과의 축적, 그리고 영어구사능력의 향상 등이 필요하다. 그리고 외국 금융회사가 국내에 진출하여 활동하는 정도로 국내 금융회사도 해외에 진출하여 경험을 축적해야 한다.

4. 관련 홈페이지

www.keis.or.kr
www.compustat.com
www.federalreserveeducation.org
www.kice.or.kr
www.kostat.go.kr
www.nts.go.kr
www.samili.com

부록

국가통계현황
이자율과 할인율
누적정규분포표
위험성향분석(한국금융투자협회)
금융계산앱
국내외 재무투자관련 데이터베이스

국가통계현황

(2015년 초 기준, IMF)

번호	국가명	국내총생산 (10억달러)	인구수 (백만명)	순부채액 (10억달러)	총저축액 (%)	인플레이션 (%)	실업률 (%)
1	Afghanistan	20.4	31.3		27.4	1.5	
2	Albania	13.3	2.8	72.5	16.7	0.7	17.5
3	Algeria	213.5	39.5	−16.8	43.3	5.3	10.6
4	Angola	129.3	24.4		13.5	7.5	
5	Antigua and Barbuda	1.2	0.1		10.6	1.3	
6	Argentina	543.1	42.6		18.3	23.9	7.3
7	Armenia	11.6	3.0		14.3	4.6	18.0
8	Australia	1,442.7	23.6	15.6	23.9	1.6	6.1
9	Austria	437.6	8.5	47.9	23.5	0.8	5.6
10	Azerbaijan	74.1	9.3		38.2	−0.1	6.0
11	Bahrain	33.9	1.3	43.8	19.6	2.5	4.1
12	Bangladesh	183.8	158.2		29.1	6.1	
13	Barbados	4.4	0.3	72.9	4.5	2.3	12.7
14	Belarus	76.1	9.5		28.7	16.2	0.5
15	Belgium	534.2	11.2	64.6	23.6	−0.4	8.5
16	Belize	1.7	0.4	75.3	8.5	−0.2	11.1
17	Benin	8.7	10.6		10.4	−0.8	
18	Bhutan	2.0	0.8		22.2	8.9	3.2
19	Bolivia	33.2	11.3	13.2	20.5	5.2	4.0
20	Bosnia and Herzegovina	18.2	3.9	38.1	10.1	−0.5	27.5
21	Botswana	15.2	2.1		47.6	3.7	
22	Brazil	2,346.6	202.8	34.1	15.6	6.4	4.8
23	Brunei Darussalam	17.1	0.4			−0.2	2.7
24	Bulgaria	55.8	7.2	−2.5	21.6	−2.0	11.5
25	Burkina Faso	12.5	17.4		4.6	−0.1	
26	Burundi	3.1	9.2		2.4	3.7	
27	Cabo Verde	1.9	0.5	108.2	30.0	−0.4	12.0
28	Cambodia	16.6	15.3		11.0	1.0	
29	Cameroon	31.8	22.5	25.4	17.8	2.6	
30	Canada	1,785.4	35.5	36.4	21.9	1.9	6.9
31	Central African Republic	1.7	4.7		4.1	8.4	
32	Chad	13.9	11.3		21.6	3.7	
33	Chile	258.0	17.8	−4.4	20.3	4.6	6.4
34	China	10,356.5	1,367.8		48.5	1.5	4.1
35	Colombia	377.9	47.7	33.8	20.8	3.7	9.1
36	Comoros	0.7	0.8	24.5	11.6	0.0	
37	Costa Rica	49.6	4.8	39.7	14.4	5.1	8.2
38	Côte d'Ivoire	33.7	23.1		16.1	0.9	
39	Croatia	57.1	4.2		18.9	−0.5	17.1

번호	국가명	국내총생산 (10억달러)	인구수 (백만명)	순부채액 (10억달러)	총저축액 (%)	인플레이션 (%)	실업률 (%)
40	Cyprus	23.3	0.9		7.4	−1.0	16.1
41	Czech Republic	205.3	10.5		25.9	0.1	6.1
42	Democratic Republic of the Congo	35.9	79.3		6.1	1.2	
43	Denmark	342.4	5.6	3.6	25.7	0.3	6.5
44	Djibouti	1.6	0.9		18.5	2.8	
45	Dominica	0.5	0.1		1.7	0.5	
46	Dominican Republic	64.1	9.9	35.0	18.4	1.6	6.4
47	Ecuador	100.5	16.0		27.5	3.7	3.8
48	Egypt	286.4	86.7	81.9	13.2	8.2	13.4
49	El Salvador	25.2	6.4		8.5	0.5	5.5
50	Equatorial Guinea	15.5	0.8		25.3	4.3	
51	Eritrea	3.9	6.5		2.4	12.3	
52	Estonia	26.5	1.3	−0.2	27.4	0.0	7.4
53	Ethiopia	54.8	88.3	17.7	28.8	7.1	
54	Fiji	4.3	0.9	45.6		0.1	8.8
55	Finland	272.6	5.5	−50.2	18.7	0.6	8.7
56	France	2,833.7	63.9	87.9	21.2	0.0	10.3
57	FYR Macedonia	11.3	2.1	33.7	29.2	−0.4	28.0
58	Gabon	18.2	1.6		35.0	1.7	
59	Georgia	16.5	3.7		21.5	2.0	0.0
60	Germany	3,874.4	81.1	51.4	26.7	0.2	5.0
61	Ghana	38.6	26.2	66.1	15.2	17.0	
62	Greece	238.0	11.0	175.0	11.5	−2.6	26.5
63	Grenada	0.9	0.1		1.4	−0.6	
64	Guatemala	58.7	15.9		11.2	2.9	
65	Guinea	6.7	12.0		−14.9	9.0	
66	Guinea-Bissau	1.1	1.7		9.6	−0.1	
67	Guyana	3.1	0.8	56.8	3.7	1.2	
68	Haiti	8.7	10.5		24.8	5.3	
69	Honduras	19.5	8.3		14.4	5.8	4.5
70	Hong Kong SAR	290.9	7.3		25.9	4.8	3.2
71	Hungary	137.0	9.9	71.7	25.8	−0.9	7.8
72	Iceland	17.0	0.3	55.8	20.2	0.8	5.0
73	India	2,051.2	1,275.9		30.2	5.3	
74	Indonesia	888.6	252.2		31.7	8.4	6.1
75	Iraq	223.5	34.3		23.3	1.6	
76	Ireland	250.8	4.6	88.2	23.1	0.2	11.3
77	Islamic Republic of Iran	416.5	77.8	−2.0	34.8	16.2	10.6
78	Israel	305.7	8.2	63.4	24.3	−0.2	5.9
79	Italy	2,147.7	60.8	112.6	18.4	−0.1	12.7
80	Jamaica	13.7	2.8		12.7	4.0	15.3

번호	국가명	국내총생산 (10억달러)	인구수 (백만명)	순부채액 (10억달러)	총저축액 (%)	인플레이션 (%)	실업률 (%)
81	Japan	4,602.4	127.1	126.1	22.4	2.6	3.6
82	Jordan	35.9	6.7	80.8	14.4	1.7	0.0
83	Kazakhstan	216.0	17.4	−19.8	26.6	7.4	5.0
84	Kenya	60.9	42.9	48.9	11.0	6.0	
85	Kiribati	0.2	0.1			3.1	
86	Korea	1,410.4	50.4	35.4	35.5	0.8	3.5
87	Kosovo	7.3				−0.4	
88	Kuwait	172.6	4.0		46.3	2.9	2.1
89	Kyrgyz Republic	7.4	5.9		10.2	10.5	7.6
90	Lao P.D.R.	11.7	6.9			5.0	
91	Latvia	32.0	2.0	34.9	21.0	0.3	10.8
92	Lebanon	50.0	4.5	125.0	−2.0	−0.7	
93	Lesotho	2.2	1.9	−4.3	24.8	2.6	
94	Liberia	2.0	4.2	28.0		7.7	
95	Libya	41.1	6.2	−99.7	1.4	3.7	
96	Lithuania	48.3	2.9	19.2	19.0	−0.2	10.7
97	Luxembourg	65.7	0.6		23.6	−0.9	7.2
98	Madagascar	10.7	23.6		15.3	6.0	
99	Malawi	6.1	17.6		6.0	24.2	
100	Malaysia	338.1	30.6		29.3	2.7	2.9
101	Maldives	2.9	0.3	69.1	13.9	1.2	
102	Mali	12.1	15.8	28.0	17.7	1.2	
103	Malta	10.5	0.4		21.0	0.4	5.9
104	Marshall Islands	0.2	0.1			0.5	
105	Mauritania	5.1	3.6		19.8	4.7	
106	Mauritius	12.6	1.3	56.2	18.3	0.2	7.8
107	Mexico	1,291.1	119.7	43.4	19.9	4.1	4.8
108	Micronesia	0.3	0.1			0.9	
109	Moldova	8.0	3.6		20.9	4.7	3.9
110	Mongolia	12.0	2.9		24.9	10.7	7.9
111	Montenegro	4.6	0.6		3.6	−0.3	
112	Morocco	110.0	33.2	62.9	28.2	1.6	9.9
113	Mozambique	16.7	26.5		13.6	1.1	
114	Myanmar	63.1	51.4		19.4	7.4	4.0
115	Namibia	13.6	2.2	21.5	18.0	4.6	
116	Nepal	19.8	28.1		33.3	8.1	
117	Netherlands	880.7	16.9	33.4	28.7	−0.1	7.4
118	New Zealand	197.5	4.6	8.2	19.8	0.8	5.7
119	Nicaragua	11.8	6.2		19.6	6.5	6.8
120	Niger	8.0	17.1	3.6	25.3	−0.6	
121	Nigeria	574.0	173.9		16.0	7.9	7.8

번호	국가명	국내총생산 (10억달러)	인구수 (백만명)	순부채액 (10억달러)	총저축액 (%)	인플레이션 (%)	실업률 (%)
122	Norway	499.8	5.2	−244.3	37.9	2.1	3.5
123	Oman	77.8	3.7	−50.6	30.4	1.0	
124	Pakistan	246.8	186.2	59.4	13.7	8.2	6.7
125	Palau	0.2	0.0			3.8	
126	Panama	43.8	3.9	42.7	17.0	1.0	4.8
127	Papua New Guinea	16.8	7.5		26.4	6.3	
128	Paraguay	30.2	6.9	12.7	16.4	4.2	5.5
129	Peru	202.6	31.4	3.6	22.2	3.2	6.0
130	Philippines	284.6	99.4		25.4	2.7	6.8
131	Poland	547.9	38.0	24.2	18.9	−1.0	9.0
132	Portugal	229.9	10.4	120.3	15.4	−0.3	13.9
133	Qatar	210.1	2.2	−105.8	58.5	2.9	
134	Republic of Congo	13.6	4.3		32.8	0.5	
135	Romania	199.1	19.9		22.6	0.8	6.8
136	Russia	1,860.6	146.3		23.1	11.4	5.2
137	Rwanda	7.9	11.1		14.4	2.1	
138	Samoa	0.8	0.2			0.2	
139	San Marino	1.8	0.0			1.1	8.7
140	São Tomé and Príncipe	0.3	0.2		−2.0	6.4	13.5
141	Saudi Arabia	746.2	30.8	−54.2	38.1	2.4	5.5
142	Senegal	15.7	14.5		19.1	−0.8	
143	Serbia	43.9	7.2	67.9	9.6	1.8	19.7
144	Seychelles	1.4	0.1	48.9	16.3	0.5	3.0
145	Sierra Leone	4.8	6.2	0.0	1.4	9.8	
146	Singapore	307.9	5.5		46.7	0.0	2.0
147	Slovak Republic	99.9	5.4		21.0	−0.1	13.2
148	Slovenia	49.6	2.1		26.8	0.2	9.7
149	Solomon Islands	1.2	0.6	4.8	6.6	4.2	
150	South Africa	350.1	54.0	41.0	14.9	5.8	25.1
151	South Sudan	14.3	11.4	17.5	15.4	9.9	
152	Spain	1,406.5	46.5	62.6	20.3	−1.0	24.5
153	Sri Lanka	74.9	21.0		26.9	2.1	4.0
154	St. Kitts and Nevis	0.9	0.1		21.3	0.6	
155	St. Lucia	1.4	0.2		22.4	3.7	
156	St. Vincent and the Grenadines	0.7	0.1	75.1	−2.1	0.1	
157	Sudan	74.8	37.3		9.6	25.7	13.6
158	Suriname	5.2	0.6		25.9	3.9	8.9
159	Swaziland	4.4	1.1	2.8	12.2	6.2	
160	Sweden	570.6	9.7	−20.7	29.7	0.3	7.9
161	Switzerland	703.9	8.1	24.9	31.0	−0.3	3.2
162	Syria	0.0	0.0	0.0	0.0	0.0	0.0

번호	국가명	국내총생산 (10억달러)	인구수 (백만명)	순부채액 (10억달러)	총저축액 (%)	인플레이션 (%)	실업률 (%)
163	Taiwan Province of China	529.6	23.4	36.0	34.7	0.6	4.0
164	Tajikistan	9.2	8.3		5.3	7.4	0.0
165	Tanzania	48.1	46.7		21.9	4.8	
166	Thailand	404.8	68.7		27.4	0.6	0.8
167	The Bahamas	8.5	0.4	60.9	6.5	0.2	14.6
168	The Gambia	0.8	1.9	101.1	11.4	7.0	
169	Timor-Leste	5.0	1.2			0.3	
170	Togo	4.6	7.0		10.7	1.8	
171	Tonga	0.4	0.1			1.2	
172	Trinidad and Tobago	28.9	1.4	15.2	18.5	8.5	3.3
173	Tunisia	48.6	11.0		12.2	4.8	15.3
174	Turkey	798.3	76.9	25.1	14.4	8.2	9.9
175	Turkmenistan	47.9	5.8			4.2	
176	Tuvalu	0.0	0.0			3.3	
177	Uganda	27.6	38.7		20.6	4.9	
178	Ukraine	130.7	42.8	69.7	10.1	24.9	9.3
179	United Arab Emirates	399.5	9.3	−223.2	38.3	3.0	
180	United Kingdom	2,950.0	64.5	80.9	11.9	0.9	6.2
181	United States	17,348.1	319.1	80.1	18.8	0.6	6.2
182	Uruguay	57.5	3.4	22.5	17.0	8.3	6.6
183	Uzbekistan	62.6	30.6		32.5	9.8	
184	Vanuatu	0.8	0.3			1.1	
185	Venezuela	206.3	30.5		21.2	68.5	8.0
186	Vietnam	185.9	90.6	57.2	30.5	1.8	2.5
187	Yemen	43.2	27.5	47.8	6.2	10.0	
188	Zambia	26.6	15.0	29.5	29.7	7.9	
189	Zimbabwe	13.8	13.3		−8.9	−0.8	

이자율과 할인율

1. 단일현금흐름

단일현금흐름 현재가치표(Present Value): $1/(1+r)^T$

기간	1%	2%	3%	4%	5%	6%	7%	8%	9%	10%	15%	20%
1	0.99010	0.98039	0.97087	0.96154	0.95238	0.94340	0.93458	0.92593	0.91743	0.90909	0.86957	0.83333
2	0.98030	0.96117	0.94260	0.92456	0.90703	0.89000	0.87344	0.85734	0.84168	0.82645	0.75614	0.69444
3	0.97059	0.94232	0.91514	0.88900	0.86384	0.83962	0.81630	0.79383	0.77218	0.75131	0.65752	0.57870
4	0.96098	0.92385	0.88849	0.85480	0.82270	0.79209	0.76290	0.73503	0.70843	0.68301	0.57175	0.48225
5	0.95147	0.90573	0.86261	0.82193	0.78353	0.74726	0.71299	0.68058	0.64993	0.62092	0.49718	0.40188
6	0.94205	0.88797	0.83748	0.79031	0.74622	0.70496	0.66634	0.63017	0.59627	0.56447	0.43233	0.33490
7	0.93272	0.87056	0.81309	0.75992	0.71068	0.66506	0.62275	0.58349	0.54703	0.51316	0.37594	0.27908
8	0.92348	0.85349	0.78941	0.73069	0.67684	0.62741	0.58201	0.54027	0.50187	0.46651	0.32690	0.23257
9	0.91434	0.83676	0.76642	0.70259	0.64461	0.59190	0.54393	0.50025	0.46043	0.42410	0.28426	0.19381
10	0.90529	0.82035	0.74409	0.67556	0.61391	0.55839	0.50835	0.46319	0.42241	0.38554	0.24718	0.16151
11	0.89632	0.80426	0.72242	0.64958	0.58468	0.52679	0.47509	0.42888	0.38753	0.35049	0.21494	0.13459
12	0.88745	0.78849	0.70138	0.62460	0.55684	0.49697	0.44401	0.39711	0.35553	0.31863	0.18691	0.11216
13	0.87866	0.77303	0.68095	0.60057	0.53032	0.46884	0.41496	0.36770	0.32618	0.28966	0.16253	0.09346
14	0.86996	0.75788	0.66112	0.57748	0.50507	0.44230	0.38782	0.34046	0.29925	0.26333	0.14133	0.07789
15	0.86135	0.74301	0.64186	0.55526	0.48102	0.41727	0.36245	0.31524	0.27454	0.23939	0.12289	0.06491
16	0.85282	0.72845	0.62317	0.53391	0.45811	0.39365	0.33873	0.29189	0.25187	0.21763	0.10686	0.05409
17	0.84438	0.71416	0.60502	0.51337	0.43630	0.37136	0.31657	0.27027	0.23107	0.19784	0.09293	0.04507
18	0.83602	0.70016	0.58739	0.49363	0.41552	0.35034	0.29586	0.25025	0.21199	0.17986	0.08081	0.03756
19	0.82774	0.68643	0.57029	0.47464	0.39573	0.33051	0.27651	0.23171	0.19449	0.16351	0.07027	0.03130
20	0.81954	0.67297	0.55368	0.45639	0.37689	0.31180	0.25842	0.21455	0.17843	0.14864	0.06110	0.02608
21	0.81143	0.65978	0.53755	0.43883	0.35894	0.29416	0.24151	0.19866	0.16370	0.13513	0.05313	0.02174
22	0.80340	0.64684	0.52189	0.42196	0.34185	0.27751	0.22571	0.18394	0.15018	0.12285	0.04620	0.01811
23	0.79544	0.63416	0.50669	0.40573	0.32557	0.26180	0.21095	0.17032	0.13778	0.11168	0.04017	0.01509
24	0.78757	0.62172	0.49193	0.39012	0.31007	0.24698	0.19715	0.15770	0.12640	0.10153	0.03493	0.01258
25	0.77977	0.60953	0.47761	0.37512	0.29530	0.23300	0.18425	0.14602	0.11597	0.09230	0.03038	0.01048
30	0.74192	0.55207	0.41199	0.30832	0.23138	0.17411	0.13137	0.09938	0.07537	0.05731	0.01510	0.00421
35	0.70591	0.50003	0.35538	0.25342	0.18129	0.13011	0.09366	0.06763	0.04899	0.03558	0.00751	0.00169
40	0.67165	0.45289	0.30656	0.20829	0.14205	0.09722	0.06678	0.04603	0.03184	0.02209	0.00373	0.00068
45	0.63905	0.41020	0.26444	0.17120	0.11130	0.07265	0.04761	0.03133	0.02069	0.01372	0.00186	0.00027
50	0.60804	0.37153	0.22811	0.14071	0.08720	0.05429	0.03395	0.02132	0.01345	0.00852	0.00092	0.00011

단일현금흐름 미래가치표(Future Value): $(1 + r)^T$

기간	1%	2%	3%	4%	5%	6%	7%	8%	9%	10%	15%	20%
1	1.01000	1.02000	1.03000	1.04000	1.05000	1.06000	1.07000	1.08000	1.09000	1.10000	1.15000	1.20000
2	1.02010	1.04040	1.06090	1.08160	1.10250	1.12360	1.14490	1.16640	1.18810	1.21000	1.32250	1.44000
3	1.03030	1.06121	1.09273	1.12486	1.15763	1.19102	1.22504	1.25971	1.29503	1.33100	1.52088	1.72800
4	1.04060	1.08243	1.12551	1.16986	1.21551	1.26248	1.31080	1.36049	1.41158	1.46410	1.74901	2.07360
5	1.05101	1.10408	1.15927	1.21665	1.27628	1.33823	1.40255	1.46933	1.53862	1.61051	2.01136	2.48832
6	1.06152	1.12616	1.19405	1.26532	1.34010	1.41852	1.50073	1.58687	1.67710	1.77156	2.31306	2.98598
7	1.07214	1.14869	1.22987	1.31593	1.40710	1.50363	1.60578	1.71382	1.82804	1.94872	2.66002	3.58318
8	1.08286	1.17166	1.26677	1.36857	1.47746	1.59385	1.71819	1.85093	1.99256	2.14359	3.05902	4.29982
9	1.09369	1.19509	1.30477	1.42331	1.55133	1.68948	1.83846	1.99900	2.17189	2.35795	3.51788	5.15978
10	1.10462	1.21899	1.34392	1.48024	1.62889	1.79085	1.96715	2.15892	2.36736	2.59374	4.04556	6.19174
11	1.11567	1.24337	1.38423	1.53945	1.71034	1.89830	2.10485	2.33164	2.58043	2.85312	4.65239	7.43008
12	1.12683	1.26824	1.42576	1.60103	1.79586	2.01220	2.25219	2.51817	2.81266	3.13843	5.35025	8.91610
13	1.13809	1.29361	1.46853	1.66507	1.88565	2.13293	2.40985	2.71962	3.06580	3.45227	6.15279	10.6993
14	1.14947	1.31948	1.51259	1.73168	1.97993	2.26090	2.57853	2.93719	3.34173	3.79750	7.07571	12.8392
15	1.16097	1.34587	1.55797	1.80094	2.07893	2.39656	2.75903	3.17217	3.64248	4.17725	8.13706	15.4070
16	1.17258	1.37279	1.60471	1.87298	2.18287	2.54035	2.95216	3.42594	3.97031	4.59497	9.35762	18.4884
17	1.18430	1.40024	1.65285	1.94790	2.29202	2.69277	3.15882	3.70002	4.32763	5.05447	10.7613	22.1861
18	1.19615	1.42825	1.70243	2.02582	2.40662	2.85434	3.37993	3.99602	4.71712	5.55992	12.3755	26.6233
19	1.20811	1.45681	1.75351	2.10685	2.52695	3.02560	3.61653	4.31570	5.14166	6.11591	14.2318	31.9480
20	1.22019	1.48595	1.80611	2.19112	2.65330	3.20714	3.86968	4.66096	5.60441	6.72750	16.3665	38.3376
21	1.23239	1.51567	1.86029	2.27877	2.78596	3.39956	4.14056	5.03383	6.10881	7.40025	18.8215	46.0051
22	1.24472	1.54598	1.91610	2.36992	2.92526	3.60354	4.43040	5.43654	6.65860	8.14027	21.6447	55.2061
23	1.25716	1.57690	1.97359	2.46472	3.07152	3.81975	4.74053	5.87146	7.25787	8.95430	24.8915	66.2474
24	1.26973	1.60844	2.03279	2.56330	3.22510	4.04893	5.07237	6.34118	7.91108	9.84973	28.6252	79.4968
25	1.28243	1.64061	2.09378	2.66584	3.38635	4.29187	5.42743	6.84848	8.62308	10.8347	32.9190	95.3962
30	1.34785	1.81136	2.42726	3.24340	4.32194	5.74349	7.61226	10.0627	13.2677	17.4494	66.2118	237.376
35	1.41660	1.99989	2.81386	3.94609	5.51602	7.68609	10.6766	14.7853	20.4140	28.1024	133.176	590.668
40	1.48886	2.20804	3.26204	4.80102	7.03999	10.2857	14.9745	21.7245	31.4094	45.2593	267.864	1469.77
45	1.56481	2.43785	3.78160	5.84118	8.98501	13.7646	21.0025	31.9204	48.3273	72.8905	538.769	3657.26
50	1.64463	2.69159	4.38391	7.10668	11.4674	18.4202	29.4570	46.9016	74.3575	117.391	1083.66	9100.44

2. 단일현금흐름 무한복리

무한복리 현재가치표(Infinite Compound Present Value): e^{-rT}

기간	1%	2%	3%	4%	5%	6%	7%	8%	9%	10%	15%	20%
1	0.99005	0.98020	0.97405	0.96079	0.95123	0.94176	0.93239	0.92312	0.91393	0.90484	0.86071	0.81873
2	0.98020	0.96079	0.94176	0.92312	0.90484	0.88692	0.56936	0.85214	0.83527	0.81873	0.74082	0.67032
3	0.97045	0.94176	0.91393	0.88692	0.86071	0.83527	0.81058	0.78663	0.76338	0.74082	0.63763	0.54881
4	0.96079	0.92312	0.88692	0.85214	0.81873	0.78663	0.75578	0.72615	0.69768	0.67032	0.54881	0.44933
5	0.95123	0.90484	0.86071	0.81873	0.77880	0.74082	0.70469	0.67032	0.63763	0.60653	0.47237	0.36788
6	0.94176	0.88692	0.83527	0.78663	0.74082	0.69768	0.65705	0.61878	0.58275	0.54881	0.40657	0.30119
7	0.93239	0.86936	0.81058	0.75578	0.70469	0.65705	0.61263	0.57121	0.53259	0.49659	0.34994	0.24660
8	0.92312	0.85214	0.78663	0.72615	0.67032	0.61878	0.57121	0.52729	0.48675	0.44933	0.30119	0.20190
9	0.91393	0.83527	0.76338	0.69768	0.63763	0.58275	0.53259	0.48675	0.44486	0.40657	0.25924	0.16530
10	0.90484	0.81873	0.74082	0.67032	0.60653	0.54881	0.49659	0.44933	0.40657	0.36788	0.22313	0.13534
11	0.89583	0.80252	0.71892	0.64404	0.57695	0.51685	0.46301	0.41478	0.37158	0.33287	0.19205	0.11080
12	0.88692	0.78663	0.69768	0.61878	0.54881	0.48675	0.43171	0.38289	0.33960	0.30119	0.16530	0.09072
13	0.87810	0.77105	0.67706	0.59452	0.52205	0.45841	0.40252	0.35345	0.31037	0.27253	0.14227	0.07427
14	0.86936	0.75578	0.65705	0.57121	0.49659	0.43171	0.37531	0.32628	0.28365	0.24660	0.12246	0.06081
15	0.86071	0.74082	0.63763	0.54881	0.47237	0.40657	0.34994	0.30119	0.25924	0.22313	0.10540	0.04979
16	0.85214	0.72615	0.61878	0.52729	0.44933	0.38289	0.32628	0.27804	0.23693	0.20190	0.09072	0.04076
17	0.84366	0.71177	0.60050	0.50662	0.42741	0.36059	0.30422	0.25666	0.21654	0.18263	0.07808	0.03337
18	0.83527	0.69768	0.58275	0.48675	0.40657	0.33960	0.28365	0.23693	0.19790	0.16530	0.06721	0.02732
19	0.82696	0.68386	0.56553	0.46767	0.38674	0.31982	0.26448	0.21871	0.18087	0.14957	0.05784	0.02237
20	0.81873	0.67032	0.54881	0.44933	0.36788	0.30119	0.24660	0.20190	0.16530	0.13534	0.04979	0.01832
21	0.81058	0.65705	0.53259	0.43171	0.34944	0.28365	0.22993	0.18637	0.15107	0.12246	0.04285	0.01500
22	0.80252	0.64404	0.51685	0.41478	0.33287	0.26714	0.21438	0.17204	0.13807	0.11080	0.03688	0.01228
23	0.79453	0.63128	0.50158	0.39852	0.31664	0.25158	0.19989	0.15882	0.12619	0.10026	0.03175	0.01005
24	0.78663	0.61878	0.48675	0.38289	0.30119	0.23693	0.18637	0.14661	0.11533	0.09072	0.02732	0.00823
25	0.77880	0.60653	0.47237	0.36788	0.28650	0.22313	0.17377	0.13534	0.10540	0.08208	0.02352	0.00674
30	0.74082	0.54881	0.40657	0.30119	0.22313	0.16530	0.12246	0.09072	0.06721	0.04979	0.01111	0.00248
35	0.70469	0.49659	0.34994	0.24660	0.17377	0.12146	0.08629	0.06081	0.04285	0.03020	0.00525	0.00091
40	0.67032	0.44933	0.30119	0.20190	0.13534	0.09072	0.06081	0.04076	0.02732	0.01832	0.00248	0.00034
45	0.63763	0.40657	0.25924	0.16530	0.10540	0.06721	0.04285	0.02732	0.01742	0.01111	0.00117	0.00012
50	0.60653	0.36788	0.22313	0.13534	0.08208	0.04979	0.03020	0.01832	0.01111	0.00674	0.00055	0.00005

무한복리 미래가치표(Infinite Compound Future Value): e^{rT}

기간	1%	2%	3%	4%	5%	6%	7%	8%	9%	10%	15%	20%
1	1.01005	1.02020	1.03045	1.04081	1.05127	1.06184	1.07251	1.08329	1.09417	1.10517	1.16183	1.22140
2	1.02020	1.04081	1.06184	1.08329	1.10517	1.12750	1.15027	1.17351	1.19722	1.22140	1.34986	1.49182
3	1.03045	1.06184	1.09417	1.12750	1.16183	1.19722	1.23368	1.27125	1.30996	1.34986	1.56831	1.82212
4	1.04081	1.08329	1.12750	1.17351	1.22140	1.27125	1.32313	1.37713	1.43333	1.49182	1.82212	2.22554
5	1.05127	1.10517	1.16183	1.22140	1.28403	1.34986	1.41907	1.49182	1.56831	1.64872	2.11700	2.71828
6	1.06184	1.12750	1.19722	1.27125	1.34986	1.43333	1.52196	1.61607	1.71601	1.82212	2.45960	3.32012
7	1.07251	1.15027	1.23368	1.32313	1.41907	1.52196	1.63232	1.75067	1.87761	2.01375	2.85765	4.05520
8	1.08329	1.17351	1.27125	1.37713	1.49182	1.61607	1.75067	1.89648	2.05443	2.22554	3.32012	4.95303
9	1.09417	1.19722	1.30996	1.43333	1.56831	1.71601	1.87761	2.05443	2.24791	2.45960	3.85743	6.04965
10	1.10517	1.22140	1.34986	1.49182	1.64872	1.82212	2.01375	2.22554	2.45960	2.71828	4.48169	7.38906
11	1.11628	1.24608	1.39079	1.55271	1.73325	1.93479	2.15977	2.41090	2.69123	3.00417	5.20698	9.02501
12	1.12750	1.27125	1.43333	1.61607	1.82212	2.05443	2.31637	2.61170	2.94468	3.32012	6.04965	11.0232
13	1.13883	1.29693	1.47698	1.68203	1.91554	2.18147	2.48432	2.82922	3.32199	3.66930	7.02896	13.4637
14	1.15027	1.32313	1.52196	1.75067	2.01375	2.31637	2.66446	3.06485	3.52542	4.05520	8.16617	16.4446
15	1.16183	1.34986	1.56831	1.82212	2.11700	2.45960	2.85765	3.32012	3.85743	4.48169	9.48774	20.0855
16	1.17351	1.37713	1.61607	1.89648	2.22554	2.61170	3.06485	3.59664	4.22070	4.95303	11.0232	24.5325
17	1.18530	1.40495	1.66529	1.97388	2.33965	2.77319	3.28708	3.89619	4.61818	5.47395	12.8071	29.9641
18	1.19722	1.43333	1.71601	2.05443	2.45960	2.94468	3.52542	4.22070	5.05309	6.04965	14.8797	36.5982
19	1.20925	1.46228	1.76827	2.13828	2.58571	3.12677	3.78104	4.57223	5.52896	6.68589	17.2878	44.7012
20	1.22140	1.49182	1.82212	2.22554	2.71828	3.32012	4.05520	4.95303	6.04965	7.38906	20.0855	54.5982
21	1.23368	1.52196	1.87761	2.31637	2.85765	3.52542	4.34924	5.36556	6.61937	8.16617	23.3361	66.6863
22	1.24608	1.55271	1.93479	2.41090	3.00417	3.74342	4.66459	5.81244	7.24274	9.02051	27.1126	81.4509
23	1.25860	1.58407	1.99372	2.50929	3.15819	3.97490	5.00281	6.29654	7.92482	9.97418	31.5004	99.4843
24	1.27125	1.61607	2.05443	2.61170	3.32012	4.22070	5.36556	6.82096	8.67114	11.0232	36.5982	121.510
25	1.28403	1.64872	2.11700	2.71828	3.49034	4.48169	5.75460	7.38906	9.48774	12.1825	42.5211	148.413
30	1.34986	1.82212	2.45960	3.32012	4.48169	6.04965	8.16617	11.0232	14.8797	20.0855	90.0171	403.429
35	1.41907	2.01375	2.85765	4.05520	5.75460	8.16617	11.5883	16.4446	23.3361	33.1155	190.566	1096.63
40	1.49182	2.22554	3.32012	4.95303	7.38906	11.0232	16.4446	24.5325	36.5982	54.5982	403.429	2980.96
45	1.56831	2.45960	3.85743	6.04965	9.48774	14.8797	23.3361	36.5982	57.3975	90.0171	854.059	8103.08
50	1.64872	2.71828	4.48169	7.38906	12.1825	20.0855	33.1155	54.5982	90.0171	148.413	1808.04	22026.5

3. 연속현금흐름

연금의 현재가치표(Present Value for an Annuity): $\dfrac{1-\dfrac{1}{(1+r)^T}}{r}$

기간	1%	2%	3%	4%	5%	6%	7%	8%	9%	10%	15%	20%
1	0.99010	0.98039	0.97087	0.96154	0.95238	0.94340	0.93458	0.92593	0.91743	0.90909	0.86957	0.83333
2	1.97040	1.94156	1.91347	1.88609	1.85941	1.83339	1.80802	1.78326	1.75911	1.73554	1.62571	1.52778
3	2.94099	2.88388	2.82861	2.77509	2.72325	2.67301	2.62432	2.57710	2.53129	2.48685	2.28323	2.10648
4	3.90197	3.80773	3.71710	3.62990	3.54595	3.46511	3.38721	3.31213	3.23972	3.16987	2.85498	2.58873
5	4.85343	4.71346	4.57971	4.45182	4.32948	4.21236	4.10020	3.99271	3.88965	3.79079	3.35216	2.99061
6	5.79548	5.60143	5.41719	5.24214	5.07569	4.91732	4.76654	4.62288	4.48592	4.35526	3.78448	3.32551
7	6.72819	6.47199	6.23028	6.00205	5.78637	5.58238	5.38929	5.20637	5.03295	4.86842	4.16042	3.60459
8	7.65168	7.32548	7.01969	6.73274	6.46321	6.20979	5.97130	5.74664	5.53482	5.33493	4.48732	3.83716
9	8.56602	8.16224	7.78611	7.43533	7.10782	6.80169	6.51523	6.24689	5.99525	5.75902	4.77158	4.03097
10	9.47130	8.98259	8.53020	8.11090	7.72173	7.36009	7.02358	6.71008	6.41766	6.14457	5.01877	4.19247
11	10.36763	9.78685	9.25262	8.76048	8.30641	7.88687	7.49867	7.13896	6.80519	6.49506	5.23371	4.32706
12	11.25508	10.57534	9.95400	9.38507	8.86325	8.38384	7.94269	7.53608	7.16073	6.81369	5.42062	4.43922
13	12.13374	11.34837	10.63496	9.98565	9.39357	8.85268	8.35765	7.90378	7.48690	7.10336	5.58315	4.53268
14	13.00370	12.10625	11.29607	10.56312	9.89864	9.29498	8.74547	8.24424	7.78615	7.36669	5.72448	4.61057
15	13.86505	12.84926	11.93794	11.11839	10.37966	9.71225	9.10791	8.55948	8.06069	7.60608	5.84737	4.67547
16	14.71787	13.57771	12.56110	11.65230	10.83777	10.10590	9.44665	8.85137	8.31256	7.82371	5.95423	4.72956
17	15.56225	14.29187	13.16612	12.16567	11.27407	10.47726	9.76322	9.12164	8.54363	8.02155	6.04716	4.77463
18	16.39827	14.99203	13.75351	12.65930	11.68959	10.82760	10.05909	9.37189	8.75563	8.20141	6.12797	4.81219
19	17.22601	15.67846	14.32380	13.13394	12.08532	11.15812	10.33560	9.60360	8.95011	8.36492	6.19823	4.84350
20	18.04555	16.35143	14.87747	13.59033	12.46221	11.46992	10.59401	9.81815	9.12855	8.51356	6.25933	4.86958
21	18.85698	17.01121	15.41502	14.02916	12.82115	11.76408	10.83553	10.01680	9.29224	8.64869	6.31246	4.89132
22	19.66038	17.65805	15.93692	14.45112	13.16300	12.04158	11.06124	10.20074	9.44243	8.77154	6.35866	4.90943
23	20.45582	18.29220	16.44361	14.85684	13.48857	12.30338	11.27219	10.37106	9.58021	8.88322	6.39884	4.92453
24	21.24339	18.91393	16.93554	15.24696	13.79864	12.55036	11.46933	10.52876	9.70661	8.98474	6.43377	4.93710
25	22.02316	19.52346	17.41315	15.62208	14.09394	12.78336	11.65358	10.67478	9.82258	9.07704	6.46415	4.94759
30	25.80771	22.39646	19.60044	17.29203	15.37245	13.76483	12.40904	11.25778	10.27365	9.42691	6.56598	4.97894
35	29.40858	24.99862	21.48722	18.66461	16.37419	14.49825	12.94767	11.65457	10.56682	9.64416	6.61661	4.99154
40	32.83469	27.35548	23.11477	19.79277	17.15909	15.04630	13.33171	11.92461	10.75736	9.77905	6.64178	4.99660
45	36.09451	29.49016	24.51871	20.72004	17.77407	15.45583	13.60552	12.10840	10.88120	9.86281	6.65429	4.99863
50	39.19612	31.42361	25.72976	21.48218	18.25593	15.76186	13.80075	12.23348	10.96168	9.91481	6.66051	4.99945

연금의 미래가치표(Future Value for an Annuity): $\frac{(1+r)^T - 1}{r}$

기간	1%	2%	3%	4%	5%	6%	7%	8%	9%	10%	15%	20%
1	1.00000	1.00000	1.00000	1.00000	1.00000	1.00000	1.00000	1.00000	1.00000	1.00000	1.00000	1.00000
2	2.01000	2.02000	2.03000	2.04000	2.05000	2.06000	2.07000	2.08000	2.09000	2.10000	2.15000	2.20000
3	3.03010	3.06040	3.09090	3.12160	3.15250	3.18360	3.21490	3.24640	3.27810	3.31000	3.47250	3.64000
4	4.06040	4.12161	4.18363	4.24646	4.31013	4.37462	4.43994	4.50611	4.57313	4.64100	4.99338	5.36800
5	5.10101	5.20404	5.30914	5.41632	5.52563	5.63709	5.75074	5.86660	5.98471	6.10510	6.74238	7.44160
6	6.15202	6.30812	6.46841	6.63298	6.80191	6.97532	7.15329	7.33593	7.52333	7.71561	8.75374	9.92992
7	7.21354	7.43428	7.66246	7.89829	8.14201	8.39384	8.65402	8.92280	9.20043	9.48717	11.0668	12.9159
8	8.28567	8.58297	8.89234	9.21423	9.54911	9.89747	10.2598	10.6366	11.0285	11.4359	13.7268	16.4991
9	9.36853	9.75463	10.1591	10.5828	11.0266	11.4913	11.9780	12.4876	13.0210	13.5795	16.7858	20.7989
10	10.4622	10.9497	11.4639	12.0061	12.5779	13.1808	13.8164	14.4866	15.1929	15.9374	20.3037	25.9587
11	11.5668	12.1687	12.8078	13.4864	14.2068	14.9716	15.7836	16.6455	17.5603	18.5312	24.3493	32.1504
12	12.6825	13.4121	14.1920	15.0258	15.9171	16.8699	17.8885	18.9771	20.1407	21.3843	29.0017	39.5805
13	13.8093	14.6803	15.6178	16.6268	17.7130	18.8821	20.1406	21.4953	22.9534	24.5227	34.3519	48.4966
14	14.9474	15.9739	17.0863	18.2919	19.5986	21.0151	22.5505	24.2149	26.0192	27.9750	40.5047	59.1959
15	16.0969	17.2934	18.5989	20.0236	21.5786	23.2760	25.1290	27.1521	29.3609	31.7725	47.5804	72.0351
16	17.2579	18.6393	20.1569	21.8245	23.6575	25.6725	27.8881	30.3243	33.0034	35.9497	55.7175	87.4421
17	18.4304	20.0121	21.7616	23.6975	25.8404	28.2129	30.8402	33.7502	36.9737	40.5447	65.0751	105.9306
18	19.6147	21.4123	23.4144	25.6454	28.1324	30.9057	33.9990	37.4502	41.3013	45.5992	75.8364	128.1167
19	20.8109	22.8406	25.1169	27.6712	30.5390	33.7600	37.3790	41.4463	46.0185	51.1591	88.2118	154.7400
20	22.0190	24.2974	26.8704	29.7781	33.0660	36.7856	40.9955	45.7620	51.1601	57.2750	102.444	186.688
21	23.2392	25.7833	28.6765	31.9692	35.7193	39.9927	44.8652	50.4229	56.7645	64.0025	118.810	225.026
22	24.4716	27.2990	30.5368	34.2480	38.5052	43.3923	49.0057	55.4568	62.8733	71.4027	137.632	271.031
23	25.7163	28.8450	32.4529	36.6179	41.4305	46.9958	53.4361	60.8933	69.5319	79.5430	159.276	326.237
24	26.9735	30.4219	34.4265	39.0826	44.5020	50.8156	58.1767	66.7648	76.7898	88.4973	184.168	392.484
25	28.2432	32.0303	36.4593	41.6459	47.7271	54.8645	63.2490	73.1059	84.7009	98.3471	212.793	471.981
30	34.7849	40.5681	47.5754	56.0849	66.4388	79.0582	94.4608	113.283	136.308	164.494	434.745	1181.88
35	41.6603	49.9945	60.4621	73.6522	90.3203	111.435	138.237	172.317	215.711	271.024	881.170	2948.34
40	48.8864	60.4020	75.4013	95.0255	120.800	154.762	199.635	259.057	337.882	442.593	1779.09	7343.86
45	56.4811	71.8927	92.7199	121.029	159.700	212.744	285.749	386.506	525.859	718.905	3585.13	18281.3
50	64.4632	84.5794	112.797	152.667	209.348	290.336	406.529	573.770	815.084	1163.91	7217.72	45497.2

누적정규분포표

$$P(0 \leq \times \leq Z) = \int_0^z \frac{1}{\sqrt{2\pi}} e^{-\frac{1}{2}x^2} dx$$

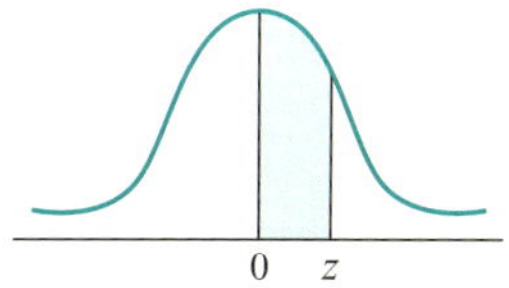

z	0.00	0.01	0.02	0.03	0.04	0.05	0.06	0.07	0.08	0.09
0.0	0.5000	0.5040	0.5080	0.5120	0.5160	0.5199	0.5239	0.5279	0.5319	0.5359
0.1	0.5398	0.5438	0.5478	0.5517	0.5557	0.5596	0.5636	0.5675	0.5714	0.5753
0.2	0.5793	0.5832	0.5871	0.5910	0.5948	0.5987	0.6026	0.6064	0.6103	0.6141
0.3	0.6179	0.6217	0.6255	0.6293	0.6331	0.6368	0.6406	0.6443	0.6480	0.6517
0.4	0.6554	0.6591	0.6628	0.6664	0.6700	0.6736	0.6772	0.6808	0.6844	0.6879
0.5	0.6915	0.6950	0.6985	0.7019	0.7054	0.7088	0.7123	0.7157	0.7190	0.7224
0.6	0.7257	0.7291	0.7324	0.7357	0.7389	0.7422	0.7454	0.7486	0.7517	0.7549
0.7	0.7580	0.7611	0.7642	0.7673	0.7704	0.7734	0.7764	0.7794	0.7823	0.7852
0.8	0.7881	0.7910	0.7939	0.7967	0.7995	0.8023	0.8051	0.8078	0.8106	0.8133
0.9	0.8159	0.8186	0.8212	0.8238	0.8264	0.8289	0.8315	0.8340	0.8365	0.8389
1.0	0.8413	0.8438	0.8461	0.8485	0.8508	0.8531	0.8554	0.8577	0.8599	0.8621
1.1	0.8643	0.8665	0.8686	0.8708	0.8729	0.8749	0.8770	0.8790	0.8810	0.8830
1.2	0.8849	0.8869	0.8888	0.8907	0.8925	0.8944	0.8962	0.8980	0.8997	0.9015
1.3	0.9014	0.9049	0.9066	0.9082	0.9099	0.9115	0.9131	0.9147	0.9162	0.9177
1.4	0.9192	0.9207	0.9222	0.9236	0.9251	0.9265	0.9279	0.9292	0.9306	0.9319
1.5	0.9332	0.9345	0.9357	0.9370	0.9382	0.9394	0.9406	0.9418	0.9429	0.9441
1.6	0.9452	0.9463	0.9474	0.9484	0.9495	0.9505	0.9515	0.9525	0.9535	0.9545
1.7	0.9554	0.9564	0.9573	0.9582	0.9591	0.9599	0.9608	0.9616	0.9625	0.9633
1.8	0.9641	0.9649	0.9656	0.9664	0.9671	0.9678	0.9686	0.9693	0.9699	0.9706
1.9	0.9713	0.9719	0.9726	0.9732	0.9738	0.9744	0.9750	0.9756	0.9761	0.9767
2.0	0.9772	0.9778	0.9783	0.9788	0.9793	0.9798	0.9803	0.9808	0.9812	0.9817
2.1	0.9821	0.9826	0.9830	0.9834	0.9838	0.9842	0.9846	0.9850	0.9854	0.9857
2.2	0.9861	0.9864	0.9868	0.9871	0.9875	0.9878	0.9881	0.9884	0.9887	0.9890
2.3	0.9893	0.9896	0.9898	0.9901	0.9904	0.9906	0.9909	0.9911	0.9913	0.9916
2.4	0.9918	0.9920	0.9922	0.9925	0.9927	0.9929	0.9931	0.9932	0.9934	0.9936
2.5	0.9938	0.9940	0.9941	0.9943	0.9945	0.9946	0.9948	0.9949	0.9951	0.9952
2.6	0.9953	0.9955	0.9956	0.9957	0.9959	0.9960	0.9961	0.9962	0.9963	0.9964
2.7	0.9965	0.9966	0.9967	0.9968	0.9969	0.9970	0.9971	0.9972	0.9973	0.9974
2.8	0.9974	0.9975	0.9976	0.9977	0.9977	0.9978	0.9979	0.9979	0.9980	0.9981
2.9	0.9981	0.9982	0.9982	0.9983	0.9984	0.9984	0.9985	0.9985	0.9986	0.9986
3.0	0.9987	0.9987	0.9987	0.9988	0.9988	0.9989	0.9989	0.9989	0.9990	0.9990
3.1	0.9990	0.9991	0.9991	0.9991	0.9992	0.9992	0.9992	0.9992	0.9993	0.9993
3.2	0.9993	0.9993	0.9994	0.9994	0.9994	0.9994	0.9994	0.9995	0.9995	0.9995
3.3	0.9995	0.9995	0.9995	0.9996	0.9996	0.9996	0.9996	0.9996	0.9996	0.9997
3.4	0.9997	0.9997	0.9997	0.9997	0.9997	0.9997	0.9997	0.9997	0.9997	0.9998
3.5	0.9998	0.9998	0.9998	0.9998	0.9998	0.9998	0.9998	0.9998	0.9998	0.9998

위험성향분석(한국금융투자협회)

□ 위험성향 설문지

1. 투자자님의 연령대는 어떻게 되십니까?	□ 19세 이하 □ 20세~40세 □ 41세~50세 □ 51세~60세 □ 61세 이상
2. 투자자님께서 투자하고자 하는 자금의 투자 가능 기간은 얼마나 되십니까?	□ 6개월 이내 □ 6개월 이상~1년 이내 □ 1년 이상~2년 이내 □ 2년 이상~3년 이내 □ 3년 이상
3. 다음 중 투자자님의 투자 경험과 가장 가까운 금융투자상품은 어느 것입니까? (중복응답 가능)	□ 은행 예 · 적금, 국채, 지방채, 보증채, MMF, CMA 등 □ 금융채, 신용도가 높은 회사채, 채권형펀드, 원금보장형 ELS 등 □ 신용도 중간 등급의 회사채, 원금의 일부만 보장되는 ELS, 혼합평 펀드 등 □ 신용도가 낮은 회사채, 주식, 원금이 보장되지 않는 ELS, 시장수익률 수준의 수익을 추구하는 주식형펀드 등 □ ELW, 선물옵션, 시장수익률 이상의 수익을 추구하는 주식형펀드, 파생상품에 투자하는 펀드, 주식 신용거래 등
4. 투자자님께서는 금융상품 투자에 대한 본인의 지식수준이 어느 정도라고 생각하십니까?	□ 매우 낮은 수준 – 투자의사결정을 스스로 내려본 경험이 없는 정도 □ 낮은 수준 – 주식과 채권의 차이를 구별할 수 있는 정도 □ 높은 수준 – 투자할 수 있는 대부분의 금융상품의 차이를 구별할 수 있는 정도 □ 매우 높은 수준 – 금융상품을 비롯하여 모든 투자대상 상품의 차이를 이해할 수 있는 정도
5. 투자자님께서 투자하고자 하는 자금은 투자자님의 전체 금융자산(부동산 등을 제외) 중 어느 정도의 비중을 차지합니까?	□ 10% 이내 □ 10% 이상~20% 이내 □ 20% 이상~30% 이내 □ 30% 이상~40% 이내 □ 40% 이상
6. 다음 중 투자자님의 수입원을 가장 잘 나타내는 것은 어느 것입니까?	□ 현재 일정한 수입이 발생하고 있으며, 향후 현재 수준을 유지하거나 증가할 것으로 예상 □ 현재 일정한 수입이 발생하고 있으나, 향후 감소하거나 불안정할 것으로 예상 □ 현재 일정한 수입이 없으며, 연금이 주 수입원임
7. 투자자님의 투자원금에 손실이 발생할 경우 다음 중 투자자님이 감내할 수 있는 손실 수준은 어느 수준입니까?	□ 무슨 일이 있어도 투자 원금은 보전되어야 한다. □ 10% 미만까지는 손실을 감수할 수 있을 것 같다. □ 20% 미만까지는 손실을 감수할 수 있을 것 같다. □ 기대수익이 높다면 위험이 높아도 상관하지 않겠다.

□ 문항별 배점

- 1번: ① 또는 ②로 응답한 경우 8점, ③으로 응답한 경우 6점, ④로 응답한 경우 4점, ⑤로 응답한 경우 2점
- 2번: ①로 응답한 경우 2점, ②로 응답한 경우 4점, ③으로 응답한 경우 6점, ④로 응답한 경우 8점, ⑤로 응답한 경우 10점
- 3번: ①로 응답한 경우 2점, ②로 응답한 경우 4점, ③으로 응답한 경우 6점, ④로 응답한 경우 8점, ⑤로 응답한 경우 10점(중복응답한 경우 가장 높은 점수로 배점)
- 4번: ①로 응답한 경우 2점, ②로 응답한 경우 4점, ③으로 응답한 경우 6점, ④로 응답한 경우 8점
- 5번: ①로 응답한 경우 10점, ②로 응답한 경우 8점, ③으로 응답한 경우 6점, ④로 응답한 경우 4점, ⑤로 응답한 경우 2점
- 6번: ①로 응답한 경우 6점, ②로 응답한 경우 4점, ③으로 응답한 경우 2점
- 7번: ①로 응답한 경우 −4점, ②로 응답한 경우 4점, ③으로 응답한 경우 8점, ④로 응답한 경우 12점

□ 점수 계산 및 위험성향 분류

- 1번부터 7번까지의 응답결과에 따른 점수를 합산(총점 64점)하고, 이를 100점으로 환산
  (예) 1번부터 7번까지의 합이 52점인 경우, 52점/64점 × 100 = 81.2점
- 위험성향 분류

구 분	점 수	성 향
안정형	~20점 이하	예금 또는 적금 수준의 수익률을 기대하며, 투자원금에 손실이 발생하는 것을 원하지 않음
안정추구형	20점 초과~ 40점 이하	투자원금의 손실위험은 최소화하고, 이자소득이나 배당소득 수준의 안정적 투자를 목표로 함. 다만, 수익을 위해 단기적 손실을 수용할 수 있으며, 예·적금보다 높은 수익을 위해 자산 중 일부를 변동성 높은 상품에 투자할 의향이 있음
위험중립형	40점 초과~ 60점 이하	투자에는 그에 상응하는 투자위험이 있음을 충분히 인식하고 있으며, 예·적금보다 높은 수익을 기대할 수 있다면 일정수준의 손실위험을 감수할 수 있음
적극투자형	60점 초과~ 80점 이하	투자원금의 보전보다는 위험을 감내하더라도 높은 수준의 투자수익 실현을 추구함. 투자자금의 상당 부분을 주식, 주식형펀드 또는 파생상품 등의 위험자산에 투자할 의향이 있음
공격투자형	80점 초과~	시장평균수익률을 훨씬 넘어서는 높은 수준의 투자수익을 추구하며, 이를 위해 자산가치의 변동에 따른 손실위험을 적극 수용. 투자자금 대부분을 주식, 주식형펀드 또는 파생상품 등의 위험자산에 투자할 의향이 있음

□ 금융투자상품의 투자위험 분류

<table>
<tr><th colspan="2">구 분</th><th>초고위험</th><th>고위험</th><th>중위험</th><th>저위험</th><th>무위험</th></tr>
<tr><td colspan="2">채 권</td><td colspan="2">투기등급 포함(BB 이하)</td><td>회사채
(BBB+~BBB−)</td><td>특수채, 금융채
회사채(A−이상)</td><td>국고채,통안채
지방채,보증채</td></tr>
<tr><td rowspan="2">파생결합
증권</td><td>(ELS, DLS)</td><td colspan="2">원금비보장형</td><td>원금부분보장형</td><td>원금보장형</td><td></td></tr>
<tr><td>ELW</td><td>ELW</td><td></td><td></td><td></td><td></td></tr>
<tr><td colspan="2">장외파생상품</td><td>장외파생상품</td><td></td><td></td><td></td><td></td></tr>
<tr><td colspan="2">집합투자증권</td><td>주식형1, 파생
상품, 투자펀드</td><td>주식형2</td><td>혼합형</td><td>채권형</td><td>MMF</td></tr>
<tr><td colspan="2">선물옵션</td><td>선물옵션</td><td></td><td></td><td></td><td></td></tr>
<tr><td colspan="7">위험성향별 투자권유</td></tr>
<tr><td colspan="2">안정형</td><td>투자권유불가</td><td>투자권유불가</td><td>투자권유불가</td><td>투자권유불가</td><td></td></tr>
<tr><td colspan="2">안정추구형</td><td>투자권유불가</td><td>투자권유불가</td><td>투자권유불가</td><td></td><td></td></tr>
<tr><td colspan="2">위험중립형</td><td>투자권유불가</td><td>투자권유불가</td><td></td><td></td><td></td></tr>
<tr><td colspan="2">적극투자형</td><td></td><td></td><td></td><td></td><td></td></tr>
<tr><td colspan="2">공격투자형</td><td></td><td></td><td></td><td></td><td></td></tr>
</table>

* 주식형1: 성장주에 투자하는 주식형펀드, 인덱스 + 펀드 등 시장수익률 초과 수익추구펀드
  주식형2: 가치주에 투자하는 주식형펀드, 순수주식형 인덱스펀드 등 시장수익률 정도의 안정적 수익추구 펀드
* 위에 열거되지 아니한 금융투자상품 및 포트폴리오상품은 위 기준을 참조하여 적합하게 분류

금융계산앱(www.fncalculator.com)

Finance and Investment

- TVM Calculator
- Currency Converter
- Compound Interest Calculator
- Return On Investment (ROI) Calculator
- IRR NPV Calculator
- Bond Calculator
- Tax Equivalent Yield Calculator
- Rule of 72 Calculator

Loan/Mortgage

- Loan Calculator
- Loan Comparison Calculator
- Loan Refinance Calculator
- APR Calculator
- APR Advanced Calculator
- Commercial Loan Calculator
- Loan Analysis Calculator

Credit Card

- Credit Card Payoff Calculator
- Credit Card Minimum Calculator

Auto Loan and Lease

- Auto Loan Calculator
- Auto Lease Calculator

Stock Calculators

- Stock Return Calculator
- Stock Constant Growth Calculator
- Stock Non-constant Growth Calculator
- CAPM Calculator
- Expected Return Calculator
- Holding Period Return Calculator
- Weighted Average Cost of Capital Calculator
- Black-Scholes Option Calculator

Retirement Calculators

- 401k Contribution Calculator
- Retirement Savings Analysis
- Retirement Income Analysis
- Traditional IRA vs Roth IRA
- Required Minimum Distribution
- Social Security Estimator
- Asset Allocation Calculator

Others

- Calculator
- Tip Calculator
- Discount and Tax Calculator
- Percentage Calculator
- Date Calculator
- Unit Conversion
- US Inflation Calculator
- Financial Ratios

계산기 스마트앱: 구글 플레이, 앱스토어

국내외 재무투자관련 데이터베이스

구 분	데이터베이스	내 용
국내금융정보 (주식, 채권 등) 조사	Check Expert	Koscom에서 제공하는 금융정보 DB, 실시간 주가조회
	InfoMax	연합뉴스에서 제공하는 국내외 금융경제 DB
	MarketPoint	이데일리에서 제공하는 국내외 금융경제 DB
	KIS-Net	KIS 채권평가에서 채권발행 및 거래정보를 제공하는 DB
	KCMI-SD	자본시장연구원에서 주식수익률 자료정보를 제공 DB
국내기업의 재무정보 조사 및 산업분석보고서 검색	DataGuide Pro	FnGuide에서 제공하는 기업재무/주가정보 DB
	KisValue	NICE신용평가정보에서 제공하는 DB
	TS-2000	한국상장회사협의회에서 제공하는 DB(외감 포함)
	FnGuide	Fnguide의 국내 애널리스트 리포트 및 컨센서스 DB
	KisLine	NICE신용평가정보의 재무제표 및 기업분석리포트 DB
인터페이스	WRDS	Wharton School에서 제공하는 web 기반 DB 인터페이스 CRSP, Compustat, Bankscope
해외금융정보 (주식, 채권 등) 조사	CRSP via WRDS	Chicago대학교 GSB의 CRSP(The Center for Research in Security Prices)에서 제공하는 미국 주식정보(일별/월별 주가) DB
	Datastream	톰슨 로이터에서 제공하는 주식, 채권 등의 각종 금융보고서 제공
	NetAdvantage	Standard & Poor's 사에서 제공하는 주식리서치 DB
	BankScope via Bureau van Dijk or WRDS	Bureau van Dijk에서 제공하는 금융 DB
해외기업의 재무정보조사	Compustat via WRDS	Standard & Poor's사에서 제공하는 기업재무정보 DB Compustat North America, Compustat Global, Emerging Markets(EMDB), ExecuComp
	WorldScope via Datastream	톰슨 로이터에서 제공하는 기업재무정보 DB
	Qultrics	온라인 리서치 소프트웨어

자료: 서울대학교 경영학도서관

■ 참고문헌 ■

[국내문헌]

강성화, 베버 프로테스탄티즘의 윤리와 자본주의 정신, 철학사상, 제7권 제18호, 서울대학교 철학사상 연구소, 2006.

강종만 · 이석호, 역모기지 활성화 방안, 한국금융연구원, 2006.

강호상, 국제화 시대의 금융경제 상식, 김영사, 1993.

고광철, 세금에 관한 편견, 한국경제신문, 2011. 4. 7.

공정거래위원회, 2014년 업무계획, 2014.

구기동 · 김기서 · 김희주, 수익증권판매전략, 한국금융연수원, 2013.

구기동 · 이기동, 의사결정을 위한 통계학, 동방의 빛, 2013.

구기동 · 이승철, 금융수학과 투자전략의 이해, 도서출판 청람, 2012.

국민금융지주 경영연구소, 개인연금상품의 이해와 활용, 2012.

국민연금공단, 연금술사가 말하는 국민연금의 모든 것, 2012.

국민연금연구원, 공적연금의 이해, 2008.

권혁진, 베이비붐 세대의 은퇴와 우리의 대응과제, 미래전략연구원, 2010.

금융감독원, 2014년 자본시장 불공정거래 조사현황, 2015.

_________, 금융투자회사의 기업실사(Due Diligence) 모범규준, 2011.

금융연구원, 최근 유럽 코코본드 시장 호황 및 시사점, 주간금융브리프, 제23권 18호, 2014.5.10-16.

금융위원회, 자본시장의 역동성 제고를 위한 사모펀드제도 개편방안, 2013.

기획재정부, KIDB자금중개(주). IPS외국환중개(주)에 대한 '외환파생상품' 중개업무 신규인가, 2012.

김갑래, 한국형 SPAC제도 도입방안에 관한 연구, 자본시장연구원, 2008.

______, 미국의 新금융상품 SPAC의 성공이 우리나라 금융시장에 주는 시사점, 자본시장 Weekly 2008-43호, 한국증권연구원, 2008.

김광두 · 공명재, 산업조직론, 율곡출판사, 2009.

김광수 외, 융합 인지과학의 프런티어, 성균관대학교출판부, 2010.

김민열, '원화 국제화' 금융허브 묘약될까, 서울경제, 2005. 6. 13.

김병용, 관광학원론, 한올출판사, 2014.

김석진, 현대생활과 금융, 도서출판 청람, 2013.

김성해, 글로벌시대 금융저널리즘의 이해, 한국언론재단, 2008.

김수현 · 한은미, 기업경영에 숨겨진 101가지 진실, 어바웃어북, 2013.

김애경, Special Purpose Acquisition Company(SPAC)의 도입 및 제도화를 위한 법적 고찰, 증권법연구, 제9권 제2호, 2008. pp.271-314.

김연기, 사상 최고실적에도 주인 없는 신세, 진로 비하인드 스토리, 이코노미21, 2005. 1. 22.

김영식, 경제학으로의 초대, 도서출판 청람, 2014.

김영희, 방산 비리 배후의 산 · 군 복합체를 보자, 중앙일보, 2014. 10. 24.

김인준, 위기극복 경제학, 율곡출판사, 2013.

김인준 · 이영섭, 국제금융론, 율곡출판사, 2013.

김정주, 대한전선, 도이치 상대 100억 소송 항소심도 패소, 머니투데이, 2014. 9. 30.

김종훈 · 김두남, 알기쉬운 금융상품 가이드북, 전국투자자교육협의회, 2010.

김창금, 워런 버핏도 시장 앞엔 '고객', 한겨레신문, 2014. 4. 8.

김철중, 마카오 앞에서 라스베가스 빛을 잃다, 한국투자증권, 2013. 5. 14.

김태성, 집값이 1% 오르면 코스피도 0.63%, 매일경제, 2014. 8. 16.

김현준, 대우 출신 기업들의 '극과 극' 생존법, 한국일보, 2014. 5. 24.

김혜순, '농산물 펀드' 1분기 10% 넘는 수익, 최근 3개월은 -11%, 매일경제, 2014. 7. 26.

김혜인, 역모기지론 정착 시급하다, 산은경제연구소, 2009.

남주하 · 김정렬 · 이규복, 금융위기와 한국의 금융제도 개혁, 율곡출판사, 2012.

노용필 외, 한국문화사의 이해, 신구문화사, 2010.

류건식 · 김대환, OECD 노후소득보장체계의 변화 특징과 정책적 시사점, 보험연구원, 2012.

류동민, '경제와 세상' 무당의 굿판을 넘어, 경향신문, 2014. 8. 7.

류춘호, 1차 확률적 지배를 하는 포트폴리오 가중치의 탐색에 관한 연구, 한국경영과학회지, 제28권 제1호, 2003. pp.25-37.

마승렬, 역모기지보증리스크의증권화방안, 한국보험학회, 2008.

매일경제, 동양그룹 '회사채 · CP 사태' 분쟁조정 결정, 2014. 8. 1.

민재형 · 구기동, 불확실성하에서의 개인의 투자행태 및 투자 결정요인, 서강경영논총, 제15집 제2호, 2004. pp.111-132.

____________, 뮤추얼펀드와의 비교를 통한 연금펀드의 운용전략과 성과, 한국보험학회지, 80, 2008. pp.91-129.

민재형 · 김진한, 한국 생명보험산업의 효율성 평가와 비효율성 원인의 규명 - 비모수적 접근, 경영학연구, 제29권 제1호, 2000, pp.321-354.

민재형, 스마트 경영과학, 생능출판사, 2015.

박노형 · 오현석 · 이재우, 투자자 · 국가소송(ISD) 최신 판정분석, 법무부, 2014.

박봉권 · 김덕식 · 김윤진, 美 국채 · 금값 급등 … 아시아증시 급락, 매일경제, 2014. 8. 9.

박봉권, 미국의 弱달러 음모론, 매일경제, 2003. 5. 26.

박수원, 참이슬 '진로', 법정관리 결정 적절한가, 오마이뉴스, 20013. 5. 18.

박신영, 원-위안 첫 직거래 … 換리스크 줄이고 환전수수료 절감, 한국경제, 2014. 7. 19.
박정수, 이대순, 투기자본감시센터 "금융도 골든타임 확보", 아주경제, 2014. 6. 24.
박정식 · 박종원, 현대투자론, 다산출판사, 2003.
박진우, KB지식비타민: 신경 경제학을 활용한 금융 플랜 설계, KB금융지주경영연구소, 2015.
박초롱, 머튼 MIT 교수 "한국 은퇴자들, 역모기지 적극 활용해야", 연합뉴스, 2014. 6. 11.
박홍근, 부자의 돈, 빈자의 돈, 아름드리미디어, 2012.
박휴상, 증권인수인의 책임에 대한 고찰, 기업법연구, 제21권 제3호(통권 제30호), 2005.
배성재, 버핏의 버크셔 해서웨이 1株 20만 달러 첫 돌파, 한국일보, 2014. 8. 16.
보건사회연구원, 산업구조 변화와 소득 불평등, 연구보고서, 2014.
서헌제 · 정재곤, 상법의 이해, 율곡출판사, 2010. 7.
손영철 · 서종군, 금융상품과 세법, 삼일인포마인, 2014. 7. 28.
손유리, 불평등해소엔 부유세가 답? 천만에, 상속세 강화가 도움, 매일경제, 2014. 10. 29.
송민철, 로버트 머튼 MIT교수 "韓 베이비부머들 역모기지 필수", 매일경제, 2014. 6. 12.
송상엽, 경영 · 경제학도를 위한 수학과 통계학, 도서출판 웅지, 2011.
송종현, 미래에셋자산운용, 글로벌 네트워크 구축 … "5년 내 운용자산 100조", 한국경제, 2012. 10. 11.
송현숙, '어제의 오늘' 1981년 레이건 미 대통령, 레이거노믹스 발표, 경향신문, 2011. 2. 18.
신동열, 신자유주의 전도사 … 빈부 격차 확대 '오명' 도, 한국경제, 2013. 4. 13.
신탁전문위원회, 종합재산신탁 작업보고서(미국 신탁제도 연구), 전국은행연합회, 2005.
신한BNP파리바자산운용, Monthly Fund Magazine, 5~6월호, 2014.
실뱅 알르망 · 장클로드 뤼아노 보르방랑, 김태훈 역, 세계화, 웅진 지식하우스, 2007.
심나리, '1주 만에 3조원' 미래에셋 인사이트 펀드 광풍 문제없나, 노컷뉴스, 2007. 11. 8.
심흥섭 · 유원석, 국내 ELS 공모시장에서 발행사 신용위험이 발행가격에 미치는 영향에 대한 실증분석, 금융연구, 제27권 제3호, 2013, pp.175-207.
아베 요시히로, 김정환 역, 세계 금융의 미래, 엘도라도, 2009.
안성봉 · 임형준, Black-Litterman모형을 이용한 외화자산최적배분법 및 시사점, 외환국제금융 리뷰, 2006, pp.195-239.
안재성, 론스타 "돈은 벌었지만 세금은 안 낸다", 세계일보, 2014. 6. 14.
안재욱, 활발한 무역거래로 어음 등장 … 14세기 이탈리아서 은행 탄생, 한국경제, 2014. 8. 9.
오동석, 인생의 아이러니와 이자율, 이코노믹리뷰, 2014. 7. 29.
용환진 · 김윤진, 하루 아침에 뒤집기? 못 믿을 애널리스트 보고서, 매일경제, 2015. 7. 31.
유선종, 생활속의 부동산 13강, 도서출판 청람, 2014.
윤승영, 미국의 헤지펀드 주주행동주의가 한국 자본시장에 주는 시사점, CGS Report 제16호, 2013. pp.2-6.
윤철규, CSR 넘어 'CSV시대' 로 사회공헌의 진화, 이투데이, 2014. 7. 28.

이경희, 퇴직급여 지급 방식 다양화 방안, 보험연구원, 2009.
이군희, 사회과학연구방법론, 법문사, 2001.
이덕주, 버크셔 1株에 2억원 사상 최고, 매일경제, 2014. 8. 16.
_____, 유럽 국채이자율 사상 최저 ECB에 양적 완화 '압박', 매일경제, 2014. 8. 23.
이병권, 프로직장인들이 가장 궁금해 하는 IFRS, 새로운 제안, 2010.
_____, 프로직장인들이 가장 궁금해 하는 재무제표분석, 새로운 제안, 2008.
이봉주 · 류건식, 퇴직연금론, 박영사, 2007.
이상열 · 하수정, 국내 IB 벤치마킹 1순위는 '골드만삭스', 한국경제, 2012. 1. 18.
이영환, 위험과 정보, 율곡출판사, 2008.
이원삼, 미국 신용평가회사 개혁법의 제정과 우리 법에의 시사점, 비교사법, 제15권 제1호, 2008, pp.373-416.
이유종, 스위스銀, '검은돈' 축재 적극 개입 … 탈세 - 불법송금 도와, 동아일보, 2015. 2. 10.
이종선, '월드화제' 1주 = 2억 700만원, 국민일보, 2014. 8. 17.
이종우, Wealth Vocabulary 200, 동부증권, 2009.
이종의 · 하성규, 역모기지 상품선택 결정에 관한 연구, 대한국토도시계획학회지, 2008.
이준협, 당신은 중산층입니까? 국민들이 이상적으로 생각하는 중산층의 모습과 현실의 모습 비교, 현대경제연구원 VIP리포트, 14-20(통권 제571호), 2014. 6. 11.
이지환, 주주행동주의와 지배구조 분쟁, 하나금융경제연구소, 2015, 7. 6-12.
이진철, 2007 펀드결산 ③: 미래에셋 독주 '인사이트펀드 열풍', 이데일리, 2007. 12. 14.
이찬근, 금융경제학 사용설명서, 부키, 2011.
이찬영, 2010년 베이비붐 세대 은퇴의 파급효과와 대응방안 보고서, 삼성경제연구소, 2010.
이한길, 서태지도 불러낸 개미 투자의 힘, 중앙일보, 2014. 10. 24.
이한재 · 김영빈, 글로벌시대의 한국자본시장론, 신영사, 2012.
이호섭, 경제학낙서, 도서출판 청람, 2012.
임봉욱, 공공경제학, 율곡출판사, 2009.
임원기, '진로-골드만삭스 악연 또 파문' 골드만삭스 입장, 한국경제, 2004. 10. 9.
임은지, 펀드악몽 통해 알아보는 돈 되는 펀드 선택법, 의협신문, 2012. 11. 2.
장영광, 현대투자론, 신영사, 2009.
장하성, 한국자본주의, 헤이북스, 2014.
장하준, 장하준의 경제학 강의, 부키, 2014.
전용원, 한국기업의 생존보고서, 한국경제연구원, 2008.
정덕현, 진짜 '개과천선' 바라는 작가의 가공할 의지, 엔터미디어, 2014.
정세균, 최경환노믹스, 낙수경제가 명백한데 분수경제로 읽어달라고?, 서울경제, 2014. 8. 11.
정운찬 · 김홍범, 화폐와 금융시장, 율곡출판사, 2012.
정유진, 대우조선해양 주인찾게 도와달라, 디지털타임즈, 2014. 4. 11.

정재형, 20~30대 재무설계: 복리의 마술!, 한국경제, 2010. 4. 14.

정철진, 미래에셋 인사이트펀드 뜯어보니, 매일경제, 2007. 11. 10.

조동철, 인플레이션, 집값의 양호한 대책, 매일경제, 2014. 8. 1.

조순 · 정운찬 · 전성인 · 김영식, 경제학원론, 율곡출판사, 2013.

조일식, 채권형 간접투자자산의 Benchmark와 성과요인 분석모형에 대한 연구, 우정정보 70, 2007. pp.39-54.

조태형 · 이승현, 자산의 연령-가격함수를 이용한 정률 감가상각함수 추정, Quarterly National Accounts, 한국은행, 2009. pp.59-109.

좌동욱, 자금회수 비상 걸린 사모펀드 … 대기업과 '소송전쟁' 돌입, 한국경제, 2014. 7. 26.

지청 · 조담, 투자론, 제7판, 학현사, 2006.

진익 · 한지연, 스타일 투자를 활용한 맞춤형 자산관리, 한국증권연구원, 2007.

차현진, 중앙은행론, 율곡출판사, 2007.

채명석, '대우' 계열사 인수하면서 홍역 치른 재벌, 그들이 놓친 것은?, 아주경제, 2014. 4. 29.

천지우, CEO 리스크 … KB금융 · CJ 고전, 국민일보, 2014. 9. 17.

최봉수, 연령대별 포트폴리오, 한국경제, 2010. 10. 6.

최재원, 상승장서 … 롱숏펀드 우려가 현실로, 매일경제신문, 2014. 8. 2.

_____, 합성ETF 수익률 좋은데 거래는 '가뭄', 매일경제, 2014. 7. 26.

최혁 · 김종오 · 이우백, 투자론, 방송통신대학교출판부, 2007.

최형욱, 버핏의 '버크셔 해서웨이' 주당 주가 20만 달러 돌파, 서울경제, 2014. 8. 16.

포도재무설계, 국민은행, 대박 아니면 쪽박 '공격형'은 ELS · ELW, 한국경제, 2010. 4. 14.

하현옥, 관시의 중국도 변했다, 중앙일보, 2014. 10. 24.

한국거래소, 기업목적수회사의 이해, 2009.

한국교육방송, EBS 다큐프라임: 자본주의, 가나출판사, 2013.

한국일보, 2000년 증시 '웃고 울린 화제株', 2000. 12. 28.

한국카지노관광협회, 한국카지노산업의 어제 · 오늘 · 내일, 2009.

한상춘, 침체 국면 브릭스 '부활의 조건', 한경Business, 2012. 9. 14.

한우람 · 신수현, 사모펀드 M&A 대출 첫 부도, 매일경제, 2014. 7. 26.

홍영선, 동양사태, 경제민주화 역주행하는 만물백화점, CBS노컷뉴스, 2013. 10. 15.

홍은주 · 이은형 · 양재찬, 코리안 미러클, 나남, 2013.

홍훈, 경제학의 역사, 박영사, 2014.

황선웅 · 신우용, 투자론, 도서출판 청람, 2012.

황이석, CFO강의노트, 제8판, 2011.

황재훈, 고령화사회 진입에 따른 주택연금 활성화방안, 주택금융월보, 한국주택금융공사, 2011, pp.18-36.

[해외문헌]

Abeysekera, S. and E. Rosenbloom, A Simulation Model for Deciding Between Lump-Sum and Dollar-Cost Average, *Journal of Financial Planning*, June, 2000, pp.86~96.

Abhyankar, A. and P. Davies, Return Predictability, Market Timing and Volatility: Evidence from the Short Rate Revisited, *Working Paper*, SSRN, 2002.

Abken, P., An Empirical Evaluation of Value at Risk by Scenario Simulation, *Journal of Derivatives*, Summer, 7(4), 2000, pp.12-29.

Abraham, A. and D. Ikenberry, The Individual Investor and the Weekend Effect, *Journal of Financial and Quantitative Analysis*, 29, 1994, pp.263-277.

Ackermann, C., R. McEnally and D. Ravenscraft, The Performance of Hedge Funds: Risk, Return and Incentives, *Journal of Finance*, 54, 1999, pp.833-874.

Agew, J., L. Szykman, S. Utkus, and J. Young, Literacy, Trust and 401(K) Savings Behavior, Center for Retirement Research, Boston College, CRR WP 2007-10, 2007.

Aharony, J. and I. Swary, Quarterly Dividends and Earnings Announcements and Stockholders' Returns: An Empirical Analysis, *Journal of Finance*, 36, 1981, pp.1-12.

Ahlers, D., An Investment Decision Making System, *Interfaces*, 5(2), 1975, pp.72-90.

Ahmed, P., P. Gangopadhyay and S. Nanda, Performance of Emerging Market Mutual Funds and U.S. Monetary Policy, *Working Paper*, SSRN, 2001.

AIMR, *AIMR Performance Presentation Standards Handbook*, Association for Investment Management and Research, 2004.

Alexander, S., *Price Movements in Speculative Markets: Trends or Random Walks, in The Random Character of Stock Market Prices*, MIT Press, 1964.

Ambachtsheer, K., *Pension Revolution: A Solution to the Pension Crisis*, John Wiley & Sons, 2007.

Ambachtsheer, K. and K. Sherrerd, *Execution Techniques, True Trading Costs and the Microstructure of Markets*, AIMR, 1993.

Amihud, Y. and H. Mendelson, Asset Pricing and the Bid-Ask Spread, *Journal of Financial Economics*, 17, 1986, pp.223-249.

Amihud, Y., B. Christensen and H. Mendelson, Further Evidence on the Risk-Return Relationship, *Working Paper*, New York University, 1992.

Ang, A. and G. Bekaert, Stock Return Predictability: Is it there?, *Working Paper*, Columbia Business School, 2001.

____________________, How Regimes Affect Asset Allocation, *Financial Analysts Journal*, March/April, 2004, pp.86-99.

Ariel, R., High Stock Returns before Holidays, *Journal of Finance*, Vol.45, 1990, pp.1611-1626.

Asch, S., *Social Psychology*, Englewood Cliffs: Prentice-Hall, 1952.

Atkinson, S. S. Baird and M. B. Frye, "Do female mutual fund managers manage differently?, *Working Paper*, SSRN, 2001.

Bajeux-Besnainou, I. and R. Portait, Dynamic Asset Allocation in a Mean-Variance Framework, *Management Science*, 44(11 Part 2 of 2), 1998, pp.S79-S95.

Bajeux-Besnainou, I., J. Jordan and R. Portait, Dynamic Asset Allocation for Stocks, Bonds, and Cash, *Journal of Business*, 76(2), 2003, pp.263-287.

Balbás, A. and S. López, Financial Innovation and Arbitrage in the Spanish Bond Market, *Working Paper*, SSRN, 2001.

Banks, J., J. Carson, II, B. Nelson and D. Nicol, *Discrete-Event System Simulation*, Third Edition, Prentice-Hall, 2001.

Banz, R., The Relationship between Return and Market Value of Common Stocks, *Journal of Financial Economics*, 9, 1981.

Barber, B. and T. Odean, Too Many Cooks Spoil the Profits, *Financial Analysts Journal*, January/February, 2000.

____________________, Based on Boys will be Boys: Gender, Overconfidence, and Common Stock Investment, *The Quarterly Journal of Economics*, February, 2001, pp.261-292.

Barclay, M., Bid-Ask Spreads and the Avoidance of Odd-Eighth Quotes on Nasdaq: An Examination of Exchange Listings, *Journal of Financial Economics*, 45, 1997, pp.35-60

Basak, S., A General Equilibrium Model of Portfolio Insurance, *The Review of Financial Studies*, Vol.8, No.4, 1995, pp.1059-1090.

Basu, S., The Investment Performance of Common Stocks in Relation to Their Price-Earnings: A Test of the Efficient Market Hypothesis, *Journal of Finance*, 32, 1977, pp.663-682.

_______, The Relationship between Earnings Yield, Market Value and Return for NYSE Common Stocks: Further Evidence, *Journal of Financial Economics*, 12, 1983.

Battocchio, P. and F. Menoncin, Optimal Pension Management in a Stochastic Framework, *Insurance: Mathematics and Economics*, 2004.

Bauer, R., K. Koedijk and R. Otten, International Evidence on Ethical Mutual Fund Performance and Investment Style, *Working Paper*, SSRN, 2002.

Bauer, R., R. Haerden, and R. Molenaar, Asset Allocation in Stable and Unstable Times, *The Journal of Investing*, Fall, 2004, pp.72-80.

Baumohl, B., *The Secret of Economic Indications: Hidden Clues to Future Economic Trends and Investment Opportunities*, 2nd Edition, Pearson Education, Inc., 2008.

Bazerman, M. H. and D. Moore, *Judgment in Managerial Decision Making*, John Wiley & Sons, Inc., 2009.

Beckers, S. and B. Blair, Non-parametric Forecasting for Conditional Asset Allocation, *Journal of Asset Management*, Vol.3, 3, 2002, pp.213-228.

Bekaert, G., C. Erb, C. Harvey and T. Viskanta, What Matters for Emerging Market Equity investments, *Emerging Markets Quarterly*, Summer, 1997, pp.17-46.

Benartzi, S. and R. Thaler, Naïve Diversification Strategies in Defined Contribution Savings Plans, *The American Economic Review*, 91(1), March, 2001, pp.79-98.

Bennett, J. and R. Sias, Can Money Flows predict stock returns?, *Financial Analysts Journal*, Nov/Dec., 2001, pp.64-77.

Berger, P. and E. Ofek, Diversification's Effect on Firm Value, *Journal of Financial Economics*, 37, 1995, pp.39-65.

Bernstein, P., *Against the Gods: The Remarkable Story of Risk*, New York: Wiley, 1998.

__________, *Capital Ideas*, New York: Wiley, 2005.

Bernstein, W., *Style Investing*, John Wiley & Sons, 1995.

Bettis, J. and D. Vickrey, Mimickers of Corporate Insiders Who Make Large Volume Trades, *Financial Analyst Journal*, 53, 1997, pp.57-66.

Bettis, J., J. Bizjak and M. Lemmon, Insider Trading in Derivative Securities: An Empirical Investigation of Zero cost Collars and Equity Swaps by Corporate Insiders, *Working Paper*, Social Sciences Reseach Network, 2002.

Bhide, A., The Causes and Consequences of Hostile Takeovers, *Journal of Applied Corporate Finance*, Vol.2, 1989, pp.36-59.

________, Reversing Corporate Diversification, in *The New Corporate Finance-Where Theory meets Practice*, ed. D. H. Chew Jr., McGraw-Hill, 1993.

Bird, R. and D. Orozco, Finding the Right Corporate Legal Strategy, *MIT Sloan Management Review*, Autumn, 2014. http://sloanreview.mit.edu/article/finding-the-right-corporate-legal-strategy.

Black, B. and R. Gilson, Venture Capital and the Structure of Capital Markets: Banks Versus Stock Markets, *Journal of Financial Markets*, 47, 1998, pp.243-277.

Black, F. and M. Scholes, The Valuation of Option Contracts and a Test of Market Efficiency, *Journal of Finance*, 27, 1972, pp.399-417.

____________________, The Pricing of Options and Corporate Liabilities, *Journal of Political Economy*, May-June, 1973, pp.637-659.

Black, F. and R. Litterman, Asset Allocation: Combining Investor Views with Market Equilibrium, *Goldman Sachs Fixed Income Research*, Sep., 1990.

______________________, Global Portfolio Optimization, *Financial Analysts Journal*, September-October, 1992, pp.28-43.

Blair, B., Conditional Asset Allocation Using Prediction Intervals to Produce Allocation Decisions, *Journal of Asset Management*, 2(4), 2002, pp.325-335.

Blake, C. and M. Morey, Morningstar Ratings and Mutual Fund Performance, *Journal of Financial and Quantitative Analysis*, 35, 2000, pp.451-483.

Blake, D., *Pension Finance*, John Wiley & Sons, 2006.

Bodie, Z., Retirement Investing: A New Approach, *Working Paper* 2001-3, Boston University, 2001.

Bodie, Z. and D. Crane, The Design and Production of New Retirement Savings Products, *Journal of Portfolio Management*, 25(2), 1999, pp.77-82

Bodie, Z., A. Kane and A. Marcus, *Investments*, 6th Edition, New York: McGraw-Hill, 2005.

Bodie, Z., D. Mcleavey and L. Siegal, *The Future of Life-Cycle Saving and Investing*, Second Edition, Research Foundation of CFA Institute, 2008.

Bogle, J., *Bogle on Mutual funds*, Richard D. Irwin, 1994.

________, John Wiley & Sons, *Common Sense on Mutual Funds: New Imperatives for the Intelligent Investor*, 1999.

Borensztein, E. and R. Gelos, A panic-prone pack? The Behavior of Emerging Market Mutual Funds, *Working Paper*, IMF Working Paper No.00/198, 2001.

Boscaljon, B., Time, Wealth, Human Capital as Determinants of Asset Allocation, *Financial Services Review*, 13, 2004, pp.167-184.

Bradley, M., A. Desai and E. Kim, The Rationale behind Interfirm Tender Offers, *Journal of Financial Economics*, 11, 1983, pp.183-206.

________________________________, Synergistic Gains from Corporate Acquisitions and Their Division between the Stockholders of Target and Acquiring Firms, *Journal of Financial Economics*, Vol.21, 1988, pp.3-40.

Bradley, M., G. Jarrell and E. Kim, On the Existence of an Optimal Capital Structure: Theory and Evidence," *Journal of Finance*, 39, 1984, pp.857-878.

Bradndimarte, P., *Numerical Methods in Finance*, John Wiley & Sons, Inc., 2002.

Breen, W., L. Glosten and R. Jagannathan, Economic Significance of Predictable Variations in Stock Index Returns, *Journal of Finance*, 44, 1989, pp.1177-1189.

Brennan, T., A. Lo and T. Nguyen, *Portfolio Theory: A Review to Appear in Foundations of Finance*, 2007.

Brinson, G., B. Singer and G. Beebower, Determinants of Portfolio Performance II: an update, *Financial Analysts Journal*, May-June, 1991, pp.40-47.

Brinson, G., L. Hood and G. Beebower, Determinants of Portfolio Performance, *Financial Analysts Journal*, 1986, pp.39-44.

Brooks, C., *Introductory Econometrics for Finance*, Cambridge University Press, 2002.

Brown, J., J. Kling, S. Mullainathan and M. V. Wrobel, Why Don't People Insure Late Life Consumption: A Framing Explanation of the Under-Annuitization Puzzle, NBER *Working Papers*, NBER: National Bureau of Economic Research, 13748, 2008.

Brown, K. and K. Harlow, Staying the Course: The Impact of Investment Style Consistency on Mutual Fund Performance, *Working Paper*, SSRN, 2002.

Brown, K., W. Harlow and S. Tinic, Risk Aversion, Uncertain Information, and Market Efficiency, *Journal of Financial Economics*, 22, 1988, pp.355-385.

Brown, L. and M. Rozeff, Analysts can Forecast Accurately!, *Journal of Portfolio Management*, 6, 1980, pp.31-34.

Brown, S. and W. Goetzmann, Performance Persistence, *Journal of Finance*, 50, 1995, pp.679-698.

Brown, S., W. Goetzmann and A. Kumar, The Dow Theory: William Peter Hamilton's Track Record Reconsidered, *Working Paper*, NYU, 1998.

Brown, S., W. Goetzmann and J. Park, Careers and Survival: Competition and Risk in the Hedge Fund and CTA Industry, *Journal of Finance*, Vol.56, 2001, pp.1869-1886.

Brown, S., W. Goetzmann and R. Ibbotson, Offshore Hedge Funds: Survival and Performance, 1989-1995. *Journal of Business*, 72(1), 1999, pp.91-119.

Brown, S., W. Goetzmann, Hiraki and Shirashi, The Japanese Open-End Fund Puzzle, *Journal of Business*, 74, 2001, pp.59-77.

Brown, S., W. Goetzmann, R. Ibbotson, and S. Ross, Survivorship Bias in Performance Studies, *Review of Financial Studies*, 5, 1992, pp.553-580.

Brunel, J., Revisiting the Asset Allocation Challenge through a Behavioral Finance Lens, *Journal of Wealth Management*, 2003, pp.10-20.

Buckingham, W., etc., Will Buckingham, *The Philosophy Book*, DK Publishing, 2011.

Cai, J., K. Chan and T. Yamada, The Performance of Japanese Mutual Funds, *Review of Financial Studies*, 10. 1997, pp.237-273.

Campbell, J. and R. Shiller, Valuation and the Long-Run Stock Market Outlook, *Journal of Portfolio Management*, 24, 1998, pp.11-26.

__________, Valuation and the Long-Run Stock Market Outlook: An Update, *NBER Working Paper*, 8221, National Bureau of Economic Research, 2001.

Campbell, J., A. Lo, and C. MacKinlay, *The Econometrics of Financial Markets*, Princeton, NJ: Princeton University Press, 1997.

Canner, N., N. Mankiw and D. Weil, An Asset Allocation Puzzle, *American Economic Review*, 87, 1, March, 1997, pp.181-91.

Capaul, C., I. Rowley and W. Sharpe, International Value and Growth Stock Returns, *Financial Analysts Journal*, 1993, pp.27-36.

Capstaff, J., K. Paudyal and W. Rees, Revisions of Earnings Forecasts and Security Returns: Evidence from Three Countries, *Working Paper*, SSRN, 2000.

Carhart, M., On Persistence in Mutual Fund Performance, *Journal of Finance*, 52, 1997, pp.57-82.

Carson, Y. and A. Maria, Simulation Optimization: Methods and Applications, Proceedings of the 1997 Winter Simulation Conference, 1997, pp.118-126.

Caton, G., J. Goh and J. Donaldson, The Effectiveness of Institutional Activism, *Financial Analysts Journal*, July/August, 2001, pp.21-26.

Chalmers, J., R. Edelen and G. Kadlec, An Analysis of Mutual Fund Trading Costs, *Working Paper*, SSRN, 1999.

Chan, K., A. Hameed and W. Tong, Profitability of Momentum Strategies in the International Equity Markets, *Journal of Financial and Quantitative Analysis*, Vol.35, 2000, pp.153-172.

Chan, K., L. Chan, N. Jegadeesh and J. Lakonishok, Earnings Quality and Stock Returns, *Working Paper*, SSRN, 2001.

Chan, L. and J. Lakonsihok, Are the Reports of Beta's death premature?, *Journal of Portfolio Management*, 19, 1993, pp.51-62.

Chan, L., H. Chen and J. Lakonishok, On Mutual Fund Investment Styles, NBER *Working Paper*, 1999.

Chan, L., Y. Hamao and J. Lakonishok, Fundamentals and Stock Returns in Japan, *Journal of Finance*, 46. 1991, pp.1739-1789.

Chance, D. and M. Hemler, The Performance of Professional Market Timers: Daily Evidence from Executed Strategies, *Journal of Financial Economics*, Vol.62, 2001, pp.377-411.

Chancellor, E., *Devil takes the Hindmost*, Plume, 2000.

Charest, G., Split Information, Stock Returns and Market Efficiency-I, *Journal of Financial Economics*, 6, 1978, pp.265-296.

Chen, J., N. Jegadeesh and R. Wermers, The Value of Active Mutual Fund Management: An Examination of the Stockholdings and Trades of Fund Managers, *Journal of Financial and Quantitative Analysis*, 35, 2000, pp.343-368.

Chen, N., R. Roll and S. Ross, Economic Forces and the Stock Market, *Journal of Business*, 59, 1986, pp.383-404.

Choi, F. and R. Levich, *The Capital Market Effects of International Accounting Diversity*, New York: Dow Jones Irwin, 1990.

Choi, K. and H. Koo, A Preference Change and Discretionary Stopping in a Consumption and Portfolio Selection Problem, *Mathematical Methods of Operations Research*, 61, 2005, pp.419-435.

Chopra, V., Why so much Error in Analyst Forecasts?, *Financial Analysts Journal*, Nov-Dec, 1998, pp.35-42.

Chordia, T., R. Roll and A. Subrahmanyam, Commonality in Liquidity, *Journal of Financial Economics*, 56, 2000, pp.3-28.

Chowdhury, M., J. Howe and J. Lin, The Relation between Aggregate Insider Transactions and Stock Market Returns, *Journal of Financial and Quantitative Analysis*, 28, 1993, pp.431-437.

Christic, W. and P. Schultz, Why Do Nasdaq Market Makers Avoid Odd-Eighth Quotes?, *Journal of Finance*, 49, 1994, pp.1813-1840.

______________________, The Initiation and Withdrawal of Odd-Eighth Quotes among Nasdaq Stocks: An Empirical Analysis, *Journal of Financial Economics*, 52, 1999, pp.409-442.

Chua, J., R. Woodward, and E. To, Potential Gains From Stock Market Timing in Canada, *Financial Analysts Journal*, September/October, 43(5), 1987, pp.50-56.

Chung, K., B. Van Ness and R. Van Ness, Can the Treatment of Limit Orders Reconcile the Differences in Trading Costs between NYSE and Nasdaq Issues?, *Working Paper*, Social Sciences Research Network, 2001.

Clark, G. C., A. Munnell and J. Orszag, *Pensions and Retirement Income*, Oxford University Press, 2006.

Clarke, R., H. Silva and B. Wander, Risk Allocation versus Asset Allocation, *The Journal of Portfolio Management*, Fall, 2002, pp.9-30.

Clayman, M., Excellence revisited, *Financial Analysts Journal*, May/June 1994, 1994, pp.61-66.

Collins, W. and W. Hopwood, A Multivariate Analysis of Annual Earnings Forecasts Generated from Quarterly Forecasts of Financial Analysts and Univariate, 1980.

Conrad, B. and D. Salamie, Asset Allocation Strategies and their Effect on Risk and Return from 1996 to 2000, *Journal of Financial Planning*, March, 2002, pp.58-67.

Conrad, J., The Price Effect of Option Introduction, *Journal of Finance*, 44, 1989, pp.487-498.

Conrad, J., A. Hameed and C. Niden, Volume and Autocovariances in Short-Horizon Individual Security Returns, *Journal of Finance*, 49, 1994, pp.1305-1330.

Constantinides, G., A Note on the Suboptimality of Dollar-Cost Averaging as an Investment Policy, *Journal of Financial and Quantitative Analysis*, 14(2), June, 1979, pp.443-450.

Cooper, R., T. Day and C. Lewis, Following the Leader: A Study of Individual Analysts Earnings Forecasts, *Working Paper*, SSRN, 1999.

Cootner, P., Common Elements In Futures Markets For Commodities And Bonds, *American Economic Review*, 51(2), 1961, pp.173-183.

__________, Stock Prices: Random versus Systematic Changes, *Industrial Management Review*, 3, 1962, pp.24-45.

Copeland, T., Liquidity Changes Following Stock Splits, *Journal of Finance*, 34(1), 1979, pp.115-141.

Cragg, J. and B. Malkiel, The Consensus and Accuracy of Predictions of the Growth of Corporate Earnings, *Journal of Finance*, 23, 1968, pp.67-84.

Crichfield, T., T. Dyckman and J. Lakonishok, An Evaluation of Security Analysts Forecasts, *Accounting Review*, 1978.

Crouhy, M., R. Mark and D. Galai, *Risk Management*, McGraw-Hill, 2002.

Cusatis, P., J. Miles and J. Woolridge, Restructuring Through Spin Offs: The Stock Market Evidence, *Journal of Financial Economics*, 33, 1993, pp.293-311.

Damato, K., Morningstar Edges Toward One-Year Ratings, *Wall Street Journal*, April 5th, 1996.

Damodaran, A., The Weekend Effect in Information Releases: A Study of Earnings and Dividend Announcements, *Review of Financial Studies*, 2, 1989, pp.607-623.

____________, Investment Valuation Second Edition, New York: John Wiley & Sons, 2001.

Dann, L., D. Mayers and R. Raab, Trading Rules, *Large Blocks and the Speed of Adjustment*, 2, 1977, pp.3-22.

Datar, V., N. Naik and R. Radcliffe, Liquidity and Asset Returns: An Alternative Test, *Journal of Financial Markets*, 1(2), 1998, pp.203-219.

DeBondt, W. and R. Thaler, Does the Stock Market Overreact?, *Journal of Finance*, 40, 1985, pp.93-805.

________________________, Further Evidence on Investor Overreaction and Stock Market Seasonality, *Journal of Finance*, Vol.42, 1987, pp.557-581.

Debuse, J., V. Smith and G. Smith, Optimization for a Discrete Event Simulation, *Computers and Industrial Engineering*, 37, 1999, pp.181-184.

Dennis, D. and J. McConnell, Corporate Mergers and Security Returns, *Journal of Financial Economics*, 16, 1986, pp.143-188.

Dent, H., *The Demographic Cliff*, Brilliance Audio, 2015.

Detemple, B., R. Garcia and M. Rindisbacher, A Montecalo Method for Optimal Portfolios, *Journal of Finance*, Vol. LV III, No.1, 2003, pp.401-446.

Detzler, M., The Value of Mutual Fund Rankings to Individual Investors, *Working Paper*, SSRN, 1999.

Dey, M. and B. Radhakrishna, Institutional Trading, Trading Volume and Spread, *Working paper*,

Social Science Research Network, 2001.

Dimson, E. and C. Minio-Kozerzki, Closed-end Funds, A Survey, *Working Paper*, London Business School, 1998.

Dimson, E. and P. Marsh, *Event Studies and the Size Effect: The Case of UK*, Press Recommendations, Journal of Financial Ecomics, Vol.17, 1986, pp.113-142.

Dixit, A. and R. Pindyck, *Investment Under Uncertainty*, Princeton University Press, 1994.

Dokuchaev, N., *Dynamic Portfolio Strategies: Quantitative Methods and Empirical Rules for Incomplete Information*, Springer, 2002.

Dooley, M. P. and R. Shafer, *Analysis of Short-Run Exchange Rate Behavior: March 1973 to November 1981, in Exchange Rate and Trade Instability, Causes, Consequences and Remedies*, Ballinger, 1983.

Dorms, W. G. and S. N. Strauss, Assessing Risk Tolerance for Asset Allocation, *Journal of Financial Planning*, March, 2003, pp.72-77.

Dreman, D. and E. Lufkin, Do Contrarian Strategies Work Within Industries?, *Journal of Investing*, Fall, 1997, pp.7-29.

Dreman, D. N. and M. Berry, Analyst Forecasting Errors and Their Implications for Security Analysis, *Financial Analysts Journal*, May/June, 1995, pp.30-41

Duan, J. C., Monte Carlo Methods for Derivatives, *Working paper*, University of Toronto, 2002.

Dupacov, J., J. Hurt and J. Stephen, *Stochastic Modeling in Economics and Finance*, Kluwer Academic Publishers, 2002.

Eagleton, C. and J. Williams, *Money: A History*, The British Museum Press, 2007.

Edleson, M., *Value Averaging*, 2nd Revision, International Publishing Corporation, 1998.

Edwards, R. and J. Magee, *Technical Analysis of Stock Trends*, St. Lucie Press, 2001.

Eilon, S., *The Art of Reckoning: Analysis of Performance Criteria*, Academic Press, 1984.

Ellis, C., *Winning the Loser's Game*, McGraw-Hill, 1998.

Elton, E., M. Gruber, G. Comer and K. Li, Spiders: Where are the bugs? In Exchange Traded Funds, *Working Paers*, NYU, 2002.

Elton, E., M. Gruber, S. Brown and W. Goetzmann, *Modern Portfolio Theory and Investment Analysis*, 8th, Wiley, 2011.

Emms, P. and S. Haberman, Income Drawdown Schemes for a Defined-Contribution Pension Plan, *The Journal of Risk and Insurance*, 75, 2008. pp.739-761.

Epley, N. and T. Gilovich, Putting Adjustment Back in the Anchoring and Adjustment Heuristic: Differential Processing of Self-generated and Experimenter-provided Anchors, *Psychological Science*, 12(5), 2001, pp.391-396.

Fama, E. and K. French, Permanent and Temporary Components of Stock Prices, *Journal of*

Political Economy, 96, 1988, pp.246-273.

_____________________, The Cross-Section of Expected Returns, *Journal of Finance*, 47, 1992, pp.427-466.

_____________________, Value versus Growth: The International Evidence, *Journal of Finance*, 53, 1998, pp.1975-1999.

Fama, E., The Behavior of Stock Market Prices, *Journal of Business*, 38, 1965, pp 34-105.

_______, Efficient Capital Markets: A Review of Theory and Empirical work, *Journal of Finance*, May, 1970, pp.383-417.

_______, Components of Investment Performance, *Journal of Finance*, 27, 1972, pp.551-567.

_______, Market Efficiency, Long Term Returns and Behavioral Finance, *Journal of Financial Economics*, 49, 1998, pp.283-306.

Fama, E., L. Fisher, M. Jensen and R. Roll. The Adjustment Of Stock Prices To New Information, *International Economic Review*, 10(1), 1969, pp.1-21.

Farreell, J., Homogeneous Stock Groupings: Implications for Portfolio Management, *Financial Analysts Journal*, May-June, 1975, pp.50-62.

Finnerty, J., Insiders and Market Efficiency, *Journal of Finance*, 31, 1976, pp.1141-1148.

Fischhhof, B., P. Slovic and S. Lichtenstein, Knowing with Uncertainty: The Appropriateness of Extreme Confidence, *Journal of Experimental Psychology*, 3, 1977, pp.522-564.

Fisher, K. and M. Statman, Investor sentiment and Stock Returns, *Financial Analysts Journal*, March/April, 2000, pp.16-23.

Friedman, M., *Money Chief: Episodes in Monetary History*, Houghton Mifflin Harcourt Publishing Company, 1994.

Frost, A. and E. Prechter, *The Elliott Wave Principle: Key to Market Behavior*, New Classics Library, 1998.

Fuller, R., L. Huberts and M. Levinson, It's not Higgledy-Piggledy Growth!, *Journal of Portfolio Management*, 1992, pp.38-46.

Furnham, H. and M. Argyle, *The Psychology of Money*, Routledge, 1998.

Furtado, E. and V. Karan, Causes, Consequences, and Shareholder Wealth Effects of Management Turnover: A Review of the Empirical Evidence, *Financial Management*, 19, 1990, pp.60-75.

Garbade, K. and W. Silber, Price Movements and Price Discovery in Futures and Cash Markets, *The Review of Economics and Statistics*, 115, 1983, pp.289-297.

Garber, P., Who Put the Tulip in Tulipmania?, *Crashes and Panics: The Lessons of History*, Dow Jones Irwin, 1990.

Gatev, E., W. Goetzmann and K. Rouwenhorst, Pairs Trading, Performance of a Relative Value

Arbitrage Rule, *Working Paper*, SSRN, 1999.

Gehm, F., Who is R.N. Elliott and Why is He Making waves?, *Financial Analysts Journal*, January-February, 1983, pp.51-58,

Gerrard, R., S. Haberman and E. Vigna, Optimal Investment Choices Post-retirement in a Defined Contribution Pension Scheme, *Insurance: Mathematics & Economics*, 35, 2004, pp.33-56.

Gitman, L. and C. McDaniel, *The Future of Business*, 2nd Ed., South-Western, 2006.

Givoly, D. and J. Lakonishok, The Quality of Analysts' Forecasts of Earnings, *Financial Analysts Journal*, 40, 1984, pp.40-47.

Goetzmann, W. and R. Ibbotson, Do Winners Repeat? Patterns in Mutual Fund Performance, *Journal of Portfolio Management*, 20, 1994, pp.9-18.

Goldberg, J. and R. Nitzsch, *Behavioral Finance*, John Wiley & Sons, Inc., 2002.

Gomes, F. and A. Michaelides, Optimal Life-Cycle Asset Allocation: Understanding the Empirical Evidence, *Centre for Economic Policy Research*, *CEPR*, London School of Economics, 2003.

Graham, B. and D. Dodd, *Security Analysis*, McGraw-Hill, 1934.

Graham, J. and C. Harvey, Market Timing Ability and Volatility Implied in Investment Newsletters' Asset Allocation Recommendations, *Journal of Financial Economics* 42, 1996, pp.397-421.

Grinblatt, M. and F. Longstaff, *Financial innovation and the role of derivative securities*: An Empirical Analysis of the U.S. Treasury's Strips Program, *Journal of Finance*, 55(3), 2000, pp.1415-1436.

Grinblatt, M. and S. Titman, The Persistence of Mutual Fund Performance, *Journal of Finance*, 42, 1992, pp.1977-1984.

Grinblatt, M., R. Masulis and S. Titman, The Valuation Effects of Stock Splits and Stock Dividends, *Journal of Financial Economics*, 13, 1984, pp.461-490.

Grinblatt, M., S. Titman and R. Wermers, Momentum Investment Strategies, Portfolio Performance, and Herding: A Study of Mutual Fund Behavior, *American Economic Review*, 85, 1995, pp.1088-1105.

Grinold, R. and R. Kahn, *Active Portfolio Management*, New York: McGraw-Hill, 2000.

Hagstrom, R., The Warren Buffett Way, New York: John Wiley and Sons, 1994.

Hamilton, W., The Stock Market Barometer, New York: Barrons, 1922.

Hammond, J., R. Keeney, and H. Raiffa, *Smart Choices: A Practical Guide to Making Better Decisions*, Harvard Business School Press, 1999.

Hansel, C., D. Ezra and J. Ilkiw, The Importance of the Asset Allocation Decision, *Financial Analysts Journal*, July-August, 1991, pp.65-72.

Harrington, J., Testing Value Averaging in the 1990s, *Working Paper*, 2001.

Hasbrouck, J., Measuring the Information Content of Stock Trades, *Journal of Finance*, 66, 1991, pp.179-207.

Hasbrouck, J., The Summary Informativeness of Stock Trades: an Econometric Analysis, *Review of Financial Studies*, 4, 1991, pp.571-595.

Haugen, R. and J. Lakonishok, *The Incredible January Effect*, Dow Jones-Irwin, 1988.

Haugen, R., E. Talmor and W. Torous, The Effect of Volatility Changes on the Level of Stock Prices and Subsequent Expected Returns, *Journal of Finance*, 46, 1991, pp.985-1007.

Healy, P., K. Palepu and R. Ruback, Does Corporate Performance Improve after Mergers?, *Journal of Financial Economics*, 31, 1992, pp.135-176.

Heflin. F., K. Shaw and J. Wild, Disclosure Quality and Market Liquidity, *Working Paper*, Social Sciences Research Network, 2001.

Hendricks, D., J. Patel and R. Zeckhauser, Hot Hands in Mutual Funds: Short Run Persistence in Performance, 1974-1987, *Journal of Finance*, 48, 1995, pp.93-130.

Henriksson, R. and R. Merton, "On Market Timing and Investment Performance. II. Statistical Procedures for Evaluating Forecasting Skills," *Journal of Business*, 54, 1981, pp.513-533.

Herold, U. and R. Maurer, Bayesian Asset Allocation and U.S. Domestic Bias, *Financial Analysts Journal*, November/December, 2003, pp.54-65.

Hickman, K., H. Hunter, J. Byrd, J. Beck and W. Terpening, Life Cycle Investing, Holding Periods, Risk, *The Journal of Portfolio Management*, Winter, 2001, pp.101-111.

Higgins, H., Analyst Froecasting Performance in Seven Countries, *Financial Analysts Journal*, May/June, 54, 1998, pp.58-62.

Hirsch, Y., *Stock Trader's Almanac*, Chicago: Probus Publishing Company, 1992.

Hirschberger, M., Y. Qi and R. Steuer, Quadratic Parametric Programming for Portfolio Selection with Random Problem Generation and Computational Experience, *Working Paper*, Terry College of Business, University of Georgia, 2004.

Hirschey, M., The 'Dogs of the Dow' Myth, *Financial Review*, Vol.35, 2000, pp.1-15.

Hite, G. and J. Owers, Security Price Reactions around Corporate Spin-off Announcements, *Journal of Financial Economics*, 12, 1983, pp.409-436.

Holthausen, R., R. Leftwich, and D. Mayers, Large-Block Transactions, the Speed of Response, and Temporary and Permanent Stock-Price Effects, *Journal of Financial Economics*, 26, 1990, pp.71-95.

Horneff, W., R. Maurer, O. Mitchell and I. Dus, Optimizing the Retirement Portfolio: Asset Allocation, Annuitization, and Risk Aversion, Pension Research Council, University of Pennsylvania, 2006.

Huang, R. and H. Stoll, Dealer versus Auction Markets: A Paired Comparison of Execution Costs on NASDAQ and the NYSE, *Journal of Financial Economics*, 41, 1996, pp.313-357.

Huang, R. D. and R. Walkling, Acquisition Announcements and Abnormal Returns, *Journal of Financial Economics*, 19, 1987, pp.329-350.

Huber, C. and H. Kaiser, Asset Allocation Recommendations of Financial Advisors: Are They Risk/Returns Optimal?, *The Journal of Wealth Management*, Fall, 2003, pp.21-33.

Ibbotson, R. and P. Kaplan, Does Asset Allocation Explain 40, 90, or 100 percent of Performance?, *Financial Analysts Journal*, January-February, 2000, pp.26-33.

Ibbotson, R., M. Milevsky, P. Chen, and K. Zhu, *Lifetime Financial Advice: Human Capital, Asset Allocation, and Insurance*, Research Foundation of CFA Institute, 2007.

Idzorek, T., *A Step-By-Step Guide to the Black-Litterman Model*, Zephyr Associates, Inc., Jul, 2004.

Ikenberry, D., G. Rankine and E. Stice, What Do Stock Splits Really Signal?, *Journal of Financial and Quantitative Analysis*, 31, 1996, pp.357-375.

Indro, D., C. Jiang, M. Hu and W. Lee, Mutual Fund Performance: Does size matter?, *Financial Analysts Journal*, May/June, 55, 1999, pp.74-87.

Investment Company Institute, *Profile of Mutual Fund Shareholders*, Fall, 2004.

Jacklin, C., A. Kledin and P. Pfleiderer, Underestimation of Portfolio Insurance and the Crash of October 1987, *The Review of Financial Studies*, Vol.5, No.1, 1992, pp.35-63.

Jacobs, B. and K. Levy, Disentangling Equity Return Irregularities: New Insights and Investment Opportunities, Financial Analysts Journal, 44, 1988, pp.18-44.

__________________, On the Value of 'Value', *Financial Analysts Journal*, 44, 1988, pp.47-62.

Jacquier, E. and A. Marcus, Asset Allocation Models and Market Volatility, *Financial Analysts Journal*, March/April, 2001, pp.16-30.

Jaffe, J., Special Information and Insider Trading, *Journal of Business*, 47, 1974, pp.410-428.

Jagannathan, R. and R. Korajczyk, Assessing the Market Timing of Managed Portfolios, *Journal of Business* 59, 1986, pp.217-235.

Jahnke, W., Active Asset Allocation, *Journal of Financial Planning*, January, 2003. pp.38-39.

James, C. and J. Karceski, Captured Money? Differences in the Performance Characteristics of Retail and Institutional Mutual Funds, *Working Paper*, SSRN, 2002.

Jamshidian, F. and Y. Zhu, Scenario Simulation: Theory and Methodology, *Finance and Stochastics*, 1, 1997, pp.43-67.

Jarrell, G., J. Brickley and J. Netter, The Market for Corporate Control: The Empirical Evidence since 1980, *Journal of Economic Perspectives*, 2, 1988, pp.49-68.

Jeffrey, R., The Folly of Stock Market Timing, *Financial Analysts Journal*, July-August, 1984, pp.102-110.

Jegadeesh, N. and S. Titman, Returns to Buying Winners and Selling Losers: Implications for Stock Market Efficiency, *Journal of Finance*, 48(1), 1993, pp.65-91.

____________________, Profitability of Momentum Strategies: An Evaluation of Alternative Explanations, *Journal of Finance*, 56(2), 2001, pp.699-720.

Jennergren, L. and P. Korsvold, Price Formation in the Norwegian and Swedish Stock Markets–Some Random Walk Tests, *Swedish Journal of Economics*, 76, 1974, pp.171-185.

Jensen, G. and J. M. Mercer, New Evidence on Optimal Asset Allocation, *The Financial Review*, 38, 2003, pp.435-454.

Jensen, M. and R. Ruback, The Market for Corporate Control, *Journal of Financial Economics*, 11, 1983, pp.5-50.

Jensen, M., The Performance of Mutual Funds in the Period 1945-1964, *Journal of Finance*, 2, 1968, pp.389-416.

Jensen, M., Risk, the Pricing of Capital Assets, and the Evaluation of Investment Portfolios, *Journal of Business*, 42, 1969, pp 167-247.

Jones, C. and J. Wilson, Asset Allocation: What Percentage in Bonds?, *The Journal of Wealth Management*, Winter, 2003, pp.26-34.

Joro, T. and P. Na, Data Envelopment Analysis in Mutual Fund Evaluation: A Critical Review, *Working Paper*, University of Alberta, 2002.

Kahnemann, D. and A. Tversky, Prospect Theory: An analysis of decisions under risk, *Econometrica*, 46, 1979, pp.171-185.

____________________, Prospect Theory: an Analysis of Decision under Risk, *Econometrica*, 47(2), 1979, pp.263-291.

Kamara, A. and T. Miller, Daily and Intradaily Tests of European Put–Call Parity, *Journal of Financial and Quantitative Analysis* 30, (4), 1995, pp.519-541.

Kao, D., and R. Shumaker, Equity Style Timing(Corrected), *Financial Analysts Journal*, 55(1), 1999, pp.37-48.

Kaplan, S., *Asset Allocation with Annuitization for Retirement Income Management*, Morningstar, 2005.

Kaplan, S. and M. Weisbach, The Success of Acquisitions: The Evidence from Divestitures, *Journal of Finance*, 47, 1992, pp.107-138.

Kapur, S. and M. Orszag, Portfolio Choice and Retirement Income Solutions, *Watson Wyatt Report*, 2002.

Karguine, S., Optimal Asset Allocation with Asymptotic Criteria, *International of Theoretical and*

Applied Finance, 16(6), 2003, pp.593-604.

Karpoff, J., The Impact of Shareholder Activism on Target Companies: A Survery of Empirical Findings, *Working Paper*, University of Washington, 1998.

Karpoff, J., P. Malatesta and P. Walkling, Corporate Governance and Shareholder Initiatives: Empirical Evidence, *Journal of Financial Economics*, 42, 1996, pp.365-395.

Ke, B., S. Huddart and K. Petroni, What Insiders Know about Future Earnings and How They Use It: Evidence from Insider Trades, *Working Paper*, Social Sciences Research Network, 2002.

Keim, D. and A. Madhavan, Anatomy of the Trading Process: Empirical Evidence on the Behavior of Institutional Trades, *Journal of Financial Economics*, 37, 1995, pp.371-398.

__________________________, The Cost of Institutional Equity Trades, *Financial Analysts Journal*, July/August, 1998.

Kho, B., Time Varying Risk Premia, Volatility and Technical Trading Rules, *Journal of Financial Economics*, 41, 1996, pp.246-290.

Kin, M., A. Szakmary and I. Mathur, Price Transmission Dynamics between ADRs and Their Underlying Foreign Securities, *Journal of Banking and Finance*, 24, 2000, pp.1359-1382.

King, M., O. Silver and B. Buo, Passive Momentum Asset Allocation, *The Journal of Wealth Management*, Winter, 2002, pp.34-41.

Kishtainy, N., etc. Niall Kishtainy etc., *The Economics Book*, DK Publishing, 2012.

Kitmura, Y., N. Takayama and F. Arita, Household Savings and Wealth Distribution in Japan, *Institute of Economic Research*, Hitotsubashi University, No.2001-38, 2001.

Klein, A., The Timing and Substance of Divestiture Announcements: Individual, Simultaneous and Cumulative Effects, *Journal of Finance*, 41, 1986, pp.685-696.

Kleinman, N., J. Spall and D. Naiman, Simulation-Based Optimization with Stochastic Approximation using Common Random Numbers, *Management Science*, 45(11), November, 1999, pp.1570-1578.

Klemkosky, R. and B. Resnick, Put–Call Parity and Market Efficiency, *Journal of Finance*, 34, 1979, pp.1141-1155.

Klemkosky, R. and R. Bharati, "Time-Varying Expected Returns and Asset Allocation," *The Journal of Portfolio Management*, Summer, 1995, pp.80-87.

Knight, J. and L. Mandell, Nobody Gains from Dollar Cost Averaging: Analytical, Numerical and Empirical Results, *Financial Services Review*, 2(1), 1993, pp.51-61.

Knroll, Y., H. Levy, and H. Markowitz, Mean-variance versus Direct Utility Maximization, *Journal of Finance*, 39, 1984, pp.47-61.

Koijen, R., T. Nijman and B. Werker, Optimal Portfolio Choice with Annitization, *Pension*

Institute Working paper, City University, 2006.

Koller, G., *Risk Modeling for Determining Value and Decision Making*, Chapman & Hall/CRC, 2000.

Kon, S., The Market-timing Performance of Mutual Fund Managers, *Journal of Business*, 56, 1983, pp.323-347.

Korn, R., and E. Korn, *Options Pricing and Portfolio Optimization: Modern Methods of Financial Mathematics*, Amer Mathematical Society, 2000.

Kothare, M. and P. Laux, Trading Costs and the Trading Systems for NASDAQ Stocks, *Financial Analysts Journal*, 51(2), 1995, pp.42-53.

Kothari, S. and J. Shanken, In Defense of Beta, *Journal of Applied Corporate Finance*, 8(1), 1995, pp.53-58.

KPMG, Unlocking Shareholder Value: The Keys to Success, *KPMG Global Research Report*, 1999.

Kritzman, M. and S. Page, Asset Allocation versus Security Selection: Evidence form Global Markets, *Journal of Asset Management*, 3(3), 2002, pp.202-212.

La Porta, R., J. Lakonishok, A. Shleifer and R. Vishny, Good News for Value Stocks: Further Evidence of Market Inefficiency, *NBER Working Paper*, 1995.

Lakonishok, J. and I. Lee, Are Insiders' Trades Informative?, *Working Paper*, Social Sciences Research Network, 1998.

Lakonishok, S. and Vishny, Contrarian Investment, Extrapolation and Risk, *Journal of Finance*, 49, 1994, pp.1541-1578.

Lang, L. and R. Stulz, Tobin's Q, Corporate Diversification, and Firm Performance, *Journal of Political Economy*, 102. 1994, pp.1248-1280.

Lang, L., R. Stulz and R. Walkling, Managerial Performance, Tobin's Q, and the Gains from Successful Tender Offers, *Journal of Finance*, 24, 1989, pp.137-154.

Lee, C. and B. Swaminathan, Price Momentum and Trading Volume, *Working Paper*, Social Science Research Network, 1998.

Lee, C., A. Shleifer and R. Thaler, Anomalies: Closed-End Mutual Funds, *Journal of Economic Perspectives*, 4, 1990, pp.153-164.

______________________________, Investor Sentiment and the Closed-End Fund Puzzle, *Journal of Finance*, 46, 1991, pp.76-110.

Lee, I., S. Lockhead, J. R. Ritter and Q. Zhao, The Costs of Raising Capital, *Journal of Financial Research*, 19, 1996, pp.59-74.

Lehmann, B. and D. Modest, Mutual Fund Performance Evaluation: A Comparison of Benchmarks and Benchmark Comparisons, *Journal of Finance*, 42, 1987, pp.233-265.

Leibowitz, M. and S. Kogelman, Asset allocation under shortfall constraints, *The Journal of Portfolio Management*, Winter, 1991, pp.18-23.

Leinweber, D., *Using Information from Trading in Trading and Portfolio Management, in Execution Techniques, True Trading Costs and Microstructure of Markets*, AIMR, 1996.

Levy, H. and H. Markowitz, Approximating Expected Utility by a Function of Mean and Variance, *American Economic Review*, 69, 1979, pp.308-317.

Lewis, N. D., *The Relationship between Target Date and Target Risk Funds*, *Pensions*, 13, 2008, pp.55-60.

Liang, B., Hedge Fund Performance: 1990-1999, *Financial Analysts Journal*, Jan/Feb, 2001.

Linn, S. and M. Rozeff. The Effect Of Voluntary Spin-Offs On Stock Prices: The Anergy Hypothesis, *Advances in Financial Planning and Forecasting*, 1(1), 1985, pp.265-292.

Lintner, J., The Valuation of Risk Assets and the Selection of Risky Investments in Stock Portfolios and Capital Budgets, *Review of Economics and Statistics*, 47, 1965, pp.13-37.

Liss, D., *A Conspiracy of Paper*, Ballantine Books, 2001.

Litterman, R. and G. He, *The Intuition behind Black-Litterman Model Portfolios*, Goldman Sachs Quantitative Resources Group, Dec, 1999.

Little, I., *Higgledy Piggledy Growth*, Institute of Statistics, Oxford, 1962.

Lo, A. and J. Wang, Trading Volume: Implications of an Intertemporal Capital Asset Pricing Model, *Journal of Finance*, 61, 2006, pp.2805-2840.

Lo, Wang and Mamaysky, Foundations of Technical Analysis: Computational Algorithms, Statistical Inference, and Empirical Implementation, *Journal of Finance*, 55, 2000, pp.1705-1765.

Loeb, T., Trading Costs: The Critical Link Between Investment Information and Results, *Financial Analysts Journal*, May/June, 1983.

Loughran, T. and J. Ritter, The New Issues Puzzle, *Journal of Finance*, 50, 1995, pp.23-51.

Lowe, J., *Benjamin Graham on Value Investing: Lessons from the Dean of Wall Street*, Chicago: Dearborn Financial, 1994.

Lowenstein, R., *Buffett: The Making of an American Capitalist*, Doubleday, 1996.

____________, *When Genius Failed: The Rise and Fall of Long Term Capital*, Random House, 2000.

Luenberger, D., *Investment Science*, Oxford Univ Press, 1997.

Lynch, P., How to Invest a Million, *Worth Magazine*, March Issue, 1997.

Maginn, J., D. Tuttle, D. McLeavey and J. Pinto, *Managing Investment Portfolios*, John Wiley & Sons, Inc, 2007.

Malkiel, B., Returns from Investing in Equity Mutual Funds 1971 to 1991, *Journal of Finance*,

50, 1995, pp.549-572.

Mankiw, N., *Principles of Economics*, 6th Ed., South-Weston, 2010.

Markowitz, H., Portfolio Selection, *The Journal of Finance*, 7, 1952, pp.77-91.

____________, *Portfolio Selection: Efficient Diversification of Investments*, Wiley, 1959.

____________, Foundations of Portfolio Theory, *Journal of Finance*, 46(2), 1991, pp.469-478.

McQueen, G., K. Shields and R. Thorley, Does the Dow-10 Investment Strategy Beat the Dow Statistically and Economically?," *Financial Analysts Journal*, July/August, 1997, pp.66-72.

Merton, R., Lifetime Portfolio Selection under Uncertainty: The Continuous-time Case, *Review of Economics & Statistics*, 51(3), 1969, pp.247-258.

_________, Optimum Consumption and Portfolio Rules in a Continuous Time Model, *Journal of Economic Theory*, 3, 1971, pp.273-413.

_________ , Reverste Mortgage: Basic Characteristics and Core Issues Design Structure, *Maketing, Funding and Valuation/Risk*, KIF, 2014.

Michael, R, R. Thaler and K. Womack, Price Reactions to Dividend Initiations and Omissions: Overreaction or Drift?, *Journal of Finance*, 50, 1995, pp.573-608.

Michaely, R. and L. Womack, Conflicts of Interests and the Credibility of Underwriter Analysts Recommendations, *Review of Financial Studies*, Winter, 1999, pp.635-686.

Michaud, O., The Markowitz Optimization Enigma: Is 'Optimized' Optimal, *Financial Analysts Journal*, January-February, 1989, pp.31-42.

Michaud, O., *Efficient Asset Management*, Harvard Business School Press, 1998.

Micklethwait, J. and A. Woodridge, *The Company: A Short History of a Revolutionary Idea*, Modern Library, 2003.

Miles, J. and R. Woolridge., *Spin-Offs & Equity Carve-Outs*, Financial Executives Research Foundation, 1999.

Milevsky, A., *The Calculus of Retirement Income*, Cambridge University Press, 2006.

Milevsky, M. and S. Posner, Dollar–Cost Average Options, Brownian Bridges and Behavioral Finance, *Working Paper*, 1999.

Mitchell, M. and K. Lehn, Do Bad Bidders make Good Targets?, *Journal of Applied Corporate Finance*, 3, 1990, pp.60-69.

Mitchell, M., and T. Pulvino, Characteristics of Risk in Risk Arbitrage, *Journal of Finance*, Vol.56, 2001, pp.2135-2175.

Mkshkin, F., *The Econnomics of Money, Banking, and Financial Market*, 9th Ed., Prentice-Hall, 2010.

Modigliani, F. and M. Miller, The Cost of Capital, Corporation Finance and the Theory of

Investment, *American Economic Review*, 48, 1958, pp.261-297.

Modigliani, F. and R. Brumberg, Utility Analysis and the Consumption Function: an Interpretation of the Cross-section Data, *Post-Keynesian Economics*, New Brunswick, N. J.: Rutgers University Press, 1954, pp.388-436.

Moore, P., *The Business of Risk*, Cambridge University Press, 1984.

Morey, M., Should You Carry the Load? A Comprehensive Analysis of Load and No-Load Mutual Fund Out-of-Sample Performance, *Working Paper*, SSRN, 1998.

Morgan, M. and M. Henrion, *Uncertainty: A Guide to Dealing with Uncertainty in Quantitative Risk and Policy Analysis*, Cambridge University Press, 1998.

Mossin, J., Equillibrium in a Capital Asset Market, *Econometrica*, Oct., 1966.

Munnell, A. and A. Sunden, *Coming Up Short: The Challenge of 401(k) Plans*, Brookings Institution Press, 2004.

Munnell, A. and D. Muldoon, The Impact of Inflation on Social Security Benefits, *Center for Retirement Research*, Boston College, Number 8-14, 2008.

Nail, L., W. Megginson and C. Maquieira, Wealth Creation versus Wealth Redistributions in Pure Stock-for-Stock Mergers, *Journal of Financial Economics*, 48, 1998, pp.3-15.

Neal, R., Direct Tests of Index Arbitrage Models, *Journal of Financial and Quantitative Analysis*, 31, 1996, pp.541-562.

Nuttall, J. and J. Nuttall, Asset Allocation Claims-Truth or Fiction?, *Working Paper*, 1998.

O'Neal, E., Window Dressing and Equity Mutual Funds, *Working Paper*, SSRN, 2001.

Odean, T., Are Investors Reluctant to Realize Their Losses, *Journal of Finance*, 53, 1988, pp.1775-1798.

OECD, *Pension Schemes for the Self-Employed in OECD Countries*, 2007.

______, *Pensions at Glance*, 2009-2011.

______, *Private Pensions Outlook*, 2008-2009.

______, *Global Pesnion Statistics*, 2012.

Oppenheimer, H., *A Test of Ben Graham's Stock Selection Criteria*, 40(5), 1984, pp.68-74.

Osler, C. and P. Chang, Head and Shoulders: Not a Flaky Pattern, *Staff Paper*, Federal Reserve Bank of New York, 1995.

Parrino, J. and R. Harris, Takeovers, Management Replacement and Post-Acquisition, Operating Performance: Some Evidence from the 1980s, *Journal of Applied Corporate Finance*, 11, 1999, pp.88-97.

Penman, S., The Distribution Of Earnings News Over Time And Seasonalities In Aggregate Stock Returns, *Journal of Financial Economics*, 18(2), 1987, pp.199-228.

Peters, T., *In Search of Excellence: Lessons form America's Best Run Companies*, Warner Books,

1988.

Pittenger, M. and C. Grisin, *The Role of Special Purpose Acquisition Companies in the M&A Market*, 2007.

Pliska, S., *Introduction to Mathematical Finance: Discrete Time Models*, Blackwell Pub., 1997.

Pokorny, J., *The Pocket Idiot's Guide to Reverse Mortgages*, Penguin, 2005.

Pontiff, J., Costly Arbitrage: Evidence from Closed-End Funds, *Quarterly Journal of Economics*, 111, 1996, pp.1135-1151.

________, Excess Volatility and Closed-End Funds, *American Economic Review*, 87, 1997, pp.155-169.

Posamentier, A. and I. Lehmann, The Fabulous Fibonacci Numbers, Prometheus Books, May, 2007.

Pradhuman, S., *Small Cap Dynamics*, Bloomberg Press, 2000.

Rendleman, R., C. Jones and H. Latene, Empirical Anomalies based on Unexpected Earnings and the Importance of Risk Adjustments, *Journal of Financial Economics*, 10(3), 1982, pp.269-287.

Richards, C., *The Psychology of Wealth*, McGraw-Hill, 2012.

Richter, M. and K. Wong, Computable Preference and Utility, *Journal of Mathematical Economics*, 32(3), 1999, pp.339-354.

Riepe, M. and J. Zils, Are Enhanced Index Mutual Funds Worthy of Their Name?, *Working Paper*, Ibbotson Associates, 1997.

Ritter, J., Initial Public Offerings, *Contemporary Finance Digest*, 2, 1998, pp.5-31.

Roll, R., A Critique of the Asset Pricing Theory's Tests: Part I: On Past and Potential Testability of Theory, *Journal of Financial Economics*, 4, 1977, pp.129-176.

Rose, J. and D. Cushing, *Making the Best Use of Trading Alternatives*, AIMR Conference Proceedings, 1993.

Rosenberg, B., K. Reid and R. Lanstein, Persuasive Evidence of Market Inefficiency, *Journal of Portfolio Management*, 11, 1985, pp.9-17.

Ross, S., The Arbitrage Theory of Capital Asset Pricing, *Journal of Economic Theory*, Dec., 1976, pp.343-362

Rouwenhorst, G., International Momentum Strategies, *Journal of Finance*, 53, 1998, pp.267-284.

Rozeff, M. S., Lump-Sum Investing versus Dollar-Averaging, *Journal of Portfolio Management*, Winter, 1994, pp.45-50.

Rozeff, M., and M. Zaman, Market Efficiency and Insider Trading: New Evidence, *Journal of Business*, 61, 1988, pp.25-44.

Saar, G., Price Impact Asymmetry of Block Trades: An Institutional Trading Explanation, *Review of Financial Studies*, 15, 2001, pp.1153-1181.

Samuelson, P., Lifetime Portfolio Selection by Dynamic Stochastic Programming, *Review of Economics & Statistics*, 51(Issue 3), 1969, pp.239-257.

Santoni, G. and G. Dwyer, Bubbles or Fundamentals: New Evidence from the Great Bull Markets, in *Crashes and Panics: The Lessons of History*, Dow Jones Irwin, 1990.

Schiller, R., *Irrational Exuberance*, Princeton: Princeton Press, 2000.

Schilling, A., Market Timing better than a Buy-and-Hold Strategy, *Financial Analysts Journal*, March-April, 1992, pp.46-50.

Schipper, K. and A. Smith, Effects of Recontracting on Shareholder Wealth: The Case of Voluntary Spin-Offs, *Journal of Financial Economics*, 12, 1983, pp.437-468.

______________________, A Comparison of Equity Carve-Outs and Seasoned Equity Offerings: Share Price Effects and Corporate Restructuring, *Journal of Financial Hite*, 1986.

Schooley, D. and D. Worden, Investor's Asset Allocations versus Life-Cycle *Funds*, *Financial Analysts Journal*, September/October, 1999, pp.37-43.

Senchack, A. and L. Starks, *Short-Sale Restrictions and Market Reaction to Short-Interest Announcements*, Vol.28, 1993, pp.177-194.

Senchack, A. and J. Martin, The Relative Performance of the PSR and PER Investment Strategies, *Financial Analysts Journal*, 43, 1987, pp.46-56.

Seyhun, H., Insiders' Profits, Costs of Trading, and Market Efficiency, *Journal of Financial Economics*, 16, 1986, pp.189-212.

_________, *Investment Intelligence from Insider Trading*, Cambridge: MIT Press, 1998.

Shafir, E., I. Simonson and A. Tversky, Money Illusion, Quarterly *Journal of Economics*, 112, 1997, pp.341-374.

Shapira, Z., *Risk Taking: A Managerial Perspective*, Russell Sage Foundation, 1997.

Sharpe, W., Capital Asset Prices: A Theory of Market Equilibrium under Conditions of Risk, *Journal of Finance*, 19, 1964, pp.425-442.

_________, Are Gains Likely From Market Timing, *Financial Analysts Journal*, 31(2), 1975, pp.60-69.

Sharpe, W., Mutual Fund Performance, *Journal of Finance*, 39, 1965, pp.119-138.

_________, *Investors and Markets*, Princerton University Press., 2007.

Shefrin, H. and M. Statman, The Disposition to Sell Winners Too Early and Ride Losers Too Long: Theory and Evidence, *Journal of Finance*, 40, 1985, pp.777-790.

______________________, Behavioral Portfolio Theory, *Journal of Financial and Quantitative Analysis*, 35(2), 2000, pp.127-151.

Shiller, R., *Market Volatility*, MIT Press, 1990.

________, Human Behavior and the Efficiency of the Financial System, *Cowles Foundation Discussion Papers* 1172, Yale University, 1998.

Shleifer, A. and R. Vishny, The Limits of Arbitrage, *Journal of Finance*, 52, 1997, pp.35-55.

Siegel, J., *Stocks for the Long Run*, New York: McGraw-Hill, 1998.

Siegmann, A., Optimal Investment Policies for Defined Benefit Pension Funds, *Journal of Pension Economics and Finance*, 6(1), 2007, pp.1-20.

Silber, W., Discounts on Restricted Stock: The Impact of Illiquidity on Stock Prices, *Financial Analysts Journal*, 1991, pp.60-64.

Simon, H., Rational Decision Making in Business Organizations, *The American Economic Review*, 69(4), 1979, pp.493-513.

Sirower, M., *The Synergy Trap*, Simon & Schuster, 1996.

Slovic, P., Sychological Study of Human Judgment: Implications for Investment Decision Making, *The Journal of Finance*, 27(4), September, 1972, pp.779-799.

Smith, C., Investment Banking and the Capital Acquisition Process, *Journal of Financial Economics*, 15, 1986, pp.3-29.

Somes, S. P. and M. Zurack, Pension Fund Perspective, *Financial Analysts Journal*, January-February, 1987, pp.10-13.

Sorensen, E. and T. Burke, Portfolio Returns from Active Industry Group Rotation, *Financial Analysts Journal*, September/October, 1986, pp.43-50.

Soros, G., *The New Paradigm for Financial Market*, New York: Public Affairs, 2008.

Soto, M., R. Triest, A. Golub-Sass and F. Golub-Sass, *Assessment Of Life-Cycle Funds*, CRR WP 2008-10, Center for Retirement Research at Boston College, 2008.

Spierdijk, L., T. Nijman and A. van Soest, The Price Impact of Trades in Illiquid Stocks in Periods of High and Low Market Activity, *Working Paper*, Tilburg University, 2002.

Statman, M., A Behavioral Framework for Dollar-Cost Averaging, *The Journal of Portfolio Management*, 3, 1995, pp.70-78.

__________, The Diversification Puzzle, *Financial Analysts Journal*, July/August, 2004, pp.44-53.

Stephen, T., *Strategic Asset Allocation*, Dresdner Bank Group, 2004.

Stickel, S. and R. Verrecchia, Evidence that Trading Volume Sustains Stock Price Changes, *Financial Analysts Journal*, Nov-Dec., 1994, pp.57-67.

Stickney, C., *Financial Statement Analysis*, Fort Worth: Dryden, 1993.

Stoll, H., The Pricing of Security Dealer Services: An Empirical Study of Nasdaq Stocks, *Journal of Finance*, 33, 1978, pp.1153-1172.

Stovall, *Sector Investing*, McGraw-Hill, 1996.

Swaicki, J. and J. Hric, Arbitrage Opportunities in Parallel Markets: The Case of the Czech Republic, *Working Paper*, SSRN, 2001.

Swiss, R., *Annuities: A Private Solution to Longevity Risk*, Sigma No.3, 2007, http://www.swissre.com

Takashi Hirose, *America No Keizai Shueisha*, Shueisha Inc., 1999.

Thaler, R., Towards a Positive Theory of Consumer Choice, *Journal of Economic Behavior and Organization*, 1, 1980, pp.39-60.

Thompson, R., The Information Content of Discounts and Premiums on Closed-End Fund Shares, *Journal of Financial Economics*, 6, 1978. pp.151-186.

Thorley, S., The Fallacy of Dollar Cost Averaging, *Financial Practice and Education*, 4, 1994, pp.138-143.

Tinic, S. and R. West, Competition and the Pricing of Dealer Service in the Over the Counter Market, *Journal of Financial and Quantitative Analysis*, 7, 1972, pp.1707-1727.

Tokat, Y. and E. Schwartz, The Impact of Fat Tailed Returns on Asset Allocation, Mathematical *Methods of Operations Research*, 55, 2002, pp.165-185.

Treynor, J., How to Rate Management of Mutual Funds, *Harvard Business Review*, 43, 1965, pp.63-70.

__________, What Does It Take to Win the Trading Game?, *Financial Analysts Journal*, January-February, 1981.

Treynor, J. and K. Mazuy, Can Mutual Funds Outguess the Market?, *Harvard Business Review*, 44, 1966, pp.131-136.

Tversky, A. and D. Kahneman, Rational Choice and the Framing of Decisions, *Journal of Business*, 59(4), 1986, pp.251-278.

Vander Weide, J. and W. Carleton, Investor Growth Expectations: Analysts Vs. History, *Journal of Portfolio Management*, 14, 1988, pp.78-83.

Vora, P. and J. McGinnis, The asset Allocation Decision in Retirement: Lessons from Dollar-Cost Averaging, *Financial Services Review*, 9, 2000, pp.47-63.

Vose, D., *Risk Analysis: A Quantitative Guide*, John Wiley & Sons, 2000.

Wahal, S., Pension Fund Activism and Firm Performance, *Journal of Financial and Quantitative Analysis*, 31, 1996, pp.1-24.

Wahlstrom, B., Models, Modeling And Modellers: An Application to Risk Analysis, *European Journal of Operations Research*, 75(3), 1994, pp.477-487.

Weston, J. and T. Copeland, *Managerial Finance*, Chapter 3, Dryden Press, 1992.

White, G., A. Sondhi and D. Fried, *The Analysis and Use of Financial Statements*, New York:

Wiley, 1997.

Whitson, J., K. Liljenquist, Adam Galinsky, J. Magee, D. Gruenfeld and B. Cadena, The Blind Leading: Power Reduces Awareness of Constraints, *Journal of Experimental Social Psychology*, 49, 2013, pp.579-582.

William, G., J. McHugh and S. McHugh, *Understanding Business*, 9th Ed., McGraw-Hill, 2012.

Williams, D., Scenario Simulation Do Not Yield Results Stochastically Consistent with Alternative Monte Carlo Results: U.S. Nuclear Plant Decommissioning Funding Adequacy, Energy Economics, 29, 2007, pp.1101-1130.

Williams, J., *GAAP guide*, New York: Harcourt Brace, 1998.

Winston, W., *Financial Models Using Simulation and Optimization*, Palisade Corporation, 1998.

__________, *Operations Research: Application and Algorithms*, 5th Ed., Duxbury, 2004.

Womack, K., Do Brokerage Analysts' Recommendations Have Investment Value?, *Journal of Finance*, 51, 1996, pp.137-167.

Woodruff, C. and A. Senchack., Intradaily Price-Volume Adjustments Of NYSE Stocks to Unexpected Earnings, *Journal of Finance*, 43(2), 1988, pp.467-491.

Young, M., A Minimax Portfolio Selection Rule with Linear Programming Solution, *Management Science*, 44(5), May, 1998, pp.673-683.

Yu, L. X. and S. Wang, Stochastic Programming Models in Financial Optimization: A Survey, *Advanced Modeling and Optimization*, 5(1), 2003, pp.1-26.

Zarowin, P., Size, Seasonality and Stock Market Overreaction, *Journal of Financial and Quantitative Analysis*, 25, 1990, pp.113-125.

■ 찾아보기 ■

■ 국문

{ ㄴ }

{ ㄷ }

{ ㄹ }

{ ㅇ }

PRIVATE BANKING

{ ㅊ }

{ ㅋ }

■ 영문

{ A }

{ D }

{ E }

PRIVATE BANKING

{ N }

{ O }

{ S }

{ T }

{ U }

[저자약력]

구기동

현) 신구대학교 글로벌경영학과 교수. 덕수상업고등학교, 경희대학교에서 경영학 및 한국방송통신대학교에서 국어국문학을 공부했다. 경희대학교 경영학석사, 고려대학교 통계학석사 및 영국 리버풀대학교 MBA를 마치고 서강대학교에서 퇴직연금으로 경영학박사 학위를 취득했다. 국민투자신탁에 입사하여 바이코리아펀드와 1억만들기펀드의 개발, IBK자산운용과 ING자산운용의 퇴직연금 담당이사, SBS뉴스 해외펀드투자, 동부증권 Wealth Management 본부장, (주)선우 결혼문화연구소장 및 신구대학교 발전기획팀장을 역임했다.

신용인

현) 한국연금컨설팅 대표이사. 경남고등학교, 연세대학교에서 정치외교학을 전공하고 연세대학교에서 재무관리로 경영학석사 학위를 취득했다. 국민투자신탁 공채 1기 출신으로 국민투자신탁 펀드매니저와 현대투자신탁 바이코리아펀드의 실무총괄을 맡은 펀드1세대이다. 푸르덴셜투자증권 본부장, 한화투자증권 Wholesale 총괄상무, KG제로인 대표이사를 역임했다.

조철희

현) (주)유진자산운용 대표이사. 충암고등학교, 서강대학교에서 경제학을 전공했다. 한국투자신탁에 입사한 후 CJ자산운용과 랜드마크자산운용을 거치면서 마케팅과 상품개발 분야 전문가로서 역량을 인정받았다. 랜드마크자산운용에서 국내 최초의 적립식펀드인 1억만들기펀드와 월이자지급식 펀드로 배타적 상품권을 인정받은 이익배당알파펀드를 개발하였다.

저자와의
합의하에
인지생략

금융자산관리론

2016년 6월 10일 1판 1쇄 인쇄
2016년 6월 15일 1판 1쇄 발행

저　　자 | 구기동 · 신용인 · 조철희
발 행 인 | 이수영
발 행 처 | 도서출판 청람
서울시 마포구 독막로 288(대흥동, 세양상가 109호)
전　　화 | 02)3272-2601~2
팩　　스 | 02)3272-2603
이 메 일 | crbooks@hanmail.net
홈페이지 | www.crbooks.co.kr
등　　록 | 2000년 8월 26일 제6-0509호

ISBN 978-89-5972-530-4　93320　　[정가 32,000원]

이 책의 무단전재 또는 복제행위에 대해서는 저작권법 제136조에 의거 5년 이하의 징역 또는 5,000만원 이하의 벌금에 처하게 됩니다.